泉州文庫

遐齡題

（明）林希元 著

林海權 點校

林次厓先生文集

泉州文庫整理出版委員會

商務印書館

前　　言

　　泉州建制一千三百多年，爲中國歷史文化名城和古代海外交通的重要港口。"比屋弦誦，人文爲閩最"，素稱海濱鄒魯、文獻之邦。代有經邦緯國、出類拔萃之才，歐陽詹、曾公亮、蘇頌、蔡清、王慎中、俞大猷、李贄、鄭成功、李光地等一大批傑出人物留下了大量具有歷史、文學、藝術、哲學、軍事、經濟價值的文化遺產。據不完全統計，見載於史籍的著作家有一千四百二十六人，著作多達三千七百三十九種，其中唐五代二十九人三十二種，宋代二百人三百九十一種，元代二十一人四十種，明代五百三十六人一千五百八十五種，清代六百四十人一千六百九十一種；收入《四庫全書》一百一十五家一百六十四種，《四庫全書存目叢書》五十六家七十四種，《續修四庫全書》十四家十七種。二〇〇八年國務院頒布第一批國家珍貴古籍名錄，屬泉人著述、出版者十三種。

　　遺憾的是，雖然泉州典籍贍富，每一時代都有一批重要著作相繼問世，但歷經歲月淘汰、劫難摧殘，加上庋藏環境不良，遺存至今十無二三，多成珍籍孤本。這些文化遺產，是歷史的見證，是泉州人民同時也是中華民族的寶貴文化財富，亟待搶救保護，古爲今用。

　　對泉州地方文獻的搜集與整理，最早有南宋嘉定年間的《清源文集》十卷，明萬曆二十五年《清源文獻》十八卷繼出，入清則有《清源文獻纂續合編》三十六卷問世。這些文獻彙編，或已佚失，或存本極少。二十世紀四十年代，泉州成立"晉江文獻整理委員會"，準備整理出版歷代泉人著作，因經費短缺未果。八十年代，地方文史界發起研究"泉州學"，再次計劃編輯地方文獻叢書，可惜後來也因爲各種條件的限制，其事遂寢。但是這兩次努力，爲地方文獻叢書的整理出版做了準備，留下了珍貴的文獻資料和書目彙編。

　　二〇〇五年三月，中共泉州市委、泉州市政府決定將地方文獻叢書出版工作列爲國民經濟和社會發展第十一個五年規劃的一項文化工程。翌年，正式成立"泉州地方典籍《泉州文庫》整理出版委員會"，着手對分散庋藏於全國各大圖書館及民間的古籍進行調查搜集，整理出《泉州文庫備考書目》二百六十七家六百一十四種，以後又陸續檢索出遺漏書目近百家一百八十餘種。經過省內外專家學者多次論證，最後篩選出一百五十部二百五十餘種著作，組成一套有一定規模、自成體系、比較完整，可以概括泉人著作風貌、反映泉州千餘年文化發展脉絡的地方文獻叢書，取名《泉州文庫》，二〇一一年起陸續出版發行。

整理出版《泉州文庫》的宗旨是：遵循國家的文化方針政策，保護和利用珍貴文獻典籍，以期繼承發揚中華民族優秀文化傳統，增進民族團結，維護國家統一，提高民族自信心和凝聚力，加強社會主義核心價值體系建設，增強文化軟實力，爲泉州的物質文明和精神文明建設服務。

《泉州文庫》始唐迄清，原著點校，收錄標準着眼於學術性、科學性、文學性、地域性、原創性、權威性，具有全國重要影響和著名歷史人物的代表作優先。所錄著作涵蓋泉州各縣（市、區），包括金門縣及歷史上泉州府屬同安縣，曾在泉州任職、寄寓、活動過的非泉籍人氏的作品，則取其內容與泉州密切相關的專門著作。文庫採用繁體字橫排印刷，內容涉及政治、經濟、歷史、地理、哲學、宗教、軍事、語言文字、文化教育、文學藝術、科學技術等領域，其中不乏孤稀珍罕舊槧秘笈，堪稱温陵文獻之幟志。

值此《泉州文庫》出版之際，謹向各支持單位、個人和參加點校的專家學者表示誠摯的感謝！由於涉及的學科和內容至爲廣泛，工作底本每有蛀蝕脱漏，加之書成衆手，雖經反復校勘，但限於水平，不足或錯誤之處還是難免，敬請讀者批評指教。

泉州地方典籍《泉州文庫》整理出版委員會
二〇一一年三月

整理凡例

一、《泉州文庫》(以下簡稱"文庫")收錄對象爲有關泉州的專門著作和泉州籍人士(包括長期寓居泉州的著名人物)著作,地域範圍爲泉州一府七縣,即晋江(包括現在的晋江市、石獅市、鯉城區、豐澤區、洛江區)、南安、惠安(包括泉港區)、同安(包括金門縣)、安溪、永春、德化。成書下限爲一九四九年九月以前(個別選題酌情下延)。選題内容以文學藝術、歷史、地理、哲學、政治、軍事、科技、語言教育等文化典籍爲主,以發掘珍本、孤本爲重點,有全國性影響、學術價值高、富有原創性著作優先,兼及零散資料匯總。

二、每種著作盡量收集不同版本進行比較,選擇其中年代較早、内容完整、校刻最精的版本爲工作底本,并與有關史籍、筆記、文集、叢書參校,文字擇善而從。

三、尊重原著,作者原有注釋與説明文字概予保留。後來增加者,則視其價值取捨。

四、凡底本訛誤衍漏,增字以[ ]表示,正字以( )表示,難辨或無法補正的缺脱文字以□表示,明顯錯字逕直改正,均不作校記。

五、凡底本與其他版本文字差異,各有所長,取捨兩難,或原文脱訛嚴重致點讀困難,或史實明顯錯誤者,正文仍從底本,而於篇末校勘記中説明。

六、凡人名、地名、官名脱誤者,均予改正,訛誤而又查不到出處之人名、地名、官名及少數民族部落名同異譯者,依原文不予改動。

七、少數民族名稱凡帶有侮辱性的字樣,除舊史中習見的泛稱以外,均加引號以示區別,并於校記中説明。

八、標點符號執行一九九六年實施的國家《標點符號用法》。文庫點校循新版二十四史及《清史稿》例,一般不使用破折號和省略號。

九、原文不分段者，按文意自然分段。

十、凡異體字、俗體字、通假字，如非人名、地名，改動又無關文旨者，一般改爲通用字；異體字已經約定俗成、容易辨認者不改。個別著作爲保持原本文字語言風貌，其通假字則不校改。

十一、避諱字、缺筆字盡量改正。早期因避諱所產生的詞彙成爲習慣者不改正。

十二、古籍行文中涉及國家、朝廷、皇帝、上司、宗族等所用抬頭格式均予取消。

十三、文庫一般一册收錄一種著作，篇幅小的著作由兩種或若干種組成一册，篇幅大的著作則分成兩册或若干册。

十四、文庫採用横排、繁體字印刷出版。每册前置前言、凡例。每種著作仿《四庫全書》提要之例，由編者撰寫《校點後記》，簡略介紹作者生平、著作内容及評價、版本情况，說明其他需要說明的問題。

泉州地方典籍《泉州文庫》整理出版委員會辦公室
二〇〇七年二月五日

目　　録

林次厓先生文集卷一 …………………………………………… 1
　奏疏 ……………………………………………………………… 1
　　新政八要疏 ………………………………………………… 1
　　明職守以白構陷疏 ………………………………………… 9
　　陳情辯理疏 ………………………………………………… 10
　　荒政叢言疏 ………………………………………………… 13
　　陳民便以答明詔疏 ………………………………………… 26

林次厓先生文集卷二 …………………………………………… 32
　奏疏 ……………………………………………………………… 32
　　到任謝恩疏 ………………………………………………… 32
　　王政附言疏 ………………………………………………… 32

林次厓先生文集卷三 …………………………………………… 71
　奏疏 ……………………………………………………………… 71
　　賞功謝恩疏 ………………………………………………… 71
　　遵明詔薦舉人才疏 ………………………………………… 72
　　自陳不職乞賜罷黜以弭天變疏 …………………………… 73
　　患病乞歸調理以保殘軀疏 ………………………………… 74
　　急處叛軍以正國法疏 ……………………………………… 75
　　討叛軍飭武備以弭禍亂疏 ………………………………… 77
　　獻愚計以制邊軍以禦強胡疏 ……………………………… 78
　　遼東兵變疏 ………………………………………………… 81

欽州復屯田疏 ································· 84
　　陳愚見以圖補報疏 ····························· 86
林次厓先生文集卷四 ································· 95
　奏疏 ··· 95
　　安南奏疏引 ··································· 95
　　陳愚見贊廟謨以討安南疏 ······················· 95
　　走報夷情請急處兵以討安南疏 ··················· 99
　　陷夷舊民歸正復業疏 ·························· 102
　　定大計以禦遠夷疏 ···························· 104
　　條上南征方畧疏 ······························ 109
　　速定大計以破浮議以討安南以解倒懸以慰民望疏 ·· 111
　　又復屯田省轉輸以足軍餉疏 ···················· 113
　　謝恩明節疏 ·································· 116
　　改正經傳以垂世訓疏 ·························· 120
林次厓先生文集卷五 ································ 124
　書 ·· 124
　　與舒國裳修撰同年書一 ························ 124
　　與舒國裳修撰同年書二 ························ 124
　　與舒國裳修撰同年書三 ························ 125
　　與舒國裳修撰同年書四 ························ 125
　　與鄭秋官與聚同年書 ·························· 126
　　與徐考功伯和同年書 ·························· 126
　　與鍾天慶理副同年書 ·························· 127
　　復季明德同年書 ······························ 127
　　彭城復馬宗孔同年書 ·························· 128
　　與門人卞子登舉人書 ·························· 129

與門人陳章二上舍書	129
復京中故人書	130
與興節推汪可亭書	131
與吴思齋書	131
與程舉人默書	132
復鍾芸溪亞卿書	133
柬吴東湖亞卿書	133
回海北道王僉憲書	134
寄謝徐少湖提學書	134
謝白代巡爲建牌樓書	134
臨清舟中寄董中峰侍讀書	135
謝董中峰宫詹書	135
謝崔後渠祭酒書	135
復崔後渠祭酒書	136
上林見素尚書書	136
與王藥谷中丞書	138
復吴南溪僉憲書	138
與霍渭崖宫詹書	139
復羅整庵冢宰書	139
與潘石泉總制書	140
與倫白山司成書	140
與黄久庵兵侍書	141
與周石崖提學書	144
復項甌東屯道書	144
與翁見愚別駕書	146
與周崦庵廉憲書	148

與張净峰提學書一 ……………………………… 149
與張净峰提學書二 ……………………………… 149

林次厓先生文集卷六 …………………………… 151
書 ……………………………………………… 151
與林國博論格物大學問疑書 …………………… 151
與張净峰郡守論黃邦相事書 …………………… 153
與廣西何左江少參論安南書 …………………… 154
上巡按弭盜書 …………………………………… 155
請巡海道乘勝滅賊書 …………………………… 157
與俞太守請賑書一 ……………………………… 158
與俞太守請賑書二 ……………………………… 159
與俞太守請賑書三 ……………………………… 163
請俞太守停賑書 ………………………………… 164
請袁簿急回賑濟書 ……………………………… 165
請姜伯溪方伯查賑饑時弊書 …………………… 167

揭帖 ……………………………………………… 168
上巡按二司防倭揭帖 …………………………… 168
莫登庸至欽州投降紀事揭帖 …………………… 171
安南功成，乞查功補罪以全臣節揭帖 ………… 171

林次厓先生文集卷七 …………………………… 177
序 ……………………………………………… 177
重刊四書蒙引序 ………………………………… 177
重刊易經蒙引序 ………………………………… 177
四書存疑序 ……………………………………… 178
增訂四書存疑序 ………………………………… 179
易經存疑序 ……………………………………… 179

重刊蔡虛齋先生批點四書程文序	180
批點四書程文序	181
古文類抄序	181
重刊大同集序	183
新刊宋策序	184
宋元史發微序	185
龍飛紀錄序	186
春秋文會錄序	186
甘露詩序	187
平寇詩卷後序	187
卞鶴皋榮壽編序	188
周母許氏旌節卷序	189
集山書屋序	190
新刻高東溪文集序	191
邵康僖公文集序	192
王一臞先生文集序	193
劉執齋先生稿錄序	194
懷蘭集序	195
自鳴稿引序	195
困知記稿序	196
南京大理寺志序	197
棘寺同事錄序	197
永春縣志序	198
高氏族譜序	198
潘氏族譜序	199
林氏族譜序	199

送張淨峰郡守提學浙江序	200
送陳練塘正郎少參湖南序	201
送邱松谷正郎擢少參江右序	202
送方山張都憲入贊內臺序	203
送郡侯俞蒲山憲副河南序	204
賀朱平川節判擢知高明縣序	204
送虛江俞君擢廣東都閫序	205

林次厓先生文集卷八 … 208
序 … 208

送芳洲洪子之任南都序	208
送掌教北城陸先生之任南雍序	209
送舉人鄧汝憲之教政和序	210
贈翁見愚別駕之任道州序	211
贈僉憲南橋盛公參議河南序	212
贈萬二尹擢寧海州判序	213
贈徐東溪三尹擢典寶序	215
贈惠安萬侯改政閩縣序	216
贈陸子知鄒序	217
贈龍崗侯先生教諭容縣序	217
贈鴻磐王先生掌教甌寧序	219
賀譚瓶臺邑侯禱雨有應序	220
贈彭石坡邑侯禱雨有應序	221
贈掌教李拙修獎勵序	222
贈龍巖學博賀君獎勵序	223
贈邑侯王青崗獎勵序	224
賀朱平川節判獎勵序	226

賀郡侯童南衡榮獎序 …… 226

送衢村范大夫報政序 …… 227

贈張净峰郡守考績序 …… 228

送郡侯熊北潭考績序 …… 229

送汀二守繆侯考績序 …… 231

送郡庠李訓導考績序 …… 232

送鍾天慶理副考績之京序 …… 233

送沈伯充主政考績之京序 …… 234

林次厓先生文集卷九 …… 236

序 …… 236

贈郡侯西川方公朝覲序 …… 236

送惠安陳蛟池邑侯入觀序 …… 237

贈黃叔和助教行取赴京序 …… 239

送張維喬行人謫官南雍序 …… 240

贈陳紫峰先生南歸序 …… 240

送學諭拙修李先生歸田序 …… 241

贈分教張敬泉先生歸田序 …… 243

贈學博王四味先生致政序 …… 244

送郡侯程習齋終養序 …… 245

送興二守新溪李公還郡序 …… 246

送王千戶敬之還雷陽序 …… 247

送戴秀才四子歸武安序 …… 248

送阮子歸莆序 …… 249

贈高用卿還臨淳序 …… 250

東溪贈別序 …… 251

榕溪贈別序 …… 251

同年彭季山話別序	252
贈義民葉元齡南征有功欽賞序	254
贈工曹掾伍洛川役滿北行序	255
贈楊君漢翀里長役滿序	255
賀分巡萬公舉子序	256
賀莊際範中鄉試序	257
壽廣東憲長張竹崗六十序	258
賀周雲川太守壽序	259
賀學博北城陸先生壽序	260
賀分教玉田鄧先生壽序	261
壽封翁傅禾江七十序	262
壽袁質庵八十六袠序	263
進士李子壽嫡母林氏序	264
壽郭母貞節葉氏七十序	265
壽林母太孺人方氏七十序	267

林次厓先生文集卷十

記 … 269

漳浦縣朱文公祠堂記	269
瑶山周氏祠堂記	270
皇明科目題名記	270
南京大理寺右寺題名記	272
廣東提學題名記	272
靈山縣儒學記	273
合浦縣儒學記	274
欽州十八社學記	275
重建文公書院記	276

金沙書院記 …… 278

東湖書院記 …… 279

咏竹亭記 …… 280

鱗瑞亭記 …… 281

可亭記 …… 282

中峰記 …… 283

敦義記送饒一貫歸廣 …… 283

鳳山得地記 …… 284

便安橋記 …… 286

欽州平安橋記 …… 287

安平城記 …… 288

南安城記 …… 289

陸眼營記 …… 290

邑侯瓶臺譚公保障記 …… 291

欽州興造始末記 …… 293

宣德交趾復叛始末記 …… 296

安南事始末記 …… 296

杜氏復業記 …… 298

黄氏公田記 …… 299

碑 …… 300

前武部郎中璧山盧公盛德碑 …… 300

僉憲林西川德行碑 …… 301

林次厓先生文集卷十一 …… 304

論 …… 304

論鄉賢 …… 304

論僧寺 …… 304

論預備倉 ………………………………………… 305

論小尤中之賊 ……………………………………… 305

論陳戚應侯 ………………………………………… 306

論郭榮六 …………………………………………… 306

論留正 ……………………………………………… 307

論蔡兹 ……………………………………………… 307

論景魏 ……………………………………………… 307

論陳一新 …………………………………………… 307

論黄叔張、以寧、以翼 …………………………… 308

論莊夏、彌邵、彌大 ……………………………… 308

論林純子、顔伯録 ………………………………… 308

論林萬、王胄 ……………………………………… 309

説 …………………………………………………… 309

師説贈郭子 ………………………………………… 309

三難説贈李東明 …………………………………… 310

顔惟振字説 ………………………………………… 311

劉汝楠字説 ………………………………………… 312

劉夢龍字國楨説 …………………………………… 313

羅子號推吾説 ……………………………………… 314

居素説 ……………………………………………… 315

梅窗説 ……………………………………………… 315

議 …………………………………………………… 316

欽州驛傳議 ………………………………………… 316

海寇議 ……………………………………………… 320

新寧盜議 …………………………………………… 321

林次厓先生文集卷十二 ………………………… 325

雜著 ··· 325
　季考諸生策問三道 ··· 325
　志言 ··· 326
　談兵 ··· 327
　一田翁對 ·· 328
　題南國談兵録 ·· 330
　題高明朱尹祈雨有應册 ··· 330
　跋門人章獻中書後 ·· 331
　跋門人章銳書 ·· 331
　曾恭齋公贊 ··· 332
　訓蒙四言 ·· 332
　家訓 ··· 333
　居官説要 ·· 335

林次厓先生文集卷十三 ·· 340
誌銘 ··· 340
　南京工部尚書東湖吳公墓誌銘 ··································· 340
　職方司員外郎次峰謝先生墓誌銘 ································ 342
　廣信知府鷺沙章公暨恭人黃氏墓誌銘 ·························· 343
　南京國子博士白泉黃君墓誌銘 ··································· 345
　淳安縣學訓導北峰蘇君墓誌銘 ··································· 346
　封刑部主事南雄府通判毅齋留公墓誌銘 ······················· 348
　封建昌府同知孔公墓誌銘 ··· 349
　坦庵郭先生墓誌銘 ·· 350
　一盂顏公墓誌銘 ·· 350
　顏謙牧翁墓誌銘 ·· 351
　處士黃公暨配周氏陳氏墓誌銘 ··································· 352

質庵黃處士墓誌銘 ········· 354

顏處士文岫墓誌銘 ········· 355

許處士墓誌銘 ············· 356

洪處士墓誌銘 ············· 357

墓表 ························ 358

湖廣按察司僉事少山王公墓表 ········· 358

贈南京大理寺評事益齋鍾公墓表 ······· 360

敕封袁太孺人墓表 ········· 362

林次厓先生文集卷十四 ········· 365

傳 ························ 365

張母金氏傳 ··············· 365

楊典幕可齋君傳 ··········· 366

楊敬孚先生傳 ············· 367

林大夫雙溪傳 ············· 368

陳大夫蒙庵傳 ············· 369

林大夫羅峰傳 ············· 371

行狀 ······················ 373

南京國子祭酒虛齋蔡先生行狀 ········· 373

南京大理寺丞後峰黃先生行狀 ········· 377

南京禮部精膳司郎中朴山林君行狀 ····· 383

先府君明夫先生行狀 ······· 385

林次厓先生文集卷十五 ········· 389

祭文 ······················ 389

祭舒國裳殿元文 ··········· 389

祭留朋山方伯文 ··········· 389

祭楊月湖宗伯文 ··········· 390

祭王陽明總制文 …… 390

祭梁宅之主政文 …… 391

祭欽州憲副林公文 …… 391

祭黄後峰寺丞文 …… 391

祭林見素司寇文 …… 392

祭吴東湖司空文 …… 393

祭桂見山少傅文 …… 394

祭邵端峰太僕文 …… 394

祭霍渭崖宫保文 …… 395

祭劉執齋刑侍文 …… 396

祭廣信姜石泉太僕文 …… 396

祭林少泉司空文 …… 397

祭毛東塘司馬文 …… 398

祭方西樵少保文 …… 399

祭王藥谷中丞文 …… 400

祭冢宰羅整庵先生文 …… 401

祭同年倫白山祭酒文 …… 402

祭盛程齋宗伯文 …… 403

祭宋太府林少卿文 …… 404

祭戴梁崗都憲文 …… 405

祭何沅溪司寇文 …… 406

祭李古冲冢宰文 …… 406

祭劉南郭提學文 …… 407

林次厓先生文集卷十六 …… 409

祭文 …… 409

祭陳紫峰先生文 …… 409

祭王一臞先生文 · 410
祭陳伯龍廷評文 · 411
祭友人顔一盂文 · 411
祭亡友陳仕任文 · 412
祭同年郭澄卿文 · 413
祭門生卞子登舉人文 · 414
祭長泰亡婿沈茂才文 · 414
安南歸四峒侵地祭告朱簡庵都憲文 · 415
祭張說、呂祖泰二寓賢文 · 416
至欽謁先師孔子文 · 416
欽州去任辭先聖文 · 417
至欽祭城隍文 · 417
起官廣臬祭城隍文 · 417
過烏蠻灘祭馬伏波將軍文 · 418
祭漢馬伏波將軍文 · 418
失官過烏蠻灘祭馬伏波將軍文 · 419
辛丑至家祭祖文 · 419
辛丑至家祭告先人文 · 419
祭倫母宜人文 · 420
祭年嫂劉孺人文 · 420
祭謝親姆文 · 421
祭許氏二僕文 · 421

哀詞 · 421
莊後峰哀詞 · 421

林次厓先生文集卷十七 · 423
五言古 · 423

送行	423
梧崗松，贈吴東湖亞卿	423
出龍江回望京邑，懷舊有作	423
仲冬二日渡江	423
鳳陽謁陵，二十四日早至濠梁，天陰即事	424
去泗州，柬諸同志	424
孟冬六日發浦城，寄聲武夷	424
發浦城望西山	424
送高郡守入覲	425
詠張曲江	425
送張衡山中丞歸田	425
送毛海隅都憲致政	426
送潘石泉南少宰考績	426
送萬治齋都憲致政	426
送盛程齋都憲歸田	426
送周貞庵司寇歸田	427
遊觀音閣，和劉平嵩禮部	427
送林思泉之任泰州	427
清源得張白溪巡撫致政報，奉寄	427
南遷過山東，蔡半洲巡撫使者送至沙河，用古體謝之	428
題周節婦卷，爲周弓岡寺丞太孺人許氏	428
謫官謝恩後有述	428
辭朝遇雨憩端門，門闈供具，慰勞甚勤，有感而作	429
出京驟雨，艱行有述	429
過毗陵，贈徐養齋亞卿	429
靈山別張淨峰太守	430

和朱鑑述懷，兼東廣藩臬諸公韻 …… 430
楊寬齋哀輓 …… 431
外子洪舜臣將赴留都，以詩爲別，走筆和之 …… 431
饒平門生陳石岡主政北上見過，詩以送之 …… 431
王方渠封君哀輓 …… 431
送袁方洲大尹歸田 …… 432
得毛東塘覆半洲薦舉報 …… 432
聞毛東塘削籍報 …… 432
自述 …… 432
送莊舉人會試 …… 433
冬至感述 …… 433
述懷 …… 433
送李拙脩學博歸田 …… 433
自叙呈李拙脩 …… 434
送王青崗大尹歸田 …… 434
送程習齋郡守終養 …… 434
感事自解 …… 435
贈葉秀春未婚妻康氏貞烈 …… 435
贈王白石運同 …… 435

七言古 …… 435

送南贛陳都憲 …… 435
壽魏國太夫人王氏年七十 …… 436
憂旱 …… 436
十一月初二日喜雨 …… 436
一田歌 …… 436
面皮薄歌 …… 437

二十六日早出濠梁,登舟阻風,入夜大雪,至次日風益烈,淹留數日,
　　　寫悶 …………………………………………………………… 437
　　哭周梅窗 ……………………………………………………………… 437
　　七言長古感時 ………………………………………………………… 437
　五言律 ………………………………………………………………… 438
　　登姑蘇虎丘寺 ………………………………………………………… 438
　　秋日東郊餞李少府 …………………………………………………… 438
　　漁溪送別 ……………………………………………………………… 438
　　雨中懷林汝桓同年 …………………………………………………… 438
　　寄懷林汝桓 …………………………………………………………… 438
　　送陳廷祿貢士北上 …………………………………………………… 439
　　別興化傅少府 ………………………………………………………… 439
　　贈郭白峰侍御歸田,用素翁韻 ……………………………………… 439
　　自述 …………………………………………………………………… 439
　　飛來寺 ………………………………………………………………… 439
　　相者吴生索題 ………………………………………………………… 439
　　送杜賓夫歸德慶 ……………………………………………………… 439
　　鉛山道中 ……………………………………………………………… 440
　　過閩關 ………………………………………………………………… 440
　　建陽道中 ……………………………………………………………… 440
　　泊舟飛來寺感舊 ……………………………………………………… 440
　　德慶停舟,師生懷舊相見,作詩謝之 ……………………………… 440
　　欽州到任感懷 ………………………………………………………… 440
　　公堂即事 ……………………………………………………………… 441
　　送合浦胡縣丞北還 …………………………………………………… 441
　　得家信,聞丙申、丁酉漳泉大饑,當路主賑粥,餓死數萬人,痛而

17

有作 ································· 441
　　過梅嶺,回望廉、欽有感二首 ········ 441
　　端午石潯觀競渡 ····················· 441
　　送葉武舉赴京 ························ 442
　　代送李學博 ··························· 442
　　題韓宛洛司馬惠京扇 ················ 442
　　陳學博夏霖罷官歸,詩以慰之 ······ 442
　　送侯龍崗學諭赴任容縣 ············· 442
　　過白石林大參故居有感 ············· 443
　　庚申新正試筆 ························ 443
　　傷浯洲烈嶼被災 ····················· 443
　　送熊北潭太守報滿 ··················· 443

林次厓先生文集卷十八 ············ 445
　七言律 ································· 445
　　送泉州張太守 ························ 445
　　哭友人陳仕任 ························ 445
　　送趙大尹朝覲回任 ··················· 445
　　哭妻兄郭用濟 ························ 445
　　六月初十夜見月思鄉 ················ 445
　　別粘中美學博 ························ 446
　　寄謝高三峰副憲 ····················· 446
　　與堂官論事不合,引疾後呈諸僚友 ·· 446
　　憶黃後峰寺丞 ························ 446
　　病中書懷 ······························ 446
　　謝吳東湖亞卿惠酒肉 ················ 446
　　寄謝京中故人,兼解謗 ·············· 446

行藏	447
聞謫判泗州	447
同心惜別卷,次韻別范戶部師舜	447
高吏部公次考滿赴京,與別	447
謫官後門人卞子登自江都來訪,喜見乎辭	447
二十三日辭孝陵之泗州	447
林地官刑用、鄭黃門舜祥共攜樽出龍江相訪,仍聯詩作別走謝	448
仲冬四日發六合	448
濠梁聞盜起州境,欲歸治之,阻風三日,述悶	448
六月二日發泗州,晚至清江,遇席元山宗伯、林汝桓、徐聞話夙把, 又與汝桓夜飲,詩以志之	448
寓淮陰僧舍書事,時爲陳典史反噬,待問淮安	448
八月二十日至浙江驛登舟	448
九月二十九日予生辰	449
義江寄謝汪白泉福州守	449
至白水鋪入惠安界,兼寄張凈峰同年	449
黃石與陳國英、朱必東、馬子莘三侍御自文峰之舟過青山,當宿松 隱巖,紀興	449
送高抑齋郡守入覲	449
寓桃源,中夜聞秋聲有感	449
得報起官大理	449
送李蒲汀少宰考績赴京	450
送何石湖南司空考績	450
送周貞庵南司寇考績	450
送秦鳳山司徒赴司空之任	450
送林芳齋大司成轉北	450

送鍾筠溪兵侍赴倉場總督	450
送胡南津南刑侍歸田	450
送王浚川參贊入總內臺	451
送張中梁少司空考績北上	451
送潘峨峰兵侍考滿	451
送張方山中丞入內臺	451
送馬總兵赴大同	451
和遊觀音閣	451
留別南都諸公	452
彭城遇中秋有述	452
徐洪阻風懷古	452
過瓜州懷舊	452
過吳門有感	452
舟發錢塘寄謝浙江三司	452
過嚴子陵釣臺	452
生日溝溪泊舟	453
過蘭谿寄劉學博、陸舉人二門生	453
龍遊江上逢虞山都憲致政歸，志喜兼爲別	453
三衢夜泊寫悶	453
過玉山古城鋪	453
懷玉夜懷南寺舊僚鄭文川少參	453
懷玉寄朱永豐鄉同年	454
晚渡建溪	454
汀贛踰山嶺，不勝艱阻，感而有作	454
過梅嶺有感	454
洪崖嶺對景感舊	454

登天涯亭 ·········· 454
六月久雨有作 ·········· 454
送彭秀才和卿 ·········· 455
瓊郡林見泉節推查盤至,詩以送之 ·········· 455
丁酉除夕有感 ·········· 455
聞陸平川赴廣城,以詩送之 ·········· 455
九日郊行,詢民俗,閲海軍,遂登文筆峰,回望州城,相學基,因而
　　有述 ·········· 455
參新任海北道,歸途有述 ·········· 456
至白皮丈田有述 ·········· 456
烏雷丈田兼看營堡有述 ·········· 456
禁鳩嘴望安南有述 ·········· 456
秋日遣興 ·········· 456
戊戌生日有感 ·········· 456
州城開西門有述 ·········· 457
送鍾季明秀才還番禺 ·········· 457
和朱鑑巡按有感韻 ·········· 457
鴻飛亭 ·········· 457
至靈山有感 ·········· 457
度洪崖嶺,感懷州民有述 ·········· 457
過五羊感舊 ·········· 458
靈山得拾遺報,有感 ·········· 458
自愧 ·········· 458
商兵備、劉參戎餞予於聚勝樓,詩以謝之 ·········· 458
泰和至西崗,訪羅整庵冢宰,因留别 ·········· 458
豐城謁舊尹楊學文先生,留飲奉謝 ·········· 458

江右二司邀飲滕王閣有述,因錄奉謝	458
至芋原驛有感	459
至錦田,望紫帽有感	459
九日梵天登高,和劉南郭學使韻	459
雲奇登高有述	459
親朋索債無償,姑書此應之	459
題御踏石	459
壬寅元旦感懷	460
聞北兵入寇,無能禦之,有感	460
李拙脩學博邀飲尊經閣,有述	460
感事有述	460
代送李拙脩學博	460
又代有松	460
吊曾漸溪太守	460
得欽州生祠春祭文有述	461
聞安南有變	461
聞曾石塘總制被逮	461
感事	461
己酉元旦	461
志恨	461
送洪芳洲病痊赴部	462
送傅近山憲使之任河南	462
送門人葉伯龍應貢北上	462
送葉東卿入監	462
吊韋鷺沙太守	463
和方西川郡守中秋玩月	463

壽日寫懷 ················· 463

壬子夏旱 ················· 463

勞方西川太守禱雨 ··········· 463

哭康眉人 ················· 464

送方西川郡守入覲 ··········· 464

和郡守方西川 ·············· 464

有感 ····················· 465

安民道中 ················· 465

初六出泉城,宿大盈驛 ········ 465

瀨溪下船 ················· 466

譏時吏 ··················· 466

廿五日過常思嶺 ············ 466

許竹乘舟 ················· 466

送陳台峰戶部同年 ··········· 466

謝龔雲崗 ················· 466

送周雲川太守入覲 ··········· 466

賀萬育吾興泉堡障 ··········· 467

賀邵甘澤海道得功 ··········· 467

夜感 ····················· 467

譚瓶臺喜雨 ··············· 467

送戴梁崗葬 ··············· 468

送別譚瓶臺 ··············· 468

題戴東樵書院 ············· 468

七言絕 ··················· 468

　題龍門 ················· 468

　廂房紀事 ··············· 468

23

送方健夫僉憲之任雲中 …………………………………… 468
　　四兒滿月，張净峰以東坡洗兒詩相賀，因成一絶以答之 …… 469
　　落官報至，去靈山有感 ………………………………………… 469
　　題羅整庵别野 …………………………………………………… 469
　　新作祠堂，商工揆日，稱貸無獲，無何中止，因賦紀恨 …… 469
　　題愛梅巷爲陳廣 ………………………………………………… 469
　　題扇面 …………………………………………………………… 469
　　感事 ……………………………………………………………… 470
　　和方西川秋興 …………………………………………………… 470
　　己未歲傷三烈婦 ………………………………………………… 470
　詞 ……………………………………………………………………… 470
　　和朱簡庵責叛民黄金廣等詞 …………………………………… 470
　　踏莎行·送朱平川之高明 ……………………………………… 471

附録 ……………………………………………………………………… 473
　序 ……………………………………………………………………… 473
　跋 ……………………………………………………………………… 477
　提要 …………………………………………………………………… 478
　傳 ……………………………………………………………………… 479
　書 ……………………………………………………………………… 486

校點後記 ………………………………………………………………… 488

林次厓先生文集卷一

奏　　疏

新政八要疏

臣林希元，奏爲應詔陳言，以裨新政事。

臣聞冬寒之極必有陽春，大亂之後必有大治。天下事壞於權奸之手，至正德十五年極矣。陛下以親藩入繼大統，一舉而更之，使十七年天翻地覆之世道，一旦轉而爲乾清坤寧之治，此湯、武以後所未見；而年方出幼，德已夙成，則湯、武之所未有也。即位以來，日新厥德，施張舉措，動合輿情，而尊禮大臣，從諫弗咈，又古帝王之盛節。至於退處深宮，終日靜坐，觀覽章奏之外，即看書史，聲色慢游無所耽嗜，侍御僕從之人無敢褻狎。天語渙發，左右承聽，以爲雷霆。臣又知陛下端莊靜一於人所不見之地，非但恭己以正南面而已也。今中外臣民，萬口一詞，謂陛下天生聖人。此非面諛。又謂陛下血氣方升，形神未固，不宜過勞，恐有所損。又謂聖躬宜加慎重，飲食起居，皆不可苟，恐姦人有所不利。蓋其愛之也深，故其慮之也至爾。臣甫登仕路，幸際明時，愛君徒有心，致君愧無術。茲因進香來京，睹清光，讀明詔，不容自默。然陛下以言責諸人，固將取其有益身心天下也。臣有所見而不言，或言有所畏避而不敢盡，非臣所以忠於陛下也。臣之言，類多觸犯忌諱。然臣但知忠於陛下，得與失非所計也。陛下亮臣之心而稍加採擇，臣雖退處衡茅，亦無所恨。臣觀自古人君，莫不下詔以求言，人臣亦莫不進言以忠君。然求言者每不能用，進言者多不見售，良由君以求諫爲美名而不務其實，臣多過深以求君而不量其勢。如漢文帝天資近道，至於禮樂，則謙讓未遑。漢武帝嘉唐虞，樂商、周，不免多欲之累，皆好名無實者。賈誼、董仲舒不量其勢而深求之,其不售也固宜。臣之才不及賈、董,陛下之聖遠過二帝,臣所以敢越分而深求者,誠量陛下務實而非好名,必能用臣之言不若漢二帝之於賈、董二生也。陛下誠用臣之言,則二帝可三,三王可四;不用臣言,則帝王之治終不可得。臣恐後之悲今,猶今之悲昔也。所有敷陳,爲君道急務者六:曰務正學以隆治道,曰親正人以資輔導,曰用舊臣以輔新政,曰清言路以定國是,曰急交脩以圖實效,曰持久大以終盛美。爲朝廷大政者二:曰息内臣機務以拔禍根,曰罷内臣鎮守以厚邦本。條列於左,總名《新政八要》。具本親齎,謹具奏聞。

　　一曰務正學以隆治道。臣惟天下之治本於道,道本於學。二帝、三王之治本於學,故其治不可及,漢、唐、宋之治不本於學,故其治不古若。漢武帝表章六經,唐太宗游心翰墨,宋太祖手不釋卷,不可謂不學,但不可謂帝王之學。"精一"、"執中"之傳,"建中"、"建極"之旨,此二帝、三王之學所以致時雍,風動之本也。彼有是乎?陛下萬機之暇,不離經籍,中外皆知,陛下留心於學,但未知所學者何事耳。二帝、三王之學,何嘗遠於人哉?只在日用所常行者耳。求之六經、子、史,以寓目於公私、邪正、得失之鑑,求之儒臣講論、士民獻納,以究極夫是非、得失之歸,求之平旦之氣,以驗好惡與人相近之實,求之一日二日之萬機,以籌度撫世、酬物之宜,求之中夜以思,以計一日之間云爲、得失之多寡,所求不同,其要歸於"精"之、"一"之以求此"中"、此"極"而已。陛下又當優游以體之,毋用神太勞,懼其疲敝而難久也;灑落以開之,毋拘束太嚴,懼其困苦而難堪也;敬慎以本之,毋用意太易,懼其粗疏而難入也。操之必有要,進之必以序,積之欲其久,養之欲其深,必使靜與天俱,動與天游,則帝王之道在我,而吾之治可接武堯、舜,並駕商、周,回視漢、唐、宋之粗治、小康,俱不足言矣。然吾觀後世人主,莫不知學爲美事,人臣亦莫不以學勸其君,而自學有"緝熙於光明",以後未有學問見稱,如成王者何哉?一則天資不美,一則立志不堅,故心雖知好之,而力不足以副之也。陛下有冠古絶倫之資,雖成王有所不及,但未知聖志之堅否何如耳。有陛下之天資而又堅其志,由是勉勉循循,而致堯、舜、禹、湯也不難;苟其志不堅,臣恐優游歲月,皓首無成,徒負千古難得之天資,真可惜也。臣於陛下,不勝願望。

二曰親正人以資輔導。臣惟昔周穆王命伯冏爲太僕,曰"昔在文、武,聰明齊聖,大小之臣,咸懷忠良,其侍御僕從,罔匪正人。以旦夕承弼厥辟,出入起居,罔有不欽,發號施令,罔有不臧",終之曰"爾惟慎簡乃僚,毋以巧言令色便辟側媚,其惟吉士"。蓋人君之心,惟在所養。君子養之以善則善,小人養之以惡則惡。必左右前後皆君子而無小人,然後可以養君心於善。今陛下以冲年嗣位,如旭日初升,點雲未翳,又當愛護保養之時也。《書》曰:"若生子,罔不在厥初生,自貽哲命。"意正如此。臣觀後世人主,初年多有可觀,向後漸以不美,皆由左右前後不得其人,逢迎引誘,納之於邪。其初甚微,其終至不可收拾,蓋由不能養之於初也。今在外大小之臣,孰可孰否,陛下當自知之,臣不待言。在内侍御僕從之臣,尚聞循謹,臣未有可言。然臣不免有憂者,蓋藩王與天子相去遠甚,有初鮮終,人情通患。陛下既爲天子而操威福之柄,則今日承奉之臣,非復前日承奉之臣也。天下之所鑽研而攻取之者豈少?彼亦豈能保其終不變哉?萬一有此,亦可慮也。臣願陛下細觀《冏命》之篇,凡在外大小之臣,咸擇其忠良者置之左右。在内侍御僕從之臣,非循謹者更之,素稱循謹者,亦深察而預防之。果有如臣所慮,即便斥去,必皆端謹循良之士,朝夕與居,則内外交脩,薰陶涵養,共致聖心於堯、舜也不難。然君子難親而易疏,小人①易親而難疏。蓋人情承順之則喜,違拂之則難。小人巧於承順,君子多於違拂。以喜承順之情,投之巧承順之人,一事之承順,未必爲之動,事事而承順,不覺爲之動矣。以難違拂之情,投之多違拂之人,一事之違拂,固勉強受之,事事而違拂,必不能堪而繼以怒矣。由是君子不期疏而自疏,小人不期親而自親。臣又願陛下深察於此。見人之承順,則曰醇醪甘口伐人性也,斟酌於中,必求所以遠之;見人之違拂,則曰良藥苦口利人病也,斟酌於中,必求所以近之。則君子日親,小人日疏。陛下之前後左右皆正人,所以輔導聖德者無所慮矣。臣於陛下,不勝願望。

三曰用舊臣以輔新政。臣惟有堯、舜之君，必得皋、夔、稷、契之臣以輔之。有其君而無其臣，固不足以致盛治；有其臣而不得所以用之，亦不足以致盛治。陛下堯、舜之君也，即位之初，悉起先朝遺棄大臣，與圖新政，固以皋、夔、稷、契望諸臣，諸臣想亦有可以副陛下之望者。但陛下果能得所以用之與否？則臣未敢知也。何者？當撥亂反正之秋，求賢如飢渴之際，天下大事，又非常時謹厚無過者所能辦，必得德業才望冠絶一時者與圖之。方今大姦雖去，其根未除，宿弊雖革，新弦未張。君子之道雖長，而其勢猶孤。陛下所與謀議天下事者，二三大臣而已。當此之際，宜不遑寢食以求賢人，遣使星馳四出，聘諸元老，仍令有司催促即時上道，務使衆賢畢集於朝，以重吾君子之勢，而共執天下之大機，然後可以撥亂世而反之正。今陛下之於諸臣，但遇缺則補，似在可有無之間，且不見隨才器使之意；又只行取來京，未見隆厚禮以致之。如此用人，臣恐賢者未必遽至，天下之機會一失，天下之亂終不可撥，徒使人扼腕嘆息致恨於今日也。今之遇缺則補者，豈不以此間有人，彼來無處乎？不知今日用人，如醫用藥，只求對病，不拘常用。苟有對病之藥，則必去常用之藥，而決意用之，不決意用對病之藥，而卒拘於常用，其病終不可已。昔我孝宗皇帝初年，三聘王恕於家，虛吏部之缺以待之，真可謂能用人者也。惟陛下取法孝宗，決意以用對病之藥，隆之以異禮，處之以重任，使皋陶、稷、契之臣悉布有位，則吾君子之勢屹然有如山之重。天下之大機在吾操持把握之中，於以撥亂而反之正，特易易爾。臣於陛下，不勝願望。

四曰清言路以定國是。臣惟陛下即位，首開言路，謂給事中、御史言路之官，朝廷闕失、軍民利病，使之直言，文武官員貪暴姦邪，使之彈劾。陛下又言無不聽，一朝諫臣發憤感激以效忠赤，此萬世一時也。而臣獨不能無議者，則以今之言官既不能盡職於前，必不能盡職於後，欲陛下通行沙汰，使言路一清，庶可以裨今日維新之治。何者？今之給事中、御史，即前日之諫官也。今所彈劾錢寧、江彬、張銳、張忠輩，即前日之權奸也。方其播弄威福，勢不爲不橫，前後幾二十年，時不爲不久，天下幾爲敗壞，禍不爲不深，未見有揚一聲者，今始歷數其罪。攖猛虎於負嵎之秋,衆皆奇之;搏縛虎於圈圍之內,三尺童子皆知笑其無勇。今日之言既不爲功,前日之不言豈得無罪?孔子曰:"陳力就列,不能者止。危而不持,顛而不扶,則將焉用彼相矣?"居位之人不能言,舉朝之人不居其位,憤激而言之,至其得禍,又坐視而不救,亦何顏稱厥官居厥位哉?且王守仁親夷大難,厥功不細,張永、張忠平空掩而取之,又妄獲平民以邀功,於時紀功科道埋身藏舌,不見其影,今始甄別功過,以明公論。不遇今日,臣知功過終不甄別,公論終不明也。當言者不言,不當言者則言,鴟鴞不搏而搏鳳凰,豺狼不問而問犬豕。毀譽任情,是非失真,無兄者至有盜嫂之謗,未娶者或被摑翁之惡,使清議化爲濁議,言路轉爲冤門,抑又可恨!今者陛下廣開言路,臣謂此輩宜先自劾前日之不職,待旨意慰諭再三,然後退與同官議論斟酌,首發群姦未盡之惡,次列利害所當興革者,連名條具以進,少答聖天子求言之美意,遂決求退,以其位讓能者而不敢久妨賢路。以自責罰如此,猶可見其有是非羞惡之心,庶可解天下後世之議。不務出此,反欲乘時要譽取功,詔書一出,嘵嘵爭先,不顧前後,不量緩急,不問已行未行,各逞己見,紛紜重複。由前不言不爲忠,由後之言不爲勇,不明進退之義不爲智。自陛下即位以來,臣見諸人論列,類多無關大體,又且自相矛盾。臧否人物,往往不得其實,洗垢索瘢者有之,以愛憎爲毀譽者不無。議論愈多,愈覺煩贅。他人見之已厭觀,使人主將何折衷而取信乎?如以其所薦遺棄諸臣爲賢,則諸臣德業聞望,舉天下能言之,不待彼也。臣思往時言路之官,特立者以忠獲罪去位,有識者知不可爲,亦先引去。今所存者,皆苟且富貴之人也。陛下堯、舜之君,將興至治,言路之官,宜得如虞廷納言者充之。今雖不追罪其前日不言,顧諸人才具,誠不足以當陛下之用。今外議紛紛,咸謂聖天子御極,內自禁近,外徹京堂,俱從一新,惟是言官未見清理,但未有爲陛下言者。今考察在邇,臣願陛下敕吏部、都察院,將見在給事中、御史通行查考。凡在先朝不能盡職者,俱照內外官才力不及事例,隨其輕重分爲等第,量爲去留,更求能者以充其位。仍將臣黜以謝言官,則言路清,國是定,可以弼聖聽②而亨治道矣。臣於陛下,不勝願望。

五曰急交修以圖實效。臣惟天下之治常壞於名勝而實不足。蓋天下無治之名,則以天下爲未治,汲汲於自修,尚有望治之日。惟名勝而實不足,則玩愒歲月,坐失事機,天下卒無望治之日矣。臣觀今日之事,有似於名勝而實不足。何者?聖上中興,一新化理,嘗進君子矣,而名望才德之士,未盡布有位;嘗退小人矣,而姦雄欺負之徒,未盡空其黨。曰"去宿弊",而積年之弊未盡消;曰"行新政",而維新之政未盡舉;曰"出内帑以充國儲",而國計未盡充;曰"寬租税以蘇民困",而民力猶未裕。此特其大者。今將以爲亂耶?則不亂。以爲治耶?則未治。然則今日亦徒有治之名而未有其實爾。今中外臣民,動色相賀,咸謂太平之業在是。而臣獨有憂者,蓋恐曰治不治,而亂或生其間也。何者?正邪相勝之機,間不容髮。天下之治,不進則退而已。故今日之事,在上下交相儆戒,以修職業。交修之實,在於勇往直前,怠緩者害之也;在於果斷剛決,狐疑者誤之也。臣觀今日有似於怠緩而欠勇往,狐疑而欠果決,故舉事遷延,正猶割藤不斷。天下有轉亂爲治之機,而未見轉亂爲治之效。此臣所以日夜憂危,恐不足以致治而反生亂也。惟陛下督率臣下,交修職業。凡所以進退人才與詔旨所更革,群臣建議舉行者,猛勇果決,期在必行。毋入於讒言,毋惑於浮論,毋優游而不斷,毋怠惰而因循。務求目前可計之功,而不徒爲紙上之空言,則正邪治亂之機判,天下之亂一轉而爲治矣。臣於陛下,不勝願望。

六曰持久大以終盛美。臣惟人主必有久大之規,然後可終盛美之業。昔者唐太宗身致太平,美矣,貞觀之治,漸不克終,此立心之弗久也。漢文帝始終恭儉,賢矣,然溺於黄老而不進於堯、舜、三王之道,此立心之弗大也。今陛下有更化善治之美,或立心之弗久,則前功盡棄。人將惜之,如唐太宗或立心之弗大,則小康自足;人將惜之,如漢文帝聖心弗久,臣雖未睹,未免爲陛下憂之。聖心弗大,臣頗窺見一二,請敢爲陛下勸之。自古有志之君,必以堯、舜、三代自期待,決不作漢、唐事業,必以祖宗爲法,決不行後世因循之政。我太祖高皇帝酌百王而立法,真可謂齊德堯、舜,匹休三王者也。後世不無漸失其舊,全賴中興之君整頓修復之。今臣見明詔所更革者,只是正德以後之事,以前初未之及。

至於言者請革東廠諸事，陛下又委之舊規，謂之更化之初，事須有漸，可也。若止於是，則我太祖之法，終無可復之日，殆非陛下所以自期於遠大也。且我太宗皇帝亦創業垂統之君，豈有開亂政之端於後世？臣恐左右懼失權者假此以欺陛下。若果是舊規，則祖宗之法，固有萬世所當遵者，亦有不可盡循者。今於所當遵者，有既失遂不肯復，至於不可盡循者，乃欲守之而不變，是豈善守祖宗之法者哉？且當其設此之時，未必知後世之爲害，至是後世知其爲害，則當速改之。今一切委之舊規，明知其爲害而不改，是豈祖宗意哉？大抵近時舊規之說，多是誤人，使人主不法三代者，未必不緣此，亦猶紹聖小人以紹述而誤哲宗，不可盡聽也。臣願陛下乾乾不息，恒久此心，勿以承平自肆，勿以晚節或移，又推而大之，必爲堯、舜，必法祖宗，勿盡泥舊規以妨大事。凡自宣德、正統以來隨時更置，間有不利於國，不便於民者，俱照更革。正德年間事例，盡與除去，以復我太祖之舊，則陛下之治，將與堯、舜匹休，與三代比隆。今日之盛德美業，爲能有以終之，不至使人惜之如漢文帝、唐太宗矣。臣於陛下，不勝願望。

其大政：

一曰息內臣機務以拔禍根。臣惟我太祖高皇帝既定天下，日親萬機，自決章奏。至我太宗文皇帝爲萬世慮始，命儒臣入閣，參預機務。今司禮監得預機務，非我祖宗之制也。昔晉侯以趙衰守原，謀之寺人勃鞮，唐柳宗元深議其非。漢元帝以弘恭、石顯主中書，其臣蕭望之亦論其失。今以機務之重，委之奄寺之官，後世以爲何如？臣聞其端，乃起於學士楊士奇以憂去位，謀欲奪情，恐權歸同列，以所掌絲綸簿寄司禮監，一去遂不可復返。自後人主不自決章奏，則事由本監，內閣僉書承命而已。人主自決章奏，雖與大臣謀議，本監亦得預聞，以絲綸簿在其手故也。夫內臣一預機務，則天下事皆其掌握，專權僭竊，靡所不至。由是王振、曹吉祥、劉瑾因之，相繼謀逆，縉紳被禍，生靈荼毒，京城流血，宗社幾覆，寧不可恨、可怒、可畏而可戒哉！故宦者之禍，起於典機務。宦者典機務，起於變亂舊章。欲息其禍，在息其機務，欲息其機務，在復祖宗之舊而已。臣觀自古宦官禍人國者，其始皆由人主輕變祖宗成法，假之以權，其後乃至自欲收之而不可得。後世亦未嘗不知之，往往相尋於覆轍，臣不知何說也。漢亡於宦官，唐可鑑矣，而乃蹈其轍。漢、唐亡於宦官，我朝可鑑矣，至三履其危。夫漢、唐亡於宦官，一失遂不可復悔。我朝危於宦官，則屢免屢犯而不悔。是猶人食烏喙，幸其毒解，謂不殺人而玩食之也，臣恐有時爲之誤爾。今陛下誅斥宦官，空其黨類，我朝一百五十年宦官之氣始一沮，一百五十年神人之憤始一伸，但未知陛下曾有志息其機務否也？若不息其機務，則禍根猶存，陛下雖能制之於今，必不能制之於後。譬猶穢草惡木，雖剪其枝葉，然深根在地，當其時至，能禦其發生乎？惟陛下真知灼見，猛勇果決，拔去其根，反絲綸簿於內閣，息其機務以收其權，則宦官之禍，無自而發矣。昔我孝宗皇帝，晚年深悟累朝假借宦者之失，嘗與大臣劉健等謀議欲盡革之，厥志未諧，遂有後日之禍，天下至今惜之。有今日之事機，而不乘此以拔禍根，臣恐後日之禍將復如前，又使後人追惜於今也。臣於陛下，不勝願望。

　　二曰罷內臣鎮守以厚邦本。臣惟我朝疆理天下，分土爲郡縣衛所，而統之以三司，歲有巡按以臨之，重地又兼設重臣以鎮之。小大相維，亦足以爲治矣。後來始有內臣鎮守之事。夫寺人之職，宮庭是司，疆場守禦，非其所務，以疆場之重，委之宮庭執役之官，豈我太祖、太宗之法哉？昔漢季以宦者封侯，唐季以宦者監軍，皆因事間見，初非常設，且爲後世所譏。我朝以宦者鎮守，則與文武官並置，因襲爲常，又漢、唐所無者，不知後世以爲何如。且內臣出鎮，豈真欲藩衛保障以忠於社稷哉？不過欲魚肉吾民爾。臣聞一人求鎮，必重賂於朝廷之權幸，然後得東塗西抹，至以萬計，隨地豐約以爲多寡。如廣東必須十五萬銀，浙江則十萬，臣福建亦不下八九萬。此臣所知也。就鎮之後，金幣寶玩之類，隨地產以供歲例者，復無紀極。至所以自飽其谿壑者，又不知凡幾。此何從得之？皆剋剝諸民也。夫民惟邦本，本固邦寧。縱鷹犬魚肉吾民，伐邦本以自傷，臣知陛下不忍爲也。今雖使有司爲之約束，彼未必便斂手以受約束，雖禁其不得奏帶多人，其禁終有時而弛。與其慮爲害而禁之，而卒不可禁，孰若去之，使不得爲害而不用吾慮哉？臣伏讀詔書，見自正德以來，額外添設各處守備，非我列聖之舊者，悉皆取回。臣敢因此以廣聖意，請自宣德以來法外所設各處鎮守，非我祖宗之舊者，皆可取回。信如是，則生民之患十去八九，陛下邦本永固於磐石矣。此亦我孝宗皇帝末年之志而未遂者，陛下行之，是亦繼志述事之大也。臣於陛下，不勝願望。

明職守以白構陷疏

臣聞人臣以盡職爲忠，理官以守法爲職。臣以菲才，叨任理官，竊念祖宗設立大理寺審錄刑名，罪自杖以下稍有出入，即令照駁，原問官俱坐罪。立法之嚴有如此。臣仰體祖宗立法之意，故自蒞官以來，夙夜孜孜，奉以周旋，罔敢失墜。此臣之心也，亦臣之分也。

近該南京刑部廣西清吏司發審犯人郝勳一起，内充軍犯人徐積、丘恩、鍾鳴鳳俱犯該指稱官員名頭，詿騙財物事一次，詿江橋銀一百二十兩一次，詿吳寬銀一百兩，先後告發巡城御史譚魯處，不知何故，不行送問，將伊遞回各原籍。及卷查，徐積妻朱氏與鍾鳴鳳妻父宗倫訴告，并告犯口詞，俱稱問擬徒罪遞回去後，因徐積病故，朱氏纔告到司。臣見在京詞訟，俱赴通政司告，送刑部問理，大理寺審錄發落，本繳刑科。今譚魯巡城，專擅受詞理刑，係是變亂祖宗成法，況中間情弊多端，各犯該充軍罪名，只問徒罪，又屬故出。但招詞多爲隱諱，未見明白。與六合縣典史李洋爲人命事，俱該參究，已經呈堂駁回再問去後。譚魯懼罪，六月十九等日，節央人求臣免駁，臣俱不允。至二十六日，二事先後送到，臣仍欲駁回。臣本寺卿陳琳務在包容，連典史俱不准駁，是臣據法論，執意與相忤。至二十八日，臣復率同僚進講，本官堅執如前，反怒臣與相抗。臣退思，於法既不可廢，於志又不得行，姑於次日稱病，欲求去。本官連日杖吏，迫行前項文書。該寺承行官俱以法守爲辭，本官亦解。譚魯百般撫拾臣事，欲連諸道夾攻以撼臣。臣俱不理，計窮，乃使人譖愬臣於本官處，旁使其徒聲言以不能服屬官，欲加彈劾脅之，因使人爲畫策，參臣抗拒堂官，因以掩飾己罪而釋憾於臣，其姦心巧計，無所不至。本官誠心直道，不自知墮其術中也。

臣惟國家建立諸司，設官置屬，欲其更相可否，共修職業，非欲依阿雷同，無所事事也。大理寺職有執法，堂官欲事姑息，屬官不敢奉行，豈爲抗拒？昔漢文帝欲重驚乘輿馬、盜高廟環者罪，張釋之執之；宋太祖欲庇侯莫陳利用，趙普執之，二帝卒從，不以二臣爲抗拒。今臣執法未能如釋之、普，本官爲國守法，非若二帝之生殺由己，乃不能從，以爲抗拒，何哉？御史風紀之官，若有不公不法等事，許互相糾舉。大理寺於例，亦得查究其違錯。今譚魯所犯違法事情，同官既不糾舉，理官又不查究，反取執法之官，欲加以罪，是黨比於賊寇，受其兵而代之攻也。臣以孤蹤獨立，御史合謀攻於外，堂官承旨攻於内，臣復何恃？所以不顧患害而必與爭者，受朝廷官典三尺法，分當死守，不得而避也。今本官參臣，臣該罷黜，但恐臣黜之後，御史有如譚魯者將益無忌憚，承襲因仍，靡所不至。大臣畏威而不敢言，小臣懲禍而不敢爭，姦欺肆而主聰壅，私黨成而主勢孤，紀綱從此益壞，大權日虧削於冥冥之中，甚非國家之利也。

伏望皇上覽臣所奏，特敕三法司會議，差官前來，將譚魯所犯事情逐一從公推勘，明正其罪，以爲變亂成法者之戒，使國法從此一伸，紀綱不敢廢墜，然後治臣不能奉承堂官之罪，將臣罷黜，臣所甘心。

陳情辯理疏

先有南京刑部廣西司充軍犯人丘恩等爲誆騙財物事，告發巡城御史譚魯處。本官不知有何規避，擅將各犯問擬徒罪遞回原籍，事發到司。及六合縣典史李洋等爲勘二命事，亦該參究。臣俱呈堂駁回再問去後。譚魯懼罪，六月十九日，央臣同鄉御史史梧等到臣家求免，臣不允。尋，求免於本寺卿陳琳處。至二十五六日，二事先後送到，臣仍欲駁回，本卿稱説："這事道裏列位都來講了，如今不要駁，恐惹冤家。"對臣連拱十餘手，連李洋事概欲將就。是臣據法論譬，本卿仍令該吏廖清以鄉情動臣，臣姑緩詞以復。待至二十八日，臣率同官再議，言方出口，本卿即大怒，更不論事是非，但説："我見御史不禁參，汝乃固執，如今只有你，寺裏無我堂上了是？"臣回説："堂屬共守朝廷法度，豈可相阿徇？

御史許互相糾舉,豈問不禁參?理官守法,豈問冤家?"臣言止此,並無喧擾丢卷等情。臣等既退,本卿自悟其發之暴,即授意鍾寺副解臣,仍以鄉情相動。臣知志不可行,姑於二十九日稱病不出。本卿連日杖吏,迫行前項文書,該部承行官俱以守法爲辭。本卿意亦解。史梧等因臣不受伊囑託,反生恨怒,從而媒蘖其間。七月初六日,復到臣家,以堂官欲劾之意撼臣,見臣不動,遂左使本卿將緊關情節隱諱,復添支節,參臣抗拒堂官,又爲招結廣東等道御史戚雄等劾臣如前。臣姑具本令義男林以升赴闕陳訴,在後到。蒙刑部參臣:"堂官屬職,等級自有分限,臨下承上,體統亦有尊卑。今林希元徑情直行,越禮犯分。"遂蒙聖恩,依其所奏,將臣作浮躁淺露,降一級調外任。

竊念臣本書生,粗知章句,豈不知堂屬之分而敢於凌犯?但爭論是非之間,各欲理勝,辭色至於相戾,此則有之,豈有喧擾丢案爲庸人之態?只是本卿怪臣不聽主使,御史怪臣不聽請託,共爲此詞而加之罪爾。方臣之爭此也,一講不合,從容數日而再講求之,不爲迫也。再講不合,即引疾而置其事,初不必其志之行也。謂臣"徑情直行,越禮犯分",可乎?臣如有前情,本卿何不登時發怒參臣,却乃引延旬日,令人反覆游説以冀臣之變志,待終不變,然後從而劾之?該部所以參臣,蓋亦憑其一面之詞,而未知中間情事耳。若知其情,是非必有所分,豈加臣以此罪哉?堂屬之分,何嘗不尊,然朝廷所以建此官者,欲其勉修職業,興起事功也。若不以職事爲心,怕權勢,賣法市恩,求保其祿位,執名分之説,驅屬官使從之,則夫人皆不能,而况於臣乎?臣雖死有不能從,而况降調乎?

臣伏睹《大明律》內一款:"若刑部及大小各衙門官吏不執法律,聽從上司官主使,出入人罪者,罪如在朝官員交結朋黨,紊亂朝政律斬,妻子爲奴,財產入官。若有不避權勢,明具實迹,親赴御前執法陳訴者,罪坐姦臣;言告之人,與免本罪,仍將犯人財產給賞,有官陞二級,無官者量與一官,或賞銀二千兩。欽此!"又伏讀仁宗皇帝敕諭:"大理寺職當詳審,不可偏徇,畏懼勢要,遷合附會,以致枉濫。欽此!"夫聽從上官主使,出入人罪,律禁之嚴有如此,而偏徇畏懼權勢以致枉濫,我仁宗又有明戒。今臣不畏懼本卿權勢聽從主使,乃守祖宗之法而忠於陛下也,反以爲抗拒,將使臣賣法欺君而聽命於彼,然後爲能奉承堂官而全體統乎?刑部專問刑名,別衙門不得干預,此國家之大制度、大體統也。成化八年,南京巡城御史鄭節將犯人郭泰參送南京山東道問理,時都察院參稱北京一應大小詞狀,例該通政司受送各衙門施行,至於等項巡視御史縱有分内當行詞狀,俱發該城兵馬司轉送刑部問理,其各衙門未嘗敢受片紙詞訟,係是定例。今南京巡視御史各有擅受詞狀徑送該道問理,未免事體不一,人難遵守。今後凡有一應詞狀,俱由通政司受送各衙門斷理,其御史照北京政體,各要本分行事,一體遵行,庶事例相同,政體歸一。九月初二日,於奉天門奏准,已著爲令。夫巡城受詞,參送該道問理,猶謂政體有乖。今巡城專擅問刑,不關本院,不由理官,則國家之大制度、大體統乖悖甚矣,乃置不問,反取争於此者而加以罪,不知何也?使臣果有抗拒失儀,比之譚魯所犯猶有間,彼此兩分其罪,猶爲不平,況臣並無前情,今反得罪,而彼全無恙,豈得爲平?譚魯壞法多端,因臣發其一事,平生病痛盡見,故驚惶失措,求臣不得,復於該司姜郎中處求焚原案以滅迹,本官堅執不從。其事爲人譏笑,今却無恙,豈其意之所敢望哉?且此事既無所懲,則將無所不至,倘或在京,亦相倣效,不知何以處之也?在京五品官以下,御史不得彈劾,係節欽奉英宗皇帝正統六年詔書,及天順八年奏准事例。故數十年來,未有御史彈劾部寺屬官者,況御史挾私搜求細事彈劾不實者,《大明律》憲綱又有明禁。

今戚雄等因臣參駁,合黨攻臣,在律例俱各有違。該部不行參究,反因其言罪臣,不知何也?今據其言論之:巡城擅問刑名,出脱充軍,比之與堂官争論失儀者,事孰爲大?其失觀瞻體統,非聖世所宜有者,孰爲甚?戚雄等不言彼而言此,何也?以臣執法爲"矯情干譽",必如彼之徇私壞法,然後爲真情乎?臣與譚魯有何關涉,而謂"挾私",據其所言,皆欺天罔人而不知自愧於其心也。臣本布衣,叨蒙朝廷擢用爲理官,每恨不能以身報國,故涖官以來,鞠躬盡瘁,期盡吾心於法所當行,分毫不敢假借,夙夜驚惶,惟恐失墜。今以守法見黜,臣之職分盡矣,於陛下可以無負矣,臣復何求?且臣方争此之時,固以去就決之,今日之事,臣所甘心,夫復何悔?但念賞罰人主之大柄,是非天下之至公。臣既以是謫官,譚魯乃無恙,則是非倒置,賞罰不行,將使奸頑無所懲創,理官難於盡職,朝廷大制度、大體統將益虧壞,此臣所以冒斧鉞,吐血誠,陳於天聽之下也。如蒙允臣所奏,乞敕法司,將譚魯所犯事情,亦加窮治,稍示黜責,庶人心知警,國法一伸,而臣報國之心,亦於是乎盡矣。

荒政叢言疏

臣林希元奏爲應詔陳言,以裨荒政事。

恭惟陛下堯仁舜孝,出潛御天,敬德日躋,文章虎變,臣民作極,萬國懽心。比聞四川、陝西、湖廣、山西等處,民厄災傷,惻然動念,大沛蠲恩,期於弘濟,博延群策,用廣聰明。蓋自三王以降,漢、唐、宋之君,少有子育元元,窮神知化如斯者也。聖主達聰則謀臣奮其議,明王崇德則犬馬效其忠。自大號渙頒,臣民聳動,凡有寸長,咸思自獻。況臣久甘淪棄,更荷生成,大德莫酬,赤心徒抱,茲承明詔,敢不對揚?

夫救荒無善政,古今所病。古以賑濟垂芳史册者,代不數人。然法多醇疵,事難盡述。往時官司賑濟,動費不稽,毫分無補。今皇上不愛太倉百萬之銀,以濟蒼生,發自宸衷,誠曠典也。使不精求良法,期濟斯人,切恐故弊仍存,聖心良負。然臣疎淺,豈有高論能裨神謨,顧業尚專門,事諳素練。臣昔待罪泗州,適江北大饑,民父子相食,盜賊蠭起之際,臣之官適當其任,蓋嘗精意講求,於民情吏弊,救荒事宜,頗聞詳悉。今欲有陳於陛下者,亦負日之暄,以獻吾君之意也。

臣聞救荒有二難:曰得人難,曰審户難。救荒有三便:曰極貧之民便賑米,曰次貧之民便賑錢,曰稍貧之民便轉貸。救荒有六急:曰垂死貧民急饘粥,曰疾病貧民急醫藥,曰病起貧民急湯米,曰既死貧民急募瘞,曰遺棄小兒急收養,曰輕重繫囚急寬恤。救荒有三權:曰借官錢以糴糶,曰興工役以助賑,曰借牛種以通變。救荒有六禁:曰禁侵漁,曰禁攘盜,曰禁遏糴,曰禁抑價,曰禁宰牛,曰禁度僧。救荒有三戒:曰戒遲緩,曰戒拘文,曰戒遣使。其綱有六,其目二十有三，備開於後，編次以進，總曰《荒政叢言》。是皆往哲成規，昔賢遺論，臣嘗斟酌損益，或已行而有效，或欲行而未得，或得行而未及，謂可施於今日者也。若夫恐懼修省，降詔求言，蠲租稅以舒民困，散居積以厚黎元，皆人主救荒所當行，則陛下已先得之，不容臣言也。至於賣軍職，賣監生，賣吏典，乃不得已救急之弊事，非盛世所當行，則大臣已先陳之，不待臣言也。陛下倘不以臣言爲愚拙，爲迂疎，乞敕部院詳議可否，即賜施行，不惟四省之民獲生全之福，而九重之上，亦可以舒四顧之憂矣。

一、二難。

曰得人難者，蓋爲政在人，況救荒無善政，使得人猶有不濟，況不得人乎？如常平、義倉之法，在耿壽昌、長孫平行之則爲良，後世踵之則有弊。其故何也？正以不得其人耳。今各處災傷，民罹凶厄，陛下隱念至痛，府庫百萬之財盡不愛，以濟蒼生，此真愛民如子之心，生靈不世之遇也。使不得人以行之，臣恐措置無方，奸弊四出，饑者不必食，食者不必饑，府庫之財徒爲奸雄之資，百萬之費不救數人之命，此臣所以深憂過慮也。然所謂得人者，非特府縣官，凡分委賑濟官者，皆所當擇而不可苟者。昔富弼青州賑濟，其所用之人，則除着州縣正官外，就前資及文學等府佐領官擇有廉能者用之。夫有歐陽修以主賑濟，則府縣正官不用，擇所當擇者分委賑濟之官。今不得如歐陽修者主賑濟，則主賑濟者，府縣正官之責，所當精擇，而擇委官，又其責也。臣愚欲令撫按監司精擇府州縣正官廉能者，使主賑濟。正官如不堪用，可別揀廉能府佐或無災州縣廉能正官用之。蓋荒事處變，難以常拘也。至於分賑官員，可令主賑官各就所屬學職等官，又待選舉人、監生等人員，擇素有行義者，每廠一員爲主賑，又擇民間有行義者一人爲耆正，數人爲耆副。使監司巡行督察各廠，所至考其職業，書其殿最，並開具揭帖。事完，官上之吏部，府縣學職等官，視此爲黜陟，舉人、監生等人員，視此爲除授。民上之撫按，有功者以禮獎勞，仍免徭役，有過者分別輕重，懲治不恕。如此，則人人有所激勸，而荒政之行或庶幾矣。

曰審戶難者。蓋賑濟本以活窮民，夫何人情狡詐，奸欺百出，乃有頗過之家濫支米食，而窮餓之夫反待斃茅簷。寄耳目於人，則忠清無幾；樹衡鑑於上，則明照有遺。此審戶所以難也。古云"救荒無善政"，正坐此耳。昔宋富弼青州賑濟流民，古今所稱。臣謂此殆不難，何也？民至於流，即當賑濟，無事審戶，何難之有？惟夫土著之民，飢飽雜進，眞僞莫分，此其所以難也。邇時官司審戶，有委之里正者矣，有親自抄劄者矣，有行賑粥之策者矣。然皆不能釐革奸弊，何者？以臣所見言之。臣昔待罪泗州，適江北大饑。臣始至，稽其簿籍，本州已賑濟兩月，倉庫錢糧已竭矣，而民父子相食者不能救，盜兵潢池者日益熾。臣深求未得其故。既而見民有投子於淮河者，問其賑濟，則曰"無錢與里書，不得報名也"。又審賊犯於獄，問其賑濟，則曰"未也"，而稽其簿籍，已支兩月糧，蓋里書之冒支也。又收饑莩於野，問其賑濟，則曰"無有"。何以不濟？曰："戶有四口，二口支糧，月支三斗，道途往復，已費其半。一口支糧，四口分之，每口只得六七升，是以不濟也。"此按籍之弊也。此里正之不足任也。臣既灼知其弊，乃親自抄劄，則纔入其鄉，而告饑者塞途，眞與僞莫之辨也。既而沿門審驗，則一日不能十數家。千萬饑民，已不能遍，而分委之人，其弊與里正，要亦不甚相遠。此親自抄劄之難也。及其廷臣建議賑粥，其說以為窮餓不得已者始求食，不須審戶，可得饑民。臣始是其議，用意推行，不知歲既大饑，民多鮮恥，飢飽並進，眞僞莫分。甚至富家伴僕報名食粥，窮鄉富人遣人關支。臣因痛加沙汰，追罰還官者無數。是賑粥之法，亦難任也。故曰三者皆不能釐革奸弊者，此也。昔宋蘇次參澧州賑濟，患抄劄不公，令民用紙半幅，上書"某家口數若干，合請米豆若干"，實貼各人門首壁上，如有虛僞，許人告首，甘伏斷罪，以備委官檢點，古今以為良法。但以臣觀之，門壁之貼，未必從實，檢點之官，未必得人，安能保其可以革弊而絕無欺僞於其間也？然則終無策與？臣愚欲分民為六等：富民之等三，極富、次富、稍富；貧民之等三，極貧、次貧、稍貧。稍富不勸分，稍貧不賑濟。極富之民使自檢其鄉之稍貧者而貸之銀，次富之民使自檢其鄉之次貧者而貸之種。非特欲借其銀、種也，欲於勸分之中而寓審戶之法也。何者？蓋使極富之民出銀以貸稍貧，彼必度其能償者方借，而不借者即次貧也。使次富之民出種以貸次貧,彼必度其能償者方借,而不借者即極貧也。不用耳目而民爲吾耳目,不費吾心而民爲吾盡心。法之簡要,似莫有過於此者。責委官者逐都推勘,隨户品題,既皆的實,然後隨等處分賑濟,則府庫之財不爲奸雄之資,而民蒙實惠矣。或曰:貧分三等,流民何居?臣曰:流移之民雖有健弱不一,然皆生計窮盡,不得已棄鄉土而仰食於外,與鰥寡孤獨窮乏不能自存者何以異?雖謂之極貧,可也。臣故曰:不須審户即當賑濟者,此也。

二、三便。

曰極貧之民便賑米者。臣按,宋富弼青州賑濟流民,所支米豆十五歲以上每口日支一升,十五歲以下每口日支五合。仍曆子頭上分明,籌定一家口數:一官如管十者,即每日支兩者,逐者并支五日口食,河北流民賴以存活者五十餘萬人。此荒政之最善,古今所稱。近時官司賑濟多有用之而專賑米者。然以臣觀之,若次貧、稍貧人户,家道頗過,不幸而際凶歉之年,生理雖艱,猶未至懸命朝夕,且其力能營運,不至束手待斃,使其終日敝敝而守升合之米,彼固有所不屑者。且欲食之民署無涯限,倉廩之積豈能盡濟?惟夫極貧之民,室如懸磬,命在朝夕,給之以米,則免彼此交易之難,抑勒虧折之患,可濟目前死亡之急,此其所以便也。其法:大口日支一升,小口半之。八口之家,四口給米;四口之家,二口給米。非不欲盡給之也,民無窮而米有限。窮餓之民日得米半升,亦可以存活矣。隨饑口多寡,不分流移、土著,合就鄉集立廠。每廠賑濟,官給與長條小印,上刻其廠極貧饑民,以油和墨,印誌於臉。每人給與花闌小票,上書年貌、住址。如係一家,即同一票。五日一次赴廠驗票。支米十人爲甲。甲有長,五甲爲群,群有老。每甲一小旗,旗上掛牌,牌書十人姓名,甲長執之。每群一大旗,旗上掛牌,牌書五甲姓名,群老執之。群以千字文給號。當給之日,俱限巳時,群老、甲長各執旗牌,領率所屬饑民挨次唱名給散。每口一支五升,每甲五斗,每群二石五斗。群甲之糧,只給長老,使之給散。必印臉驗票者,防其僞也;必群分旗引者,防其亂也;必一時支給者,防其重疊也;必總領細分者,省其繁且遲也。每廠給與印信文簿,將饑口支糧數目逐一造報,以憑稽考。仍給升一、五升斗一、五斗斛一,當官印烙,發付印用。其發米下船,如不係沿流及產米去處,難於搬運,則散銀各廠,官耆令就本鄉富户照依時價糴買。或本鄉富民粟盡,可令饑民遠就有粟去處一頓關支,亦移民就粟之意也。

曰次貧之民便賑錢者。臣按,董煟《救荒活民書》謂:"支米最不便,弊病又多。不係沿流及產米去處,搬運腳費甚大,不如支錢最省便,更無偽濫之弊。小民將錢可以抽贖典過斛斗。或一斗米錢,可買二三斗雜斛。以二三升伴和野菜煮食,則是二斗雜斛,可供一家五七口數日之費。"其説是矣。近時官司賑濟多有用之而專賑錢銀者。然以臣觀之,極貧之民室如懸磬,命在朝夕,若與之錢銀,未免求糴於富,抑勒虧折,皆所必有。又交易往還,動稽時日,將有不得食而立斃者矣,可謂便乎?惟次貧之民,自身既有可賴而不甚急,得錢復可營運,以繼將來,此其所以便也。其法:八口之家,四口支錢;四口之家,二口支錢。每口所支折銀二錢。編群給票,亦准極貧印誌旗引,則不必用支錢。於穿錢繩索,係以錢鋪散者姓名;支銀於包銀紙面,印誌銀匠散者姓名。如有低偽消折,聽其赴官陳告,坐以侵漁之罪。如是則法不生奸,而民蒙實惠矣。然塊銀細分,必有虧折。如銀十兩,散五十人,每人二錢,必虧五六七釐,此臣所經驗也。要不若散錢爲尤便。且貧民以銀易錢,又有抑勒虧折之患也。

曰稍貧之民便轉貸者。臣按,出官粟以貸貧民者,古之義倉是也;勸民粟以濟貧民者,今之納例是也。今臣所謂轉貸者,借民財以借貧民而不費官財,酌二者之間而參用之也。夫稍貧之民較之次貧,生理已覺優裕,似不待賑濟。然時當荒歉,資用不無少欠,不可全不加念,是故不之濟而之貸也。然欲官自借之,則二貧之給錢穀亦或不敷,若使富民借之,則民度其能償,必無不可。故使極富之民出財以借,官爲立券,豐歲使償,只收其本,不責其息。貧民得財而有濟,富民捐財而有歸,官府無施而有惠,一舉而三得備焉。此其所以便也。其法:八口之家,四口借銀。每口二錢,自正月至四月,總四月之銀,一次盡給之,待其輾轉營運,亦可以資其不足而免於匱乏矣。一人所借,多至二百口,少不下一百口。若本鄉無富民,則借之外鄉,並官立文册。事完之日,以禮獎勵,量免幾年徭役。作之有道，則民自樂於供輸矣。

三、六急。

曰垂死貧民急饘粥者。臣按，作粥以伺饑民，昔漢獻帝蓋嘗行之，後世多有用之而專賑粥者。但以臣觀之，次貧之民生計未急，日授之米，已有不屑，而況粥乎？極貧之民生計雖急，而給之粥，亦有所不願者。何則？粥之稀稠冷暖不一，食之多寡緩急甚殊，早關晚放，人弗自便，氣蒸疫作，死亡相繼。始也不得已，扶攜強健而入廠，終也不得去，空拳匍匐而出門，此所以不願也，臣昔泗州親見之審矣。若夫垂死之民，生計狼狽，命懸頃刻，若與極貧一般給米，則有舉火之艱，將有不得食而立斃者矣。惟與之粥，則不待舉火而可得食，涓勺之施，遂濟須臾之命，此粥所以當急也。必於通都大衢量搭小廠，亦設官者，令其領米作粥。流莩所過，並聽就食。但人餓既久，腸胃噎塞，乍飽多死。粥要極稀，毋令至飽，當漸以與之，待氣完體壯，然後與極貧一體賑米。然作粥之法，又慮生熟不齊、參和灰水之弊。要在委任得人，則民蒙實惠矣。或曰：賑粥之法，昔大臣嘗行於江北，今子三貧之賑不之取，獨取而用於垂死貧民，何也？臣曰：昔江北之大饑也，民餓死與爲盜正在十一、十二月之間。臣至，多方賑濟，稍健能行者隨口給米，弱憊不能行者爲湯粥飼之。及正月初，廷臣建議賑粥，民多不願。臣乃試爲二廠，一賑粥，一賑米。民皆舍粥而趨米。臣因與面論可否，其說鑿鑿可聽，臣不能奪，乃一意推行，而更得法。然行之未久而弊作，何也？飢飽混進而糜費浩繁，疫癘盛行而死亡枕藉。當日上司目擊其弊，故行之不兩月，羽書星馳，令停粥而給米，則上司已知其法之不可行而自改之矣。臣目擊其弊，乃多方澄汰，亦只查革得一二。續因饑民病愈乞歸，遂給米散遣之，雖以賑粥造報，實則賑米者半月，則臣已知其法之不可行而陰改之矣。然臣始至泗州也，親見饑民立死，乃亟行賑濟。城郭餓莩既仆者、欲仆者，亟取米飲灌之，旋以稀粥接續與食，既仆者十救五六，欲仆者全救。因思垂死饑民，非粥決不能救，又不可緩。若夫三貧之賑，決不可用。乃知昔人此法實爲垂死饑民而設。擇羸弱給粥，候氣完然後一給，則宋儒程頤之論，實有見矣。今臣三貧之賑去粥不用，而獨用之垂死貧民者,豈空言無據哉!或曰:賑粥民既不願,又有濫食者,何也?臣曰:不願食者,貧民;其濫食者,非貧也。

曰疾病貧民急醫藥者。蓋時際凶荒,民作疫癘。極貧之民一食尚艱,求藥問醫,於何取給?昔宋趙抃知越州,爲病坊以處病民,給以醫藥者,正爲此也。往時江北賑濟,官府亦發銀買藥以濟病民,然斂散無法,督察無方。醫人領銀,不盡買藥而多造花銷。窮民得藥,初不對病,而全無實效。今各處災傷重大,貧民疾病所不能免。臣愚欲令郡縣博選名醫,多領藥物,隨鄉開局,臨證裁方。郡縣印刷花闌小票,發各廠賑濟。官令多出榜文,播告遠近,但是饑民疾病,並聽就廠領票,赴局支藥。仍開活過人數,並立文案,事完連冊繳報,以憑稽考。濟人多寡,量行賞罰,侵剋錢糧,照例問遣。如是,則病者有藥,而民免於夭札矣。

曰病起貧民急湯米者。蓋疾病饑民或不能與賑濟,或與賑濟而中罹疾病,逮疾病新起,元氣初復,正當將息之時也,而筋力頹憊,不能赴廠支米。若非官爲之所,則呻吟牀簣之上,有枵腹待斃者矣。臣昔泗州賑濟,四月疫作,見饑民多病不能赴廠食粥,因遣人訪問其家,則有患病新瘥欲食而無所仰者。乃遣人沿門搜訪,但是疾病新起貧民,每人給米一升五合。三日內外,散米一十一石七斗,而濟病民八百二十二名口,所費不多,全活者衆。今各處災傷重大,民病有所不免。臣愚欲令各廠賑濟官遣人沿門搜訪,但是患病新起貧民,俱口給米五合,一支五日,使其旦夕燒湯,不時餐飲。待元氣既復,膚體既壯,方發饑民廠照舊支米,則病起有養,而民免於橫死矣。

曰既死貧民急募瘞者。蓋大荒之歲,必有疾疫。流移之民多死道路,不爲埋瘞,則形骸暴露,腐臭薰蒸,仁者所不忍也。故先王有掩骼埋胔之令,宋仁宗有官爲埋瘞之詔,良有以也。然死者人所畏惡。責人以所惡,其從則難;誘人以所利,其趨甚易。臣昔在泗州,見郡縣差官給銀買蓆瘞屍,督責雖嚴,而暴露如舊。臣知其故,乃擇地勢高廣去處爲大塚,榜示四方軍民,但有能埋屍一軀者,官給銀四分或三分。每鄉擇有物力行義者一人,領銀開局,專司給散。各廠賑濟官給與花闌小票,凡埋屍之人,每日將埋過屍數呈報該廠領票,赴局驗票支銀,事完造報,以便查考。埋過屍骸,逐日表志,以待官府差人看驗。此令一出,遠近軍民趨者如市。數日之間,野無遺骸,官不費力,而死者有歸,至簡至便。今各處災傷,疫癘不無,饑死轉死所不能免,如臣之法,似可行也。

曰遺棄小兒急收養者。蓋大饑之年,民父子不相保,往往棄子而不顧。臣昔在泗州,見民有投子於淮河者,有棄子於道路者,爲之惻然。因思宋劉彝知處州,嘗給米令民收棄子,乃倣而行之,置局委官,專司收養。令曰:凡收養遺棄小兒者,日給米一升,一支五日,每月抱赴局官看驗。饑民支米之外,又得小兒一口之糧。遠近聞風,爭趨收養,甚至親生之子,亦詐稱收抱,以希米食。旬月之間,無復有棄子於河於道者。今各處災傷去處,若有遺棄小兒,如臣之法,似可行也。

曰輕重囚繫急寬恤者。臣按,《周禮》荒政十有二,三曰緩刑。蓋民迫於饑寒,不幸有過失,緩其刑罰,所以哀矜之也。況年當荒歉,疫癘甚行,獄囚聚蒸,厥害尤甚。若不量爲寬恤,則輕重罪囚未免罹災橫死。故充軍徒罪追贓不完久幽囹圄者,必量情輕重,暫爲釋放。絞斬重罪有礙釋放者,必疏其枷杻,給以湯藥。如此,則輕重罪囚,各獲其生,無夭札之患矣。然囚繫既急寬宥,則凡戶婚諸不急詞訟,當且停止,恐負累饑民及妨誤賑濟,此又不可不知也。

四、三權。

曰借官錢以糴糶者。蓋年歲凶歉,則米穀湧貴,富民因之射利,貧民因以艱食。昔宋吳遵路知通州,適災傷民多流轉,遵路勸富家,得錢萬貫,遣牙吏散出收糴米豆,歸本處依原價出糶,民謂之便。今既勸富民出貸貧民,又借其財以糴糶,則民不堪矣。臣愚欲借官帑錢銀,令商賈散往各處糴買米穀,歸本處依原價量增一分爲搬運腳力,一分給商賈工食。糶盡復糴。事完之日,糶本還官。官無失財之費,民有足食之利,非特他方之粟畢集於我,而富民亦恐後時失利,爭出粟以糶矣。然糴糶之法,專爲濟貧,商賈轉販,所當禁革。又當遍及鄉村,不得只及坊郭,則貧民方沾實惠。或曰:宋蘇軾浙中賑濟,謂只將常平斛斗出糶,則官司不勞抄劄勘會、給納煩費,但得數萬石斛斗在市,自然壓下物價,境內百姓人人受賜。董煟以爲良法，遂建救荒三策，而以是爲首。今三貧之賑而不之取，何也？臣曰：大饑之歲，三貧俱困，安得許多銀可糴米豆？而糴買者多商販或富民也，故其策不可用。蘇軾之行於浙中者，或未至於大饑也。

　　曰興工役以助賑者。蓋凶年饑歲，人民缺食，而城池水利之當修在在有之。窮餓垂死之夫，固難責以力役之事。次貧、稍貧人戶，力任興作者，雖官府量品賑貸，安能滿其仰事俯育之需？故凡圮壞之當修，湮塞之當濬者，召民爲之，日受其直，則民出力以趨事，而因可以賑饑，官出財以興事，而因可以賑民。是謂一舉而兩得，於工役之中，而有賑濟之助者。昔宋熙寧七年，河陽災傷，常平倉賑濟斛斗不足，詔賜常平穀萬石興修水利，以賑濟饑民。董煟謂此以工役賑濟者。今之大臣蓋嘗用之於宰縣之日。臣昔師其意而行之於泗州，既有效者。今各處災傷，似可用也。或曰：荒年財力方屈，凡百工力皆當停止。故《周禮》荒政有弛力之令，今子乃欲興工力，何也？臣曰：荒年工役之停止者，蓋謂宮室臺榭之類之可已者。若夫城池之禦侮，水利之資農，皆荒政之所不可已者。府庫之財自有應該支用，而不干賑濟之數，若里甲之類者。臣在泗州，蓋嘗支用而不礙於賑濟者矣。臣興工役之策，復何疑哉？

　　曰借牛種以通變者。蓋饑饉之後，賑濟之餘，官府左支右吾，府庫之財亦竭矣。民方艱食之際，只苟給目前，固不暇爲後圖。幸而殘冬得度，束作方興，若不預爲之所，將來歲計復何所望？故牛種一事，尤當處置。若燕慕容皝以牛假貧民，宋仁宗發粟十萬貸民爲種，爲是故也。今府庫之財既殫於賑濟，如欲人人而與之牛，則都里之民甚多，一牛之費甚大，欲人人而與之種，則缺種之戶不少，府庫之財莫續，是難乎其爲圖。臣昔在泗州，承上司文移：上里與牛六具、種若干，中里與牛五具、種若干，下里與牛四具、種若干。臣召父老計之，其法難行，乃自立法：逐都逐圖差人查勘有牛有種者幾家，有牛無種者幾家，有種無牛者幾家，牛種俱無者幾家。有牛者要見有幾具，有種者要見有多寡，通行造報，乃爲處分。除有牛無種、有種無牛人戶聽自爲計外，無牛人戶令有牛一具帶耕，二家用牛則與之共養，失牛則與之均賠。無種人戶令次富人戶一人借與十人或二十人,每人所借雜種三斗或二斗。耕種之時,令債主監其下種,不許因而食用;收成之時,許債主就田扣取,不許因而拖負。官爲立契,付債主收執。此法一立,有牛種者皆樂於借而不患其無償,缺牛種者皆利於借而不患其乏用。臣半月之間,凡處過牛一千九百六十五具,種八百四十七石,銀一百七十五兩,處給一州缺牛種人户計四千八百五十六家。此於財匱之時得通變之術,時江北州縣多有倣行者。今各處災傷重大,如臣之法,似可用也。然臣昔在泗州,不曾定六等人户,故須臨時查勘。今既定民爲六等,則稍貧者不待給,次貧者令次富給之,不待臨時查勘矣。或曰:次貧之民,既有次富之民出種借之,極貧之民則何所借?臣曰:極富之民既借之銀,次富之民既借之種,不可復借矣。要極貧之中,無田者多,若有田者,再處一月之糧而一給之,則其事盡濟矣。

五、六禁。

曰禁侵漁者。蓋人心有欲,見利則動,朝廷發百萬之銀以濟蒼生,而財經人手,不才官吏不免垂涎,官耆正副類多染指。是故銀或換以低假,錢或換以新破,米或插和沙土,或大入小出,或詭名盜支,或冒名關領,情弊多端,弗可盡舉。朝廷有實費,而民無實惠者,皆侵漁之患也。昔王莽時南方枯旱,流民入關者數十萬人,置養贍院廩之,吏盜其廩,餓死十七八。夫盜廩之弊,豈特莽時爲然,自古及今,莫不然也,不重爲禁,可乎?臣按《大明律》,凡監臨主守盜倉庫錢糧者,問罪刺字,至四十貫者斬。問刑條例:宣、大、榆林等處及沿海去處,監臨主守盜糧二十石、銀一十兩以上者問罪,發邊衛永遠充軍。臣愚以爲賑濟錢糧,人民生死所係,若有侵盜,其罪較之盜宣、大沿邊等處錢糧者爲尤大,其情尤爲可惡,合無分別等第,嚴立條禁:凡侵盜賑濟錢糧至一兩以上者,問罪刺字,發附近充軍;十兩以上者刺字,發邊衛永遠充軍;至二十兩以上者處絞。按律:殺人者死。侵盜賑濟錢糧至二十兩以上,致死饑民不知其數,處之以死,豈爲過乎?重禁如此,庶侵漁知警,饑民庶乎有濟矣。

曰禁攘盜者。蓋人有恒言:"饑寒起盜心。"荒年盜賊難保必無,縱非爲盜之人,當其缺食之時,借於富民而不得,相率而肆劫奪者往往有之,於此不禁,禍亂或由以起。《周禮》"荒政十二"，有"除盜"之條。辛棄疾湖南賑濟，嚴劫禾之令，正爲是也。然處之無方，則禁之不止。民迫於死亡，方且僥倖以延旦夕之命，豈能禁之使不攘盜乎？臣昔至泗州，適江北大饑，盜賊蠭起。臣先賑濟，次招撫，次斬捕。凡賑過饑民三千四百口，撫過饑民四百五十口，捕過撫而復叛饑民六十口，而盜始大靖。今各處災傷重大，盜賊攘奪，難保必無。若官府賑濟未及，必作急區處賑濟，俾不至攘奪。若賑濟已及而猶犯，是真亂法之民也，決要懲治。然不預先禁革，待其既犯，遂從而治之，是"不教而殺謂之虐"也。必也嚴加禁革，攘盜者問罪枷號，爲盜者依律科斷，如有過犯，不得輕宥。如此，則人知警懼，而不敢犯，禍亂因可以弭矣。

曰禁閉糴者。嘗見往時州縣官司各專其民，擅造閉糴之令。一郡饑則鄰郡爲之閉糴，一縣饑則鄰縣爲之閉糴。臣按，春秋之時，諸侯竊地專封，固不以天下生靈爲念，然同盟之國，尚有恤患分災之義。秦饑，晉閉之糴，《春秋》誅之。況今天下一家，民無爾我，均朝廷赤子，乃各私其民，遇災而不相恤，豈吾君子民之意？萬一吾境亦饑，又將糴之誰乎？是欲濟吾民而反病吾民也。謂宜重爲之禁，令後災傷去處，鄰界州縣不得輒便閉糴，敢有違者，以違制論。如此，則爾我一體，有無相濟，非惟彼之缺食可資於我，而己之缺食亦可資於人矣。

曰禁抑價者。蓋年歲凶荒，則米穀湧貴。嘗見爲政者每嚴爲禁革，使富民米穀皆平價出糴。不知富民慳吝，見其無價，必閉穀深藏，他方商賈見其無利，亦必憚入吾境，是欲利小民而適病小民也。昔范仲淹知杭州，兩浙阻饑，穀價方湧，斗計百二十文，仲淹增至百八十，衆不知所爲，仍多出榜文，具述杭饑及米價所增之數。於是商賈聞之，晨夕爭先恐後，且虞後者繼至，於是米石輻集，價直遂平。今各處災傷，若抑價有禁，參用仲淹之法，則穀價不患於騰湧，小民不患於艱食矣。

曰禁宰牛者。蓋年歲凶荒，則人民艱食，多變鬻耕牛以苟給目前，不知方春失耕，將來歲計亦旋無望。臣按問刑條例：私宰耕牛再犯、累犯者，俱發邊衛充軍。弘治十二年九月初一日，又節該欽奉聖旨："私宰耕牛今後違犯的，照例治罪。每宰牛一隻，罰牛五隻。欽此！"夫耕牛私宰，在平時尚有厲禁，況荒年宰殺必多，所關尤大，不爲之禁，可乎？然徒爲之禁而不爲之處，彼民迫於死亡，有不顧死而苟延旦夕之命者，況充軍乎？有同類之人父子相食而不顧者，況牛乎？謂宜預爲禁處：凡民間耕牛，不許鬻賣宰殺。賣者價銀入官，殺者充軍發遣。如果貧民不能存活，欲變賣易穀，聽其赴官陳告，官令富民爲之收買，仍付牛主收養，待豐年聽民販賣或牛主取贖。如此，則牛可不殺而春耕有賴，民獲全濟而官本不虧。臣昔在泗州，蓋嘗行之，而已後期。今各處災傷，且敕所在官司早爲禁處，斯可以有濟矣。

曰禁度僧者。蓋見往時歲饑，多議度僧賑濟。殊不知一僧之度，只得十金之入。一僧之利，遂免一丁之差。十年免差，已勾其本。終身游手，利不可言。況又坐享田租，動以千百。富僧淫逸，多玷清規。汙人妻女，大傷王化。是謂害多於利，得不償失，事不可行，理宜深戒。昔宋孝宗淳熙九年，敕令廣東、福建帥臣曉諭，願爲僧、道者每名備米三百石，請換度牒一道。續恐米數稍多，特減五十石。臣按，宋人全失中原，財賦之入已窘，又苦於歲幣之需，一遇饑荒，故不得已而出度僧之策。然猶一僧換米三百石，其不輕易如此。今國家財賦既倍於宋，蠻夷輸貢，無復歲幣，其財用既不若宋人之窘迫，乃因荒年給度，又一僧只易其十金，所獲不多而受此不美之名，何也？故宋人之策不可復用，度僧之事決不可行。今各處災傷重大，恐有偶因費廣復建此議者，所當禁也。

六、三戒。

曰戒遲緩者。臣聞"救荒如救焚"，惟速乃濟。民迫饑餒，其命已在於旦夕，官司乃遲緩而不速爲之計，彼待哺之民豈有及乎？此遲緩所當戒也。昔宋蘇軾《與林希書》云："朝廷原設儲備，熙寧中本路截發，及別路般來錢米，并因大荒放稅及虧却課利，蓋累百鉅萬。然於救荒，初無分毫之益者，救之遲故也。"然"遲"之一言，豈但熙寧一時爲然，自古及今，莫不然也。臣昔在泗州，適江北大饑，府縣九月、十月賑濟，皆是虛文，而民饑死正在十一、十二兩月，及至正月，而差官發銀始至，蓋亦坐遲之病也。今宜以此爲戒，嚴立約束，申戒撫、按二司,府、州、縣各該大小賑濟官員,凡申報災傷,務在急速,給散錢糧,務要及時,申報災傷與走報軍機同限,失誤饑民與失誤軍機同罰。如此,則人人知警,待哺之民,庶乎有濟矣。

曰戒拘文者。嘗見往時州縣賑濟,動以文法爲拘,後患爲慮。部院之命未下,則撫按不敢行,監司之命一行,則府縣不敢拂。不知救荒如救焚,隨便有功,惟速乃濟,民命懸於旦夕,顧乃文法之拘,欲民之無死亡,不可得也,朝廷雖捐百萬之財,有何補哉?昔漢河內失火,延燒千家,汲黯奉使往視,以便宜持節,發倉廩以賑濟貧民。宋洪皓秀州賑濟,寧以一身易十萬人命,截留浙東綱常平米斛以賑濟仰哺之民。此皆能便宜處事,不爲文法所拘者也。今各災傷去處,宜告戒撫、按司、府、州、縣等官:凡事有便於民,或上司隔遠,未便得請,事有妨礙者,並聽便宜處置。先發後聞,惟以濟事爲功,不得牽拘文法,致誤饑民,有孤朝廷優恤元元之意,則大小官員得以自遂,而饑民庶乎有濟矣。

曰戒遣使者。臣嘗見往時各處災傷重大,朝廷必差遣使臣分投賑濟,此固軫念元元之意。然民方饑餓,財方匱乏,而王人之來,迎送供億,不勝勞費,賑濟反妨,實惠未必及民而受其病者多矣。臣愚以爲各處撫、按、監司,未必無可用之人,顧委任之何如耳。莫若專敕撫按官員,令其照依朝廷議擬成法,仍隨所在民情土俗,參酌得中,督責各道守巡等官,分督州縣著實舉行。事完之日,年稍豐稔,分遣科道各處查勘。王命所在,誰敢不盡心!黜陟所關,誰敢不用命!較之凶歉之際,差官往還,徒爲紛擾者,萬不侔矣。

臣按,古之救荒,有先時預備者,有臨時處置者。先時預備,常平、義倉、社倉等法是也。臨時處置,如臣所陳是也。臨時處置之方,如臣所陳畧盡矣;先時預備之法,則未之及也。救荒不先時預備而待臨時處置,亦緩不及事矣。古之聖王,三年耕必有一年之食,九年耕必有三年之食,以三十年之通制國用,雖有凶旱水溢,民無菜色者,先時預備也。"以荒政十二聚萬民",則臨時處置也。必二者並行,然後爲聖王之政。若宋董煟《救荒活民》一書,可謂兼備矣。元張光大取而續增之,本朝朱熊又補其遺,世稱爲完書,版刻見在南京國子監。然以臣觀之，編次無倫，觀閱不便，其間闕畧不備，窒礙難行，蓋亦有。玆遇聖明博求荒政，臣愚竊欲重加編集以進，然待哺饑民方懸命旦夕，若得編完，不無遲誤，姑以微臣所見臨時賑濟之宜，先行具奏，俟臣從容編集，完日另行奏進。

臣荷德如天，報恩無地。墾田積穀，願效乎重華；陳策救荒，竊慕於元晦。伏冀聖明俯垂采擇，臣不勝感戴之至！

陳民便以答明詔疏

恭惟陛下以上聖之資，撫中興之運，即位以來，孜孜向學，汲汲求治，天下臣民欣然思見治化之成，唐、虞、三代雍熙泰和之盛。比因陝西、四川等處民厄災傷，惻然動念，大沛蠲恩，又恐民隱有遺，下情未達，令中外臣工各陳所見。陛下此心，即帝堯存心於天下、加志於窮民之心也，即帝舜明四目、達四聰之心也。治化之成，唐、虞、三代雍熙泰和之盛，有何難哉？夫天下之事不便於民者亦多矣，但臣拘於職守，未暇泛論，姑以臣之職守言之。臣之職守，鹽法也，屯田也，其間利害興革之詳，固非臣旬月之間所能具悉，且以最切近者言之。鹽法之弊，則無徵賠貱之苦，竈戶差役之繁；屯田之弊，則屯種逋負之多，追徵程督之不易。臣請開列條件以進，惟陛下采擇。臣聞泰山不棄壤土，故能成其大；河海不擇細流，故能成其深。故明主兼采於芻蕘，聖上廣稽乎衆論。臣言如有可采，乞敕該部詳察可否，即賜施行，不惟一方軍民幸獲蘇息，而軍需國計，亦未必無補矣。

一豁無徵以蘇竈戶。臣按，廣東、海北二鹽課提舉司，鹽課共七萬二千四百七十六引，該銀三萬三千六十五兩，有原額有徵者，有原額無徵者。洪武、正統年間，兩經强寇蘇有興、黃蕭養之亂，竈丁消耗，遺下鹽課無人辦納，是謂無徵。其見在竈戶，遞年煎鹽，辦納鹽課，是謂有徵。無徵竈丁二萬八千四百三丁，共該鹽課二萬八千四百三引，該銀一萬三千六十五兩。有徵竈丁四萬四千三百五十八丁，共該鹽課四萬四千三百五十八引二百六十一斤，該銀二萬二百四兩。弘治五年，兩廣都御史閔珪因竈丁陳球之訴，差官查勘，有册籍可考者也。無徵鹽課，貽累見在竈戶，加之差役繁重，而竈丁因之逃亡，課累見在竈戶，是謂續逃無徵。正德四年，廣東巡鹽御史鮮冕奏將見在有徵鹽課寬減二分；其先續逃亡無徵鹽課，節行停徵。嘉靖元年，又蒙皇上登極，恩詔蠲免五分，竈戶頗獲蘇息。嘉靖三年，廣東鹽課提舉司因兩廣都御史督責，遂將正德十六年以來停徵逃亡鹽課通行追徵。竈戶家富丁多者可以支持，家貧丁少者窘於賠納，而因之逃竄，竈丁又十去二三。臣惟有丁則辦，鹽丁既逃亡，而鹽課責辦於見在之丁，已非國家大體。本欲徵滿國課，而見在竈丁因之逃亡，國課益以虧折，是未見其有益而反有損也。且國家之財賦無限，得窮民萬銀之入，譬猶太倉之加一粟，鄧林之加一葉，不見其有增益，貧民之窮徹骨，復嚴責代償非分之賦，所謂"醫得眼前瘡，剜却心頭肉"，實見其艱窘。陛下子育群生，明詔拳拳以損上益下為念，必不忍為此也。又往時民戶、疍戶見竈戶免差，皆求投入鹽司，今既差役，不免仍舊逃歸本籍，此項名鹽，亦在鹽司，累及見在竈戶。前項鹽課追徵不完，以致提舉場官因之住俸，經年不得關支。而邊海無知鹽民因追徵嚴急，驚惶而起打奪，問死罪、徒罪者紛紛不絕。見有鹽丁文宣奏行分豁未結。臣自到任，節據廣東鹽課提舉司副提舉屠佳呈及歸德、靖康等場竈老陳繼經、林毅等訴，欲為奏豁而未及。茲承明詔，見陛下大沛蠲恩，以濟兆人。凡不便於民事件，又令各衙門呈奏。廣東鹽民似茲不便，想尤陛下所軫念者也。臣今仰體聖心，俯順民情，欲將廣東、海北二鹽課提舉司原額竈丁再行清查。如果先續逃亡遺下鹽課無人辦納，即與除豁，免得貽累見在竈戶。其見在竈戶若有新生續長鹽丁，通行查出，僉補原額。人物在天地間，彼衰則此盛。廣東鹽丁雖兩經兵亂而有逃亡，臣訪得見在竈戶人丁新生續長，蓋亦不少。若盡查出，想亦足補原額；縱或不敷，亦無甚相遠矣。其先年投入鹽司民戶、疍戶後來逃歸本籍者，亦與清查除豁，毋致貽累竈戶。又按，廣東鹽課雖因竈丁消耗，原額已損於舊，邇來生齒漸繁，食鹽漸廣，各處所入軍餉銀兩，已百十倍於初。彼消此長，蓋亦互相補也。雖陛下子育窮民有不計，此臣為國算計則如此耳。臣又查得廣東、海北二提舉司鹽冊，自天順六年編造至今六十餘年不行改造，竈丁在冊已故年久者未與開豁，新生續長者未及收入。竈丁按冊辦課，竈戶或人丁百餘，田業數頃，名鹽只納三四引；

或人只一二,家無宿粟,鹽課反納四五引。苦樂不均,皆坐於册籍不造而按册徵鹽也。臣愚欲將先年鹽册重新改造,竈丁已故年久者通行開除,新生續長者逐一清查收入。及竈田舊管新收開除,與民間黃册一般編造,向後務要照依。黃册十年一次更造,永爲定規。如此,則官府按籍督課,竈户照丁辦鹽,不至於苦樂不均矣。臣言如有可采,乞敕該部議擬施行。

一蠲徭役以登國課。臣按,竈户優免雜差,係累朝奏行事例。成化年間,因民間多有通同竈户詭寄田糧圖免差役奸弊,及殷實鹽户多買民田全免科差,府縣官遂將竈户與民一般編差,以致紛紛奏告。屢經巡鹽御史及欽差整理鹽法都御史等官各先後奏行。竈户一丁辦鹽,准户下二丁帮貼,其餘僉補逃故鹽丁,户内田產每辦鹽一丁,除民田一百畝不當差役,其餘一體扣算。當差止令出錢僱役,不許編充民快、水馬、站夫等差。正德四年,因廣東有司不行遵守,將鹽丁復編民差,又致竈丁告擾,遂該專理鹽法僉事吴廷舉再申前例,刊行各衙門遵守去後,已爲定規。夫何近來有司不知事例,輒將竈丁、竈田一概與民編當差役,以致東莞、惠來等縣竈丁盧福、方立中等節行告訴。臣又查得廣東丁田自編徭役之外,每人一丁出錢五百文、田一畝出錢一十五文,十年一次,隨里甲正役出辦供應,謂之均平錢。竈丁、竈田原不辦此錢。近因民户多買竈田,有司因令出均平錢,遂并竈丁、竈田與民一般科派。竈丁均平錢之外,每歲又有出海守哨之差。竈田每畝原科民糧三升二合,又科鹽二斤八兩,謂之鹽稅,納於鹽司。近因竈田賣入民户,不肯復納鹽稅,亦累見在竈户。夫竈丁每日辦鹽三斤四兩,勞苦極矣,今又與民概編徭役,出均平錢,出海守哨,是一丁而有四差;若累下無徵鹽課,不爲之豁,是又有五差也。竈田既畝科米三升二合,又科鹽稅二斤八兩,今又與民概編徭役,出均平錢,是一田而有四差;若田賣而鹽稅不與之豁,是亦有五差也。鹽民何堪!臣查得洪武二十三年廣東潮州府海陽縣小江場百夫長余必美奏稱:"本場竈户專一辦鹽,於内有田地者已經有司作數送納夏稅秋糧,今有司仍將竈户編充里甲巡欄庫子等項,鹽課難辦。"欽奉太祖高皇帝聖旨:"是准他既做鹽户,如何又着他當差雜役?欽此!"列聖相承,俱各優恤竈户,節有奏行條例，歷歷可睹。今竈户一丁辦鹽，准二丁幫貼，民田除一百畝不當差役，亦因竈户多買民田，有礙全免，而爲此隨時救弊之法，已非祖宗之舊矣。而有司又不能上體祖宗優恤竈丁之意，與陛下子育元元之心，故違累祖奏行事例，輒將竈丁與民一體編差，果何謂哉？臣節見鹽民赴道告訴，至於痛哭流涕，其迫切之情，誠可憫念。臣伏讀敕諭云："爾須提調各鹽課司官吏，督令竈户人等依額煎辦，通查見在儲積，追徵累年逋欠。如有積壓數多，量爲除豁。仍須親行産鹽地方，撫恤竈丁，使之得所。如有逃亡事故，即爲設法挨補、僉補。欽此！"陛下之憫念竈丁可謂至矣。今目擊竈丁之告而罔不之恤，是負陛下所以敕臣之意也，非明詔所以望於内外臣工之意也。

今臣欲將僉事吴廷舉申明成化年間議恤竈丁事例，再行申明，翻刊發各府州縣，令其遵守：凡竈丁一丁，准二丁幫貼，餘丁僉補逃亡竈丁。除竈田不編差外，户内田産每辦鹽一丁，除民田一百畝不當差役，其餘只令出錢僱役，不許編充民壯、水馬、站夫等差。其竈丁均平錢及出海守哨差役，亦准前例優免。竈田均平錢，查洪武年間原額優免。户内若有續買民田，亦准前例，除一百畝准其贍竈，餘田方令與民一體出辦均平錢。若有司再行編差科擾，以致竈户告言者，以違制論。其各竈田賣入民户，則鹽税每畝二斤八兩，着令隨田出辦，不得貽累竈户。如此，則竈户稍得蘇息，國課亦易輸辦矣。臣言如有可采，乞敕該部議擬施行。

一明條例以督屯糧。臣按，本朝屯田之設也，足食、足兵二意兼具。奈何法久弊滋，軍士逃亡，屯田因之埋没而難於清查，人情奸玩（頑），屯糧因之不完而經年逋負。屯田埋没，有强占、典賣等例，屯糧不完，有住俸、降級等例。然屯田之例已明，無容復講。屯糧之例，有似未明而不容不講者，臣請陳之：

如本年子粒延至次年正月不完者，比例趲運糧儲事例，衛所掌印管屯指揮千户、本管掌印千百户，通行住俸，刻期徵解。三月中不完者，衛所掌印管屯指揮千户、本管掌印千百户革去冠帶，戴罪徵納。衛所首領官吏、屯老旗甲通行拿問。五月中仍復不完，各該衛所掌印管屯指揮千户參問降級，本管掌印千百户提問,千户罰俸一年,都司管屯官聽按察司管屯官查舉,按察司管屯官若容情怠誤,責有所歸。此湖廣副使田汝耔之奏户部議行者也。查照律例,各都司衛所屯糧如本年終不完,管屯及各衛所掌印官并屯種官俱各住俸;一年之上不完,都司衛所僉書首領官及按察司管屯官各住俸。南北直隸、山東等處布政司俱限次年正月以裏造册送部查考,不完者官參送問罪,各降一級。此河南巡按御史王溱之奏户部議行者也。兩例並行,莫知適從。而王溱參問降級,不知在何年。夫一年以上不完,都司衛所僉書首領官、按察司管屯官既各住俸,則衛所管屯、掌印等官未應問以降級也,似宜再寬一限,方可降級,而例又未之及也。且按察司管屯官既住俸,都司管屯官豈宜不問,衛所掌印、管屯等官又不應畧無分別。如副使田汝耔所奏,似有斟酌矣。但立法當使人易避而難犯。必如其議,次年三月中不完即革冠帶,五月中不完即問降級,程期似乎太迫,使人難避而易犯。必如御史王溱之奏,程期乃爲不迫。但其例意似未明盡。

以臣愚見:如本年終屯糧不完者,管屯及各衛所掌印官并屯種官俱各住俸。一年之上不完者,衛所僉書首領官及都司按察司管屯官俱各住俸,其各衛所管屯、掌印、屯種等官俱各革去冠帶、戴罪徵納,屯老、旗甲通行提問。又半年之上不完,則管屯及各衛所掌印官并屯種官各參問降級,其都司管屯官聽按察司管屯官查舉。如此,則緩急適中,情法兩盡,而人易遵守矣。然屯糧之欠,蓋有數等:有田土迷没或被人霸占貼納不起者,有田被水坍沙壓或高阜辦納不起者,有軍士奸頑不肯完納者,有官豪影射不肯完納者,有攬户推奸不肯完納者。此皆拖欠在人,各該官員失於追徵,以之住俸、降級可也。亦有管屯指揮千百户等官將徵過錢糧侵欺入己,託名軍欠抵搪,彼則自獲大利,住俸、降級固非所恤,而各該官員乃因之住俸、降級,可乎?且如奸頑、攬户、官豪不肯完納,各該官員不能如法督徵,罰以住俸、降級可也;如或田土迷没,或被人霸占,或坍壓高阜,辦納不起,寧不在所恕乎?故臣愚欲再申明事例:凡屯糧本年終不納者,衛所掌印、管屯、屯種等官照舊住俸,仍令開報何人名下拖欠,申達按察司管屯官查考,如係奸頑、攬户、官豪拖欠,即令作急督徵,待至一年以上不完,方照例施行。

如是管屯等官侵欺不肯完納,即便參奏,照例問遣。如田土遠年迷没,或被人霸占,或坍壓高阜,軍士難於賠納,則當爲查處,被占者爲其追斷,迷没者爲其查理,坍壓者將新增田土撥補或與開豁,高阜者則令肥瘠相兼領種,或准雷州事例,只納三分之一,或只納一半。查處既當,該衛所管屯、掌印、屯種等官不行如法督徵,復致拖欠,然後坐以降級之罪,則人始無後言矣。臣言如有可采,乞敕該部議擬施行。

【校記】

① "人",原作"入"。此"小人"與上句"君子"相對爲文,當是"人"之誤。今據文意改。
② "聽",乾隆本模糊空缺,今據光緒本補。

林次厓先生文集卷二

奏　疏

到任謝恩疏

臣林希元奏爲到任謝恩事。

臣由正德十二年進士,歷官廣東按察司提學僉事。嘉靖九年十二月二十六日,接到吏部文憑,蒙聖恩擢臣南京大理寺右寺丞。臣已於嘉靖十年五月初三日到任。望闕叩頭外,念臣生逢盛世,忝竊賢科,初拜一官,更歷二寺。思欲任事,期不負於君親;智不審機,輒自致於機穽。落秩州倅,抱病林居,壯志久灰,後功奚望?況刑獄民命所寄,廷尉天下之平,畏途方怯於覆車,澠水敢圖於奮翼?伏遇皇帝陛下,英明蓋世,神武當天。敬學得千聖之傳,典禮稽百王之謬。存心至道,銳志中興。立賢遠匹於成湯,泣罪有同於神禹。故拔臣散地,處以外臺,遂長舊司,實超常格。豈曰老馬諳故道,可任以前驅?亦以使過勝使功,易責其後效。臣聞無德不報,佳會難逢,故壯士感恩以捐軀,賢者因時而建事。況君臣義根天地,明主志在唐、虞。再造殊恩,曷忍負焉?千載一時,豈忍失也?恨臣賢不如戴尚,有愧唐人妙選之榮;才遠謝皋,又何贊虞帝協中之化?惟當益堅夙志,勇奮愚忠。犬馬之齒未衰,尚竭力圖以補報;人臣之職其大,謹夙夜奉以周旋。伏願聖德與日月俱新,繼明照於四國;聖壽與天地同久,永治化以萬年。

王政附言疏

臣林希元奏爲應明詔敷陳治道事。

臣伏讀嘉靖九年四月十一日敕諭內一款:"一、在外民情利害,恐有未知,亦足致災。都察院便行文巡按御史及大小官：凡利當興、害當除者，有所見聞，着即條奏，不許詐妄，反害小民，以違朕意。"又一款："目下有可救災濟民之宜者，即行奏聞區處施行。都察院還行科道官，俾人各以見上聞。欽此！"恭惟皇帝陛下，聖神仁孝，繼統當天，學契湯、文，治慕隆古。比年以來，聖德日新，光輝益大，帝弦皇綱，同符三五，真大有爲非常之君，會真元而間出，曠萬世而獨隆也。迺者璽書屢降，詳告萬方，皆經國子民之道。臣大喜至治可興，唐、虞、三代可復見。又懼羣臣有司奉行不至，致聖德鬱而不宣，聖澤壅而不下，竊①乃取關於治道之大者，論著成篇，分列條款。其民情利害，與凡可救災濟民之宜，亦以類附，名曰《王政附言》。凡陛下之所欲爲見之詔敕者，皆古先帝王之政，臣因附以言也。爲目二十有一：曰守令，曰農桑，曰賦役，曰蓄積，曰均稅，曰恤窮，養之事也。曰教化，曰選舉，曰學校，曰師儒，曰闢邪，曰止淫，教之事也。曰平刑，曰詳讞，刑之事也。曰兵政，曰將才，曰邊患，兵之事也。曰財用，曰屯田，財之事也。曰禄米，國家親親之事也。曰用人者，爲政在人，其要歸於得人也。先之以守令者，治之本也。此臣編輯之意也。

臣聞進言非難，見用爲難；見用非難，濟治爲難。古之人臣懷經濟之術者，恒患其君不之用，若賈、董之於漢，程、朱之於宋，其志拳拳，非不欲致主於三代之隆也，而其君乃若枘鑿焉，則終焉而已。其見用於君者，又才不足以副之，如王安石之遇神宗，傾心委任，真伊尹、周公復出，乃不能恢張堯、舜之道以事其君，徒以功利之説禍天下，豈不重有負？此君臣相遇所以爲難。三代而下，民不見隆古之治千有餘年於兹者，恒以是也。今陛下倔起千載，超越漢、宋，朋輩商、周，此千載一時也。臣於此時，乃不能鋪張王道，稍佐下風，是負吾君也，是負斯民也，是負此生也，是自失機會也。此臣所以憤悱慷慨，不自量其拙且愚，必欲有陳於陛下也。昔燕昭王欲得士，其臣郭隗謂"請從隗始"，以五百金買馬骨爲喻，昭王爲之築臺師事之，期年，樂毅輩自四方至。夫五百金買馬骨，將以致千里馬也。郭隗非士，士之囮也。臣才非伊、周，不足以副陛下之願望。陛下以駿骨視臣，將臣所奏，留神省覽，略賜施行，將見必有命世之士如千里馬者至，輔成我皇上唐、虞、三代之治矣。

一曰守令。臣伏讀聖諭云："朕惟本固邦寧,不可不加意焉。欲民乂安,必慎用守令,然後獲所安。近屢有旨,命吏部多方選授,用心考察外,但未聞某官果賢,某方民獲安,某官爲否,某方民不聊生,無憑黜陟,實效未臻。"又云："欲守令盡職,又在巡按御史先盡職,以爲表率,他自不敢不勉。今後各處巡按御史,着照近日右都御史汪宏所奏事件,務要遵依,不許抗違,以爲身先之道。敕令所在,各官果有遵行盡職,生民安業的,指名奏來,陞用或賜旌獎。有仍前不遵,故虐小民者,亦要指名劾奏治罪,務要從公薦劾,以憑黜陟。如所否者,若朝廷訪知,決不輕貸。欽此!"恭惟陛下以民生休戚責之守令,切切焉不得人之慮,又責巡按御史考察以聞,陛下此心,雖堯、舜奚過哉?然今考察之法行之已久,不能無弊,苟無變通之術,陛下雖日夜懸思於上,天語諄諄,守令賢否,終不可知,無益也。臣請先條今時考察之弊,而後及變通之宜。

今之守令,吏部以賢否責之巡按御史,巡按御史責之二司,二司又以縣責之府,府考其屬令長而上之二司,二司考其守與令而上之巡按御史,然後巡按御史合二司之所考而斟酌之,而上之吏部。此即成周百官之長各考其屬,始總考於司,會而達於冢宰,漢人郡守課令長,刺史課郡國守令,而上計書於丞相之意也。陛下以守令賢否責之巡按御史是也。而臣不免有言者,蓋取人以身,則哲惟難。夫使郡守得其人可也,如不得人,或以私蔽,或以識昏,令之賢否於是易位矣。使二司得其人可也,如不得人,則其弊如前,而守令之賢否於是易位矣。雖然,豈特今日哉?王成相膠東,曾無異能,乃以僞增戶口蒙顯賞;陽城刺道州,勞心撫字,乃以催科政拙書下考,則其弊之所從來者遠矣。是故計簿具文,漢宣所以責三公也;徇私廢公,光武所以罪郡國也。今雖責成御史,戒飭諄諄,利害嚴切,然不立法以繩之,又寄耳目於彼,臣恐未必能副聖心,竊爲陛下惜此舉也。

臣今參稽衆論,酌取厥中,惟陛下擇焉。夫考察有三要:一要考官得人也,二要考官課殿最也,三要考官責實狀也。何也?凡人取舍之極定於中,然後好惡當於外。考官得人,則明而且公,賢否自得其實矣。古之人有欲行之者,唐姚崇,宋富弼、范仲淹是也。人惟利害關諸己,然後畏懼生於心。考官課殿最,則人自爲計,不敢苟且任情矣。古之人有行之者,漢馬嚴、唐考功是也。凡事因名而考實,然後人不舍實以飾名。考官責實狀,則事必有稽,不敢憑空毀譽矣。古之人有行之者,宋黃亞夫之考其屬是也。考察有二采:一采監司之公,一采廷論之公。何也？人之賢否,一人未必能公,衆人未必能盡私。采之監司,使布政、按察司而下各以其職考郡縣,則衆論畢集,是非當有的從矣。杜預達官各考所統,漢人每事有考之法可用也。人之賢否,己雖未必能知,在人未必不知。采之廷論,使公卿大臣各舉所知,則四聰畢達,賢否當靡有遺矣。宋初,上自侍從,下至常參官,皆得舉人之法可用也。然三要、二采,所以求之考官者耳,所用以考人者未及也,求所以爲人,才與行而已。才以興事,行以立身,二者不可偏廢,所以考之,亦當以是也。漢以六條察郡國,未免專取才臣。按,古今考課之法,惟京房以四善、二十四最考內外官,最爲得法。唐人用之,所以一代考課視前代獨優。蓋四善以考其行,二十四最以考其才。以最與善多寡分配校量高下,分爲九等,而人之居官歷履盡矣,所以爲得法也。臣願陛下特敕吏部,斟酌古今,定考官之法,取漢六條爲守令之最,以京房四善與六最多寡分配差別等第,其餘內外官則各以其職爲最,如京房法,然後以三要責巡按御史,令都察院用心精選,毋徒以資叙推點,令以其法考察舉刺守令及其餘官,各具實以上,而課其殿最。又以二采責監司與廷臣二司正官及守巡、兵備、提學而下,各以其職,若農桑,若學校,若刑獄,若盜賊,考察舉刺所部如前法。公卿大臣五品而上各舉守令之賢者以聞,要采並用,彼此參稽,則聖諭所慮未聞某官果賢,某方民獲聊生,某官爲否,某方民不聊生者,今可以聞；無憑黜陟者,今可以黜陟。吏部多方選校,用心考察,大要亦不外此矣。夫知守令之道如此,任守令之道則有可言者。大抵非久任無以行志,非異擢無以勸功。昔漢宣帝知此道也,故二千石有治效輒以璽書褒美,或增秩,或賜金,任之久也。黃霸以教化治穎川,入爲丞相,召信臣以興利勸農,治南陽,入爲少府,擢之異也。今必久任如漢宣,然後可責以治效矣。今有治效如黃、召,則當酬以異賞矣。雖然,今朝廷重內而輕外。在內者優游拱手，不數年而得美官，使郡守日夜勤勞於外，必久而後處以京秩，賞罰不均，何以勸功興事？故唐張九齡作相，欲不歷都督刺史，雖高第不得爲列卿，都督守令雖遠者，無使十年任外，誠良法也。聖主方隆唐、虞之治，若取而用之，固勸功興事之大權也。

二曰農桑。臣伏讀聖諭云："耕桑者衣食之源，一家之中賴之，上奉祖先父母，下養妻子人口，須要依時力務，男女各勤乃職，但是少壯者都要耕織。耕者勿怠於耒耜，織者勿怠於機杼，晨作晚息，庶不致飢寒之苦。"又云："各處但有荒蕪堪種之地，着召貧民自種，官給與牛具、種子，不徵稅糧，不許強衆侵奪，及官豪人等有違，一體奏來治罪。"又云："秋成之後，所獲須要撙節愛惜，勿得賤棄以備凶歉。欽此！"大哉皇言也。邇又肇修古禮，皇上耕籍於南郊，皇后親桑於北郊，以勸農桑。又爲籍田、蠶室於内苑。内外並行。又作《無逸圖》，令侍臣進講《書·無逸》、《詩·豳風·七月篇》，猗與休哉！又何聖謨之大歟！臣惟農桑衣食之源，民命所關。王者代天養民，使不於是致重，則衣食缺而民失所養矣，豈惟國之興喪所係也？陛下念耕桑之切於民，教民男務耕，女務織。荒蕪教以耕墾，秋成戒其妄費。又躬耕親蠶以爲之勸，且日陳稼穡之詩書以自箴儆，可謂深達帝王建國興邦之本，真足以光前烈而啓後王者矣。然豈知今天下之民農桑失業，郡縣之官牧養失職，聖心雖切於上，聖澤未易覃布於下與，何也？今天下之民從事於商賈技藝，游手游食者十而五六，農民蓋無幾也。今天下之田入於富人之室者十而五六，民之有田而耕者蓋無幾也。商賈挾資，大者鉅萬，少者千百，不少輸官，坐享輕肥。農民終歲勤動，或藜藿不充，而困於賦役，此民所以益趨於末也。富者田連阡陌，民耕王田者二十而稅一，耕其田乃輸半租，民之欲耕者或無田，有田者或水圮沙壓而不得耕，得耕者或怠惰而至飢寒，或妄用而失撙節，此農民所以益困也。天下之民益趨於末而農民益困，爲有司者方急於獄訟簿書以應上司之所求，民之農桑略未暇問。如此，雖天語諄諄，聖躬熒熒，《無逸》、《七月》之篇日陳，聖心亦徒切於上耳，而澤安得下究哉？且觀敕旨渙頒，於茲一年矣，巡行阡陌，勸課農桑，給民牛種，開墾荒田者幾人與？即此可知也。臣愚謂今欲使民盡力於農桑衣食，莫若抑末作、禁游手，驅民盡歸之農，莫若更定制度，專官以理其事。何也？良法與美意當並行，徒有美意而無良法，則徒善不足以爲政。故曰：必有《關雎》、《麟趾》之意而後可以行《周官》之法度，正謂此也。陛下教民力務農桑，皇上躬耕，皇后親蠶，以爲之勸，可謂有《關雎》、《麟趾》之意矣，然《周官》之法度未見舉行，此澤所以未能覃布於下也。臣按，《周官》一書，所載農事甚悉，有遂人以教稼穡，有遂師以巡稼穡，有遂大夫以簡稼穡，脩稼政，至於趣耕耨，稽女工，以及合耦之鋤，治稼秩，叙鄭長、里正，復有以任其職，縣正之官，又有以趣其稼事而誅賞之。是先王之世，於農政蓋甚詳，農官蓋甚繁也。而當時之臣，亦莫不各躬其職。觀《詩》言"星"，言"夙駕"、"税於桑田"、"饁彼南畝，田畯至喜"，蓋可見矣。漢雖以司農命官，唐雖以勸農置使，宋雖以刺史、知州、通判、諸路轉運，並帶勸農，亦徒爲文具而已。國初農桑之政最有可觀。初間責成有司，後因法弛人玩，各處勸農、參政、通判、縣丞等官間亦旋置，此皆虛應故事，徒費太倉，五穀不分，棠陰無跡，其視漢、唐、宋之弊，豈甚相遠哉？臣願陛下稍準《周官》，更立法制，五十家擇善農者一人爲田副，當里正，以治稼穡，趣耕耨。每里擇善農者一人爲治農老人，當鄭長，以趣耕耨，稽女工。令縣丞當縣正，以趣稼事，行誅賞。令府判當遂大夫，以簡稼器，脩稼政。令藩司一員當遂人，遂帥巡行督察。田老、田止、田副復其身役。司府州縣之官，俱帶治農職銜。藩司則專敕如今管糧屯田事，例得舉劾所部，行誅賞。農官履任，籍其境内有田而耕者幾人，人田幾畝，有田而坍没者幾人，人田幾畝，荒田無人耕者幾頃，可給幾人，賃田而耕者幾人，人田幾畝，富人有田者幾人，人田幾頃，商賈逐末者幾人，人資多少，百工技藝幾人，人業何術，游手游食者幾人，有無田宅，原何職事。有田及賃田而耕者，理以農官之法。坍没核實，與除其租。窮民以荒田充補，其餘以給貧民。無牛種者與牛種。商賈之重資者，量其利與房租之所入征之。百工作淫巧者以傷農事、害女工罰之，皆以補農。征之不及賃田，略爲蠲富人之税。仍令富人田五頃以上，不許復買。游手之民，依成周罰之，令出里布屋粟。夫征其强壯不安末稂者，籍爲兵，以補戎伍之缺。如此，則男耕女織，各脩其業，商賈、技藝、游惰之民，漸趨於農，百姓充足而無飢寒之苦。陛下農桑之政本諸身，徵諸庶民，而仁覆天下矣。

三曰賦役。臣伏讀聖諭云："近來遠近之民，餓殍盈途，死亡流離無算。聞諸郡報，實用憂傷。本朕一人所致，下民何辜，重罹斯苦。"又云："守令已有旨，令所司慎選外，着彼到任之後，務要上遵皇祖、成祖，盡脩職業，愛惜百姓，所欲者與之聚之，所惡者與之去之。欽此！"臣惟王者父母萬物，視民疾苦若在己。陛下念生民之罹凶阨，下詔責躬，以安養責守令，真天地父母萬物之心也。然臣竊疑國朝有天下，休養生息百有餘年於茲，陛下入繼大統，又梳櫛百弊，閭閻疾苦，十去八九，宜乎民生日以富庶，水旱凶荒之有備也。而災沴一臻，餓莩立見，流離死亡之狀，屢屢九重之憂，何與？臣嘗深思而得其故矣。譬之種樹，樹根入地，必灌溉培養而時衛護之，不爲風雨牛羊之所殘害，則機完氣固，根深葉茂而不可搖。若培養虧而衛護不至，則生氣日削，根不固地，一遇狂風暴雨，鮮不拔矣。民之困於賦役，猶木之培養功虧，衛護不至，常爲風雨牛羊斧斤之所殘害也，一遇水旱凶荒，安得不流離失所乎？今天下之廣，臣且未及，姑以目前切近者言之。大江以北，地方既薄，民生復窮，其地漸近京師，四方孔道，郡邑供送之繁，民間徭役，三歲而更，此外復有養馬之役，其民大抵苦於重差。蘇、松、常、鎮之民，科稅太重，有畝稅三四斗至一二石者，等則甚多，加之水潦不時，民多逃徙。逃徙者責償於當里存在者，不蒙乎寬免。又田入豪家，租稅不時，官府責償於糧長，其民大抵苦於重賦。今民以植產爲忌，顧從他途植生，故有產者復求售不得，而北方之民多有從僧道以避徭差者，可見其敝矣。夫差役繁重而民生困，民之所惡也；薄賦輕徭而民生厚，民之所欲也。今欲守令修職業，愛惜百姓，所欲與聚，所惡勿施，亦惟於賦役加之意耳。然民間丁田只有此數，官府之征有增無減，將欲輕之，孰得而輕之？此守令之官所以難舉手，生民所以常受其弊也。以臣觀之，亦爲守令者不悉心於民瘼，稱量輕重之權，有未精耳。夫緣法起姦，固難無弊，因事作法，豈得無貪？善持法者汰其貪以入於涼，袪其弊以反乎故，斯善法矣。今之賦役，付之積弊而莫與清，固不可也，諉之作法而莫敢擬，亦豈可哉？今夫傳亭使客之供送固不可已，然正差者索求太多，借差者曾無差別，此非緣法之弊乎？臣謂正差者可節，借差者可殺也。而凍河餘剩之銀積之州縣者，獨不可存留以准役差，以舒民力乎？況奸雄根據以花官幣者，亦當禁也。徭役三歲而更，視之江南十年則太速，且既科其丁，復論其門，至於官戶亦不免，又何理也？此非作法之貪乎？臣謂十年兩差，斯可矣。又丁多不必論戶，戶多不必論丁，或酌為寬減，亦可也。而官戶獨不在所免乎？養馬孳生、計畝論役已足矣，編餘之地復科其馬，何也？又非作法之貪乎？臣謂餘地不必科，通融以寬民力，或可也。南馬力弱，需納難中，中者復不堪用，而輒以傾產，此非作法之貪乎？臣謂免其輸馬，盡令納價，令入價於官，亦官民之兩便也。且地有瘦瘠，理宜均配。民多流徙，地有荒蕪，今皆一概科之，又非緣法之弊乎？臣謂瘦瘠相兼，而豁其荒蕪，民力或有稍寬也。蘇、松、常、鎮之稅額雖不可減，然臣嘗聞魏文侯曰："貪其租稅而不愛民，虞人反裘而負薪也，皮盡而毛無所附。"今四郡之民窮甚矣，日甚一日，皮不幾於盡乎？此作法之貪，其弊因之，不可不為之所也。夫原額固未易減矣，災傷獨不可蠲，流亡獨不可免，官豪逋負獨不可縱乎？且四方之田一也，而輕重等則乃不一，今原額雖未可減，但據其輕重而均之，毋亦寬民之一策乎？然臣所聞猶彷彿者，使得聞其間曲折之詳，更可論也。臣願皇上下寬民之詔，令所在有司講求利病果何在，如臣所言，即可斟酌施行，或臣言未盡，或不如臣所言，亦即討論，要在於興利除害，則所欲與聚，所惡與去，天下無愁苦之民，而王道成矣。

四曰蓄積。臣伏讀聖諭云："有司平日不肯積穀備荒，一有災饉，無所措置，雖每發銀賑濟，亦已晚矣。況奸官猾吏，往往侵剋，小民從不沾實惠，徒有賑救之名，其實未活一命。宜着實考訪區置。"大哉皇仁！神哉聖見！何其洞燭吏奸民隱而一念為民之懇懇也！臣請畧述古今沿革之法、利害之故，及區處之宜，為陛下獻。穀賤增價而糴以利農，穀貴減價而糶以利民，此漢人常平之法，宋人亦用之也，其法主於賑糶。附近稅戶，隨等出粟，官為收貯，遇歉給散，此隋、唐義倉之法，宋人亦用之也，其法主於賑濟。官出本糴穀，貯倉鄉都，貸與貧民,收息復貯,此宋人社倉之法,元人亦用之也,其法主於賑貸。我朝四倉之設,又異於是。穀出於官,置倉州縣,或賑糶,或賑濟,或賑貸,以時酌行,蓋參三代之法而用之也。其法可謂周密,方之前代,超越遠矣。然法久弊生,古今一律,孰能相尚?自今言之,糴買論價,類多配抑,不復視歲。至其出糶,只及市井,不及鄉村,則常平適所以爲不平也。唐人徵穀過重,宋人增加不常,又義米入官,轉供他費,則義倉適所以爲不義也。元人專用義社之法,立倉鄉都是矣,而不免乎掌倉、點檢、出貸、回收之四弊,則其弊又有甚於前者。若今之四倉,其弊又豈止於四代哉?官自豐殖不肯積穀,其在倉也,又坐視民艱不肯興發,扃鑰相受,積有歲年,往往耗於鼠雀,化爲糠粃,上司徒以文法相拘,點檢紛於道路,銷耗累於倉户,其實不可用。此貯積之弊也。至其給散也,又群小作奸,弊端百出。以言乎賑糶,則井市貪夫,轉販射利,鄉村貧子,升斗無沾,粟糶何有於利民?以言乎賑濟、賑貸,則吏書、里老頂名關支,乞子、餓夫枵腹無哺。倉廩既空,溝壑亦滿,甚可痛也,甚可恨也!然使一於賑濟,貧民雖不得利,猶未害也,若兼賑貸,則豐年按籍責償,貧民有名當入,歲月既深,弊端無窮,眼瘡無醫,心肉亦剜,幸存之民,又受害矣。今之四倉,其纇一至於此!陛下雖拳拳令有司積穀,何嘗得實用?雖切切於賑濟貧民,貧民何嘗沾升斗哉?聖諭云:"徒有賑濟之名,其實未活一命。"真可謂明見萬里之外矣!今又懸賞罰,使守令積穀,切恐有司趨利避害之心生,法外科罰勸借所不能免,富民又受害矣。臣嘗斟酌古今,宋人社倉置立民間,其法最善。蓋倉在民間,皆知爲己物;若遇放散,無不知覺,倘不沾惠,必相告言,奸雄不敢太欺罔。又穀本須出於民,方自顧惜而少侵漁。然民穀難得,官借之而責其償,不足,借之富民可也。又置倉民間,擇鄉有産業行義者爲社正、副以主之,隨鄉户多寡,借與穀本,或官或民,待本息相當,皆以本穀償還,勾稽斂散,一依宋人之法,稍潤色以今之宜,而禁其掌倉、點檢、出貸、回收之弊,其權一歸之民,官但知其數,不得干預,亦不得頻頻遣官點檢,五六年一舉可也。社倉建置之於鄉,四倉仍置州縣,或遇大歉,社倉之穀不敷,可移四倉之穀以賑之,不但可以革官吏之弊,亦可以濟社倉之所不及矣。社倉、四倉相兼並行,水旱凶荒有備,朝廷免宵旰之憂,太倉可無發矣。然四倉之穀囤②積,倣隋開皇之法,穀無過五年,米無過三年,皆要以陳易新,庶無塵耗遺貽累之患。至若州縣積穀之令,且可停寬,民間訟獄,必情罪允當,方許入贖。其法外科罰及勸借者,俱照例調用在倉之穀,俱要明著所出,以待查刷,則富民亦不至受害矣。然欲行社倉,《呂氏鄉約》尤所當先。蓋鄉約隨鄉審户而施禁戒,社倉隨鄉審户而行賑貸。鄉約之法行,則民户貧富可知,而賑貸無勞於審户。社倉之法行,則民之貧寠有養,而禮義可以興行。故鄉約之於社倉,教養相須,不可偏廢也。

　　五曰均税。臣惟耕王田而輸王税,理之常也。税以田科,初豈有不耕之患？惟夫承平既久,奸弊日滋,或奸民詭寄飛射,或貧民鬻產留税,或坍壓拋荒失額,彼此那移,漸至失均,歲月積久,遂莫稽考。有田二三畝而納五六畝之税者,有田五六畝而納二三畝之税者,此猶可也。甚者田失税存,人户逃亡而税累其里甲。又甚者里甲亦逃,而税累其里排。又甚者里排亦困,而税累其州縣。累里排如臣福建尤多也,累州縣如廣東南雄、潮州二府,浮糧各八九千石,官府歲取鹽利以充數是也。而臣又有疑焉。國家承平日久,各處田地坍壓拋荒者雖不無,而新闢續墾者亦甚多也,在彼則見其日損,在此則不見其日增,何與？毋亦奸民曲爲隱蔽,有司不之考耳。臣思之曰:民情利害,莫此爲甚。聖上方留心民瘼,疇咨博訪,而臣有所見,乃不以聞,豈惟下負蒼生,於吾君有負矣。因復自念,此民間積弊,於今百餘年,君門萬里,何由得知？肉食因循,其誰以告？今欲言之,未知見信否也？邇者慶賀北上,過舟臨清,詢訪民瘼,始聞東昌府十三州縣,奏均田糧,俱蒙聖明俞允,行巡撫均處。臣聞喜不自勝,謂聖上仁育蒼生,真若父母之於赤子,必欲爲之求利避害,不但己也,天下蒼生何其幸與！臣願陛下推東昌之惠以惠天下,乘今造册之年,特敕吏部、都察院行各撫按,督責有司准東昌事例,各府州縣但有小民田糧多寡不均,及有浮糧貽累里排如臣福建,貽累州縣如廣東南雄、潮州者,責委的當官員,通行丈量,通與均處。若田少税多,則準田與除其税,若田多税少,則準田令收其税,務使田稱其税,税稱其田,彼此畫一,不得失均。其水坍沙壓失額之田,可以新闢續墾者充補。其年久荒蕪,可遵敕諭招民耕種,補納稅糧。如此,則田稅適均,小民無枵腹之苦,州縣亦無失額之憂矣。然出額田地,盡在富人之家。今欲清查宿弊,必嚴爲令,富人田地俱要盡數報官,以待丈量,若有出額及新墾田地隱匿不報以避稅糧者,許鄰里首告,罪人謫戍邊方,田地給賞告者。若鄰里互相容隱,事發一體坐罪。里老吏胥作弊,亦照隱田事例發遣。委官不行用心查理,致有奸弊者,以罷軟罷黜。若有勞效,即加陞擢。事未完而遷官者,亦要事完方許離任。如此,則人人奉法,奸弊不作,田稅可均,民患可息矣。

六曰恤窮。臣惟王者父母萬物,昆蟲草木,必使各遂其生,至於鰥寡孤獨,尤在所急。故曰:"哿矣富人,哀此煢獨。"此之謂也。國家法古爲治,天下府、州、縣咸設養濟院,以惠窮民。即大舜不虐無告,文王惠鮮鰥寡之意也。夫何法久人玩,爲有司者不體國家子民至意,動以文法牽拘,寄耳里書,授柄奸吏,遂使窮民多不得食,食者多非窮民,至有稱貸以充吏壑,名幸繫籍,利歸富家,必待數年而後得食者,此天下之通弊也。臣前至京師,馬蹄所經,見裸體扣胸,扶攜輾轉,哀苦萬狀,號泣於市者,所在有之。問之,或老而無子也,或窮而無室家也,或殘疾而不能爲生也,聞至冬寒多凍死矣。夫轂輦之下,窮民顛連,一至於此,況欲天下萬物各得其所乎?臣按,今在京府縣則有養濟院鐘鼓俸祿,又以濟窮乏,設有飯堂,以宦官掌之。國家所以惠養窮民,不可謂不至也,而窮民猶未得其所,何與?毋亦有司奉行不至,正坐愚臣之所言耳。今夫州縣之官,受牧養之寄於朝廷,課最於吏部,然猶不能舉職,彼宦者有何重寄?有何殿最?其不舉職,奚怪哉!臣見南京有王叫化者,飯堂之乞漢也,家有百金,開張房鋪,人猶以叫化呼之。問其所以,乃廣捏鬼名,侵支官食,居積致然,在飯堂多類此,不但王也。以此觀之,則在京飯堂可知也。無賴惡少,多方詭冒,彼篤疾老幼之人,匍匐儜儦,一步不能自致,安得受養於官乎?其顛連失所,輾轉於道路者,固宜也。臣願陛下特敕戶部,改建養濟院於五城,令巡城御史督責地方,將各街巷求乞窮民,通行抄劄巡視,審其姓名籍貫,如原非在官養濟人數,即便籍收入院存恤。府縣不必付之吏胥,飯堂不必付之內官,以致留難,以長奸弊。自後五城兵馬,督責地方，日逐巡視，但有前項窮民查無重複，照常收養。窮民抄劄，責之兵馬；衣糧支放，責之府縣；巡城御史從而督責之。如抄劄有遺者，罪兵馬；支給失時者，罪府縣；御史不行用心督責者，罪御史。若是，則各官無敢廢職，窮民不至失所矣。又臣前在京師，見窮民棄幼子於道者無數。臣驟見，心戚戚不能安者累日。因思聖人子惠窮民，而孤幼尤見所念。觀《周官》以保息六養萬民，而慈幼又獨居其先；《大學》論"平天下"，亦以恤孤爲言，可見也。宋人京師有慈幼局，蓋得聖人之意矣。臣願陛下倣宋人之法，立慈幼局於五城，以婦人老寡無子者數人爲保母，令五城兵馬巡視街巷，但有遺棄小兒，不問男女廢疾，悉收附該局撫養，保母倍給衣糧，幼兒衣糧減成人之半，抄劄督責，悉如前法。待至長成，廢疾者照例收養，强壯者男子收爲兵，女子以配軍士。如此，則不惟京師無失所之幼，而兵亦因可足矣。

七曰教化。臣伏讀聖諭云："守令已有旨，命所司慎選外，着彼到任之後，務要上遵祖宗成法，盡修職業，愛惜百姓，賞善而驅其强暴，尊賢而懲其不肖，教之以孝弟，道之以仁義，勿得肆用酷虐，殘害我百姓。"又云："凡軍民人等，有能在家孝奉祖親，恭事長上，和睦鄉里，教訓子孫，務要指名奏來，以憑旌異，不許徇情用私。欽此！"臣惟教化爲治之首務，自古聖王莫不重之，刑罰輔治之末具，聖人慎之，然非所先也。觀孔子論治，而刑乃居德、禮之後，孟軻論治，只言教養，意可見矣。夫何今在外有司，專以獄訟簿書爲急，禮樂教化，畧不暇問，豈惟郡縣，而撫按監司莫不皆然。故夫巡歷所至，審罪囚，理詞訟，檢錢穀，如斯而已。上以是責乎下，下以是應乎上。上下交騖於刑名之末，求如黃霸守潁川③，先教化而後誅賞，文翁守蜀，興學校而變夷風誰也？陛下將興至治，留心教化，既責守令愛養百姓，復令教以忠孝，導以仁義，旌其善而懲其惡，此超絶百王之見，儒生誦讀詩書，萬不到此，惶愧無地矣。然天語諄諄，且一年矣，未見某郡如何教導，某郡旌黜幾人者，何與？錮於舊習而未能刮去，迫於上司之督責而未暇及也。噫，亦可怪矣！夫教化治其本也，刑法塞其流也。治其本則其流自止，塞其流則其來無窮矣，寧可盡乎？此刑獄所以日繁，生民所以日弊，而官府日以多事也。欲求三代之治，寧可得乎？故欲求治在重教化，重教化在責守令，責守令在撫按監司各改其政。臣按，成周之法，大司徒以鄉三物教萬民，比、閭、族、黨莫不有學，而州長、黨正、族師、閭胥，又歲時屬民讀法而成其德行道藝，其法可謂周且密矣。本朝立國之初，鄉、閭、里、社莫不建學。鄉置老人，教民爲善。又置木鐸老人，徇於道路。鄉飲酒，行及里社，講讀律法，申明旌善，亭建於邑里，彰別淑慝，與成周教民之法雖不盡同，其意一也。今社學雖僅存，教法無取，鄉飲只行郡邑，里社無聞，其餘一切廢弛。臣願陛下特敕禮部，申明舊章，責令撫按監司督率郡縣，將祖宗教化規制逐一舉行。鄉都老人，必擇有德，專司教化，毋用匪人，徒長奸利。木鐸老人，務要再舉。鄉飲行於里社，毋得虛文。善惡別於二亭，毋得違避。社學更爲定制，毋徒鹵莽。若宋儒《呂氏鄉約》，其間德業相規，禮俗相交，患難相恤，四者莫非化民成俗之事，比之成周屬民讀法，尤似詳密，而可補《周官》之缺者。若與今制並行，則條貫相通，彼此相發，國家教民之法，周密詳盡，於以化民成俗而致三代之治也，不難矣。今在外有司間有好古之士，亦或舉行。然未經朝廷頒定，甲可乙否，竟難成功。願皇上特敕該部，將其意稍加潤澤，責令撫按監司，督率所屬，令與國朝教法相兼舉行，提學憲臣得專察之，皆書其殿最以行黜陟，則人知警畏。上下交修，事功可成，唐、虞、三代之治不難矣。

八曰選舉。臣伏讀嘉靖九年十一月十三日詔書，內一款曰："天之立君，本以爲民。今天下之廣，兆民之衆，爲人君者豈能人人而加之惠哉？惟在内外大小諸司得人任用而已。我祖宗朝雖定科舉、歲貢之法，猶有薦舉之例，並列三途。自夫科舉之法行，又以偏用進士爲重，而貢舉之法遂輕，薦舉之路遂盡塞矣。夫三途並用，則無偏重，而人才有餘。由是懷才抱德之士斯得顯於世，非特求之文詞之徒而已。今舉人無九卿之望，歲貢無方面之陞，田野絕保舉之路。有一員缺，必進士出身者斯得推補，以致人尚浮詞，不修實行，甚至修於家而壞於天子之庭，欲求爲上爲德、爲下爲民者，卒未易得也。今後著吏、禮二部，即便考求祖宗以來舊典，備細開具，奏請定奪，務要科舉、歲貢、薦舉三途並用。但有真才實德者，不拘近年資格，一體不次擢用，庶忠義向風，浮薄改行，內外大小諸司，各得其人，以爲惠民致治之本。欽此！"臣惟人才國家之器用，選舉人才所由進。選舉法善，則人才無濫進，而國家之治不難矣。故選舉之法，不可不重也。成周之世，大司徒以鄉三物教萬民。三年大比，則鄉老、鄉大夫考其賢者能者，而賓興之士非才德弗舉。此官無匪人，治道所以隆盛也。自周之衰，而其法壞矣。漢世舉士若孝廉，若賢良方正，其法雖非成周之舊，然取之猶以行檢，未全失周人之意也。自隋罷中正而設科目，則取士純以文詞，而古人尚行之意微矣。夫歷代取士之法，莫善於周，然今不可行，莫不善於隋，然今不得不行，何也？成周之法，幼而學長而習，月有書，歲有考，三年大比，則合而通考之。其養之也素，其察之也豫，其核之也精，此其法所以善也。後世既無周人教養之素，又無月季書考之實，乃欲得實才而用之，則巧詐橫生，此其法所以不可行也。楊隋之法，明經拘於記誦，而鮮窮理趣，進士限於聲律，而非養性靈，投牒自舉，又非古者賓興勸駕之道。其舉之也非所用，其進之也不以禮，此其法所以不善也。然去古既遠，奸僞難防，與其信難稽之論，寄人以耳目而啓倖進之途，孰若憑可據之文，付之無心以網羅天下之士，此其法所以不可不行也。然以臣觀之，德行首科，文章末技。取士以德行，雖不免矯飾之奸，而人猶知尚行，古風未至大壞，是所失者少而所得者多也。取士以文詞，雖可以革奸僞之弊，人皆棄本逐末，古人尚德之風微矣，是所得者少而所失者多也。若論私弊，則薦舉之有徇情固也，典舉或受請託而行賄賂，非私弊乎？若論得人，薦舉之有飾名固也，舉人或攻藝文而虧操履，非飾名乎？故科舉之與薦舉較量利害，未見彼之能勝乎此也。今民間子弟當十五六時，便習爲浮靡之文，於身心漫不加省，逮得一官，則皆氣質私欲用事，多無可紀之政，甚者急身家、營寵利，使民生日敝於下，國受其困，而君失其望。間有表然爲國名臣者，亦皆豪傑之士出其間，非其教能使之然也。夫以文取士，其弊一至於此，使如漢人之法，豈有是哉？自古有識者輒欲罷之，誠有激而然也。然此法之行已久，今一旦欲革之，亦難。若專泥於是，又無以救今時之弊。臣按，病明經進士之逐末，以孝廉與之並行者，唐人酌楊綰之議也。

詔有司歲取經明行修之士,以示不專文學之意者,宋人用司馬光之議也。二臣之言,真可救時之弊。項安世議欲於尺度尋常之中,畧出神明特達之舉,豪傑之士,時出而用之,以示天下不專以操筆弄墨取人之官爵,亦足以補風化、隆實行,扶善人而愧惡子,其言即二臣之意也,惜皆不見用於時。

　　本朝立國之初,用人多由薦舉。其後雖定科舉、歲貢之法,薦舉之例亦時舉行,三途並列,彼此兼收,可謂損益百王而救唐、宋之弊。三子之言,亦既舉行矣。然當時條例不立,有司無所遵守,以致舉薦之路久絕。今皇上發德音,下明詔,既重歲舉之選,復修薦舉之法,令吏、禮二部考求祖宗以來舊典,備細開具,奏請定奪,科舉、歲貢、薦舉三途並列,此萬世一時也,真可謂克成先志,有光前烈矣。臣今仰承聖意,斟酌楊綰、司馬光之法,立爲條格,以備采擇。山林之士必行履修潔、學識純正,方許薦舉。行履必如漢人所謂孝弟力田、禮義廉恥、敬長上、順鄉里、肅政教、出入不悖所聞,方爲修潔。學識必長於經術,明先王之道,習當世之務,方爲純正。當大比之期,大郡舉三人,中郡舉二人,下郡舉一人,直隸之州視下郡,皆縣上之郡④,郡上之省,覆勘無異,取其更相保結,與鄉試舉人並赴禮部,而各自行投牒。禮部取鄉官保結,皇上臨軒試時務策一道,果有真才實德,即付吏部遵照詔旨,不拘近年資格,一體不次擢用,以示優崇。郡國舉士,務在得人。舉得其人,舉主並進一官;舉失其人,舉主並同罷黜。其舉人、監生、生員家居養親年久不仕者,亦聽保舉。如有賢才在境內,有司不以舉而舉之他人者,有司以蔽賢降黜。如此,則人無妄舉,野無遺賢。天下之人皆知聖明取士不專文詞,爭修德勵行,以求自見於世,忠義向風,浮薄改行,內外大小諸司,各得其人,以爲惠民致治之本,今日之治,可比唐、虞、三代之盛矣。

　　九曰學校。臣惟國家養士於學校,取之以科目,蓋酌唐、宋之法而用之也。然取之既以文詞,士遂以空言應,於行實顧多缺焉。此古之君子所以每每不滿於科目,必欲有以變之也。要其立法之初,何嘗不以德行爲重?觀夫大比之期,士必保舉於鄉,身無過行,方許入試。當其在學,置簿三等,考察甚密,何嘗但重文詞也?然世之所趨既在於彼,爲主司者,復不能獨持權衡而與俱重焉。此所以士益争趋,而重者愈重,轻者愈轻也。又三等簿之设特为虚器,提学严切,适皆学官射利之门。且养之不预,士方少时,便习浮文,稍能属笔,便学侥倖,重名图试,龙断取利,盖自入学之初,其心术已坏矣。如此则士之出於学校者,安得不为科举之累也?陛下厌科举之空言,欲修荐举以求笃行之士,是也。然学校未修,士之在学者,故习仍存,何以得实才为国家之用乎?臣愚谓欲得真才,当正士习;欲正士习,当修学政;欲修学政,在立社学以正之於始,重考校以养之於中,严去取以收之於後。行斯三者,士习正而真才可得。夫国家酌古为治,方隅里巷,莫不建学,又特命宪臣提督之,何尝无社学也?有学而政不修,与无等耳。夫今之社学,有司不以问乡民,各以所便而求师,学究苟且,随世而立教。上焉者驰情於利禄,下焉者取足於记姓名,如古之所谓建小节、践小义者,无有也。如此而欲士心之正,何可得哉?臣欲方隅里巷各建小社学,又於通都大邑建大社学以统之。小学以当家塾,不可限数,大学以当党庠,大邑不过四,小邑不过二,有司择士之贤者或致仕者为之师。民间子弟,令八岁入小学,教以洒扫应对进退之节、入孝出弟之事。岁终县官一考校,取年十二以上秀异者,升之大社学。大社学教以习礼、歌诗、读书、明理、作文之事,三岁提学者一考,取年十五以上秀异者补郡邑弟子。郡邑弟子皆自社学而进。大小社学官并置籍,升堂画卯,皆如学官法,则士之心术已正於入学之初矣。今学校诸生,以德行、文艺、治事优劣分三等,岁考月考,循序而升,非上等不许科贡,考校何尝不审,去取何尝不严也?然臣观诸生文艺,必提学考校而後知,以优劣责学官,竟为虚文。士者尚志,初未有事,胡瑗治事斋乃立教之事,岂宜考诸生?且本朝科举之法,论、策、表、判之试,即治事也,何用别试?惟德行之考为不可易。然上之人未闻教之於平时,乃欲考之於一旦,又不别目以立教,但泛曰德行而已,岂惟学者无所持循以入德,而饰虚媒利之弊,实缘於此。臣欲读书课程之外,以成周六行课诸生,精选学职,朝夕教诲,月视其成而书之。岁降簿於各学,令列诸生姓名,下界六眼。若孝能有成,则书"孝"字於第一眼,下注所以为孝者何如。其馀做此,次第书之。学官书考,必会寮采及提调官论同而後定。学官不公,提调官得纠之。季終造報,以六行多寡分等第。六行全者爲一等,得四爲二等,得二爲三等,全無爲下等。歲終繳還原簿,以備參考。簿盡復降簿如初。如此則教之也豫,考之也精,學者有所持循以入德,學官飾虛媒利之弊或少矣,較之平時無教,泛然考以德行高下獨出於一人者,不亦遠乎?四等定於平時,善惡既有所分,及遇考校,只以文字分等第。發案之後,始以行簿與文案參校,再分等第,文行俱在第一等爲第一等,行一而學居二爲二等,學一而行居三爲三等,學下而行俱無爲下等,下等不許科貢。如此,則士之無行者不得進,所進皆篤行之士,考取嚴而收之有不苟矣。夫學政修,士之在學校者,既有以正之於始,考之於中,又以收之於後,然而士習不正,眞才不得者,自古及今,未之有也。雖然,師儒學校之紀綱,提學官又師儒之紀綱也。師儒不得其人,學政雖修,其誰與舉?提學官不得其人,又誰修學政哉?是故其要在師儒、提學之得人也。

　　十曰師儒。臣惟天下治亂在人才,人才作養在學校,學校興廢在師儒。故曰:師道立則善人多,善人多則朝廷正而天下治。我朝建立學校,設官領教,又特遣憲臣督理之,而於師儒尤加慎焉,誠知所重矣。夫師道有關於治亂,聖明之重之也如此,奈何今之師儒,視之甚輕,自處甚苟,而待之甚薄也?何以言之?夫今之教職,業事姑息,選擇弗精,斗筲庸流,靦顏師表,視之不亦輕乎?師範不立,苟且自將,職業不修,牙籌是計,自處不亦苟乎?終身遷轉,不出儒官,雖道如程、朱者出其間,亦莫能自振,待之不亦薄乎?夫官必惟賢,始能舉職,學職輕授,師範匪人,安得不苟且乎?士必立功,始有厚賞,自處苟且,師道不立,安可厚望乎?人必激勸始肯立功,歲貢限途,雖有豪傑之士,亦甘於自棄,況可責之庸流乎?是故視之輕,則自處益以苟矣。如此,則欲望其立師道、作人才以相朝廷理天下,何可得也?臣愚謂歲貢之學職,擇之不可不精,考之不可不嚴,待之不可不厚。精以擇之,嚴以考之,厚以待之,然而學職不舉,師道不立,善人不多,天下不治,未之有也。迺者,陛下梳櫛百弊,特重貢途,嚴選於鄉國,嚴覆於禮部,行積滯於胄監,行沙汰於學官,眞大聖人大有爲非常之見,補天浴日之舉也。臣願今後選用教職,宜用此法。必志行端方,學識純正者,方授以教授、學正、教諭等官。如此,則擇之精矣。往者廷臣建議以治事、經義考學職,一年二次造報,專其職於憲臣,似矣。臣竊謂治事、經義,在宋時爲學官立齋教人則可,今移之考學職,似覺無謂,且操守所先而反缺焉。又官員賢否必巡歷而後知,半年足未及周而一造報,恐考察未真,徒奔走相續於道,無益也。臣願以德行、職業、學問三事考學職。德行要見德器之厚薄,持身之廉污;職業要見教訓之勤惰,考校之當否;學問要見經術之純駁,詞理之優劣。各分上、中、下三等,專責提學官巡歷一周,然後造報。如此,則考之也嚴矣。廼者,陛下重歲貢之途,修薦舉之法,三途並列,彼此兼收,此衆士⑤彈冠之時也。然科貢並進,舉人、監生得選京秩,而歲貢之爲學職者擇之精、考之嚴,若尚限其前進而未變,豈但非一視同仁之意,亦非所以勸功興事也。臣願陛下以類而推,特敕吏部,定立則例,今後歲貢學職出於精選,提學考其學行俱優、職業修舉者,許與學職舉人一體陞用,或叙遷,或超遷。如此,則待之厚矣。臣前提學廣東,已有此議,適遷官而未及上。今逢陛下刷弊更政之際,亦臣可言之日也,故敢以其愚獻。陛下果擇而用之,亦泰山之土壤也。

十一曰闢邪。臣伏讀聖諭云:"誤農害義,莫甚於釋氏之徒,今尤甚焉。夫彼不過以生死恐吾民,小民愚甚,直信無疑,浸浸然而不知省,遂至傷倫敗俗,廢人事,舍農桑,甚是有害世道。今雖不能去,然驅迫之速,必至作害,但要牧民之官常加省諭,禁戒其未來。其現被惑者,有能舍非從正,都着還做生理,須要從容善誘,務使轉移。如一府中有能正二百人以上,州一百人以上,縣六十人以上者,巡按御史察其賢否,亦奏來以憑考課。欽此!"臣惟佛入中國以來,世主惑於其説,愚民因之波蕩,使中華淪於夷狄之教,蓋三千四百有餘年⑥於此矣。陛下發德音,下明詔,深以釋氏誤農害民、傷倫敗俗爲憂,令牧民之官化使歸正,府、州、縣各爲之限。陛下此舉真超絶百王之見,堯、舜、文、武之盛也,唐宗、宋祖俱拜下風矣。昔韓愈爲闢佛之説曰:"其亦幸而出於三代之後,而不見黜於禹、湯、文、武、周公、孔子也,其亦不幸而不出於三代之前而不見正於禹、湯、文、武、周公、孔子也。"臣今亦曰:"其亦不幸而出於三代之後,不見正於禹、湯、文、武、周公、孔子也,其亦幸而出於我皇明之世而見正於我皇上也。臣等何幸而躬逢其盛歟!"然大號渙頒於今一年矣,府、州、縣牧民之官未見有奉明詔化釋氏使歸正者。近得邸報,始見直隸巡按御史朱廷立奏化釋氏使正者五千二百人。夫畿內數郡之地去釋氏至五千之多,天下之廣,未聞一人焉,何相越之遠與?官之賢不肖於是可知,朝廷之黜陟於是可舉矣。士生三代之後,每以不及見堯、舜、禹、湯爲恨。今陛下有堯、舜、禹、湯之聖,群有司乃不能將順如稷、契、伊、周,臣誠爲宇宙惜此機會,恨群有司之有負於我皇上也。然論事必求其故,去弊必得其方。臣請爲陛下陳之:

　　按,釋氏之教必斷情欲,絕倫類,此豈人可能之事?後世爲其徒者,豈真能灰心槁形以從其教哉?皆竊其名以資貪利,此其禍所以根固而不可搖,流漫而不可止也。而南北之僧又不同:北方之僧則逃貧乏,南方之僧則利富腴。逃貧乏者無大利,去之也易;利富腴者大利所在,去之也爲難。北方之民家無生產,身有差役,四體不勤,俯仰大累,一父二三子,始割愛遣一而爲僧,謬談報應,煽惑愚民。豈惟躲免徭差,亦以求度衣食,是其逃貧乏者然也。夫以貧乏之累,較之去父母妻子而爲僧,其苦樂有不甚相遠者。上之人稍有以處之,舍之不難矣,此去之所以易也。南方之僧雖起於貧乏,而所圖則易,頭髮一落,田園連阡,富擬封君,坐享輕肥,間有身居僧寺,志在塵垢,陽雖削髮爲僧,陰實置妻生子,又有贖⑦典僧田,營植私產,家計既立,僧籍遂除,是其利富腴者然也。夫爲僧而獲大利,與不爲僧而受寒飢,苦樂正相遠也。使民去大利就飢寒而不爲僧,雖日殺數人不可得也,況虛言能勸誘之乎?此去之所以難也。夫南北之僧去之既有難易之殊,則今所以有能去不能去者,雖曰有司不職之過,其大故又有所在矣。故臣愚謂欲去僧在北方者不難,但使御史朱廷立推其法於諸路,斯可矣。在南方者,若非去其田,則僧有未易去者矣。夫僧之有田,非聖王之世也,亦非釋氏之本心也。五季迭興,偏方離析,僭僞割據,晚年悔於屠戮,乃爭割膏腴於釋氏以求福田。僧之有田自此始,是豈聖王之世哉?釋氏以清净寂滅爲道,彼以形骸種類爲涴己,必欲去之,於田何有哉?故僧之有田,特飼窮餒、養惰民以累治化,其害又有不可勝言者。何也？貴不期驕,富不期侈。僧既富腴,則豐侈恣肆靡所不至,棄父母、淫子女、結官府、構爭訟,皆所必有,至使富鹽匠籍人家長子爭趨其利,冒禁、詭籍、買庇里胥,越州縣而爲僧,不可禁遏。甚者四方無籍⑧亡命之徒依之爲窠穴,爲奸爲盜,不可窮詰,其害豈但若聖諭所謂誤農害義、傷倫敗俗而已哉？故世之有僧,治之蠹也；僧之有田,田之蠹也。本朝於僧田節有事例,令僧、道田土每寺、觀皆六十畝,其餘給無田小民,成化十六年也。奏准福建僧田每寺皆六十畝,其餘變賣入官者,正德十一年也。夫我列聖之於僧田輒欲奪之者,何與？誠見僧之有田,[豈]非聖王之世爲治之累,故欲去之也。其時有司不能奉行者,豈特不職之故,亦以大利所在,僧人百計彌縫而得倖免耳。臣所謂欲去南方之僧,惟在於去田者,正有見乎此也。臣願陛下取累朝事例而酌行之。江南僧田每寺量留百畝,其餘盡令還官,不給小民,不必變賣。蓋僧田民種也,若給小民則紛更,貧民不能植産,變賣則利歸勢富,所以不若歸官之愈也。僧田入官,置倉收貯,除納本田糧差,其餘徵價以供邊儲,或宗室禄米。僧人既無所利,然後責令有司遵照聖諭,勸化僧人使之歸正。每僧量留田二十畝與爲世業,則彼來無所獲,去有所歸,而僧之去也不難矣。北方之僧去之既有其則,南方之僧去之又有其方,然而有司猶不奉職,天下之僧猶未盡去,是有司之罪,然後黜陟賞罰之政可舉矣。

十二曰節淫。臣按,國朝⑨用唐、宋故事,設教坊司以掌俗樂,俳優伶人各有職役,娼優女子本以待軍士之無妻者耳。夫何法久弊生,則有詐誘良人爲娼,以誘蕩牟大利者,雖例有嚴禁,曾何所憚？加之歷時既久,生殖愈多,今聞兩京九街至數萬計。在兩京者多流溢於外,往往爲奸盜藪。夫使人爲娼,是畜之以獸道。然或罪人妻女,猶之可也,至數世之後,可以已矣,而猶未釋,不可哀乎？罪人遺體,猶之可也,乃陷良人於獸道,不尤可哀乎？其初無幾,猶之可也,生殖愈多,畜淫愈廣,不尤可哀乎？且女子爲娼,多非所願。臣在理官,常見有樂婦不願爲娼,被逼而謀殘主母者,即此可知也。夫聖人在上,必使昆蟲草木各得其所,况於人乎？天之生物,懼其過也,止之以秋,况非生物乎？故買良爲娼者,例有嚴禁，無待臣言，但當申飭，而於娼女之生殖愈繁者，必當法天道以止之。合無令禮部考其數，差官點檢，孰爲樂户，孰爲良家，娼家之女願從良者聽。仍定額數，每京毋得過千人。額外之數，以漸去之，令其嫁賣，期三年而盡。其買良爲娼者，且宥其罪，並遣歸良。無親屬者，從官嫁賣，再犯乃坐罪。仍禁在院樂婦，不得出外。如此，則人道少陷於禽獸，貞女不至於淫怨，是固王道之一事也。

　　十三曰平刑。臣伏讀聖諭曰："刑獄重事，人命所關，其情弊多端，最難條數，甚傷和氣。法司推議奏請。欽此！"臣惟刑獄繫天下之命，陛下以冤濫爲慮，令法司推議奏請，大哉皇仁，真大舜欽恤之心也。臣待罪理官，頗知刑獄冤濫之故，請詳陳之。國家稽古爲治，建立大理寺審錄天下刑名，其職任蓋甚重也。初，我太祖皇帝既設理官，慮刑獄冤濫，復用學士吳沉之言，設審刑司詳讞。若二寺審錄不當，審刑司詳讞乖方，又從磨勘司照駁，與原問官俱連坐，其立法甚詳且嚴也。厥後定制，罷審刑、磨勘司，天下刑名只從大理寺審錄，罪不合律者駁回再擬。三次不當，原問官送問，招情未明者，駁回再問。其情有冤枉者，行移隔別衙門再問。若三次審異，奏請九卿堂上官會問，面奏其事。視前爲省，亦不失兩司詳讞參駁之意，其法可謂簡而盡矣。夫祖宗之於刑名，照駁參駁，再問調問，若是不憚其煩復者，亦欲獄得其情，刑歸有罪，以求天下無冤民而已。夫何今在内法司不體祖宗立法之意，但遇大理寺駁回刑獄，輒執己見，雖至再至三，猶不甚改。甚者添己見於犯人招後辯折駁語，殊違體式。逮及調問，則又囑託同官更相回護，至調三四五六猶不改者。駁回，犯人必遭重責洩忿，駁次愈多，受杖愈酷。又故意淹禁，動經歲月，不肯完問。爲理官者則以所職在是，不得不執，彼此相持，往來煩復。有犯人本無大罪，反因杖禁而殞死者，甚可哀憐。夫理官之設，本以平刑也，而反以不平；本求無冤也，而反以致冤，則祖宗立法之意安在哉？陛下念刑獄關繫之重，情弊多端，令法司推議奏請。臣愚謂法司乃刑獄之綱，刑獄其目也。今法司自爲弊，則其綱不正而萬目隨之，雖推議，無益也，抑誰爲推議哉？故欲清刑獄在正法司，欲正法司在復祖宗舊制，而立法以防之耳。祖宗之制：犯人稱冤不服,則大理寺調隔別衙門問理。今皆從原問衙門堂上官調問,又不出其屬官。大理寺近亦因循,若遇犯人二次番異,亦不復奏請九卿官會問,故法司得以固執,得相囑託。若依舊制,則原問官不改者別衙門將改之,別衙門不改者九卿將改之,彼亦安得固執,安得囑託哉？臣伏睹孝宗皇帝弘治十七年詔書,但原問官事涉嫌疑或有偏拗者,不拘一次二次,聽本寺駁調問理,若不改,本寺徑行隔別衙門問理。又駁回,犯人若不須提人者,輕事限五日,重事限十日完報。若故意淹禁,致情輕犯人累死者,聽本寺指實參奏,國憲用是以昭。我孝宗皇帝蓋灼見法司之弊,而嚴立法以防之也。臣願陛下修復祖宗舊制,申嚴孝宗禁令,特敕法司：今後大理寺審錄刑名,除不合律依律照駁外,其招情未明,駁回再問。問官執拗不改,及犯人稱冤者,俱照祖宗舊制、孝宗皇帝詔旨,調隔別衙門,如刑部調都察院,都察院調刑部問理。二次番異,則會同九卿堂上官問決。在京照例具奏。南京隔遠,死罪充軍具奏；徒流而下,令本寺移文兩法司問理,兩法司毋得推調。駁回囚犯,除緊關情節必須提人者難以速報外,其餘招罪欠當者,輕事仍限五日,重事限十日,俱要完報,不得挾恨酷打。久禁因而致死如有前弊,本寺指實參奏,九卿堂上官會問,違限者問如律,致死者以故勘平人論。如此,則法司不敢偏執己見,不敢酷刑久禁,刑罰清而天下無冤民矣。雖然,法司刑獄之綱,理官又法司之綱也。欲法司奉法,則理官不可不重。欲重理官,當精其選而隆任之可也。夫官後於兩法司,乃付以權衡,使稱量其重輕,而非有不可及之識,有不可奪之守,不可凌之節,則評駁不當,或難以折其非,操持不堅,或難以鎮其浮,位望不重,或無以壓其慢,欲其帖然心服而無異言,豈可得哉？是故其選不可不精,其任不可不隆也。臣觀今日之視理官,有似甚輕者。何以見其然也？大理卿缺,多以資叙陞補,未聞精擇,久之陞遷,僅得六部侍郎；評事員缺,多以科道選退者爲之,久之陞遷,亦不得同於科道。夫官列九卿,勢若頡頏,其權又在兩法司之上,於選補陞遷,乃獨苟焉,而正卿猶不得與部佐品秩之同者齒,其視理官一何輕也！然此豈祖宗立法之意哉？亦近時用人者之流弊耳。臣愚謂,大理正卿必於侍郎、副都御史中擇德望素著者爲之,任之而效,則陞尚書,或陞官而猶掌寺事可也。評事必於行取官員擇才名素著者爲之,任之而效,雖與科道同遷擢可也。此非臣之見也,我朝之故事也。故以吏部侍郎轉理卿者,永樂年間大理卿陳洽是也;以理卿陞尚書者,嘉靖初刑部尚書趙鑑是也。夫擇之精而任之隆,則評駁當而法司無不服,持守堅而法司莫能奪,位任高而法司無敢慢。然而猶有偏執己見冤毒無辜者,然後可責之法司也。是故其道在乎理官之重也。

　　十四曰詳讞。臣按,國家建立大理寺,職專審錄天下刑名,此祖宗慎刑之意也,今法司者所當講也。何則？大理寺之初置也,天下都、布、按三司并直隸、府、州、縣、衛、所一應刑名,皆送大理寺審錄,非但在兩京法司也。後該本寺議以各按察司發遣囚徒已會本布政司審讞無異,復送大理寺覆審,中間奸猾之徒必多番異,又須召集干連証佐。重刑推鞫或移文勘問,或遣人提取,不無輾轉,事滯人淹,遂令今後凡各按察司發遣囚徒,都察院該道詳審無異詞者,既轉發工役,不須更歷大理寺;其察院所受詞訟,移文直隸府、州、縣按問,并按察司所遣囚犯申發都察院詳讞者,仍舊發大理寺審讞。此於舊法雖云稍變,然猶未甚遠也。若今之法,則又異於是:杖罪以下,府、州、縣得自決;遣、徒、流罪犯,則取決於按察司,雖按察司所問刑名,亦不送審察院。充軍罪犯,則取決於撫按,雖撫按所問刑名,亦不送審大理寺。其經大理寺審錄者,惟絞斬以上死罪耳。臣按,祖宗立法,既設兩法司問理刑名,復設大理寺讞審之。問刑之官,自主事、御史而上,至尚書、都御史凡五六人;審刑之官,自評事而上,至卿凡九人。一獄必經十四五人之手而後成,是何其重複不憚煩也！蓋刑獄重事,人心不一,或存心不公,或所見不同,或偶見不到,皆不能必無。若徒取決於一二人,安得無枉？必經多人之手而後成者,欲其互相糾正,互相啟發,而求刑罰之當也。今在外徒、流罪犯,獨取決於按察司,至其所自問者,亦不之虞。充軍罪犯獨取決於撫按衙門,按察司畧不敢與。夫在外之按察司、撫按亦人也,豈獨勝於在內兩法司,心獨盡公,見獨無不同,獨無不到？然則欲求刑罰之當,何也？臣見今兩京法司刑名送審理官,亦有可駁者,亦有駁改者,在外撫按、按察司豈得獨無乎？

夫今之刑名在内者猶遵舊制送審理官，而在外者乃獨不然，是何治内也獨詳而治外獨畧也？臣又按，祖宗設立大理寺審録兩法司刑名寓意之深，臣伏讀《皇明祖訓》曰："我朝罷丞相，設立五府、六部、都察院、通政司、大理寺，頡頏而治，不得相壓。"大理寺秩次於兩法司而假之審刑之權，使兩法司得與往來議論者，正所謂彼此頡頏，不得相壓也。今撫按之權壓於二司，二司之權壓於府，乃使審録其刑名，豈敢與之往來議論乎？嘗見今在外撫按、憲司刑獄有所出入，雖差謬，下司不敢與争，反爲曲説以傅會其意，是皆其權足以相壓，而其弊至此也！富人可以詣闕陳訴，貧者含冤結舌於下耳，欲求小民無冤，不傷和氣，何可得乎？夫昔之治外也甚詳，今也甚畧，昔也立法之意甚深，今變而至於甚弊，是即所謂後世一切苟簡之政也，何足與論祖宗"慎刑"之意哉？何足以興唐、虞無刑之治哉？以臣愚見，今在外按察司去京師遠者七八千里，其刑名欲送審大理寺，其弊誠有如該寺所議者，其法之變，不復送審大理寺，猶有説也。若直隸府、州、縣去京師遠者不出三四百里，較之在外府、州、縣刑名送審按察司遠者或千四五百里猶爲近也，其法亦變而不審送大理寺，何歟？法之初變，令察院所受詞訟發直隸府、州、縣問理者，乃送審大理寺，誠爲有見，而按察司刑名只送審察院，固爲通變之論，其有未便者，僅出於一二之見，又其權足以相壓，非可往來議論也。合無今後兩直隸、府、州、縣刑名不拘府、州、縣問理及撫按發問者，除笞杖輕罪外，其餘俱照國初及後議事例，仍送刑部、都察院轉發大理寺審録，待報發遣。其在外按察司刑名除笞杖輕罪外，其餘亦照舊申送都察院轉發大理寺審録。各衙門應依擬者依擬，應參駁者參駁，應照駁者照駁，俱遵照諸司職掌施行。如此，則在外撫按、憲司問理刑名必有畏憚不敢任情，而於時勢亦無所礙。法變不失乎古，刑罰當而天下無冤民矣。若以理務煩多，則國初增置評事分理天下刑名之法，可用也。

　　十五曰兵政。臣聞兵戎有國之大事，國之存亡係焉，不可不講也。國初設立一百二十衛，置於兩京，三百七十衛，列於州縣，所以捍衛生民，藩屏王國也。承平日久，兵政廢弛。今衛所官軍逃亡者三分之二，存在者又孱弱不堪用，地方有事,則募民間驍勇以爲用。往年劉賊、礦賊生發,橫行中土,搏殺官軍如同雉兔,卒收功於邊兵與淮海之鹽徒,則今日兵之不可用也,不亦彰彰已乎?夫衛所之兵聽其逃亡,竭民膏血以養無用之兵,又僱兵以爲用,則今日兵政之壞何如也!且兵非素養則不可得其死力,臨時僱募,未免緩不及事。又小寇或可支持,忽遇大衆,難矣。況召外兵以靖内寇,豈不啓戎心而貽後患?梟雄之士在草莽,天下有變,將起而舉大事矣,其肯受吾僱募乎?是皆隨時苟且,支持目前之計,非能爲國家深長思也。孔子曰:"《易》,窮則變,變則通。"本朝以兵得天下,其壞乃至於此,非窮而當變通之時乎?然自古無不敝之法,況兵凶器,其易敝也爲尤甚。救偏補弊,自古所難,況兵政之弊,其難補救也爲尤甚!如唐府兵,古今稱爲良法,然僅再世而已壞,宰相如張説不能救,但爲一切苟且之法而反以基亂。宋之禁兵,當時自爲得法,然卒以繁費困天下,宰臣如韓琦輩不能救。王安石之變法,而亦以基亂。兵之易壞而救之難也如此,在今日亦豈易言哉?雖然,兵之難而輕變之,固足以基宋、唐之亂。兵之難而不變之,亦豈今日長久之道哉?臣聞致弊必有其端。今之逃亡也有三患,其難用也有四弛。貧困也,侵漁也,遠戍也,此三患也。不揀閱也,失教訓也,用不常也,令不嚴也,此四弛也。何謂三患?一軍數口而仰斗食之糧,出廩虧減十去二三,他無營運,俯仰何資?是曰貧困之患。將帥貪暴,橫肆誅求,稱貸准折,不能自立,是曰侵漁之患。遐方遣戍,風土不安,骨肉分離,心神飛越,往往未至而先思遁,是曰遠戍之患。何謂四弛?父死子繼,不復揀選,疲癃短少,悉入戎行,是曰揀選之弛。武場金鼓,虛應故事,兵甲不閑,他技自食,是曰教訓之弛。承平既久,士不知兵,遇有征剿,官府輒募民兵,以避殺傷之罪,養兵僅如驕子,是曰試用之弛。力戰無賞,退怯無誅,紀律不明,人心懈玩,是曰法令之弛。知三患,達四弛,始可與論兵矣。

按,宋初制兵,法本非良。唐兵雖善,然其弊也在於役繁而地遠,其失策也在於府兵不復,而張説苟且之法行。今兵法不修,而隨時苟且以備用,何以異於唐哉?是故祖宗之法不可以遂廢,衛所之兵不可以不修也。然欲修之,惟在補其逃亡,汰其老弱;而其法,則去三患、振四弛,如斯而已。其事則有未易言者。

按,宋人之兵二十入籍,六十歸田。然闕額招填,人猶畏避。今法父死子繼,人豈樂從?聞國初籍民爲兵,有斷指殘目以避其役者。今欲籍民以填闕額,豈不驚擾?臣愚謂莫若將在營訓練民兵,取補闕額,不足則募閑民或餘丁以足之,亦不必盡勾原額,皆許其六十歸田,不許拘其子孫,願充者聽。又厚賞賜以致之,則民當有順者。定立選格,畧倣太公之選騎士,宋祖之定兵樣,必身材幾尺,挽強弩幾石,負甲幾斤,又令兩兩相射,馳驅相擊,其不避者,始爲中格。逃亡之兵,必入格方許充補;見在之兵,必入格方許存留。削退之兵,別選餘丁或閑民以代之,其籍存而不去。代軍既退,復就正户選補,不中則別選如前法。遠戍在外而原籍有丁者,令所在官司查改近衞,其揀法亦如前法。月糧之外,時加賞賜。如宋人特支銀鞋、薪水之類,務令俯仰有賴,不至困乏。而又月糧嚴虧減之科,將帥重搪尅之罰。教訓之法,必多選武職或良家子之精於武藝者爲師,教以騎射、戰陣之法,而因以將。每教不過十人,待能精熟,方許更易。教之務令周徧,畧如兵法所謂"十人學戰,教成合之百人;百人學戰,教成合之千人"者。教既有成,然後操練如常。遇有征剿,悉驅戎行。若互有殺傷,查照正德年間事例,不科主將之罪。其臨陣退縮及在逃者,以軍法從事。若是,則三患去四弛振,在伍皆精壯之兵。然而猶有逃亡及孱弱不堪用者,未之有也。

十六曰將才。臣惟我朝以武功定天下,故武臣子孫咸得世襲,蓋不忘其功,亦漢人帶礪山河之意也,其待之可謂厚矣。且承襲之際必比試,中式然後與官。初試不中減半俸,再試不中降從軍。其與之也,蓋亦甚難而不苟矣。夫何承平既久,法弛弊滋。具文考試,假手他人。本兵之官不復嚴察,沿襲既久,因而成風,遂使官居將帥,不能操戈,手握兵戎,不能撫馭,兵政於是大壞矣。今天下武職僅如木偶人,克布有位,民間雖有斬將搴旗之才,欲進無階。武職平居既不能訓練軍士,但喜搪尅,疆場有事,則束手飛神,官府不免召民間義勇以靖之。義勇靖亂有功,而官府不之錄;武職不必有功,或以虛名被薦,或以善求得遷,輒登大位,是何輕重若此!其失均也。毋亦念其先世之功,白衣不得與同歟?然自臣觀之,此亦當今一大弊,殆非帝王所以懲勸功罪,收拾英雄之術也。夫何守成之功,於創業蓋不甚減,而膏粱之子不可以甚縱,雄傑之才不可以久抑。縱之之甚,將至償事而誤國;抑之之久,將至泛駕而啓釁。何也?頒禄本以食功,建功本以立事。國家雖優武臣,而官猶不輕與者,欲其振父祖之功以備國家之用也。今弛祖宗之法,行姑息之政,使膏粱之子偃然人上,兵政因之大壞。若又縱之而不爲之繩檢,則彼以官爵爲彼家故物,朝廷莫之能奪,益肆而莫之戒,緩急不可得力,國家將何所賴?故曰:償事而誤國者,此也。陷陣擊柱,屠狗掘塜之豪常出於民間,彼其好逞喜殺之志,譬之猛虎久不搏噬,則咆哮磨牙以洩其毒。今兵事歸之世將,而彼無所用,其好逞喜殺之志,不可畏乎?承平無事,或俯首於吾樊籠,卒然有變,有不咆哮奔躍而去者哉?今民間盜起輒不可制,如往時劉六、劉七及閩、廣累年之寇,何莫非此徒也?若不預爲之計,竊恐積而之久,磨牙以洩其毒者安保其必無哉?故曰:泛駕而啓釁者,此也。故臣愚見,今天下武職,欲遵祖法以裁之,民間雄傑,欲開一途以通之。武職承襲,令府部嚴加辯驗以試,令科道嚴行監察,如或不中,查照舊例減俸降革,不得姑息。若僱人代試,即揭其黃,若犯姦盜、失機等重情,則揭黃革爵。民間雄傑可立千長、百長職名以處之,俾掌州縣民兵追捕盜賊;若能立功,照依武職叙遷,若積效數多,亦不限其所至。若有韓、彭奇才,則不次擢用。若有戡亂大功,亦許承襲武職。施裁抑之法,不惟黜不肖崇賢能,以備國家之用,且以開白衣登進之門。白衣有進身之階,不惟備國家之用,且可以塞禍亂之源,豈非制治保邦之道哉?或曰:武職裁抑,則有失爵不叙之患,民間雄傑已收之於武舉,而此不亦贅乎?臣曰:夫所謂軍功,亦有數等,如太祖、太宗起事之初且未敢輕議,此外若一累功而得之,亦有間矣。且國朝元功子孫,今或以散官帶俸,亦有流落民間者,不遇陛下興滅繼絕,亦終焉而已。今衛所之官,豈有如誠意伯諸臣者乎?是其功固未足以乘遠,況既承襲數世,朝廷報之亦已至矣。若其子孫能自奮,猶當許復故物,固未可遽絕之也。若今之武舉,於文舉蓋亦不甚相遠,均之以言取人而未嘗試,孰若取人以功而有可據之實乎?且武藝或長而文不能自見者,又何從得之也?故愚臣之法似若可用,明主洞觀萬化之源,當必有取於蕘言矣。

十七曰邊患。臣按，夷狄之爲中國患，其來久矣。自古英君誼辟謀臣勇將，罔不疲志經畫，然未有得上策者，誠哉難也！三代而上姑置勿論，三代而下，以漢言之：雁門、雲中以備北狄，隴西諸郡以備羌，巴、蜀以備西南夷，遼東諸郡以備朝鮮，會稽諸郡以備南越，其爲邊患固廣也。自是厥後，唐則北備突厥，西備吐蕃，宋則北備契丹，西備寧夏，惟二邊之患爲最著，而東南之患則稀少矣。及至本朝，北則達賊，西則回賊，常爲二邊之患，南則兩廣猺獞不見帖戈。朝廷於是三方嘗畫經界，置封關，宿重兵以鎮之，固國家長久之計也。然歷時既久，人心怠玩，兵政漸弛。近日之兵備，已不如曩時，而各邊玩弛之患，則有可慮。臣請爲陛下陳焉：

以北邊言之，宣府、大同二鎮之兵本以備胡也，今達馬時出沒於邊境，束手不能禦，而反賊撫臣、縛主帥以爲國家患。國家亦不暇胡虜之患，而反糧餉不繼致兵變爲患，此何理也？推原其故，蓋由内兵削弱不足以制之，故敢狂悖至此耳！夫昔之立國者必使内兵足以制外，外兵足以制内，内外相制，然後可以久安而無患。漢丞相、司隸之子悉出戍邊，唐關中府兵居天下之半，宋以禁兵戍諸州，皆此意也。本朝一百二十衛置於兩京，三百七十衛列於府、州、縣，即漢、唐、宋之意也。而兵乃削弱，何耶？兵多不精，猶無兵耳。正德年間，劉六、劉七之亂，驅京兵如群羊，不得已乃召邊兵以靖之。劉賊始靖，而邊兵之禍始於此矣。彼見京兵如是削弱也，則强梁跋扈之心生，戕撫臣、縛邊將而無所憚，朝廷亦莫如之何，姑息不問。由是彼志益驕，邊兵之患遂根固而不可解矣。昔當造變之初，尚書胡瓚往治之，使經理有方，豈不足以消逆謀而靖大亂？夫何斗筲庸材至再生變，遺患至今，其人乃漏網以去，可恨也！臣聞今之邊兵，主帥畧不能營攝，撫臣輒阿徇其意，不敢出一聲。彼猶心常蓄叛，一朝使至，輒露刃以待，使者恒因之喪膽。此與唐之藩鎮何以異也？邊兵如此，亦幸胡運適衰，國家得享太平之福耳。萬一胡虜陸梁，侵軼邊疆，誰能制其死命，使之犯鋒鏑以禦乎？而本兵之臣，亦未聞有以爲憂者。豈禦之真無策歟？抑未得其人耶？聞邊兵之跋扈起於内兵之削弱，内兵若强，則邊兵不敢動矣。今惟修内兵，則邊兵之亂可坐而消也。譬之人身有疾，可藥則驅之，否則但理其元氣，固其根本，久之而其疾自除矣。今京師十二團營之兵有缺則補，時時操練，衣糧不缺，何嘗無兵也？然市井無賴苟取充數，揀選之法未精也。武場金鼓，祇應故事，教訓之法不實也。戰陣不經，聞賊膽寒，常試之技不熟也。如是則兵安得而強與？安能鎮壓邊兵使有怖心與？臣愚謂宜用臣揀選之法以揀京兵，用臣教訓之法以教京兵。揀選既精，教訓既熟，然後用唐人更戍之法，團營之兵分爲三番，遣戍宣、大，使習見胡虜，經營戰陣，暇則耕種，率三歲而更。京兵既出，取州縣之兵以補其缺，皆使分番出入，如此則內兵精矣。內兵既精，邊兵必聞風而怯，不敢狂悖。戍兵之遣但爲屯田，則邊兵不疑，必有以制之矣。故消邊兵之患，宜莫有過於此者。屯田之法，又當與之並行也。昔勾踐於區區之越，收拾於破敗之餘，生聚教訓，猶足以強越而滅吳，況國家全盛之時乎？

以西邊言之，甘肅三州等衛即漢所開斷匈奴右臂之地也。我太宗皇帝又設哈密國、蒙古赤斤、罕東等衛以爲甘肅藩蔽，爲謀何深遠也！夫何胡元之餘灰不燃，脫脫之國嗣不繼，哈密之封遂折入於吐魯番，而甘肅之藩籬失矣。弘治年間，尚書許進蓋嘗復之，無何未久而再失。當時封疆之臣皆如許，豈不足以推亡固存，奈何尚書金獻民，狐鼠小夫，謬膺重寄，欺君誤國，遂使哈密之地不可復收，祖宗千百年之貽謀廢於一旦，豈不重可恨與？而其人乃僅得輕典，可怪也。又聞吐魯番自通貢之後，每一入貢，輒留數十人於甘肅。今積至二千餘人矣。此其志欲何爲也？彼嘗謂瓜、沙二州係彼祖宗故地，有謀據之志，此舉可知也。不及今遣之，待數十年後人馬益衆，則甘肅危矣。如此則不惟哈密之失，將并甘肅而失之也。夫甘肅開於漢武千餘年矣，若至我朝而失之，豈非千古之羞哉？豈惟貽羞千古，三秦之民必無帖席之日也。而封疆之臣亦未聞以爲憂，何與？夫哈密之可復與否，論之者多矣。以臣思見，天之所廢，誰能興之？哈密之不可復，天也。罕東、赤斤二衛獨不可培植與？罕東、赤斤之勢或單弱也，野乜克力、小列禿諸戎獨不可聯結與？誠驅逐吐番，分哈密之地與二衛，皆封爲王，給以金印，使連兵以守，聯結諸戎以爲之援，則哈密雖失而不失，甘肅之藩籬已撤而復樹矣。然舉事以食爲先，今國家財用不裕，各處邊儲缺乏，加之甘肅連歲不登，斗米銀二錢，此時而欲舉事難矣。原甘肅所以歲不登者，緣其地四鄰⑩羌胡。邇來邊備廢弛，戎馬時擾，不得耕收。又黑河之水陷而低下，不能上灌田畝，所以致此。雖天時、地利，亦人事有未脩也。若依臣之計，先飭兵備，而脩屯田之政，又寬兩淮鹽商，使得厚利，樂輸粟於彼，則軍輸有餘裕，而哈密之事可舉矣。

以南邊言之，兩廣交界之處，深山長林，上通荆楚，廣袤幾千里，猺獞生於其間，以射獵爲生，劫掠爲業，邊民常受其害。國家置重鎮於蒼梧，似足爲生民之衛也。然嶺西諸猺時或稍靖，府江之猺何嘗息毒？成化間，都御史韓雍嘗征斷藤峽，猺夷屏息者十餘年，今則悉無忌憚矣。引弩臨江，掠取舟楫，三司往還，曾不少讓，官府無如之何，姑因而噉之，每舟所過，額與魚鹽，定立約束，求免剽掠，雖繡斧所經，亦攜鹽自備，是得爲紀綱乎？官府所以重於攻討者，蓋林箐⑪茂密，巖谷阻深，蜂屯鳥散，莫可踪跡，騎不得進，兵無所施，所以隱忍而就，拙策也。如臣愚見，理亂民如理亂絲。理亂絲必求其緒，理亂民必求其首。絲得其緒則分，民得其首則順。況攻人必因其所短，誘人必因其所利。因其所短而求之則困，因其所利而誘之則從。困於彼則從於此，必然之理也。今夫猺獞之所缺者，魚鹽也。無魚鹽，一日不可得而食也，此其所短也。其所以出掠者以是，官府所以噉之亦以是也。如臣之計，閉府江之路，使舟楫不行，頓荆楚、兩廣之兵於四面，而絶其魚鹽之路，不待一年，人皆困弊，然後開歸順之門，令其頭目各率衆來歸。朝廷賜其頭目以官爵，俾和輯其衆。賜其衆以魚鹽，又爲開互市，令商人運魚鹽於彼，與之交易，又選諸頭目中最爲衆所服者授之高官，以總撫之。彼其頭目利吾之官爵，其衆利吾之魚鹽，必欣然而定，釋戈而至矣。從而伐林木，開道路，立宫室，教樹藝，漸理以約束，如各處長官司之例，必不煩吾兵，可坐而理矣。是謂困於彼，必從於此，得其首則從也。萬一未順而至用兵，則彼困敝之餘，豈能與一戰乎？終歸於效順耳。如臣之策，雖不中，不遠也。又近日兩廣撫臣，輒召土兵以殺内寇，非策之得也。夫召土兵以殺内寇，猶召邊兵以討劉賊也，豈不生侮啓禍？今日之邊兵，前日⑫之思田，皆其驗也。任事者亦徒爲己目前之計,不爲國家深長思爾。今宜以此爲戒,非大征不得常召,但專精内兵以禦内侮,則近患消而遠患亦不作矣。

夫此三邊,今又皆以爲難,莫之敢染指。臣獨謂可爲者,天下無不可能之事,特未得其人爾。昔諸葛亮用蕞爾之蜀,猶足以鼎立而抗強大之吳、魏,況國家全盛之業,又何三邊之患也？臣嘗披祖宗地圖,往來廉、欽之墟,詢訪安南山川土俗故事,未嘗不恨二楊[13]之失策而知交趾之可復。然今以三邊之近患而未能除,又何敢言交趾也！陛下誠用臣言,料理三邊,豈特邊患可除,將見交趾亦可圖也。

十八曰財用。臣惟財者國家之命脈,猶人之食也。人無食則必飢,國無財則非國,故《周官》以冢宰制邦用,《大學》論平天下,獨致詳於理財,非爲此也。三代以前不可尚矣,三代而下,國之盛衰,何嘗不起於財之盈縮。故夫粟腐貫朽而囹圄空,稅商告緡而盜賊起。封椿内藏之滿,實資靈武之兵；經制月椿之錢,乃濟靖康之難。明驗大效,居然可見矣。我朝混一天下,九州内外,罔不輸貢財賦,較之前朝,何啻數十百倍,宜財賦之充溢,足以備國家之用也。至於今日京師無十年之積,州縣亦未聞有贏餘之數,邊儲常告乏,當國者恒以爲憂,若束手無策,何與？臣竊觀太祖立國之初,萬務並興,創制度,置百官,建城郭,作宫室,官府吏居,下至品官之私宅,六軍之營舍,罔不備悉,而百官俸禄,並皆實支,坐食之兵,未嘗缺伍,其費比於今,何啻數十百倍。於是天下初定,民出於兵戈之後,生殖者未蕃,土地荒蕪者未盡闢,各處山林川澤關市之征未盡入也,然未聞有乏財之憂。且太平、應天、山東、河南等處蠲租之詔,無歲不下。夫昔之財宜縮而反盈,今之財宜盈而反縮,其故何與？臣嘗深思而得其說矣。夫財之來也必有其源,財之去也必有其漏。源不浚則壅,漏不塞則竭。善理財者尋其源而浚之,則財發而不壅；尋其漏而塞之,則財聚而不竭。浚源之説,生財是也；塞漏之説,節財是也。然節財之功較之生財,尤有大焉,何也？生而不節,愈生愈耗,猶不生也,有何涯止？故曰："江海不足以實漏卮,山林不足以供野燒",言無節也。今國家生財之途不爲不廣,然財用常至於匱乏者,毋亦節財之道有未至歟？

按，宋臣鄭湜爲節財之論曰："宋朝混一之初，歲入緡錢一千六百餘萬。至熙、豐間，乃至六千餘萬。祖宗時，中都吏禄兵廩全歲不過百五十萬，至和末，月支百三十萬。夫宋之財賦晚年所入，已倍於初，而所出反十倍焉，則財安得而不匱？"今之財賦，臣恐未免宋人之弊也。試稽驗焉，其盈縮之端，當可見矣。昔唐臣李絳有《元和會計録》，宋臣蘇軾等有元祐等年《會稽録》，皆所以總邦計，較多寡，量入爲出也。臣願陛下倣其出入，令户部選能臣數人，自洪武、永樂以來通行稽考，編造累朝《會計録》，要見洪武、永樂年間，内外文武職官若干員，軍士若干名，正賦歲入若干，雜賦歲入若干，百官俸禄計若干，軍士月糧歲計若干，總費若干，所除若干。成化、弘治以來，要見每朝官比前有無多寡，以此稽考，則孰爲減，孰爲增，孰爲多，孰爲寡，孰爲正費，孰爲妄用，孰爲當存，孰爲當去，皆端的可見，而所以量入爲出，省費節用者，自不容已矣。夫財生於天，成於地，制於人。天有時也，地有利也，人有事也，時有消長，利有盛衰，事有得失，財之盈縮，固由於三者之相推。然所以持其盈而不使之縮，培其縮而使之盈者，則人獨擅其能也。是故九水七旱非天乎？金幣鑄而鬻子贖，堯、湯所以制天也。鄴田磽确，非地乎？漳水引而瀉鹵變，史起所以制地也。海内虚耗，非人乎？時務脩而百姓實，霍光所以制人也。今之財匱，天時、地利固所必有，而人事居多，可無以制之與？是故官冗費濫，財緣之蠹。臣謂會計之録可造，正統、成化以來之倖位可削，中外無名之費可損，無益之作可已也。水旱不時，凶歉無備，臣謂社倉之法可行，堯、舜之鑄幣以贖民鬻子者亦可用也。邊儲告乏，臣謂屯田之政可脩，寬商輸粟之令不宜緩，各處輸邊之糧，宜督責也。商店之税雖久不行，然今貧民力穡而服官政，富商大賈坐牟大利，分文不輸，官若税之，以寬民力，獨不可乎？古者市廛有征，漢文帝節儉愛民，貢獻租税，山澤之賦無不蠲除，市肆之租不聞蠲減之詔，蓋有意也，今亦何所嫌乎？榷酤雖唐之弊政，然今富人避賦役而不殖産，并力於市坊，以牟利於四方者皆是，若榷之以稍代農征，亦抑末趨本之意也，何不可乎？此皆因天時、地利、人事而制用之術也。然財在天下，事端無窮，利病難悉，臣言要有不能盡者。臣之所言者，朝廷可斟酌興革。臣言所未及者，又在司國計者引伸觸類，舉其利弊而盡之，則財恒足，而國家無乏用之慮矣。

十九曰屯田。臣按，屯田之法始於漢氏，蓋取空閑之地，課人以耕，而因以戰守，於以足糧餉而省轉輸，養兵實塞之要，足國安民之計，莫先於是。三代既降，兵不出農，猶可以兼農而省坐食之費者，屯田之法是也。然古今之用，其途有二。因兵興而屯田者，若充國之金城，孔明之渭下，棗祗之許下是也。此屯田之本意也。有不因兵而屯田者，若東晉之簡流人屯田於江西，後魏籍州郡户十之一以爲屯田是也，則無謂矣。我朝屯田又異於是。我太祖既籍民爲兵，衛所遍天下，爲養兵之費太廣也，乃引兵出野屯種，有二八、三七、四六之等。軍人受田京衛猶可，其在諸州，或二十畝或三十畝，隨地腴瘠多寡不同，然皆歲輸正糧十二石，餘糧如之。正糧輸之屯所，以給本軍，月糧餘糧輸之衛所，以給守城軍士。一軍出種，則省二人之食，四百軍出種，則省八百人之食，此其爲謀可謂周且密，爲法可謂簡且易矣。然行之未久而大壞，軍士逃亡且盡，田土遺失過半，其故何也？科稅太重，又撥田之初，不問腴瘠、窪亢、虛實、隔涉，但欲足數，牽紐補搭，配抑軍人而使之耕。加之軍士多游惰，督耕無良將，此其法所以速壞也。今夫庶民受田一畝稅五升，二十畝而稅一石，加以徭差，亦不出二石，然猶多逋負。軍人受田，如廣東二十畝，乃使輸二十四石之稅，其能堪乎？況有腴瘠、窪亢、虛實、隔涉諸弊，則軍士安得不逃亡也？軍既逃亡，則田或爲豪民之所隱，或爲官旗之所據，田土安得而不失？田土既失，則稅糧安得而全徵？屯田之壞，其故如此。後來深知其弊，乃正糧不徵，聽本軍自食，餘糧復與減半，軍士或頗蘇息。然其法已壞，不可復收矣。況以二十畝之田而輸六石之稅，比之民田，終然過重。故有以一分而輸二石者，有五分而輸十石者，法亦隨時更變，卒不能守其舊也。夫軍亡田失，官府但責稅於衛所見在之官旗，見在之官旗不得已乃派之同營之軍舍。官旗、軍舍有白手而輸稅者。自夫軍亡田在，而頂種、朋種、佃種之名立。豪强、官舍有虛名冒頂，一人而兼數分二十分，負租稅以覬幸免於官者。又有軍户尚存、田爲官旗占據，或沙水坍壓，情弊多端。若夫腴瘠、窪亢、虛實、隔涉諸弊，又不在此數也。屯田之弊，大率如此。弘治年間，雖嘗遣官查理，何嘗[得]其要領乎？見行條例，嘉靖詔書雖有强占、多占之禁，奸雄曾有所憚乎？朝廷雖遣憲臣督理其事，何嘗加之意乎？或曰：如子之言，則屯田之弊終不可清與？臣曰：何不可清？在得人耳。苟得其人，則志識俱到，操縱不偏，又何不可清也？夫屯田之失，可究者必當究，其不可究者且當已之也。屯田之失者或不可究，屯田之未失者，不可不理也。可究而不究者惰，不可究而究者固，可理而不理者舛。弘治年間，福建清查，不量可否，但欲勾額，乃至一分之田折爲二三以塞責，卒至徵租不起，幾成激變，巡按御史毀其籍，此失之固也。若今各處管屯官，則失之惰與舛耳。或曰：然則今屯田之法可復乎？臣曰：法尚通變，必因其時，時變可通，何必舊也？今衛所之兵逃亡過半，守城且不足，況可復屯種乎？古者屯田固以兵耕，亦有以民者，若韓重華之屯振武是也。屯田之設本在足食，糧苟不匱，斯已矣，何必軍乎？今或營丁頂種、朋種，庶民佃種，皆不必易也，但清其弊斯已矣。是故軍亡既失之田可究者究，不可究者姑已之，而除其稅可也。軍亡未失之田，聽軍頂種、朋種，或民佃種，俱依改元之詔，一人一分或二分，不許多占可也。軍在侵占之田，則依條例追究，不以累屯丁可也。沙水坍壓之田，腴瘠、窐亢、虛實、隔涉諸弊，則與審實，有荒田處則撥補，否則與減稅或除稅可也。然今之屯田有在天下諸州者，有在西北諸邊者，緩急難易亦各不同。諸州之屯田猶可緩，沿邊之屯田不可緩，諸州之屯田脩之也易，沿邊之屯田脩之也難。何謂有緩急？諸州屯田本爲省兵費而設，今兵既逃亡，費亦不廣，民間賦稅亦足以供之，不至上厪九重之憂，損國家之府庫，所以猶可緩也。沿邊屯田本爲備邊而設，今備邊之兵無一日可缺，各處輸邊之糧既不至而屯糧又失，朝廷輒歲出戶部數十萬銀以足之，一有不至，則軍士磨刃以挺，前日之戕撫臣、縛主帥，皆以是也。且戶部之糧有限，又農穀不登，倘遇緩急，將從何糴買？此所以不可緩也。何謂有難易？州縣屯田弊病雖多，然無掣肘不可行者，苟得人以理之，則其弊清矣，此所以易也。緣邊屯田則有掣肘不可行者，雖得其人，未易舉手，此所以難也。何謂掣肘不可行？國初兵威遠振，備警甚密，胡馬不敢近邊,故屯田可行。今邊儲廢弛,胡馬時出没於邊境,禾黍未登場而踐踏隨之矣,其可耕乎？國初威令素行,軍士無敢逆命,可使耕種。今威令既失,北邊之兵拱手仰給於太倉,如索負然,一有不至,則出惡言,官府愴惶以應之,惟恐一應而變,尚可使之耕乎？各處軍士田雖荒曠,附近之民猶可召種,沿邊之民稀少,非若州縣可召種也,將使誰耕乎？故曰掣肘不可行者,此也。然則終不可行與？臣曰：天下何嘗有不可爲之事,但當費心與力耳。夫欲⑭脩備邊之屯田,當先飭備邊之兵備。兵備既飭,然後立室廬以居耕人,立堡壘以爲捍蔽。所耕之田,可畧倣經界法,建阡陌,浚溝洫,而外築長隄,樹雜木以閑之,使胡馬不得馳驅。當耕耘收穫之時,可用唐人之法,常以兵護之,則屯田之政可施矣。耕種之人,可倣漢晁錯、唐李絳法,發京師及近邊各處徒流充軍罪人,免其工役納贖,及民之願田者,皆復其家。不足,則出京軍以充之,每人與田五十畝,無牛、種、田器者,官爲具。又畧從唐人之法,選民之善農者爲田正、田副,俾掌其事,待有成效,則與以官。科稅之法,亦不必緣舊。初耕之年,且不徵稅,三年後可也。宋人用助法公田以處之,如一夫受田五十畝,則以十畝爲公田,四十畝爲私田,使并力以助耕公田,不復稅其私田,則人有趨利之心而樂耕種矣。俟事有成效,歲有收穫,徒流罪人役滿願留者聽,不留者則遣罪人或募人以補之。邊軍願田者亦聽。如此,將見不惟足糧餉而省轉輸,邊兵之患亦可漸消除矣。何也？田既有穫,邊兵必有聽募而願耕種。兵願耕種,必有所顧惜而不敢爲亂。且耕種之民雜處其間,亦可爲密策使與相制而不能爲亂。故曰可以消邊兵之患者,此也。然臣之所陳者亦大畧耳,其間規制曲折之詳,又在乎臨時經理,非臣筆舌所能盡也。雖然,有治人無治法,苟非其人,道不虛行。有魏相主之於内,趙充國經之於外,無患金城之屯田不可舉；有李絳主之於内,韓重華經之於外,何患振武之屯田不可集。是故其要,在於得人也。

　　二十曰禄米。臣惟自古帝王富有天下,必與子孫共之,固人之情也。逮夫歷世既遠,枝葉蕃衍,以天下之力或不能支,亦其勢之所必至也。然窮而能變,困而能通,又古先聖王所以新天下而無弊也。周之子孫侵凌王室,尾大不掉,是聖人亦不能保其後矣。漢鑒秦弊，廣置宗室，國絶輒續，固欲爲子孫萬世之計也。然光武、昭烈皆起韋布，其子孫固有流落民間者矣。唐有天下三百餘年，子孫蕃衍，初皆有封爵，至其世遠親盡，則各隨其人，與異姓之臣雜而仕宦，唐不封建之故，亦其勢有所不及也。我太祖高皇帝既有天下，損益百王，分封諸子，郡王、將軍而下，皆有禄米；男婚女嫁，並有資給，所以待子孫者，可謂遠過漢、唐矣。十傳而至今日，金枝玉葉，愈出愈蕃，天下之財只有此數，而有司之供億，有不能應宗室之所需者。聞魯支屬之在城者，居民三之二，其繁如此，他可推也。而各府郡王、將軍、都尉而下，禄米頻年不得關支，有窮乏不能自存，狼狽至甚者，往往至京奏擾，有願入高墻求飽者，其急迫可見矣。生民財力，譬如繭絲，日就於盡，郡縣之官，至束手無策。聞湖廣王府，有以禄米揭借至嘉靖二十三年，不知此後，又何如也。陛下九重之上，不免爲之旰食，宗室之困至此，可不思所以舒之乎？臣熟視今日天下之弊，獨此爲最大，今日救天下之弊，獨此爲最先。然有司甘受其弊，莫以言者，蓋朝廷骨肉之間，人不敢言，故寧勉強支撐，隱忍以俟旦夕遷去，要此屬皆爲身謀，非誠實忠於陛下也。臣聞志士不愛身以殉國，人臣竭忠以匡君，故曰"苟利社稷，死生以之"。使言之有益於君而禍及身，固將不避，況未必禍乎？昔漢帝分三孽庶以天下半，卒有尾大不掉之患。賈誼、晁錯、主父偃建分削之策，漢文諸君用之，而患以消。魏懲漢弊，箝制諸侯，不能自立，曹炯建强幹弱枝之議，明帝不用，而魏以折。人言有益於人國也如此[15]。今之宗室，其事與彼雖不同，而當變通，實有相似者。臣雖不敢前比古人，然一念犬馬之忠，一得之愚，欲忠於陛下，未必不同也。臣愚以今之財力日屈，有司日難供億，宗室日受困乏，朝廷不免爲之憂。與其被虛名、受實困而憂朝廷，孰若損虛名、施實惠以慰其困而寬九重之憂乎？昔宋神宗裁減宗室之恩，又遣宗子疏屬補外官。夫人之愛其子孫一也，宋至神宗纔四世而已，裁減其恩，豈薄其子孫哉？毋亦勢不行耳。我朝至皇上十世矣，宗室日以不舒，若稍損虛名而施實惠，豈爲薄哉？臣欲陛下因時通變，諸王有封國者照舊承襲，其伯叔昆弟，但在五服之内者，禄米照舊支給。其餘自今爲始，計其一年禄米所入若干，預處數年之有而一給之,令有司爲立產業,隨力所及多寡,每人不出田二頃,使其營運自養,免其賦役,以別於黎庶,此後不復之管。男女婚嫁,仍舊資給,但要稍殺,令易輸辦,毋致失時。若能積學攻書,許與士民一同仕進。復寬以待之,其貧乏不能自存者,仍加優恤,不使失所。諸王近親五服若盡,亦依此例。如此,則宗室有實惠,朝廷無隱憂,有司不難,民力不敝,一舉而四科存焉,較之被虛名、坐受重困、憂朝廷、敝有司與生民者,相去遠矣。且人有產業,如木有根,人能營運,如馬常服。木有根則風雨不搖,馬常服則緩急得用,此尤深長久遠之慮也。或曰:今宗室禄米一年猶⑯不能供,况數年乎?臣曰:王者所欲,何求不遂?户部之財常供之外,如山海關市之征之類,可以供朝廷之求者何限,無已則江南僧田,亦可鬻也,不尤愈於養游惰以害農乎?朝廷一費而永逸,宗室小損而永利,是謂害小而利多,固古聖人所不廢也。臣言如不可用,更命廷臣再加講求良策。要之,可以通變宜民而善後,斯可矣。

二十一曰用人。臣按,《書》曰:"建官惟賢。"又曰:"立政惟人。"蓋賢才,國家之器用,猶屋之棟樑,川之舟楫也。屋無棟樑則不建,川無舟楫則不濟,國無賢才何以爲治乎?是故古之帝王,莫不欲得賢才而致盛治。五臣共濟,大舜所以興虞也;十亂同心,武王所以造周也。下及漢、唐、宋,開創之君,莫不各有一代興王之佐。陛下將興隆古之治,其志不在堯、舜、湯、武之下矣。然不求賢才而用之,何以興起事功,弘濟大業?臣伏睹陛下自臨御以來,蚤夜孳孳,講求治理,十年於兹。敬天勤民,乾綱總攬,萬幾獨斷,任賢勿貳,去邪不疑,雖堯、舜、湯、武之聖,亦奚以過?然治功顧未見於天下者,其故何歟?毋亦天下賢才未盡布列有位,奉行德意者無人,猶天地不交而萬物不生耳。然臣睹陛下當食撫髀,臨軒側席,拳拳不得人之慮,往嘗命大臣科道各舉所知,公卿員缺,簡拔悉自聖心,多非常格,何嘗不切於求賢也?猶未得人,何歟?夫人才之在天下,其伏也無盡,不可以一端求也。天下全才難得,人才各有所長,不可混而用之也。古之帝王,知人才不可以一端求也,於是多方以求之。知人才不可以混用也,於是隨其才而用之。取傅説於築巖,拔韓信於行陣,舉管仲於檻車,復三將於敗軍,是多方以求之也。今必拘以一途則不由科目,如傅說不由世將,資淺如韓信,讎恨如管仲,敗廢如三將者,皆在所遺矣。頗、牧備邊,龔、黃治郡縣,劉晏治財賦,于公治獄,此隨才而用之也。今混而用之,則邊備者或不閑軍旅,治郡縣者或短於撫字,理財賦者或昧於心計,治刑獄者或失於平恕。用違其才,而事多緣之誤矣。如此,則天下之事業何由而集,天下之治何由而成哉?臣願皇上多方求賢,不必拘於一途。明詔天下,如有豪傑之才,如傅說、管仲、韓信、孟明之流,在於草澤下僚罪故及休散者,所在有司以聞,在朝公卿大臣科道各行論薦,吏部不次擢用。特敕吏部,今後用人俱量材器能否,如有才非所長,資例雖至,不得照常叙遷,要彼此更調,無已,亦姑置之,則天下之賢布列有位,人才各盡所長,明主可與共事功矣。雖然,用賢未難,任賢始難。更定法令,何見用也,紛更謗起,乃有長沙之疏;勸行仁義,何見稱也,廷爭忤心,忽有殺田舍翁之忿;京兆政聲,當帝心也,一事過失,莫解分身之戮。夫其相得者尚如此,而況於疏遠乎?故賢誠知而用矣,又必無間於終始,不撓於群議,始稱善用;而守令以下諸事,可以次第舉之矣。不然,用之不終,即一政一事之幾於道而行於始,或廢於後。以賢人而舉,以不賢人格之而沮,欲以興二帝、三王之盛治者,未之睹也。此用人一節,又愚臣惓惓於陛下之意也。

【校記】

①"竊",原作"究",當是"竊"字之譌。今據文意改。

②"囮",原作"頓",音同之誤。今據文意改。

③"穎",原作"穎";"川",原作"州",皆誤。今據《漢書·循吏傳》改。

④"皆縣上之郡","縣"后衍一"縣"字,今刪。下文"郡上之省","郡"下不疊用"郡"字,可證。

⑤"士",原作"正",形近之誤。光緒本作"士",是。今據改。

⑥此處言佛教入華"三千四百有餘年",不知何據。文字是否有誤,不詳。

⑦"贖",原作"睽",疑爲"贖"字之誤。今據文意改。

⑧"籍",原作"藉",形近之誤。今據文意改。

⑨ "朝",原作"都",於義不合,徑改。

⑩ "鄰",原作"憐",音形相近之誤。今據文意改。

⑪ "箐",原作"菁",形近之誤。今據文意改。

⑫ "日",原作"曰",形近之誤。今據文意改。按,上言"今日",此言"前日",顯是時間對舉。

⑬ "二楊",原作"三楊",誤。今改。詳見本書卷六《與張净峰郡守論黄邦相事書》"二楊"條考辯。

⑭ "欲",乾隆本原作"何",光緒本作"欲",義較長。今據改。

⑮ "人言有益於人國也如此","國"下原有一"人"字,疑衍。今删。

⑯ "猶",原作"尤",誤。今據文意改。

林次厓先生文集卷三

奏　疏

賞功謝恩疏

緣臣昔備員廣東，嘉靖八年，强賊王基因驕妻起釁戕殺親兄，遂行稱亂。官府不及時撲滅，但欲撫戢，遂致滋蔓，自本年正月至於五月，衆初不過一十三人，迄至五六百，劫殺鄉村，流毒二縣。時巡按御史未至，二司朝覲正官未回，地方守巡、兵備等官俱接新巡撫不在。臣適署按察司印，目擊民患，乃將府、縣、衛、所掌印及地方巡捕官通行住俸戴罪，一面設法嚴督各官合兵討捕，一面預申巡撫衙門候到詳奪。守巡等官因亦憤激向進，官兵四合，賊遂就擒。適巡撫都御史至，上功朝廷，蒙查殺賊功次，始有臣名，乃得隨衆濫叨恩賞。

念臣本無鞍馬之勞，徒仗聖上威靈，從中督理，當日舉事，方以侵職見恨於同官，續後查功，乃以微勞見錄於陛下，非聖主明見萬里之外，微臣安有非望之獲？臣當益加策勵，服勞犬馬，致身以效愚忠，敢自愛以負陛下哉？抑臣固有獻焉。天下之事無不起於微細，天下之禍無不成於因循。王基之亂，其初蓋甚微也，特以官府因循養成之。今天下如王基者，又豈少哉？廣東海寇黃秀山、許折桂，自臣在彼，作耗於今三年矣。嶺海民遭水火，朝廷何由得知？始也不過七八百人，今聞七八千矣。始也陸梁海外，今則直逼省城，城門晝閉矣。始也未殺官軍，今聞殺民兵八九百，殺番、漢將三十員名，人血赭南海之波矣。事勢至此，是皆官府因循，徒以招撫養成此亂也。今不悔悟，猶蹈故智，猶講招撫，是何意見，成何國體？不及今改圖，切恐勢益重大，或有奸雄出其間，誰能禦之？此其可慮者有甚於王基百倍也。臣昔不能忍王基之亂，寧忍此不一言以解嶺海生民之患,以報陛下乎?又頃者,延綏西海達賊犯邊,地方十分緊急,始議兵食爲防禦計,此所謂臨渴掘井也,臣知必不及矣。幸而虜勢稍緩,不至狼狽,此正當經理整頓之時也。就使邊塵從此肅清,猶不可視以無事,況醜虜出沒無常,將來未可料乎?今天下所患,惟兵與食。臣前已備論,未見有舉行者。臣觀今日事勢,只是苟且撐持目前,殆非國家長遠之計也。如今日某邊缺糧,則請太倉銀,明日某邊缺糧,又請太倉銀。夫糧不素蓄,遇缺則請,此在平居無事之時或可也,萬一變起不測,缺在旦夕,毋亦緩不及事乎?以銀給軍,平時猶可買糧也,萬一胡虜相持,士不解甲,銀將何用乎?故曰:非長遠之計者,此也。至於兵則廢弛尤甚,如南京江口操軍額數雖存,然士不勝戈,將僅袖手,見賊如虎。今雖嚴督守備等官討滅江寇,然纔一將出江欲應故事,不意遇賊,棄舟長奔,心膽俱破,如此,尚望其討賊乎?此則目前已不能撐支矣。根本之地且爾,其他可知也。故用今日之兵,決不可以討賊;據今日之食,決不可以行兵。故方今急務惟兵食,欲處兵食,竊謂舍臣前策,似未有可議者。

伏望皇上因臣所言,爰赫斯怒,嚴敕廣東撫按三司速整兵船,討滅海寇;又敕內外文武大臣,速處兵食,防禦寇亂,則禍患不生,皇圖永固。臣區區報國之心,庶幾其萬一矣。臣無任感激天恩,叩謝顒望之至!

遵明詔薦舉人才疏

承准南京吏部照會:"准吏部咨,該本部題爲開讀事,合無移咨都察院轉行各處巡撫、都御史、巡按御史查照原行薦舉事,嚴督司、府、州、縣官,用力查訪所在地方,但有懷才抱德、經明行脩、不干名利、素重鄉評之人,即時薦舉覈實,布政使司并直隸府、州、縣給文起送赴部,仍行兩京五品以上文職并科道官,照依先任行人薛侃奏准事例,但有同鄉文學材行堪以任用之人,各徑自具實奏薦行勘取用等因,題奉聖旨:'是,這舉用人才,依擬行撫按官嚴督有司,責限從公舉薦,不許怠緩。兩京五品以上官都着一體訪舉。欽此!'欽遵!"照會到寺。

臣謹按，臣福建泉州府晉江縣王宣，剛穎之資，超邁之志，學多自得，行不苟同。才堪用世而恥爲塵容，孝篤養親而甘於恬退。初中弘治十七年鄉試。母疾侍養，積十餘年。一赴春闈，遂息宦駕，甘貧守道，讀書授徒。後學仰其楷模，鄉里高其行義。臣同安縣顏弘，天資朴茂，力行可畏，敦親睦族，古道成名，守禮甘貧，一毫不苟。少習舉業，曾試秋闈，筆耕爲養，遂輟仕進。早育諸姪，財畜無私，喜恤人窮，囊入遂罄。孝友型家，廉介絕俗，鄉里皆歸其仁，縣官不得而禮。是二人者，皆臣同鄉，文學材行堪爲世用，臣所素知者也。如蒙乞敕該部，行本處官司查勘，如果臣言不謬，即行取用。

臣按，薦舉，三代遺法也，法久而弊，故變而爲科舉。科舉之行於今，又千年矣，豈能無弊？陛下患科舉之偏，重複開薦舉之三途，此補偏救弊、通變神化之道，古先聖王之盛舉也。然詔書久下，部檄屢行，至今尚未見薦舉一人者，亦以科舉之法行之已久，天下人才皆歸學校，高尚岩棲之士，寥寥寡見①，間有一二，官司又懼利害，不敢論薦爾。然臣思科舉之弊在於考文不考行，士由②科舉進者皆修文不修身，故居官無善政，生民無善俗。明詔謂"人尚浮詞，不修實行，欲求爲上爲德、爲下爲民者，卒未易得"，誠哉皇言也！薦舉之法行，人皆修德勵行以待有司之求，一時或未得人可薦，久之人才將由是出，間雖不無飾偽之弊，較之專尚义詞不修實行者必少矣。是故薦舉之法，誠不可已也。伏望皇上益堅初志，務重此途，俾與科舉並行。如臣所薦，特敕該部舉用，爲天下先。仍督中外舉行如昨，將見忠義向風，浮薄改行，庶官各得其人，以爲惠民致治之本，可以副明詔之所求矣。

自陳不職乞賜罷黜以弭天變疏

臣聞天人之間，捷於影響，人事動於下，則天象應於上。故商鞅入秦而彗出西方，王氏五侯而黃霧四塞。天意幽遠，固難億度，而人才用舍，足以召災致變，往往有然者。

乃者彗星屢見，皇上惕然恐懼，引咎責躬，屢敕在廷臣工同加修省，又着九卿衙門官各自陳以聽裁處。臣惟陛下以天授之聖，應龍飛之運，志慕黃唐，低視百代，即位以來，孜孜圖治，求賢若渴，去惡不疑，日覽章奏，親理萬幾。宮庭執役，内無三窟之姦；貂璫③罷鎮，事掃四朝之弊；金④釋觚排，見破千載之惑。利靡細而弗舉，害靡細而弗除。又留神聖學，銳志典墳，心不忘敬，手不停編，汲汲焉以興修禮樂爲己任。夫陛下聖資如此之高，聖志如此之大，聖學如此之篤，聖見如此之遠，聖斷如此之剛，聖政如此之勤，謂宜至德上通符瑞，下消眾變，泰階平，景星出，位育之效，應時而臻，坐致雍熙泰和之治也。而四方災異時聞奏報，兩歲之間災星三見，經時不滅，不免上厪九重之憂，其故何與？毋亦在廷臣工未盡率職，宣揚德意者無人與？陛下有堯、舜之資，諸臣非稷、契之佐；陛下有高宗之志，諸臣非霖雨之才；陛下有湯、武之學，諸臣少丹書之戒；陛下有高世之見，諸臣少贊襄之美；陛下有雷動⑤之斷，諸臣寡聰作之謀；陛下有日昃不遑暇食之勤，諸臣所以疏附先後者，或未逮也。天有顯道，變不虛生。反本觀化，諸臣不得不任其咎矣。

臣生長海濱，遭逢盛世，學不適用，道匪通人。官階七轉，叨末九卿，十六年中浮沉相半。評事大理，卒招違抗之辜；謫判泗州，無補兵荒之政；起官鹽法，仍乏足國之方；轉司學政，未展作人之效。今之來也，執法未堅，群猜已集，壯心久負，靦面班行，此皆臣之不職，有負我皇上之委任者也。以臣廁之九卿，譬猶太倉之粟，增一粒不見加多，然千狐之皮，雜以一羊，豈得爲善裘哉？如臣不肖，誠宜罷黜。伏望皇上早賜天斷，將臣放歸田里，別選賢能，以充其任，使微臣無竊位之羞，聖世躋得人之盛，國家獲布新之化，是亦弭災消變萬分之一也。

患病乞歸調理以保殘軀疏

臣正德十二年進士，初授南京大理寺評事，歷陞寺副、寺正。嘉靖二年八月，爲正體統、嚴堂屬以便職守事，謫授直隸鳳陽府泗州判官。嘉靖三年七月，告病回籍。嘉靖六年九月，吏部爲奉欽依斟酌舉用事，起臣大理寺寺副。尋陞廣東按察司僉事，初理鹽法，繼掌學校。嘉靖九年八月，蒙聖恩陞臣今職。臣海濱韋布，幸際明時。早歲窮經，竊有志於當世；中年入仕，輒坎坷於畏途。褫官外補，抱病林居。適下石之方多，詎拔茅之敢望？幸遇皇帝陛下，拔臣泥途之中，廁卿寺之末，使枯條與秋蘭垂芳，沉羽與翔鴻撫翼。陛下再造之恩，昊天罔極，臣碎骨粉身，有未能報。正當早夜孜孜，服勞犬馬，以效愚忠，固未可言去也。況逢陛下邁德商宗，希蹤堯、舜，方得人以濟洪業，士之在岩穴、伏草野者，皆將畢至，以贊休光，而愚拙如臣，又豈忍於此時求去？

但臣禀賦素弱，荐經憂患，元氣受傷，中年以後，漸就衰頽，寒暑易侵，奔走勿任，素有脊酸腰痛之疾，過勞輒發。本年五月以來，忽感風邪，又得惡寒自汗等症，往來纏綿，遷延日月，飲食減少，藥石無功，不能任事。計臣受病根深，恐非一時可愈。欲勉強支持以就職業，則力所不能；欲苟延歲月以縻廩祿，則義所不可。況根萌未樹，牙淺弦急，而風波危機之恐，又古之君子所以怵惕於長衢、按轡而嘆息者也。臣之生平事頗類此。臣不怵惕，按轡坐受顛越，又焉得智？伏望聖慈，憫臣多病之軀，察臣孤危之跡，特敕吏部容臣暫回原籍，再加調理，倘前病得痊，殘軀無恙，尚當蚤赴闕廷，以備任使。如年齡衰暮，不能前進，猶當與牧童野叟，謳歌聖世雍熙至治之盛，決不如朽株枯木，無補於朝廷也。臣無任激切陳乞之至！

急處叛軍以正國法疏

臣聞：人臣於國，休戚同之。凡叨一命者，莫不然。況臣久廢山林，蒙皇上肉骨再造之恩，嘗欲虀粉以報而無由。乃者邊軍造逆，叛賊主將危迫宗室，憂及陛下。此人臣捐軀圖報之時也，臣豈忍隱默不言以負陛下？

夫邊軍之禍，本於内兵之不振，兆於正德初年召邊兵殺劉賊，成於戕殺都御史許銘，長於當時謀國者之事姑息，今則習以為常，恣無忌憚矣。故張文錦再隕，桂勇再難，今總兵李瑾又罹其殃。失今不治，臣恐國威益損，國脈益虛，彼驕益長，將來益難為。萬一有奸雄出其間，國其殆矣！臣始風聞朝廷有招撫之議，戚曰："是踵前日故事也。"續得正國法之報,則大喜,曰:"是國威復振之機也。"但不知國法將何如正?欲誅首惡,恐首惡不可得,將如向日取病厮數人塞責,而禍根仍在。欲得首惡,必至於用兵。欲用兵,則其事有不容直遂者,何也?投鼠忌器,去瘰妨命。代府宗室在於斯,吾欲舉兵,能無器命之虞乎?故曰:不容直遂者,此也。或者謂邊兵勁悍,勢難與敵,急則北走胡,引寇爲患,以是隱忍不敢爲。此皆不能料敵,爲此慮也。夫邊兵仰食於我,其命係於我也。十日不得食,死亡可立待也。胡人穹幕而居,鮮酪而食,非邊軍之所安也,其地不能一日處也。胡虜之不能爲我患,乃胡運之衰,若能爲患,不待彼之誘也。使吾屬兵振武,堅壁清野以待之,不旬日,賊可殄滅也。以臣策之,殆不足慮也。臣所慮者,宗室之在賊中,若鼠之在器,瘰之在頸,有器命之虞也。然以此之故,復事姑息,則國家之患方深,事尚有大於此者。是故今日之事,決不可已,當有以處之也。古今天下未有難處之事,患在人苟且因循,自誤事爾。昔謝玄以三千之衆走苻⑥堅百萬之師,郭子儀以一隻之騎屈回紇下馬之拜。若以今事與之,何足當其指畫?世無安石、令公,則晉、唐之事不可爲。故天下之事,惟在於得人爾。自古未嘗借才於異代,安石、子儀,世焉必無人?特未求之也。古之建大事、立大功者,未有不盡人之見而能有成也。故以韓信之智,下問左車,張德遠短於從善,所以無成。今當主憂臣辱之時,若不博延群論,共討事功,安能有濟?

今日之事,姑息既不可,正法又不易,然則計將安出?臣愚有二策,請試陳之,願陛下擇焉。一曰一時之策,一曰長久之策。何謂一時之策?今在內之兵雖云孱弱,以孫武宮嬪之事觀之,未必不可用也。大同之軍雖已作逆,以魏博鄆州之事觀之,延、宣諸鎮之兵猶吾人也,宗室雖在賊中,以沛公鴻門之事觀之,未嘗不可脫也。爲今之計,當以詭道行之,姑赦其罪而徐爲之圖,內練京營之兵以固根本,密敕遼東、宣府、延綏三路帥臣,揀選精兵,厚結其心以待用。密敕代王爲鴻門之計,出內兵以援之。指揮既定,刻期而動,彼此相應,使三路之兵銜枚疾趨,半夜而至城下,使代王攜其親屬應時由中而出。代王既出,事易爲矣。或以臣言爲迂,臣非迂也。呂蒙詐病,伏兵以襲關羽,李愬半夜乘雪入蔡州擒吳元濟,亦豈迂乎?以此行之,事必有濟。然用邊兵以收邊兵,大同既去,寧無大同乎?故曰一時之策,非長久之策也。欲求長久之策,則兵政不可以不更,將才不可以不擇,邊患不可以不弭,財用不可以不講,屯田不可以不興。其法,則臣已陳於陛下於今三年矣。以臣之愚,竊謂擇而行之,宜可久安而無患,故曰長久之策。

然臣之所言,其畧也。兵家之事,變化如鬼神,飄忽如風雨,要在隨機應變,非臣之言所能盡也。是故其要在於得人也。抑今日邊軍之禍,臣前言之備矣。當時若議舉行,想必無今日之患,有今日之患,乃知臣言非迂也。然往者不可諫,來者猶可追,臣之言猶在也。臣願陛下與廷臣計議,取臣今言以濟今日,取臣前言以備長久,於國家想未必無萬分之益,太平之業可保。以後觀今,必無今日之患也。臣情出急迫,言弗暇擇,事在遙度,無由得真。倘有違誤觸犯,願陛下原赦之,不勝幸甚!

討叛軍飭武備以弭禍亂疏

臣前所言大同軍事,以宗室多官,萬民在內,投鼠忌器,玉石不可俱焚,故欲以謀取之。使臣言早達宸聰,當不至有今日。今日之事,在必攻無疑。然兵事貴速,久非所利。今不知人同糧餉足支幾月,若一時未可克,曠日持久,臣[恐]外之胡虜[7],內之寇盜,或被誘,或望風,各處乘機而動,譬之人身,一疾未已,百病交作,難矣。又大師久頓,衆心易怠,冬苦隆寒,春苦雨水,銳氣易折。賊在死中求生,萬一乘我困憊,出我不意,奮刃突出,所謂一夫投命,足懼千夫,誰能禦之?此皆可慮也。臣聞上兵伐謀,其下攻城,故善兵者,拔城而不攻,毀國而不久,言以謀也。臣前欲以謀取勝,雖云無及,今日之攻,豈能無謀?若能臨敵出奇,不以攻戰,全勝猶可坐收,而免久師破國之禍。但不知專閫之臣,能出此否也?

臣觀醜虜狂悖,卒然嘯聚,本習故態,未必有深謀。聞城中居人多以計得出,則其防閑亦疎,殆易謀也。計彼同惡,不過十之一二爾,餘皆脅從也。夫衆心難一,其來已久,加之大兵日劫於外,生計日促於內,久之豈無離解?兵法曰

"親者離之",況離者乎?乘此時而用漢高之反間,不吝千金,不愛四千户,臣見陳豨之將可降,彭寵之頭可斬也,況蠢爾叛軍乎?抑今所恃以制賊者,遼、宣之兵爾。若倚内兵,難也。然二鎮之兵有限,又各有分守,萬一變生内外,如臣所云,二鎮之兵,豈能盡濟?況大同之攻久不下,兩軍之志或改,或知吾所倚在彼而有易我之心,或生他變,又誰禦之?

故方今之計,大同之事,雖所當急,各處武備,不可不修。自大同作叛以來,既數月矣,官府日惟叛軍之講,未聞奉一令修飭武備,四方晏然若無事,此臣之大惑也。夫一家失火,家家爲之警備者,懼火之及也。今大同既叛,猶一家失火也,家家不見警備,豈防患之道與?臣願陛下嚴戒中外,整飭武備,練兵馬,選將帥,積糧餉,利器械,修城池。民間丁壯,亦令所在團集,擊劍屠狗,豪勇不逞之徒,設法收用之。南京根本重地,祖宗陵寝所在,尤加之意。如此,不惟患至有備,且可以沮邪心而寝奸謀矣。孔子曰:"人無遠慮,必有近憂。"吴起曰:"安國家之道,先戒爲寶。"此之謂也。用人惟其才,不問其他,況將者民之司命,國家安危所係,尤宜重之。如果其才可用,雖讎恨如管仲,敗軍如孟明,猶將用之,況未至此乎?臣見南京後軍都督府掌府事右軍都督馬永,起自下僚,拔居上將,智勇素聞,廷臣交薦。臣察其議論意氣,名果不虛,又無顯過,今當有事之際,若使當大同一面,與邰③永連兵共濟,或領重兵防賊必奔之路,或令衛護京城,必能爲民造命,爲國舒憂,乃置之散地,不無可惜。臣今所言似贅,然人臣視君猶父,視國猶家。父有憂,家有事,人子豈得不言而贅之避?第恨遠在千里,事難遥度,言或不及爾。伏願陛下將臣所言參之衆見,斷之宸聰,即賜施行,未必無萬分之補也。

獻愚計以制邊軍以禦強胡疏

臣久處山林,蒙陛下再造之恩,拔之泥塗之中,驟至今職。竊念草木如葵藿,尚能傾心以向太陽,受恩如臣,曾無涓埃以報陛下,臣實恥之,故敢以其愚計獻。昨者大同軍士復叛,都御史某幾被戕殺,仗國家威靈,即時撫定。臣伏而思之，此目前救急之計，非國家長久之道也。夫邊軍之作叛也，必有以制之，其亂之相襲而不已也，必有以釀之。今欲誅叛已亂，不可不求其法以處之。臣請詳之，願陛下垂聽焉。

古者良將之馭兵也，不以己貴而驕人，不以獨見而違衆，甘辛苦樂，與士卒共之，使士感其恩而莫不愛。或有過失而刑罰加焉，使士畏其威而罔不服。故曰："視卒如嬰兒，故可使之赴深谿；視卒如愛子，故可與之俱死。"又曰："十卒而殺其三者，威震於敵國；十卒而殺其一者，威震於三軍。"夫士卒願死而可殺，豈有殺辱撫臣之事哉？惟夫為將帥撫臣者驕貴自高，其視士卒如秦人視越人之肥瘠，恩不見於平時，一旦欲施之以威，則士卒不服，群呼而起，敢於殺辱而不畏，蓋亦平日之憤有待而發焉爾，寧復知有顧忌哉？如此，則將帥之過也，豈專在士卒哉？故曰：必有以致之者，此也。禍亂既發之後，若別其善惡，分其首從，辨其脅從，釋其無辜，據法窮討，不少假借，庶可以懲一戒百，怵邪心而息禍亂。夫何廟堂諸臣不思遠計，只顧目前，惟事姑息，以致各軍狂卒無畏愈驕，前後相襲而亂不已。都御史許銘、張文錦、呂經，總兵桂勇、李瑾相繼殺辱，遼東之軍再變，都御史劉璋、總兵馬永幾於不免，前歲都御史翟鵬引軍欲入大同而不納，今御史某又幾被殺，禍亂相踵，是誰使之然哉？盍求其故矣？大同之變，朝廷決意征討，是矣。然當時之殺主將者未必闔城之人，城外居民曾有何罪，當時既不分善惡首從，又舉關南居民二千家而盡殺之，遂使闔城居民有罪無罪盡力死守以抗王師以自救命，是誰之過與？及易總制大臣，當是之時，煤炭道絕，城中久困，人如累卵，投生無門，使代之者能嚴叛黨之誅，辨脅從之徒，開投生之路，將見變自彼生，兵不血刃，吞舟不至於漏網，玉石不至於俱焚，不旬日間罪人斯得，邊軍震慄，禍亂永不作矣。而乃不然，使馬昇、楊林得為變計，首惡之人仍從末減，叛軍訖無所畏，是以有遼左之變，又誰之過與？遼左之變，蓋見朝廷之兵威不振於大同，故肆然而無忌憚，執辱都御史而不顧。使當是之時，內外臣工皆如臣甲曰當討，乙亦曰當討，慎選賢能而任之，豈不能收功桑榆，梟狂賊之首而寒邊軍之膽？夫何本兵大臣既事姑息，朝廷風紀之官又從而贊之，以致狂卒生心,亂再作而禍變愈甚。及夫勘事之官不敢往,本兵計無所出,始謀封疆之臣爲掩襲之計。首惡雖得一二,名義不正,卒無以折服叛軍之心,故邊軍之驕氣未降,禍亂相踵,至今未已。反本窮源,又非遼東之姑息爲之與?故曰必有以釀之者,此也。

邊軍之患既相踵而未已,不及今處之,臣恐朝廷難爲朝廷,將帥難爲將帥,其禍將有不可言者。臣請陳處之之策:

今各邊之兵,大同爲最悍。欲處之,當以大同爲先。前事既往,欲追論之則彼有辭,亦覺費事。圖之,當自今日始。計大同之軍不下六萬,歲費國家錢穀不知幾千萬。臣聞近年以來,漸與胡虜交通,不相爲害。胡馬犯邊,其害在民,彼不相救,前年引胡虜以拒官軍,往事可驗也。況既蔑視將帥、撫臣,生殺在其手,其誰能驅之入水火、冒白刃以殺胡虜乎?要之,不足爲吾倚仗。今欲去之則未能,惟當別設法以陰制之,然後從而圖之耳。昔管仲相齊,作內政以寄軍令,欲欺諸侯而霸天下也。今臣作義兵以助軍政,欲內折驕兵而外却強虜也。按,李唐之時,澤潞留後,李抱真籍戶丁,三選其一,農隙則分曹角射,歲終都試以示賞罰,三年皆善射,舉部內得勁卒二萬,遂雄視山東,時稱招義,步卒爲諸道最。宋真宗時,曹瑋言邊民應募爲弓弩手者,請給以閑田,仁宗時籍兩河強壯揀爲義勇,盡鈔民丁,增廣其數,令守臣分領,以時閱習,寇至則翔集赴援。龐籍、蘇軾欲團給民間弓箭社,約束爲兵。本朝大學士邱濬欲倣漢、唐、宋之法,於京畿之內設立"四輔":以宣府爲北輔,俾守國之北門;以永平爲東輔,俾守松亭一帶關隘;以易州爲西輔,俾守紫荆一帶關隘;以臨清爲南輔,坐鎮閘河而總扼河南、山東之衝。又欲將順天、保定、真定、河間、永平五府八十九縣見在之丁爲兵,將原設里社制爲隊伍,領於有司,遣都督一員臨督之,使衛京師。此皆於常制之外,爲臨時救偏補弊之法也。臣歷考諸法,唐之昭義,宋之義勇,邱之里社,皆籍人戶爲兵。本朝既設衛所以衛州縣,各州縣又有民兵之設,今又籍民爲兵,未免重複,其法似難行,惟曹瑋、龐、蘇之法可用。近年以來,軍伍廢弛,兩廣、福建兵戈之地,防安征剿之兵,皆募民間驍勇爲之。今外而沿邊,內而畿輔,不無馳馬試劍、椎埋屠狗之徒樂於應募，如曹璋之弓弩手，福建泉、漳之兵素習戰鬭，如所謂弓箭社者未必無之。若以馬隆之法募選其堪用者爲兵，寵以"昭義"、"義勇"之名，就邱濬所定四輔之地建立營衛，其兵以二萬爲卒，編爲隊伍，選民間素有勇畧者爲頭目以領之，教訓操練皆如官軍，統於都指揮使司，俾巡撫、都御史總制之，兵數不足，分州縣民兵以足之。募養之數，例視邊軍，依廣東之法，或追州縣民兵月糧，或用兩浙、兩淮鹽課以充之。又用邱濬之法，省兩直隸、河南、山東上班防秋之兵，以其月糧給軍餉。如此，則四輔之兵皆蹻健出衆武藝軼格之士，可比山東之"昭義"、兩河之"義勇"，其視邊軍之強弱相半、不時叛亂者相去遠矣。四輔之兵既強，則邊軍之驕氣自奪。一有跳梁，則吾有以制之而不敢動，然後爲潛消默奪之計，更調別衙門可也，罷使歸農可也。取糧餉以給四輔之兵，則官府之僱募可省也，移輔兵以補調軍之缺，則大同之軍伍可實也。胡虜聞風，亦不敢長驅南下，來則有以禦之，前日之如蹈荒原無有也。如此，則不但内制邊軍，又可外禦強虜。爲今之計，莫有先於此者，誠不可忽而不講。所謂當求其法以處之者，此也。

臣誠愚昧，不知國家深謀遠計，然皇恩未報，一得之見，義不容默，故敢以獻，願聖明採擇焉。

遼東兵變疏

臣林希元奏爲陳愚見、贊廟謨，以處兵變，以遏禍亂事。

臣聞人臣有出力以定邦國之是而不係乎疏與戚，犯忌諱以決天下之大計而不顧乎利與害，明主所當虛納深察，不可以泛然視者，臣希元是也。臣所謂國是大計，今日遼東之變是已。臣請披瀝肝膽爲陛下陳之：

夫遼東之變，蓋自大同了事之日，臣已知其有今矣。豈特遼東，沿邊諸鎮以及天下，皆將爲遼東也。何也？大同犯卒敢行稱亂，朝廷合三鎮之兵攻之，半年不能克，而卒苟且了事，雖得首惡數十人，桀惡如馬昇、楊林者，卒莫如何，反仗其力以了事。諸鎮奸雄必謂朝廷果無能爲，輕侮之心起於此矣，一有觸發，則奮攘而起，事勢固然，今之遼東是也。不然，都御史或有不當，亦是常事，五十畝官田殊無大故,何至縛執窘辱,犯順干紀之若是,豈非侮朝廷乎?夫都御史者,天子之重臣,所以振肅激揚,鎮定懾服,內弭奸盜,外遏夷虜,下奠生民,上康邦國也,庸隸下卒敢取而捆辱之,是無朝廷也。奸盜何以弭,夷虜何以遏,生民何以奠,邦國何以康,所損不既多乎?遼東之難未已,廣寧之變繼起而益甚焉。聞呂經被辱,無所不至,皆非人力所可受,要不如一死之爲快。呂經何足惜,所可惜者朝廷耳!聞兵部差官亦被囚繫,迹其狂悖,雖大同未有如是之甚者。舉朝臣工聞之,莫不痛憤深恨,陛下特未之聞耳。臣意本兵大臣宜與國同憂,爲國討賊,使奸謀以折,禍亂不生,然後爲忠於人國也。如今所處,宛轉支吾,終屬姑息。叛卒之志不殺而益驕,朝廷威令不振而益削。臺諫交章而若罔聞,邊聲日急而不以入告,臣不知何説也。臣揣其意,不過苟且彌縫,圖目前之安耳。夫圖目前之安而忽社稷之至計,貽將來之大患,此不忠之大,何也?天下之都御史一也,此而可辱,孰不可辱?天下之軍一也,此而可叛,孰不可叛?且遼東之作變以查撥官田也,而出於都指揮之呈請,必是法所當問也。在各邊諸軍事,豈無當問如遼東者乎?亦將作變乎?其勢將使天下官田聽其匿占,天下諸軍聽其不法,皆無人敢問。朝廷法令不行於諸軍,都御史擁虛器於上而亦不必設矣。國家體統,天下事勢,不知將何如。故曰:圖目前之安,忽社稷之至計,貽將來之大患者,此也。今之所以重於舉事者,亦有懲於大同之役,謂叛卒終不可克耳,此大非也。

夫大同之事,非叛卒終不可克,乃制帥之誤陛下也。何也?攻城下策,兵家謂之不得已。故古之善攻者,必運智出奇,使敵不知其所守,然後可以得志。故兵法曰:"出其不意,攻其無備。"又曰:"伐人之國而不攻,取人之國而不毀。"昔呂蒙伏兵、白衣搖櫓,以取關羽;李愬雪夜入蔡州,以擒吳元濟,此善攻也。郤永之攻大同也,奇策不聞,即其行兵反以固彼人之志,俾併力致死以抗我師,如殺南關居民一節,尤其首害事者。昔樂毅旬月之間下齊七十二城,三年不能得志於守死之即墨,況劉、郤能得志於大同乎?此劉源清、郤永之誤陛下也。劉、郤已矣,使代之者當軍帥新更之始,正城中久困、眾心易慮之時,若能如裴度之誓不與賊俱生,再需旬月,相機制勝,豈不可收桑榆之功?乃不運一籌,以因人成事,僉謀未定,遽撤我兵,使九仞之功虧於一簣。朝廷討賊大義不明於天下,姑息之政已成,遂啓今日之禍,此張瓚之誤陛下也。陛下不悟三臣之誤,謂叛卒果不可克,今日遼東之變,過懲而不爲,張瓚不悟往者之誤陛下,謂叛卒果不可克,今日遼東之變,又從而再誤焉。國威大損,後患將成⑨,此臣所以憤憤不能自已而有言也。今遣大臣往彼查勘,臣觀叛卒之意,欲朝廷不問,直赦其罪耳。必欲推究事由,坐以笞杖⑩薄罰,彼猶不受,況重於此者乎?聞錦衣衛差去官校,被其剝撻械囚,鎮守總兵沿街叩頭以死請,至三至四,然後免其橫暴,至此尚肯俯首聽勘乎?正恐送羊於虎,不足已亂,而重取辱也。抑其罪狀亦已昭彰,聞首惡若干人,亦已表暴於衆,似無待勘矣。臣度今日事勢,決在於用兵,舍用兵而苟且彌縫以求息事,臣見彼如驕子,愈養愈驕,將無所不至。四方效尤,乘間而動,將來愈難收拾,其機皆在於今之一舉,誠不可不慎也。然向方不得志於大同,今又欲快心於遼東,大同失事之臣尚在,又欲得人以爲用,此不惟陛下疑之,雖舉朝臣工亦疑之;非惟舉朝臣工疑之,雖臣亦疑之也。然臣有以解陛下之疑者,請言之:

夫大同之不克,明爲三臣之所誤耳。使有如呂蒙、李愬其人,豈至於是?因匪人之誤事,遂疑叛卒之難克,此不察之過,小大有以啓陛下者。臣聞宣府、延綏、大同之兵尚可徵調,其間將佐尚有可用者,如不可調,焉用養彼爲哉?且堂堂天下,豈患無兵?然則古人以一旅而復國者,何也?自古雖極削弱之國,若能自立,猶可以得志,如漢蜀之於曹魏,東晉之於符秦,可見也。況國家全盛之力,而當區區仰給於我之叛卒,有何難乎?要惟在於得人耳。故得其人,則衰晉三千之衆能却符秦百萬之師;不得其人,則國家全盛之力,不能當數十廝叛之卒。此皆事有可徵,功有可策,陛下可勿疑也。臣又聞:遼東事體與大同異。大同北臨强虜,爲我捍蔽,大同受攻,或誘强虜以自解。遼東塞外之夷,如朶顏諸衛,皆我臣屬,必不黨彼讎我,又地形隔絕,必不能越遼東數千里而爲吾患,此其大異也。又遼東二十五衛所,不輸斗糧尺帛於我,而歲費朝廷八十萬,有之雖可吾藩,失之無甚害事。且其塞外之夷,歲仰器用賞賜於我,吾絕遼東不與通,東夷失利,必怨望,歲爲彼患,而彼不能一日安,其勢終必服屬於我,此其異也。夫遼東事體既異大同,今日事勢又不容已,此臣所以斷今日之計,決於用兵也。至於用兵之事,其間軍馬、錢糧、指揮、調度節目固多,然其要在人主剛斷於上,以耐心行之,慎擇制帥而委權於彼,吾不遥制,則綱舉而目自張矣。凡此蔡功,惟斷乃成,言能斷也。高宗伐鬼方,三年有賞於大國,言能耐也。丈人吉无咎,長子帥師,言擇將也。將在軍,君命有所不受,言委權也。率是行之而事有不濟者,臣未之睹也。自古國有大事,必集廷臣會議,如漢高帝遍問群臣議都關中,孫權集將佐議擊曹操,故能超登至論,遠濟事功。國朝有大事及用文武大臣,亦集廷議,至兵事獨不然。如近日大同兵變,不盡衆見,故有後悔。今之遼東亦然,所以未能愜衆人之心也。然所謂會議者,必令大小諸臣各盡所見,如漢昭帝鹽鐵之議,賢良文學猶得與丞相、御史大夫爭可否。臣見今所謂會議者,可否之立,只出於當路,諸臣遞相遜避,惟命是承。有名已署而莫喻所謂者,此何足謂之集議也？今日之事,臣請陛下下臣章,令公卿大臣及科道官從容詳議,使各盡所見,不得遜避,並錄以聞。陛下與内閣大臣從中折衷之,則衆思畢集,群謀僉同,大功畢舉而不煩九重之慮矣。

臣誠狂妄輕率,不知避諱,死罪死罪！然一念憂國愛君之誠,有不能自已者。伏惟聖明寬宥,不即加誅,臣不勝幸甚！

欽州復屯田疏

臣林希元奏爲復屯田以省轉輸,以足軍餉事。

照得：本州官民糧米原額二千九百二十八石六斗零,除無徵、停徵,實在只有二千四百九十九石,每年除解京解司發常平、永豐倉以給本州官吏、師生及千戶所官軍俸糧,只得二千八十石,僅穀半年之食,尚欠糧一千八百石,例撥在外州縣以足之。當其遠處,尚必逾年然後至,官軍欠糧每四月以爲常。按,《記》稱："無三年之積,則國非其國。"今本州無半年之積,豈可以爲州哉？爲照：臣始入州境，陸行三日始抵州城，見平原曠野，一目望洋，高可種黍，下可種稻，皆爲荒坡，成田者十僅一二。所種之田，只水稻一種，黍稷麻麥俱無，其地又半没荒草，禾稻十不七八。詢之耕民，皆不糞不耘，撒種於地，仰成於天，然猶畝收三四石，蓋其地極膏腴也。數歲力薄則易其處，又數歲而復之，故熟田常少，而荒田常多，要皆土廣人稀之故也。臣即差官各處踏勘閑荒土田，附近城郭去處，則自爲勘量，已得田一百頃。節蒙上司明文踏勘，荒田招人承種，給與牛種。但本州僻處一方，生意微薄，少有流民。其土居無糧人户，又怕差役，甘於佃耕人田，不肯承種官田，以此無可招種。照得本朝洪武年間，設立屯田六十二頃，坐落城東廂新立鄉靈山縣下東鄉等處，撥欽州千户所百户二員領軍出種。宣德年間始罷，田歸有司，給民耕種，辦納糧差。今查前項屯田，民間耕者固有，廢爲荒地者尚多，況各處拋荒田土無數，又不必原田之拘也，但承種之人當議處耳。

臣按屯田之法，古今不同，大要有三：有因兵旅久駐，欲省轉輸之勞而屯種者，漢武帝立屯田於敦煌、湟中是也。有因亂後田荒而屯種者，東晉之簡流民屯田於江西，後魏籍州郡人户十之一以爲屯田是也。有因軍餉不足而屯種者，本朝撥各衛所之軍出野屯種是也。

本朝屯田之法今已廢壞，軍士逃亡過半，耕種之人多非本軍，皆民承佃。臣欲因今之法參用之占，將勘過荒閑田地及原廢未墾屯田招人耕種，不拘軍餘、客居及無糧人户，但願承田者悉與之，人給田三十畝，依欽州下則官田則例，畝科米一斗七升，一人該米五石一斗，仍撥田十畝與爲宅舍，不科其稅。十人爲一甲，甲有頭；五甲爲一屯，屯有總。一屯種田一十五頃，共田二十頃，該米二百五十五石。一屯設屯老一名，專理其事，給田四十畝用酬其勞，不任其稅。五屯之田，計一百頃八十畝。督責耕種，徵收稅糧，則屯老責之屯總，屯總責之甲頭，甲頭責之屯丁，以本州判官⑪掌之，而總督於知州。無牛種者給與牛種。今查荒田一百頃八十畝，可作五屯，歲可得糧一千二百七十五石，只招得軍餘朱鏞、馮寧等六十人，客居及無糧人户廖遶、章料記等六十人，尚欠八十人方足四屯之田。查得本州額設民快一百八十名，除守庫、守監、守城、追捕、巡捕一百名，可撥八十名於附近新立二鄉屯種，以足四屯之數。令春夏在屯耕種，收成之後赴州操練，及春夏復歸田耕種。尚田一屯缺人耕種。臣查得欽州千戶所歲撥軍一百名，分上下班出海巡哨，常在孟涌、海口駐劄，下班之軍月辦銀三錢以備該所公用。臣欲於附近孟涌、茶山、水隆等處撥田二十頃，令二軍朋種田一分，隨班上下更迭耕作。軍一百名可種田五十分，以足一屯，督耕徵糧，俱如民屯之法，主之備倭官，本州亦得督責之。一軍月減米五斗，軍一百名，月減米五十石，歲減米六百石。屯糧減米，二者通計，一年可得糧一千八百七十五石。如此，則不待取撥於外，官軍之食可足矣。以軍餘、客居無糧人戶屯田，即東晉簡流民屯田於江西、後魏籍州郡人戶十之一屯田之遺意也。以民快屯田，即唐府兵無事則耕、有事則戰之遺意也。以哨軍屯田，即漢人屯田敦煌、湟中且耕且戰之遺意也。愚臣之法似若可行。然此法也，軍餘客戶則利，官軍、糧戶則不利，民快則利，官軍則不利。何也？各處軍田數多，軍餘、客戶欲種而不得，一與之田，人皆樂受，故利。官軍弗得餘丁差使，糧戶弗得多占荒田，更易耕種，故不利。民快苦於雜差，種田可以自逸而租易輸，故利。哨軍習於安佚，今使耕田而又減糧，故不利。知其利害，不爲所搖，則法行矣。

如蒙允臣所奏，乞敕該部行撫按衙門詳議舉行，則轉輸可免，軍餉可足，一州之幸也。

陳愚見以圖補報疏

臣竊伏海濱，叨登甲第，幸逢聖上龍飛虎變之世，父母妻子宗族俱受國恩。臣入仕二十餘年，敭歷中外，曾不能有所建明以報聖恩於萬一，常恐身先朝露，無以效其區區狗馬之心。邇者，待罪欽州，平生一得之見幸得驗之一方，竊不自揆，謂可施之天下，故不避斧鉞之誅而冒言之。倘蒙聖明採擇，得見施行，臣雖退居茅衡，亦無所恨。爲此本差吏薛鍾英齎奉，謹具奏聞，伏候敕旨。

一、條軍政以保盛業。臣聞法久必弊，猶衣久之必垢，屋久之必壞也。法弊之必革，猶衣垢之必澣，屋壞之必修也。國朝有天下一百七十有餘年，祖宗法度至是不能無弊者，時使然也。及時整頓以扶衰救弊而持之永久者，誠有在於今日也。臣未及悉舉，姑以切要言之。兵戎，國之大事，我祖宗之所創業，後王之所以保終盛業者，皆恃此也。今軍政之弊有不可言者矣。以臣所目見者言之。欽州千户所，額設旗軍一千三百八十二名，今只三百五名，逃亡一千七十七名，軍之在營伍者消耗如此也。臣清理欽州軍伍，原有軍二百三十九户，今只五十九户，逃亡一百七十户，軍之在册籍者消耗如此也。而現在之軍，又多老幼孱弱，精壯者僅十之五。指揮千百户，類皆安於膏粱，不諳韜畧，少習矢馬，偶有戰鬭，往往未陣而先崩，望風而自潰。官府不得已，乃僱募民間精壯以爲兵，又召荆廣土兵以爲用。夫軍之消耗者既如彼，難用者又如此，竭民之財以養兵而無用，又竭民之財以募兵而爲用，此非軍政之大弊乎？今清理之法甚密且嚴，監司府縣頻年以是爲事。邇者，分遣御史四出清理，督責州縣急於救火。臣嘗躬親清理，逃亡之軍絕不可得。所清理者，見在之軍，僅得九名。各處解到御史，清出軍伍亦只二十一名，隨逃八名。本州清解之軍絕少精壯，間有壯丁，又以倫序不當行。而他處解到千户所軍，精壯亦少，其弊大率亦如欽州。夫嚴於清理而所得止於如此，則御史清理之不能稍有補於軍政也，亦甚明矣。今不及時整頓，使所養之兵皆所用，所用之兵皆所養，竊恐積弊愈深，軍政愈壞，非所以保邦而永治也。昔周公告成王曰：「其克詰爾戎兵，以陟禹之迹，方行天下，至於海表，罔有不服，以覲文王之耿光，以揚武王之大烈。」召公告康王曰：「張皇六師，毋壞我高祖寡命。」解者曰：「守成之世，溺宴安而無立志，苟不詰爾戎兵，奮揚武烈，則廢弛怠惰而凌遲之漸見矣。」成、康之世，病正在是，故周、召於立政亦懇懇言之。臣竊謂今軍政之弊至於如此，使周、召當今之世，其憂當有甚於成、康之時者。皇上聖德中興，祖宗之耿光大烈，其責在皇上，克詰張皇，誠有在於今日也。然立法易，變法難。創業之初，綱紀法度未立，民耳目心志未有所屬，而惟上之聽，故易。守成之後，人情安於故常，狃於舊習，一有改作，莫不驚疑而震駭，故難。今軍政之弊，不大振作，則不足以興頹而起廢。欲大振作，又恐駭民而起奸，此其所以難也。《易》艮上巽下，其卦爲《蠱》，説者謂艮剛在上，巽柔在下,下卑巽而上苟止,所以積弊而至於蠱。今不振奮猛勇,稍有卑巽苟且之意,則安常習故,不足以革故而鼎新。然變法非難,變法而善使經久可行者爲難,況兵戎國之大事,又難之甚者。如唐府兵變而爲彍騎,彍騎變而爲長征,是時勢之極,不得不變。然變之不善,所以長征變爲方鎮,而亂緣以起也。今臣有志更變,然臣以寡昧之資,實未知善後之策。臣願皇上博延群議,明詔中外臣工,但有深謀遠見可以修明軍政者,各具以聞。皇上察群臣孰可與計事者,與之斟酌,擇其可行者用之,當必有定謨至論可以裨贊廟謨聖算而隆中興之業者。臣有愚見,亦請陳之,以備採擇。

　　臣聞:救弊必求致弊之端。今軍政之弊,其端有可言者焉。夫軍之逃亡也,其患有三;其難用也,其害有四。何謂三患? 安土重遷,人情之常。今法遣戍他方,道里數千,使人離父母親戚去墳墓而無終返之期,人誰則樂? 往往未至而先思逋。其患一也。一軍之家,上有父母,下有妻子,仰事俯育,與凡百用度,其費蓋甚廣也。今月支米一石,出廩虧減十去二三,他無資產,身繫於官,又無他營運,於何仰給? 其不能自立而至於逃亡者,勢也。其患二也。有衛所則有衛所之事,有其事則有其用。指揮千百戶,俸糧所入,自贍猶或不給,孰肯捐所入以供官用? 其勢不免科斂於軍士,而分外剋剝之害又在在有之。軍士應辦不及,其勢不免於稱貸,稱貸莫償,其勢不免於逃竄。其患三也。四害者何? 夫軍人之必揀選,猶士人之必選舉也。今法父子相繼,父死子幼,則月優給米三斗,至十六則收入營伍,或短少,或孱弱,皆所不問。餘丁雖有精壯,亦不得與,曰某軍之子也。如此,安得可用? 其害一也。孔子曰:"以不教民戰,是謂棄之。"若越之滅吳也,"十年生聚,十年教訓",然後用。今衛所之軍,主將既不教訓,彼亦不習戰鬥之事,武場吶喊,徒見虛聲,操三歇五,虛應故事,臨陣安能操戈? 其害二也。兵必常用然後精,常試然後熟。承平日久,士不知兵,遇有征剿,官府輒募民兵以避殺傷之罪,養兵僅如驕子,使之迎敵,猶驅群羊以逐猛虎耳,又安可用? 其害三也。孫子曰:"兵可使入水火,號令嚴也。"又曰:"重賞之下,必有勇夫。"賞罰明也。今之用兵也,力戰則無賞,退怯則無誅。夫樂生惡死,人之情也；趨利避害，情之切也；賞功誅罪，駕馭之法也。舍生希賞而無利，愛死避害而無誅，誰肯舍生而就死？其害四也。知三患，避四害，始可與言兵矣。自兵農既分之後，古今兵制莫善於唐之府兵，蓋有寓兵於農之意也。然僅再世而隨壞。考其弊端，在於役繁而地遠；其失策也，在於府兵不復而張說苟簡之法行。今軍之弊大約如唐，若不及時興修而苟且以支持，又何以異於唐哉？是故祖宗之法不可以遂廢，衛所之兵不可以不修也。然欲修之，惟在補其逃亡，汰其老弱，而其法則去"三患"、除"四害"，如斯而已。其事則有未易，請言之：

按，宋人之兵，二十入籍，六十歸田。然闕額招填，人猶畏避。今法父死子繼，人豈樂從？聞國初籍民為兵，有斷指殘目以避其役者。今欲籍民以填闕額，豈不驚擾？臣愚竊謂今之精兵，皆在民間。如正德八年交賊入寇欽州，備倭百戶謝惠駕船二艘，領軍一百，出海擊賊，全軍皆為所覆，交賊乘勢剽掠我邊。犯那即江駕船四艘，有眾百餘人，新民黃通等一十人，擊殺過半，皆棄船浮水而遁。又犯那、蘇陦有眾八十，總甲黃佛率土兵三人擊殺二十餘人，賊皆奔去。則官軍之不足用，精兵之在民間，可見矣。今閩、廣等處遇有征剿，出銀僱募，驍勇雲集，有"打手"、"殺手"名目，莫若且將此輩收補闕額，不足則僉餘丁及民間精壯以補足之，亦不必盡勾原額，皆許其六十歸田，不復拘其子孫，願充者聽，又厚賞賜以致之，則民當有樂從者。其犯罪謫戍之軍，陳情輕之外，如盜倉庫錢糧、飛詭稅糧、那移增減戶口之類，請如國初事例，皆勿宥，則營伍庶可充實，揀選之法可定。立選格，如太公之選騎士，宋祖之定兵樣，必身材幾尺，挽強弩幾石，負甲幾斤，又令兩兩相射，馳騎相擊，其不避者始為中格。逃亡之兵，必入格方許充補；見在之兵，必入格方許存留；削退之兵，別選餘丁或閑民以代之，其籍存而不去。代軍既退，復就正戶選補，不中則別選如前法。遠戍在逃而原籍有丁者，令所在官司查改近衛，其揀選亦如前法。月糧之外時加賞賜，如宋人特支銀鞋、薪水之類，務令俯仰有賴，不至困乏。又月糧嚴虧減之科，將領重掊剋之罰。教訓之法，必選武職或良家子精於武藝者為師，教以騎射、戰陣之法，而因以為將。每教不過十人，待令精熟方更易教之，務令週遍，略如兵法所謂"十人學戰，教成合之百人；百人學戰，教成合之千人"者。教既有成，然後操練如常。遇有征剿，悉騙戎行。若互有殺傷，查照正德七年間事例，不科主將之罪。其臨陣退縮及在逃者，以軍法從事。若是，則"三患"去、"四害"除，在伍皆精壯之兵，然而又有逃亡及孱弱不堪用者，未之有也。

一、查虛糧以蘇民困。臣惟帝王疆理天下，分田授民，使納其賦稅。有田則有租，租以田科，無有輕重不均及無田而徒有稅也。惟歷時既久，奸弊橫生，或貧民鬻產減稅，或里書詭寄、飛射，或田被水坍沙壓，或被豪強侵占，或人户逃亡，田土抛荒，彼此移易，漸至失均，歲月積久，遂莫稽考。有田八九畝止納一二畝之稅者，有田一二畝多納八九畝之稅者，輕重不均，莫此爲甚。此猶可也。甚者田失稅存，人户逃亡而糧累其里甲。又甚者里甲亦逃，而糧累其排年。又甚者排年亦困，而糧累其州縣。如廣東廣州府虛糧八千二百九十餘石，瓊州府虛糧八千五百五十餘石，南雄府虛糧八千餘石，高、肇、惠、潮、雷、廉等府虛糧二千、三千、四千不等。廣東一省原額糧米一百二萬三百五十八石，內無徵、停徵及見徵虛糧共四萬九千七百八十石，除無徵、停徵、不徵外，見徵虛糧四萬五千六百二十七石，官府不敢虧折原額，又不忍重困小民，乃將見徵虛糧折半徵收，實徵糧米每石折銀五錢七分不等，虛糧每石例折銀二錢五分。南雄府虛糧先年將該府餘鹽銀兩補納，後被巡撫都御史查革，官府無從出辦，欲派小民又難顯言，乃陰於該府實徵秋糧內每石各洒派若干，令民輸納。觀廣東稅糧則例，交册各府皆有虛糧，南雄獨無，可見也。夫糧以田科，田雖迷失，尚在天地之間，不在此則在彼，自有得之者，非若器物之毀壞無存也。今不查田以歸稅，乃曲爲輕折，又陰洒於民使之賠納，豈可爲法乎？然此虛糧之有數者，官府爲之曲處，民猶受一分之賜也。尚有業去稅存，或田少糧多，人户賠納，官府不知其數，升斗無與寬減，民受重困，是可嘆也！恭[12]維皇上仁愛蒼生，每臨朝，慨嘆"百姓多未得所"，如臣所言，亦可見其一節也。

臣海濱韋布，幸遇明時，早歲窮經，竊志兼濟，故往者叩丞南寺，應詔條陳王政二十一事，間常及之，事下該部，未見舉行。邇者，待罪欽州，每於詞訟之間因民告訐，田土皆與弓量。在任三年，查出民間新墾荒田三十七頃九十五畝，陞科官民學米二百三十四石七斗。本州無徵、停徵糧米五百三十八石，將查出陞科糧米充補，尚有米二百餘石未補。臣見本州荒田數多，倉糧數少，不足以供歲用，乃議立屯田，於嘉靖十六年奏行廣東撫按二司官會議，准臣所奏。臣查出荒田六十頃，科屯米一千一百一十四石五斗，堪給千户所官軍俸糧。近因追徵所屬靈山縣糧米，見得該徵謝鑑、徐瑄拖欠絕户謝朝政二十二户虚糧三十一石，各賣畜産、女子賠納不前，臣乃申詳上司行臣勘處。臣查出各户虚糧田土俱各見在，且有出額。此皆臣一得之愚欲行之天下而未遂，今行之欽州而有其效者也。謝朝政等二十二户虚糧三十一石，内豪強占田一頃一十九畝，虚懸米三石八斗二升；減税占田一頃九十畝，虚懸米六石九升九合；里書詭寄、飛射占田一頃四十八畝，虚懸米四石七斗六升；抛荒無人耕種田四頃五十四畝，虚懸米一十四石五斗。各户虚糧田土或被占，或減税，或飛射，或抛荒，皆有其故。以是推之，廣東十府以及南北直隸、十二布政司，其弊概可知也。邇者，上司明文各令府、州、縣查勘荒糧，然未聞有查出荒田若干可以舒小民之困者，蓋亦有其故矣。夫田必弓量，然後畝數多寡、有無隱占，其弊可得而知。今不弓量而欲知其情弊，猶求食而不舉火也，胡可得哉？伏望皇上覽臣所奏，特敕該部通行廣東、福建及南北直隸、浙江等布政司，令各該撫、按、守、巡等官，督責府、州、縣，凡有虚糧存留貽累小民賠敗如廣東十府及欽州二十二户者，差官拘集，知因田鄰、里老、十班、排年逐圖查勘，要見某户虚糧田土原在何處，與何人田土相連，見係何人掌管，或是買田減税，或是詭寄、飛射，或是豪強侵占，或是水坍沙壓，或是抛荒，抛荒田土有無開墾，備細查勘。要見的確緣由、下落，有田人户各令盡數開報，或是祖業，或買何人物業，或新開墾，不許隱瞞一圻一畝。若有糧少田多，有田無糧，或新墾荒田未經報税等項情弊，許重糧人户及諸人赴官告理，俱與弓量。要見某户原米若干，該田若干，見田若干。或糧少田多，或有田無糧，或新墾荒田未經報税，或田少糧多，或有米無田。糧少田多，則照田與增其税；有田無糧及新開墾，則照田新陞其税；或田少糧多，或有米無田，則照田與除其税。隨在查勘，沿垞丈量，挨編魚鱗圖本，查册送官，通行計算。要見某都圖田土若干，各都圖共田土若干，出額若干，有無堪補糧額。若是田土查無出額，必是奸民隱瞞，查照弘治五年事例，就令各該排年分收入户，糧差待其自行查究。如此，則奸弊無所容，失額田土可得清查，虚糧可得充補，小民不受重困，官府亦免輕折、陰洒之勞矣。然迷失田土，多在富人之家。今欲清查，必多方隱匿；若不重爲之禁，何以清查宿弊？必嚴爲令：富人田地俱要盡數報官，以待丈量。若有出額及新墾田土隱匿不報以避稅糧者，許鄰里首出，罪人謫戍邊方，田土給賞告者；若鄰里互相容隱，事發一體坐罪。里老、里胥作弊，亦照隱田事例發遣。委官不行用心查理，致有奸弊者，以罷軟罷黜；若有勞效，即加陞擢。事未完而遷官者，亦要事完方許離任。如此，則人人奉法，奸弊不作，田稅可均，虚糧可查矣。然百有餘年積弊，欲革於一旦，人情習於故常，多有不堪。當事者亦憚於紛更，故廣東虚糧多爲曲處，而查勘荒糧不與弓量，職此故也。臣愚則謂革奸除弊，當不憚於紛更。我太祖高皇帝得國之初，天下田土皆與弓量，豈不紛更而不憚，何也？

一、重邊州以洽王化。臣聞：聖王理天下，以萬物各得其所爲極至，海隅蒼生均爲赤子，未嘗以遠近内外而二視之也。故《虞書·大禹謨》曰："文命敷於四海。"言無所不被也。孟子曰："武王不泄邇，不忘遠。"言不以遠而遺之也。臣觀今日，似有以邊遠爲外而二視之者。臣請陳之。吏部銓選之法，舉人、歲貢入監歷事俟次銓曹年資未及者，則有願就遠方之例，内外官考察才力不及及以罪譴者，亦受以邊遠之地。夫使有志之士雖遠在蠻貊，猶將行其所志而不忍自棄，奈何有志者少，無志者多，一得邊遠之地，既自放棄，凡百苟且，職業不修，惟肆誅求以充囊橐，庸致紀綱法度蕩然無餘，公私廨宇廢壞殆盡，視民爲牛、羊、魚、鼈，日肆啖食，使民如禽獸夷狄，莫可馴理如欽州者，甚可念也。臣始入州境，即見有殺人分屍於路傍者。及至州治，則見州門内外滿目蓬蒿，學宮鞠爲茂草，城郭没於荆榛，官吏散居於外，庫藏寄於民家，屬官僦舍而居，師生廢席不講，孤老棲於城闉。既而稽其政治，則人爲强盜，納賂得爲良民，徒流杖罪，公堂折納子女,獄以賄成,鼠牙顛倒,財以剝盡,十室九空。似此之類,弗可盡述。此吏治之横也。其人民則少諳守墨,或忘歲年,同姓婚娶,男女瀆亂,父子不相顧,兄妹爲匹偶,蓬頭跣足,有同牛馬,寠居火葬,俗類蠻夷。賦役不以時供,詞訟不服勾攝,圖商貸而一害八命,争産業而陰害一門。似此之類,弗可盡述。此民俗之横也。奸盜放縱於域中,蠻寇陸梁於境外,偷竊劫殺,月無虚日,去城十里,道途不通,近邊閭井,生意凋悴。此盜賊之横也。推求其故,是皆銓曹待以邊遠,長吏至是,類皆自棄,無向上心,職業不修,放蕩無檢而致是爾。臣始至州,懼無以稱皇上責任之意,乃極力振作,夙夜殫心,披荆棘,斬草萊,計用料財,度務鳩工,以營百宇。舉廢墜,宣國家憲典;列條約,嚴法戒以禁止。開導其民,沿郷設立社學,制訓言,立條教,擇明師以教誨民間子弟。陳朝廷威德,布文告,厚勸賞,以化蠻夷。立營砦,編保伍,謹斥堠,嚴連坐之法,立賞功之格,以防弭寇盜。由是公私廨宇,漸次就緒,官府威儀,稍稍可觀。其民觀於象法,稍知善惡趨避之方。其子弟習於條教,稍知衣冠跪拜揖遜之容,讀書作字對偶之文,君臣、父子、夫婦、長幼、朋友之説,其寇盜奸宄始畏憚遠避而不敢入境。欽民至是稍有文物之美、家室之樂、中華之風焉。

臣今三年考滿,例該給由赴京,但念臣以三年區區狗馬之勞,爲皇上破荒亨屯,啓蒙化暴,惟欲變夷之風以成聖天子文明之化也。使繼臣而守者,若不一意相承,少有懈怠,或仍前自棄,荒墮職業,則臣三年狗馬之勞,未免盡廢,是可惜也! 昔孔子曰:"王者必世而後仁。"又曰:"善人爲邦百年,亦可以勝殘去殺矣。"解者曰:"善人相繼而興,至於百年。"王者之事,正皇上今日夙夜勵精永底於成,善人則微臣竊以自勉,而勝殘去殺,非得如愚臣者相繼而治,恐未能也。願皇上特敕吏部,周咨博訪,求各州縣吏治有聲或進士年長才器老成者,授以知州職事,前來接臣而治。待三年之後,如果治效有成,則不次超擢,庸酬其勞。蓋邊方人所不樂,不次超擢,所以優之也。弘治年間,靈山縣知縣林錦治縣有聲,就擢廉州府知府,此故事也。臣又有獻焉。今各處邊方若廣西、雲、貴諸州縣,俱係邊遠,亦猶欽州,其民皆皇上赤子也。州縣正官,俱與遴選,其超陞優獎,亦如欽州,是群材效用,庶職交修,邊民各得其所,皇上至仁大化,覃敷四訖,而成王者之治矣。

【校記】

① "見",民國《同安縣志》作"聞"。

② "由",民國《同安縣志》作"自"。

③ "瑠",原作"貓",誤。光緒本作"瑠",是。今據改。

④ "金",光緒本作"全"。

⑤ "雷動",光緒本作"睿聖"。

⑥ "苻",原作"符",形近之誤。今改。

⑦ "臣恐外之胡虜","恐"字原缺,今據光緒本補。

⑧ "鄒",原作"卻",誤。今改。以下各篇"鄒永"皆誤作"卻永",亦改。

⑨ "後患將成",乾隆本"後"字模糊不明,今據光緒本補正。

⑩ "杖",原作"朴",形近之誤。今改。

⑪ "判官",原誤作"叛官",今據文意改。

⑫ "恭",原作"洪",誤。今改。本書卷四《改正經傳以垂世訓疏》即作"恭維皇帝陛下"。

林次厓先生文集卷四

奏　疏

安南奏疏引

《安南奏疏》凡六，其前五疏，知欽之日所上，其末一疏，分巡海北之日所上也。尚有五疏，其四皆其枝葉，其一未上，故弗刻。

予素有安南之志，頃以雲中、遼左之事謫守欽州，因得熟知其國山川道路險易、夷情強弱虛實，適聖天子問罪安南，予以佳會難逢，故以生平所聞見歷陳於上。卒之交人震慴，逆庸納款、削國、歸地，凡百一一如予所料。天下人無智愚不肖，罔弗稱元之功，而予反坐是失官，豈非舛與？然予之官雖以此去，予之志業則有不可泯者。疏稿數通，不忍棄去，錄而藏於家。縣大夫方洲袁公見而奇之，捐俸刻之，因書其故於編端。

陳愚見贊廟謨以討安南疏

臣伏讀邸報，見安南久不入貢，禮、兵二部會議征討，先遣錦衣衛官二員逕往彼國查勘。隨蒙海北道信牌抄"奉兩廣軍門信牌：'仰所屬軍衛有司內，揀選能深曉夷情、熟知道路、強幹有謀者三五員名，伴送敕使逕入安南。'"等因到州。依蒙已選欽州千戶所百戶呂濂送用去後。

臣按，安南久闕職貢，陛下赫然斯怒，廷臣遂議征伐，此誠帝王統馭華夷之宏畧也。微臣欲有言者，蓋兵難遙度，事貴萬全。故武定侯之疏未盡事情，欲各官及生長四省熟知彼處事情者，逐一陳奏。臣待罪欽州，接壤安南，彼中事情，畧知一二，不敢不言以負陛下也。請一一陳之。

臣自到州以來，再三體勘，節據峒長黃子璟、生員黃洪等呈報，安南自正德十年黎睭通貢之後，遂爲其臣陳暠所殺。其臣莫登庸攻殺陳暠，暠之子昇奔據諒山。登庸立睭之兄子譓爲主。登庸謀篡位，黎譓奔據廣南。登庸以其幼子冒姓黎氏，權國事，已而自取之。安南至是國分爲三，而莫氏特大。黎氏播越南海，阻於登庸，欲貢而不得。登庸攘人之國，身負篡逆，欲貢而不敢。陳氏竊據偏方，勢力卑薄，欲貢而不能。安南久不入貢，職此故也。登庸篡據，二氏分爭，國人未服，正欲求貢乞封以定其位，而莫爲之主。嘉靖五年，嘗以千金求通貢於本州判官唐清，事發問罪，監故按察司獄。臣前過廣西，聞莫登庸求通貢於兩廣軍門，稱黎氏已亡，國人推己，見在左江道查勘未報，則今之遣使，正其所欲，計必仍飾前辭以相欺。敕使至彼，所按所問皆其臣下，誰敢以實告？使者無由察，因之而回奏，朝廷無由察，因之而與封，是萬里遣使，祇成其篡據之謀，不可之大者也。臣見諸臣會議，要見見今篡主奪國罪人姓名，選將整兵，待報而發。臣仰見陛下明並日月，威震雷霆，不肯少假借於叛賊也。今敕使往勘，果登庸狡詐如臣所料，豈不誤大事？此臣所以不能已而有言也。臣見兵部會議，遣將命師，整兵積糧，俱已處分，無庸別議。事情未盡者，臣請陳之：

夫事無微而可畧，敵無小而可忽。今於安南，若只責其入貢，此可不煩兵而定；必欲正其叛逆之罪，則登庸雖小，未可忽也。何也？彼自篡逆以來，北難於陳氏，南怨於殘黎，身經百戰，其歷患也多，其用智也熟，非少年未經事者比。其不可忽一也。二十年間，我雖未嘗覬覦於彼，彼之隄防於我者無所不至。觀其篡立未幾，即禪位於子福海，自居都齋。都齋者，莫氏故居，去其國七程，去欽州五程。登庸居此，蓋備我耳。觀其所居，宿兵萬人，又欄海樹木以止舟師，其意可見也。聞永樂中，征進用兵八十萬，謀臣猛將皆靖難百戰之餘，以泰山壓卵之勢臨之，雖所向無敵，然猶大小數十戰。今之兵力，孰如往時大將、副參、游擊而下如新城侯張輔、西平侯沐晟、豐城侯李彬者有幾？未可忽者二也。古之用兵安南者，不患其難勝，惟患其難久。蓋其山川隔遠，風氣殊別，瘴癘時興，北人至彼，不習水土，往往不能久而引去。如宋人之討李乾德，元人之討陳日烜，皆以是也。今兵馬錢糧皆爲二年之計,若將帥盡用北人,恐水土不習,不能久駐,雖有二年之食,將無所用,未免徒勞而無功。此當慮也。又貴州、四川道途隔遠,江西雖近,人不習戰。安南所憚,惟湖廣鈎刀手、廣西狼兵、福建白船、廣東黑船四處土兵耳。方今良將,臣不能盡知,如遼東總兵馬永、廣西參將沈希儀、浙江都指揮湯慶,亦一時之傑也。古之名將,或起於屠釣,或拔於卒伍,今專任世將,民間雖有孫、吳、韓、岳之才,亦無由進,設法收之,亦足備今日之用。夫兵務精不務多,若湖廣、廣東、廣西、福建四省之兵,各選精銳二萬人,亦可以當八十萬之強兵。若大將、副參、游擊、橫海而下多方搜訪,不拘一途,得如馬永、沈希儀、湯慶者數十人,亦可以方靖難之諸將。聞永樂中入安南之路有二,一自雲南,一自廣西。今使雲南之兵自蒙自縣入以攻其右,廣西之兵自憑祥州入以攻其背,湖廣之兵自七源州入以攻其左,福建之兵由海道抵偽都以取福海,廣東之兵由海道抵都齋以取登庸,使四面受敵,父子形隔,可不戰而下也。登庸既下,黎譓、陳昇可傳檄而定矣。大將、副參、游擊、橫海而下皆須習南方水土者,方可久駐。四川、江西只令出錢糧以給軍餉,貴州則錢糧亦可免之。用兵之策如臣所陳,亦畧盡矣。

征伐之議,尚有二三其說者,臣請陳之:有謂安南外夷,不可治以中國之治,不宜征伐,舉洪武、宣德間處安南事以爲證。此一説也。有謂登庸之業已成,可因而與之,舉洪武中處朝鮮李成桂之事以爲證。此一説也。有謂登庸篡逆,義不可與,討之則疲敝中國,宜聲其罪而絕之,使四夷聞之,皆知叛逆不軌者在所必絕。此一説也。有謂北虜猖獗,寇在門庭,安南篡逆,遠在荒服,先破吉囊,然後詔諭安南,可傳檄而定,安南之伐,宜且緩之。此一説也。有謂宜興兵致討,聲莫登庸之罪而誅之,召還黎譓以主其國,定其位而去之。此一説也。愚臣之見,皆異於是。按,安南與南海、珠崖同入職方,漢、晉、隋、唐皆爲郡縣,欽州乃其屬郡,地志可考。姜公輔生於愛州,與曲江張九齡相望而起,爲唐名將,則其風聲文物固不異於中國也。至趙宋始失之。我太宗皇帝始復故物,至宣廟復失之。乃中國之陷於夷狄,非夷狄也。祖訓所以不征者,蓋陳日煃首先歸順,當時未有其幾,非夷之也。臣考黎利之勢不大於徵側,漢光武棄西域而不棄交趾,其不以夷狄視之可見也。二楊棄交之議,本借漢棄珠崖爲辭,然珠崖卒爲郡縣。今名臣碩輔相繼而出,則其說之無據可見也。是不伐之説非也。登庸篡逆之賊,若因其業已成而與之,如國法何!且黎氏尚在,臣訪其所居雖僅四府,然地廣而兵强,國富而民輔,尚足以拒莫。今與登庸,則置黎於何地?萬一黎譓效陳添平故事,詣闕請封,將何以待之?洪武中處李成桂,蓋本朝受命之初,朝鮮獨後至,又其時王氏已①絶,非若今黎氏尚存,故姑與之,其事不同,難以例論。且堂堂天朝,豈利土②物,萬里遣使,不能正其罪而反成其奸,非所以重中國、服四夷而示後世也。是與之之説非也。既爲藩臣而受其職貢,則其國治亂亦當理之。今也逆臣篡據,邦國分崩,既遣使臨問而得其情,乃絕之而不理,非所以伸王法、尊中國而威四夷也。夫所謂疲敝中國者,謂其地絶遠,得之不足以富國,若鄯善、車師之於漢光武,絕之是也。安南接壤兩廣,雞犬相聞。其地土沃而民富,象、犀、翡翠、香藥之利被於上國,得其地,正足以富國,猶勝於今之貴州、廣西,非敝中國以事遠夷也。是絕之之説非也。吉囊、安南,譬之人身,安南一指之屈,吉囊瘡疥之患也。瘡疥之患時時可治,屈指之患,惟一過客能伸之,只在一時,必專伸指而兼疥,決不先疥而後指,此不待智者而後知也。是緩之之説非也。安南之初請封者以陳氏,國朝之所封者亦陳氏,黎利中藏狡詐,冒有封國,則安南非黎氏有也。當時未及討,因而與之,其事未明,其罪未正,所恨無其機耳。今其强臣效尤,黎氏失國,天道好還,事有其機,乃欲取國以還黎氏,豈但逆天,實自失機會也。是定黎之説亦非也。

以臣觀之,今之安南,當討者三,當取者二,可取者四。中國禮法之宗,四夷所視以爲表則也。登庸篡逆,禮法之所不容,當討一也。四夷視此以爲輕重,當討二也。國朝初棄交趾之時,安南因而侵本州如昔、貼浪③四峒之地,置新安州,聞其民衣冠語言常有反本之思,彼國執迷怙終,未有悔過之念,宜乘此時聲其罪責之,使之改正,當討三也。安南本中國故地,自分國以來,驅我衣冠之民斷髮跣足而爲夷狄之俗,管仲之所必匡,《春秋》之所謹,當取一也。黎氏得之不義,登庸襲其故智,二者俱不當得,當取二也。彼自分國以來,年歷六百,人更五姓,國祚雖易,疆土不分,而今乃分裂,天意似可推而知也,可取一也。聞登庸勢雖已成,其大臣猶多未附,皆與婚姻以結其意,今三姓分争,人心疑惑,皆願歸本朝,登庸亦朝夕凛凛,懼王師之至,日散千金以收國人,似有望風送款之意,可取二也。安南既分,勢難復合,三者相持,決不相讓,彼此俱失,必自甘心,是天道有好還之會,交趾有混一之機,可取三也。五六年間,邊民覬覦而動,如趙盤、韋緣廣者四五起,屢請興兵,官府莫之聽,雖歲殺數十人猶不能止,若得明旨指揮,數萬精兵,旦夕可集,人心如此,天意可知,可取四也。夫其當討者如此,當取者如此,可取者又如此,是誠千載一時也。臣聞佳會難逢,良時不再,鷸蚌相持,漁人之利。今之安南,所謂鷸蚌之勢,中國之利,天與我以時也。願陛下與廷臣計議,務求至一之論,不惑二三之説,兼採微臣之策,勿專已成之議,詳審使者之奏,勿爲登庸所欺,則天時可乘,大功可奏,一方之民,可免於被髮左袵,陛下之盛德大業,光祖宗而垂後世矣。

走報夷情請急處兵以討安南疏

安南不庭,往者朝廷差官往勘,命將討罪,臣已將彼中事情、征討事宜具奏去後。兹復有所聞,臣不容默,請一一爲陛下陳之。

臣節據時羅都生員黃洪、諜者黃禮等報:一、安南嘉靖十六年二月二十八日海嘯,水没王城,崩城墻一面,人民死者二萬有餘,牛羊無數。此天將亡安南之兆也。一、莫登庸嘉靖十六年六月聞朝廷欲討罪,立其子莫福海之子莫福源爲僞大孫,欲以今春嗣位,莫福海出守於外,赦民間徭役三年,此知人心不附,父祖子孫分守境土以自固,又因之以收人心也。一、莫登庸聞朝廷欲討罪,於所居都齋及海東府造船四百餘隻,比常極大,此欲爲勢窮逃躲入海之計也。一、莫登庸聞朝廷欲討罪於其國,永安、萬寧等州縣選民年二十至四十者各五十人赴國都教練,此欲爲防禦之計也。臣考永樂中交趾布政司州縣一百三十九,每州縣選五十,不過七千人耳。一、莫登庸嘉靖十六年十月,差人由海上至廉州府合浦縣地方，被哨海官兵獲得一名杜文莊，供稱莫登庸差來察探事情，此欲觀我之動靜④也。一、莫登庸嘉靖十六年六月，聞朝廷欲討罪，隨於八月領兵三萬攻黎寧，戰敗死者一萬，殺死大臣四人，此莫登庸詐稱黎氏已絕，嘗以是求封。一、聞朝廷查貢討罪，急欲滅黎氏以飾詐，不知反自禍也。一、嘉靖十六年十二月二十九日，臣撥守上扶隆營旗軍武漢等護⑤送歸正人黃伯銀到州，其來歸本末具在別奏。臣因審莫登庸兵馬強弱，供稱安南法，每州縣歲取年二十上下者二十人，分撥各處防守。因連年與黎家相攻，嘉靖十五年死者六百人，十六年死者一萬人，丁壯不足，故選及年四十者五十人。以此觀之，莫登庸虛實具可見也。

臣按，安南僻處一方，考其土地人民，猶不能當吾廣東一省，接壤吾境，又非若朝鮮有崇山大海之限隔，漢、晉、隋、唐皆為郡縣，因五季之亂而失之。宋人所以不能復者，蓋其創業之初，武業已不競，燕、雲近在門庭，尚不能復，況能遠及交趾乎？本朝所以既得而復失者，蓋平定之後，遽掣三帥之兵，不若雲南之留重鎮，又各處防守官軍苟簡廢弛，加之賊殘黨未盡除，新附之人心未固而易動。當時鎮守刑部尚書黃福知有後患，已預言之。昔珠崖新附，漢光武初造，猶不能保其無變，況安南乎？以此觀之，乃人謀之不臧，非交趾終不可守也。今其賊臣割據，土宇分崩，日動干戈，鷸蚌相持，生民糜爛而無主，地道不寧而告變，如黃金廣等往以敕書招之而不至，今其孫不招而自來，海嘯崩城殺人，又亙古所無者，天意人心可知也。且以數郡之民父子祖孫分據而三君，供億頻繁而戰鬥不已，其勢豈能久存？今傾一國之兵以戰破敗之殘黎，不能勝而屢敗，至覆大師與大將，則登庸人心不與，兵力不振，覆亡之勢已見於此矣。臣細審黃伯銀，若王師入境，皆徯后稽首之民，其間必有倒戈俘賊以獻者。莫登庸既不競，陳昇聞已亡，黎氏似亦當替。以臣觀之，安南一塊之土，終無獨立之理，其勢必折而入中國，是誠天道好還，夷運將終。交趾復合之時，良由我皇上聖德格天，化行方外，皇天眷祐我明，將全賦界我皇上以金甌大一統之業也，可謂萬世一時矣。

或者以今財力方屈為疑。臣熟計安南之兵不過二十萬，二年之食所費銀不過一百六十萬兩,糧四百萬石,豈以天下之大不能辦此?如臣所處,又有不全取之官與民而可以足兵食者,況既得安南,所入又豈止於此哉?若以用兵言之,自古用兵安南者,無有不勝,惟巧於逃遁以延我師,北人至彼,不習水土,往往不能久而引去,此安南之長技,所以待我者此也。如漢馬援征交趾,女子徵側逃入金谿穴中二年然後得。元討陳日烜,屢逃海港三年不能得。本朝永樂中討黎季犛、陳季擴,輒逃海島三年然後得。往事可驗也。今莫登庸造舟都齋,實踵日烜、犛、擴故智。臣節奉上司明文,該司禮監傳:"奉聖旨:'安南叛亂,已有旨征討。占城國乃其鄰壤,宜救其國王整兵把截,勿令奔逸。欽此!'"聖神料敵遠中機宜,真所謂天子明見萬里之外者矣。臣愚竊謂防之於鄰境,尤當防之於門庭。防之門庭,則海上之兵爲最急。海上之兵則福建漳、泉爲上,廣東東莞、南頭次之。然湖廣、廣西、雲南土兵俱有頭目總領,福建、廣東之兵俱散在民間,素無頭目總領,若領於州縣之官,則舟楫風濤非其所習,又技不相知,情不相得,彼固不肯爲此用,此亦不能用之。臣愚謂可就其中擇有智勇爲衆所推服者,假以土指揮千戶之名,使統領其衆,各自爲戰。如能屢立奇功,就使即真,與武職一體陞賞。無功可錄者,事罷照舊爲民。如此,則人必致死以立奇功,其下亦必致死以爲之用。或謂名器不可輕與人,非也。昔漢高祖時陳豨反,令周昌選趙壯士可將者,自見四人,高帝嫚罵曰:"豎子能將乎?"四人慚伏地,各封千戶以爲將。左右諫曰:"封此何功?"高帝曰:"非汝所知。陳豨反趙,代地皆豨有,吾以羽檄徵天下兵,未有至者,今計唯獨邯鄲中兵耳,吾何愛四千戶不以慰趙子弟?"皆曰:"善。"今安南之地尺寸非吾有,而海上之兵未有將者,又何愛"土指揮"、"千百戶"之虛名,不駕馭英傑濟吾事乎?然此一節也。又以大體言之,向者大號渙頒,聲罪致討,命將出師,大將、副參、游擊、總餉、紀功等官俱已差點,續奉明旨,暫且停止,令雲南、兩廣撫鎮官隨宜撫剿。臣愚謂往者此間兵糧未備,若王師卒至,輕進不可,王師久頓,非兵之利也。明旨緩師,可謂得勝筭矣。然欲倚此成功,臣恐未必能,何也?當此事未舉之先,形迹未露,令兩廣、雲南撫鎮圖之,沉機密謀,定而速發,使彼不暇爲謀,則可以得志。今形迹已露,聲息已聞於外夷，我兵未集，彼備已深，忽焉中變，彼謂朝廷不急於此，必有相易之心。彼民未知朝廷意向，必不敢輕去逆賊歸屬於我，此一慮也。又兩撫之兵，事權不一，彼此或不相應，恐誤大事。如宋討黎桓，侯仁寶率兵先進，孫全興等乃頓兵不進。宋禦金師，宣撫令進兵，樞府一面令退軍。此事權不一之驗也。臣按，今西北二邊，撫鎮俱有大臣一員爲總制。今安南之事，又非西北二邊常時寇掠之虜比也，宜照二邊事例，置總制大臣一員，庶事權歸一，大事不誤，大功可成。又兩撫之兵，大將出於膏粱之餘，恐未必能任大事。將佐則副參、都司、指揮、千百户之輩耳，此何足以憮⑥服遠夷？故臣愚謂宜遵照前旨，大將命於朝，必擇素有聞望爲衆所推服者。副參、游擊而下，令兩廣、雲南撫鎮擇所屬武職素有才望如沈希儀者充之。福建、廣東海上之兵，宜添置橫海將軍各一員，以海上備倭指揮素有才望如湯慶者充之。行兵以食爲先，總餉大臣自不可少；紀功科道所以覈功實、驗勇怯、鼓人心、作士氣，尤爲要緊。臣前奏欲五道進兵，今計實三路耳。宜改七源州之兵從欽州進，海上二支之兵與欽州爲一路。臣考漢史，馬援征交趾，軍至合浦，詔令并領樓船將軍段志之兵以進，蓋水陸並進也。二路進兵，宜各遣紀功官二員。臣復有獻焉。行兵所至，納降爲先。安南人心既屬在本朝，可因而導之，宜明立賞格：其國群臣百姓有能執莫登庸父子以獻者，封以侯伯；以府降者，授以指揮；以州降者，授以千户；以縣降者，授以百户。若莫賊繫頸自歸，亦待以不死，仍量與官職。則人心嚮應，賊膽自寒，兵不血刃而大功可成矣。

臣聞：帝王之兵，以全取勝。今以中國而服遠夷，使舉動不出於萬全，而萬一有失焉，所損不細。臣忝守邊州，有疆場⑦之責，欲求萬全之筭，故不避煩瀆之罪，謹昧死爲陛下陳之。願陛下與廷臣計議，擇可而行，實國家宗社萬年無疆之休也！

陷夷舊民歸正復業疏

嘉靖十六年十一月二十九日，據本州貼浪都峒長黃里貴遞到安南漸凜等峒土官黃伯銀、黃福添、黃音、黃福内、黃結、黃資、黃子銀七員名詞狀一紙，内稱

"上祖原係廣東廉州府欽州貼浪、如昔二都土官,宣德六年,被安南國侵占二都土地,鄉村人民二百七十二户,男婦三千四百餘口,糧米八十餘石,俱陷入安南國收留,被伊逼令短截頭髮,并封祖黄金廣、黄寬僞官懷遠將軍,經今百有餘年。各人父祖時常思憶祖宗鄉土,無由歸還。近幸安南國紊亂,伯銀并各土官人等願率一十九村人民見在一千二百餘口心願復業,歸順本朝,復爲良民"等因。臣以舊民慕歸,彼國人心屬在本朝可見,大兵入境,就可用爲嚮導。但今大兵未到,未敢輕發。至十二月二十八日,據巡守上扶隆營旗軍武漢等獲送交趾夷人黄伯銀、黄父愛二名到州。臣等會同欽州守備廉州衛指揮孫正當堂審,據黄伯銀供稱"先於嘉靖九年六月,趙盤、趙溥招來投降,在本州居住,至十一年十二月逃回。今年六月聞天朝要討安南,伯銀等又思要復業。本年十一月二十五日,具狀託老峒長黄里貴投告本州,至今未見准否。伯銀與子黄父愛前來本州貼浪都上扶隆村打聽,被巡捕軍人捉得"等語。臣查嘉靖九年卷案,州民黄康鎮與廣西狼目趙盤、趙溥招回黄伯銀等男婦九十四名口,本州申蒙上司行勘黄伯銀的係黄金廣等子孫,已經行州廩給議安插。續後風聞州民黄留保欲引夷人前來追捕黄伯銀,復行文將伊遞回安南國。黄伯銀等聞風懼怕,俱各陸續逃去。與今供詞大畧相同。

　　臣考得黄伯銀之先係山東人,有祖萬定從漢馬援征交趾,留守欽州,生于黄令欽等七人,分管澌凛、古森、金勒、了葛、思牙、那蘇、時羅七谿峒,世爲長官司,俱有印信。孫支繁衍散處,分爲時羅、如昔、貼浪三都。今三都之民皆黄姓,實本此也。至我朝啓運,始廢官收印,降爲編民。然猶得世爲峒長,管轄其方人民。至宣德年間棄交趾布政司,安南遂侵占本州如昔、貼浪四峒之地,授澌凛峒黄金廣、古森峒黄寬、金勒峒黄子嬌、了葛峒黄建皆爲懷遠將軍,子孫世襲。經畧僉事黄伯銀乃黄金廣之孫,黄福添乃黄寬之孫。葛陽原土官黄音、河州土官黄福内、古弘土官黄結、羅浮原土官黄子銀,其祖皆四峒之民陷入安南,與世襲巡檢守把葛陽等各鄉村也。安南得四峒之地,遂以貼浪都地置新安州,又改萬寧縣爲萬寧州,徙治如昔都,又移永安州於本州。如昔、時羅二都兼界境上,皆以固守疆圉，防我侵軼也。本州舊管中和、城東、新立、永樂、如昔、時羅、貼浪等十里，既失如昔、貼浪二都，餘民歸併作貼浪一都，不及半里，州民有遺恨，每新官至，輒來告言。臣查得正統六年，巡按廣東監察御史朱鑑曾奉璽書親至本州時羅都出榜，登山建旗，招黃金廣等不至，因名其山曰招遠，尚有刻石及印信榜文見在。景泰四年，思牙峒長黃應彬等又因前項土地人民被安南侵占，糧差負累，具本赴京，奏差戶部吉侍郎前來勘處，後因地方有事，事懸未結，奏案現在。以是觀之，則黃伯銀等乃先朝之所爭而不可得，今則不招而自至，由我陛下聖德覃敷，無遠弗屆，故陷夷舊民聞風相率而至也。臣訪得黃伯銀等祖父雖歸安南，世襲偽官，然入國則服夷服，至家仍衣華衣，當官則稱萬寧新安州，歲時祭報猶稱"大明廣東廉州府欽州貼浪、如昔都"，其心實未嘗一日忘中國。臣前奏安南事情已嘗言之，今其告稱："各人父祖時常思憶祖宗鄉土無由歸還，今願率一十九村人民一千二百餘口願復業，歸順本朝，復爲中國良民。"非虛語也。

臣聞：聖人在上，外夷內夏以及昆蟲草木，無不各得其所。夷而進於中國則華之，中國陷之夷狄則匡之，故孔子稱管仲之功曰："一匡天下，民到於今受其賜。微管仲，吾其被髮左衽矣！"黃伯銀等久淪夷狄，短髮跣足百有餘年，父祖子孫時思鄉土，誠我陛下之所必匡，孔子之所惻也。目今有事安南，黃伯銀等首先來歸，求復鄉土，臣愚謂宜乘此時宣責安南，使歸我侵土，還我人民，將黃伯銀等厚加撫集，以慰百年懷土之思，仍量與一官，以爲遠人慕義之勸，將見遐邇聞風，四郊嚮應，王師所至，必有壺漿倒戈之民，兵不血刃而大功可成矣。如蒙允臣所奏，乞下廷臣集議，從長施行，國家之幸，遠人之幸也！

爲此具本，并錄御史朱鑑招撫榜文、州民黃應彬奏本，差吏陳國忠齎捧，謹具奏聞。

定大計以禦遠夷疏

臣按，安南莫登庸躬行篡逆，阻絕朝貢。向者陛下赫然斯怒，命將出師，聲罪致討。臣二次將當討之罪，可取之狀具本陳奏，已蒙陛下嘉納，特敕該部會議施行。因朝議未協，以致陛下不樂而罷。續因莫方瀛上表乞降，陛下復命大臣前來查勘應否聽其投降，及黎氏子孫有無，作何着落。臣知陛下未能釋意於安南，故不遽聽其降而復加審處也。今可否之權在勘官，臣不敢知，姑以投降一節言之。

夫投降者，籍其土地人民以獻，將以聽朝廷處分，而彼不復有也。必聽吾處分然後爲眞降，如不聽吾處分但曰投降，謂之眞降，未也。今莫方瀛雖籍其國土地人民以獻，然臣觀其意，不過緩我之兵，要我之封爵以定其位耳，謂之眞降，未也。何以明之？嘉靖十六年五月，據兩廣軍門明文准雲南巡撫都御史來文，莫登庸遣子莫方瀛西攻武文淵，十戰而十不利，卒以計掩襲其營，據其妻子，旋爲武文淵所敗，奪回人口。今聞武文淵已爲逆庸所滅，未知是否。夫武文淵願從討賊，陛下嘉其忠義，錫以冠帶，賞以金帛。莫方瀛當時方乞降於雲南而乃西攻武文淵，是得爲眞降乎？嘉靖十七年六月，調到各處兵船屯聚廉州大洸港，莫方瀛乃伏兵烏雷，殺我官軍六名，虜去戰船一艘。臣時具申報於上司⑧，事停未究。嘉靖十八年七月，安南送到廣州等處飄風人口，臣得其國文移，其君臣仍前僭擬名號，以大正紀年，斥吾中國爲化外。夫既奉表乞降，乃殺據兵船，又不待朝命，仍前僭竊，斥我化外，是得爲眞降乎？臣得邸報，伏見陛下敕禮部尚書黃綰：「如或莫氏父子陽爲投降，陰恃險遠，譎詐不一，即令就彼從宜酌處，奏請定奪。」臣有以仰見陛下深居九五，遠見夷情，眞所謂天下至聖，聰明睿智，足以有臨天下⑨，明見萬里之外也。今遣大臣前來查勘，臣竊謂欲勘於彼國，則彼國君臣方飾詞如昨，誰肯以實告？其情不可得也。欲勘於吾邊，則兩邊重臣方爲具奏請降，所見如昨，孰肯易詞？其情亦不可得也。如臣愚見，惟因其投降爲之處分，觀其聽命與否，則登庸之情僞從可見矣。今之處分安南有四事，臣請陳之：其一，還我四峒侵地；其二，使黎寧不失其位；其三，使黎氏舊臣如鄭惟憭、武文淵輩皆有爵土；其四，奉我正朔，革去年號，不得仍前背叛。如此處分，然後中國不失其尊而得待夷之體。今敕使臨勘，若聽其投降，宜及是時以四事詔諭莫氏父子，使如敕奉行。彼如一一奉命，則是投降出於眞誠，納之可也；有一不如吾意,則是聖諭所謂"陽爲投降,陰恃險遠,譎詐不一",投降非出於真誠,納之不可也。按,四峒之地,在本州如昔、貼浪二都,曰澌凛,曰古森,曰監山,曰博是,其地崇山峻嶺而阻大江,崎嶇險阻,車馬不得進。過此則平原孔道,直抵龍編,乃中國之藩籬門户,如秦有函關,蜀有劍閣,唐有維州。宋、元於此置七峒長官司,控制安南。其地未失,則其險在我;其地既失,則其險在彼。乃中國之所必爭,不可棄也。宣德年間,棄交趾布政司,澌凛峒長黄金廣率四峒之民一百九十口叛降安南,本州遂失此地。正統年間,我英宗皇帝命巡按廣東監察御史朱鑑奉敕至本州時羅都招黄金廣等不至,後因國家有事,遂懸未結。今黄金廣孫黄伯銀等率舊民來歸,臣前已具奏,未蒙處分。今黄伯銀等見在貼浪都仰候朝命。昔齊人歸魯侵地,《春秋》特書,以爲盛事。燕、雲没於契丹而不能復,宋人以爲大恥。四峒之地雖不大於燕、雲,亦不小[10]於汶陽,其可棄而不取乎?因其投降使之歸地,還我故物,非取諸彼,其理甚正,其詞甚順,宜無難者。故曰:還我四峒侵地者,此也。據雲南請降之奏,則黎寧實有其人;據兩廣請降之奏,則黎寧似無其人。莫方瀛則謂黎寧乃阮金之子。如臣愚見,黎寧所居去雲南爲近,去兩廣隔遠,雲南之奏當得其真。縱使黎寧果係阮金之子,彼與逆庸比肩事主,國敗君喪,能鳩集散亡以倡名義討叛逆,義膽忠肝,表暴於國。鄭惟燎萬里乞師,爲主報仇,武文淵、刁鮮輩首順王師,願先士卒。鄭惟忱、阮仁連輩義存故主,志殱強賊。其忠義俱可嘉尚。今納莫氏之降,諸人若不爲之所,逆庸積恨於彼,皆將取而甘心焉,何以自存?陛下君主華夷,當使民物各得其所,釋叛逆而殄忠義,臣知陛下不爲也。因莫氏之納降,舉其國而九分之,黎寧、鄭惟燎、武文淵、鄭惟忱、何迫适、阮春嚴、阮仁連、鄭子春與莫方瀛各有其一。土官陶仙、車帶富、車克讓等,冠帶土舍刁鮮,交人黄明哲,寨主李孟光等,以及伯雅、罕開、猛來、猛索等,各因其故地置立衛所,授以指揮、千百户等職。如此,則萬物各得其所,陛下君主華夷,其道始盡。故曰:使黎寧不失其位,鄭惟燎、武文淵等各有爵土者,此也。往者逆庸因僭擬名號,擅作《大誥》,詔諭臣民叛背朝廷,被雲南鎮撫等官具奏,陛下震怒,特敕兩邊重臣聲罪致討,庸、瀛以此懼罪,上表乞降,未蒙朝廷處分，乃仍前僭逆，紀元大正，以中華帝王自居，斥我爲化外，輕朝廷，舞中國，其罪比之擅作《大誥》，猶爲過之。今若聽其投降，亦必下詔切責，使彼輸誠服罪，削去名號，奉我正朔，然後中國不失其尊，小夷無敢縱肆。故曰：革去名號，奉我正朔，不得妄自尊大者，此也。凡四事皆爲切要，而使黎寧不失其位，鄭惟燎、武文淵輩皆有爵土，陶仙、刁鮮輩皆置衛所，又所以分安南之勢，使更相雄長，不相統屬，而吾得以坐制之，此尤制馭夷狄之上策。漢賈誼請衆建諸侯而少其力，我成祖文皇帝分置女直一百八十四衛，皆用此道。邇者，勛臣郭勛欲分安南爲土官衙門，亦此意也。如此處分，逆庸如不奉命，則彼國人民皆知其直在我，其曲在彼，而有叛彼順我之心。鄭惟燎、武文淵之徒不得爵土，欲求自全，皆有讎彼助我之意。彼人心内潰，讎敵並起，父子孤立⑪，實有土崩瓦解之勢。提數十萬之師，因助順之衆，討垂亡之虜，何戰不克？何攻不取？

或者以今財力不足爲慮，臣竊謂不然。夫逆庸以數州之地素無倉廩之積，自篡逆以來，干戈不息者二十餘年，未聞有乏財之憂。今以天下之大而患無財用，臣不信也。又以主帥乏人爲慮，臣竊謂不然。無代不生材，自古未嘗借材於異代，故魏尚能爲頗、牧，頗、牧近在禁中。昔者趙宋之時，金師南侵，笑南朝無人，既而韓世忠、岳飛輩崛起，皆足以寒氈裘之膽而奪其氣。今天下之大，豈無其人？特今法專任世將，雖有其人，無由自見耳。苟設法收之，多方致之，將有智勇如韓、岳者出爲吾用，而何將帥乏人之憂也？或者又謂安南遠夷，雖得其地，無所用。臣竊謂不然。夫安南乃漢交趾、九真、日南三郡之地，與南海、珠崖同入職方，地產佳穀，種播閩、廣，象、犀、玳瑁、翡翠之珍，奇楠、安息、沉香諸香，波及上國，其富過於雲、貴、廣西。觀《漢書》稱交趾多珍貨，刺史多無清行，以致吏民怨叛。唐姜公輔生於愛州，與曲江張九齡相望而起，爲唐室名相。則其財賦人物，不減中州，而非無用也可見矣。

今在廷臣工，知安南之當討者蓋十而七八，特以宋、元討安南而不能成功，本朝取安南而不能終有，以是爲疑，故互生觀望而莫敢主耳。夫宋、元之不成功，本朝之不能有也，皆有其故，非安南不可克、不可守也。臣請明之：

宋人之討黎桓也,侯仁寶以邕州一路之兵獲安南數萬之眾,斬首萬餘,獲甲兵、戰艦以無數,乘勝長驅,所向無敵,特孫全興頓兵不進,仁寶孤軍深入無援,黎桓因而詐降,遂爲所害。此則士不用命,主帥寡謀之過。然考其時,侯仁寶以私意而舉兵,盧多遜以私憾而主謀,心不合天,事焉由濟?宋人之不成功也以是,非安南之不可克也。元人之討陳日烜也,王師南下,日烜空國而逃,大軍直抵國都,虛其城國宮室,虜其宗族臣庶,勢如壓卵,罔弗碎粉。特日烜屢逃海港、山林而不可得。王師久駐,海運遭風不至,始謀退兵。此則天時之故。然考其時賞罰不明,士不用命,加之將帥不和,自相矛盾,人謀不臧,坐失機會。元人之不成功也以是,非安南之不可守也。我朝之取安南,可謂得勝筭矣。所以不能終有者,蓋平定之後,遽掣[12]三帥之兵,各要害戍兵又多未置,繼而郡縣貪饕珍寶,各肆誅求,久蓄民怨。及中官馬騏貪暴激變,遂成禍亂。而黎利請立陳氏後,英國公張輔直料其詐,請發兵討滅,又爲大學士楊榮等所阻,遂棄交趾。蓋其始也兵防之未周,其中也贓吏之釀禍,其終也英謀之不用,安南之失,正坐於此,非其地終不可守也。夫宋、元之不成功,本朝之不能守,其故如此。諸臣之疑沮,可以釋然矣。今莫氏納降,臣願陛下如臣所奏,以四事處分。如不奉命,請以臣所言決意征討,則堂堂中國不爲小夷所欺,聖武布昭,王靈丕振,九夷八蠻罔弗率服矣。

臣復有獻焉。自安南舉義,威聲遠播,其國忠義豪杰,莫不嚮應,其民莫不日夜引領以望王師,其腹心黨與,亦自攜貳而向於我。莫氏父子逃生無所,日夜治舟爲逃遁之計。使當時若不反汗,將見黎庭掃穴,大功已奏矣。乃群議不協,持疑未決,於今三年,使遠人失望,豪杰解體。莫氏知我虛實,遂肆無憚之心,徐爲剪滅之計,西攻武文淵,南攻阮仁連。今黎寧不知何在,機會頓失,大功不建,是皆諸臣不能將順德意,以誤陛下也。使武文淵果爲逆庸所滅,黎寧、刁鮮、阮仁連輩或爲逆庸所并,是彼首應王師,倚命天朝,自取誅滅。我邊重臣既招之使來,乃坐視而不能救,是彼之滅亡,乃吾致之,其咎安在也?今不此之問,而猶講納降之事,誠愚臣之所不識也。今遣大臣臨勘,臣恐彼此蒙蔽,又失事機,妨誤大事,故不避繁瀆而冒言之。伏望陛下矜臣之愚,宥臣之罪,社稷之至計,遠方生民之大幸也。

條上南征方畧疏

臣按,安南莫方瀛上表乞降,陛下不即聽信,復命大臣前往查勘,臣已將納降事宜上本具奏,萬一納降不成,其勢必至於用兵。其用兵方畧,臣請陳之,願陛下採擇焉。

夫方瀛之父登庸起自疍戶,習於舟楫,家住都齋[13],其地濱海,爛泥十餘里,舟楫不能泊,西北至龍編王城七程而阻七水,車馬不能進。逆庸恃以爲固,中樹木爲城,僞封其黨七人爲公,環之於外,號七公府,於海上新興社建立兵府,有衆約二萬,專習水戰。又於塗山置州,枝封縣置兵,俱爲藩蔽。逆庸嘗與其黨計王城可慮,都齋不必慮。若天兵南下,王城不支,則舉國以奔都齋,都齋不支,則舉國以奔海上。則都齋者,莫氏所倚以爲命,謂金城湯池之固,吾莫如之何者也。臣愚則謂善征者攻其所恃,則其餘不攻而自破。昔唐百濟故將福信據周留城以叛,劉仁願不能支,高宗命劉仁軌將兵擊之,諸將以加麻城水陸之衝,欲先克之,仁軌謂周留虜之巢穴,若克周留,諸城自下,於是水陸並進,遂拔周留,用此道也。臣愚欲以束莞、瓊海之兵助占城,使出兵擊其南,截其奔路;以福建之兵由海道出枝封,使湖廣之兵出欽州,與之合以攻都齋,覆其巢穴;以廣西之兵出憑祥,使雲、貴之兵出蒙自與之合,以攻龍編,拔其根本。龍編受攻,莫方瀛必奔都齋。北兵南驅,南兵北截,東兵內擊,大兵四合,莫氏父子可一鼓而擒也。然五路之兵必齊心協力,彼此相應,然後足以有濟。伏願陛下特以是戒敕諸臣,俾無攜貳。前歲安南事動,莫登庸使其子莫方瀛領兵備蒙自,使其孫莫福源領兵備憑祥,而自至萬寧備欽州,蓋逆庸知人心內離,不敢倚託,以父祖子孫自爲備,而登庸獨備欽州,蓋所慮在欽也。以是觀之,則其勢亦甚孤,故臣欲以五路合攻,先破都齋,奪其所恃者此也。若夫用兵之要,用人爲先,選兵次之,理財又次之。

何謂用人爲先?夫欲建非常之功,必得非常之人,而用非常之人,非可以常格拘也。昔漢高祖以蕭何之薦,知韓信之賢,拔之卒伍之中,授以上將之位,遂定三秦,摧強項,以成漢業。唐劉仁軌坐罪,白衣從軍,及討百濟,以爲帶方州刺史,遂拔周留,走王豐,定百濟。此皆不以常格而用之也。邇者,安南事動,臣見吏、兵二部推用將佐、協贊等官,只於常資內推選,類皆白面書生,聞談兵而膽寒色變,惟恐其事之成,此安可與共事哉?夫才兼文武,自古所難。臣見多有吏事號稱精絶,臨寇閉門束手無策者,求將才於常資中,胡可得哉?人有利於前而鈍於後者,非其賢否頓異,志有壯老焉耳。昔田單起於步卒,旬月之間,以莒、墨二邑復齊七十二城,後以齊國之衆攻狄三年不下。魯仲連謂其東有夜邑之奉,西有淄上之娛,黄金横帶,騁於澠池之間,有生之樂,無死之心,故弗克。臣愚謂今之勳臣,亦田單之流耳,其難用固也。若不拘常格,軍民職官民間豪傑有智勇如韓信、劉仁軌者,用以爲大將、副參、游擊等職,福建、廣東海兵頭目如臣前奏,假以指揮、千百户職銜,彼受非常之遇,當必有奮發以立功名者,何患大功不成哉?臣願陛下明詔中外臣工,令各舉才堪將領及贊理軍務者以聞,陛下親試以征南方畧,就中擇而用之,當必有真才以副陛下之用者。故曰:用人爲先者,此也。

何謂選兵次之?夫兵務精不務多。兵若精選,一可當百;兵不精選,百不當一。《六韜》曰:"有冒刃之士,有陷陣之士,有勇鋭之士,有勇力之士,有寇兵之士,有死鬬之士,有死憤之士,有必死之士,有幸用之士,有待命之士,此選兵之法也。"昔晉馬隆討樹機能,願募勇士三千,無問所從來,武帝許之。隆募能引弓四百鈞,挽弩九石者取之,主標簡試自旦至日中得三千五百人以行,遂斬樹機能,平涼州,此能選兵也。今安南之兵如馬隆之精選,亦不用十萬,按漢馬援征交趾不過十萬。馬援古名將,固不易及。然宋仁寶特以邕州一路之兵,黎桓已不能當;元討陳日烜,兵不過七萬餘,日烜東奔西竄,逃生無所。今日之兵,何用多爲?我成祖皇帝用兵八十萬,當時特以百戰之威、泰山之勢壓之耳,其實不堪用。陛下若簡可用之臣,賜以手敕,如晉用馬隆,令於閩、廣募兵,無問所從來,必有引弓挽弩如三千五百人者爲吾用,何患大功不成哉?故曰:選兵次之者,此也。

何謂理財又次之？今安南之兵，議者謂三年之計，須銀四百萬。臣聞善用兵者，役不再籍，糧不三載，取用於國，因糧於敵。誠能揀選精兵如馬隆，則不戰而成功，固不須四百萬；使果用四百萬，豈以國家之大，不能辦此哉？臣前奏欲追各州縣壯快機兵月錢，以備募兵；借衛所無用旗軍月糧與僧租，以備行糧；鬻廢寺田以造戰船，已經議行兩廣軍門酌用。若能推廣用之，亦不多需府庫之財，朝廷只捐淮、浙兩年鹽利，而其事可集矣。故曰：理財又次之者，此也。

今議者多謂安南得之易，守之難。臣惟未得安南耳，若得安南，於龍編置撫鎮官各一員，俾居中以制四方，使兩廣撫鎮兼制憑祥、諒山一路，使雲南鎮撫兼制蒙自、光明一路，又於欽州置撫鎮如兩廣兼制海東、海陽一路，俱與龍編撫鎮相應，雄鎮中開，三方鼎峙，如虎豹之在山。交夷如澤中之羊，隨發即撲，固無能爲，而亦不敢爲矣，何患不能守哉？

攻守之策，愚臣所陳大畧見矣。參以臣前後所陳，當有可以補陛下采用者。陛下若留神垂覽，國家幸甚！遠民幸甚！臣幸甚！

速定大計以破浮議以討安南以解倒懸以慰民望疏

安南之事，向者陛下命禮部侍郎黃綰前往勘處事宜及征討方畧，具本差吏薛鍾英於本年十月初一日齎奏去後。至十日得邸報，聞黃綰以別事罷去，廷臣奉旨議遣咸寧侯仇鸞、兵部尚書毛伯溫前來整救兵糧，以備征討。若莫方瀛父子悔罪請死，束身待命，悉以土地、人民聽天朝處分，則待以不死。又得邊民報，黎氏舊臣有曰巴廣者即阮仁連割據廣南，逆庸傾一國之兵以攻之，今年九月十二日，已爲逆庸所滅。又聞武文淵已於嘉靖十七年冬爲逆庸所滅。臣按，逆庸納土乞降，陛下好生不殺，亦既俯就廷議，待以不死矣。爲逆庸者，正宜束身待罪，歸土地人民於天朝，拱手以待處分可也，而乃乘納降之機，假天朝之勢，曰天朝已納吾降，因而剪⑭滅諸雄，去年攻滅武文淵，今年攻滅阮仁連，且僭擬如故，巍然以中國自尊，斥我爲化外，投降者固如是乎？臣固知其詐，而謂不足信矣。而諸臣猶以是望之，何與？夫建功惟時，成事在人，當爲不爲，難以語勇，好事失時，難以語智。自嘉靖十五年冬舉事，於今三年矣，起而又罷，罷而又起，於今五次矣。方其義聲傳播，華夷震動，海內豪傑之士，咸欲乘風雲以立事功，彼國忠義豪傑之士，咸欲摧鋒附驥，以討逆賊，其民咸欲簞食壺漿以迎王師。使左右腹心之臣皆能繼陛下之志而無他，臣見凱歌已奏，大功已成，聖主無拊髀臨朝之嘆矣。而乃不然，使聖心疑而不決，聖志鬱而不宣，皇威沮而不震，豪傑為之解體，事機因而漸失，賊勢愈張，大功不立，寧不大可恨與？且黎寧失國播遷，羈棲南土，鄭惟憭萬里乞師，待命兩廣，武文淵、阮仁連之徒阻兵助主，仰待王命。彼諸人之望救於我者，有如倒懸，急在旦夕，而朝議不決，至於三年，豈特遠人失望，切恐四夷見笑，莫氏父子亦窺見我之虛實矣。忠於謀國者，如是乎？今武文淵、阮仁連已為逆庸所滅，黎寧、鄭惟忱、何伯适、刁鮮、黃孟哲、李孟元輩，存亡不知如何。夫人舉國望風望救於我，以中國為足倚賴，可以蕩掃奸凶，發舒神人之憤也，而朝廷亦既與之賞之，見之廷議，形之詔旨矣，乃講剿講撫，王師三年不出，使逆賊因而乘機借勢以剪滅諸雄，我之邊臣既招之使來，乃立視其死而不救，使彼國忠義豪傑之士肝腦塗草野，冤恨埋九泉，堂堂中國如此舉措，何以示四夷八蠻天下與來世？此皆左右腹心之臣誤陛下而至此也！又不大可恨與？今不翻然悔悟，命將出師，正名討罪，壯觀天朝，追聖心震怒，見之詔旨，乃議遣二臣整救兵糧以備征討，掩塞聖意，而不正言討罪，又開端使之納降，謂登庸父子恭聞天聲，恐懼省悔，上表乞降，願以土地人民聽天朝處分，據此哀情，似亦可矜。夫彼方肆志橫行，敢於誅滅我歸順之人而無憚，乃謂其聞風悔懼；彼方務為吞併，僭竊名號，夷視中國而不遜，乃謂願以土地人民聽吾處分；彼之罪惡滔天不可赦，乃謂其情可矜。似此欺罔，君門萬里，無由得知，天下耳目，安可掩也？諸臣之意，或者以為國省事息民為解，不知損中國之威，傷中國之體，莫有甚於此者！夫事有若緩而不得已者，今之安南是也。王者無外，安南雖遠，皆吾臣子。昔成湯征葛，為匹夫匹婦復讎。我成祖皇帝之征黎季犛，乃以殺陳添、平薛嵓起事。今庸、瀛躬行篡逆，又攻殺歸順武文淵、阮仁連，其罪豈減於季犛，而諸臣猶然以兵為諱，何也？或者之論，謂逆庸飾詐乞降，不可墮其計中，其說是矣。謂王者不伐夷狄，討問其罪於其國，使人人得而誅之，其說非也。夫戡亂以武，經治以文，未聞文以戡亂也，而況夷狄乎？必如其說，則商高宗何以有鬼方之伐，周宣王何以有淮夷之征？殆未通之論也。莫氏篡逆之勢已成，其威行於一國，國人敢怨而不敢言，其君臣勢窮力屈，不得已望救於天朝。今不出師而使自討，彼能自討，何望救於我哉？且彼望救不至，三年之間，武文淵、阮仁連皆爲逆庸所滅，若復待三年、五年，黎寧、鄭惟忱輩豈復有遺類？且鄭惟燎久羈兩廣，黃伯銀待命欽州，何以處之？可謂迂遠不切於事情矣。臣爲此論，諸臣必以臣爲喜事，爲好兵。臣非喜事好兵也，爲中國惜大體，爲朝廷伸天討，爲陛下定大計。諸臣之見，非臣所知也。今臣言武文淵、阮仁連爲逆庸所滅，諸臣必以臣爲妄誕。若差官行勘，必妄行希旨，共爲欺罔。臣勢孤官小，亦不能與辯。臣請陛下且不依臣言，惟即廷臣之議而試之，臣言之妄與不妄，了然矣。廷臣之議，謂莫氏父子悔懼乞降，願以土地人民聽天朝處分。今舉其土地人民而處分之，莫氏若歸我四峒侵地，存黎氏宗祀，分土武文淵、阮仁連等諸臣，削去僭號而不拒朝命，則是降出於誠。武文淵、阮仁連未殺，諸臣之言是，臣之言妄也。四者有一不如吾意，或武文淵、阮仁連不在，無可分土，則是降出於詐。二人已殺，臣之言不妄，諸臣之言非也。其是其非，惟決於此而已。且武文淵爲逆庸所滅，於今三年，臣聞之久矣，而未有言於陛下者，何哉？知當路之旨，欲言而不敢也，於是可以察群臣之壅蔽矣。往者雲南都御史汪文盛初意甚銳，副使鄭登高亦甚勇，爲招徠彼國忠義豪傑皆可爲吾用，一得當路之旨，遂爾退縮。既而鄭登高者以考察去，人皆畏避，無敢復以兵爲言者矣。

臣邊鄙之臣也，官卑位隔，乃無所畏忌而敢爲陛下言者，誠義激於中，不避患害，而亦恃有聖明在上也。伏願陛下將臣所奏與前二奏詳賜觀覽，勘破逆庸之詐，黜去納降之說，勿爲近臣所欺，決意征討，毋復遷延，再失事機，則聖武布昭，王靈丕振，元凶授首，大功可成矣。

又復屯田省轉輸以足軍餉疏

臣自嘉靖十五年到任，見得本州官民糧米止有二千四百九十石，除解京司外，撥納永豐倉以給本州官吏、師生及千户所官軍俸糧止得二千八百石，僅殼半年之食，尚欠糧一千八百石，倒撥在外州縣糧米以足之。當其遠處，常必半年然後至。官軍欠糧，每四五月以爲常。

臣自入州境，見得本州地廣人稀，平原曠野，一目望洋，高可種黍，下可種稻，皆爲荒土，無人耕種。臣乃差官各處查量，臣政事之暇，亦親行丈量，計查出荒田堪爲稻田者一百餘頃。查照户部勘合，榜招各處流民給與牛種，令其領種。緣本州僻處偏方，生意微薄，少有流民。先年雖有肇慶府陽江縣、廣西上思州等處人民移來本州居住，計亦不多，皆畏糧差，甘於佃種人田，不肯承種官田。

臣因查得本州洪武年間設有屯田，撥欽州千户所百户領軍出種，至宣德年間始廢。臣乃將查出各處荒地，議復立屯田，招各處流民千户所餘丁及撥本州民快與千户所哨海官軍各給與田，令其領種，三年之後辦納稅糧，以足軍餉，以省轉輸。具本於嘉靖十六年奏行廣東撫按衙門行二司守巡道會議，依臣所奏，轉行到州。令臣多方設法，招人承種前項荒田。及奉户部勘合，該巡按廣東監察御史陳大用奏，轉行到州，令臣查勘荒田，給與守營軍快領種以給軍餉。臣承上司明文，將查前項荒田再行差官踏勘丈量明白，多方設法，招得廣東潮州府，福建漳、泉等府流民何政等三十名，領種田九頃。又查廣東肇慶府陽江縣、廣西上思州等處先年移來本州賃耕人田、陳、林、宗等九十一名，領種田一十七頃一十畝。又招欽州千户所餘丁樊元成等三十一名，領種田四頃五十畝；本州民快羅佛送等六十户，領種田一十二頃；防城、那蘇二營旗軍楊德風等五十名，領種田七頃一十五畝；哨海旗軍李敬等一百名，領種田一十五頃。各項共田六十五頃一十畝。但臣原奏每[15]田一畝，照依欽州下則官田則例，每畝科米一斗七升。今據巡按御史陳大用所奏，每畝科米三斗。二奏不同。

今照：本州地廣人稀，不比他郡，如臣所奏每畝科米一斗七升，各人已告重難，若每畝科米三斗，愈加畏避。隨查民快每名一年編工食銀七兩二錢，官軍一年支月糧一十二石，若每畝科米一斗七升，似乎太輕；若依陳御史所奏，每畝科米三斗，未免過重。臣乃從中酌處。民快守營哨海旗軍，查照陳御史所奏，每畝減科屯米二斗,客居軍餘人户每畝照臣原奏科米一斗七升,客居軍餘一百四十八名,共領田三十頃六十畝,分作二屯,曰寓民上屯、寓民下屯,每屯科米二百五十五石,二屯共米五百一十一石。民快旗軍二百一十名,共領田三十四頃五十畝,分作三屯:曰民兵屯,科米二百四十石;曰備邊屯,科米一百五十石;曰海軍屯,科米三百石。共米六百九十石。五屯共領過田六十四頃八十畝,該屯米一千二百五石,連宅田四頃二十畝,共計田六十九頃,尚餘田三十一頃八十畝,無人承種。

照:臣原奏每十人爲一甲,內推一人爲甲頭,五甲爲一屯,內推一人爲屯總。五屯之外,欲照臣原奏另舉二人爲屯老,專課督耕種,催辦稅糧。據老人林有容等告稱,田土數多,二人難以幹理。姑從所請,設立老人四名,使相協助,幹理屯事。已將查出荒田、坐址、頃畝、科過糧米各數目,及承田人姓名、籍貫,造成册籍,申解各衙門備查去後。但本州地廣人稀,民皆多占田土,任意耕作,不糞不耘,仰獲於天,數歲力薄則更易其處,又數歲而復之,故熟田常少而荒田常多。又有新墾成熟及先年拋荒後來開墾未經報稅者常多。如永樂鄉民黃景泰,户米只有八斗,占田至四頃五十畝;貼浪都民黃康,户米並無升合,有田多至四五頃。即此推之,其他可知也。臣始查究荒田,各人多方破冒,或稱本户田土,或稱絕甲出土。臣始揭查黃册,欲將各户田土通與丈量,乃皆輸服吐退,不敢復言。及臣設法招得各處流民堪承田土,彼又多方破毀,稱待臣去之後欲要多方擺布,致其懼怕,多無固心。如福建漳州流民吳俊民等一百二十餘名,臣招致到州未及三日,被其恐嚇,俱各逃散。臣聞,遣人各處招諭,只得何政、陳秉鑑等六人。夫臣在任尚如此,計臣去之後,必多方生情,或稱本户田土,或稱絕甲田土,後官不知其弊,萬一爲其所惑,則臣三載經營已成之業廢於一旦,重可惜也!

今將臣經營屯田首末與奸民占田情弊備陳於皇上,仍造屯田册一本解送户部。伏望皇上敕下該部,將臣屯册貯庫備查,仍將臣所奏行廣東撫按二司轉行本州,將臣經理過屯田事實從實舉行,毋爲奸民所撓,則臣三載經營已成之業庶可不廢,本州軍需歲用,亦有所資矣。

謝恩明節疏

臣林希元奏爲安南功成，叨蒙恩賞，專人陳謝，兼明臣節事。

嘉靖二十一年正月十五日，蒙禮部差福建按察司鄭廷炤齎花銀二十兩、紵絲二表裏到臣。臣廢棄林下，又蒙眷念，恩同罔極，感激殊深，謹望闕叩頭外，臣聞：帝王之御天下也，征伐以討不庭，爵賞以勸有功，恩威並振，而風行天下。故《詩》曰："徐方既同，天子之功。"《易》曰："大君有命，以正功也。"安南莫登庸殺君篡國，逆命不庭，皇上聲大義以討之，既服而釋之，可謂仁立義行，春生秋殺，雖虞、舜之征有苗，周宣之討淮徐，不是過也。兵部上功，分爲四等，陛下用之，一等金幣陞級，二等金幣陞俸，三等金幣，四等賜金。大號渙頒，覃恩廣被。如臣之愚，亦濫叨冒，粉骨碎身，未知所報。伏念臣入仕二十五年，官階九轉，屢蹶屢起，不能過五品，今則罷職矣。緣臣愚朴之資，但知以身徇國而暗於自謀，故動輒得禍，而恒無以自解。然臣狗馬之志，不以屢經摧折而少變，故隨其所至，必欲勉盡職業，以無負於陛下，幸蒙聖明察臣愚忠，不忍終棄，每加甄收，而今乃以安南事失官，是臣不能度時審幾之過，而亦平生有以自取也。

臣正德十二年進士，初任南京大理寺評事，幸遇皇上登極，臣應詔陳言《新政八要》，蒙聖明嘉納，因爲大學士楊廷和所知。楊廷和頓改初心，漸招物議，臣以書規正，不意反逢其怒。時臣因審録刑名，執法不阿，被堂官參論，楊廷和因而擠臣，謫判直隸泗州。此臣爲大理不敢廢職以負陛下也。臣至泗州，適江北大饑，民父子相食。陛下發銀二十萬，命大臣賑濟。臣多方設法，救數萬生靈之命。隨以救荒事宜，集成《荒政叢言》，獻於陛下。蒙聖明嘉納，例行天下。此臣判泗州不敢廢職以負陛下也。臣以賑饑致疾，乞病回家。陛下用大臣論薦，起臣廣東按察司僉事。初理鹽屯，繼督學校。臣感聖明知遇，竭力馳驅，奏豁無徵鹽課二萬八千四萬引，隨查補原額，申明鹽屯條例，更議徵糧條例，俱蒙聖明嘉納，例行天下。官有定守，申明敕諭臥碑，頒學政三編於十郡，士習亦因而變。劇寇王基作亂，剽掠廣、惠二府，時適缺巡撫，守巡觀望，恐禍滋蔓。臣署按察司印，乃督率府衛兵，指授方畧，即時討平，叨蒙皇上白金之賞。此臣爲憲司不敢廢職以負陛下也。入爲南北兩京大理寺丞，首尾五年。臣若依違守常，卿佐可致，乃以大同、遼東兵變，執法建議，降調欽州。此臣丞大理不敢廢職以負陛下也。初降調命下，吏部以臣京堂年深，欲優臣以閑局，臣不敢虛縻皇上廩禄，固欲一州自效，而得欽州。欽州接壤安南，地荒民寡，税糧二千，不及蘇、常中人一家之產，民俗雜夷，城郭官舍半鞠墟莽。臣至，悉心經理，至忘寢食。比及四年，增税糧一千石，變夷從華，興廢革弊，始成州治。陛下問罪安南，臣熟究其國虛實強弱、人情向背，屢以所見陳於陛下，而安南卒賴以成功。此臣爲知州不敢廢職以負陛下也。陛下起臣廣東按察司僉事，分巡海北，兼管兵備、珠池。海北遠隔中州，法弛弊滋，軍民疲困，珠池尤甚，珠盜肆行。臣至，悉心經理，立條教，嚴法禁，甫及一年，民困頓蘇，珠盜屏跡。此臣爲分巡不敢廢職以負陛下也。臣不敢廢職以負陛下，陛下察臣愚忠，寵任微臣，實逾常分。臣自入仕，屢有建白，俱蒙聖明嘉納，特賜施行。此所謂諫行言聽，膏澤下於民也。初，自州判起臣提學，又自提學拔臣於九卿之末，又自知州起臣分巡，此越次用臣，不以常調也。今雖失職家居，安南之功猶蒙頒賞，陛下待臣實爲殊恩，臣於陛下實爲殊遇。以臣如此之遭際，乃不能乘時自奮，致身遠大，迄就邊州而終以摧落者，豈臣拙於進取哉！實以區區狗馬之心，急於徇國而昧幾宜，自致傾覆耳。故曰：臣平生有以取之者，此也。

然臣被論去官，至今未詳其故。臣素受陛下知遇之恩，料陛下於臣無明知而終棄之理。故敢以血誠訴於陛下而不畏斧鉞之誅者，誠料聖意無他而恃以無恐也。

聞臣被論，乃以屢議安南爲異議者所忌。然吏部、都察院奉旨會議，查臣歷年考語俱優，已擬留用。蓋以臣平生狗馬之心，所至鞠躬盡瘁，不敢廢職以負陛下，故不忍輕議罷黜也。然臣竟以是去官，臣反覆深思，未知其罪。若以臣屢議征安南爲罪，則臣猶有説。

夫安南本中國故地，五季失之，我成祖皇帝收復，至宣德初年又失之。臣以中國故地沒於夷狄，中國帝王所宜動心；祖宗土地沒於夷狄，聖子神孫所宜動心；君父之志未伸，爲人臣子所宜動心。復中國之故地，大功也；復祖宗之土地，大孝也；成君父之大志，大忠也。幸遇陛下銳志安南，臣謂千載奇會，故早夜孜孜，攄誠盡謀，期贊陛下中興不世之業，豈謂異議之臣反以爲罪！且安南之事，本發自聖心。陛下聖武神明，乾剛獨斷，猶不免異議者之譏議阻撓，臣以孤蹤而犯衆怒，又安能免？臣故知建議征南必不爲異議者所容。但以臣子大義，苟有關於國家大體，而事不可已者，雖死生所係，猶將不避而爲之，而不敢自愛，況人臣謀國均出忠愛，雖意見不同，而心實無他，豈以異同輒相傾害？故臣恃以無恐，必盡所見以忠於陛下，而不虞竟取禍也。臣於安南之事，連進十疏，內一疏爲走報夷情，請急處兵，以討安南事，奉聖旨："兵部看了來説。"兵部奉旨會議興兵致討，適爲異議所阻。奉聖旨："安南此事，識體達道者則見得分曉。聞卿士大夫間私相作論，謂不必整理他。你部裏幾次會議，亦不力主何者爲正。既都不協心同事，且罷。"又一疏爲條上征南方畧事，奉聖旨："兵部看，議了來説。"爲御史錢應揚所劾。兵部議覆："奉聖旨，安南事情，朝廷簡命文武重臣前去處置，已備載敕旨了，今後不許群臣淆亂，沮誤事機。"是臣之愚忠已蒙聖明之洞察，似不爲罪也。臣言欲五路進兵，又言福建海兵與湖廣苗兵，皆交人所憚。尚書毛伯溫與咸寧侯仇鸞奉命至廣，整飭兵糧，悉主臣議。會委臣福建募兵，又差官行文湖廣募兵。及至進兵，果分五路。是臣之愚計已爲毛伯溫、仇鸞之所取，似不爲罪也。臣聞莫登庸購臣奏稿以千金，蓋以臣久處欽州，偵知其國虛實情僞，所言皆切中其膏肓⑯也。臣募福建水兵直至，安南舉國震恐。其頭目阮文郁、西寧之徒，咸勸莫登庸納款歸地。阮文郁請莫登庸納降疏草與欽州義民文通、峒長黃皓帖禀登庸納降事由，臣俱收，見在可證。則臣之愚計，以爲安南之所畏憚，似不爲罪也。臣言莫登庸勢雖已成，其大臣猶多未附，國內人心未知所屬，皆願歸本朝，似有望風送款之意。又言以數郡之民，父子祖孫分據而三君，供億頻繁而戰鬭不已，其勢豈能久存！若王師入境，皆徯后稽首之民，其間必有倒戈俘賊以獻者。既而，仇鸞、毛伯溫至廣，安南果內變，莫方瀛爲國人所殺，人心離叛。莫登庸見勢孤事急，不得已出關投降。今聞莫登庸又爲黎氏所殺，則臣料安南之事無一不中。閩兵果爲交人所憚，彼國人心果有倒戈徯后之意，歷歷可驗，益見臣之無罪也。臣言欽州淅凜、古森、了葛、金勒四峒係欽州故地，欲以四事處分安南：其一，還我四峒侵地；其二，使黎寧不失其位；其三，使黎民舊臣如鄭惟燎、武文淵輩皆有爵土；其四，奉我正朔，革去"大正"年號。兵部奉旨議覆，俱奉欽依，行毛伯温、仇鸞酌處施行。及莫登庸納降，臣與參政翁萬達計議，登庸必遣子入質，方見真實投降，如果真實，不費吾一矢斗糧，功亦可嘉。以難復執前奏。然方瀛既爲國人所殺，其大事已不可成，亦難仍與封爵，可依隋、唐故事，與爲都護，或總管府，其四峒必還欽州無疑。既而登庸納降，毛伯温以安南爲都統使，還四峒侵地，遣侄莫文明齎表上進，是皆因臣與翁萬達之所計議而酌用之也。觀莫登庸降本内開："比者聞欽州知州林希元奏稱淅凜、古森、了葛、金勒四峒係欽州故地，果如所稱，唯命是聽。"而毛伯温論功之疏，亦稱臣建議復地，召募驍勇。太平府通判蘇廷瓛與臣書，亦稱："初，莫賊不肯歸四峒侵地，彼與指揮王良輔同往，向莫賊説稱林僉事奏草尚在袖，你不歸地，如何得了？莫登庸懼怕，始歸四峒之地。"以此觀之，則安南納款削國歸地，固皇上威靈丕振華夷，與諸大臣協贊之力，而臣屢議，雖不足爲功，亦可見其無罪矣。而今乃以臣爲罪，因之失官，此臣所以心不能甘而軸鳴訴於陛下也。莫登庸畏臣獨至，恨臣甚深。臣前在欽州，莫登庸每對人言："林欽州如何久不陞去？"及聞臣去官，舉國君臣鼓舞稱慶。臣以誠體國，爲夷狄所忌，又以建議平夷爲異議者所忌。是非無兩，在陛下明並日月，必有定臣之是非矣。臣伏讀聖旨："安南廢職不庭，本發自朕心，猶有畏縮譏議阻撓國是者。比命官勘剿，今黎氏既已覆滅，莫酋繫頸來降，朕已處分了，何表賀之有？内外大小官員，宜勞宜錄。欽此！"又不頒詔安南，詔告天下。臣仰窺聖意似有未滿焉者。陛下必以安南有可取之機而群心不一，聖志未盡，遂以是爲未滿耳。臣愚竊謂今之安南，雖未能收全功，然比之前代與我國初，其功已遠過之，而安南之不能收全功者，則以郭勛之沮撓也。何者？安南自分據以後，宋人討之不克，封之爲王；元人討之不克,封之爲王;我朝既已郡縣之,復封之爲王。今陛下兵未入境,而逆庸納款故地,削國爲都統使,分地爲宣撫司。其不郡縣,雖未比於十三布政司,已可比於雲、貴之土官矣。陛下之功不高於宋、元與?我國初與安南之事,陛下命將出師,已有成議,將佐監督諸臣皆已差遣,大將缺人,衆屬郭勛。郭勛憚行,隨唱且令邊臣撫剿之説,其事隨爲之沮。及安南内變,人心我屬,勢如拾芥,而諸臣舉兵臨境,竟不敢越滇南尺寸之地以收全功者,誠懼郭勛在内,勝之不以爲功,萬一少有挫衂,構成大罪也。然則安南之不能收全功也,亦有其故;而臣之被禍也,亦有所由矣。

臣聞:"禮義廉恥,國之四維"。出處進退,士人大節。臣被論去官而猶不能已於言者,豈急於求進而昧廉恥之大戒哉?實出處之義未明,求全之毀未雪,故披肝膽,昧死求明於陛下耳。伏望皇上覽臣所奏,敕下吏、禮、兵三部,都察院查臣功罪。臣如果官箴有玷,勤勞無録,甘願廢黜無辭;如或官箴無玷,勤勞可録,乞復臣原職,容臣以禮致仕,則臣出處之義以明,雖飯蔬水,没齒永無恨矣!

改正經傳以垂世訓疏

臣聞:作經以垂世訓者,聖賢也;正經以垂世訓者,帝王也。以帝王而兼聖賢之事者,伏羲、文王是也。故馬圖出河而八卦畫,龜文出洛而九疇叙。以帝王而成聖賢之事者,漢武帝、宋理宗者是也。故遺書求而六經完,理學崇而六經明。恭惟皇帝陛下,以聖人之德,應河清之運。允文允武,宣聰明而作元后;克仁克讓,敷五典而建皇極。統嗣明而父子之倫伸,郊廟更而大祀之禮成。銘敬一,釋四箴,心法接百聖之傳;重農桑,正典禮,著述掃漢、宋之陋。是以帝王而兼聖賢之事,實宇宙百年之所希見。蓋上天之所屬意,愚臣之所仰望者也。故敢以《大學》經傳之宜者獻於陛下,請聖裁焉。

蓋《大學》一書,孔子言之而爲經,曾子述之而作傳。其綱領有三,條目有八,帝王成身御世之道,學者修己治人之方,無不畢具。聖朝建學立師,以經學造士,而取之於科目,是書獨先焉。第以秦火之餘,編簡散亂,混於記載之中,漢儒收之而未正，宋儒正之而未盡，至近世諸儒，始取而更正之，由是《大學》始爲全書。收之未盡者，如釋"誠意"置之經文之後，此類尚有，今在《禮記》注疏中可考，此漢儒劉向、鄭玄等之所見也。正之未盡者，如"知止而后有定"、"物有本末"二條混於聖經之中，而"格物致知"一傳獨闕，今書肆板行天下，士子之所誦習，此宋程頤、朱熹之所見也。今之更正者，謂"格物致知"傳未嘗缺，特編簡錯亂，考定者失其序，遂歸經文"知止"以下四十二字於"聽訟，吾猶人也"之右，爲傳四章，釋"格物致知"，此近世諸儒董槐、葉夢鼎、王柏、車清臣、宋濂、方孝孺、蔡清之所見也。臣取前後諸儒所定，反覆詳玩，宋儒之所定，委有未安，近世諸儒更定，義理同盡，委無可議。臣因細爲辯析，以明其可從。

或者謂朱熹命世大儒，萬世所宗，所定之書似無容更改。臣竊謂不然。夫義理無窮，非一人之言所能盡，亦天地所秘，未肯一時盡洩於人也。故宇宙數千年，聖賢迭興，各自立言，後聖有作，尚有可言者焉。"精一"、"執中"之傳，始於堯、舜，"未發之中"猶待於子思；"先天、後天"之《易》，作於羲、文，《十翼》之傳猶待於孔子。孔子以"爲仁"教學者，異商、湯之"克仁敬恕"之功，則前聖所未及也。孟軻以"仁義"告時君，異孔門之"爲仁"、"養氣"之論，則前聖所未發也。無極圖說，繼往聖而開來學，"氣質之性"，破諸儒而助孟軻。豈後之作者賢於前聖哉？義理非一人之所能盡，天地之秘至是始洩耳。《大學》一書，已經程、朱所定，近世諸儒又取而更正之，諸儒豈賢於程、朱哉？亦義理非一人之所能盡，天地之秘至是而始洩也。必以出於朱子所更改不容復改，則大禹之聖，何以"聞善則拜"；大舜之聖，何以"舍己從人"？朱子改《易》不宜舍《程傳》而爲《本義》，蔡沈注《書》不宜棄師言而自立說。故執朱子之說而不欲更改者，固非學者求是當仁之誠，亦豈朱子所望於後學之意哉？臣見方孝孺《跋⑰大學篆書後》云："聖經賢傳非一家之書，則其說亦非一人所能盡。千五百年之間，講訓言道者迭起不絕，至於近世而始定，而朱子亦曷嘗斷然以爲至當哉？"斯言也，可以解庸俗之惑矣。臣於是仰見天生我皇上之意焉。蓋宋濂等之所見，正當我太祖高皇帝建學造士、尊經設教之日，是書諸儒欲更正而未果。又當我成祖文皇帝表章六經，命諸儒纂集《四書[大全]》、《五經[大全]》、《性理大全》之日，亦未聞有以是進者。逮一百五十年陛下應運而興，又二十八年臣乃得以所聞於先正者獻於陛下，豈苟然哉？蓋斯文之顯晦有時，《大學》之書出自孔氏，一經秦火，錯亂殘闕者一千七百年，實反正歸全之期。陛下應期而生，全稟聖明，兼隆述作，實天以斯文付陛下，是書之反正歸全，蓋有待焉，亦臣所謂天地之秘於是乎洩耳。故曰："非苟然也。"

今臣將前後諸儒所定，附以己見，類寫成編，名曰《大學經傳定本》，裝潢⑱以進。伏望皇上俯賜觀覽，特賜裁正。如果是書可全，臣言不謬，乞敕禮部改正，頒行兩京國子監及天下司、府、州、縣，使學官以是造士，科舉以是命題，則千載未全之書一朝復全，天下學士大夫無復遺憾，皇上允爲萬世道德之宗，斯文主盟，名與天壤共不朽矣。臣平生所著，又有《四書[存疑]》、《易經存疑》二書，亦并以獻，俱乞敕禮部命官考究。如果於經傳有所發明，後學有所裨益，亦乞敕禮部頒行。爲此，將《更正大學經傳定本》一册，《四書存疑》一十八卷十册，《易經存疑》一十二卷八册，命義男林泉齋捧奏聞。

【校記】

① "己"，原作"以"，音同之誤。今據文意改。

② "土"，原作"上"，光緒本作"土"，是。今據改。

③ "貼浪"，原作"贍浪"，形近之誤。本卷《陷夷舊民歸正復業疏》"安南遂侵占本州如昔、貼浪四峒之地"，本卷《定大計以禦遠夷疏》"按，四峒之地，在本州如昔、貼浪二都"，均可爲證。今據改。

④ "静"，原作"靖"，光緒本作"静"，今據改。

⑤ "護"，原作"獲"，形近之誤。今據文意改。

⑥ "懾"，原作"播"，形近之誤。今據文意改。

⑦ "塲"，原作"場"，形近之誤。今據文意改。

⑧ "臣時具申報於上司"，乾隆本"報於"作"合於"，誤。今據文意改。光緒本作"令於"，亦誤。按，從上文看，"申報"是向上級報告，"申令"是發布命令。依林希元的身份，此

處當用"申報"爲是。

⑨ "天下",原作"天子",誤。今據文意改。

⑩ "小"、原作"少",疑誤。此與燕、雲對比,當作"小"。今據文意改。

⑪ "孤",原作"狐",形近之誤。今據文意改。

⑫ "掣",原作"制",誤。今據文意改。

⑬ "齋",原作"齊",形近之誤。本卷《走報夷情請急處兵以討安南疏》作"所居都齋",張岳《論征交利害與廟堂》"登庸……而自營海東府地名都齋居之",《明史紀事本末》卷二十二《安南叛服》"登庸者本都齋漁人,負勇力",皆可爲證。本文"都齊"皆作"都齋",今並改。

⑭ "剪",原作"前",音形相近之誤。今據文意改。

⑮ "原",原作"願",音形相近之誤。今據文意改。

⑯ "肓",原作"盲",形近之誤。今據文意改。

⑰ "跋",原作"拔",誤。今據文意改。

⑱ "潢",原作"繽",形近之誤。今據文意改。

林次厓先生文集卷五

書

與舒國裳修撰同年書一

久欲與兄作長話，昨者留都一面，卒爾別去，甚無樂於時也。承惠詩，譽獎太過，不敢當，亦未能和。

承教"凡事只論道理，不問利害"，真有道之言，愧元也未之能行也。不肖忝從人於世，恥落人後，每念既不能如往日諸賢大振作，驚撼天下，豈可并職守之常，厭然喪之？蓋拙見道理當如此，不悟反以爲罪，是非顛倒，一至於此！使人何適從哉？見得今人作事，只是以一團私意包籠將去，更不論道理何如。上下交相助，以濟其私，號之以"忠厚"，此是人心世道一大變，不知流弊將何如也。可懼可懼！

數日聞時事，令人食不下咽。賢者目擊之，不知又何如？然今日之事，必有任其責者矣。嘗謂祖宗培養人才，百餘年而至今日，不能分毫有益於國，反以激亂，不大可恨哉？今元以己事置之度外，以時事置之胸中，登長崗，望鍾陵，恨不能下皇祖於九天，學賈生痛哭而訴之！吾兄之心，想必與同也。

馳慕多時，無從奉問，因同年鍾天慶去，聊布腹心。

與舒國裳修撰同年書二

前二僕去，倉卒不及脩問，乃辱拳拳照念，足見兄之愛我不以形迹也。往留都相見，正以不及致意爲恨，故前書言之來教云云，足見相愛之心同也。

今日之事，自是不容已。當初已辦此一着，今欣然受之。柳下惠爲士師三黜，薛文清爲大理下獄，今尚未至此，豈以小小者介意耶？來教云云，正合我心。

朋友以善相責,正當如此。而士夫至有以相賀者,要亦非也。君子豈願有此?只是犯手處放不下耳。今攻我者,又加以矯情干譽。元初未有此,然吾謂如今矯情干譽之人,亦不易得。夫好名之人,能讓千乘之國。今人只小小利害已覺動心,能舉千乘之國而讓之乎?故曰不易得也。聞京中更有一種議論,口甜口淡,俱隨他,要之於我無與也。崔後渠司城素無半面,不悟作意相向,一見即倒肺腑,迹其言論行事,要是樸實頭下工夫,非徒尚口説者。求古人於今人,此其的矣。於吾兄尤深致慕,可謂仁人能好人矣。

朱、陸之辯,近日紛紛,皆所謂"矮人看場"者。來教謂"恐未實着力",是也。譬之金,朱子如百煉之金,陸子煅煉之功或未至,要之皆真金也。今人則以銅而包金者耳,何以論金哉!本朝大儒薛敬軒而後,吾取胡敬齋焉,此伊、洛正脈也。嘗欲爲請官,今後渠道欲爲請謚,刻其書於大學。來教拳拳又深多吳東湖表章之功,皆不約而合。要之,此心此理到處同也。

東湖適去,所寄使人追至江上,及之,已道盛意於彼。得報即束裝,但東西南北,未知所命,若不在窮山大海之中,信息可通,幸不吝頻頻見教。

與舒國裳修撰同年書三

久不領教音,塵埃滿腹矣。寅想執事震艮惠迪,踐履日熟,探討日深,他日所就,自當不小。

元到官以來,事事不敢不盡心,至忘寢食,期於行所志,不悟稟性迂戇,又不爲當路所容,如今已作歸計。古之仕者,大以行道,次爲貧也。今道既不可行,又貧無以自給,不去何爲?吳東湖、崔後渠二公,作意相念。東湖千里差人因都府致書相問,可謂知己矣。

家口先往揚州,已當待命於此。本去,謝病本也,竟爲所留,不得已,姑棄官去。幸爲看詳。千里投懷,寸楮不悉,尚祈照亮!

與舒國裳修撰同年書四

自泗水辭官,屬時多難,諸親友在亡,莫獲的信,心懸朝夕。嗣聞吾兄將以侍養歸，乃庸爲慰。兹聞守制家居，江山迂阻，弔問不通，緬想音容，徒增感悵。常思宇宙之間，相知無幾，相知者又或千里暌孤，無緣聚首，此願爲雲龍，昌黎所以嘆也。

聞兄《周禮》已有成説，往寄東湖老，惜不及借觀，今可賜教否？元自杜門，爲數口紛心，似此等書，亦曾用意，竟未能卒業，亦造物者限之耳。若得高論以開愚蒙，又省力矣。

情事滿腹，筆不能盡。餘惟人便，不吝教音，是望。

與鄭秋官與聚同年書

小僕到，知執事爲我極口分疏，又知合曹諸君有扶持之力，故舊之愛，義理之公，舉見於是。感紉感紉！

要元之所以有此者，豈吾兄之所能争，與諸君之所能救哉？其行止微意，固自有在，且不必言也。况此事怪他人不得，却是自家要做，見得道理當如此，合下便辦此一着。今直順受之，殊不介意，此非虚言也。古今天下如此類者多矣，此何足言哉？夫以岳武穆之忠，秦檜以謀反誣殺其父子，事有大於恢復者乎？古今才與功有過於武穆者乎？其顛倒一至於此！世間是非若皆明白而無倒置，則三代至今存可也。故今日之事皆歸之天，餘皆不必言也。

得信即束裝待命，辨書再上，非有他望，明心迹於天下後世而已。貴寅諸君，希道此意。千里馳情，寸楮不悉。

與徐考功伯和同年書

小僕到，致尊意及書來，知執事拳拳懇懇於我，雖生死骨肉之愛，何以過是？此恩何可忘也！

當日之事，自是不容已，故隨他千方百計，俱挽不得，志既不行，只得求去。今之調官，欣然受之。昔柳下惠爲士師三黜，蚳鼃諫於王不用，致爲臣而歸。古人所争正在此，乃至於被黜而引去，今猶未至是。在宋人固有自求補外者，至今何足介意乎？聞時論多爲之不平，要之，亦是承藉國家百餘年太平之福，創見其事耳。自古受冤鬱至亡身家終無以自白，如岳武穆者何限？而吾未至是也。今只看國家運祚何如耳。萬一不幸，運祚當否，如前人時節也，終是有元之禍當不止此，受禍者又不止元一人而已，此則可慮也。元今何爲釋韋布爲一官，常恐寸心有負，而今其庶幾矣。但能使此心常如一日，則平生事已畢。至於升沉得喪，俱是餘事，不必論也。

執事純心偉識，自是遠器，大用當有日。善自珍，善自珍！

元今束裝待命，辨書再上，非有他，説明心迹於天下後世而已。千里馳懷，草草不盡，尚祈照亮！

與鍾天慶理副同年書

小僕歸，得執事自劾疏，元心事白矣，雖葛巾歸去，樂也。北調息至，酷爲欣幸，執事名位從此升矣。

元平生無他解，惟志在生靈。到州適年荒，民父子相食，大盜起於境，悉心力爲之，幸賴以安。辱知都府，不悟巡按有意相督過，不得已始圖歸去。豪傑之士，豈能爲區區祿仕拘繫？南山之南，北山之北，固自有樂也。家口以五月二日先往揚州卞子登家，已俟錢糧明白而後行，量不能半月矣。

宦海茫茫，未知此後有聚首處否？感今思昔，令人愴然。執事其此同乎？千里投懷，寸楮不盡，餘惟心照。

復季明德同年書

小僕回，辱佳惠，骨肉厚愛，詎容云謝？來教備悉尊意，謹紉謹紉！

《傳習錄》往嘗得之，與蔡希淵、黃誠甫諸友辯論，往往不合，要未實見得，未敢易言也。拙性最鈍，凡看義理，苟自無實見處和朱子底也，疑覺是病痛。平生頗欲云云，棄置以來，一切放倒。兄在遷逐，猶爾篤學，可畏可畏！

承召，誠衷素，但武夷之約三四年，俟了《永春志》，當且赴之。羅浮之遊，且看明年如何耳。

人回，復此不盡。

彭城復馬宗孔同年書

去歲過徐，承示送客詩，愚竊有疑，故不及奉復。茲承手書下問，又似未達鄙意者，不敢不盡其愚。

詩謂"吾心即道"，誰能曉？竊謂心是人之神明，乃一身之主；道是人所當行之理，而具於心。心是心，道是道，不是一物。故曰："回也其心三月不違仁。"又曰："理義之悅我心。"見不是一物也。夫心有善惡，道無善惡；心有放逸，道則係於心。《大學》曰"正心"，惟有惡，故有待於正也。孟子曰："求放心。"惟有放，故待於求也。若謂心即道，亦可曰正道求放道乎？又曰"心之官則思，思則得之"，可曰道之官則思乎？《易》曰："聖人感人心而天下和平。"曰聖人感人道，可乎？似此之類，不能盡書，皆足以證心之非即道也。又謂"物外求心總是痴"。夫以物外求心爲痴，是欲即物求心也。然心是吾心，物是外物，物理具於吾心，人當即心以求物，如何即物以求心？如其說，將即鳥獸草木以求人心乎？甚不可曉。反覆深思，未得其解。若分析"物外"兩字爲二，謂從物從外去求心似可通，但"物外"兩字相連，便是事物之外，如區區分析，終是牽強。自古聖賢亦未有爲此說、爲此學者。

憶陽明《傳習錄》非朱子解《大學》"止至善"爲事理當然之極，云"至善是心之理"，曰"事理當然之極是義外也"。兄之說，或緣於此。夫陽明之說蒙昧不通，厚誣聖賢，區區已不取。今兄之說，又似并其立言之意而失之。必如其說，當改物外求心曰"認心爲物"云耳。蓋陽明謂至善之理在心，若曰"事理當然之極是義外"，是非朱子認心理爲外物也。陽明之說既謬，而兄又失之，所以益遠而不可通也。陽明之說，亦精辯之，萬物之理皆具於心，必求諸物，物通則心通矣。故曰"致知在格物，物格而後知至"。"至善"是事理當然之極。此理則具於心，非外物也。孟子曰："萬物皆備於我。"子思曰："中者，天下之大本。"

皆可證也。陽明以朱子"事理當然之極"之語,是認吾心之理爲外物,非厚誣乎?今以曾子之釋"至善"言之曰:"爲人君止於仁,爲人臣止於敬。"夫君臣、父子之類,皆物也。釋"至善"而語此,必如陽明之說,則曾子之釋,非義外乎?似此之類,不能盡書,皆可以證陽明之說之謬也。又謂"優優三百、三千發育,何曾有間時"。竊謂此語尚有爭差,何也?大哉聖人之道,洋洋乎發育萬物。又曰"優優大哉,禮儀三百,威儀三千"。夫道發育乎萬物,三千、三百之禮文,皆萬物之類,道之所發育散見也。今失"道"字,只言三百、三千,"發育"則是禮文之"發育",散見不見其爲道。又"優優大哉"本指道,乃加諸三百、三千之禮文,非爭差乎?

區區之所疑者如此。以兄未能釋然於予言,且以切磋參證相望,故敢盡其愚於左右,非好辯求勝也。惟兄虛心反求,一去先入之言,專求諸己不靠人,胸中當自有得,於區區之説,必無疑矣。幸垂俯察,毋徒邈邈。

與門人卞子登舉人書

往歸自京,舟中多累,受之者良不自安,施之者想無毫末也。邇時用功何如?僕近以奉職見劾於石峰,杜門已兩閱月,閑寂中不無想念。嘗約秋間欲見過,今不知得否?哀美之亦在此。僕東西南北,未知所命,後會未想在何處,若能一來更佳。

令師趙憲副先生,聞古君子也,邇因石峰,人又道及之。欲爲好人,不得爲好官,信然。忙中不能具書,希道鄙意。僕若幸得角巾南歸,當泊舟金山,訪先生於水雲沙鳥之鄉,瞻有道者氣象,以慰邇來景仰之私。不知此願得遂否?寸楮不悉。

與門人陳章二上舍書

別來餘二旬,心神寤寐猶在三山之北,乃知古人"并州故鄉"之句非虛語,不知此後尚有到天涯日否也。

區區在任餘二年，尚恨欽民不率教化，痛加罪責，復自嘆，有"商量無計化民頑，多負朝廷五品官"之句。不意去州之日，軍民攀轅走送，垂涕者載道，雖平日在責戒者亦然，始知欽民未爲不善，其不率者，乃區區之誠有未至。平日之憤怒罪責者非也，悔之晚矣。古人云"'無好人'三字不好加人"，誠然乎哉！幸爲我謝諸人，使知區區悔罪之意也。特三年中以安南事纏縛者過半，加以豎造之勞，不得與諸生時時講論，課其職業，使欽江文物異時與瓊海並，是則區區之罪也。尚賴諸君勸勉，諸子努力上進，以補予過。

餘情寸楮不能盡，幸照亮。

復京中故人書

客歲小僕志興回，承手教，拳拳垂念，足見骨肉至情，感激曷勝，中心藏之耳。中有委曲行道之説，未喻厥旨。志興傳致尊語，示以朝報，命元速上獻考入廟之疏。斯言也，信出於執事乎？否乎？使不出於執事斯已矣，如果出於執事，誠爲至愛。但元尚不能無疑。元平生因不作希世取寵之事，故至今日，豈以中道改節乎？

昔與張羅峰共仕留都，相與甚厚，屢以大禮相援，元以福薄不足以致遠辭，是時未有方、霍二公也。及謫判泗州，張羅峰、桂見山奉詔北上，又親至泗相援，元以既得罪不可言大事辭，是時未有致齋、久庵二黃也。使在留都能從羅峰之招，其位當在方、霍之上矣；使在泗州能從張、桂之招，其位當在二黃之上矣。而皆不能，此元不能希世取寵之一驗也。入佐大理南北五年，遼左兵變，責不在我，隱忍不言，非特免禍，且可大升。元以朝廷紀法所在，不能隱忍，犯忌諱而爲之，而有廉、欽之行。安南之事，舉世所不欲爲，元之位卑又無任大事之責，特以安南本祖宗中國故地，又有可取之機，故不量彼已，犯衆怒而爲之，卒招意外之謗而落讎人之手。使在大理不言遼左之事，當在半洲之列矣；使在欽州不言安南之事，必無今日之禍矣。而皆不能，此又元之不能希世取寵之二驗也。夫當此四時皆可以取大富貴而無禍患，又非有逼之使爲而元皆不爲，豈今日失路而反爲之耶？使元之歸也，朝不食，夕不食，飢餓不能出門户，猶不願爲，況未至此耶？此僕特命進田本與盤費銀十五兩，日食脚力俱資。傅近山親家乃舍本不進，空手而歸，不知何爲？詢其故，乃云云，可怪可怪！

陳滄江行，聊因奉問，兼布懷抱，餘不及悉。

與興節推汪可亭書

示及文事，足見所學所養，令人敬服。某於斯概未有得。竊嘗聞之矣，大抵文忌艱深，艱深則過；文忌平易，平易則不及。盤誥之文近艱深，典謨之文近平易，然皆其旨無窮，其言足以法。故夫子删經，取以憲世。今之習爲艱深者，不過使人不能以句而其意則淺，正坐揚雄之病。其爲平易者，則又言輕而味淡，語陳而意淺，使人讀不終卷而厭觀。此於典謨、盤誥何有哉？

今海内推大家者二人，曰李崆峒、何大復，二子雕辭鑄意，刮陳去新，力挽頹風以還之古，似足爲一時文人矣。然考其所得，典謨已乎？盤誥已乎？予皆未能知也。《篁墩文集》、《懷麓堂稿》，在京時人多相惠，輒博他書。今思篁墩是箇窮理之儒，於經言多有裨益處，嘗欲求觀不可得，所惠實獲我心，厚感厚感！退居下邑，交游甚寡過門，頻頻重辱賢者，感激又當何如！

人回，并此奉謝，筆不盡言，尚容面既。

與吴思齋書

前月中林宏載家人臨行，倉卒附書，未審達否？八月初又得令弟傳浯人報，云足下已復原職，至今未得的信，企想企想！然此有命存焉，不足爲欣戚也。大丈夫所以垂名不朽，固自有在：太上立德，其次立功，又其次立言。外此一種紛華世態，皆不足掛人牙頰。同之釣磯垂名千古，而蔡、吕輩當時極氣焰可畏，今亦安在？更當益勵初志，勿以小阻自息。衆①芳摇落，而松柏獨茂，始爲天下奇男子也。

方今天下士夫皆躧足下之敢言而獨立不懼矣。抑僕聞之，君子之心公而恕。"公"故不以己之所能者病人，"恕"故不以人之所未能者愧人，故賢者敬而不肖者亦樂就之。伯夷之"介"，下惠之"和"，皆可爲百世之師。孔子之道行之萬世無弊者，亦惟兼"清"、"和"而"時"出之。近世薛敬軒先生亦云："立得脚定，須以寬和處之。"足下宗孔氏而素慕敬軒，不知亦有味於僕之所聞否也？

　　向承惠《羅圭峰續集》，讀之多不能句，然喜其奇險超絕，勉強讀之，至不忍釋手。信乎金碧丹砂雖不切於日用，而實物外難得之奇寶，非小小家數所能彷彿其萬一也。竊嘗評之，入國朝來理學之工者蔡虛齋，詩學之工者陳白沙，文學之工者羅圭峰，直使後人嗟嘆，不復措手。嗚呼！僕讀虛齋之書老矣，但覺其汪洋淵奧，尚未得其門徑，間有得一二層意處，則又欣然忘其歲月之老大。近欲摘《蒙引》中有補於《集注》、《本義》者別爲一書，以取正足下，疏懶之餘，力未能就也。工詩文二者，雖非學者先務，然亦不可廢。竊意詩當主白沙而參以老杜。晚唐諸家，似傷於點綴湊合，殊失胸中渾全之真趣，姑在所舍。作文當依朱子教人"只熟讀司馬、韓、歐三大家，自當有得"。前輩又謂賈浪仙②"推敲"二字，有何深意，弊弊一生，精力至此！蘇老泉閉門七年，只學得古人聲響，則是學問尚有大於此者。

　　足下無一言以教我乎？漢馬伏波曰："大丈夫窮當益堅，老當益壯。"僕老矣，竊嘗以是自勵，不忍遽自抛却。凡百可以輔予之不逮者，勿厭南下。切望切望！

與程舉人默書

　　舊歲幸挹光儀，接高論，實獲我心。信宿別去，不能盡所欲言，常以爲恨。兹承來教，乃獨蒙過信，何可當，何可當！

　　僕平生無大見解，但見斯道在天地間，雖若甚近甚易，至之甚難。孔、孟學絕，由漢至唐七八百年，其間大儒董仲舒、揚雄、王通、韓愈四人耳。四子之中，揚雄不必説，王、韓尚有可言，仲舒爲巨擘，然僅得爲孔門之游、夏。有宋名儒群出，分漏講學，向夜計過，窮年矻矻，如賈人逐利，終日奔走道途，迄無寧居，求之若此其勤,然計其終身所獲,有至者有不至者,至者甚少,不至者甚多也。今之爲道學者,平日不聞窮究實踐之功,一旦出來,便巍然以孔、孟自任,前無古人。其徒之相唱和者,亦不聞窮年積累之力,偶然會合,數語相投,便謂顏、曾復出。若使道如此其易,則漢、唐七八百年間不應如是空缺。有宋諸儒數十百人,不止明道可比顏子也。故竊意其所謂道學者,皆虛僞不情,未必有克己反躬之實,正所謂澤中之羊,蒙虎之皮者耳,豈能真知實踐,無愧於古聖賢哉?

執事見道不惑,自不可及,尚當反之於身,清心寡欲,未可只作一場話說也。使回,草草復此,尤望人便,不吝時時見教。

復鍾芸溪亞卿書

金臺別時,以事絆弗獲奉送,至今爲恨。嗣聞有內艱,江山阻隔,未伸弔問,又歉!包友到,承手教,獲詳動定,兼見情況,殊慰遠懷。

區區再罹遷謫,亦不自量之過,非能直道也。君子不以爲狂爲罪,幸矣!此州遠隔中土,其民愚而野,人才亦間有之,但性習已成,多不力學,區區亦極力振作,第德薄,未之能變爾。"做美官無可紀,不若做辛苦官有惠澤及物。"芸溪之言名言也,第愧未能承當耳。執事功成身退,當有著述以垂後,進退兩得,其道乃爲完人。區區東馳西走,白首無成,不足爲知己道也。

包友去,聊布一二,餘惟厚自愛以延遐祉。是望!

柬吳東湖亞卿書

病居弗獲奉問,滿一月矣。頃接月湖公柬,謂近稿《本朝理學名臣錄》二卷在執事處,命取視之。又以《虛齋事實》相托,足見此老用心矣。其終成厥美,又若有望於執事者,想必有處也。所賜先人墓表,且於執事有辱焉,不肖父子何以克堪?邇聞元事有貽罪執事者,數日心不自安。夫惡人而必及其所親,此是俗態,況其間有不可言者,想有道者不足介毫末也。

墓表及柬一并奉覽,《理學錄》若覽畢,幸分教。病中不一。

回海北道王僉憲書

承明文推委，甚感知己，不謂忽染患病，弗能承任使，亦命也。所收人員已行申報，未盡事情，次第陳之。

據來文，欲伴送敕使徑入安南境内，查勘不入貢緣由。反覆深思，殊有未當。夫安南之國爲逆臣莫登庸篡據，黎氏奔據廣南，陳氏奔據京北，遮塞入貢之路，安南所以不入貢者，職此也。今敕使往彼查勘，必於黎氏，然阻於莫氏，不可及也。若於莫氏，則求貢正彼之本心，若因而與之，則名義不正，朝廷必不爲也；不因而與之，必當興師問罪。然莫氏據國三分而有其二，必不肯束手還國黎氏，而我始費手矣。若姑置不問，則朝廷益失其尊，尤非也。以此觀之，敕使往勘，於事非便。爲今之計，惟當申禀軍門，且留敕使，一面具奏朝廷，以待詳處，然後事出萬全，策之善也。且本職以多病孱弱之軀，若使坐而運籌，一得之愚，間或一二可取。若使伴送敕使遠涉瘴癘之鄉，豈有生還之理？且前項事情，以愚見度之，只是如此，又何用智謀之士運智出奇哉？

萬惟體悉，戰慄待罪。

寄謝徐少湖提學書

昨者承賜詩篇，重以手教，伏讀再三，情義俱到，顧疏庸何以堪？

區區植性迂狂，再罹顛躓，雖聖賢"動"、"忍"之功未到，亦義有不容已者，窮通得喪，志頗先定，兹順受之耳。"困"、"亨"高論，實獲我心，敢不佩服？自獲罪來，耳目所接，士夫君子罔不留情，肺腑傾倒，孰有如執事者？百年知己，信難其人，何幸於今見之！區區取友天下餘二十年，落落無幾，兹得執事，可以慰矣。

斯須作別，襟期弗獲盡叙，別後不勝拳拳。兹因人便，聊布腹心。情長楮短，臨風悵悵！

謝白代巡爲建牌樓書

家人齎到臺檄，捧讀再三，驚愧交集！

元疎狂獲譴,萬死投荒,罪無所逭,乃過蒙獎與③,若古之人,其何以堪?宅里之表,當世鉅公或不可得,乃獨叨冒,尤非意望所及。夫不虞之譽,非望之福,世固有之,好賢樂善,出於至誠,若大君子,世幾見其人哉?銘刻銘刻!

相去日遠,無由奉謝,特命豚子薄致下懷。情長楮短,不能一一。餘惟善自珍攝,以膺大用。是望!

臨清舟中寄董中峰侍讀書

執事才名滿天下,元從天下之士竊斗山之仰,亦既有年矣。昨至京師,幸獲挹道範,聽德音,而所得乃有出於平生所聞之外者。此元之改心易目,益起敬稱盛德而不能已也。奉別以來,不盡馳戀。

日者不量淺深,一見即以蔡虛齋不朽事相托,乃蒙欣然爲己任。夫述德昭善,固太史氏職,然不知其人,未有不反爲其人之累者。惟執事之賢,足以知虛齋,故元敢以其事請,幸爲之,百世之後,知吾清源有虛齋者,皆大賢之賜也,敢忘敢忘?

約以舟中紀其遺事,備采擇。適其子思毅同南歸,備述其先人言行,托爲序次,乃據其所述及元前後所聞於人者,互相參考,撰《虛齋行狀》。因錄奉寄,踐前約。極知淺陋,不足發虛齋之奧,塵大賢之覽,姑存其平生事以備采擇爾。

謝董中峰宮詹書

京師別後,弗久罪謫,信問遂稽。然懷德之私猶舊,退居來分甘棄置。邇接伍進士,備道愛助至意,乃知菲才猶未見絶於君子,生死肉骨,恩何以報?

夫吾人所恃,惟公論爾。公論既伸於天下,飯糗茹草,終身甘之,夫復何恨!朝露富貴,迄歸於盡,人或以此喪平生,惑矣。道喪文弊,斯殆其時?宇宙内事,疇其任之!執事正論卓立,以扶吾道,元之望也。

寸楮不能縷縷,餘惟心照。是祈!

謝崔後渠祭酒書

元也於執事誠願識荆者也,無何以病阻,輒辱輕身以先,何德以堪此?方負施報之歉，未有以致吾情，乃重之以寵貺，又何德以堪此？於是見執事輕人之所重，重人之所輕，而元也則未足爲有道之重輕者也。惶恐惶恐！

所賜郡志，未能盡覽，粗讀叙論，令人塵去滿胸，面目豁然。太華滄海之觀，蓋執事之教，於是至矣。欲俟面謝，惡其遲而無禮也，謹脩寸楮，庸致寸衷。言語之外，尚祈簡照。

復崔後渠祭酒書

平生所學，正要此時驗，若此關打不透，平日所説俱是空言，不濟事。來教無任至愛，所以鞭策之者至矣，敢不勉，敢不勉？

聞欲裁定大禮議以垂世，甚慰鄙懷。因發篋，罄所收廷議私論納上，以備删采。黃某近纔相見，雖未盡談論，看渠舊習仍在。如今人多無志，纔有志便從那一途去，不知何也？甚可惜！闢邪放淫，執事誠不得不自任。《大學》，道教之本也，本正則末從之矣。

草次奉復，不悉。

上林見素尚書書

元之謫官，分所當爲，心所欲爲，不敢怨天，不敢尤人。但聞京中讒説盛行，至以特立相信如叔父，亦有"性急不遜"之疑，不免於投杼，此則不容不辯。今不及詳悉，姑以畧節言之。

元之於石峰也，六月念六日一講不合引退，俟念八日再講不合即引疾。向後石峰連日發急欲了事，因鍾寺副、朱評事不奉命，憤怒而訴於刑部、吏部，此時元已家居，不聞其事。只是石峰被御史執着，自忙迫爾，豈是元激之？而元何嘗不從容乎？則謂元之性急①不遜者，非也。使元果有過，石峰何不登時發怒參劾，却引延旬日，使人反覆游説，以冀元之變志，待其不變，然後從而參之。初一日，楊進齋家宰公以鄉曲、吳東湖亞卿公以相知俱爲石峰來相解，只問事可將就否，不問其他，可見石峰初不以性急不遜罪元也。本將發之時，初六日，史文材等三人以其意來相諷,説王都諸老謂吾兄祖述林志道郎中抗拒堂官,風不可長,欲加痛懲,亦冀元之變志,不問其他。本既發之後,敝泉林、蔣二員外又留本以相勸,冀元之變志,亦不問其他。此可見石峰初不以性急不遜罪元也。方講論既退,顧寺丞語石峰:"他所執之法,我壓他不得。老先生還要央寄他。"石峰因使鍾寺副傳意:"纔間我見他聲聲説朝廷,句句説法,我都是無朝廷無法了?我所以怒。但我平生無毒,他若從我,我依然又好。他是我鄉里,有學問,我何等愛他,我事事都從他,豈此二事不能從我?見素書來,十分稱道他,但云'韜晦尤佳'。此事若行,便是韜晦,便全他盛德。"即此觀之,亦可見石峰初不以性急不遜罪元也。據此數端,皆不見元有性急不遜之罪。如今所劾者,正所謂"欲加之罪,何患無辭"耳。《詩》曰:"荏染柔木,君子樹之。往來行言⑤,心焉數之。"元願君子之辯之也。要之,石峰初無他,只是無張主,爲人所罔。初,被人哄説元先有參本,慌忙以問屬官,白寺正等力辯之,繼而王都哄説:"便是他無本,汝以堂官而不能服屬官,何以解言者之口?"遂爲所嚇而操戈焉。此可見劾元者非其得已。往與志道兄書,謂"石峰若虛舟,把舵者過正",謂此也。本既發數日,見秦鳳山參贊,道:"近爲屬官抵抗,如今被我參了。"秦公問爲誰?曰:"林希元寺正。"公曰:"噫!老先生誤矣。他名士也,可參之乎?"石峰始錯愕,不知所爲,後漸悔恨,然已無及矣。往與志道兄書,謂"欲悔則無及,歸罪則不敢"者,正爲是也。夫據所爭之事,今雖三尺之童,亦能言其是非,元不待辯。即其所爭之語,皆鄙俚不經,述之恐傷長者。今略言之者,是非未明,急於分疏,非欲彰人之過也。

小僕又傳尊教説:"你主人都稱道好,今如何不做好?"甚矣,叔父愛我之深也!其云云,則投杼之類也。元只爲欲做好,故有此事爾。若使爲聾爲啞,吾知免矣,其如不好何?叔父一去,千秋白璧,完於今日。士論翕然歸重,平生所樹立卓卓如此,小子安敢望下風?但自求寡過以無負大君子生死骨肉之愛,如斯而已!今却以曾參之謗致疑,又不自明以慰母心,恐所謂"子絶長者"之過,將自有在,故不能已於喋喋也。今公論騰湧,謂"不爲希元惜,只爲國家天下惜,素翁若在,必無此事"。及聞叔父與石峰書,有"博大長者,不能相容"之語,士夫傳誦以爲快。以人心推之,叔父之愛元者,豈其私哉?天下之至難者在於死生之大節,古人猶謂"鼎鑊甘如飴",至於謫官,何足爲事!往嘗與黃後峰談論,謂元"獨欠先生一節,至今未能放下"。後峰謂"吾輩但隨遇而行,不要有心便是"。然則元之所欲爲者猶不止此,彼欲以謫遷而挫我者,豈爲相知哉?然此但可與叔父及志道兄言之也。今聞謫判泗州,亦只是以初心去做,至於不得則有去而已。前輩謂"今士夫只是怕寒餓死",元想便是棄官去,亦豈有餓死的道理?此元之志也。

情緒滿腹,寸楮不盡,惟執事留神一覽,小子不勝幸甚!

與王蘗谷中丞書

前閱手教,知執事當此時猶不廢學。此段意思,豈尋常可到?無限欣仰!

元平生頗有書癖,不幸生長海濱,少不接中州文獻,又遭家多難,年二十一始獲就學。鄉有先正蔡虛齋,竟不及遊其門,終身爲恨。求師當世洪筆麗藻之士,則不入於理家談道德者,又空虛詭誕之溺而無用。不得已求之於心,亦時有見。然知音者希,裁正無人,重以疑惑爲心,良亦苦矣。邇以鄙見求正高明,乃獨蒙與可,私心之喜,豈特知己之故,實得朋之幸也。對面劇論,尤爲至願。寒食考滿北上,此願想可償矣。竊謂執事有所得,亦宜隨手筆之,以備他日參考,庶道理有所發明。緣這道理無窮,不是一人能見得盡,亦不是一家事,拾遺補漏,固前輩所望於後人也。然紫陽之學占得地步大,未可輕議,其遺缺處,要亦千百之一二耳。元所以不敢盡同於彼者,亦拾遺補漏效忠前輩之意,非敢故爲異同也。執事以爲何如?

久欲遣人奉問,公私交奪,遂爾蹉跎。兹聞作室新成,因遣辦事者黃金奉候起居,兼致賀敬。寸楮不盡所欲言,餘惟眠食爲道加愛。是望!

復吳南溪僉憲書

當路政聲,自吾鄉大夫士以及走卒下吏,至留都者,無不嘖嘖譽道盛美,賢公卿如素翁、後峰,又稱頌不置。因念世有若人而不得一投交,是一大歉⁶事。

迺者辱書物過從,惠問而再致意焉。拜領之餘,三復教言,竊自喜,復自驚愧,何執事好德心多輕於虛譽之信,忘勢位,百里馳書一泉南鄙人之爲交也。元生長海濱,孤立寡與,不偶者十五年,人間辛甘苦樂、險阻艱難,蓋嘗之而備。幸所植不以是摧折,反得力焉。惟是平生善善惡惡太欲明白,凡事惟直遂無顧忌,故雖見喜於君子,而嫉之者甚衆,蓋自居鄉家食而已然矣。

應詔所陳,當時亦偶爾,不意當世君子,頗以爲知言,過從長者之心,被以朴直之譽。如執事者,於鄙陋尤拳拳焉,捫心察色,惶愧實多。然承人之譽而起欣慕勸勉之心,抑亦君子教誨之所及。元雖不敏,敢不發憤努力以從之?繫官於此,末由挹光範,接清論,以慰平生景仰之私,徒結心神、望聲光於夢寐想象而已。執事倘不以所見不如所聞之外,便中無靳一二,終惠教之,則雖數千里如合室而處,對面而談,所以扶植成就之者,又不在於面不面也。

恃愛,傾倒情性,不覺煩縷。惟在照亮!

與霍渭崖官詹書

客歲兩奉問,諒俱徹左右。前得西樵自明邸報内有執事不知起事之端,及方知衛處得俗牘解,乃知初無來歷。世態炎涼一至於此,叵惡殊甚!然於君子何損也?計此時琴已成聲,雖執事志在高尚,然漢有汲黯,淮南寢謀。朝廷於執事,想未忍遽舍也。元前此尚有當世之志,所論王政大略可見,今萬念頗灰矣。

羅峰此起,朝廷尤相注念,但不知尚能振作以答聖明,償其所志否。夫求治不得其要,與不求治同。"良時不再",元每誦此語,未嘗不爲古今英雄惜也。執事以爲何如?

情事滿腹,不能縷縷。餘惟人便,不吝見教。切望切望!

復羅整庵冢宰書

留都接教音,歲月云邁,未及奉答,許序《困知記》,亦未能踐約。雖車塵馬跡,竟日忙忙,實大君子之教未能了了,有難致辭也。兹以狂言獲罪南遷,舟中無事,始得取先生之書從容檢閲。雖未能升堂觀奧,盡得大君子之用心,宮牆外望,大都亦得其一二也。乃撰次數言,庸塞前責,極知鄙俚,伏冀改教。

"理""氣"兩字,實難體認。先儒"理墮氣中"之説,誠可疑,執事之辯是也。然"理一分殊"之論,區區輾轉深思,竟未見落着⑦,更俟請教。聖人作《易》,以冒天下之道,只一卦一爻,於萬事萬物,蓋無不該。至《繫辭》,則拘滯而不可盡通矣。如《乾》卦"元亨利貞",則只吾人可用耳。卦象所廣,如馬、龍、金、玉之類,可通乎？故序曰"可象而不可言,可言而不可盡"者,此也。《大傳》《繫辭》焉以盡其言,又當別看,難例論也。

旅次匆匆,弗及盡述。因王撫州之便,聊附寸楮,庸布腹心。餘惟隨時爲道加愛,以膺遠福。是望！

與潘石泉總制書

自金陵別後,歲月冉冉,忽覺四年。元遠謫天涯,雖自作弗靖,要莫非命也。執事向日固先言矣,於今安之耳,敢怨尤哉？

往諸老欲以閑局相處,元固求一州自效,乃在荒野凋殘之邦,補漏支傾,日恐不及,雖不能有所成就,然猶得盡心所事以報所天,視往日隨行逐隊京塵中,猶似勝之。不知執事以爲何如也？

前差吏奉迎,至今未回,莫領音教。兹遣官遞須知,因脩寸楮,奉候動定,兼布腹心。山嵐氣重,幸厚加攝,以凝多福。餘不備。

與倫白山司成書

金臺別時,承無限厚意,圖報未能,第藏諸心耳,歲月冉冉,忽覺三秋。人世局面凡幾變,吾人聚散升沉,又不論也。聞榮擢成均,聚海内英才而育之,丈夫事業,無過於此者,何樂如之！

區區進寸退尺,白首無成,不足爲知己道也。向求一州自效,本欲發憤圖蓋前愆，不意此州久隔化外，經理獨難，力不從心，益增罪愧。拙稿二册，在渭崖先生處，可取視之。其中可否，幸因便見教，俾毋底於罪戾，是過厚之愛也。

寸楮不能多及，餘照亮。

與黃久庵兵侍書

往時頻辱手教，黃奉到，又承寄聲，知不肖常在記念，感感！

近讀《明本心》及羅峰《乞迴避疏》，知執事與羅峰不合之故，得大同撫賑報，又知聖明向信在執事，正君子可行道時也。甚喜甚喜！然大同之事，關係甚大。近則一代治體，遠則萬世是非，於是乎在，又不但若唐、宋維州之取舍已也。不及今講求真是非所在，處置一差，治亂之勢一成，使萬世之後議論其是非，何補於事？故今不吝費辭嘖嘖於左右者，誠欲辯之於早，不爲後日之無益也。按，尊疏謂"張某力主征剿之說，臣思大同乃國家城鎮"云云，再三言之，用是知羅峰所主在征，執事則撫也。但不知執事之不主征是有見於大同之事不庸征乎？抑不可征也？若謂不庸征，此則可說；若謂不可征，此則當辯。請詳之：

夫論是非者，必本之於理與其事之可以善後與否也。若於理不當，其事不可以善後，以之爲是，未也。今夫士卒戕殺主帥，事必在討，其理不待智者而後知也。往殺巡撫許銘、張文錦，姑息不治，積習而至今日，則撫之不可善後，又彰彰明甚也。以此觀之，但見征之爲是，撫之非是也。若謂不可征不能征，不得已而行姑息之政，以圖目前之安，尤非也。夫征之誠是矣。然征之不克而至於債軍殺將，何也？曰：此非征之不是，不善征也。何謂不善征？使朝廷之初聞變也，持必征之議，從容以圖之，撫帥且不易，陽以撫輯之事責成之，而陰爲之計，如元初疏所策，當不遺一矢而功可成。遽爾出師，遽易撫帥，使賊合謀致死以抗王師，此一失也。使制將皆得其人，臨敵出奇，不以攻戰如元再疏所策，則舉兵雖涉倉卒，勝算猶可坐收；乃犯弟子之戒，卒取輿尸之凶，此再失也。失此二者，大事遂誤。故曰不善征者，此也。因其不善征而誤事，遂謂不宜征，猶因急食以致咽，而謂之不宜食也，而可乎？夫撫之固不是矣，今而撫之尤不是也，何則？

人臣將則必誅,況不止於將乎?前者雖云戕殺主帥,然未抗拒王師,論以國法,已不在原宥之列。今事勢至此,乃從而宥之,則國法何以伸?奸雄何所懲?萬人之冤何以雪?將見朝廷政令不行於一方,諸鎮效尤,天下大事從此去矣,其可乎?且招撫之說起於元季,是時國運將終,群雄並起,力無能為,不得已而出此。然當時已有"將相奇謀只是招"之譏。前輩亦謂"元失天下,招安之策誤之"。今國家全盛,不比元季,瑣瑣叛卒,非若谷珍,乃引吾可與大有為之君而行亡國之事,可乎?故曰尤不是者,此也。故羅峰之失不在於主征,在於不善征與不能持初議。執事之主撫,前既失之,而今益失之也。然羅峰之失,執事為之也。夫何主征剿之議,功久不成,而人言起,主心疑,羅峰於是不能持矣。故曰羅峰之失,執事為之也。真是真非,豈有外於此乎?要此事是非,亦甚明白,途之人能知之,執事豈得不知?然必出此者,執事之意亦以其事之難,不得已而為是耳。愚謂此大非也。

　　天下未嘗有難處之事,事尚有難於此者。唐之征淮蔡也,功久不成,師老財匱,民間至有以騾代耕者。當時議者咸請罷兵,主心方疑,此難也。裴度獨身任之,卒能平蔡擒濟而收反正之功。今叛卒之強未如吳氏,國家之困未至李唐,猶易也,乃無以處之,而出不得已之計,何與?更有難者如孔明以未集之蜀而當曹瞞強盛之勢,謝安以偏安之晉而當苻[⑧]秦百萬之師,然卒扼魏破秦,自立於艱難之秋,使敵人有畏蜀如虎之譏,風聲鶴唳[⑨]之恐。今以國家之全盛,不能集一矢於賊目,乃載書輸帛垂首而尋城下之盟,何也?必如所論,大同非比賊寨,可以必攻急攻,則人皆為固守,攻破則是自撤藩籬。然則天下叛軍有如大同者,皆不可攻耶?萬一叛卒狃於常勝,此後復殺撫帥如張文錦、李瑾,亦曰不可攻而不攻耶?殆未通之論也。使當太祖、太宗盛時,必無是事,萬一有之,亦將如斯而已耶?未必然也。君子之謀人國也,必出於萬全然後可以為忠,今日之事可謂萬全乎?然此不忠者之所為耳!執事以赤心報國自誓,夫豈不忠者?然必出此,何也?毋亦意見之差以是為忠耳。夫意見之差而至於誤國家之大事,其心雖忠猶不忠也,可不慎與?如必以此為忠,愚敢明其不然。何也?刑以討罪,兵以勘亂,天之道也,國之經也。違天之道,棄國之經,而欲已亂,自古及今,未之有也。然則唐以姑息而失河北,元以姑息而失天下,何也？故愚敢明其不然也。

人生天地間,必求所以自立。執事平生所自立者何如？今日之事,關一代治亂、萬世是非,正執事自立之時也。若此處一失,平生所自立者從此壞矣,可不慎與？

或者謂今日之事,大勢已成,雖欲爲之,亦已無及,不可復望於執事。愚謂不然。及今猶可爲也。夫何大同之事,元嘗考之而知其巔末矣。其始也本不煩征剿,只可令制帥處之。聞之宋以賢都憲,其事本起墩臺二十七卒之狂呼五堡之軍,其間雖有一二佐使之人,其惡未顯,其黨又少也。主帥既殺堡軍悔禍,亦既討賊以自全,潘景哲之所處,亦稍靖矣。再俟幾時,首惡可盡得也。以賢與岳晉陽且知之,劉汝澄身爲制帥,豈得不知？乃倡爲征討之計而誤國家大事,何也？功名富貴之心蔽之,其他有不顧耳。劉汝澄貪功,倡議以誤廟堂,廟堂之上輕聽不察而爲之誤,則大同之事,劉汝澄實當禍首。如使用兵有法,應變有方,舉兵雖曰已誤,制勝能出萬全,其功猶可掩過,乃一籌莫展,尺寸無功,使萬人之命傾於水火,尤可恨也！汝澄已矣！尤可怪者,樊孝夫也。當逆賊開門獻鹹納款之際,若能察機觀變,以靜制動,乘彼詐我之機,運吾取彼之計,使疾雷不及掩耳,豈不立收奇功？乃束手輕身,受侮狂卒,羞玷君父,自失機會,寧不人可恨與？銓曹之所特拔,朝廷之所特任者,何如而乃如此也！

今日之事,大勢已成,元獨謂尚可爲者,以黃門一疏,朝廷差官查勘,猶有可尋之端也。然其機要密,其策要奇,其事要有名。竊謂執事之往也,宜以賑撫爲名,陰求真正首惡,密爲取之之計,不責效於旬時,不拘拘於繩墨,將見往事雖敗於豎儒,"幹蠱"猶幸於有子,所謂"失之東隅,收之桑榆"。故曰及今尚可爲也。夫佳會難逢,良時不再,此正執事赤心報國之秋,立身揚名之日也。若仍執舊聞,再失大機,元恐後之恨今,猶今之恨昔也,可不勉夫？可不慎夫？愛人者必納其忠,進言者必度其宜。故曰"忠焉能勿誨乎？可與言而與之言"。元既知執事猶有忠愛之心,故忘喋喋之繁而獻願忠之論,惟執事求所以自立,量區區之平生,虛心以受之,審慎以行之,國家生靈不勝幸甚!

與周石崖提學書

希元平生不自揆量,每以天下國家事自任,遂致覆敗,退居林下,鄉國兵荒之禍猶若在躬,遂至取怒當道,讒謗蝟興。及夫身蒙大難,求救軍門,不惟不救,反施下井之石,其禍皆起於以天下國家事自任,志無間於隱顯致然也。

日承甌東公書,謂:"希元進退之間,一味俱是任底意思在,是非之端,亦由是起。"又聞執事以甌東爲知言,且謂:"元平生大概與霍兀崖相似。兀崖是做成的次厓,次厓是做未成的兀崖。"斯言也,可謂善論人物,不特知希元之平生,亦知兀崖之平生矣。然希元安敢望兀崖?執事毋亦愛其人而溢其實與?元於兀崖,氣味相似,故平生雖無一面之識,而千里投交,方落泥塗之時,雖平生相知者皆如路人,兀崖與方西樵二公一旦得路,隨極力引手,此豈可以世俗恒情論哉?大禮、安南之議,元本與兀崖相同,然希元不爲大禮,兀崖不爲安南者,各自有見,又其事與所遇之時亦異,故成敗頓殊,此所謂賦命不猶,成功者天,非人之所能爲也。執事之論,實前人之所未發。元之妄行取困,已有甌東之公案矣,敢不自承服?

甌東已轉嶺南,遣人致賀,因附寸楮,聊布腹心。倉卒不及盡叙,餘惟爲道加愛,以需大用。是望!

復項甌東屯道書

驛中遞到尊翰,伏讀再三,具見相知至意。

元不自揆量,志在天下國家,故自入仕至家食,一念憂國憂民之志不以隱顯而少衰。初,歸自泗州,遇海寇作梗,獻策當道,不用。及起提學嶺南,隨有巡海皇臣海道移劄漳城設安邊舘之奏。歸自海北,遇連歲兵荒,又以救荒弭盜之策獻當道,雖不見用,然於人己不無少補。自謂平生陰隲及人最多,宜善報也,乃有流賊之變、朱都之禍,天人之道,至是皆反常矣。然強盜突如其來,闔門八十口能脫虎口,又不可謂無天道。朱都之譖,人謂禍且不測,而竟不行,又不可謂無人心。君子所恃以爲善而無恐者,惟有此耳。

抑不特居鄉如是,在位亦然。初,持評南寺,法司賣法,本寺卿、丞皆容之,元獨不容,是以忤長官而有淮泗之貶。入丞大理,邊軍行叛,舉朝皆容之,元獨不容,是以忤當道而有廉、欽之行。安南不庭,公卿有位之責,舉朝皆不欲也,元獨欲爲中國復境土,爲生民改左袵,是以觸時忌而有褫官之禍。今追思往事,凡昔之所爲,皆理之所當爲,衆人皆不欲爲,而元獨欲爲之,是豈其性與人殊與?必有觸目激中而不可解於心者。故昨者居鄉之事,雖非於當道,親戚朋友相戒而不爲稍變度者,志固自有在,君子可以諒其心矣。居常自論平生,妄謂頗類伊尹。今來諭謂元"進退之間,一味俱是任底意思",何所見之同與?可謂百年知己矣。又謂"古人用行舍藏之心,發皆中節之妙,尚是隔一兩重公案"。元自想亦是如此,可謂切中己之膏肓矣。其謂"外此,非所以議公,即有議焉,或亦任處有以致之",於我心又戚戚然。使自海北歸來,鄉國兵荒罝之罔聞,如張淨峰家被寇盗之禍,絕口不言,今日是非,何從而起?不特是也,使在大理不言遼左之事,使在欽州不與安南之事,豈有今日乎?夫成敗利鈍,聖賢不能免。使孔、孟遇此,必更有處,不若元之妄行取困也。故來諭"尚隔一兩重公案",此言不敢不承服。

石崖公謂元做"未成之兀崖",誠爲確論。兀崖於元無平生一面之交,地之相去又數千里,當元落泥塗之時,雖素稱相知者皆若路人,兀崖與方西樵獨力引手,非聲氣之相同而何以得此與?後兀崖與元同朝,亦極相善,真有古人金蘭之契,故大禮、安南之議,所見相同。然元不爲大禮,兀崖不爲安南者,其間各自有見。既而成敗頓異,此則所遇之事與時不同,所謂成功則天也。自古英雄豪傑坐此困者多矣,寧特元哉?

謂屯田事宜,仰見的定爲國家生民至意,經綸手段,惜未及見其成而去。然執事無罪落官,故物未復,此地既非所以處公,此轉又未足以盡公,元之所望於執事,固未止此也。尚祈爲道加愛,以需大用。憲節未審行否?謹具菲儀,專人聊致賀私。寸楮不盡所欲言,冀簡亮!

與翁見愚別駕書

天下事有義不當爲而冒爲之,言之則起人疑,不言則貽民害。與其不言而貽民害,寧言之而起人疑,此仁人不忍之心,若今之攻佛郎機是也。

佛郎機之攻,何謂不當爲?夫夷狄之於中國,若侵暴我邊疆,殺戮我人民,劫掠我財物,若北之胡,南之越,今閩之山海二寇,則當治兵振旅,攻之不踰時也。若以貨物與吾民交易,如甘肅、西寧之馬,廣東之藥材、漆、胡椒、蘇木、象牙、諸香料,則不在所禁也。佛郎機之來,皆以其地胡椒、蘇木、象牙、蘇油、沉束、檀乳諸香與邊民交易,其價尤平;其日用飲食之資於吾民者,如米、麵、猪、鷄之數,其價皆倍於常。故邊民樂與爲市,未嘗侵暴我邊疆,殺戮我人民,劫掠我財物。且其初來也,慮群盜剽掠累己,爲我驅逐,故群盜畏憚不敢肆。強盜林剪橫行海上,官府不能治,彼則爲吾除之,二十年海寇一旦而盡。據此,則佛郎機未嘗爲盜,且爲吾禦盜;未嘗害吾民,且有利於吾民也。官府切欲治之,元誠不見其是。今以近事明之:

虜掠河泊官印,虜崇武千户、南日山官軍,索銀於官府,一日殺小嶝嶼民一百七十餘,前後焚燒深滬⑩居民數百家,殺死數百人,焚張都憲之家,殺其叔父,虜其子女,劫其財物,此海寇之患也。詐稱都府之兵,毀龍亭,犯城郭,虜劫鄉官子女財物,殺死人民不計其數,此山寇之患也。佛郎機之來,於今五年矣,曾見有是乎?無是而欲攻之,何也?佛郎機雖無盜賊劫掠之行,其收買子女不爲無罪,然其罪未至於強盜,邊民畧誘賣與,尤爲可惡。其罪不專在彼,而官府又未嘗以是攻之。官府之攻,起於殺死番徒鄭秉義而分其屍,其攻亦未爲不是也。然以彼之悍勇輕生,欲殺其十人,非償以數十人不可。大約機夷之人不下五六百,欲盡滅之,非陪以千人不可。然捐千人之命以陪無大罪之夷,亦仁人所不忍也。捐千人之命能殺五百之夷猶未失也,倘捐數十人之命而猶不能殺其十人,反爲所殺,計其失不愈甚乎?是其利害之淺深輕重尚當較量也。若不量利害之淺深輕重而必欲攻之，恐所得不償所失，其禍當有大於此者。

元於此籌之甚熟，未嘗以夷爲盡無罪，亦未嘗以爲有大罪；未嘗以夷爲不必攻，亦未嘗以夷爲容易攻。故嘗作《佛郎論》，專罪容保交通之人，以攻夷責之，俾自爲計，既獻攻夷之策於海道，又薦門下知兵之人爲之用，是元於攻夷未嘗黨之，其攻否之宜與攻治之策，蓋有見焉，不若時人之輕舉妄動也。元前見海道欲攻夷，曾作書薦門生，汀、漳守備指揮俞大猷可用，又薦門下知兵陳一貫獻謀夷秘計於海道。未有可用之人，又薦生員鄭岳於海道。雙華喜之，遣暫歸永春，俟有急取用。既而，海道自漳至泉謁巡按，過同，語元機夷未嘗害吾人，似不必攻，已遣指揮往夷船，諭令暫避巡按。若邊民賒貨未還，不得去，許告官爲追，元亦是之。既而，海道見金巡按急欲驅夷，始移文永春取鄭岳乘傳至海門諭夷如告予之言。鄭生過予問計，元曰："前柯雙華曾以此告。今熟思之，官府方欲攻夷未能，如何又與追債？不惟法上難行，夷人亦不信。若令夷人將在船貨物報官抽分，然後以逋負告官，則法上可行，夷人亦信。"又令至夷船察探其虛實以報。鄭生至海門，諭夷人如予策，夷人果悅，置酒延款。夷舟有九，至者六舟，尚三舟不至。約待會議定然後報，厚遣鄭生，令還報海道不至三舟，乃華人假夷者。鄭生行，密遣人通訊，謂己皆華人，故不敢見，願謀夷人自贖，看官府約何日攻夷，願舉兵爲內應。鄭生以其謀告予，元喜曰："前日陳一貫之計大畧相似。但當時未有可用之人，今有人矣。如今之策更妙，於一貫決可用。雙華遣鄭岳諭夷人既有頭緒，如不攻，遣鄭生再往，令報稅抽分可也；如欲攻，遣鄭生密通三舟，約日舉兵，令彼爲內應可也。二者皆勝算。"

雙華怒元與韓漳南之書，棄不用，乃用捕盜行狗盜之計，掩取夷人解官，坐以強盜梟首之罪。夫既差人往諭其報稅而忽攻之，非失信乎？又不顯攻，而用鼠盜之計，非失體乎？彼此皆無所據，撫不成撫，攻不成攻，中國之待夷狄當如是乎？其失一也。既而狄人修怨，焚青浦之民居，掠海上之舟楫，其勢不得不用兵。其用兵也，躬親督戰，既不能如汪誠齋之滅機夷，因風縱火，又不能如周瑜之焚曹操，庸致大舟自焚，多人溺死，徒費官帑之千金，不得小夷之一毛。其失二也。勢莫如何，始納夷人之書，以老人約正捕盜六人爲質於夷船，僅得一番奴、一通事之來，又厚燕勞、張鼓樂以送之去，則官府之技倆皆爲夷人識破，其爲中國之羞甚矣！其失三也。既已納降而厚待之，今兹之來，待之如舊可也，如何又欲攻之？攻之而得勝算，不如舊歲之喪師辱國可也，如何又蹈故智？使數十生靈之命喪於滄波，府庫不貲之財蕩於煙火，視去歲之辱又益甚焉，其禍又將誰委？是皆忽鄭生之謀，用宗善之策。其失四也。似此四失，不但失中國之體，損[11]中國之威，戎心由是而生，將來之禍未已也。今聞捐百金購敢死之士爲必攻之計，似也。使捐數十人之命能殺夷可也，若又不能殺而徒爲所殺，其罪不尤大乎？故元於機夷之攻，未盡以爲然。惜其事已壞，追悔無及。故前書謂其事已爲前人所壞者，此也。

元於此事甚知之真，欲言於當道，爲一方生民靖難，恐疑元黨夷。柯雙華黨庇私人，忍絕士夫，棄謀士之策，自貽伊戚，遂非不悟。元既耻與言，而朱秋崖又誣元以渡船載番貨，元益無可言之路矣。然視官府之攻夷，百計千方，竟莫得其要領，而且殃及乎平民，未免短嘆長吁，或時至大笑，然竟未得可與言之人。側聞執事當今豪傑，故敢脩書奉候起居，畧布懷抱。兹承教翰云云，始信執事果爲當今豪傑，有高世之見，故盡以所見相告。計執事不以元爲黨夷，使當道聞之欲加害，執事必能爲白心事。萬一因之取禍，亦無愧。正所謂與其不言而爲民害，寧言而起人疑也。

情緒多端，不覺煩瀆。伏冀原宥，幸甚！

與周崦庵廉憲書

近承手書，差人惠問，已因來使奉謝，及將兵荒二書抄其大畧奉覽。兹有所聞，前未之及，今及之。

去夏斗米銀二錢之時，見人棄子於道，今正已見之，不知到四五月何如也。去夏銀一錢穀三斗，今正已二斗四升，不知到五六月何如也。去夏濱海之民採野菜木葉而食，不知今夏何如也。蓋泉自甲辰、乙巳無粟麥，甲辰無早稻，乙巳無晚稻，民間貯積日就盡，生計愈促。今二麥又無，所幸元日一雨，或可救其半，穀價不湧爲喜也。妄意當此之時，宜急講荒政，救民於溝壑也，而巡察出按，若未聞及，何也？海寇［發］自癸卯秋，元以濟國之難，悉心經畫，於今三年矣，當道莫之省。而生民之害日甚，姑付之無可奈何而已。雖張净峰家被害，以兩廣之力不當事任，亦無如之何，況林下之人乎？元於此久厭言之。

近者執事以地方爲問，故因來使署及之，未審達記室未也？然今貪官污吏豪右害民滋甚，此大盜也。民望巡察，如獵人張羅持矢以待，虎狼一過無望，則轉望之他矣。今民之望於明臺，猶獵者之他望也。妄意在今日，執事當任其責，如何如何？

余鈚過，附此聊布懷抱。餘不及悉，伏祈照亮！

與張净峰提學書一[12]

去年聞表賀過京，曾因顧新山奉問，回聞動履，甚慰。仙舟往還江上，相去咫尺，曾不能一會。恨恨！

江右之轉，爲喜不寐。平生懷抱，當次序行之，幸孰大焉？陽明之學，近來盛行江右，吉安尤甚。此惟督學者能正之。前曾以語思獻，竟置空言。今執事想不待予贅也。然今日事勢，似非淺淺言語能救得，須人擦刮一番，譬之劇疾，非參苓、蓍黃能療也。吾兄以爲何如？

羅整庵不就吏部之召，家居惟杜門著書，此聖賢事也。所作《困知記》，於道理儘有發明處，其攻陽明處尤多，故刻之嶺南，欲爲作序，未及也。幸取視之。

元之平生，吾兄所知。邇時被攻首末，想具聞。欲進知難，求退不得，今如海浪行舟，隨風把舵，聽命於天耳。心事不能盡寫，餘惟眠食爲道加愛。是望！

與張净峰提學書二

去歲承書問，地暌鴻阻，末由奉復，然未嘗不在念也。書中云云，所以鞭策區區者，極痛切，真令人髮竦面赤。噫，非吾净峰，誰能爲此言也！大抵人氣質最害事。聖賢只說德性變化,看來還是賦稟上占得分數多。元平生只是褊急,尋常都不見,遇事便發,旋發旋悔,竟不能袪除。嘗讀薛敬軒《讀書錄》,謂"余性偏於急,又易怒,因極力變化",是知人性固有相似者。然薛公能一變至道,元猶夫人,爲之奈何?尚賴同志君子時加磨切爾。

謫官報至,爲不樂者數日,非但知己之故,實爲世道恨也。去聖既遠,今道術大爲天下裂。江西又有一種新學,迷誤後生,非有許大識見力量,莫之克正。聞執事做得方有條緒,中道而廢,豈不重可恨?朝廷只欲行法,豈知適自誤己事也。在吾净峰,豈以是爲得喪哉?

又得邸報,知謫任提舉廣東鹽課。此官雖無民事,然日與鹽法道相接,僕僕亟拜之勞,何可當?亦看所遇何如耳。廣東無徵鹽課,元已奏,准除,遷官而事遂寢,莫有繼吾志者。净峰此行,豈天欲相成耶?

寸楮不盡所欲言,尚容後便。

【校記】

① "裒",原作"聚",形近之誤。光緒本作"裒",是。今據改。

② "仙",原作"山"。按,唐詩人賈島字浪仙,因改。

③ "獎與",光緒本作"獎譽"。

④ "急",原作"逼",誤。"性急不遜"見於上文者一,見於後文者四。今據改。

⑤ "言",原作"人",誤。光緒本不誤。"往來行言",語出《詩經·小雅·巧言》。今據改。

⑥ "歡",原作"欠",當爲字形缺失而致誤。今據文意改。

⑦ "落着",光緒本作"着落"。

⑧ "苟",原作"符",誤。今改。

⑨ "唳",原作"淚",音形相近之誤。今據文意改。

⑩ "滬",原作"扈",誤。深滬鎮在福建晉江縣東南八十里海口,舊有把總駐防。本書卷六《上巡按弭盜書》作"深滬"。今據改。

⑪ "損",原作"捐",誤。"損"與上句"失"相對爲文,作"損"是。今據文意改。

⑫ "書"字後原無"一"字,今補。

林次厓先生文集卷六

書

與林國博論格物大學問疑書

承示"格物"之辯,足見認理之真,不爲異説所惑,甚羡甚羡!然其中所言,未免有出入處,尚當辯明。

尊見謂:"若如程、朱之説,以格物爲問、學、思、辯之事,而以克己扞物之義入於誠意、正心、脩身之中爲順,若以格物爲扞物,則於誠、正、脩處意微重,似頗相犯。"此説最是,最折得倒,愚從來有此辯,但"微"字、"頗"字當去。其謂聖賢論學有撮要而言者,有詳列而言者。以聖人告顔子"克己復禮"不及學、問、思、辯,爲顔子至明至健,不待言而含於其中。若序列博學、審問、慎思、明辯、篤行之類,則要者分而詳細,味此語似未得聖賢立言本旨。夫何聖賢論學有自學者用功之始時言者,有自學者用功之終時言者。自學者用功之始時言,則"下學"工夫獨詳,而"上達"處略;自學者用功之終時言,則詳於"上達"而"下學"獨略。今以《中庸》、《大學》二書明之:

《大學》則曰"格物、致知、誠意、正心、脩身、齊家、治國、平天下",分作八件,如此其詳悉;《中庸》只曰"戒懼、謹獨",初無許多條件,何其略也!蓋《大學》是十五歲方脱小子做成人之學,乃學者用功之始時事,故於"下學"工夫不得不詳;《中庸》則是工夫垂成之日,故不須復説"下學"底事,只説"戒懼、謹獨",教人存養省察也。今使十五歲學童就去戒懼、謹獨,如何可得?以此觀之,意可見矣。《中庸》説"下學"雖略,後面又以智、仁、勇爲入道之門,其言智則曰"學知、困知、博學、審問、慎思、明辯";其説"下學",亦未嘗不詳。但此書之所主是"上達"事，故以開卷、結卷見本意，而"下學"之事，則於其中詳之也。又以《易》明之。《文言》釋《乾》九三爻義曰"忠信所以進德，脩辭立其誠，所以居業"。夫言九三之進脩，只曰"忠信"、"脩辭"，不及"學、問、思、辯"，何也？《乾》卦六爻，《文言》皆以聖人明之。九三之進脩，是聖人之學，正愚所謂"上達"之事，如《中庸》之"戒懼、謹獨"也。末後釋九二爻義，又曰"君子學以聚之，問以［辨］之①，寬以居之，仁以行之"，又是詳學問之事，如《中庸》後言"智、仁、勇"也。聖賢立言，各有攸當。孔子雖以"克己復禮"告顏子，又不曰"博我以文，約我以禮"乎？博文約禮，是自其用功之始而教之；克己復禮，則工夫垂成之際從而點化之也。不然，下手用功之初，豈能一言頓悟，而直請問其目，請事斯語哉？是其欲罷不能，既竭吾才之後，蓋亦費許多工夫矣。以此觀之，乃是其詳者既盡，故特撮其要，非是撮其要而舍其詳也。

又如子路問"君子"，聖人只告之以"脩己以敬"，初不及"學、問、思、辯"，何也？豈撮其要而舍其詳哉？亦是自學問將成之時言，故不復及窮理而直言涵養，如《中庸》之言"戒懼、謹獨"耳。周子所謂"無欲"，亦是學問。垂成時事，看其地位，比之戒懼、謹獨、忠信、脩辭、克己復禮，更似不費力。不然，豈有十五歲學童便能無欲而明通公溥也？所以朱子謂其"話頭高，急難湊泊，常人如何便得無欲？"故伊川只說一箇"敬"者，正有見乎此也。孟子所謂"寡欲"，這"欲"字與周子說"欲"字，微不同，蓋指男女飲食之類，在人不可已者言，故曰"寡"。若是私欲一毫不可有，何得言"寡"也？既說寡欲，又說博學，詳說知言集義許多事，亦未嘗專主寡欲之說也，又安得引此以證"格物只是扞外物"之說哉？

夫聖賢言語千變萬化，各有所由，固有相同處，亦有不同處，必欲比而同之，則惑矣。譬之醫家用藥，或攻其表，或攻其裏，或補其血，或補其氣，或血氣並補，俱是隨各人身上病痛處方，不得相同。今謂《大學》之"格物"，即孔子之"克己復禮"，周子之"無欲"，孟子之"寡欲"，是應該血氣並補之人，例用補血之劑，專四物而去四君子也，豈能已疾哉？《大學》問疑，大段皆是，但詞語太繁，不見頭腦，又有没緊要處。其曰："所謂'天地萬物爲一體'，可以見明德之無不貫而非明德，所以得名之實。"曰："聞謂脩己以安百姓，未聞謂安百姓以脩己。"此則是切要語。在愚則不須多言，只是數語折之。曰：明德、親民自是兩事，故曰'物有本末，事有終始'。"又曰："誠者，非自成己而已也，所以成物也。"若曰親民則所以明德，則親民乃是明德之實，只是一件事，不應曰"事有終始"，於"非自成己"之下，又不應用"而已"、"所以"字，可見是兩事也。先自治而後治人，不易之理也。故曰"其身正，不令而行"，曰"爲政以德"，自古未有用治人去治己者，必如其説，"明明德"者，自己身分上都無一事可做，必在於治人，即《傳》中所説誠意、正心、脩身、忿懥、恐懼、親愛、賤惡等許多事皆何爲者？經文又何以不曰"欲脩其身者，先齊其家"？《中庸》何以不曰"能盡人之性，則能盡其性"？可謂謬戾不通矣。

陽明説道理乖戾處最多，然未有若此之甚者！竊謂此處似不必與之辯，爲何？聖賢問辯工夫，是指在是非疑似之間者，當辯之使明耳。若謬戾不通之甚，是非了然明白，似此類正無俟於辯，亦不必與之辯也。執事以爲何如？又有忠告吾人生天地間，只是自己身心要理會得透透徹徹、停停當當，勿爲邪説所勝所惑，是第一件事。若夫"闢邪放淫"此等事，須得大聖賢出來方做得，若無大聖賢許大見識學問服得人，欲斂斂焉正之於口舌之間，難矣。昔年陽明初講道，一時學士無底藴②者群然趨之。或見招，元不惟不從，且力與之辯，然終不能回，或至平日相知，反失和氣，此緣無聖賢許大見識學問故也。後思此，皆無益身心底事，故一切置之，且就自己身心上用功。又十餘年，道理見得，又頗分曉，益見得不必與之辯。故今若學者問及，即與之言；若非問及，更不言。至於十分不容已者，亦著之楮筆，以待學者之决擇耳，未嘗與其人辯也。竊謂執事今日亦只求諸己，且不切切與辯可也。何如？"

與張净峰郡守論黄邦相事書

自入靈山，即聞黄邦相之事。從前諸公，皆以此輩爲叛逆，搏之滅之，惟恐其不早不盡。在區區所見，似有不同。何者？譬之人家財物，大盜劫掠而有之，諸人不能甘，百方窺伺，欲分其所有。地方之人，顧不大盜之搏，乃取其人而治之禁之，可乎不可乎？

交趾本中國故地，遭五季之亂而失之，至我太宗皇帝而復。不幸仁廟崩逝，宣宗初政，二楊③柄國，方聲色華靡之事，而不遑遠圖，遂使中國故地，復爲豺狼所據。今登庸篡奪，陳、黎割據，國統分崩，奸權之徒，生心覬覦，亦彼處非其據而有以來之也。而吾乃搏之滅之，惟恐其不早不盡，此何異畏諸人之窺大盜，反爲之治禁也？故曰區區所見有不同者，此也。

黃邦相輩，斗筲之徒，智小謀大，乘交趾之亂，生心覬覦，事成則富貴，不成則剽竊，其用心只是如此。招兵不應，欲進不得，欲退不甘，資糧既竭，取之鄉民以自給，民莫不與，因而用兵，以致村民驚躲擾亂。其狂誕輕舉，貽患地方之罪，固不能免，必欲坐以強盜，切恐未安；若以謀占安南、生事外夷罪之，抑又舛也。從前王萬生、趙盤、趙溥、覃萬輝諸人，皆以是受戮於軍門，不亦枉哉！看得黃邦相等招兵一書，文理不成，如此之人，而欲舉大事，多見其不知量，其取敗也固宜。元所疑者，以斗筲狂誕之徒，猶知交趾爲中國故地，而有垂涎染指之心，而吾乃獨忘其故物，黨於盜賊而助之守，不知何説也？且交趾自入中國六百餘年而失之，今又六百年，國分爲三，或者天道好還，將復合於中國，亦未可知。所恨者，在我無其機耳。以予鄙見，黃邦相輩且宥其罪，只以求索搜掠之罪罪之，謫戍遠方，且以維係奸雄之心，萬一事有機會，或天生箇英雄出來，復收故物，此輩未必不爲我用也。如復與王萬生輩一同科斷，非但情罪欠妥，未免自剪其羽翼也。鄙見如此，不知執事以爲何如？

與廣西何左江少參論安南書

前經治地，感無限盛情，已因回使致謝。承諭安南近日求通貢乞封，已行文查勘，未報。

元按，安南以臣逐君，據有其國，必待天朝錫封然後定，亦猶春秋弑君之賊，必列諸侯會盟，然後能定其位也。果如所請，人心俱向莫氏，猶不可因而與之，況未必然乎？夫安南本中國故地，已經收復而復失之，有識之士，如丘文莊、桂見山、霍兀崖諸公，每有遺恨。今其國亂，人民無主，或者天道好還，此其大機。萬一有英雄出來，收復故物，拯中國五六百餘年衣冠左袵之禍，豈非古今一大快！若因逆謀之請而遂與之，則其國遂定，機會一失，不可復再，良可嘆息！百世之下，又將有遺恨焉。是猶衛州吁弒君，諸侯會盟以定其位，未免取譏於《春秋》，不可不慎也。且如今欽、龍二州之民覃萬魁、黃邦相輩詐交趾往時土官謀復故地，此雖非正，亦可見黎、莫處非其據，而來奸雄覬覦之心，又可見中國之人，猶知安南爲我故地，不能甘心於彼，欲從而染指也。當路諸公乃從而搏殺之，罪係之，此猶大盜掠吾之所有，侵奪於人，而吾反爲之禁，豈非悖哉？豈非悖哉？

願執事慎重此舉，待其勘到，且疑難之，不必輕與，待看天道何如。此則老成慮事，非可尋常淺近論也。幸加詳察，無貽後悔。千萬千萬！

上巡按彈盜書

執事下車，以封疆之事訪之林下之老，此忠存乎國家，志切乎生民，古聖賢之事也。竊自惟念，雖退居林下，未忘當世，況鄉國之難，疾痛在躬，又惡容默？敢摭所聞以獻。

夫海滄寇盜所以相尋不已者，招撫啓之也。自官府招撫之策行，海滄寇盜更相倣效，遂不可止。今日之林益成，即前日之李昭卒、李益進、馬宗實輩也。夫李周賢者，亦見吾往時之跋扈，既卒苟免，今日之林益成又得寬宥，吾弟之罪，未至於益成。吾力足以鼓亂而又過之，吾再觀兵，官府必復憚而我釋，此其所以敢爲叛亂，輕舉而不顧也。今不大加創懲，大肆誅滅，不足以折奸雄之心，不足以塞禍亂之源，不足以洗往事之愆。然天下之事，制於未然，爲力則易。周賢之起也，不及其微而制之，使其牙爪羽翼漸以長成，遂至不可禦，此其機一失也。及其致討也，又不防於早，徒使林益成者以散餘之卒，與之從事，待勢力弗敵，然後徵兵,使聞風遠去而莫之止,此其機再失也④。失此二機,今雖合郡縣之兵以攻之,譬猶高飛之鳥,深逝之魚,愈攻愈逋,愈急愈遠,滄海無涯,兵力有限,老師費財,安見賊之可得哉?

爲今之計,宜可偃旗卧鼓,示以不攻之形,密遣廣東,約其地方官,謂荼毒貴地,今不可輕宥。李周賢望風作亂,必禍延於彼,如欲解禍息民,須彼此夾攻,使發黑槽大船四十艘星馳而北。沿海要害,各置精兵,而陰爲圖之之計。一面遣人親至賊巢,徵集鄉老,挨門清查,籍其姓名,別其脅從。脅從之民許自首,非脅從除首惡外,有能自相斬捕,與獲賊同賞。先之文告,傳播四方,限兩月以裏,如過期不至,然後擊其黨親,夷其廬舍墳墓,没其田產。如此,則賊黨漸散,賊勢自孤。待廣兵既至,我兵乃動。彼攻其外,我攻其内,彼如釜中之魚,將安逃其死乎?周賢既平,然後授意廣東并圖益成,則我不失信而大惡以除。此又滅虢取虞之勢也。所以必召廣東之兵者,今賊畢集玄鍾、陸鰲,我若盡衆長驅,彼必放舟南下,一日千里而前,莫之止,吾雖有武夫千群,何所施哉?廣東之兵既來,則入廣之路以塞,又以萬安大船數十艘分布圍頭等處,以遮其入城之路。二路既塞,賊乃可圖。然圖之策,亦有未易言者。今各處出海官軍,特如土木偶人,最不可恃。郡縣機兵又皆僱募答應,水勢弗諳,而巡捕官往往觀望前却,苟應文書,此皆難與共事。今之可用者,獨海濱鹽徒與漁戶耳。鹽徒、漁户力皆雄於盗賊,海洋之技又與賊共,故往往角刃於滄波之間,盗賊反出其下。今宜遣州縣正官躬詣各澳,在同安如官澳、坂尾、高崎、劉五店,在南安如蓮荷、石井,在晉江如塔頭、石芹、石湖、蓮荷⑤、深滬,以及福、漳沿海澳分,各選丁壯編成卒伍,擇其頭目統率之,給以工僱,優以犒賞,結以腹心,隆以禮貌,則彼自致死於我,不患兵不精也。戰船一時殆難架造,而海滄、萬安、官澳等處大船,蓮荷、深滬等處釣船,俱可借用。器械未精,則量給銀兩,各令自備。糧餉未充,或權借預備倉之粟,而勸借僧道出粟以償之。四事既舉,然後以郡縣風力官監督各守地方,待時而動,將見内治脩而盗賊可圖也。今欲撫之使來,則李周賢之悖,凡再稱兵,林益成之事,豈容再誤?繼自今海滄必無可馴之民,而禍亂相踵,朝廷失政令矣。

如欲置之不問，彼必鼓亂一方，出沒三省，海滄之劫掠無獲，勢必沿及鄉村，此皆往事可驗，是又大可慮也。如徒泛爾稱兵，輕議攻討，略無一定之算，是徒費無益，空勞罔功，不能平賊而反長賊，所謂不勝則謂之水不勝火，此又與於不仁之甚者也。

夫天下無難爲之事，顧其人何如耳。往者汀、廣劇寇流毒八郡者二十餘年，數不過百，而猛悍莫當，民無告命，而郡縣蒙恥。大巡簡公一擧而滅之。今海寇狂悖過於汀、廣。濱海之民，閑於水戰，執事又適以巡按至此，又天與執事以簡公之機也，赫然一怒，以收簡公之功，端有望於今日矣。伏惟不棄芻蕘，益采輿論，勿畏難自沮，勿驟勝自怠，則大功可奏，令名無疆矣。

請巡海道乘勝滅賊書

恭喜大獲賊功，生靈有幸，皆臺下洪庇也，無限喜慰！尚容專人致賀。往常料海寇不難治，每告當道，又擧捕盜余光普等堪任用，幸蒙見信，至今未見成功，使元之言無徵，負愧久之。今水寨連兵十二捕，一擧而獲二百劇寇，此國家一百五十年來所無之功，元之言至是始信，執事以爲何如也？

前日所以不成功者，雖賊數未終，亦吾委用未善耳。今觀水寨，只捐銀四十兩於十二捕，六十兩於其下，躬親督戰，遂奏膚功。若以臺下之權之力駕馭之，又何賊之不可盡乎？先是奉書臺下，料賊必早至，請預造舟以備之，執事不聽，不久而賊果至。此擧先攻李、鄧諸劇盜，巨艘不可動，乃舍而擊掠東石之寇，正以舟楫不敵之故耳。使元之說早行，當不至今日殺掠之慘。東石之勝不在群盜，而在渠魁矣。自賊攻圍頭，擄殺嘉禾之後，愈加猖獗。營前、石井諸澳望風而潰，劉五店、澳頭各澳，鄉兵俱遠出買糴於福塘，邊民無所恃，皆荷擔而立，安平市爲空，且睥睨鄉宦，聲震縣治。元請縣官設戒而不應。東石之攻，炮聲五十里，煙焰漲天，遠近驚怖。若無水寨之捷，不知成何世界。此功不小，不可等閑視之也。又今賊鋒既挫，賊氣大沮，正當乘勝發兵，殄絕醜虜。若舍之不治，待其安養生息，勢將復熾。羽翼一成，必肆其報復之心，邊民受禍，將有不可言者，往年廣東許折桂之事可鑒也。

聞賊方募兵，中選者與其家銀一兩、穀一石、衣甲銀五錢，此欲何爲哉？甚可慮也。恐前功盡棄，後患再釀，可不預圖之乎？然欲盡賊，必先賞功。將士見有功獲賞，必爭致死，又何賊之不可盡哉？前日海道賞格與撫按懸重賞，今固在也，請舉而行之。昔人徙木者予五十金，欲令之信於民也。今散千金以賞有功，爲生民解難，其利豈止於徙木哉？聞十二捕水兵首與賊交陣，亡者二人，該府只各與銀五兩，似覺未是。夫威逼一人致死者，尚與埋葬銀十兩，爲國死事之士，豈止於常人而僅與銀五兩哉？幸再籌之。

然金帛之賞特其小者，汪帥之功大，不可畧。殺劇賊百餘，溺水死者稱是。以南北二邊首虜之功較之，執事當請巡按奏聞朝廷，待以不次之位。則各帥俱奮，人人用命，執事可高枕而收廓清之功矣。

與俞太守請賑書一

近蒙委官賑濟，甚盛典也。然流移乞丐之人内滿城市，外滿郊野，元請委官賑之而不聽。寒家前後門日相續不絕，應之則力不及，遣之則不去，又皆垂絶，心實不忍。不獨寒家，家家皆然。在坊市則搶奪漸起矣，酒食店舍皆閉。又居民有里長方得入審。各鄉都寓居之人，原無里長者，居土着十之三四，皆不得與。有已死者，有垂死者，間有一二插入土着者，或審得出，里長逮繫問罪。此皆與上司明文相背，不知委官之意何如？去年長興里峰頭村寓民不得賑，元自賑佃户三人，仍疏所目見垂死飢民陳汝寧等七人，送陳少華，皆與之。今視去年更甚，其人更多，欲言於委官，想徒付諸空言，故告臺下，計必有以處之也。里長送審飢民，得賑者多非飢民，的實飢民垂死者多不得賑，能買田糶穀者見其孟浪，戲隨赴審而反得食，有渡海伺候求賑不得，欲歸不能而死於道路，如翔風十五六都大小嶝之民，尤可憫也。此類甚多，不止二嶼。其弊在於官不審問，但令里長引飢民而過，不得賑也。聞漳州飢民群聚搶奪於城中，顧六泉不能制，乃設法官爲立券借之富民，每人銀一兩，田熟還兩一，不能償者，官許爲償。數日始定。敝泉之民不如漳郡,蓋風氣生人強弱不齊也。然近日,中左所城外富民陳大淵積穀千石,餓軍三百一夕搶掠而盡,水寨不敢問。其風漸熾。今強牽牛而殺者在在而是。

海寇登岸,殺居民,棲淫婦女,索銀贖命。聞皆各處窮民投附,助成其勢,莫之敢禦。嘉禾陳惟清家被擄,贖回,人言賊謀以五百人攻縣治劫陳滄江。今城外富人聞此風聲,俱揭家入城。又言近時賊擄人不索銀,每人索長把斧頭一百或五十把,此其意欲何為哉?若不早為之計,恐縣城不足恃,其禍不止於今日也。聞近日攻石井、東石二澳,治亂之機,只在於二澳之勝負。萬一不勝,則餘皆望風而靡,其患立至,不可救也。前年獻計擒賊,當道略用,亦既有效,而乃中止,故其禍至此。今日賑飢急務,第一是且將在倉稻穀給散丐子、餓莩與各坊鄉寓民,勸富民出粟以繼之。止搶奪急務,即出榜令民每十名共一詞,告指本鄉富民某有穀有銀。官府批詞,每人借與穀一石,鄉銀則五錢。弭寇急務,是如壬寅年冬,令沿海居民結社,彼此相援,懸重賞以壯其氣。行此三者,則目前之急可解,然後徐議區處,畫策以進。惟臺下圖之。

與俞太守請賑書二

元聞"鹿死不擇音",其情急也。今飢民立死,海寇猖獗,禍變將作,其情急矣。故不暇擇而一言之,願臺下垂聽焉。

伏以災傷異常,上司發銀委官賑濟,甚盛典也。然賑濟而無濟於飢民,何取於賑哉?請畧言之:

夫飢民無窮,錢穀難限。限銀而賑,不得賑者多矣。同安一縣舊年發銀九百兩,今年亦如之。元按,同安五十圖,一圖十里長,各帶十甲,該人一百一十戶,每戶人口多不止一百,少亦十口以下,有或單丁者,將多補寡,一戶只作十五人,每里長十一戶,得一百六十五人。一戶十五人之中,少作飢民三人,一里長得飢民三十三人,十里長得飢民三百三十人,十圖里長得飢民三千三百人,通縣五十圖,得飢民一萬六千五百人。此為極少者,每人給銀一錢,該銀一千六百五十兩。今本府只給銀九百兩,是得食者九千人,不得食者七千五百人也。而一錢之銀,間有里長老人各抽一分,每人只得銀八分或九分。八九分之銀,一家上有父母,下有妻子,拆半只作二人,每人只得四分,或加五釐耳。去年每銀一錢米一斗六升,近日只得六升,每人實得米三升耳。以三升之米,欲給一人一月之食,欲不餓死也難矣。縱只一人得之,亦焉能濟?是不得食者先死,得食者同歸於死,特後數日耳。元見上司明文:極貧民户近者給穀五斗,遠者給銀二錢;次貧銀一錢或穀三斗。今皆不然,正坐於給銀之少耳。

至於給賑,猶有可論。古之賑飢者,若李珏之在鄱陽,分民爲四等;余童之在鄆州,分民爲三等。蘇次參之在澧州,患抄劄不公,令民用紙半幅,上書"某家口數若干,大人若干,小兒若干,合請米若干",實帖於各人門首壁上,如有虛僞,許人告首,以備委官點檢。又患請米者冗併,分幾人爲一隊,隊用旗引。慮患若是其深,防患若是其悉也。今委官不然。令飢民用紙一幅,自書籍貫、身面。官坐堂上,里長引飢民而過堂下,官不審問,只用壓風子打棹。風子不息,飢民流水而過,風子一息,則隸人拽飢民跪地致稟,准與賑濟。有先與里長營求而後得見委官者,有里長許見、皂隸阻止而不得見者,有得見、委官忽略不與賑者。故得賑者,多得過之人,真實飢民伺候數日多不得賑。委官一過,死者相望,怨聲載道。其得賑者,所得之銀,里長剋減之外,其餘八九分,間有里長或作八分徵,或作户口食鹽,或作民快、弓兵月錢,多收入己,民實無得,假飢不當賑者亦無得也,何取於賑濟哉?伏見嘉靖三年敕諭"朝廷費百萬之銀,於民無分毫之益",誠哉聖言也!至於流移飢民望門求乞、棄子女者,內滿坊市,外滿田野,死者相望。此真實飢民,不待審驗,富弼青州、滕達道鄆州賑濟,即此民也,而委官目擊,曾不之問。

又賑濟只照都圖里長、甲首,不問寄居客户。不知里長所轄甲首,各散處外都,近者五六十里,遠者一二日程,委官一日而賑四五圖,焉能卒集?同安長興、同禾、感化、歸得等里,外來寄居客户殆將一半,今只賑見在里甲,是得食者僅六七,不得食者尚三四也。富、滕、青、鄆之賑,流民俱係外郡,豈若是乎?竊見上司明文"不必拘地方與數多寡,及各鄉都流移散居貧民,尤宜加意",此真得古人之意,仁者之政也。而委官故違之,豈惻隱之心獨與人殊哉?然亦給銀之少故耳。計今去粟熟尚有箇半月,正青黃未接之際,飢民艱急,視前益甚。初一二間,嘉禾里民陳子厚佃戶失姓名,一女五歲,殺碎煮食分羹。子厚驚訝問看,始知其子。此父子相食之時也,將何所不至哉?議者謂今不早爲之計,待到四月中,飢民死者當十之七八。又各處飢民群衆搶掠於城市、於鄉都者,始於漳州,今及本縣,官府不能制。自古國家亂亡,皆起於民窮盜起。議者謂今不早爲之計,待到四月中,當有大變。昨會利見齋公,謂上司尚欲處賑一月,此民可生之幾也。若由前所行而無變計,恐徒費官帑之財,無救生民之死,莫止禍亂之源,誠不可不念也。

夫賑非常之飢,必有非常之舉,無非常之舉而欲救千萬人之命,不能也。昔汲黯奉命勘災,乃權宜發倉以賑飢民,何嘗爲尋常法度所縛哉?今目前之急,第一是處置錢穀,第二是再立方法。如何處置錢穀?古之賑飢者或發義倉之粟,或請内帑之銀,或截留上供之數,或勸分富人之家。今預備倉之粟既不足,内帑之銀、上供之數不及請,勸分之法又不行,將何以濟目前?同安飢民如前大約之數,五十圖飢民一萬五千六百人,必如上司明文每人銀二錢始頗有濟,該銀三千一百二十兩;如三月所賑之數,已有九百,所少者二千六百之銀耳。豈以一縣之力不能辦此?昔嘉靖二年元謫判泗州,至以冬十一月。時江北大饑,民父子相食,弱者行乞轉死,強者激爲強盜,是時官倉之粟已罄,帑藏之積又虛,朝廷發銀之命未下,上司未見指揮。元無所措,乃議勸借之法。州少富人,多不樂輸,或託鄉官遊説。時劫盜四起,富人家不自保。元乃開陳利害,富人出穀賑飢,既可保守身家,又可積己陰隲。貧民無食,告指富人,官爲揭借,可免死亡,揭榜通衢,民皆帖服。乃借花紅羊酒,近者躬至,遠者差生員,凡借銀麥二千兩以上,又借徐州運軍行糧一千石。由是遂濟五十里飢民一月之食,以待官銀之至。

今錢穀缺少,同安富人頗有蓄積,若行勸借之法,視泗特易易耳。今夫富人平時射利兼并,以成厥家,一遇凶歉,一金之穀而獲四五金之利。蠲租之澤,又只富人。若使稍捐己資賑濟窮民，亦何虛虧損？況鄰里鄉黨有相周之義，亦豈爲過？又何憚而不爲乎？如從斂怨爲避，則怨斂於己而能救千百之命，亦仁者之事也。如以嫌疑爲避，則不恤己之嫌疑而能救千百人之命，亦仁者所不辭也。況民窮盜起，其兆已見，若以斂怨嫌疑爲避，使千萬生靈陷於水火，國家禍亂由此而起，亦智者所不爲也，何憚而不舉乎？昔丙申、丁酉大饑，官司行勸借之法，人何嘗難輸？特巡按偏信鄉官，以恩怨爲有無，加以張推官之暴，又因之取偏手，故富人受害而飢民亦鮮濟，此不善用之過，非勸借之過也。若因往事而廢勸借之法，是因噎而廢食也，所失不既多乎？然此特一節耳。

官府錢糧在藩司及各府、州、縣，若贓罰則可支用，若折色官米、鹽鈔、缺官等項解京銀兩似可那借，其償亦易，何也？今歲災傷異常，民窮甚於去年。民有百金、五六十金之產者，去年猶可借貸、可變賣，今則求借、求賣不得矣。似此，飢民一戶十五人之中，除極貧三人之外，常居十之三四，比之極貧，尤似艱苦。蓋極貧之人可以擔負求食，可以抄乞求食，此等常懷羞恥，徒受餓於窮閭而死耳。若那在官銀兩，五口之家借與一兩，八口之家借與一兩六錢，待晚稻成熟，使出息三分，亦有可還。若將在倉稻穀借與，令田熟一石之穀還二石，民亦樂輸。如此，則不待於奏請而錢穀可得，何嘗不可行乎？近日漳城搶掠四起，顧府尊不能制，乃設法官爲立券借之富民，每人銀一兩，田熟還一兩六錢，不能償者，官許爲償，數日遂定。此可爲法。處置錢穀，其略如此。至於給散，當再議處。

舊歲陳別駕，近日梁大尹，切不可法。宋李珏分民爲四等，其法甚善。蓋"仁"字係有產業，災傷實無所收，元所謂家有五十或百金之產者是也。"義"字係薄有產業，災傷實無所收，元所謂求借求賣不得者是也。"禮"字係五等下户及佃人之田，并薄有藝業，饑荒難於求趁之人，元所謂擔負者是也。"智"字係孤寡貧弱乞丐之人，元所謂望門求乞者是也。四等之人，最爲詳盡。"仁"字量輕重勸借，"義"字那官銀或令富民借與，"禮"字將官銀穀或勸借銀穀半貸半濟，"智"字全濟。沿鄉排門抄劄，不問土著、客户，以鄉老地方爲主，里老輔之，俾互相督察。其法，前日《救荒輯要》亦畧盡矣。若采而行之，近日乞丐、寓居的實飢民皆有濟,元之所慮者皆無慮矣。雖然,有治人無治法,有李珏其人,則四等之法可舉;無李珏其人,則雖上司明文"不拘地方與數多寡,及各鄉都流移散居貧民,尤宜加意",委官尚沮尼不行,又何有於已往之古人哉?

事急情促,不成能章。惟照亮,幸甚!

與俞太守請賑書三

前具書詞,爲乞食飢民請賑,託梁秀才投上。初三又再書,差人請賑,想俱已達左右。今民間麥麩既盡,野菜草根木葉可食者亦空。海寇猖獗,商船鮮至,至者已去,穀價忽增。初四每米七升銀一錢,初五增至一錢四分五釐,亦無從糴買,此亘古未聞也。故老驚駭,其增恐未止此。民間愈急,父子相食,餓莩滿塗,行乞皆鬼形鳥面,死者相望,填滿溝壑。此皆各處農民食盡,棄田廬,父子、夫婦離散,求乞於四方而至此!縣官目擊不恤,日坐縣堂鑿銀賑飢民,而飢民[在]浯洲、嘉禾隔海五六十里之外,使里長領銀給散,不知飢民爲誰,給散與否,此去梁尹曾見面目者又遠矣。銀兩既少,又施之無用之地,不甚可惜哉?前請賑乞子三十六人,袁簿發銀三兩六錢,元領給賑,而二百九十六人求賑於臺下者,聞風爭趨,塞滿門庭。有伏地告稱三日絕粒者,二日、一日絕粒者,有立仆者,有卧地呻吟者,有卧地無聲者,有仆地絕而良久復甦者。遣之不去,逐之不忍,乃隨人撫救,三日、二日、一日者皆與米湯,仍與少米。然瓶粟方罄,不能盡濟,乃溫言慰諭:"我請俞老爺發銀賑汝,且至,汝姑待之。"始去。此輩再過兩日無銀,皆填溝壑矣。所望於臺下者誠急,請速將前詞批下,以救千百人之命。今所患者,第一是米糧缺少。元有三策可以救急,請陳之:

聞縣倉尚有穀八百石,前時袁簿請給散,臺下欲留待四五月青黃未接之時。今正其時,就可給散。此一策也。然發穀非難,給穀爲難。審户之法已與袁簿議定允行,宜委學官、鄉宦、生員監放,庶免里長、老吏、斗級侵漁之患。同安富人尚有積穀者,如中左所城外陳大淵家,積穀千石,一日被飢民搶盡,此可見也。近日顧六泉因飢民搶奪於城中,乃勸富人穀三四石折銀一兩借與有田無收貧民，田熟還銀一兩，官爲立券，至期無還，官代之還，富民懲於搶奪，無敢不從。今可用其法。此一策也。然估價太輕，未免虧損。富人又恐難盡借，再增其價，半借半糶可也。沿海劉五店、澳頭居民俱揭借，發船往福州洪塘買糴，懼巡司地方阻滯及遏糴，皆與元求帖執照及作書蔡半洲，數日即到。聞玄鍾穀船亦將至。前日穀船方集二三十隻，元請梁尹用丙申、丁酉年法，將官銀收買給散，飢民憚煩不從，船穀盡被各販[⑥]包買貴賣。今可從之，既省官銀開鑿銷餡，又省飢民零買，販子重秤虧折。此一策也。三策並行，庶可救一二。

元尚有一策，昔朱文公家居，值年荒，請於官，得米六百石，以行社倉之法。今倉穀只有八百石，若每人與穀三斗，只可濟二千六百三十[⑦]人，所濟亦少。愚意欲效文公之法，借此穀以借有薄田無收次貧之民，每人一石，待六月田熟令還穀一石五斗，可濟八百人。官穀俱在，又可增至一千二百石。蓋次貧人戶，其苦尤甚於極貧，元前書已陳之。此項飢民，不可不恤，濟之則難盡，而且傷惠，惟將此穀借與，田熟固可還，是固古人賑饑之一法也。但欲官自借與，所借者未必該借之人，適入奸雄之手。故元欲借於官，率鄉宦或生員之同志者行之，令具詞赴告，伏乞批行。若有利害，巡按二司，元當與臺下分之，幸無避也。長活溝壑，以此獲罪，含笑入地，古之人固有行之。幸留意，千萬！

請俞太守停賑書

元以閩邑飢民當一時賑濟告本縣，開陳利害，儘明白剴切。袁簿四月十二日回縣，元復與書，料飢民緊急只在十日之內，若過十日之後，民之飢者皆死，粟亦漸熟，不須賑濟。二書俱奉在臺下，可考也。袁簿皆不從，自十二至十八在縣賑濟，凡七日。七日之間，只賑得在坊兩圖、從順一圖，十九日始往長興，順途賑濟同禾七都，民安八、九、十、十一都，翔風十六、十五、十四、十三都，今日念八始至十二都。十日之間，又只賑得八圖，其餘三十九圖尚未之及。夫以十七日之間，只賑得十一圖，則三十九圖之賑，當用五十六日矣。今民間黍粟漸熟，市上糶糴每銀一錢黍五斗、穀四斗六升。市上乞食飢民俱散歸田里，田里飢民飢者已死，其未死者非飢民也。以元觀之，今亦不須賑矣。前與袁簿二書，"料飢民緊急只在十日之內，若過十日之後，民之飢者已死，粟亦漸熟，不須賑濟"，其言於是驗。前念一、二間民間正急，每鄉日死者數人，渴望袁簿未至。元計敝鄉翔風十三都有十三鄉，乃每鄉給與銀一兩，舉其鄉之善良者令煮粥，少延飢民數日之命，以待袁簿之至，銀無所湊，幸去任楊縣丞以同民義費銀五兩相助，克集。念四、念五二日賑粥，念六日袁簿始至，敝都飢民得延兩日之命以不死，然其他都圖未能及也，不知死者若干人矣。要之，古人賑飢皆一時齊賑，無有挨圖給賑，遲遲其行以誤飢民如今日者！觀涂童蘄州賑濟，盡括戶口之數爲三等，闔境五邑以鄉村遠近均粟置場，每場以一總管主出納，十場以一官專伺察。徐寧孫賑濟三策，各逐坊巷、逐鎮、逐村分散賑濟，逐處請鄉官或士人各三人，鄉村無上戶、士人，請稅戶主管置曆收支給散，每五日一次，并給州、縣、鎮市、鄉村，並令同日支散。夫曰：鄉村遠近均粟置場，每場有總管，十場有伺察，逐處請鄉官或士人或稅戶，令同日支散，則非一官親歷挨圖如今日也可見矣。今縣官執滯，以致賑濟不周。臺下發銀穀，本縣計銀四千兩以上，只賑得十多里分，其餘皆不及賑，上負朝廷，中負上司，下負斯民，甚可恨也！且自去春至今，二歲不登，災傷異常，民雖百金之家六七八口以上求借則無與，乞食則怕羞，其艱甚急於無卓錐之民，此當用賑貸之法，官銀不足，則代借之富民，亦不爲過。今不與處，但以此項爲次貧與銀一錢。夫以百金之產六七八口之家，一日之間爲費幾何，而與銀一錢，猶灑一杯之水於乾燥之火地耳，其能濟乎？又聞有只與五分者，不知其故。夫予之既無濟於民，而在官之銀虛費又多，不重可惜乎？今日念九，穀價又減至五斗。妄意自今似宜停賑，省虛費官錢，正緣所賑非飢民，徒入奸雄之手也。惟臺下裁之！

請袁簿急回賑濟書

兩日間飢民死於街衢道路者相望，不堪舉目。執事乃往嘉禾賑濟，何也？豈非舍急而趨緩乎？執事前謂浯洲、嘉禾未賑，而在坊、上都乃賑二次是也，不知浯洲、嘉禾極貧飢民已久在此乞食,今往賑濟,非極貧也。請詳之。救饑如救焚,一刻不可緩,緩則焚死矣。夫民飢則一時皆飢,未有先一都而後一都循序而飢也。同安五十里,如必循序而飢,當初一飢長興一、二、三都,初二飢同禾四、五、六、七都,初三飢民安八、九、十、十一都,初四飢翔風十二三四都,初五飢十五六都,初六飢十七八都,初七飢十九、二十都,至初八然後飢及嘉禾念一二三都,直至二十日然後至積善二十都,無是理也。既無是理,賑饑之法,當多委官員,各領都圖,分投四出,一時齊賑,庶飢民得食,不至餓死。如前日梁尹四官同行賑給,初六日沈井鋪賑長興、同禾里,初七日店頭鋪賑民安八、九、十、十一都,初八、九翔風里十三都,楊家賑十三四五六都,初十回縣,十一日梵天寺賑在坊、感化、歸得、從順等里,十七日往安人、積善等里,念一日始回,而翔風、浯洲九圖,嘉禾八都尚未賑。

　　按,人七日無食則死,而梁尹之賑自初六至十二已七日,所賑者僅十之五六,安人、積善、浯洲、嘉禾等里俱在七日之後,皆當餓死矣,豈復有生存而待濟者乎?夫極貧之民稱貸則無與,求乞則難繼,不忍坐待其死,不得已棄廬舍,父子、夫婦、兄弟分散,求乞於富屋,本鄉怕人識認,皆越別鄉無人識認之處求乞以救命。故今內而城郭,外而鄉都,望門求乞,皆此人也。觀前抄乞食三十六人,蒙執事救賑;復抄乞食二百九十六人求賑於本府者,皆是安人、浯洲、嘉禾、積善等里之民,曾有外郡流來者乎?其有在家未離鄉土求食者,多係次貧,家有薄產,遇荒失收,及有少財本藝業,堪以營運求趁,豐年能償,人肯借與之人,非極貧也。此等飢民只可借與,不該賑濟。今舍極貧乞食之民,使餓死道路,而下鄉賑次貧猶能支持之人,真所謂倒置也。故曰舍急而趨緩者,此也。使能設法不必躬親,不能設法雖躬親如梁尹,且有四位,能有濟乎?兩日人死益多,道途不堪舉目。死人無人埋瘞,可謂亟矣!檀溪公既不理,請執事速回,以救在坊及各鄉圖飢民之急。今執事鑒前賑之謬,不照都圖只照村集,甚善。然五十里飢民須一時皆賑,若如前日挨里給賑,先此而後彼,則其弊復如前,必待月終始遍,此時民皆飢死,粟亦漸熟矣,不須賑濟,賑濟誠不可緩也。

自古賑濟皆是委官分投，無一人獨任挨里自賑之理。昔江北大饑，朝廷差席元山侍郎賑濟泗州五十里，分四十九廠，每廠設主賑官一員，以依親監生、省祭官、義民充之；又設耆正、耆副各一名，以鄉里有物力、行誼爲衆所推服者充之。審戶之法：令坊鄉各處乞食飢民俱歸本廠待賑，又令主賑官督同耆正、耆副、里老沿鄉排門抄劄極貧飢民送州，復差學官帶生員分投覆審無異，然後發銀與主賑官及耆正、副領去給散。今欲五十里飢民一時皆賑，當用此法。元前書欲與鄉宦楊西渠、劉南郭諸公分四門地方查報飢民以待執事給賑，其各坊鄉亦欲依此法，請發告示六張，以便行事。未蒙發下，不知何也？尊意無乃謂若爾則其功不出於己，必待親身爲之，然後爲賢乎？此大非也。自古未有不用人而能一身獨任事之理，患用不得其人耳，如用得其人，人之功即己之功，大而朝廷，小而郡縣皆然，故曰"舜有臣五人而天下治"，又曰"先有司"。古今稱聖、稱得人之盛者皆歸虞、周，何嘗獨賢稷、契、周、召諸臣乎？今鄉宦諸公俱可相託，但恐不肯。如元則願陳力執事，執事若以其事相委，必不相負。富鄭公青州之賑流民，官吏待缺、寄居者皆在委用；朱文公家居賑貸，則用劉如愚；丙申、丁酉大饑，巡按託黃逸所知府、許西浦進士、俞大猷千户，可見也。此惻隱所發，故不避繁瀆而屢屢言之，幸勿忽焉！

請姜伯溪方伯查賑饑時弊書

上司行文府縣，只令里長引十甲領賑，不云沿村沿門，故各坊鄉客居之民俱不與賑，死者十三四。又流移乞食之人亦不給賑，使餓死街衢道路。元前書極言於府縣，又言於臺下。今本縣既賑乞食飢民，又沿鄉排門審賑，不拘里甲，是矣。但始議舉鄉村有物力行義者爲鄉老、村老，俾查報飢民，又令飢民自書家口多少於各人門壁以待委官點檢。今袁主簿皆不然，只憑主案老書門皂，薦舉多在衙門行走之人，或積年民害屢經訪獲充軍，或賭博通番及有輕薄鄙吝皆鄉間不齒者，使查報飢民，能無弊乎？且飢民皆在鄉村，城市之中開張店鋪經紀買賣者十之八九，焉有飢民？前日梁尹賑濟，全不及此。今坊市所報，乃多於鄉村。

此等飢民從何而來？使賣菜菓餅酒雜貨之鋪舍僱人挑穀於官倉者，紛紛成群，而鄉村請賑不得之人，縮首旁觀，枵腹垂涎，出涕而受死，是何理也？元聞其謬，走書相規，曾不查究奸弊，乃怫然不悦，謂"若有差放，想亦無三百銀，我情願賠償"。不究下人欺罔，而引罪自歸，欲行賠償，非庇奸乎？且查報飢民非里老則鄉村之老，而鄉宦、舉人、生員，皆求乞飢民與家人佃户，多者至百，少亦不下十數，故皆人情，梁尹之賑，焉得有此？豈有朝廷錢糧與人做人情買賣？敝居鳳山社報飢民家人在內者六人，皆削去，而自⑧賑之，未嘗敢支官錢。前爲三十六乞食飢民請賑，萬縣丞及袁簿發銀三十六封各一錢，只散三兩三錢，剩三封送還。萬縣丞不接，仍送銀三兩六錢令補前數，每人銀二錢。元送還，萬縣丞不接，至再至三。元乃與書，謂前日未賑乞食飢民，則元爲三十六人請賑，今官府既通賑，元又何獨爲三十六人？仍送還，萬縣丞始接。敝居鳳山社在城外，居民八百，元令鄉老查報，只五十六人。其他如嶺下溪邊，鄉老所報，三四百人之中，飢民乃居其半。飢民榜一揭，人皆稱鳳山之當而怪他社之濫。袁簿雖知稱美敝社，而不查究他社，實未喻也。前日梁尹賑濟，每口銀一錢，里長只剋一二分。今袁簿銀二錢，鄉老乃剋五分，又有印掌給銀二錢，只有一錢被鄉官劉南郭却回，而補足其數。初不查究何人剋落，又不知何説也？其他奸弊，難以悉陳。若差官查盤，許人告訐，烏能撐哉？

揭　　帖

上巡按二司防倭揭帖

昔丞大理，欲討遼左叛軍，忤拂夏桂洲，謫守欽州。在欽欲正安南，復忤夏桂洲⑨、毛東塘，廢居林下。然猶志在鄉國民物，海寇機夷之禍，猶言於何古林巡按，姚、柯二海道，薦汀州守備門生俞大猷，何巡按用之，遂平海寇於漳浦。嘉靖三十六年，强盗黄老虎流劓同安，虜鄉官郭貴德知縣幷其家屬，分劫劉御史等家，殺死官兵、鄉夫十餘人。元幸家丁店客齊心奮擊，擒斬楊薰卿等六賊，因得其姓名、籍貫以告守巡道，窮兵追捕，掃其窟穴，盜賊屏息，於今十年。冢宰默泉吳公時爲分守，嘉寒家得賊之功，行文府縣賞勞有功之人。彼時寇欲反仇，元遣家人致書求救於都御史。朱秋崖怒家人撞突，既加之罪，又不錄家人得賊之功，元由是絶口不言當世事，於今十年矣。茲聞倭寇有南窺之志，恐家族鄉里之人陷於水火，故不復避而蒙冒有言，伏祈垂察焉。

邇者，倭寇自浙江流入福建，駐劄三沙，將窺諸郡。蒙當道鈞牌令有司速備器械、火藥，多募敢勇之士，又令近城郭鄉村搬錢糧、牲畜入城，以絶賊糧餉，些少澳分搬附大澳，仰見憂國爲民之盛心也。元聞禦敵必有良謀，徒講而寡謀者無濟。夫用兵之要有三：練士卒也，利器械也，擇將帥也。今欲募勇敢之士，未知何何選募；欲備器械火藥，未知所備何器。趙李牧守雁門，募百金之士五百人，遂破匈奴，滅襜襤，單于避之，數歲不敢近趙邊。晉馬隆募能挽弓四百鈞、挽強弩九石者三千五百人，遂斬樹機能，平涼州。此練士之法也。邇者，浙江募兵五澳，每兵與安家銀三兩，募兵官及捕盜剋減，每兵只得銀二兩或一兩八錢，此者窮乏不能自存之人，顧目前之急，不計日後之生死者應之，欲賴以殺賊，不亦難乎？宋楊難當擊，蕭承之短兵接，弓矢無所復施，氐悉衣犀甲，戈矛不能入。承之爲短矟長數尺，以大斧椎之，一矟輒貫數人，氐不能當，遂敗。金兀朮自起兵海上，用拐子馬以取勝。偃城之戰，以拐子馬萬五千來，岳飛戒步卒以麻札刀入陣，勿仰視，第砍馬足。拐子馬相連，一馬仆，二馬不能行，兀朮大敗。此利器之法也。今倭寇長技，利刀也，利箭也，鳥銃也，今未知用何技以制之。前年浙江募兵漳、泉，每兵與銀三兩，器械在內，聽其自備，斬木爲竿，末置尺鐵，青紅白布裹首，行裝不辦，盔甲俱無，此如執朝菌以禦蕭艾，有不碎乎？今見漳州府日解佛郎機銃過同，不知用於浙江或吾閩，但此乃海上擊舟之器，陸非所宜。夫兵有短長，銃炮視弓弩爲長，弓弩視戈戟爲長，戈戟視刀劍爲長。長以制短，短以衛長，機銃力至五百步，弓弩力至一百二十步，賊不久停，一百二十步之外須臾即至，銃弩無所用，而用刀矛矣。夫以倭寇之猛悍，挾三技之長，無以制之於百步之外，欲與角藝於劍戟之間，元見其難矣。以此觀之，則器械之不利可見也。

故曰器械不利,以其卒與敵也,卒不可用,以其將與敵也。然有必勝之將,無必勝之民,使將帥得人如李牧,如馬隆,如岳飛,何患器械之不利、士卒之不精?倭寇作禍於今五年,總制撫鎮之官不爲無人,然或去或殺,尚未收盪定之功,豈非將帥未得其人與?欲令軍民搬移積聚牲畜,無貽盜賊之資,即古人清野之法是也。然倭寇在海,則舟小不敵於我,登岸則敵強,我受其制。若徒搬移積聚,無術以制之,使得登岸,其害可勝言哉?以元鄙見,當發大船數十,分布萬安鎮,以塞入興之路;發船數十,分布晉江圍頭,以塞入泉之路;發船數十,分布浯州官澳山後,以塞入同、漳之路。沿海澳分鄉集,如晉江之深滬⑩、東石、安海,南安之營前、石井、菊潯、蓮荷,同安之大嶝、澳頭、劉五店、高崎、馬鑾、坂尾、白礁,令自設備,其空缺去處,令所在居民扦插木柵,以截其登岸之路。須差能幹佐貳官爲之處,又督鄉兵以守之,否則難集,且爲所焚,無益也。

元度當今事勢,倭寇五年,直浙殘破,上越淮揚,則江北凋敝,其勢必窺閩,在閩則泉、漳先受其害,不可不預爲之防也。預防之策,宜莫過於元所畫矣。元聞:前事,後事之師也。乙卯夏,倭寇一百六十自興化黃石登岸,入駐鎮東海口,巡海分巡、參將等官駐劄福清,募漳、泉打手剿捕,殺死都指揮、指揮、千百戶、武舉三十員,軍民以萬計,不能得其要領,反增二百二十人以去。今三沙之倭數倍於海口,莆田、仙遊各縣民兵各非選募,欲求勝於彼,又知其難也。嘉靖二年,流寇九十三人流劫興、泉、漳三郡,莆田鄉士夫女子多被擄掠。虜贅府判、經歷,以金贖回。刑侍簡一溪先生,時以御史按閩,至泉,延鄉士夫問計。時同安大戶葉元忠以任俠坐死繫府獄,士夫以元忠薦,使殺賊自贖。一溪用之,質其家屬於獄。元忠募敢死士百人,調晉江、南安、永春、安溪、德化、長泰、龍溪合同安七縣精兵,各令掌印官領之,八面合攻。推元忠爲前鋒,令分巡聶公珙督兵,參議蕭公瑞督糧餉,又密遣健步、吏承兵隸分隨各軍,日報進止動息。由是各軍畏恐,無敢不用命者。追賊至德化小尤中,圍,盡殲之,九十三人無一遺者。惠寇惴恐,不敢復犯漳、泉者三十六年。且今倭劄三沙,前雖解去,旋復回還,尚當爲之備。今民間任俠豪傑如葉元忠者尚有之。執事如欲爲預防之策,收盪定之功,請憲節下臨,今鄉之士夫未必無可延問者。夫仁賢之智,聖明之慮,負薪廟廊之語興衰之事,將所願聞也。伏望不棄芻蕘,俯賜采擇焉。

踰分干瀆,無任惶恐待罪!

莫登庸至欽州投降紀事揭帖

嘉靖十九年八月,毛、仇、蔡三堂駐劄廣西南寧府,兩廣副參都、布、按三司駐劄廣西太平府憑祥州,廣東副使陳嘉謨、都司武鸞駐劄欽州。本職奉委福建漳、泉召募水兵。軍門由憑祥州移檄安南,諭其速降。莫登庸直走乞降於欽州,蔡半洲公大怒,怪陳副使招致之。陳副使懼,責令莫登庸速赴憑祥。三公以問參將沈希儀曰:"吾大兵集憑祥,而登庸乃投降於欽州,其意爲何?"沈曰:"此莫登庸所以爲老賊也。登庸窠穴在都齋,都齋切近欽州。彼所憚者欽州,若往憑祥,恐林僉事以兵襲其後,覆其窠穴。故先至欽州觀事勢,陳布兵船以爲備,兼以結歡於次厓,然後往憑祥,則都齋可無患,而納降之事可恃。故至欽州乃爲備,非投降也。"三公以爲然。

職過貴縣,沈參將以告,職因笑謂沈曰:"莫真老賊,子真名將哉!吾之機心都被勘破了。"初,職往福建募兵,與漳、泉諸頭目謀曰:"今大兵雖集憑祥,吾料登庸之勢決是納降。今方瀛新故,國人危懼,内懷異志,登庸勢孤,無復可恃之人。他往憑祥,都齋必虛,吾密差人約三堂請以四事難之,使往來議論不決,吾乘其不意,舉兵襲都齋,破其窠穴。都齋既破,其餘州縣必望風瓦解。憑祥之兵轉而爲吾應,登庸倉皇失措,歸無窠穴,逃無處所,可一鼓而擒,此韓信襲虛破齊之計也。"諸人咸稱善。既而軍門徵兵之文不至,事遂不果。職之計畫如此,而登庸之料到此,沈參之見到此,此所以莫爲老賊,沈爲名將也。沈曰:"登庸既備都齋,公之計尚可行否?"職曰:"使登庸之兵不分,盡力以備都齋,吾猶將攻之,況往憑祥,其力已分乎?"沈曰:"公之計善矣,其如不用何!"

安南功成,乞查功補罪以全臣節揭帖

元以不才被論去官,不知所論何事,途遇須知官回自京師者,咸云科道諸公

謂元平生居官無可議，建議征南亦是至當不易之論。但今非其時，計莫登庸降本當以臘月至，過期不至，疑是元沮撓，故畧彈論以相警，意吏部必不便議罷黜。已而吏部果議留用，科道諸公甚以爲當。不意明旨徑批"特與閑住"。命下之日，物論驚⑪駭，科道諸公咸共嘆息，追悔莫及。

謹按，元以"沮撓"納降被論去官，卒之當路嘆悔，元之心事亦已明白，似無容復辨。但元實未嘗沮撓，且平日主征之意，與目下不平之事，有未白於君子者，所以不容已於言也。

今之不主安南之事，其說有三：一則謂安南遠夷也，不以遠夷之故敝中國；一則謂宋、元之盛不能取安南，我朝取之亦復隨失，安南必不可取；一則謂今之兵力方屈，不如永樂初年之盛。其爲說不過此三者而已。如元之見，則謂安南與兩廣同入職方，非遠夷也。自宋人失之，中國之民陷於夷狄，漢、唐衣冠之族如姜公輔董淪於左袵者六百有餘年，所恨者無時無幾耳。今之登庸，與向日黎利不同。蓋宣德之功，交趾之民久遺化外，一旦拘以中國政令，本非所樂，加以其時中國之人爲吏於彼，利其珍貨，各肆貪暴，如東漢之季，故黎利一起而歸者如市，所在爭殺長吏以應之。登庸崛起，盜竊威柄，遂攘其國，人心不服，且黎氏未殄，安南大族多與爲仇敵，雖或外服而心實攜二，如所謂西寧公者，在在而是。安南此時實有可取之機，與黎利之時不同。而閩、廣海兵又有能取之勢，佳會難逢，良時不再。此元所以屢有言而不能已也。蓋元平生有安南之志，及提學嶺南，巡歷廉、欽，訪知安南國分爲三，有可取之勢，惜無其機。欽州之行，元因灼見安南事情，逆料莫登庸必不能立國，故一意主征，而不復變。元當中國無事之時，倡爲用兵遠夷之說，似乎可罪，固士夫之所共駭，然元明知衆怒之所在，乃敢犯衆怒而不畏，又勝負兵家不可期，元焉能保用兵之必勝？乃以一家數十口之命，決於一戰，屢言之不已者，其中必有真見深意存焉，未可以爲孟浪而咻然罪之也。今使所言無關於中國之大體，無補於中國之大事，事幾不投，行之而落落難合，事無緊要，有功而不足爲功。登庸投降，元果沮撓，如是而曰其言孟浪，沮撓事幾，罪之可也。若言之而有關中國之大體，有補中國之大事，切中事幾，行之而事無不合，事在緊要，有功而足以爲功，則言非孟浪，事無沮撓，無故談兵，雖若可罪，而卒賴以集事，則其心可原，其功可錄，而罪不必論矣。征伐，王者所不廢，商宗鬼方之伐[12]，周王淮夷之征，聖人不以爲窮武，況安南本中國故地，非淮夷之比，篡奪相繼，朝貢久缺，又有當問之罪，是元之所言，有關於中國之大體也。元之建議，一則曰征，二則曰征，雖屢格不行，而逆庸之膽已落，既而三帥臨邊，安南舉國震恐，送款歸地，削爵[13]恐後，則元之所議有以震中國之威，使遠夷憚慴而折服，可謂有補於中國之大事矣。元前後建議：若王師入境，皆徯后倒戈之民；又謂安南一塊之土，終無獨立之理，其勢必折[14]而入中國；又謂漳州海兵，交人所憚，今三帥[15]提兵，只是以虛聲恐嚇之，閩兵雖調而未至，實未嘗欲用兵也，而文郁、西寧之徒已皇恐，各請逆庸納款歸地削爵。使如元之策，實以兵臨之，又將如何？以此觀之，則元料安南之事無不投合，於是可見。聞登庸購元奏稿，初得以千金，繼亦五百。蓋元於安南之事知之最眞，所言皆深得其諱隱，切中其膏肓，故深憚之也。登庸既降，今朝廷以其地爲都統使司，設十三宣撫司，四峒之歸，以其民入編戶。夫安南自宋割封以後，隨自立國，稱皇稱帝，聽其自爲。宋人討之不克，卒封之爲王；元人討之不克，又封之爲王；我朝取之不得，又封之爲王。今兵未入境，而逆庸繫頸送款，以其地爲都統使司，其不郡縣，歲輸貢賦，雖若異於今各布政司，其分其地爲十三宣撫司，官命於朝，歲頒《大統曆》，三年一貢，猶不異於雲、貴、荆、廣土官衙門。據此則安南之地已爲吾有，宋、元與我國初之不能得者於今得之，其功不亦大乎？四峒之地，正統間都御史朱鑑奉璽書取之而不得，今則束手而來歸，亦豈不爲功乎？莫登庸於嘉靖十九年九月送降書，十月至欽州防城投降，十一月初三日始出鎭南關投降，元未嘗啓口動筆，爭論可否，何嘗沮撓乎？夫其言有關於中國之大體，有補於中國之大事，幾無不投足以爲功，又無沮撓如此，則元於安南之議，言非孟浪，其心可原，其功足錄，而罪可勿論矣。且均之安南也，在宋黎桓，在國初黎季犛，如彼驕倨，雖大兵入境而不憚。今逆庸只嚇以虛聲而納降恐後，則今時之不同於古，元料安南之必可取，閩兵之必可用，其言非孟浪，皆於是可見。不然，豈操觚執簡能制登庸之死命，收復漢、唐既失之境土於六百年之後、萬里之外哉？詳阮文郁之疏，其故可知矣。昔遼東軍叛，元建議必征，言雖不行，既而叛軍計擒，迄不敢動，人謂元一疏之功。今之安南，何異於是？要今之君子，皆未能灼見彼中事情，故不免致疑於愚言。雖以霍渭崖平日議論相同，及至臨時，不敢發一語，其他何望哉？則愚言之不見信於君子者，無怪其然也。

　　四峒之地，自元建議征南，或帶言，或特奏，不一而足。方登庸未納降之先，元與翁參政定議必取，及至納降，翁參政遣王指揮、蘇通判與登庸反復講論。只此一事，蘇通判至以元奏草常在袖中脅之，而登庸怕元，亦欲以此取悦了事，故於降本中顯言之。則四峒之歸，本元之奏，而束塘、半洲二公亦云："非先生屢言，吾何得知其所由？"可見矣。向使唐西洲、潘峩峰之説行，逆庸肯歸四峒，削國爲都統、宣撫否？則元奏之不可無，不爲罪，可見也。交事既了，蔡半洲私語張維喬參政曰："得林茂貞這裏大嚷，不是他大嚷，怎得莫登庸這等懼怕，繫頸來降。"而毛束塘、蔡半洲相見，亦面歸功於元。則登庸之降，四峒之歸，孰功孰罪，軍門已有定論矣。初，半洲語兩廣三司云："塘翁欲以林僉事爲首功。"元募兵回自閩，府縣官以告，三司相知者亦以告。及至敘功，乃居次，蓋有沮之者。近者道過江西，元以問塘翁，翁曰："當初委有此議，後因衆論不一，只以官序，故先生在後。"塘翁之言蓋有隱諱，元之名雖在後，然敘功之疏，建議復地，召集驍勇，誰則先之？雖不爲首功，而首功之實，自不容掩也。然今和官俱無了，又何敢問功！初，元奉委福建募兵，臨行時與翁參政曰："爲我語半洲公，我看諸公之意只是欲納降，恐我在此打擾，故令我遠去，以便行事。若果納降，亦要停當，切莫將就了事，負此良時。我今不説，恐人笑我痴癡，被人欺也。"翁以告半洲，隨以半洲之意來問曰："登庸如果投降，將何以處之？如今講定了然後行，他日勿謂我輩賣先生也。"元曰："今方瀛已死，登庸勢孤，國人離畔，登庸之事大半是不可成矣。若又如前日納降請封，此決難准，想彼亦不敢望。若不費吾斗糧一矢而來降，功亦可嘉。吾前奏欲九分其地，此必用兵然後得。既不用兵，他自來投降，亦難執前議。果然來降，何以見是真實投降？必遣子入質如南越嬰齊乃可。果爾，與做宣慰司可也。”翁曰：“宣慰司品級小。”元曰：“唐以安南爲都護府，五代時有諸總管府，得便宜行事。今不與爲總管，則與爲都護可也。四峒之地，决要還我。如不還四峒之地，雖云納降，其事决不可了。”翁曰：“决是如此行。”今登庸遣侄入質，削國爲都統、宣慰，歸我四峒，皆元啓之。四峒之歸，登庸已見降本，質子之遣，都護之議，今翁見在，可問也。以此觀之，則今日處分安南，元實預議，而其事卒無不合，則其心可原，其功可録，其罪可勿論，於是又可見也。

元之去官，當路君子亦既不安，而元亦無容復言者矣。第念元以談兵爲逆庸所憚，至繫頸送款歸地而削爵，又以談兵爲科道所怒，至連本彈論而去官。夫登庸自帝其國，父子相繼，於今二十餘年矣。一旦削國爲都統，分地爲宣撫，豈不深恨？聞元罷黜，豈不痛快？豈不欣笑？而在元則有難爲者爾：爲朝廷聲義討罪而自招其罪，爲國家争得土地而自失其官，豈特夷狄傳笑，天下之人亦必傳笑。阮文泰彼中豪傑，登庸心腹，阮拔萃以僞狀元及第，與諸來納降之人，皆有學問識見，今來京師，必駭問元被黜之因，必謂彼中所畏憚之人，天朝乃罷黜不用，豈不竊笑？又知我諸臣素憚用兵，至黜其建議之臣以冀息事，必且以彼納降爲誤信虚恐，而或退悔中更，似於中國體面與今日納降之説皆爲非便，又不但元一人之傾覆已也。

元平生志氣願慕古人，筮仕二十五年而官兩謫，爲州判者一年，家居五年，爲知州又五年，憂患屢經，皆能安處而志不少變。今之廢黜，豈情不能堪而曉曉申辨哉？誠慮平生以古人自期待，乃以議兵致疑於君子，其心無以自白，又以議兵被黜，爲夷狄所笑，心切自愧，所以不能已於言者，爲是故也。伏願高明君子，於元之言，反復深思，必有以諒其心，赦其罪，而念其傾覆矣。

【校記】

①“辨”，乾隆本空缺。光緒本有“辨”，今據補。

②“蘊”，原作“蕈”，誤。今據文意改。

③“二楊”，原作“三楊”，誤。“二楊”指楊士奇、楊榮。據《御撰資治通鑑綱目》卷二

載:"宣宗皇帝用二楊之政,棄交趾布政司。"今改。

④"此其機再失也",句中原無"其機"二字,但上文有"此其機一失也",下文有"失此二機",知"此再失也"句中脱"其機"二字。今據補。

⑤"荷",原作"河",本卷《上巡按二司防倭揭帖》作"蓮荷"。今據改。

⑥"販",原作"貶"。下有"販子重秤虧折"之文,知是"販"字之誤。今改。

⑦"十",原作"千",誤。數自千位、百位、十位依次遞減,知后一"千"字爲"十"字之誤。今據文意改。

⑧"自",原作"目",形近之誤。今據文意改。

⑨"洲",原作"州",誤。上文"忭拂夏桂洲",不誤。今據改。

⑩"滬",原作"扈",誤。今改。

⑪"驚",原作"警",音形相近,蒙上"相警"而致誤。今據文意改。

⑫"伐",原作"代",形近之誤。《周易‧既濟》:"高宗伐鬼方,三年克之。"今據改。

⑬"爵"字原缺,今據光緒本補。

⑭"折",原作"析",疑誤。本書卷四《走報夷情急處用兵以討安南疏》:"以臣觀之,安南一塊之土,終無獨立之理,其勢必折而入中國。"今據改。

⑮"帥",原作"師",誤。上文有"既而三帥臨邊",今據改。

林次厓先生文集卷七

序

重刊四書蒙引序

虛齋蔡夫子以理學名當世，平生志述考亭。所著有《四書蒙引》，板行已久，頗多訛誤，爲學者病。余得善本於夫子之子選士存遠。書林葉氏茂見請以刻，此予志也，因書數語授之。

經學之不明也，考亭而後復三百有餘年矣。國朝以經術造士，取之以是，尊經也。又胡不聞近世之病經有三：科舉也，詩文也，道學也。科舉以經義，已則支裂經言，捭闔時好，其失也市；詩文以紀述，已則遺外經傳，雕鏤枝葉，其失也荒；道學以希聖，已則塵落故實，空談性解，其失也霸。三者出而經蕪矣。

理之於經，譬金之礦，玉之璞，珠之蚌。珊瑚、玳瑁、象犀之生絕域，非穴深山，沉重淵，浮巨海，蹭歷百千萬里，犯虎豹、蛟龍之吻而出之，不可以獲。世术有以是求者，顧以三者病之，惡乎明？是故明經有術，勇力拔山不能攻其堅，明見萬里不能燭其微，辯駕諸侯不能解其難。退焉若有所怯，訕乎似不能言，疾雷不驚，火不焚，水不溺。紆紆徐徐，握道之樞；勉勉汲汲，循道之則；淵淵默默，守道之極；闇闇昧昧，斯道乃會；纖纖剪剪，斯道乃顯，孰能與於斯哉？其吾虛齋夫子乎！

予未之能逮也，願與學者勉之！

重刊易經蒙引序

虛齋蔡夫子以理學名成化、弘治間，《易說》若干卷，坊間有舊刻，顧荒缺弗

177

理,人有遺恨。三子存微、存遠、存警雅嗣先志,各出家本以增校。予屬祿仕,分心未之及也,退居暇日,始克承事。書成,將刻之,庸書數言以告學者,曰:嗟乎,《易》豈易言哉?夫五經之有《易》,猶衆水之有海也。海不可列於衆水,《易》可列於五經哉?夫何《詩》、《書》、《禮》、《樂》、《春秋》皆經也?然章自爲意,句自爲義,《易》則不然,稽實以待虚,託一以該萬,以六十四卦三百八十四爻冒天下之道,豈與諸經比哉?聖人以辭而説《易》,猶人以舟而涉海。涉海者乘長風,破巨浪,窮力之所至,謂之見海則可,謂盡海之觀,則未也。説《易》者擬形容,象物宜,窮意之所至,謂之見《易》則可,謂盡《易》之藴,則未也。是故《易》可象而不可言,可言而不可盡,聖人其猶病諸,况其下者乎?河南見理而遺數,建安舉數以兼理,二者不同,要亦齊、魯之間爾。蔡子之説,何以過是?然近世諸儒説經,未能或之先也,或者見其字分句解,遂目之爲訓詁,吾取其大者而已,訓詁非所知也。或者見其旁論遠引,遂目之爲支離,吾取其近者而已,支離非所知也。學者信吾所知,所不知者置之,以俟他日,斯則切問近思之學矣。

四書存疑序

余少經憂患,就學最晚,然自知親筆硯,即喜窮研經理,有聞即記,頗慕橫渠。顧惟寡昧之資,短於聞道,庸致新故雜襲,蕭稂莫分,重以海陬僻居,麗澤寡與,自進獨難。時則有若先正虛齋,橫經授徒,英儁雲集,乃以三隅莫反,束修未行,詎謂天不慭遺,哲人奄逝,爰即墳典,自求我師,十載沉思,若將有得。無何,宦轍東西,風波蕩析,奚囊舊稿,十喪二三。幸視學嶺南,乃克興修舊業,佑啓我生。知我者謂既與斯文,不宜獨善,乃以四子先付梓人。《學》、《庸》甫就,鴻跡忽遷,南北奔馳,遂虛歲月。回盱往業,有似夢中。既而因病在告,乃復搜尋故紙,庸畢前功。《語》、《孟》二疑,以次落稿。覆瓿之誚,庸知其免;閉户之勤,有足多者。門人胡、卞二子,請與《學》、《庸》並刻爲全書。

或曰:世方傳注之病,易簡是宗,奚乃之學?余曰:是何言與?夫義理玄微,窮之弗盡。故在古聖,終日皇皇。有若曰博,曰精,切磋深造,類皆繁難,奚其簡易？且六經、諸子於今具在，使子舍傳求心，去繁即簡，豈能頓悟？是故陸子之學，智者之過，匪聖人之衷，大道之蠹也。或聞之，曰："余過矣。"二子喜曰："旨哉師言，請書以序。"

增訂四書存疑序

《四書存疑》，余窗稿也。昔提督嶺南，曾刻《大學》《中庸》以示諸生，四方學者見而悅之，有不見全書之恨。入丞南大理，士多相從學問，於是金陵胡椿、胡棟，江都卞崍，共求《論語》與《學》《庸》並刻，始爲完書。建安王氏取其本翻刻於書坊，顧字多訛脫，觀者弗便。嗜利之徒，見此書之行之遠也，欲刻之而嫌起爭，又於《學》《庸》編首增入數條，更其名曰《明心》。義既不倫，名亦無謂，予病焉，思有以正之，未得也。廢居林下，不忍自泯沒，爰取舊聞，復加溫習，幸天不閉其衷，時有開益，經、傳、子、史頗有論著，此書亦有增改。陽溪詹文用氏既刻予《易疑》於書肆，復請曰："四書近爲葉氏所亂，若以今本與文用刊行，彼當自廢矣。"予喜曰："此吾志也。"乃與之。因道其故於編端，庸告學者。

易經存疑序

予自束髮讀書，即喜窮研經理，懼其遺亡，類皆劄記。然性喜知新，稿成輒棄去，至有一書而二三易稿者。經、傳、子、史多入議，思《周易》、四子獨有全籍，既入仕途，王事經心，中遭斥逐，鴻迹東西，此書雖攜以行，曾弗及目，而散逸者有之。泗水辭官，始獲追修舊業，稍稍就緒。視學嶺表，因出以示諸生，一二同志欲廣其傳，輒謀之梓，四子先出。繼而入丞大理，南北更官，重以負罪南遷，風波涉歷，干戈在念，而《易》遂以束之高閣矣。乃者被廢來歸，山居無事，念夙業未終，爰取所藏《易説》，重加刪飾，始於辛丑之冬，越一歲而告成，定爲十二卷，命曰《存疑》，從舊也。書林詹氏因求刻，予弗能止，懼其訛亂不倫，姑爲之校正而予之。

或見之曰：今之談經者或薄傳注而喜新説，舉業者或忽義理而尚詞華，次厓此書非子雲之覆瓿與？予聞之，曰：是何言與？夫道在生民，如日用飲食，不可離也。百姓日用而不知，聖人修道以立教，六經所以作也。聖人作經，將使人由之以適道也。經不明則道無由適，傳注其可已與？漢儒專門授受，字疏句釋，勤矣，然業專訓詁，微言奧旨，鬱而弗彰，由戶升堂，吾無取焉。有宋真儒輩出，更互演繹，抽關啓鑰，升堂睹奧，六經之道如日中天，有目者共見，可無憾矣。學者沿傳求經，沿經求道，精思力踐，深造自得，則將親見伏羲而揖姬、孔，若不追蹤游、夏，亦必方軌田、施，隨其所就，如飲江河，傳注其可少與？其或片詞隻翰，未協皇墳，千賢一失，容或有焉。然太陽有遺照，大海有遺潤，安能傷其明且大哉？況《大畜》之道，舍短集長，謙謙君子，裒多益寡。故大舜之智，成於好問；孔子之聖，竊比老彭。若立己於峻，前無古老，方於往聖，不亦遠乎？今必下視程、朱，則吾之說，焉能有易於彼？無則上宗鄭、賈，鄭、賈之說，其可施於今乎？是故昔賢傳注，庸可厚非？今之君子，我未之信也。乃若將精鬭巧，馳騁詞華，聖竅賢關，置而弗問，學士沿習，弊也久矣。前聖作經，皇明造士，意豈若是？賢公卿、明有司，方是之禁，子不知變，而是之述，何所見之左乎？或者聞余言，悔曰：“吾過矣，吾過矣。”乃書其言於編端，以告學者。

重刊蔡虛齋先生批點四書程文序

《四書批點程文》四十四篇，吾泉蔡虛齋先生之筆也，起自永樂之壬辰，迄弘治之壬子，中經八十一年，凡閱二十七科，而所取止此，去取可謂嚴矣。國朝以經術造士，取之於科舉。科舉之文，必依經傍注，於義理有所發明，然後爲明經，然後爲合式，故曰“程文”。然經子之旨難明，義理之文難工，工於文者未必明於理，明於理者未必工於文，文理俱到，自古所難。虛齋去取之嚴，其以是與？今觀其文，隨題發揮，據理鋪敘，初不待鑄辭而句語自工，不待鈎深而義理自著。諸篇之中，雖有豐約不同，然詞各切當，豐者不見其多，約者不見其少。一篇之中，或有純疵不一，然全文難得，大體可觀，亦所不棄。信乎程式之文，可以式初學也。

近世學術大壞，後生尚詞華而畧理致，科舉之文爲之大弊。往者詔書拳拳以正文體是務。予視學嶺南,乃取虛齋江右刻本刻之,期與多士共鏖厥弊,未幾遷去。後之君子不能相與挽回古風而反長之,續用弗成,爲之浩嘆。予再至嶺南,索往日所刻之板,已莫知所往,而坊間鬻賣亦不見有是編,時好可知也。邇時科場取士,有取舊題更刻者而更不及,其文之善可知也。日者,當路君子以予嘗刻此編,從予求之以教子弟,而建陽葉氏如璧復從予求舊本,刻之書肆。予喜曰:"斯文未喪,其在斯乎?"乃取舊日所藏之本付葉氏刻之,將與多士共鏖厥弊,挽回古風,以還我國朝文明之盛,未知能如志否也?庸書以俟。

批點四書程文序

《四書程文》自蔡虛齋批點之後,選者非一家,然醇疵不一,求其醇然無疵可人意者少也。予不自揆,欲步虛齋之武而才不逮志。然衆言淆亂,學者無所質衷,亦不得而辭也。按,虛齋批選始自永樂之壬辰,止於弘治之壬子,歷年八十一,經科二十七,而所得之文爲篇止四十四。今予之選始自弘治之癸丑,至今嘉靖之癸丑,年止六十有一,經科二十,而所選者乃幾三倍,人文之盛,不於是見乎?然弘治、正德以前,文氣類皆深厚雄渾,如太羹、玄酒之爲味,黃鍾、大吕之爲音;自嘉靖以後,氣則漸漓,求能如前或寡矣。文章關於氣運,又不於是見乎?抑愚又有説焉。經義程式之文,譬之繪畫。夫繪畫者,傳人之神,與臨山水、人物、翎毛異。臨山水、人物、翎毛者,模寫獨異傳神者,若一毫一髮與人不相似,則非其人矣。書、疏、序、記、碑、銘等作,隨人才思發揮,或出或入,不可得而見。科舉之文於經義,若有一字一句出入,不得謂之程文。故愚之所取必文理俱到,於經義不悖者。於經義若有出入,則雖文似相如、揚雄,亦不在所取。通經窮理之士,試博取而詳觀之,始知愚言之不謬矣。

書林陸璣氏求壽之梓,以廣其傳。此予志也,乃令門人葉文山、陳光宇編次校正與之。以予所見序於篇首,俾學者知予意之所取舍云。

古文類抄序

古之選文者,自《文選》、《文粹》、《文鑑》而下,若《關鍵》,若《正宗》、《文訣》、《軌範》、《精義》諸集,無慮數家,去取不一,要皆隨人所好,如羊棗嗜芰,各隨人性,其孰優劣,予病其龐雜無倫也,乃取予所好者,隨其類編次之,名曰《古文類抄》,又批點以發其義,俾學者便於誦讀。

或曰:文上秦、漢,東京而下弗上矣。子取文而及唐、宋以至於今,不亦左乎?予曰:是何言與?夫古之文不能不變而爲今,猶今之時不可復而爲古也。時既不可復古,文乃不欲爲今,其可得乎?蓋文章根乎元氣,元氣之行於宇宙間也,一盛一衰,衰而又盛,相因於無窮,文章以之。故三代之文至戰國而衰,漢興復盛。漢之文至南北朝而衰,唐興復盛。唐之文至五季而衰,宋興復盛。文之衰也雖能復盛,然一元運化,萬劫遞歷,久則漸薄,不能及於前矣。故漢文雖盛,終不及乎周;唐文雖盛,終不及乎漢;宋文雖盛,終不及乎唐。譬之花果發生既久,花實開結,與初植之時自不同,人猶望其如培植之初,豈可得乎?文之氣雖以漸而薄,不能如其初文之制,則隨時以變而各適於用。蓋世道與時變遷,聖人因時立政,故帝王禮樂不相沿襲,結繩之治,舞干之化,用於古不用於今,亦其時然也。有如伊、傅告君訓命數篇,無多語,後世章奏乃至百千萬言,居今欲爲伊、傅,得乎?孔、孟告君,對面矢口而成章,後世則執筆擬思,或移時經日而不足,居今欲爲孔、孟,得乎?故曰時也。若以文論之,尊孔術,黜百氏,仲舒有功於吾道也。時至韓愈,佛、老之害甚於百氏,昌黎原道德,闢佛、老,崎嶇嶺海,功與齊而力倍之,如此之文,豈下於秦、漢乎?賣國外夷,挾君臣虜,秦檜之行,犬馬不如,胡澹庵一疏,奸雄氣奪,紫陽謂與日月争光,信也。李斯之《逐客》,揚雄之《解嘲》,其文誠美矣,然殺身亡秦,客之功安在?美新投閣,人之嘲誰解?如此之文,能過於唐、宋乎?

是故文無古今,適用則貴。苟適於用,雖非秦、漢,安得而左之?昌黎、澹庵是也。不適於用,雖秦、漢,安得而上之?李斯、揚雄是也。今之上秦、漢者,安排粉飾,極力模倣,非無一二句語之近似也,然精神氣力,已遠不逮。譬之優孟學叔敖,非不宛然似也,實則優孟耳,何有於秦、漢?況闢邪崇正,未能如韓子之闢佛、老,黜夷扶華,未能如胡子之斥奸檜。使果如秦、漢,猶在所遺,況不如乎？故予之於文,弗問秦、漢,惟關於世教,則取李斯、揚雄、相如之弗遺,以備作文之法耳,非所上也。是知古今風氣不同,文氣不能不異；古今治政異尚,文制不必盡同。君子論文,斯其準的乎？或者聞予言,默然無以應。門人喜曰："論文如先生,始通論也,庸可不聞於學士大夫乎？"予曰："我志也。"

已而書林龔文華等求鋟諸梓,以廣其傳,乃書所聞於編端。爲之序。

重刊大同集序

《大同集》者,集朱子簿同時之文也。舊板歲久壞爛,加以字多訛誤,予謂此先賢遺墨,不可使片言隻字泯沒。嘗考《晦翁全集》,朱子簿同時與門人許順之輩答問甚多,舊集所收僅十之五六。予謂此先賢至教,不可使一言一句不傳,乃取全集參校,壞爛者新之,訛誤者正之,遺缺者補之,其去同之後與諸人翰墨往來者亦集焉,從其類也。其有異時論學、論政及於同安者亦附焉,明所自也。舊八卷,今增至十三卷,由是此集遂爲完書。予於是見考亭之學焉,與吾鄉先哲之學焉。

按《朱子年譜》,朱子[①]於紹興十八年戊辰登進士第,二十一[②]年授同安簿,二十二年蒞任。是時年方二十有四,尚在志學之日,然其所爲文字,已如老成人。其教人無非格言至論,其與諸生辨疑解惑,皆有以發前聖之微旨,足爲後學之印正。雖其晚年所就,曾不能大有加於舊,庸是見考亭之學,其得於天者夐異諸人,謂非生而知之,不可也。許順之、王近思、柯國材三先生,皆吾鄉之先哲,受學考亭。朱子稱順之天資恬淡,無物欲之累,然平生學力則無所考。近思、國材則并其天資而遺之。今觀三先生之疑之問,不待登拜三公,聽其謦欬,其天資、其學力、其造詣,已可想象於疑問之間。小子後生得以考德而論業,孰謂此集無補於先哲與我後人哉？

書成,欲刻之久。縣官例拘末文,未有遇者。學諭拙脩李先生每聞予言,輒共嘆息。甲辰春,先生適署邑事,予復啓之,先生欣然曰："吾事也。"召工刻之。

未幾,而少尹壇溪萬侯③、令尹景崖郭侯先後至,更代靡常,事遂中格④。居無何,憲使見齋利公行部至,觀風弔古,延訪考亭之跡⑤。予因告之,公乃自以爲功。萬侯承之,工始告成。拙脩曰:"此書之成,可謂有功於前賢後學矣。此書之刻,先生之心良亦苦矣,弗可無志。"余乃序次校編翻刻之故,冠於編端,庸告後之君子。

新刊宋策序

《宋策》若干篇,予微時燈窗之所業者,遇得意處輒爲批點,以發其義。一時從遊之士咸預聞之,多有以是顯者,故士爭傳誦焉。予既入仕,此本遂爲梯航,加之宦業易志,故業就荒,兹尤不暇及矣。退居無事,溫尋舊業,後生子弟或從學問,因及舉業。予謂:舉子程文,論規制,則本朝視宋爲備;論得失,則皆不能免。宋人取士雖以經學,然經書大義,短章摘題,舍聖言而出己意,與經義初不相入,割裂破碎特甚。如今所傳《論》、《孟》,古義可見也。前輩有"經義甚於詞賦"之誚,夫豈過與?本朝經義融會題意,依經講解,絶無碎破之病,其法視宋實爲過焉。論乃評議古今人物、事變、制度之優劣得失,如賈誼《過秦》、崔實《政論》之類是也。本朝論式只主訓講,要不過即經書大義而擴長之耳。如以"君子之道本諸身,三聖相授守一道"命題,其文何嘗不美?然其體非矣。是雖濫觴於宋,然未至是之甚也!今之策學起於漢人之策,郡國所舉賢良方正,能正言極諫者,皆訪以時務治道以觀其才識之高下優劣,若漢武之策公孫、仲舒是也,宋人猶有古意。今三場策問,或摘《詩》、《書》隱僻瑣碎之事以乘人之不及,此即唐人明經、墨帖之遺意耳,何足以知人?至其條答也,又不過就事論事,鮮能於問目之外有所發明,而其文詞又多凡陋猥瑣而不振,則才識之高下優劣何自而見?於國家求才之意,能無負乎?故三場策學,予獨有取於宋。昔在燈窗,沉潛玩味,輒爲標榜圈點者,意蓋有在,非玩物適情也。諸生問及,以是語之,罔弗省悟。塈葉文山因出舊本請予重證,予稍加省改,復爲定其次第,以便學者。書林龔文華氏因求壽諸梓以廣其傳,請予出數言於編端,以詔學者。予辭弗獲,乃書予所見以予之。

宋元史發微序

《宋元史發微》四卷，同學博北城陸子之所著也。林子受而卒業焉，作而嘆曰：“陸子其邃於史乎？”夫經載道，史載事，古有是言也。然道不外事，事不外道。《詩》、《書》載堯、舜、禹、湯、文、武、周公之迹，《易》效天下之動，非事乎？《春秋》書二百四十二年之行事，定天下之邪正，立百王之大法，非道乎？故善窮經者必以事，善觀史者必以道。

嗟乎！史未易言也。古者史官不失其職，太史董狐之書，又經仲尼之筆，故《春秋》行於萬世，與六經並。子長，古之良史也，其自負不凡，其才亦足以繼其志，其變編年爲五體，百代不能易，信乎擅制作之規模，孟堅不敢望而及也。然考其論著，各有得失，升堂入室，猶愧聖門。至於李唐，其失愈遠。《起居記注》，人主獲觀，又監脩於宰相，是非曾足憑乎？歐陽、司馬，命世大儒，未免至公之昧，其他則又何望？幸而紫陽崛起，興悲道喪，續筆獲麟，《綱目》一出，盡洗群史之謬，萬世是非，於焉一快。自宋以降，事益悖矣。袖詔未出，已勞降階之拜；金匱所藏，豈有三史之書？珉玉同塵，是非曷準？是故黄袍何服，可輕加被酒之人；天下大器，豈偏私諸子之物？澶淵駐蹕，致人士於乘危。司馬之九伐，安在京城死守？誤二帝於陷虜，帝王之全勝何居？國母暴崩，誰責宰臣之討賊？帝后形毀，何勞黷虜之歸喪？符離三敗，宋事再壞於督府，史盡隱微。赤縣陸沉，義士殺身於恢復，反書叛亂。聖公曲筆，葛亮厚誣，自古所嘆。不有君子，其能史乎？

陸子是書，即顯以推隱，仗義以伐叛，搜遺以補缺，摭實以辯誣，異而弗鑿，約而成章，信史氏之折衷，晦冥之日月也。夫揚搉古今，義精識鑑，載筆立言，功崇裨益。古史辯折史遷，膏肓切中；《史通》攻訶群史，瘢疵適露。故黄門有愛遷之美，知幾有議經之議。陸子是書，寧有議哉？子之學，辯博而深入，多蓄而善藏，人蓋莫之知也。當大顯於世，乃數奇不偶，而安於學職，近於有道矣。予喜其書,又重其人,乃爲之序,因并及之。

龍飛紀録序

《龍飛紀録》何?紀我太祖、成祖創業繼統之事也。略何?事或弗盡,姑紀其大畧也。紀之者何?詔安吳子華甫也。

恭惟聖祖以天授之聖,際五百之運,提三尺,起塗泥,虎噬龍吞,剪群雄,執秦鹿,經綸草昧,重開日月,誠曠古之英也。當其間關百戰,收功於萬死一生之餘,論道講藝於投戈息馬之際。皇圖霸業,雖鬼神不能窺測,聖德神功,盡天地不能爲容,何其盛哉!顧其當日行事之迹,藏之金匱石室,不惟草萊書生目不及見,廟堂縉紳之士,亦有不及知者。吳子生長遐荒,糟糠不厭,乃能窮討旁搜爲是紀,良亦難矣。初名《聖朝禮樂征伐書》,予弗善也,爲易今名,因爲之序。紀凡八卷,當代名人若顧秋山、洪覺山、李中溪、錢月川、江午坡、田豫陽、夏月川諸公,咸尊信傳録,諸生吳天禄,義民陳顯、林濱輩共捐資刻之。

華甫名朴,性善記,書過目輒不忘,於天文地理、古今事變、四夷、山川道路遠近險易,無不在其胸中。所著有《醫齒問難》、《樂器》、《渡海方程》、《九邊圖本》諸書,又校補《三國志》。當道見之,無不珍愛,乃不能推轂,使流落不偶,予甚憐焉,故嘗方之史遷云。噫!若吳子者,其終不遇也耶?

春秋文會録序

徐子世望,卒業南雍,率其友笪廷和輩十餘人爲《春秋》之會,得義若干篇。金陵趙氏見之,請刻以惠同志,請序於余。

夫《春秋》之難言也久矣,史稱"孔子作《春秋》,筆則筆,削則削,游、夏之徒不能贊一詞"。夫游、夏以文學名,又親炙於聖人,於《春秋》一詞猶不能贊,後之學者,乃欲得聖人之心於千載之上,顧不難與?然則學《春秋》者,亦各隨其人之所見而爲之説耳,欲盡得《春秋》之旨,未也。譬之江,自岷、峨觀之,江也;自漢陽觀之,江也;自建業觀之,亦江也。所見無非江,然欲盡江之觀,未也。學

《春秋》者,何以異是?國朝明經取士,《春秋》初主《左氏》、《公》、《穀》、胡氏[《傳》]、張洽《傳》,今則惟胡氏。業是經者,固不敢越胡而自爲說。愚則謂若能兼采三傳,旁及諸家,會衷於道,縱不躡武宣尼,聞《韶》忘味,或可望塵商、賜,言《詩》起予。惜乎,今之世未見其人也。

《春秋》之學既難,故業是經者亦少。坊間傳刻諸經義,無慮數種,是經獨闕焉寡見,學者無所於法。徐子獨會諸生而有是録,可謂有功矣。觀其筆作,言隨人殊,要皆於胡《傳》有所發明。雖業尚專門,未必盡得孔聖之心,然所以抽關啓户而爲升堂入室之助者,將不在於斯與?故不辭爲之序。

甘露詩序

嘉靖七祀春王元旦,甘露降於漳者累日,棲於松柏,厥凝如脂,厥甘如飴,厥臭殊常,穎然珠相,瑩然玉色,既堅弗化,實侈且繁。三邑之民争取以獻於郡邦之儒紳,相與語曰:"兹吾詹侯,德政之徵也。"争爲歌頌之。於是龍邑博陳子遣其徒魏講遠來,以叙請。

林子曰:"昔者明王德合天地,幽贊神明,則天錫之寵而祥瑞興焉。是故龍馬出河,羲之瑞也;鳳凰來儀,昭舜德也。下逮一郡一邑之政,亦必有休祥以彰懿德。是故恭在中牟而馴雉,堪在河陽而瑞麥。靈芝、理木、慶雲、甘露,皆德之致,而世寶焉。今天子聖明仁孝,崇委忠賢,方更弦易轍,以新一代文明之化。詹大夫奉身清苦,剔弊革奸,能宣上德意,以輯其民,人和氣致,祥瑞豈虛生?是故靈露既零,太平象也;必在於漳郡,有道也。頌聲交作,四海之謳歌也,於是見吾皇之德焉,於是見詹守之政焉,於是見人心之豫焉。小子不佞,敢效興人之論,以爲群玉之先驅。"

平寇詩卷後序

平寇有詩,其凱歌之流乎?誰之作?泉之諸儒紳也。誰之頌?憲伯北泉聶夫子也。平寇論功匪一人者矣,曷聶夫子之頌也?功也。曷功?泉之儒紳目耳睹聞之真也。方醜虜陸梁，剽歸德，蹂桃林，我兵輒敗，封疆之臣相視莫敢向前，綉斧以爲憂，聶子獨毅然請往，遂集諸將，授方畧，分兵數路爲犄角之勢，蹤賊出没，伏其歸途，防其奔逸。自督兵以進，乃申訓戒，齊卒伍，示恩信，嚴誅賞，用是群策協謀，死士致命，一鼓而崩之崖谷之間，若覆巢焉。嗟乎！山林孽寇，輕猛詭狡，挾長技，負依阻險，出没靡恒，弗可循執，肆行罔忌，委毒八郡者數十年，而莆陽之禍烈於癸未。郡縣操戈以從，莫敢引刃相向，俘掠淫殺，殘虐滋甚，人神蓄憤，長吏縮首而含羞。聶子一舉而殲之，幾千百黎元之冤以雪，數十載神人之憤以舒，皇靈以振越，厥功懋哉！

或曰：聶子之兵固有道與？數十載郡縣之兵，莫獲其領要，何也？曰：用兵之道，正志居上，謀以行之，必誅賞以成之。有沉舟破釜之志，何事不成？有囊沙空壘之謀，何戰不克？有垂涕斬愛將之信，孰敢不用命？聞往者郡縣之兵，觀望蓄縮，無取賊之心，烏合市子，率戈刃未交而思遁，畧罔有懲懾，以斯謀賊，曷賊之謀？夫聶子者典封疆，志在殲賊，既勝而誅賞必信，越於人遠矣，故一戰而奏功，豈幸也與哉？或曰：賊驕而橫閩、楚，而兵官失厥馭要，操兵者無上策也。夫子用兵有道，其兵家者訓與？有國之藩垣，生民之屏翰也，容可勿書？予感或者之言，乃序次其事，書於《平寇詩卷》後。

卞鶴皋榮壽編序

予昔官南廷，維揚卞嶠子登從予問學。子登才俊豁達，有大志，能詩，善草書，予奇之，期以遠大。其季父鶴皋君，因謁予留都官邸，君貌崇而禮卑，聰明儇儻，一見知非庸衆人。既而子登舉應天壬午鄉試，君喜，愈善予，歲時溫問益勤。予以執法忤當路，謫判泗水，行無資，君捐囊予濟。予居泗，不悦於當道，乞歸未得，託妻子於子登，君極力周旋。予歸囊又罄，君復助予，且令子登送至姑蘇，視予益厚。予起官嶺表，入丞南大理，追念昔情，獨厚鶴皋，恨子登已没，不及見也。君維揚富室，所交多名縉紳，在恒情或慕聲利、薄名節，然於予不以盛衰易志，賢於翟門之客遠矣。

按，卞氏裔出晉尚書公壼，至菊亭復起鉅家，庸能閑以禮義，闔門百口，同爨無異財，雍睦無間言。君承家，益濟以文雅，澤以詩書。子弟遵其教，各能樹立，若嶠、若峰、若萊輩，彬彬接武，厠名縉紳間矣。嘉靖癸未，江南北大祲，人相食，君捐粟千石賑饑，富人爭慕效，賴以全活者甚衆。又置義塜，收瘞填溝壑之人，朝廷榮以散官。他如置義田以贍宗族，開義塾以教鄉子弟，修學舍，助學田，所費無慮萬金，皆人所難者，可謂積而能散，富而好禮者矣。嘉靖改元，卞氏得以"五世同居"旌其門，今六世矣。當世重之，咸曰"卞義門"云。君之義聲既著，士大夫之交君者愈賢之，當其六袠稀年，咸有詩文爲之壽，序記、原説、辭賦、詩歌、頌贊諸體略備。君又作知足堂以居。士大夫賢之，多貽以詩文，長篇短釋，充盈箱篋，瑰詞秀句，爛然珠玉，一時文獻，咸萃其門，誠海内之故家也。乃子鴻臚君端珍藏之，懼其久而散逸也，類次成編，凡五卷，將梓之以爲世寶，自維揚書來求序其首簡。

夫壽，居五福之先，最人所難得。中古以降，元氣既漓，聰明富貴者未必壽，壽者未必聰明富貴，故顔子屢空而夭亡，盜蹠横行而壽考。其德位名壽之並得，吾見亦罕矣。間有聰明富貴而兼壽考者，非家運之隆所禀，得元氣之淳，則節欲養性，積德行義，得攝生之道，非偶然也。鶴皋之眉壽，無害其家運之隆，所禀者厚與？抑節欲養性，積德行義，善攝其生者與？然所貴乎壽者，在乎有益於世，善可述而名足稱，則其人雖止於百歲，而其名不與之俱往，始足謂之壽也。使生無益於時，無益於後，則雖長生久視如侯門安期生之屬，亦與草木同腐者等耳，曾足謂之壽乎？是故鶴皋之壽，非百歲維期之壽，千百年不朽之壽也。乃不辭爲之序。

周母許氏旌節卷序

節義之有旌褒，何也？所以彰往勸來，立人紀而閑世道也。

夫婦之於夫，猶臣之於君也。君有難，臣委之而去，則國何賴？夫亡，婦委之而去，則家何賴？此禽獸之行也，則將人紀解散、世道敗壞，而家國非家國矣。

是故聖王爲治，必旌節義之人，表宅里，樹風聲，非慕其美名也，將以彰既往，勸方來，立人紀，閑世道，保家國天下於無窮也。噫！此爲治之首務，古今聖帝明王之所同也。

國朝之法，三十以前守志，五十以後奏聞者，始得褒旌。其不幸不以時聞奏，與聞奏不及覈實而死者，皆不獲。其死後旌表者，自有國至今，僅得六人焉：曰舉人陶亮之祖母鍾、母方，曰謝方石之祖母趙，曰顧中舍之母俞，曰陳郡守之母陳，與是卷大理丞弓崗周先生之母許也。予嘗考之，鍾氏、方氏則一門四節之盛，奉我孝宗皇帝特旨，自餘則皆以子貴。夫一百七十年之間，死者旌表者止六人，而皆有其故，則民間貞節處涼寒，拘時例，弗與旌表者何限！是豈聖人立法之初意哉？迂儒俗士行法之拘而失之之過也。然自陳以前，不過孝子不容已之心隨時爲之；自周母旌節之後，詔書始著爲例，蓋周母之節足以動人，周子之賢足以揚親而啓後，故有此耳。《詩》曰："孝子不匱，永錫爾類。"此之謂也。予觀母年十九而秉節，四十九而告終，三十年間，煢煢子立，守遺腹之子，教以詩書禮樂，底於成立，爲時名宦，真有古人立孤之偉節，不特空房獨處，黃昏風雨之間，寂寞淒涼、辛酸窮苦爲可憫也，旌淑貶慝，天人常紀，而禮官初猶難之，獨何心與？要自古忠臣烈女，致身以成國家，立節義，皆光岳全氣所鍾，故能凛凛與烈日爭光，與秋霜比嚴，夫豈有所爲而爲？聖王爲治，欲假之以立綱常、閑世風、保國家與天下，則旌褒之典有不能已者耳，奈何俗儒之拘而失之也！

是卷所旌，豈特周母一人之幸哉？綱常世道，國家萬世之幸也。予不佞，謬有天下之志，惡夫拘執不化之害道者，聞母之事，故樂道其始末爲之序。

集山書屋序

崇陽汪希周，以武部郎料兵至留都。訪予見山亭，命序其集山書屋，言曰："大集，我崇望山也。山有三峰，聳起若筆架，尖嵌巖峭，人跡莫至，意必異人所居。諸峰遠近環峙，如揖如拜，如帶如抱，山下有泉百餘，行數里，會爲崇溪，直南有桃花洞，幽勝不可名狀，多古名賢題咏。宋張乖崖宰崇，愛大集之勝，築室鑿池，其遺址在焉。始家翁遊崇校，嘗於大集之東葺數椽爲藏修之所，兼教我兄弟。我兄弟既朝食，家翁亦以偕計詣闕下。一日，翻然拂袖去，扁舊所葺曰'集山書屋'，日居之，以經籍自娛。移書諸子曰：'天下事而屬爲之，放我集山，主管風月，豈不樂哉？'遂不復爲當世慮。此其大較，固未有序其事者。君知我，能愛於言耶？"

予惟宇内名山水，造物者設之，意必有待，必有道者能知其趣。朱其輪，華其轂，宦海畏途，汩汩弗返，此不知其趣者也。迹岩穴，心朝市，高隱終南，人有捷徑之誚，謂知其趣者，僞也。屢起陰州之想，不見拂衣，心及而力弗逮，謂知其趣者，淺也。大集山稱崇陽之勝，然自造設以還，凡閱幾千百祀，於乖崖僅一遇，又以宦遊至，弗狎居，餘莫之前聞，知其趣者或鮮矣。乃翁公獨有契於斯，始也葺屋以豫藏修，卒用之自老，軒冕在前，去若脱屣，山水之趣，公可謂不知者耶？意公居是屋也，必會境於心，以景觸道，大集之山秀而高，其毋發吾之仁而增其壽乎？大集之水清以深，其毋發吾之知而助其樂乎？臨桃花之洞，其毋感吾之吟詠而續古賢之音聲乎？觀乖崖之遺址，其毋動吾景仰之心思有教子而踵其芳躅乎？然則異時集山書屋當與乖崖書院同不朽於崇陽間，使過者森竦躊躇而却顧，必有雄文巨筆大書之者，何有於予序？

新刻高東溪文集序

東溪高氏奮自南服，值宋中造，狄金難作，國如累卵，始以太學生上書言國事，觸諱忌，冒斧鉞，頻頻懇懇不休，忠肝義膽，已畢露於未仕之先矣。既任職居官，時時與長上爭可否，不爲苟從。典學慮囚賑荒，所在流惠澤，民攀轅⑥願留不可得，豈苟食人禄者哉？六篇時議，簡在帝心，一忤權璫⑦，遂沉卑仕。始以不祀秦父受捃摭，中以羞見權臣被搏執，卒以譏訕失官。蓋在南宋，始終以秦檜壞事，東溪始終與秦爲仇敵，雖屢經摧折，顛沛流離，曾不肯稍强顔於秦以安其身。志士仁人忠在家國⑧，恨不能斷賊臣頭以甘其心，曾一身利害之恤耶？舜陟取媚⁹太師,覬躋通顯,迄灾弗逮人而自及。天道昭昭,庸非永鑒?夫子忠義出自肺腑,殆不以隱顯死生易志慮。君子曰:"無所爲而爲善。"觀其謫居授徒,家事一不介意,拳拳焉惟國之恤。臨卒所言,猶不忘天下,其生平概可知矣。

所著有《東溪集》行世。予讀其傳,見其爲人,心竊慕焉。往得其集於留都,思刻之其鄉,以語漳節推黃子以方,以方曰⑩:"我責也。"取歸刻之。以方失得不動心,在官必有其志,如其人。斯集之刻,詎偶然也與哉?自夫子没後二十年,丞相梁克家、漳守何萬上之朝,復其官,後五十年,守朱文公熹奏贈其官。今三百年,節推又刻其遺文。古之君子偃蹇於一時,迄伸於百世概若是!孰謂善不可爲哉?孰謂善不可爲哉?

邵康僖公文集序

康僖邵公文集若干卷,其猶子德夫刻之崇安。予南遷過之,以序見屬。康僖,予友也,往過古杭,哭之於家,兹序予責也,奚辭?

或曰:聖人貴行而賤言,以文垂世,君子不多也,胡康僖以文行?予曰:不然。夫言之弗取貴者,謂空言而行不逮,於道弗近者耳。有若達意明道,則言惡可已?是故雜物撰德,匪言弗備;闡幽辯惑,匪言弗晰;申命行事,匪言弗流;彰往察來,匪言弗著,言其可已乎?經、史、子、集皆言也,六經、四子,學者宗之,萬世如一日,何也?以達意,以明道,其言不苟也,下此則得失互見,人之是非可否,有不一矣。故論文曰不苟作則可,曰不必作則不可。必曰文不必作,則六經可無,古賢名世之作俱當燬也而可乎?

康僖年少以文魁天下,顧不欲以文自見,其克己省身,致力於道,汲汲如也。觀其筮仕幾三十年,起詞林,歷藩臬,以至卿寺,債負莫償,身死之日,無以爲葬,非於道有得乎?督學閩、楚,所至以道帥⑪諸生,稱盛德者,至於今不衰。予嘗與同官,見其接人,雖在造次,無疾言遽色,事當喜怒,雖甚亦不形,可謂有養矣。其平生言論,胸中經綸,要亦不少,恨弗獲大遇,盡見之施設,亦命也。然錫謚殊恩,特出明廷,在當世鉅公有不能得,而公又不可謂不遇也。公既不欲以文自見,故平生著作亦少,其所得止此，然皆不能已於言，實本於躬與道而發之，非空言也，故其言足以傳。

公諱銳，字思抑，別號端峰，官太僕少卿，康僖其諡云。

王一腥先生文集序

行非卓行不足以服人，行人之所不能行者，天下之卓行也。言非至言不足以服人，言人之所不能言者，天下之至言也。夫用之則行，舍之則藏，士君子出處之大節也。然有世方我用，乃鏟采韜光而不行，如徐穉子之在漢，蘇雲卿之在宋，豈非天下之卓行乎？言之不文，行之不遠，文固學者之所貴也。然或道喪文弊，風靡波頹，其有大劃頹風，教人自爲，起八代之衰，黜西崑之體，如韓昌黎之在唐，歐陽文忠之在宋，豈非天下之至言乎？

國朝恢皇治理，至弘治間爲極盛。是時也，衆正有彈冠之慶，士君子方樂於仕進，以行其志。先生當弘治中歲，高掇鄉科，南宮一跌，以養親爲辭，遂爾卷懷，雖朋輩强之而不可，方之徐穉子、蘇雲卿不甚相遠，豈非天下之卓行乎？自科擧之學興，天下之士始則浮華於文詞，終則破碎於經義，遂失渾厚之體，至國朝弘治間極矣。蔡虛齋先生崛起南服，以理學教學者，遂盛行於海内。先生以高明之資，尤能發明師旨，至有青出於藍之譽。予觀其記寧德之學，欲九州學者之爲同國，百世學者之爲同時。序林氏之譜，則欲合歐、蘇爲一，以《西銘》爲一大譜。讀《文章辨體》，而悟精神力量之不足。讀程墩篁⑫跋《文章正宗》，謂王、張之私人與朱、陸道一之非真知。至於序蘇東坡之集，稱其天資高明，亦有得乎六經、《語》、《孟》，其文章精神氣骨剛而無餒，其心在於天下國家、君父蒼生、大倫大法，與其世變興亡，人情物態，更革沿襲，事爲作用，推其功於仁義，皆鑿鑿乎可用。極言新法爲小人所忌惡、擠排，終於流竄，雖瀕九死而不悔，謂合於曾子之臨大節，孟子之養浩然之氣。謂朱子非聖賢至公至仁之心。此則古今卓絶之見，非尋常之所可及也。使天假以年，竟其所至，必有以發前人之所未發，而乃壽止中身，不使遠到，豈物之精華，天地所秘，先生固莫之能爲也耶？嗚呼！觀其祭虛齋之文，謂東南數百年，山川之精秀，獨洩於一人之身。已親炙其門,欲深造其閫奧,方將伐百代之蕪穢,揭六經於日星,不知者謂我孤孤矯矯,雖先生亦以爲狂而不經,則其自負亦不止欲爲虛齋,而"青出於藍"之譽,信不誣矣。

先生不久於人世,不能終其學,故其文止此。二子早喪,其文亦散逸無能收拾者。其嗣孫國俊乃能收拾於散逸之餘,非不幸中之幸與?國俊[13]欲壽諸梓,以予爲先生知己,以序見屬。予素高先生之學行,嘗薦之於朝,未及叙用,而先生已不作矣,兹序所以成先生之終也。學者不讀予之序,孰知先生之爲高?不讀先生之文,孰知予言之非佞哉?

劉執齋先生稿録序

客有就予論文者,曰:"文必秦、漢已乎?"曰:"然。"曰:"今之爲屈詰聱牙之語者,秦、漢矣乎?"曰:"否。秦、漢之文雄渾典則而得於自然,變化飛動,不可捉摸也。今之作者辭壞於割裂,氣傷於斷削,意屈於拘牽,困苦偏枯,弊也甚矣!烏乎秦、漢?""然則若何而可秦、漢乎?"曰:"噫,淺哉!文章關氣運。氣運有登降,文與時遷,何秦、漢之拘乎?文以載道,道窮於春秋,文止於孔、孟,戰國而下陋矣,何秦、漢之尚乎?""然則將奚從?"曰:"吾奚從?從於道耳。夫文有五要:門户要正,取材要博,尺度要定,步驟要重,氣勢要壯。文有三利:辯是折非,利於明;比物引類,利於切;陳事説理,利於盡。文有四惡:用意惡奇,立論惡迂,用字惡僻,造語惡陳。文有五弊:深也或弊而晦,顯也或弊而淺,高也或弊而亢,卑也或弊而諂,激也或弊而怒。經之以五要,發之以三利,屏四惡,懲五弊,文之法於是乎盡矣,道於是乎著矣,吾何從?"客聞予言,再拜而去。

大中丞江右執齋劉先生以古道聞當世,其爲文皆自溢諸中而發之,故不待刻意求字讀句語之工而法度自見。其視諸弊爲屈詰聱[14]牙之語,於道無補者,相去遠矣。予出先生門下,受知獨深,及官留都,復幸得時親炙於左右。暇日因請其所録稿觀焉,三復之,竊獲我心,乃述答客問之意冠諸編端,將以傳。先生平生所作甚富,火於寇,是録所存,蓋十百之一二云。

懷蘭集序

余自正德丙子領鄉薦,嘉靖辛丑歸田,首尾二十六年,中間升沉得喪,無慮幾變,南北東西,訖無定迹,而辛甘苦樂罔弗備嘗。一時士大夫之相與者隨遇而覥以言,樂而喜,苦而悲,蓋亦各盡其情焉。類聚群分,各有卷帙,前積後累,遂盈箱篋。退居暇日,發舊箱,理故牘,翰香墨迹,歷歷在目。萍踪一散,不可復合,追想平生,爲之浩嘆。懼其久而散逸也,乃編次成集,命曰《懷蘭》,凡十卷。取《易·繫》"二人同心,其利斷金;同心之言,其臭如蘭"語也。

余生疎戇,動寡諧俗,用是取困。故入仕近三十年,浮沉相半,海内君子之交余者,弗以升沉得喪而有間,可謂同心矣,其言不如蘭乎?彼此參商,遺墨俱在,言可味而人不可見,使人觸目而興思,能無懷乎?故曰"懷蘭"。

余於是重有感焉。海内同心之士,當其盍簪握手之時,意氣相求,道義相許,咸欲策勳華,光昭宇宙,下上伊、周,弗論管、晏,是時牝牡雌雄,尚未辯也。已而時異勢變,諸人之得喪升沉始微不同,而終乃大異,或翔霄漢,或墜淵谷,或登鬼録。翔霄漢者得時行道,霖雨蒼生,名實加於當時,及於後世,疇昔之所志,罔弗盡酬。余雖不及,而私竊喜之。墜淵谷者,或行高絶物,觸怒豺狼,或奇數不偶,橫罹世網,疇昔之志,弗及一售,平生所學,終身泯没而不見。余不自揆,而重爲悲之。登鬼録者,升沉得喪,雖若不同,而同歸一土,死生殊途,幽冥永隔,形容不可得而見,聲音不可得而聞,感今追昔,令人重嘆興思而涕淚隨之!則余於斯集也,能無永懷也耶?乃命工刻之,而序其意如此。

自鳴稿引序

昔楊邃庵太宰之被誣於逆瑾也,自登檻車至落籍歸第,積所得詩若干,名曰《自訟稿》。余自引疾至謫官以來,時輒有作,積而成帙,不忍棄去,因題曰《自鳴稿》,蓋取韓昌黎"凡物不得其平則鳴"語也。

或見而笑曰:"處逆一也,子之禍又未至於邃翁也。邃翁之稿以'自訟',子之稿以'自鳴',且邃翁之稿不録辯理之詞,子則録焉,人度識之相越有如此哉?"予曰:"是非子所知。夫邃翁當時之名、之位、之才俱出一世之上,而所遇則小人也,無待於鳴而自白。予之名、位、才於邃翁既遠不逮,而所遇又皆君子也,不以鳴,將誰白哉?夫道有幾,言有時。故《艮》之六五⑮,則取其輔之艮;《巽》之九二,不厭史誣之紛,各以時也。此予之稿所以不敢自比於邃翁,曰'自訟'、曰'自鳴',各有在矣。"

或者然予言,遂書之以爲《自鳴》引。

困知記稿序

整庵羅先生既辭吏部之命家居,杜門著書明道。予往得其《困知記》三卷,刻之嶺南。忽遷官去,未及叙也。兹又得其《續記》三卷,乃合而叙之曰:

自古聖賢之言學也,咸以躬行實踐爲先,識見言論次之,故傅説告高宗曰:"非知之艱,行之惟艱。"子貢問君子,子曰:"先行其言而後從之。"聖賢之重行也如此。故世之論人物者,亦惟即其行履之優劣而爲評品之高下,知識文辭弗與焉。今世君子則惟知識文詞是尚⑯,而行實不論矣。故聽其言,若伊、周、孔、孟復出;考其實,則市人不如。憂世君子,未嘗不於是三致嘆焉。予觀先生自發身詞林以至八座,其行己居官,如精金美玉,人無得致疵。及退居,即杜門惟以著書明道爲事,本分之外,一無所預。家人子弟守其家法,欽欽一步不敢肆。其居家又如此。且觀其辭吏部一節,真有鳳翔千仞之意,雖孟子之辭萬鍾,何過焉?可謂躬行君子矣。觀夫世之高論闊談,動曰"我孔、孟,我周、程、張、朱",要不,屑屑爲富貴聲利束縛不能去,賢不肖何如也!噫!當今人物,舍先生吾誰與歸?百世之下,使本朝史册燁然有光如先生者,有幾哉?

是記所言,咸於斯道有所發明,乃若詆詖放淫,其志蓋尤拳拳焉。孟子曰:"冉牛、閔子、顏淵善言德行。"解者曰:"身有之,故言之親切而有味。"若先生者,不謂善言乎?

南京大理寺志序

大理寺舊有志抄本，載國初制度署具，作者之胸襟識見要不凡，其搜羅良亦勤矣。考其時，當在成化末造，惜姓名不傳，使後之人無從考德而論世，篤其實而逃其名，其人亦高矣哉！余昔備位廷評，服官之暇，時取檢閱，將與張石嶺先生所續志編輯成書，無何謫去。承乏重來，爰尋舊事。寺正鄭子伯震、汪子汝玉暨諸僚屬咸勇予贊，乃即舊志詳加磨校，舍其短用其長，伐其蕪訂其誤，補其遺續其新，分門從類，共七卷，篇目即其舊而稍更張。凡例創自今，參之古義，建置志寺之創立本末也。寺必有官，故志官制。官必有養，故志祿制，有祿必有居，故志官署。志職守，官之所事也，格式以垂則，制令以宣德，條例以輔法，皆職守之屬也，故志。志宦蹟、志辭翰，存文獻，示景行也。夫志也者，史也。古惟天文、輿地[17]、職官、人物、食貨、禮樂、刑法有志，志官府未或前聞也。然備一官之事以垂一代典常，亦典之不可缺也。南京諸司咸無志，獨寺則有，亦前輩多君子爾。前輩道德如薛文清、章楓山，功業如馬端肅，氣節文章如胡公潤、鄒公瑾、黃公鞏，皆命世之英，寺之光也。夫得一人如文清公已爲盛矣，況弗止乎？然則斯志也得六君子，亦可以傳矣。

棘寺同事錄序

《棘寺同事錄》何？錄同事於寺者之名氏、貫至、年月也。曷錄？重之也。曷重之？合異以爲同，是故其同可重也。曷合異以爲同？今諸生或吳，或楚，或閩，或粵，其地異也；或科，或貢，或例，其途異也。地異、途異，而共事於一官，非合異以爲同與？夫君親一也，不可輕重，臣之仕於君，子之事於親，一也，不可彼此。同生者爲兄弟，同仕者非兄弟與？故在今日則有兄弟之好，在他日則有世講之義。是故其同可重也。然斯同者，迹也，未心也。吾聞心同迹異，君子不以迹間心；心異迹同，君子不以心混迹。公旦、管、霍，同父而異子，夔、契、共、兜，同君而異臣，其心異也。箕子、比干，同行而異仁；伯夷、伊尹，同道而異趨，其心同也。故同事者，又當因迹而論心。有若同於爲人，而君子、小人異；同於爲學，而爲己、爲人異；同於事君，而忠佞異；同於治民，而仁暴異。是謂迹同而心異，何足以爲同？是故同事者必以心。爲人必皆君子也，爲學必皆爲己也，事君必皆忠也，治民必皆仁也，然後可以爲同矣。

永春縣志序

昔者禹既抑洪水，乃分九州，定山川，別疆圻，條物産，辨貢賦，地理之書於是昉矣。周有外史，掌四方之志，志之名始見。嗣後國史、地志轉相祖述，史志、地理、郡國志有畿服、輿地、寰宇，各自名家，波漫百代。

夫志一邑之史也，備一邑之事者也。地理云乎哉？山川、風物存乎輿地，建置存乎規制，國計存乎版籍，吏治存乎官守，人物、詞翰，文獻之徵也，雜志，衆流之府也，罔弗備矣。故志有道焉。規度欲正，正以立體；該載欲盡，盡以周物；考核欲精，精以審是；品量欲公，公以永鑒。四者具，斯良志矣。《書》、《禮》、《春秋》，始亦志也，猶之《墳》、《丘》、《乘》、《杌》也，删定於孔氏，遂列之經，萬世寶焉。非夫盡性經政，其言足以法與？六經遠矣，《史記》一書，傑作也，入出牴牾，間或莫捊，至獨出機軸，首變古法爲今制，有百代不能易者，舍短用長可也。今郡國咸有志，類失步邯鄲，誰登古雅？

永春志闕久，尹天台柴仲和氏病焉。既而憲長崑山周公以斯督郡縣，仲和欣然承之，輒弗予揆，以其事屬。予既受事，乃取舊志讀之，皆荒誕猥俚，弗可藉⑱手，加之文獻殘落，昔賢遺事，漫無所於考，乃與仲和悉力搜研，稽政於官，問俗於野，訪遺於荒山古廟，補其脱畧，續其新，黜其不可載者。暑寒交，始克就緒。例以義起，事從其類，凡七志，分九卷。夫事不師古，匪克攸聞。元也志長力短，博觀百氏，庸酌厥衷，鼠垤牛場，容知免夫？

高氏族譜序

《高氏族譜》成，客問於林子曰："子之譜也，立則以起例，合比以成編，其制美矣。夫亦有説也乎?"曰:"善哉問!請明告子。夫家之有譜,猶國之有史也。作而不法,後嗣何觀?是故序親比類存乎圖,繫往彰來存乎録,軌物垂訓存乎範,象賢考德存乎文。觀吾譜諸義,如示諸掌乎?"曰:"譜之説則吾既得聞命矣,夫亦有受也乎?"曰:"帝王之道,因革從宜,孔聖修經,道兼述作。吾監故以起新,引類以廣意,譜之制於是乎備矣。是故圖以世分,其遷《史》侯王年表之推乎?録以人著,其世家、列傳之流乎?範以義取,其內則、家訓之法乎?文以類集,其苑藝、文志之餘乎?"曰:"子之所受,則吾既得聞命矣,抑齋高子之志,可得聞與?"曰:"夫子篤於仁孝者也。夫生人之類,必有尊也,言乎其祖也;必有親也,言乎其族也。尊祖,孝也;親族,仁也。譜也者,仁孝之器也。世末道降,於是乎身致富顯者,恥言其先,於是乎忽畧根本者,無念爾祖;於是乎角奪財産者,仇視同胞;於是乎刻薄寡恩者,路視同姓。夫子大懼骨肉之散,拳拳譜牒之脩,以維繫其族人,尊祖親族於是乎在矣,可不謂仁孝與?"客曰:"若是,則夫子之志與子之述作,皆可書矣。"請林子,林子不可;告高子,高子辭。客曰:"讓美弗獵,善則善矣,著作之義弗彰,則若何?"林子無以對。高子曰:"諾。"乃書之,爲《高氏族譜序》。

潘氏族譜序

潘子勉甫以其所著家譜請序,予觀其譜,有法焉。夫世系弗晰,本支紊矣;世紀弗聞,名實湮矣;世範弗立,家人離矣;世業弗植,生理瘁矣;世德無考,文獻弗徵矣。系也者,叙親也;紀也者,撰德也;範也者,著教也;業也者,敦本也;考也者,尚賢也。五者備而家道成矣,故曰有法焉。

潘氏博羅望族,自貴卿起家,迄今九葉,代有作者,勉甫蓋傑然者。勉甫才足經世,而行不偶俗,方起輒踣,平生樹立,百不見一,斯譜也,可以見其概矣。

余昔得潘子於泗濱,遂棄官去,潘子方陟。兹予來廣藩,潘子乃落職家居,漠如也。聚散升沉,爲之一慨!叙兹譜,所以識也。

林氏族譜序

《林氏族譜》七卷,吾宗饒守羅峰先生之所作也。次厓子借觀焉。有世系,有家傳，有衣冠圖，有丘原圖，有恩命録，有文獻録，有家範，乃作而嘆曰："譜道其備乎！"夫世系親疎之辨也，家傳行履之跡也，衣冠祖考之儀刑也，丘原先人之委蜕也，恩命君寵之光也，文獻有家之寶也，家範貽遠之謀也。故曰譜道其備乎？自九宗五兩之法壞，生人之類離散久矣，有未及數世已忘其所自者，而況於其行履乎？於其儀刑乎？其他抑又末矣。

羅峰斯譜，仁不遺親，信不誣先，敬不忘君，獻以成家，文以飾獻。一舉而五善備焉，良譜也。吾林入閩，喬木晉安，枝葉蔓延閩、廣，文武忠孝，世象其賢，科第之盛，著聞天下，斯譜亦足徵也！

送張净峰郡守提學浙江序

郡侯净峰張先生擢浙江按察司副使，提督學校，戒行有期。廉衛侯劉子潤夫，因節判朱子元東求予言爲之贈。净峰予知己，固予所樂言，兹督學校，尤予所樂言也，烏乎辭？

維國家法古爲治，建學造士，橫經設教，而取之於科貢。蓋士養於學校，三年教成，經明行修，斯能以經術以出治道也。學失其政，則世無良才，則國無善治。學校之所關，不其大與？國朝弘治以前，士必明經，學必適用，不失國家養士之意。故出於學校者，皆能有所樹立，以贊國家昌大休明之治。師保陳夾輔之力，九官有相讓之風，臺諫奮敢言之節，方岳著旬宣之政，州縣勞撫字之心，治道駸駸進於古昔。自時厥後，雜學興而正學廢，人才治道，重有可慮者矣。蓋自詩章雕鏤之學興，先王經世之迹輟而不講，學術於是始壞；自記誦涉獵之學興，孔門"博約"之旨輟而不講，學術於是再壞；自"良知"、"易簡"之學興，程、朱義理之學輟而不講，學術於是大壞。學術既壞，人才何自而出，治道何自而致？聖天子孜孜求賢，圖治於上，何由而仰稱哉？

兩浙人文之盛先天下，學術之弊，固有然者。吾聞道有要，事有機。督學之官，人文之領袖，世道轉變之要機也。今使督學之官能得經明行修者十數人，分布天下，正學安得而不興？士習安得而不變？净峰少有異質，自知爲學，即以孔、孟、程、朱爲宗，日從事於窮理修身之要，再經憂患，磨礱益熟，而造詣益深。以若人而督學兩浙，可爲人文世道賀矣。

昔净峰兩任提學，所至以道帥諸生，不爲空言之教。其在廣右，選貢之法方嚴，不貶心以徇時好，君子稱其直；其在江右，"易簡"之説方熾，能正詞以禁時非，君子稱其義。既而以直失官，而義弗終於楚，君子稱其屈。今净峰得復其官，而又增秩於兩浙，豈非君子之論獲伸廟堂之上，意固有在也耶？净峰行矣，鳴夫子之道以革當今之弊，以還國家建學造士之本意，以副聖天子孜孜求賢圖治之盛心，以協贊我國家昌大休明之治於無窮。於是乎望。

送陳練塘正郎少參湖南序

丁丑進士於今十六有年矣，得失升落，予嘗而備已，復至留都，陳忠夫子始爲秋官郎，何遲也！惟吾忠夫子敦恪冲恬，世味莫之動，恒引疾以待老，其有道者與？去歲自刑曹轉儀部，校士應天，今春遂擢參湖議，亦蓄極而通也。同年諸君榮之，以贈言予役。陳子復過余，請曰："良謨無似，辱在不鄙，若得終惠，錫之教言，敢不夙夜服以終身？"余辭曰："吾子静養之深，曷施不利！予言祗贅爾。"陳子請不已，乃言曰：

"爲政有經，居官有體，子知之乎？何謂經？政教刑是矣。何謂體？百官所職是矣。不知經，不可以立政；不知體，不可以舉官。是故古之聖王，憲天立法，三事並立，所以舉經也；樹國建官，六典分治，所以正體也。今之爲政居官者，吾惑焉。刀筆刑朴是業，先王政教弗講而荒，厥經殘矣；官弗守厥常，事以時禦，或胥僭淫，厥體紊矣。以若求治，其將能乎？今子之吏湖南，厥職祀神也，守土也，其經其體可不講與？昔舜命伯夷作秩宗，曰：'夙夜惟寅，直哉惟清。'宣王命召虎懷江漢，曰：'來旬來宣。'夫寅，敬也；直，正也；清，潔也。洗心立正以篤乎敬，將之以夙夜，祀神孰先焉？旬，巡也；宣，布也。巡行甸域，宣布政教，弗先以刑威，守土孰先焉？吾子而取舜之命伯夷者以事神，取宣王之命召虎者以守土，若經若體具可得矣，於治也何有？夫爲治不法先王者，俗也；法而不至者，惰也。吾子敦恪冲恬，不以功名撓志，豈俗與惰者？是故望之。又聞太和名山也，地靈產異，神仙老氏之所宅，於今尤烈。襄陽、峴首之間，水深土厚而民勁，羊、杜相繼立功之處，遺風固在也。吾子暇日振衣而登天柱之峰、紫霄之洞，則遊神太清，安知不復遇乘青牛、授秘術如尹喜之在函關乎？磨蘚而讀墮淚之碑、銘功之石，則高山起仰，安知叔子、元凱之功不可續之將來乎？"

陳子聞余言，欣然笑曰："祝我以長生，進我以不朽，林子愛我至哉！小子不佞，敢忘佳賜之辱？"既而同年諸君復促登軸，余乃伸楮濡筆，書所言以予之。

送邱松谷正郎擢少參江右序

松谷邱子以冬官郎擢江西參議，過予，問曰："何以爲江西？"予曰："子何余之問也？吾子飫於經濟，昔建議治河，當路不能用，反子罪，竟罔功，子見高矣。雅尚幽退，筮仕十五年，官止郎中，子守廉矣。以若爲江右，猶倒囊出物也，奚予之問？"邱子曰："物理無窮，小子何知而敢不問也？"曰："有道之言也。請以所聞告。吾聞立官之本有三，其要有二，子知之乎？"曰："未也。何謂三本？"曰："吾聞處官者，職墮於華游，道替於正望，業卑於滿止。夫何物莫能兩盛，故冬榮者春必凋，西流者東必涸，天地且爾，而況於人乎？是故黜華即實則分職治，去獲攻難則德義立，舍邇圖遠則事業大。三者所以求諸己而致之道，故曰官之本也。""何謂二要？"曰："今之從政者率苟且隨時，語以古之道則曰迂。然與？"曰："未之然。"[曰：]"今之君子咸任智自神，見不出諸己則羞。然與？"曰："未之然。"曰："善哉子之見乎！夫動必則古，先王之紀綱法度，皆吾之山川道路也。蕩而不率，何以適治？人見有限，狂瞽努甍之言，皆吾之耳目手足也。棄而不用，何以成身？是故以今準古，則愆悔亡；以己從人，則聰明廣。二者所以求諸人而致之道，故曰官之要也。"邱子曰："內不遺己，外不遺人，立官之道弗此越矣。聞江西俗故喜訟，何以治之？"曰："噫，吾子過矣！夫訟可止不可治，今使仲由折獄，廣漢鈎鉅，蕭何議律，江西之訟可盡乎？是故正末莫如端本，澄水莫如清源。《傳》曰：'無情者不得盡其辭，大畏民志。'止訟之道哉！惜我未之能逮也。雖然，三本以經之，二要以緯之，明德以先之，其庶矣乎？願與子勉之！"邱子欣然再拜曰："政不違道，治必探本。先生之教，君子也。小子不敏，敢不夙夜服以終身？"

已而邱子行，秋官林子質貞，希曾輩以贈言請，予乃書所言以予之。

送方山張都憲入贊內臺序

方山張公以御史中丞督南度支，天子嘉之，召入內臺。

或曰："國朝館職不補外，不爲財賦、兵刑、文學也，故不他役，公孤輔弼，於是乎取之。方山入詞林，侍經幄有年矣，乃歷藩司至都憲，財賦、兵刑嘗焉而備，今復茲轉，何也？"

余曰："子以方山內臺之召爲非與？不然也，我明告汝！夫道無精粗，同於適治。才有偏長，未謂不器。人不經歷，弗可大任。夷禮、皋刑並列虞官，無精粗也。商學由政分科，孔門猶偏長也。野耕巖築，並登相位，多經歷也。夫翰林侍從之官，職論思，備顧問，固仕宦之華階，當世之所榮。然或才有偏長，用人者懼違其才，故不他役。因襲既久，遂以爲常爾，豈曰此精彼粗，若是其拘也？士之有志者，天下事皆欲經歷，庸肯執一端以自榮？端揆之任，百責攸叢，要以得人，豈可不博求而一途取之？是故劉誠意以太史⑩爲中丞，弗拘也。劉忠宣辭館職求外補，有志也。李文達由曹司登黃閣，論才也。斯王者之建官，古今之所同也，非若子之所云也。子之所云，叔世之積弊也。往皇上初政，更新百度，翰林之官多補外，非外之也。於時士出翰林者多不樂，至有拂衣而去者。余謂皆非也。方山獨不然，隨其所至，殫心乃職，守土也而賑饑，操江也而弭盜，督賦也而剔弊，日有孜孜，無往而懈，不曰'吾文學，弗他役也'。方山之志，忠宣之志也與？所獲多矣，豈執一自榮滯而不化者與？吾想方山遇財賦，胸中有會計也；遇甲兵，胸中有武庫也；遇刑獄，胸中有法律也。天下事，無不有諸胸中。一當事任，爲用曷既，視夫素不經歷而夢想億度者，賢否相去何如也！是故方山之出也，所以爲入，其經歷也，所以爲大任也，子何之異也？"或者喜曰："微子言，鄙人幾不知大道。"

既而方山行,總憲輿浦王公、厚山周公以贈言請,余無能爲役,乃書其言以復。

送郡侯俞蒲山憲副河南序

郡大夫蒲山俞先生守泉之六年,聖上以吏部之薦擢河南按察司副使,至是凡三推矣而始及。

或曰:"近制郡守三年轉憲副,五年轉參政,蒲山作郡,計其俸歷,已踰五年,僅得憲副,毋乃屈耶?今之作郡者,飽食而嬉睡東窗之日,而衆務咸稽,求一己之能肥,而民瘠罔念,蒲山無有也,可以觀政矣。上攘其君,下剝其民,江山草木,恨不能括以歸,不二三年,富埒王侯,蒲山無有也,可以觀守矣。夫其政如此,其守如此,雖一載三遷其官,亦不爲過,而作郡五年,僅得一階,毋乃屈耶?"

次厓子曰:"是非汝所知。夫事積久而後成,物待時而後遇。爲九仞之山者,平地積土,簣簣而累之,寸寸而高之,弗程限,弗論功,日久而山成矣,未有今日啓手而數日遂成山者,此積久之說也。十圍干霄之木,產於深山茂林,千百年莫之睥睨,一旦工師求而置之廟堂之上,棟樑柱石,惟其所用,夫豈醜於前而良於後哉?亦至是而始遇耳,此遇時之說也。蒲山之守吾泉也,心神精力所用幾何,春秋五閱而始進一階,此猶九仞之山不以日月計也。入仕十餘年,寸寸而進,未大顯於用,此猶山林巨木,未有所遇,將有所待也,何足爲蒲山戚哉?然凡人之情,恒以顯晦而二其心,宦成而怠其志。揚雄草《玄》自守,卒爲莽大夫,其心二也。黃霸聲名損於治郡,其志怠也。心二者喪厥善,志怠者棄厥功。厥善不喪,厥功不棄,吾於是見蒲山之升矣,是故吾願蒲山之無改其初也。"

或者聞予言,唯唯而退。已而蒲山先生行縣,大夫以贈言請,予不佞,述答客之語以予之。

賀朱平川節判擢知高明縣序

節判平川朱子擢知肇之高明,將行,問於次厓林子曰:"何以治高明?"林子曰:"知'二無',斯可以治高明矣。""何謂'二無'?"曰:"有身無身,有家無家。"

"何謂也？"曰："身者，人之有也，惟有其身，則所謀者惟身，於民不暇及矣；家者，人之有也，惟有其家，則所謀者惟家，於官不暇及矣。是故有身無身，有家無家，作縣之道也。"曰："此以存心，言本也。其政可得聞與？"曰："可。夫政在於去害而興利，有害不去，有利不興，雖龔、黃不能善其治。"曰："民之利害，可得聞與？"曰："可。夫民有三害，有四利。何謂三害？曰里甲也，吏奸也，豪俠也。何謂四利？曰農桑也，儲積也，工商也，學校也。""何以謂之害？"曰："里甲役重則江海耗於漏卮，奸吏舞文則生死隨於傅比，豪俠侵奪則牛羊啗於猛虎，庸非害乎？""何以去之？"曰："用度節則里役輕矣，有犯弗赦則奸吏縮矣，亟鋤治則豪強斂迹矣。""何以謂之利？"曰："課農桑則衣食出，廣儲積則患有備，通商惠工則財用足，興學變俗則禮教行，庸非利乎？""何以興之？"曰："授之以法，考其耕穫而殿最焉，則農桑勸矣；不謀私槖，則儲積廣矣；薄其稅斂，則商工畢集矣；建學擇師集子弟而教之，則學校興矣。"平川曰："興革之教，小子不敏，請從事於斯矣。里甲之害似有難者，敢請問焉。夫官府之經費，其至無涯，居官者不能神運鬼輸，將欲節諸，惡得而節諸？"林子曰："不然，夫苟有志於節民，何患於不節！元之於欽，子所知也。吾觀今之有司，多有可節而不節者焉。夫吾人居官，自有常入，日用飲食，乃取諸民，可乎？官府文書楮劄之費，在官自有常積，亦取之民，可乎？賓客迎送，薪芻僕馬之費，亦有常數，乃以一科十，又有濫與者，可乎？里甲之困，正坐此耳。苟能節之，民困其少舒乎？然非能忘其身家，亦烏能節諸？是故有身無身，有家無家，作縣之道也。"朱子起而再拜曰："命之矣！命之矣！"

已而鄉士夫黃廷瞻、陳入道輩以贈言請，林子乃述朱子之言以予之。

送虛江俞君擢廣東都閫序

天將開一世之治，必多生賢傑，共成一時之事功。功業既成，人才必間世而後見[20]，其見亦多偃蹇不遇，其故何也？天人相爲表裏，否泰相爲倚伏。天運不能外人而自成，世道不常泰而無否，故天將開泰，不能不資乎多才。泰運既開，則人才亦不爲世數得，此實關於氣運之通塞，生民之理亂，莫非蒼蒼者主之，非偶然也。炎漢之興，良、平、蕭、曹、韓、彭諸賢爲之輔。漢業既成，大才如賈誼、董仲舒終於不遇，孔明雖遇而卒無成。李唐之興，房、杜、王、魏、李、徐諸賢爲之輔。唐業既成，大才如韓愈終於不遇，陸贄、郭子儀雖遇而亦坎坷。於是可見上天之生才矣。我太祖龍興，一時風雲會合，如八公、三十七侯、一伯，其人才視漢、唐蓋又多焉。一百七十年來，博學鴻儒或間世而出，求其運籌決勝、攻城斬將如開國諸臣，何其希闊寂寥也！予獨於虛江俞君有取焉。

君天資穎悟英敏，少有大志，長於《太公》、《孫》、《吳》諸書，古今名將傳無不熟讀，慕其爲人，以泉衛百户舉武進士上第，知予有志當世，從予問學。予探其志趣、言論、膽畧有過人者，酷喜之。安南之役，予募兵漳、泉，君以金門千户從事，發謀吐慮，動契予心。方與同升，適予蹉跌，願莫之遂。予既退居，虛江起金門，上京師。鄉縉紳交薦，受命司馬，整頓邊陲。以勞效，擢試都指揮，守備汀、漳，屢平寇盜，民賴以安。予每薦之，當道亦知其才。閩中海寇頻年作梗，禍延吳、越。封疆之臣束手無策，當道乃以其事委君。遂取官印於劇盜，平群盜於玄鍾。當道交薦，擢都指揮僉事，分閫東廣。適山寇攻掠同安，當道視漳、泉武職無可任者，又以其事委君。君乃提兵入宜蕉，扼賊歸路，而挫其鋒。雖泉兵不至，孤軍無援，未能滅賊，然已掃穴折首，擒其黨，破其膽矣。

夫福、興、泉、漳備倭之官，指揮千百户，無慮千員，不能平賊，虛江以臨汀一隅守帥，獨能收功。泉、漳領兵指揮以下十餘員，官兵前後一千五百，尾賊不敢追，虛江獨以不滿百之兵迎賊而挫其鋒。信乎，天生將才，靳於叔世，而虛江爲傑出也。方盜虜官印，剽同安，閩之民無所恃，所恃惟虛江。今虛江去閩之廣，廣之民有恃矣，閩之民其誰恃乎？予重爲廣人喜，未免爲閩人憂也。然廣人吾人也，奚分爾我！一方草寇，何足當天下大事！虛江之廣，進用有機，天下事將必賴焉。予不以鄉國之私廢天下之公，故不爲鄉國憂而重爲天下喜也。予昔欲與虛江共成安南之事，事既不成，虛江乃以北虜進。今安南再變，予既退居，而虛江適轉東廣，豈非昔之未遇者將於是乎遇？予志之未成將爲予成之與？

虛江將行，諸生趙文璧、葉文科等以其有功於泉，其門人顏一桂於虛江有師弟之雅,相率乞予言爲之賀。予喜虛江之進,重以諸君之請,故不辭爲之言。虛江行矣,天下事非一人聰明所能獨任,萬一天下有事,尚當爲子盡言之。

【校記】

① "朱子",民國《同安縣志》無此二字,誤。

② "二十一",民國《同安縣志》作"二十二";下"二十二涖任","二十二"當作"二十三"。

③ "侯",原作"候",誤。下文不誤,今據改。按,民國《同安縣志》原無"壇溪"二字,下句亦無"景崖"二字。

④ "中格",民國《同安縣志》作"中輅"。

⑤ "迹",民國《同安縣志》作"踪"。

⑥ "轅",原作"轍",誤。今據文意改。

⑦ "璠",原作"鐺",音同形近之誤。《東溪集》卷首所收本文作"璠",今據改。

⑧ "家國",《東溪集》卷首作"國家"。

⑨ "媚",乾隆本作"婿",《東溪集》卷首作"媚",今據改。

⑩ "以方曰",乾隆本"曰"上無"以方"二字,《東溪集》卷首有,今據補。

⑪ "帥",原作"師",形近之誤。今據改。

⑫ "程墪篁",當爲"程篁墪"之誤。

⑬ "國俊",原作"國峻",與上文"嗣孫國俊"异,音同形近之誤。今改。

⑭ "聲",原作"贅",形近之誤。韓愈《進學解》:"周誥殷盤,佶屈聱牙。"今據改。

⑮ "六五",原作"九五",誤。《周易·艮卦第五十二》:"六五,艮其輔,言有序,悔亡。"今據改。

⑯ "尚",光緒本作"同",誤。

⑰ "輿地",原作"與地",音形相近之誤。《史記》漢褚少孫補《三王世家》"御史輿地圖",今據改。

⑱ "藉",原作"籍",誤。今改。

⑲ "太史",原作"大史",誤。(明)李贄《續藏書》卷二《青田劉文成先生》:"上方欲刑人,置太史令,公(劉基)領之。……上即位,擢御史中丞,領太史令。"今據改。

⑳ "間",原作"問",誤。今據文意改。

林次厓先生文集卷八

序

送芳洲洪子之任南都序

芳洲洪子舜臣舉嘉靖辛丑進士上第,仲春注選,舜臣在首,例得京秩,洪子弗樂也,力求留都,銓部弗能留,與户部山西司主事,便道歸省。人駭曰:"何爲而至也?"比至,始聞厥故人曰:"今之仕者,率重北而輕南,洪子乃南之請,何也?"次厓子曰:"舜臣此舉,其過人乎?將來事業,其可量乎?殆不負予之所期乎!"

始予以廣東提學入丞南大理,過家,舜臣年方十六,予見其文,驚曰:"是嶰竹渥驪,非人間凡品也。"許以女,攜至留都,授之《春秋》,令與縉紳長者游。舜臣嶄然露頭角,於是名在士夫間矣。時嘉靖壬辰也。甲午試於鄉,不利。予在金臺,與予書曰:"兒幸見錄於主司,恨爲有力者所奪。"予報書曰:"大器無速成,未見非子之幸也,惟當勉之耳。"既予以遼左事謫欽,過家,舜臣朝夕侍。一日請曰:"今兒志力學,期不負翁,不知何以教之?"予喜曰:"士患無志耳。夫苟有志,何事不立?然必勉之,毋徒空言已也!"歲丁酉,舜臣高拔鄉科,予在欽得報,喜不寐。既而與予書,其略曰:"今之學者,一科一第焉耳,身家之計,咸取於斯,寧復遠望?兒切恥之。"予偉其志,恐其荒於言也,書以贊之曰:"吾子賢乎哉!然言忌無當,子必勉之。"庚子夏,予以戎事過家,見其舉止談吐大異往常,探其所造,益高以邁,始信舜臣昔日之志不虛,予之知人不謬也。是秋會試北上,予知其必舉進士,與易今字,蓋舜臣小名天民,予字之朝選。後以字入試,因以字爲名,爲易今字云,其望之不淺也。

辛丑，果取進士上第。予得報，益喜不寐。予既謝事，舜臣居京師，天下賢士大夫問及元者，舜臣能歷歷言之。時示予古選近體諸作，予嘉之，移書廣以崇本經世之學。聞舜臣既第，尚夜讀不輟，過家亦然，二親憐之，弗能止也。初至郡城，屏騶從，徒步謁郡大夫鄉先生，人人嘆異。凡有干請，悉峻拒，且戒父兄子弟安靜以保令名。人益嘆異，咸曰："是有遠志，非流俗庸態也。"予喜，嘆曰："舜臣昔與我言，不欲以一第自止，今果然矣。予其有望乎？"

今世學者期一科一第而止耳。既得一第，旋忘其故業，遂逐於富貴聲利之途，終日營營，官不高、富不極不止也，苟可以得富貴者，皆將不顧性命而爲之，此其最下者。其或故業不忘，又馳情於詞章華藻之習，詩文必漢、唐，書法必晉體，竭一生之力以要時譽，於身心性情，了無關涉，經世之術漫焉不講。若此者，雖於富貴聲利有間，然亦末矣。又有馳志高遠，超脫凡近，遺外傳注，目程、朱爲"支離"，喜談象山"易簡"之學，聽其言若姬、孔復生，考其行則鄉黨。自好者不肯爲，使後生疑其似而莫辯其真，此惑世誣民之巨奸，聖門之大盜，反不如志富貴聲利者之任情靡他，質實靡僞也。

舜臣既舉進士，猶好學不已，辭炎熱而就凉散，去俗態而遵古道，予知其不以富貴聲利爲事矣。厭邇時講學之弊，言之深切痛快，其識見有非老師宿儒之所能及，予知其不爲異學所惑矣。予將何以進舜臣？昔謝上蔡見程明道，舉史文成誦，明道謂其玩物喪志。呂與叔詩云："學如元凱方成癖，文似相如始類俳。"二者可以觀學矣。夫徇外者遺內，逐末者忘本。是故記誦之富，真源之薄也；詞藻之工，首德之衰也。吾舜臣必知所取舍矣。昔孔子既述六經，其記誦豈不富，詞藻豈不工哉？猶曰"假我數年，卒以學《易》，可以無大過"，又忘食忘憂而至忘老焉，此果何爲者哉？其所學必有在矣。

舜臣勉乎哉！畢子之志以副予之所期，端在此矣。

送掌教北城陸先生之任南雍序

漳郡教授北城陸先生擢南雍學錄。先生教同九年，予辱知愛，子孫皆蒙教育之恩，兹有陞擢之殊，惡得無言？

　　古者立賢無方，耕築屠釣，一舉而登宰輔，故其治亦震越宇宙。三代而下，漢世用人最爲近古，孝廉、明經、明法、入貲，咸得致通顯。自隋、唐設進士之科，則進賢之途狹而治之不古若矣。國初用人，猶有古意，孝廉、明經、孝弟、力田、儒士、秀才等咸得辟用。自文學開科，則薦辟盡罷，天下文臣咸由文學以進，進士爲重，鄉舉次之，歲貢又次之。進士無所不至，鄉舉、歲貢、經歷、監部始得爲府佐縣令，歲貢就教者終身遷轉不離學職，亦不得京秩，賢路壅塞，莫此爲甚。故嘉靖初詔書，謂舉人無九卿之望，歲貢無方面之寄，欲三途並用，誠得古先帝王之遺意。惜當時銓衡莫能舉行，今冢宰默泉先生始行之。前擢泉郡唐教授爲縣令，今擢陸北城爲南雍學錄，千百中無幾見，可謂有古賢之風，能上體聖天子之明詔矣。使由是推之以及其他，則古先帝王之法可復於今，太平之治其不可致乎？然王者以德詔爵，以功詔祿，使學行弗稱，職業不修，則爵不及惡德。

　　先生產浙東文獻之族，家世《易》學相承，簪笏相紹。先生又文學該博，所著有《宋元史發微》、天文地理諸書，皆前人所未發。分教高郵，繼候官，掌教吾同，旹教漳郡，皆以所學立教而以身先之，故所至學者靡然向風，登科第者累累不絕，賢聲聞於當路，名位屢升而又得殊擢，是豈偶然也哉？

　　先生行矣！南雍聚天下英俊，先生至，六館諸生必感發興起，賢聲益以大振。異時出臨郡縣，以學爲政，以儒飾吏，使三代、兩漢之治復見於今，是予之所望也。

送舉人鄧汝憲之教政和序

　　鄧子汝憲會試北上，過予艮齋，聞予言有契於心，退而脩贄請師焉。予曰："子何師之請也？顧子之志何如耳。夫苟有志於道，子心自有師，不必人也。夫苟無志於道，雖日聽教於孔門，無得也，而况余也？今世之問師者，吾惑焉。意氣偶合，托跡相從，或資其名也，或資其利也。夷考其行，市人也，是相率而爲僞者也，奚得於道也？又奚師之問也？吾子聰明秀越，聞言不滯於心，學不以曲説亂,是子心自有師,不必人也,是故在立志也。"

曰:"先生之教,君子也。師心之道,可得聞與?"曰:"人之害心者有五,所以去害有二,子知之乎?"曰:"未也。"曰:"居,吾語汝。尚言而違行,其害也游。飾貌而忽心,其害也詐。喜異而惡同,其害也詭。崇浮而黜雅,其害也靡。貴通而賤守,其害也市。五者有一焉,去道遠矣。是故尚言之害,煩舌之徒也;飾貌之害,偽行之徒也;喜異之害,索隱之徒也;崇浮之害,詞章之徒也;貴通之害,富貴之徒也。五者所以爲心害也。古之語學曰'誠'。誠也者,不二之謂也。尚言二也,飾貌二也,喜異二也,崇浮二也,貴通二也。誠則不二,是故一誠可以消百偽①。古之語道曰'正'。正也者,不偏之謂也。尚言偏也,飾貌偏也,喜異偏也,崇浮偏也,貴通偏也。正則不偏,是故一正可以消百邪。二者所以去心之害也。"

鄧子聞予言,釋然若有契於心,欣然若有動於色,憤然若必見諸行,鞠躬稽顙,再拜而別。既之,失利春官,就教政和,復過余請問。余曰:"子何問之贅也? 夫教人脩己,一也。余昔之言脩己也,推之於人,教人也。子奚問之贅也!"鄧子頓然悟曰:"命之矣! 命之矣!"

贈翁見愚別駕之任道州序

士生斯世,必有益於成敗之數始爲人才,無益於成敗之數而曰人才,未也。然人才必因事而後見,否則賢否混於一途,何以別乎? 予觀今世之人,當其無事,馴馬高車,前旄後擁,揚揚往來於道路,下民瞻望,驚咤而咨嗟。蓋謂天子貴臣,吾民父母也,才之有無,其孰知之? 及乎風波突起,事變橫生,賢者如凌霄鷹隼,聞風思奮;愚者如鼯鼠伏雌,竄伏草莽。賢者攘臂輕身,以子視民,拯之於水火;愚者縮首面牆,越視其民,水火莫拯,或從而擠之。才之有無,至是始見。彼無益於民而徒爲民之瞻望者,寧不厚愧乎?

以近事言之,巡海重臣安邊館,予昔建議,本以弭奸宄也。安邊既設,奸宄不能禦而反與奸爲市。巡海重臣既設不能禦患,而反爲患,予始嘆疇昔建議之非。或曰：公之建議未爲不是，特所用非其人耳。今祖宗之法具在，何曾墜地？舉之者誰乎？予始悟孔聖"爲政在人"之語，信疇昔之建議不爲非，或者之言有味也！

予觀見愚翁先生，其今世之人才乎？先生以夏官主政，出判漳郡。劇盜蔡容明輩爲患海上，遠及長江，震驚畿輔，禍且蔓延，前人之縱也。先生至安邊，得其奸狀，執其渠黨而殄滅之，生民大患一朝而除。島夷商販吾地，當道驅之不得，乃嚴交通之禁，至商賈之舟亦戒行，民病焉。先生至，曰"是因噎廢食也"，弛之，而惟交通之嚴，民稱便，已而交通者亦屏跡。邊民有以千金求弛禁者，先生笑而麾之曰："我知矣，我知矣，子姑去。"其操守又如此。其他庶事，剖決如流，庭無留獄，濱海之民，咸悲其來之晚而去之早。常見今之爲官者，其在也民望其去，其去也民恨其晚，求如先生，目中蓋無幾見，信乎爲今世之人才也！抑先生在漳，官居貳佐，所分者百事之一，所守者兩都之地，而其設施，已卓卓如此。今之道也，千里之政，得自專之，以其抱負見之設施，其所樹立又當何如哉？揚子有言："世亂則聖哲馳騖而不足，世治則庸夫高枕而有餘。"今多高枕之人，天下若有事，所恃以拯溺亨屯者，其在斯人與？其在斯人與？

予病當世之乏才，惜斯民之不幸，於先生之美，每喜談而樂道之。故於其行也，述其概以爲贈。

贈僉憲南橋盛公參議河南序

朝廷設官分職，以爲民也。是故正德利用，以遂其養；理冤伸滯，以通其困；救災恤患，以解其難。朝廷設賞罰黜陟之典以懲勸天下之臣，使舉其職也。是故三載考績，三考黜陟幽明，能舉職者賞擢加焉，以示勸；不能舉職者罰黜加焉，以示懲。撫后虐讎，人之情也。天下之官不能舉職，民害之，在則欲其去，去則幸焉。無害於民、無益於民者，則其在民不爲有無。能舉其職者，在則民恐其去，去之則民思焉。當今之世，欲其去者十之一二，不爲有無者皆是，不欲其去者百無一二也。今於憲使南橋盛公見之。

公浙之嘉興人也，負聰明特達之資，卓犖之才，舉進士，爲名御史。犯時忌，落職藩幕。轉今官，巡土備兵，其職也。下車之初，詢軍民利病，次第舉行，大小庶官，聳然舉職，若嚴霜一墜，而萬物肅殺也。軍民詞訟，悉與聽理，不問久近。民之枉者直，冤者雪，困者通，若春陽一敷而萬物滋長也。至於救災恤患，其功尤鉅。身先士卒，犯狂倭，屢瀕於危而猶不避。戊午之夏，倭將犯同，公募精兵備利器，與民固守，殺退狂賊，城賴以完。冬，小寇來侵，又募兵防殺，賊傷乃去。初，倭去，公謀於僚與軍門曰：“同城脩於元季，敝也久矣，往雖人和而完，而城不可不築。”咸可之，遂以屬公。公乃召匠商工慮材，計民之役。邑俾供需不足，則令民之伏辜者輸財以贖，城乃功②，高於舊四之一，雉堞、樓櫓、鈴柝咸備。外疏河隍，內通馬道，而城池以完。公既陞河南，猶不忘同。至埔，適雨壞，賊且近，公日夜督工而城復起。又發兵邏哨，得真倭首以獻。其在於民如此。河南，公前爲御史巡察之地也，軍民利病知之稔矣，以情言則有并州之思，以利言則有輕車熟路之便，必有大造於其民，汴、梁之間，其有“來暮”之歌乎？但倭又來，而公且去。泉人蒙公之德，既不忍公之去；倭之來，又不獲公之庇；既有朝命，又不能挽公之行。予所謂不欲其去者，百無一二，於公見之者，豈誣與？

夫公勞於閩者三年，今之洛，無事之方，蓋天以是逸公，非偶然也。公之升而洛，洛而又升，今之仕也，正所謂蓄極而通，道大行也。予知必飛翔雲漢，霖雨天下，柱石廟堂，以佐國家之治於無窮，垂芳聲於不朽矣。予既不能挽公之行，於其行也，述公之福利於吾民，以寄去後之思。

贈萬二尹擢寧海州判序

吾同二尹壇溪萬先生擢判山東寧海州，耆民紀仕等問贈言於予。予每以言取困，其諱於言也久矣，在壇溪，則有不容已者。

世末道降，士鮮尚行，一登科第，即謀肥家，有居官未幾時而家已鉅富者，有不取財於官，家居而致鉅富者。在官則取財於民，家居則取財於鄉。取財於官者不必言矣，取財於鄉者則有司之過也。或因其在位而納交要譽，或憫其窮困

213

而施恩澤，求無弗與，是非曲直於是倒置，鄉民之害，詎可言耶？予於壇溪，獨有取焉。既不取財於官，又不施恩於士夫，同民無害。《詩》曰"民之父母"，非與？

先生敦朴不華，質直無偽，小心畏慎，無敢放誕，即其言貌，可知其為君子也。同頻缺令長，當道命攝邑，在他人垂涎不可得，先生聞命輒憂恐，辭讓至於二三，弗獲然後受。其受也，朝夕凜凜，如負千鈞之鼎，恐其傾跌也。政事張弛，履繩蹈矩，雖義無傷，亦重疑畏，如臨不測之淵，恐其失足也。錢穀催徵，責不容辭，常數之外，弗敢過取，如探百沸之湯，恐其傷指也。獄訟聽斷，必依於理，或有干請，搖手弗答，繼以蹙額，如傾泰山之霤於石，弗入也。群下為奸，弗覺則已，覺必窮治，無所假借，故多畏避，鮮有犯者。先生之進，雖不由科第，跡其任職居官，科第之士，吾見亦罕矣。

居常論天下事，古先聖帝明王，立賢無方，耕莘釣渭版築，一舉而登相位，故能收得賢之效，治功振於今古。漢世用人不拘流品，或以孝廉，或以明經，或以法律，或以貲財，並致位通顯，上者為丞相，中者為列卿，下亦不失為郡守，故得人之盛，治功之隆，光昭史冊。國初用人猶有古意，明經賢良，懷才抱德，與學館生徒、郡邑胥吏並進。後罷諸科，獨重進士一途，由是鄉舉無九卿之望，歲貢無監司之寄，入粟不得正職，吏員止於邑佐，前進之途既限，人何所賴而為善？官無善政，世無善治，職此之由，可專責之士大夫乎？夫天地生才少全，帝王用人惟器。優於趙、魏者短於滕、薛，堪任社稷者不嫻百里，見尊於溺冠之主不齒於諸生，見推於王佐之才不稱其德行。如必進士文學之拘，則霍光不得受遺，丙吉不得丞相，黃霸、朱邑不得典郡，何以隆漢治、稱名臣乎？自進士開科於今一百八十年，其間勳庸著聞如霍光、丙吉、黃霸、朱邑者，指豈多屈？焉知無如霍光者隱於民庶，如丙吉者隱於獄吏，如黃霸者隱於錢穀，如朱邑者隱於嗇夫乎？然則謂歲貢入粟，法律之無人，亦誣矣。予觀壇溪，不以寵賂毀其官箴，不以市恩負其子民，視舉人、進士之居官居鄉殘害其民者，曾不以此易彼，可以無科第少之乎？

先生產江右名藩，南昌望族也。家世業儒，尊甫奎、從父炯、猶子恭，咸發身科甲，爲名宦。先生以邑弟子員卒業成均，丞吾同，克稱其官，擢今職。由是勉之，將來未可量也。予素重先生，因諸父老之請，述其治同之概以華其行，且以徵其後。

贈徐東溪三尹擢典寶序

吾同三尹東溪徐先生，擢河南伊王府典寶。或問於次厓子曰："朝廷以德詔爵，以功詔禄。東溪負周物察微之智、剸繁應變之才，其簿吾同也，領錢穀而會計當，職巡捕而姦宄息，司訟獄而聽斷平，視邑篆而庶政舉，使當西漢立賢無方之世，當與張釋之、黃霸之徒並列公卿矣。今既不可得，處以郡邑之佐，有何不可，顧置之藩封閒散之地，豈朝廷官人之意與？"

次厓子曰："此造化之微理，非汝所知也。居，吾語汝！天地之於物也，春以生之，夏以長之，形形色色，聲聲臭臭之類繽紛，充滿於南離之墟，人見其功用之大也，不知二氣絪縕，相摩相盪，鼓之以雷霆，潤之以風雨，暖之以日月，縱閉之以陰陽，彼造化者爲力亦勞矣。使如是而不已焉，則造化不至於窮乎？於是韜斂閉藏而逸之以秋冬，然後勞逸相成，動靜相生，而元氣不敝，化工生生而無窮。造化之微理，蓋如此。東溪之功用，其在吾同也彰於人之耳目，孰得而掩諸？然七載於兹，吾見其早作而夜思，搖精而勞形，風波之跋涉而靡寧居，道路之奔馳而弗停軌，百物之酬應而無間隙，上官之喜怒而難測度，觀風使者之予奪而莫可預知，何啻雷霆之鼓，風雨之潤，日月之暖，陰陽之縱閉乎？藩封之擢，此天之所以逸東溪而非左也。以予平生之履歷者言之：昔丞大理，南北五年，遼左兵變，執縛撫臣駕使，予建議征討，忤拂當道，落職邊方。廟堂諸老念予五載京堂，欲處以閑局待遷，予故求一州自效，迄取脱輻之福。使當時如諸老之言，已在九卿之列矣，而止於是耶？故欲勞者迄不逸。東溪之得藩封，正諸老欲處予之閑局也，行將不次而超遷矣。若以東溪之識之才，當道之所不能舍，使再進而得郡邑之佐，以涉乎憂患之途，焉知不取困如予乎？故逸之，正所以安之。鴻寶全秘之中，乃坤養兑說之地，故曰造化之微者，此也。今之伊府也，若遇好學修文如河間,則賈、傅之功名可擬也。若遇處家爲善如東平,則董相之道德可幾也。善孰大焉?"

客聞予言,唯唯而退。東溪將行,邑文學北城陸君侹、鴻磐王君尚賢,諸生葉文山等徵予文爲先生贈。予素辱東溪之知,又有師生之請,乃述答客之言以與之。

贈惠安萬侯改政閩縣序

林子釋官過惠,聞其邑大夫之賢,心慕其人,未遇也。後以事過惠,遇於錦田之館,其舉止笑吐,果不負所聞,思友其人,未定也。退而見淨峰張子。張子譽之不已,略曰:"其心可古人,才克副之。"於是益信萬子之賢,予之交於焉定矣。

既而,萬子以才調閩,將去惠。惠之民曰:"是吾之召父也。"謀留之弗可,則相與立石紀之。惠之士曰:"是吾之文翁也。"謀留之弗可,則相與議俎豆之。縉紳惜之去,無以致若情,乃因張子謀贈言於林子。林子曰:"誠哉萬子之得民也乎,夫亦有道乎?"張子曰:"有。萬子愛其民殆若己子,利必爲之,致身任其害,以德馴頑,鞭朴弗忍施,厥愛在人深矣。去而人立石紀之,固哉!黌序圯弗脩,萬子改作之,費不動公,勞不逮民,黌序一新,弦誦之風以振,厥功在人懋矣。去而人俎豆之,固哉!"

林子聞而嘆曰:"萬子,古之遺愛者與? 古之有道者與? 今之從政者,趨走奉迎以取聲譽已矣,其有惻怛體民,汲汲邦本之圖者乎? 無也。訟獄簿書之勞,取適目前已矣,其有加意庠序,汲汲化本之務者乎? 無也。攻譽取名,欷人於旦暮者有矣,其有深愛者人,永留③去後之思者乎? 無也。萬子爲惠,視若人爲何如?《詩》曰:'樂只君子,民之父母。'又曰:'愷悌君子,遐不作人。'萬子有焉。"或曰:"閩大於惠,而切於監事之繁簡,相去十數而倍,奔走服役,其勞恒奪於政,萬子之閩也,將不得如惠之日矣。"林子曰:"否。善操舟者不以灔滪失楫,天下利器,盤根錯節別之,吾於萬子有以驗之矣。"張子曰:"子之言然,請書以贈,且以規。"

贈陸子知鄒序

陸子教同之四年，吏部廉其望資，進知山東之鄒縣。邑博鍾子、袁子以僚友，諸生葉元舉輩以師弟惜之去，徵贈言於林子。林子曰："元也世之棄人也，方退脩海上以自咎，其奚人之謀？"陸子聞之，曰："惡！林子棄我也乎？余昔處京師，仕與子同地，既之謫官，偶與子同患。茲在子之鄉，又與子同好，甘苦辛樂，與子胥之。乃者興論方伸，將惟子之言，匡予不逮，而子辭，子其棄我也乎？"林子弗克讓，乃曰："自子之謫同也，吾不戚子失官，喜子得同。同，紫陽始仕之邦，學其所兼之職也。今子之陟鄒也，吾不喜子得官，喜子得鄒。鄒，孟夫子闕里也。一黜一陟，皆在鉅賢之游之産之鄉，之所聞之所見當有異諸人者，非幸與？"陸子曰："善哉言矣！未藥石之賜也。"林子曰："今天下財匱於縻費，民困於徵需，山以東尤甚。牧民如樹蔬菓，違其性④則顛，傷其氣則瘁，培養虧則弗榮。静以康之，仁以生之，政以惠養之，牧之道，無出此矣。"陸子曰："藥石之賜也！庸詎止於斯乎？"林子曰："吾聞爲治，必法天地。今夫天，惠風甘雨以悦民，及其變也，烈風迅雷而民戰以懼，立其威也。今夫地，平原曠野以近民，及其至也，崇山廣川⑤而民莫敢犯，嚴其限也。故政尚寬而病於無制，禮貴和而惡於無節。寬猛相濟，和嚴得衷，無弊之道也。"陸子曰："富哉言乎！教我至矣。請書以贈。"林子曰："子不鄙予言，予庸敢自外？"

乃載酒送之郊，書其言爲贈行序。

贈龍崗侯先生教諭容縣序

士君子讀書求名，積學致用，有所成就斯已矣，顯晦在乎所遇，官之崇卑勿論也。莊周之吏漆園，荀況之令蘭陵，二子之賢，卿相何足以待之，而止一令一吏者，所遇然也，而二子安之。彼豈以崇卑動念哉？古者立賢無方，耕築屠釣之夫，一起而登將相。漢世用人猶有古意，嗇夫獄吏，得至卿相。唐、宋以來科目興，文學重，用人之途始狹矣。夫孔門設教，德行、言語、政事、文學，凡四科。蓋天之生材弗全，長於此者或短於彼。故帝王用人，如大匠用木，寸朽不棄，彼此兼收。如必文學之拘，則無行如長卿堪登宰輔，不學如子孟，不可託孤，所遺不既多乎？國朝用人惟科、貢二途，皆不外文學。科有進士、舉人，貢有入監、就教。進士不限所至，舉人無九卿之望，監生無監司之望，教職遷轉，不離黌序。文學之中而分別又如此。今世之士，不幸而不入文學進士之科，雖有黃憲之淵德，終於牛醫兒；雖有丙吉之深厚，終於獄吏；雖有黃霸之德政，終於卒史。故曰用人之途狹也。士既限於時制，不獲自奮，亦各安於所遇，而無意外之望、嗟卑之嘆。有志者則履繩蹈矩，不失厥守；無志者則破規決防，無所不至矣！夫安分而不失守，賢者也，漆園、蘭陵之徒也。若吾龍崗，其安分而不失守者與？

先生以曲江諸生應貢，上春官，入試內庭，分教諸暨，以憂去。服除，再任同安，僅二歲，擢教廣右之容縣。夫貢士就教遷轉，不越學校，當今之制也。君見予有喜色無戚容，曰："受先生之教，忝進正官。平生讀書，亦不負矣。"予感而嘆曰："如龍崗者，豈以崇卑動念與？非予所謂安分不失其守者與？非漆園、蘭陵之徒與？先生曲江名族，如文獻張公、忠襄余公，其先哲也，世以儒術相授受。遠祖愈隆任襄陽府丞，祖父真任武宣縣令，伯父襄任衡州府知事，不仕。伯襄父宸，壽屆期頤，各以壽官，歲受鄉飲。詩禮閑於家庭，又受婦翁經元鄧龍門之教。儒士入科後，遊芹泮，燁然有聲。代巡程、涂，督學宋、魏諸公，咸器重之。其為人，正以持己，恕以待人，孝不忘親，忠不忘君，敬不忘師，蓋得於內外之教深矣。分教同安，利欲不入於心，作人是務，科條不峻，矩度咸在。諸生受其教，無弗感發，師道足稱焉。巡察陳公按知其賢，委署同安縣事，吏民至今羨慕。今之容縣一學之政，又得專之，若以施之同安者施之，其效豈止於同安哉？先生其勉之！"

予於教職一節，有謬論焉。夫歲貢卒業成均，需次銓曹，十餘年而與州縣牧民之職。歲貢就教，為朝廷操作人之柄。若造化甄陶，曲盡其方，公孤輔弼監司守令，皆由此出，其遷轉乃終於學校，弗能越一步。夫為弟子者，可以無所不至，為師者，乃不可以遠至，果何說與？不知誰為此法，今又守之不變也！予嘗謂天下事多當通變者,此類是也。因贈龍崗之行并及之,必有謂予知言者矣!

贈鴻磐王先生掌教甌寧序

分教鴻磐王先生,擢掌教建寧之甌寧。同掌教中崗吳先生率諸生某等謁予文致賀。予於鴻磐有一日之知,分教吾同,相處又七年,雖無中崗師弟之請,猶將有言,況請耶?

按,《周禮·大司徒⑥》以鄉三物教萬民而賓興之。孟子曰:"設爲庠序學校以教之,夏曰校,殷曰序,周曰庠,學則三代共之,皆所以明人倫也。"三代之於學校,可謂重矣,然不見領於何官,曰三老在學。其所謂老,則三公之老而致仕者爲之,二卿一人焉。大司徒之教四孟,屬鄉遂之民讀法,以致其德行道藝,乃在於州長黨正,則學校無專官可見也。漢、唐而後,學校始有官。然所教者,乃作育人才以備國家之用,古人明倫之意微矣。漢人之法,郡邑各置博士,以經授徒。唐人之法,國子四門等學,各置生徒,博士、助教,分經講授。宋初學校苟簡,郡縣教授,歷仁宗、神宗、高宗而後定。然考西漢之時,潁川之教化興於黃霸,西蜀之文學興於文翁,所謂學官,未見教化之事。宋時胡瑗之教蘇、湖,分經義、治事齋,國子取以爲法,則當其時,學校亦未有定法。國朝學校之設,有師儒,有弟子員,視漢、唐爲備,要不出二代之沿。夫學校本爲明倫,就一偏而言,若能舉厥職,使青衿子弟皆棫樸濟濟之人才,足以爲國家棟梁之用,亦可不負國朝建學立師之意矣。奈何世乏良材,師儒之官猶不能舉厥職,故有終身不遷而去者,有遷而無善地者。同安紫陽始仕之地,人才自宋至今未衰而愈盛。建寧乃紫陽闕里,又宋世諸儒相望而興。

鴻磐始分教同安,今掌教甌寧,非能舉職,何以至是?先生化州之彥也,始爲諸生,以文學名庠序間,每試輒優等。以貢上春官,入試大庭,得分教同安。初至立條格以教諸生,嚴而不刻,寬而有制,以身率物,口不言利。巡察考其文行,居優等,移檄府縣,以禮獎勵。諸生感發興起,彬彬輩出,登科第者不絕。銓曹考其績,擢教甌寧,今之任也。以其分教同安者總教甌寧,必能闡文公諸儒之道以教其闕里,人才將並肩而出,以追宋室之盛譽,望將益隆,禄位方升而未艾也,豈止於今哉？乃書以爲賀。

賀譚瓶臺邑侯禱雨有應序

同安連被倭奴之禍,嘉靖庚申春,東作方興,雨復愆期,自三月辛卯一雨,農皆播種,繼是不雨,至於四月,穀之苗者欲槁。未播者田如龜裂,四野皇皇,穀價日湧。丙午,邑侯瓶臺譚公乃齋戒沐浴,率僚屬師生耆民禱於皇天、后土、雷霆、風雨、嶽瀆諸神,曰："嗚呼！郊多白骨,既室家之難完；野無青苗,又俯仰之何賴！是皆余不職所致,百姓何辜！"憂心如熏,求虔於旻天上帝,帝心感動,牒初發而夕陰雲四布,雨連夜達旦,苗之欲槁者復青,穀之未播者獲播。然或雨或間,未沾洽也。侯又痛加脩省,躬自暴露,率士庶協心祈禱。未幾,上天同雲,靈雨霢霂優渥,四郊沾足,苗之青者咸秀,未播者盡播。閭里農工商賈,罔弗鼓舞懽慶。諸士夫裂綵爲幛,需予文致賀。

予按,志氣天人交相感動,然必其分有以相屬,然後其氣相通,其感相應。故魯之郊祀上帝,夫子曰："吾不欲觀。"季氏旅於泰山,子曰："曾謂泰山不如林放？"蓋諸侯祭封内山川,天地非其所祭,大夫祭五祀,山川非其所祭,皆分無相屬,而氣不相通也,感焉攸應。今夫天降下民而責之君,君代天子民而責之守令,百里之地受之於君,民望之爲父母也,人子有欲而不能遂,有惡而不能去,爲父母者焉不之恤？恤之而不得,焉不告於天？天之愛民甚矣,分相屬而氣相通,焉有不應者乎？侯自下車,閭閻之幽隱,民生之利病苦樂,風俗之美惡厚薄,周爰咨諏,欲以次經理。已而平賦稅,審徭役,均勞逸,節財用,凡可以致民於康乂者,無不爲。素喜講學,故於學校尤加意。朔望與諸生講論,多所發明。四時考校,差等第以示激勸。學宮少壞,輒加修葺。至獄大小,必盡其情,吏不得高下其手。有疑者或親臨詳讞,其於要囚,服念五六日,求其生不得,然後丕蔽焉。倭在滄湄,告於當道,切欲求援。城池最重,謀於鄉士夫,極力防守。是民之所欲則與聚,所惡則勿施,真所謂"豈弟君子,民之父母"也。侯之政,已簡在帝心，故一禱而即應與？昔桑林之禱，以六事自責，言未已而雨至。齊大旱，景公出暴三日而天大雨。彼皆心切於民故耳。侯何以異於是？

侯廣之新會人也。其先來自宋南渡有曰譚萬莊者，富雄江南，侯之四世祖也。八傳至龍所，侯之尊甫也，爲博士弟子，受禮於鄉先生黃容庵之門。侯生有異質，承家學，八歲通三場，九歲以俊秀先登於邑，咸稱曰"譚異人"。年十六以儒士案元，與南海馬拯入試。馬發解，冢宰默泉翁時督學，慰之曰："汝庚子解首也。馬雖先登，然福萬不汝及。"庚子，果舉鄉試第二人。默泉翁甚喜，自謂知人。予忝一日之知，亦爲國家得人賀。又執贄於湛甘泉先生之門，將益窮其所至。甘泉極器重之，盡謂進士上第當如拾芥。七試南宮仍⑦不利，亦命也，二十年始就今職。然東西南北之涉歷，人情細故備嘗之矣。故一施於政，而精練如素官。其所立如此，使由是而益進不已焉，必且飛騰雲漢，依光日月，霖雨蒼生，將來事業，豈可量哉？予日望之。

贈彭石坡邑侯禱雨有應序

嘉靖庚戌季夏，穀既登，大旱，晚禾不植，農民病焉。邑侯石坡彭先生戚曰："吾民一歲之計也！"乃卜日齋戒，率諸生吏民禱於山川、社稷、城隍之神。未踰日而大雨，晚禾盡植。至秋七月，禾方敷榮，又旱，禾且悴，侯又戚曰："今兹不雨，前功廢矣！"又卜日齋戒，禱如初。踰日又大雨，遠近沾足，禾乃弗悴。有問於余曰："前兹縣官禱雨，有既久而後應者矣，有既久而卒不應者矣。何我公有禱即應之若是乎？"予曰："天人有感通之理，顧其人何如耳。"曰："天之於人遠矣，何感通之易乎？"曰："一氣散爲萬類，天地、人物、山川、鬼神，其分雖殊，其氣一也，呼吸有以相通，故本末有以相應。今夫陽燧、方諸之於日月，何其遠也？然取水火而即應，豈非其氣之同與？"曰："世有禱而不應者，何也？"曰："同而無間則通，有間則不通矣。凡物無情則無欲，無欲則無間，有情則有欲，有欲則有間。陽燧、方諸無情也，其感通也固宜。人有情也，感而弗應豈無故乎？是故賤臣叩胸，霜飛燕地，庶女告天，風振齊臺，同無間也夫！匹夫匹婦同而無間，尚能動天地感鬼神,況天子天下之主,郡守一郡之主,縣令一邑之主,生民之命脈關焉。若欲不情起,氣不欲間,天地鬼神其違之乎?是故桑林祈禱,甘霖大沛;江陵德政,反風滅火;中牟德化,三異徵祥。推本窮源,豈無自哉?彭侯之禱雨而即應也,可以求其故矣。

"夫守令於民,培養以厚其生,開導以引其德,禁止以防其淫,刑罰以懲其惡,四者政之經也,治之本也。若夫錢穀、訟獄、簿書之類,不謂非政,然非其本也。今之爲守令者,吾惑焉。本末倒置,大經不講,惟錢穀、訟獄、簿書是務。又浚民膏以自肥,剝民膚以立威,沿情起欲,其氣與天地鬼神間隔不通,禱而求應,不亦難乎?彭侯之爲同也異於是。始至問俗,知博弈風熾,民由以蕩產也。聲妓習盛,民由以喪德也。治喪用浮屠氏,俗由以壞也。不孝父母,倫理由以喪也。耕牛屠宰,天地之和以傷,水旱由以起也。咸嚴禁而痛治之,畧弗少恕。是守令之體,爲政之經,帝王君師之道也,視俗吏之棄本趨末,弗啻天淵之隔焉。子視其民,務休養惠利而不爲之傷,催科從緩,鮮額外無名之征,用度有經,鮮犯禮傷財之惠,民蒙其仁矣。大小之獄,必盡其情,苟犯吾法,不少假借,民服其明且公矣。請托不行,苞苴不入,不徇里正之私,懸榜預禁,其律已嚴矣。知吏能爲奸,始漸遠而終絶之,其馭下嚴矣。至於學校人才,尤加意作興,簿書期會,不失其常,事上接下,不廢其禮。蓋其情未起欲,其氣與天地鬼神合同而未間,故感而遂通,禱而即應也,是豈偶然哉?"

諸生蔡某、葉某輩重侯之政行,求予言以當歌頌。予志在國家生民,每聞守令之善,雖在他邦猶樂道,況父母之邦乎?故不辭而爲之言。

贈掌教李拙修獎勵序

吾同掌教拙修李先生蒞同之三年,巡按古林何公移檄府縣,獎其賢能。諸生葉文科、陳大慶詣予求文,爲先生贈。

世末道降,今天下百司皆失其職,學官尤甚,有能舉其職者,誠當路之所宜獎也。拙修先生以饒陽俊彥貢春官,天子試其才,俾分教鎮江。鎮江,天下名郡,衣冠文物之所都,先生正身率物,循循善誘,教成名升,當寧擢掌吾同之教。先生之得同也,喜曰:"同,紫陽夫子過化之邦,宋相蘇魏公之闕里也。紫陽往矣,流風遺緒,萬古如在,豈無可以追攀?山川降祥,後生晚進,豈無嗣武魏公,可以造就乎?"已乃竭心力,破常格,立新規以爲教。諸生之英敏者、朴茂者、豪巖者、謹願者,隨其才陶冶之。啓其志意,正其塗轍,課其藝業,英敏者欲其沉潛,朴茂者欲其聰發,豪巖者欲其斂肅,謹願者欲其恢張,將使多士釋回增美,咸趨於道,如許順之、王力行諸子之於紫陽,是則先生之教也。諸生産魏公之鄉,沐紫陽之化,茲服先生之教,豈無感發興起,謀王斷國如蘇聞道,成名如許、王諸子者乎?

先生資性醇厚,器宇端重,舉動言笑皆無所苟,望其容貌,不待接談而已知其爲君子。其學潛心向理,宗祖程、朱,有深造獨得之妙。近世"易簡"、佛經之説,舉不能惑,可謂篤信好學矣。時臨諸生,講學之外,言不及利,富者無所覬望,貧者弗責也,憫其窮,周其急者有之。古人以身立教,先生其近矣。縣適缺官,當道假先生以治,先生以非其事,每避讓。至寇盜猖獗爲民患,則悉心捍衛,無所避,民亦賴焉。其政可知也。至其操守莊嚴弗肆,巡按之考曰[8]"儀範可端,操持不倦",可謂善貌先生。然尚有未盡者。予因二子之請,乃備其事,補其所未及,將使俊之論世者有所考,又將使吾黨之士感發興起,以無負先生之教,是則區區相望後學之意也。

贈龍巖學博賀君獎勵序

國朝法古爲治,内外府、州、縣若建學立師,聚公卿大夫之子弟與凡民之俊秀者教之,取其成材者升於宗伯,拔其尤者升於天子之庭,簡別其賢否授之官,分布内外百司,共理天下之治教。治教之隆否在人才,人才之成否在學校,學校師儒之責,良亦重矣。故曰師道立則善人多,善人多則朝廷正而天下治。然觀人才之在世,多有不能滿人意者焉。

今夫進士、鄉舉、歲貢皆出學校也,求其幼學、壯行,隱居求志,行義達道如學校之所教，科舉之所求者，能幾人與？夫一百八十年，學校之作養，科舉之搜求，一出而氣節、功業、文章赫然震世，能爲國家生民倚仗者，百無一二。其營私肥己，昔爲窶人，忽爲富室，誤國殄民者，天下皆是也。國家建學立師育才求賢之意，寧不有負乎？予嘗深思而得其故矣！國家以文章取士，士攻文章以應主司之求，於行檢、經術皆不暇修。郡縣之所提省者惟是，當道之所督理者惟是。若德行則無周人月書、季考之令，經術則無宋人分經限年之法，故於行檢、經術皆無從考。方在學校，幼之所學、隱居之所求者已非矣，焉望其氣節、功業、文章能爲國家生民倚仗，不負國家建學立師育才求賢之美意哉？間有名賢碩輔翹然振世，此則所謂"豪傑之士，雖無文王猶興"者，非學校之所作育也。

予熟思之，人才之成否實在於師儒。蓋士在學校，其平日行檢與其經術，皆師儒所知，郡縣當道不及知也。使師儒之官能舉其職，以行檢立教，而時考其賢否；以經術造士，而時察其勤惰。則學校之中，必有經明行修之士嶄然而出以應主司之求，其氣節、功業、文章必翹然震世，能爲國家生民倚仗，其有營私肥己誤國殄民以取靜言庸違之誚也鮮矣。求之當世能舉其職者，惟龍巖賀君爲然。其僚友馮君某與諸生某輩述其立官之概，徵予言爲之賀。

予每有當世乏才之嘆，聞賀君之美，深嘉之，故不辭而爲之言。君聞予言，得無加勉乎？是固司府喜獎之意也。

贈邑侯王青崗獎勵序

帝王治天下，田里以養其生，學校以理其性，兵刑以除其害，三者備矣，然後王道舉。然帝王不能自行，以其責委之監司、守令。監司去民遠而守令爲近，令視守尤近，政令朝發而夕至，其澤及民最速者莫令若。故自古大賢如程明道、張橫渠皆欲爲縣令，則令之重於治道也於是見矣。夫政教兵刑，均之爲王道。然政教之事緩其效遠，兵刑之事急其效近。故養生理性不可責效於旦夕，可責效於旦夕者惟除害一事耳。歷觀古今名臣碩輔，所至流惠澤、著聲名者，皆在於下車之初，興革得宜；士之志於事功與聲名者，亦惟於下車之初，除害興利而深致意焉。

吾泉數年以來，寇盜生發，當道不經懷，禍庸滋蔓，烽火屢警，郡縣玩愒歲月，未有能爲民除害，舉厥職以報天子者。邑侯青崗王先生蒞任不幾月，而擒劇寇六十，生民之害一朝而除，是豈尋常玩愒歲月者乎？侯之下車也，首詢民瘼，知同民之患惟饑與盜，戚曰："救饑如救焚，隨機應變，非可預筭，吾姑待之。治盜如搏虎，不可不急，予其圖乎！夫虎之居也無常所，其食也無常方，其去來也無常期。慮虎者高其垣墻，固其門户，則無虎患矣；設其陷阱，張其羅網，備其弓矢，則虎可得矣。治盜亦然。山川封域，垣墻也；關亭墩堠，門户也；保伍戒約，陷阱也；材官力士，網羅也；戈矛甲胄，弓矢也。此皆同之固有，予無增於其舊，惟修其廢墜，警其怠玩，則其政舉矣。"乃某月某日劫盜百餘起自濱海，攻剽南安，轉掠安溪，越入同安。封疆之人奉侯之令，各舉其職：封域偵其機，烽堠伺其息，保伍申其戒，材官陳其力，戈甲振其威。用是豺狼凶謀破散，生民免於水火，方隅賴以寧謐，皆侯經理於無事之先致然。予聞之，喜曰："侯之功其大乎！"自寇賊生發，抄掠海邦，如滄滬⑨、深滬、圍頭，固有之，未有越城郭，徑山林，走數百里攻剽戕殺如今日之南安者，有之自今日始。使無以折其首、挫其鋒而沮其氣，則其心將益生，志將益肆，爲生民無窮之禍自今日始。是故死賊寇方生之心，遏賊寇方張之禍，皆在此一舉，侯之功其大乎！夫侯一下車，而除害之功章章若此。由是而立政，則民生可養也；由是而興教，則民性可理也。三者備，而王道舉矣。侯其賢乎，予日望之。

侯安福望族也，博學茂才，起諸生，掇巍科，其爲人安重而不浮，雍容而不逼，恭而不足，儉而有禮，廉而寡欲。其臨民也寬以爲主，而嚴以行之，動而民莫不悦。蒞政之初，屬天亢旱，祈雨輒應。《詩》曰："豈弟君子，民之父母。"又曰："宜民宜人，自天祐之。"侯之謂矣。

乃祖某翁，發賢科，司牧興化。尊甫四味翁，由鄉貢，典教德化。簪纓累世不墜，父子同官吾泉，人間希有也。當道喜侯之功，檄郡以禮獎勵。典幕方塘李君率僚屬致賀，請予言爲贈。予志在生民，數歲兵戈之禍，常切於胸。見侯之功，爲之劇喜，故不辭而爲之序。

賀朱平川節判獎勵序

予未至郡之先，州民黃邦相輩乘交趾之亂，糾合不逞，假名恢復，實肆剽掠，緣及我邊民，家無雞犬，揭妻孥擔負以逃者十而七八。節判平川朱君時署州篆，戚曰："不搏，禍滋蔓。"廼召時羅、貼浪諸峒長，授以方署，擒其渠十數人，械送於府，悉寘之法，民庸靖，當道嘉賞。余初至郡，以安南本中國故地，黎、莫取非其據，奸雄窺覦，厥有自來，故於邦相輩不甚罪，君之功未甚知也。居無何，民以邦相事相言告者日不絕，向日之逃者未歸，傷者未起，憔悴者未蘇，余於是始知邦相之罪不可逭，平川之功不可少也。

聞君之經是盜也，憂慮百集，寢食不遑，故能折首靖民而成厥功，良亦勤且能矣。夫牧守，生民之寄命也，賑其窮，拯其傾，恤其災，救其患，俾民有大造而免流離困苦之憂，始無負理人之責而爲民之父母。今之人牧惟己之肥，視民之困苦流離若秦人視越人之肥瘠，謾焉莫之省者，舉世而是。如吾平川，寧有幾乎？自予至郡，君孜孜奉職，罔敢失墜，兢兢守己，靡有缺遺。余謫守邊方，值凡百凋敝之餘，雅欲振作，而衰病且老，力不從心，君左右奔走，助我弘多。其佐郡又如此，非特弭盜已也。

余考君家譜牒，實系出徽國文公，世居海寧，爲浙西望族，詩書禮樂不失其世守。君之佐郡，又能舉厥官，可謂克象其賢矣。君之精力未衰，自茲以往，能益加勉，將來之事業尚未量也。余嘉乃績，未有以張之，適繡斧按郡縣，亦嘉平川，檄郡以禮獎勵，郡師生及鄉士大夫咸乞予言以贈。余既樂平川，乃述其弭盜居官之概以與之，一以爲平川賀，一以爲守官者勸。

賀郡侯童南衡榮獎序

士生斯世，欲無愧於天地，惟求所以不朽者耳。古之不朽者有三：太上立德，其次立功，其次立言。三者而有一焉，皆足以不朽。然必相兼並立，始足爲完人。道德如孔、孟，雖不見於事功，而文章在萬世。蕭何遇漢高，不能復三代之治，其功則雜伯。揚子雲承孔、孟之絕學而作《太玄》、《法言》，僅當覆醬瓿，道德、文章均無取焉。文翁之興學校，杜詩、召信臣之興水利，黃霸之務德化，龔遂之治盜賊，功足稱而德亦恍惚，立言則無聞。房、杜事唐太宗，預瀛州之選，而不能洗禁門之血；趙普事宋太祖，成陳橋之計，而不能守金匱之盟；方之蕭、楊，抑又下矣。蘇軾之守杭，張詠之守蜀，立功不媿前人，文章尤蘇所長，其立德與張亦無可議，其他純臣良吏與國朝鉅公碩輔，班班史册，未能更僕數。且自吾泉一郡言之，蔡端明、王梅溪、真西山，皆守令之傑然者，而真爲尤著。其通番舶，治盜賊，寬租賦，平獄訟，功業彰彰在泉，私淑紫陽，《衍義》一書垂訓萬世，道德文章追孔、孟而低漢、唐，遥遥宇宙，芳躅誰繼？予於郡侯南衡童先生，端有望焉。

先生古杭豪傑，積學有待，發名科，官御史，必行其志，不在温飽，立朝議論，丰采寒薦紳，風動天下，落職州郡，歷試諸難，咸有惠績。兹守吾泉，酷慕三公之烈，而尤致意於西山。求八卦河之湮塞而疏導之，訪民俗之淫惡而痛治之，凡利害之宜興革者，咸攘臂勇爲而無遜避。華夷賊寇出没閩、浙，大爲民患，窟穴澎湖⑩。澎湖介大海，地勢甚險，賊恃以爲固，時出剽掠，沿海居民受禍最慘，官軍不能禦，反受毒禍。生民日告病，當道以爲憂。先生毅然發憤，乃訪官吏士民之有智勇者而禮下之，授以方畧，令率義兵伺賊之出没而攻之，前後得賊凡若干人。又大徵兵，將挾澎湖，賊聞風，氣奪而衰，將稍解去。軍門巡察嘉其功，移檄交奬。夫盜賊之禍，余方病之，昨言於玉泉趙公，惟以其事責軍衛，謂有司文儒，未敢望之也。誰謂先生之發憤討賊，乃有出於意望之外乎？先生之意氣才畧，可方西山，而立朝議論，丰采又卓然可觀。使得盡行其志，西山之道德、功業、文章可企而及，龔、黃、杜、召之流，殆不足論。古人之不朽者在是矣，於天地曾何愧乎？

邑博陸君促、王君尚賢率諸生徵予文爲先生賀。予方冀寇盜之平，樂先生之有斯舉也，於是乎言。

送衢村范大夫報政序

范大夫治廣南三年而報政，卜日戒行，同寅諸公走觴奉餞。酒三行，林子揚觯言曰:"壯哉行也!致遠升高,於是在矣。"大夫曰:"夫致遠者必有卓越之才焉,必有飛騰之譽焉,無已,必有速化之術焉,而予皆無有也。故歷仕三十年,官不踰四品,分也。已矣!紫陽、雲谷之間,結數椽以自老,於願足矣,而又奚外之望?"林子曰:"吁!茲大夫之所以度越夫人,予所以尊大夫也。吾聞君子之立政者五,而其觀人者三。明以燭奸,敏以經物,貞以執憲,利以厚生,威以除患,五者所以立政也。垢濁者易污,沉滯者思通,飾僞者易變,三者所以觀人也。大夫之立政也,情僞微曖若觀火,其明有如此者;紛結盈庭若裂繒迎刃,其敏有如此者;有法於躬若射之有志,其貞有如此者;吏政不苛,民有蓋藏,其利有如此者;桴鼓不驚,民無寇患,其威有如此者。'四知'自畏,歸惟圖籍,吾於是觀其介矣。十年不調,無書權門,吾於是觀其靜矣。抱潔守真,益久而操不變,吾於是觀其誠矣。夫行法以俟命者,義也;履正而祥亦至者,恒也;實修而譽弗逮者,命也;外困而中弗煩以熱者,達人以義處命也。大夫其以義處命者與?雖然,十年乃孚,其天定也。大器晚成,非物之災也。松柏之初也,厄於牛羊,困於蓬蒿,既而蔽日月,干雲霄,霜雪不能侵,工師莫敢睥睨,明堂清廟取而棟樑焉、柱石焉,何大物多艱而道無終屈也!大夫實修而譽弗逮,歲月逾邁而官拓落,是松柏之初也,又烏知蔽日月、干雲霄,廟堂棟樑柱石之不在於斯乎?此予所以祝大夫之升也。"

大夫聞予言,起而謝且遜。在坐諸公聞之,僉曰:"誠哉,林子之言也!"於是齊舉觴以祝大夫。

贈張淨峰郡守考績序

淨峰張先生守廉之三載,當報政之期,節判朱君浙、經幕黃君鯨瑞、學正鄧君璿,請於元曰:"故事:郡守滿,屬例有賀。請先生一言。"元曰:"元於淨峰,生同鄉,仕同年,學同道,又於諸君之請,烏得無言!"

淨峰性悟而善記,年二十二①發解吾閩,人言能日讀一寸書,訖以辯博名。二十六舉進士,官行人,人謂公輔可立致,乃與朝士伏闕諫武皇南巡,落教南雍,沉滯者數年。既復官,銓部屢虛科道之缺以待。净峰曰:"是職難盡。"固辭弗就。君子知其志在於行道,非苟食人禄者。遷禮部郎,於典禮多有所發明。少傅序庵李公時作秩宗,甚重焉。督學廣右、江右,作人有方,咸以其學。其在廣右也,選貢之法方嚴,督學者多害之避,至以莆陽大縣而闕其人。净峰獨無避,曰:"八桂人才非他比,吾不慮害而挫才。"卒如常。其在江右也,後生喜新説而忽傳注,諸老患之。净峰至,痛革其弊,士習爲變,諸老快焉。方擬其久以有成也,訖以廣右貢士弗稱,落典廣東醛政。君子惜之,净峰畧無悔。此净峰平昔居官之大概也。

陟守廉郡,人曰:"净峰以監司落職,陟郡非也。"净峰安之,曰:"廉地僻事簡,而送迎少,正宜養性,吾所喜也。"日取佛書讀之,録其要而藏之,曰:"予良悦是。"於官府政令,多安其舊,而惟遷學修橋,教民墾田,曰:"吾舉大者,而其餘自理爾。"予奉命守欽,以欽僻遠而邊夷,久遺化理,鋭於整頓。净峰不悦也,語人曰:"吾性好静,胡次厓喜動也?"元聞之,曰:"專動固不是,專静亦非也。"安南之事,净峰之見與元異。元訐之,净峰曰:"吾何嘗謂君言非是?顧今非其時爾。"元始知其志。此净峰守廉之大概也。

當路於净峰,咸知其賢,雅欲推拔。今當報政,吾知净峰從此陞矣。諸君曰:"先生斯言,可以贈净峰矣。"元曰:"諾。"乃命筆書之。

送郡侯熊北潭考績序

郡侯北潭熊公蒞任之三年,將獻最於天子,同士夫滄江陳君率諸士夫徵予言爲贈。

國朝法古爲治,裂天下爲郡縣而致守令焉。縣於民最近,其政令朝發而夕至,然非郡則莫爲之主,亦無以及民。故今之識治體者,於郡守獨重。二千石有治效,則以璽書褒美,增秩賜金,而不輕遷徙,蓋欲其久任而澤生民也。國朝於守令每欲久任,然時異勢殊,而卒勿克。其不才者,不久而輒去,其才者又不久而推陞,如我公未及滿考而已見推,今得以三年之最獻者,民之幸也。然今之守令皆以期會、簿書、錢穀、獄訟爲功績,此俗吏之所爲,而公豈在此乎?《詩》曰:"豈弟君子,民之父母。"公其似之。

公自蒞任之初,即以"十四不要"頒七屬。二年之後,即更其堂扁曰"仰真",則仰真者,公之志至是始見也。夫泉之守如蔡忠惠、王梅溪,皆澤在生民,有專祠者,而公獨真之仰,何與?蓋西山之學祖洙、泗、考亭,得道統之正傳,《大學衍義》爲治天下國家之律令、經筵之進講,公没之後,從祀夫子廟庭。而公獨西山之仰,其意有在矣。

公立政大要,以愛民爲主。"十四"所禁,皆害身家、累政治之事,故拳拳以爲戒,與西山之勸行孝爲善、濟饑施藥相同。凡有利於民者攘臂爲之,雖難弗避,弗利於民者極力避之,雖小弗爲。初,言利之臣建鹽垞抽分之議,公欲藏富於民,府檄一下,議者惶愧閣手。此類猶多。從前郡守多通關節於鄉士夫,是非倒置,民受其病。公則不通關節,民有閻羅、包老之譽[12]。府城無賴多託鋪甲名色承符七屬,陵轢官吏,需索里甲。公則鋪甲不下縣,田里無愁嘆之聲。當道百需鶩至,公切切以時艱民貧爲請,語不阿奉而意寓箴規,聞者愧屈。臺察至,屬官有被誣者,銳於解救,以飛語被污弗能白者,力爲白之,皆撑支一郡之事,以爲七邑之民也。倭寇掠未急,惟勤衛所防守,不煩齊民;急則降服守陣,窮日夜不息。其視西山之西備山寇、東備海寇者尤勞。民之被害於守兵者以告,則爲懲之,大則上聞,兵爲斂戢。當道厭聞賊息,有以聞者輒杖之,至告以難,或不省,或強詞却之。公聞,惻然動念,引咎自歸,又曲爲處。刻板頒行七邑,令所屬出公帑賑其窮乏,又慮所屬虛應故事,以秉公心損陰隲爲戒。由是民之殺者、虜者、焚者,始得聞乎官,真惻隱爲民之心也,信乎民之父母也矣!訟獄至庭,多方譬曉。有能相讓而退者,則喜動顏色;有怙終論執者,亦爲推鞫,務得其情,竟從輕典。此雖與西山少異,然古今人心不一,況今當兵亂之際,與西山之時不同,不可一概論也。要之,公欲使民無訟,能聽非所貴耳。丁巳端午,民廛被火,公向火叩首,即反風滅火。冬,馬騮祟作,公牒城隍驅之,旋則廓清。此則公之異政已動天地感鬼神矣。至其奉身,則廉潔無私,苞苴不敢至其門,糧科聽民自輸,與西山之令民自概同。額外之征,一毫無有。罪人金贖,秋毫不染。身居黃堂,無豐衣美食,清約如寒士。公聰明過人,問學又優,發爲文辭,雅健雄深,凌駕古人,詩歌奇倔清勁,上逼李、杜。每以修己治人之術教學者,俾不爲口耳之習。政暇視學,與諸生講論經理,亹亹忘倦,多所發明。秋闈校文,權度精審,尤多得人。戊午秋試,七泉得士盛於他郡,皆君之作育也。

今公以奏最去,民無能攀轍挽公之行。公兹行也,必且受知明主,從此大升,依光日月,霖雨四海,不得復至吾泉矣。元等特述公之治行送公,以遺去後之思,以備觀風者之採擇云爾。

送汀二守繆侯考績序

帝王有天下,取天下之賢才而官之,榮其身以及其父母祖宗,潤其身以及其子姓兄弟,其意何也？欲其爲吾任事,以安國家、澤生民也。若取朝廷之爵禄以榮潤其身家,於生民國計漫不之省,是豈朝廷建官之意哉？

予昔守廉欽,適朝廷有事安南,予知安南可取,建議請討,聖上是予議。予徵兵閩、廣,予友虛江俞子時掌金門所篆,實相予行。或誚曰:"何其敝中國而事外夷也？"予聞之,笑曰:"雲中、遼左叛卒戕殺主將,執縛撫臣,朝議忍不討,亦豈敝中國而事外夷乎？"夫志在民生國計,雖遠在荒服萬里之外,不辭勞苦,雖門庭之寇亦所不恤,奚問乎内外遠近哉？乃者海寇作梗,禍及生民,至擄官劫印,以羞朝廷。予念鄉國之賊⑬,屢以捕討之策獻當道。而將領乏人,適虛江有臨汀守土之命,予因以其才薦當道用之。又有誚予二人者,予聞之大笑,曰:"今豈昔日之安南乎？又欲不爲,何也？"大抵時當閉否,士夫抱首塞耳,以保厥官,民生國計,惟恐粘着以爲己累。滔滔者天下皆是也,孰知朝廷建官之意哉？

予於汀郡二守三湖繆侯有取焉。汀去泉十舍而近,侯之政予不及詳,虛江子每爲予道之。汀居漳、贛之間,山林巖險,群盜據之,聞有嘯徒將流毒三省。賊且亟,侯單騎至壘靖之。久之,渠魁被執,其徒欲爲變,勢連三省。賊且熾,侯密計擒之,方隅賴以寧謐。予聞之,嘆曰:"嗟乎！使海寇之初發也,能得若人焉剪芟之;其中蹶也,能得若人焉搏⑭滅之,生民豈有魚肉之患哉?"然使侯而當予位任,其在大理也,必以遼左謫;其在欽江也,必以交南敗,其亦幸而不當予之位任也與!聞侯之在汀也,吏事精練,文以詩書;其假邑也,輕徭薄賦,興學敕法,黜奸崇良,恤民瘼,除積弊,汰冗費;其攝郡也,修學校,舉廢墜,賑餓莩,理冤獄,鋤豪猾,獎賢善,謹權審量,均市平價,凡諸美政,歷歷可書。其奉身又廉潔無污,賢聲茂著,當道旌獎,不一而足。蓋侯之才足以舉政,其學足以充才,故其所立如此。以侯之才之望,雖古之良吏或未能過焉,視今之抱首塞耳以保祿位者,相去何如哉?今天下方多事,西北二邊,每厪廟堂之憂,必欲如遼左、交南苟目前之安,恐不可得也。侯其善以俟之哉!

侯滇南望族,父子昆弟咸起家科第,爲名宦,家學淵源,固有自也。兹以報滿去,虛江子以贈言請。予既重侯之爲人,又有虛江之請,於是乎言。

送郡庠李訓導考績序

榕峰李子以欽郡博九載績成,將上於天官,戒行有期,郡博鄧玉齋先生率諸生乞予言爲贈。予負罪南遷,民事獨勞,久荒筆硯,何以贈李子?

予昔視學嶺南,嘗以職事與李子相知,今其滿去,乃守欽州以送其行,似此相遇,良亦巧哉!憶昔庚寅,考校海北師生,時當大比,列郡師儒得以文學入試者獨榕峰一人,人咸異焉。當時特以一日之長相知,未審其平生何似也。兹待罪來欽,因獲稔其平生,乃知當時之物色榕峰也不謬。予以一日之遇,能得其平生,竊用自慰。

榕峰爲人,質而不俚,儉而文,執而知化,守己如處女,見利如懦夫。以今所見,不異吾昔所聞,其德行誠足稱,非文藝而已也。予違嶺南且十祀,前過州郡,往時學職不善者已久去,其善者多以厥守弗終敗,而榕峰獨得以滿去,非夫始終一節,能不負予昔之所知,何以致是?然則榕峰其加人數等矣。或曰:榕峰作教九載,弗能轉一秩,安善?予曰:不然。今之學職以功績爲陞落,榕峰不幸而當欽才否之會,在法已當落,其不落而存者,非夫學守兼懋,取信於人,曷致是乎？故曰"榕峰加人數等矣"。

今其滿去，獻最天官，若當路與其賢而畧其迹，再轉一官，以畢其平生事，固榕峰之當得也。若厭宦途之風波，息駕丘園，放情山水，與鄰⑮翁故老結會耆英，共尋童子游釣處，飲酒賦詩以樂餘生，終天年，何樂如之！是在榕峰自擇云耳。

玉齋進曰："是可以贈榕峰矣。"乃書以爲贈。

送鍾天慶理副考績之京序

同年鍾子天慶既轉寺副之二月，遂以廷評滿考於寺於部於院，已當入奏於上，同年舉酒爲江上之別，命予出一言以侑觴。予不能言，於鍾子有不容不言者。

吾聞正志以立本，積學以致用，知幾以行道，執讓以居美，四者缺一，不可以立於天下。故志正而學不至，雖有其本，非用也；用利而幾不達，雖有其道，弗行也；道行而讓弗逮，雖有其美，弗居也。

吾見鍾子悃而不華，而居之恪也；訒乎不能言，而內之辯也；頹乎無所拂，而止於止也，而志正矣。博取而廣蓄，通其意矣；發之文詞，精深而蘊藉，闡其道矣，而學至矣。退不失守，進不逢怒，雍容乎事之會而不失其所操，識其幾矣。有而弗居，登而克降，執其讓矣。有是四者，奚患不立於天下？夫官爲同僚，靜同居，動同事，可否商其議，休戚均其受，過相箴，善相勸，有兄弟之愛焉，有朋友切磋之道焉，故予於鍾子，其情至矣！

雖然，今子有千里之行，予方以愚戇得罪於人，東西南北，未知所命。無已，且退居東海之上以自責，所與鍾子者，不可再矣，若之何？抑聞之，善交交以心，不善交交以形。交以形者，形存而心越；交以心者，形越而心通。故古人居一室而友四方，生後世而友千載之上，善交也。況閩於廣，地相接也，官府之聲聞，千里可以相及也。繼自今，吾子有事四方，予或角巾歸第，子寄驛路之梅花，我寄同心之蘭臭，則出千里而投交，託心神以論道，雖東西南北之殊，不猶今日同堂合室而處也耶？

諸君然予言，遂各飲數杯，盡醉而別。

送沈伯充主政考績之京序

昔予舉進士京師，嘗聞沈子伯充於三百人中，思與之面，忽以病歸，未及也。逮謁選銓部，一嘗會伯充於朝，思與之處，既受官而南，弗能也。未幾，伯充改官南來，余始與之定交，蓋三五年前之願友伯充而不可得者，一旦得之而弗期，豈非幸與？

伯充年少而夙成，質美而見道，其爲道必欲盡去彌文，以還太素，故號冲穆子，嘗著《凭几論》以見志。少通《洪範》學，有《洪範解》數篇。既久，盡取而焚之，曰："此皆枝葉緒餘也。"其高明簡易深切而向裏如此，故余酷喜之。伯充亦喜余，各以其官繫，不能時時相見，見則坐語移日，或留酌，歡洽而去。凡與語，非經言疑義，必朝廷當世事，至不如意處，或共嘆息而去。有時語古今人孰高孰下，至有不樂處，或共發一笑而去。凡余與伯充，非若追琢詩文，胥崇尚飾色笑和聲音爲朋好也。

茲以三年之績上於朝，同官各賦詩作別卷，謂余宜有贈，伯充以序見屬。按，今之考績，蓋聖朝取有虞"三載幽明"之典，折衷之以行者也。士人行止登降，盡於是焉在，顧不重與？伯充不惟不俛仰以冀當道者喜，且直欲行吾志，以逢其怒，不知伯充有何所恃而能爾？噫！考績重事也，伯充既不切切焉以是希進退於人，元也亦何嘖嘖焉以是贈伯充哉？於其行也，姑從士大夫與之飲酒。

【校記】

① "是故一誠可以消百偽"，光緒本"一"下無"誠"字。

② "城乃功"，光緒本作"城乃成功"。

③ "永留"，乾隆本作"永永"，光緒本作"永留"，今從。

④ "違其性"，乾隆本脫"其"字，今據光緒本補。

⑤ "崇山廣川"，光緒本無"廣"字，誤。

⑥"大司徒",原誤作"大師徒",今徑改。

⑦"仍",原作"乃",爲字之訛。今據文意改。

⑧"曰",原作"口",光緒本同。當爲形近之誤。今據文意改。

⑨"深滬",原作"深扈",誤。今據本書卷六《上巡按弭盜書》改。

⑩"澎湖",原作"彭湖",誤。今改。以下兩處"彭湖"亦改。

⑪"二十二",原作"二十八",誤。下文"二十六",原作"三十六",亦誤。（明）李愷《少保襄惠張公傳》:"襄惠張公諱岳,字維喬,別號净峰……弘治壬子十月鄭淑人生公於外家霞莊之舍,室有祥光。正德癸酉領鄉薦第一,丁丑第進士。"據此推算,知張岳年二十二歲考取舉人,二十六歲考取進士。今並據改。

⑫"譽",光緒本作"言"。

⑬"賊",原作"戎"。光緒本作"賊",是。今據改。下文"賊且亟"、"賊且熾",其中"賊"字,乾隆本、光緒本皆作"戎",今亦改爲"賊"。

⑭"搏",原作"博",誤。今據文意改。

⑮"鄰",原作"僯",誤。今據文意改。

林次厓先生文集卷九

序

贈郡侯西川方公朝覲序

世道隨時而遷變，帝王因時而制治。今之郡守，即古之諸侯，三載朝覲於天子，課殿最，大行黜陟，即有虞五載群后，四朝敷奏試功。成周十二年，諸侯朝於方嶽，大明黜陟之遺意。

唐、虞草昧之初，法制未備，故其考察也，在於制度，時月日律、度量衡之外，無有也。成周之世，法制已備，始及於民事。然其時民淳，故其事簡，土地、田野、人才之外，無聞也。自漢、唐而至於今日，則民僞日滋，其法不得不詳，故有六事之考察焉。是皆時勢之所趨，而其治因之。故曰"帝王因時而制治"。然治雖因時而制，法則有時而窮。如漢刺史以六條察郡國，唐考功以四善、二十七最考內外官。其治郡縣，何嘗無法？然奉法舉職者無幾。西漢《循吏傳》文翁、召信臣等止六人，唐《循吏傳》韋仁壽、陳君賓等止十五人。以是爲能舉其職，不能者多矣。而六人之中，猶有僞增戶口而蒙顯賞者；十五人之中，三年無囚者不得上考。帝王之法，不亦窮乎？今考課之法三歲一舉，每舉所陟不下二千人，一何嚴也！然吞舟之魚漏網，而雉或罹於羅；覆車之轍相尋，而恬不戒，其法不又窮乎？予嘗求其故矣。姦欺之情莫勝，愛憎之口亂眞，評品之公難逢，考察之弊，又何怪乎？故防官在乎法，行法在乎人。人不可以易得，法不可以不行。故聖人立法以存防，得失付之人；待人以行法，得失付之天。古今考察之得失，人也；人之得失，天也。然愚則謂聖人之法，亦因小人而窮耳，若在君子則不窮。小人見己不見法，聞陟罔慕，聞黜罔畏，忘身以殖貨，養交以市譽，飾名以文奸，賢否混淆,而法於是乎窮矣。夫君子者無聞於人而樹道自己,居常以盡分,修職以立身,積實以成名,不求合於科條,而科條不能問,法何由窮乎?惜今之世,少見其人也。若吾郡侯西川方先生,其君子乎?

先生誠而不僞,朴而無華,重而不浮,坦而無頗。以名進士爲名御史,出守吾泉,取法真西山,用其教以諭同官,其所存可知也。廉以持身,仁以愛民,公以存心,勤以蒞事,其大綱已舉矣。至於學校、田野、户口、賦役、訟獄、盗賊之六事者,乃國朝督察守令之令典,正唐人所謂"尋常職分",要不足盡侯之美,乃若不拘拘於文法而法亦不廢,不屑屑於立名而名亦不損,不汲汲於投時好而時亦不臧否。勸誘同官,有與人爲善之誠,讓美同官,得卑己尊人之美。富貴逼人而屢避讓,世利之紛華闒進而視之淡如。此皆出於刺史科條之外,所謂"無聞於人而樹道自己"者。使考課得人,當與"寵辱不驚"者同書上考矣,法其能窮乎?當今之世,貴名不貴實,貴利不貴義,予竊恥之。侯之所爲,實獲我心。

兹當朝覲之期,將帥其屬受誅賞於天子。邑丞吴宇等徵贈言於予,予不能文,然侯之美不能默,故述古今考課之法與侯存心立政之槩,以華其行。

送惠安陳蛟池邑侯入覲序

國朝分天下爲郡縣而領於監司,以學校、賦役、訟獄等八事責郡縣而督察於監司,歲遣御史巡察之,課其殿最,上之天官。三歲監司、郡縣並朝於京師,天子命太宰計群吏之治,大黜陟誅賞之。其體統相屬,其職守相關,其法令相使,其休戚相同,故上下諸司咸奉法舉職以納民於皇極。此祖宗酌百王而損益之,故治法、治功追虞、周,超漢、唐而獨盛也。承平日久,法度漸解,朝廷之責郡縣與監司、御史之督察者,皆失其職矣。縣令失職,郡守不督察,則天子之手足於是乎廢;郡守失職,監司不督察,則天子之股肱於是乎廢;監司失職,御史不督察,則天子之耳目於是乎廢。天子之手足、股肱、耳目既廢,則上德不宣,百姓之怨日積於下,其害有不可勝言者矣。間有卓然出於監司、郡縣之中無待督察而自善,必豪傑之士也。豪傑之才不可數得,間有得之者,亦幸而已爾。夫朝廷張官置吏以爲民也，良吏之得與否付之幸不幸，則爲生民者不重可哀乎？吾蛟池陳先生，殆予所謂豪傑者與？

侯浙人也，生於三衢宦族。乃翁某齋，舉某科進士，任中書。侯承家學，補邑弟子員，有聲儒林，屢試不第，卒業成均，需次銓曹，得今官。予聞其治惠也以學爲政，以儒飾吏，其廉足以潔身，其嚴足以馭下，其惠足以養民，其明足以伏奸詭，其才足以理繁劇。催科有期而民樂供輸，用財有節而里役輕省，斷獄公平而民稱不冤，用刑允當而民無不服。其於學校，尤加意作興。邑當衝要之途，加以饑饉之後，民之元氣方復而未舒，侯左提右挈，拔之塗泥之中，措之衽席之上，故未及三年而饑者食，勞者息，倉廩實，囹圄虛，生民繁，民俗厚。夫當人欲橫流之時，而侯之所立如此，謂豪傑之士非與？

今世重進士，由進士以進者不限其所至，雖庸才不失爲美官；由鄉貢以進者則限其所至，雖異才莫拔於州縣。故進士有所恃而敢於爲惡，貢士無所望而惰於爲善。二者並進，民之膏血日就於竭，國家之元氣日銷以鑠矣。夫上天生才不齊，有才者不必有德，有德者不必有才，長於學者或短於政，長於政者或短於學。古先聖王立賢無方，才德學政，咸得其用。如必進士文學之拘，則相如、揚雄可當周、召，廉如孟公綽，智如法正，不學如霍光等，皆無用矣，其可乎？國初用人，猶有古意，孝廉、賢良人才、明經與歲貢並進，時稱得人。自進士開科，用人之路始狹，生民之禍亦始於此。皇上中興，銳志唐、虞、三代之治，三途並用，當日諸臣不能將順其美，予每恨焉。邇者州縣闕官，議者欲增科甲之額，愚謂今由進士以進者多有所恃而敢爲惡，巡察、監司又重其進士而宥之，生民之苦無所於訴。使所增者皆得其人可也，如不得人，豈無有所恃而敢爲惡如予之所患乎？宋太宗曰："科舉取士，非敢望拔十得五，只得一二，亦可以爲致治之具。"斯名言也。予恐一二猶未能得耳。今每科進士不下三百餘人，其間德業聞望卓然命世者有幾，其誤國殄民者豈少乎？故愚謂欲增科甲之額，不如廣仕進之路。夫歲貢之中，豈無德業震世如黃忠宣者乎？人才之中，豈無長於治民如黃霸者乎？任子之中，豈無好行教化如韓延壽者乎？法律之中，豈無廉潔無私如尹翁歸者乎？今雖未能盡復古先帝王與國初之舊，且就歲貢學職例，納恩蔭法律之中開其途，不限其所至，取治行優等者以補府佐縣令之缺，與進士、舉人同升，則在仕途如歲貢、恩例、入貲諸科皆人才也，何待增科甲之額而始足用乎？

陳侯之治行爲今之豪傑，今當朝覲黜陟之期，太宰計郡吏之治，若能拔之以同於科甲，不限其所至，使得盡展其才，又推之以及其他，吾見丙吉、黄霸、尹翁歸、韓延壽、黄福之賢，可復見於今日也，天下何患不治乎？予廢居林下，其言豈能達於朝宁，特觸目激中，私論之如此。聖君賢相有志古先聖帝明王之治，必取吾言矣。

贈黄叔和助教行取赴京序

嘉靖癸未夏，吏部以風憲缺聞，疏天下之官之當是選者若郡推、若縣帥、若學職凡三十幾人，南京國子監助教黄君叔和在焉。於是地官蔣大夫君和合鄉諸士夫餞①之憑虛閣，命予出一言以侑觴，君又若不鄙予言者，故予弗克讓。

惟國朝用人，有敘遷，有超遷。敘遷以資，恒也；超遷以望，弗恒也。風憲之選，超遷也。然斯典也，率三歲而始一舉，曠缺者凡幾何時，一舉僅二三十人，不與者凡幾千百。二三十人之中，學職僅二三人，不與者凡幾千百。是歲之舉，學職三人焉，黄君適當其一，不其難與？夫士之未舉也，修之難；既舉也，守之難。何官於天下若是其多也？奉職守官若是其不少也？二三十人者，乃挺然獨出於數千百人之中，非夫志業才行真有過人，安能鳴於群衆人而先之？間固有倖而得者，然或寡矣，故曰"修之難"。夫舉之若是其不常也，宜將來樹立，亦若是其不常也。然卒不幾見焉，間又有不可言者矣。夫豈其名位稍更，而賢否頓異，無或志怠於宦成，業荒於意滿使然爾，故曰"守之難"。

黄君之在國學也，諸生仰其範，僚友樂其信，官長悦其恭，鄉黨稱其順，操身無玷，令譽有聞。其修之也，無容予言矣。今之往也，或居諫垣，或居郎署，皆其所必有也，毋亦益自策勵，毋替厥初，俾將來樹立越出常衆，以毋負於所舉乎？吾聞飾名之士必無終久之譽，誠不立也，鮮不變矣。吾見君平常恂恂乎無近名、無飾僞，誠有餘也，可保其終矣。故予欲君之守之也。夫言一也，君子以諷規，小人以諛諂。予未能爲君子而惡小人之名，故與君言，不以諂而以規。

送張維喬行人謫官南雍序

始予蓬蓽而居，竊有尚友之志，海內之士名可聞而實足徵，不必其皆顯皆心慕而願友焉。在吾泉，若陳子思獻、張子維喬，皆所謂無待而興者，予心慕而願友也。乃陳子居晉安，張子居錦田，地暌也，莫克之近。昔在丁丑，皇帝取士於南宮，擢陳子、張子於上第，予幸以茹後，聚首京師，凡閱三時。二子者，予既獲友之，加莫逆焉，繼予有歸命，弗獲竟周旋二子以去。比來，則陳子已乞南都，張子繼有南雍之命。夫陳子之南，以親也；張子之南，以君也。以親者，孝也；以君者，忠也。二子者各有以焉。予茲來也，一失陳子，再失張子，予方須二子以終友，而相繼失之，予胡無戚？頃予遇陳子於古杭，見其容和以舒，蓋去親日近，固然也。今予送張子於上都門外，見其容墨以結，蓋去君日遠，固然也。

張子行，予慰之曰："壯哉行矣！請爲子賀。"張子曰："何謂也？"予曰："吾聞君子不以位易名，不以貴妨義，使若一出遂獵美官，善名不立，雖縈金曳玉，耀動天下，有餘辱也。今若官黜而道尊，位益卑名益高，且不朽也，不足賀與？"張子曰："不然。君子遭隆邁會，無譽無咎，安身樂命以遊大順，上也；汙隆相乘，臧否相射，貞身定命，以翼大化，次也；跋胡疐尾，曳輿挈牛，委身致命，以立大節，又次也。故曰'太上立德，其次立功，其次立名'。使人臣被不朽之譽，將誰處其不韙？以善歸己，禍將誰歸？"予聞而嘆曰："若長者之心也。居卑不避禍，去國不忘君，爲善不近名。不避禍者，勇也；不忘君者，仁也；不近名者，知也。知、仁、勇三者，天下之達德也。處忠而行之以三達德，善莫大焉。是足書矣，請書以爲子贈。"

贈陳紫峰先生南歸序

紫峰陳子初以進士主事刑部，未幾，乞改南都，取道過家。期年始至，遂自户部改吏部考功。三年满考，又乞病归。客有疑之者，曰："士於世，出则出，处则处，未有居於出处之间者。"次厓子希元曰："紫峰之志固将仕也，八十慈亲，白云千里之外，江山跋涉，不能以迎养至，故乞南，故乞病，殆以是耳。"客曰："紫峰未仕，顾其亲可也；既仕，则身也者君之身也，顾其亲可与？"元曰："紫峰年方强仕，事君之日尚多，母年八袠，受养之日无几矣。较短量长，宜当以彼易此耶？"客曰："命之矣。""虽然，元与若言者，犹紫峰之浅也。紫峰少以才名望乡国，学子出其门，往往掇魏科，登显仕，礼部再试，名动缙绅，公卿皆欲虚位以让，使工於进取，不数年，公辅可立致，而紫峰乃恬然自守，足不及公卿之门。方以母老屡求退，势利鬪进，泊然无所入於其心，其光明卓伟，孰敢望而及。是故紫峰道德之士也，进於功名矣。"客曰："夫有所受之与？"元曰："紫峰，虚斋夫子高弟子也。虚斋以理学名海内，筮仕馀二十年，立朝不几年，视学江右，又不一年而致其事。当时人多疑之，至今而后称焉。盖贤人君子进退自有道，未易以常情亿②度焉。希元愚憃无似，於时多龃龉，恋升斗之禄，徒慕紫峰之高而未能脱屣从之，安得不拳拳致意於紫峰耶？"客闻予言，啧啧叹息而去。

既而，紫峰来告别，乡士夫蒋君和辈又索言爲之赠。元因述与客问答之详以与之，使人知紫峰之出处爲有道，无徒以功名之士待吾紫峰也。

送学谕拙修李先生归田序

嘉靖丁未莫春上旬，学谕拙修李先生致政之报至，诸生闻之，莫不叹息咨嗟，有泣下者。予初闻之，谓未的也。已而果然，爲之欝欝不乐者数日。

或曰："朝廷设官分职分理天下，贤者进之，不肖者退之，年高者致仕，令典也。拙修先生才高而年未及，乃令致仕以去，何与？"予曰："是自有说，非汝所知也。夫人生於天，富贵贫贱，命也；智愚贤不肖，性也。性命不相通，贤智未必尽富贵，愚不肖未必尽贫贱。故孔子大圣，孟子大贤，终身坎坷，而晏婴、臧仓柄用齐、鲁，贾谊、董仲舒命世大儒，而屈长沙、江都，绛、灌、公孙之徒乃得时遇主，拜相封侯，其颠悖如此，岂非命与？"

曰:"天生聖賢,爲世用也。聖賢如孔、孟,可謂盛矣,乃貧賤不見用於世,何與?"予曰:"此天地之大運,非區區一人之數也。何也?五百年必有王者興,其間必有名世者。名世之臣應期而生,性命兩得,則君臣會合,以成一時之功。故五臣相舜,十亂興周,三傑輔漢。下逮唐、宋之興以及我朝,莫不皆然。此天啓之昌期,豈能數遇?其或良時已去,則真才不生,或生而無命,使之顛頓坎坷如孔、孟、程、朱,窮焉而無所入,豈非氣數當否,生才無全功,聖賢不免於屯蹇與?

"先生古貌古心,其爲學深造而向裏。初爲諸生,即不欲作今人。聞海内君子之講學如王陽明、湛甘泉、吕涇野,每心慕而願見之。屢試不第,以超貢而就學官,蓋以義命自安,無復遠望也。昔宦朱方,教聲茂著,總教吾同,益弘初志。始至,立科條以誨諸生,日課月程季考,咸有常業。經書微旨疑義,隨才指授,各有所得。正身率物,不爲空言之教,與諸生相臨,一以道義,絕不及利。交際常儀,厚薄隨人弗校,其貧者却之,又有周之者焉。故士無賢不肖,罔不敬愛以慕。故老謂同自開國以來,師儒克舉其職如先生者,殆無多得也。兩署邑篆,潔身自愛,訟獄輒辭讓。人或病焉,先生曰:'吾儒官攝政,行未信於上,遠嫌也。'錢穀出納,事不容已,然僅取充額。常額之外,毫末弗益,其清白每如此。尤節己裕民,公私浮費損十之七八。里甲應役,倫序久定。及先生視事,越次爭先者紛紛,蓋利其省費,而懼來者之莫繼也,可以觀政矣。故嘗謂:使世之師儒皆拙修,則學校皆蘇、湖也;使世之民牧皆拙修,則郡縣皆卓、魯也。夫以先生之才,使以科第顯,得行其所志,於國家生民必有所益。乃由貢途以進,而官止師儒,其志曾不及展,又不能久其位而遽奪以去,不尤可惜哉!然有性無命,雖孔、孟、程、朱,猶不能違天而獨立,如拙修者,又何疑乎?抑當今之世,志行如拙修,問學如拙修,位望過拙修而擯斥不用者何限,豈止吾拙修哉?然則拙修可以自慰矣。"

先生之去,自縉紳下至韋布,咸嘆息不已。諸生莫爲情,既爲詩歌以致其思,又相率求言以華其行,又將追論其行事而俎豆之。自同之爲學職者,雖陞遷以去，而士民之愛敬之，將送之，思慕未有若是之盛。然則先生雖去，榮於遷擢遠矣，又何恨乎！予生不辰，與世齟齬，退居杜門，脩書明道，冀求寡過，而先生獨爲知己，岑③寂之中，每用爲慰。先生之去位雖與予不同，而命實相似，於我心有戚戚焉。聚散之感，又有不能爲情者。故因諸生之請爲之言，非特以寬先生之懷抱，且以志先生之美於無窮也。

贈分教張敬泉先生歸田序

予嘗讀書至《孟子》曰"行或使之，止或尼之，行止非人所能爲也"，未嘗不廢書而嘆，曰：嗟乎，天乎！誠士君子行止之所關乎。是故以公孫之詐而作宰相、封侯，以賈誼之通達國體，乃謫於長沙，豈非天乎？予嘗以是而觀古今英雄豪傑之士，其行止出處未有能越乎此也。吾庠分教敬泉張先生，自乙卯年蒞任，於今八年矣，將謂必遷擢以去，乃僅止於此。北城陸先生亦以貢春官，始則分教侯官，繼掌教吾同，又教授臨漳，卒轉國子學録以去。夫在北城，官則四轉，而先生竟止於此，豈非命耶？然人有不足於中者，則榮悴升沉足以動其心；無不足於心，則靜而正，無事而常定，其視榮悴升沉，如草木繁華之飄風，禽鳥好音之過耳，豈足動其心耶？是故舍車而徒，則丘園之賁，中不自亂，則幽人之貞吉也。

先生長樂故家，資産甲一縣，資性聰明，少游邑庠，嶄然露頭角。無何，制於命，循資貢於春官。或勸以卒業成均，州縣可得。曰："吾既不能高飛遠走，縱得州縣，未免僕僕於人。"乃就教，得同安。出其所學以爲教，模範端方，條教詳盡，與學者議論講習，月書季考，無異北城。待諸生有恩禮，諸生莫不愛而敬之，誠學者之師表也。得歸田之報，予察其心神，畧無見顔面，予大異之。信乎其中無不足，真有養之士也。

今之歸也，吾知省將蕪之田園，尋猶存之松菊。與鄰翁野叟，圍棋飲酒，曰："吾昔日之老友也。"角巾藜杖，涉水登山，曰："予舊時遊釣處也。"入蘭亭之會，則有曲水流觴之趣；採東籬之菊，則有黃花晚節之香。論齒論德，貴賤兩忘，則洛社耆英之會可結也。託南窗以寄卧，撫孤松以盤桓，考槃山澗，則碩人之歡，將永矢弗諼也。視向之僕僕於公卿榮貴之門,猶麋鹿之脫樊籠而就荒草,豈復顧戀之哉?

予於敬泉有師弟之義,固不忍別,況有諸生之請,惡得無言?故述人生行止之數,與先生歸田之樂,以贈之。

贈學博王四味先生致政序

邑大夫青崗王侯尊甫四味先生,主教德化,年方六十有五,告致政去,當道嘉而予之,有"知足有恥"之褒。先生遂束裝戒行,取道同安,視乃子於官舍。邑文學拙修李先生重先生之行,率僚友諸生詣予請文爲之贈。予抱病半年,硯筆久荒,本不能言,聞先生之高致,且敬且慕,義不容默,乃作而言曰:

富貴聲利,人情所溺;急流勇退,古今所難。蓋朝食之與家食,其勢不同;處約之與處樂,其情復異。士君子平日擊節伊、周,高談孔、孟,出處去就之義,講之何嘗不明也?及至登仕版,食太倉,豐約一分,初心頓負,匪特厚祿高官沉酣弗醒,即一資半級,亦留戀而不忍舍去。譬之鐘鳴漏盡,夜行不休,前後相望,千載一轍,求其振拔於富貴聲利之中,不爲所溺而卓然自立者,幾何人與?昔漢疏廣、受二子爲太子傅,同時致政,公卿榮之,設祖道,供帳東都門外,道路視者皆曰:"賢哉,二大夫!"晉陶潛爲彭澤令,恥爲五斗米折腰向鄉里小兒,八十日即解印去,尤人所難。歐陽脩在蔡州,屢抗章乞致仕,門人止之,脩曰:"吾平生名節爲後生輩描畫,惟有蚤退以全晚節,豈可更俟驅逐乎?"竟乞身以去。夫自漢至宋相去千有餘載,能振拔於富貴聲利之中不爲所溺者,史册所書,少見其人,獨於二疏、柴桑、歐陽三見之,則急流勇退,信難其人。彼四子者,豈非千古之人豪與?今先生年未及而蚤乞身,富貴聲利不能溺,方之四子,豈少讓也?然二疏之去,蓋預見太子之柔懦無立,潔身以遠害;元亮之去,蓋見劉宋之篡,已世爲晉臣,恥事二姓;歐陽之去,蓋因濮園之議爲衆論所攻,欲潔身以自全,其意蓋有所爲。今先生官居文學,無二疏之任;仕聖明之朝,無柴桑之恥;以道帥人,無濮議之玷。其去非有所爲,方之四子,不尤光明俊偉也與?夫道義與聲利並立,不可以得兼；道心與人心交戰，最難以獨勝。昔子夏見夫子，夫子曰："何瘧也？"子夏曰："商也入，見夫子之道而樂，出見人之富貴繁華而說，二者交戰於胸中未能決，是以瘧。"夫以孔門大賢尚苦於聲利之戰，況下於子夏者乎？世之溺於富貴聲利而不能決去者，何足咎哉？先生年未及而蚤乞身，富貴聲利斬焉弗溺，吾見道義之勝矣，非賢而能之乎？

先生江右吉安人也，家世宦族。尊甫畏庵公領鄉薦，作宰興化，時稱良牧。先生少承家學，補邑弟子員，爲時俊彥，數奇不耦，俯首而就學官，分教六合、太湖、惠安，三仕而晉今職，所至正身帥物，不爲空言之教。英才樂育，桃李盈門。廼子青崗領過庭之訓，掇高科，掌教曹邑，晉宰吾同，清白自守，惠愛在民，將來所至，未量也。父子祖孫詩禮相承，簪笏世振。先生屹然中峙，前有作而後有述，孔聖所謂"無憂"者，其在斯人乎？其在斯人乎？

送郡侯程習齋終養序

英雄之事業每掣肘而難成，天下之治功或垂成而輒毀，要皆有數存乎其間，評論古今人物者，未嘗不扼腕嘆息也。溫嶠絕裾以從君，徐庶辭君以全母。嶠之事業可觀，而忘親之罪不可逭；庶之孝行雖可取，而仕魏之功迄無聞。二公之掣肘，君子不能不爲之恨。黃霸治潁①川前後八年，治爲天下第一。張敞爲京兆，枹鼓稀鳴，市無偷盜，既免數月，京師枹鼓復起。則天下之治功，必積久而後成，作而或輟，未有能濟者也。

吾泉郡侯習齋程公，以母太夫人楊氏年高，累疏乞終養以去。士大夫有惜之者，曰："習齋之政績方升，在古英雄之士事業光照於史冊者，將可望而到焉，乃以養親去，孝則盛矣，如事功何！"希元曰："習齋之年方富，太夫人春秋已高，事君之日多，事親之日少。今日輟忠而爲孝，異日出孝而爲忠，忠孝可以兩全，將來事業，曷患無成？吾不爲侯恨，第恨泉當大壞極弊之後，民之望於侯者弗淺，而侯治政之施於民者，日醒於人之目而月新於人之耳。民方望治化之成如黃霸之潁川、張敞之京兆，乃遽舍而去，則美業弗終，民望斯絕，是則予之恨也。

要何莫而非數乎？"

侯天資過人，剛明爽快，濟之以學問，心地光明無底藏。其治識體要，知泉之民奸吏蠹，日滲以甚，弗可以常格治也。始至，搏擊劃刈，重加飭振，已乃調劑和燮之，雷電相濟，寬猛適中，此侯治泉之大較也。同溪、埠頭之稅大爲民患，民屢告言，前後觀風者弗能革，或從而長焉。侯聞一舉而革之，百十年民患一旦而除，此興革之大者，泉、漳二郡之民世世惠也。奸民有以盜誣民，事連數人，斃於獄者，有謀其同旅而奪其貨於途者，他官窮治，莫得其奸狀。侯一訊得之，人稱神明。郡有二猾書，共爲奸利，歲盜官帑以千計，成鉅富，結勢宜自固。前守莫能發，侯發其奸，並執置於法，闔郡稱快。他如民以訟獄至庭，出入自便，隸卒無執縛之苦，民以賦役輸官，秤量公平，吏胥無掊剋之患。此類不能盡書。尤以興學校、作人才、崇節義、勵風俗爲首務，時進諸生較藝解惑，探玄顯微⑤，士經其指授者，咸洒然自新，有仰高景賢之意。聞民間節孝忠義，擊節嘆賞，甚者俎豆碑傳而表揚之，民俗欣然丕變。使究其所施，其事功當不止此，乃以養親去，此余所以重爲泉民惜也。

侯産兩浙文獻大邦，問學文章，馳名鄉國，晉試南宮，翹然魁天下。歷官郡邑郎署，所至籍籍有聲。其發爲政事，恒根理道，法律精明，不爲束縛如俗吏。若夫清心潔己，四知自畏，苞苴不入，則其根本也。初試泉南而卓卓已如此，異時大用可知也。同學博陸挺、鄧鑾因諸生之請，求予言華侯之行。予言何足爲侯重？第述侯治行之槩以贈，庸致吾同士民之思，又備異時觀風之采輯云爾。

送興二守新溪李公還郡序

當國家多事危急之秋，能爲民禦災捍患、興利除害者，乃生民之所倚以爲命，其去而士民思慕之不已，求言以送之，亦其情也。自倭奴構禍以來，郡縣守土之官，兵其素練，民其素撫，然患至不能禦，使數萬生靈陷於水火，而身家以之喪，如福清、福安、永福者，吾見亦有矣。乃若假攝之官，兵非素練，民非素撫，而能支卒然之變，又能爲久遠之圖，非其才之過人，能如是乎？

同安戊午歲，曾被倭寇之攻，正當利害之衝，未易爲也，不幸缺令。當道於所屬中，廉新溪公之才足以任事，俾攝同安。兵非素練，民非素撫也。春三月，倭寇數千攻同城，公率士民分垛而守，晝夜巡督殺賊，賊始引去，一城數萬生靈，賴以生全。夏五月，賊復攻城，淫雨經旬不止，城垣崩坍不止一處，或十丈或二十丈，民命危於累卵。公募諸澳之兵，以身率之，晝夜防守。夜雨下如注，公亦張蓋臨城，當矢石之衝，以身爲捍蔽，一城民命復賴以生全，其勞與功，視三月尤甚焉。賊既退，儒學諸生議以前官因賊改築城垣，儒學櫺星二門因之逼斗，堪輿家忌之，議將城垣拓啓長五十丈、深二丈，以告公。公即任之不辭，捐白金三十兩以爲之倡，餘令師生措處，以成厥績⑥。同自有學以來，學門病於斗，前人精於地理者，至去其雉堞，立亭於上，謂之"觀瀾"，蓋不得已之故也。自因賊築城而門益斗，諸生始有是議。然在假攝之官，將視之如傳舍，孰肯任其勞，而公慨然任之，非才足以任事而志在於立功，何以有是？同之人才將因是益盛，皆公爲之也。夫禦寇以衛生民者，一時之功；改城以盛人才者，萬世之功也。守城之功，當道節行獎勞；盛人才之功，當道豈聞之乎？公昔攝惠，能爲民禦災捍患，士民思其澤，既去而爲文以紀之。公攝同之功，不但一時，又及於萬世，其功尤大，師生求文以送，不亦宜乎？於此見公之才，果足以任事，而當道之推委旌獎，信乎爲知人也。

送王千户敬之還雷陽序

朝廷有事安南，議者謂欽接壤安南，形勢孤絶，不可無守，廼於廣、韶、惠、雷諸衛所調軍赴欽，分守各邊營堡。於是雷州衛所千户王君敬之領軍二百五十守那蘇隘。那蘇道通安南海東萬寧州郡，實爲要害。先是守帥以輕僄失事去，王君之來，實出於當路之所推拔，非偶然也。

君才識通敏，器局老成，嘗爲群弟子員，偕諸生事進取，治毛氏《詩》，旁涉諸史，凡古今人物高下、國家治亂成敗事，罔不在其胸中。既襲武爵，攻太公、孫武子兵法，凡古今名將傳，靡不熟讀而精曉其義。故其舉動若書生，接人有禮貌，操觚成文理，謀猷持重，號令嚴一，遇士卒有恩威。古有儒將，君其近焉。其在那蘇也,申軍令,明賞罰,謹斥堠,固封圻,凡山川險易,道途遠近,夷虜情僞,靡不精察而熟知焉。予之耳目,實沿以廣,一方保障,實有賴焉。邇徵還郡,時時相見,予審其言論,察其動靜,探其謀慮,果不異吾所聞,庸是知君之果可與共事也。夫士生斯世,顧所遇何如耳。當其有事,雖駑馬鉛刀,皆可割馳;當其無事,雖驊騮干將,亦無所用。故孔、孟談王道而厄窮途,蘇、張持口舌而攫相位,時也。王君之才,天下有事,吾知其有用乎!

兹以瓜期得還,鄉士夫章君用輩嘉其勞於王事,功在此方,相與裂綵爲障,求予言爲之贈。予樂諸君有是舉,乃述予所知與其可用者而予之,一以華其行,一以觀其後。

送戴秀才四子歸武安序

吾友梁崗戴先生乃子子東、子國、子澄與其姪子信,從學吾同弼山洪君,歲晚將歸,予内姪郭君俞輩與之善,求予言爲之贈。四子學於弼山,士子明經決科之業,必有以受之矣,予又何言?然尚有可言者焉。

予聞求師者其氣貴下,其力貴勤,其志貴遠。氣不下,其失也亢,亢則絶物;力不勤,其失也惰,惰則虧業;志不遠,其失也畫,畫則妨大。張良受書於圯上之老人也,命之取履而不辭,難之再三而不厭,然後得黄石三編,爲帝者師。使其氣亢而不下,能爾乎?鄭玄師事馬融,在門下三年不得見,使高第弟子授[7]之業,玄弗介意,日夜尋誦不輟。既而辭歸,馬融有"吾道東"之嘆,後成大儒,經子注疏垂於萬世。使其力惰而不勤,能爾乎?蘇秦、張儀師事鬼谷子,初得温言食酒坐席交往貨財之禮,謂未也,再往求之,始得傾河填海移山之術。使其志畫而不遠,能爾乎?我國家設學懸經以教天下之士,又設科目以網羅之。士之翹然奮於章縫而爲師者,雖未必有黄石、絳帳、鬼谷之術,然其爲教一也。弟子之求於師者,有能取履不拒、三却[8]不厭如子房,受業高第,日夜尋誦如鄭玄,初學不滿、再求傾河填海移山之術如蘇、張者乎?

子東兄弟不遠百里自武安而至吾同,問學於弼山,歲晚始歸,其氣之下、力之勤、志之遠,皆其必有也。若不盡得其學以歸,如張,如鄭,如儀、秦,吾不信也。然黃石老氏之流,馬融訓詁之學,鬼谷從衡之術,仲尼之徒所不道。今世科舉之學,乃堯、舜、禹、湯、文、武、周公、孔子之道,二帝、三王之治法、功業備焉。特今之學者竊其皮膚以爲取青紫之計,不深入其閫奧,故視黃石、訓詁、縱橫之學術反爲淺耳。若能深入閫奧如陳良之北學於中國,二程之受學於濂溪,其所就豈張、鄭、儀、秦敢望而及耶?

予觀子東兄弟丰神俊楚,天資穎悟,學問充積,昂昂然如野鶴之在雞群,騏驥之在冀野,皆冲天致遠之器,使由今之所學而進之,無難也。予故因君俞輩之請而進之。抑四子之賢,非無自也,乃翁梁崗先生聰明夙成,德業聞望,著在當世。諸子得家庭之教,今使從學吾同,實紫陽遣子游學建安之意,其望之不淺也。梁崗,予異姓兄弟,其子即吾子也,故因君俞輩之請而進之。吾子行矣,數年後西望武安,有冲天驚人者,必吾三四子也,子勉乎哉!

送阮子歸莆序

阮子以詩名於莆,同諸生業詩者修幣走聘,從卒業焉。阮子至以孟春,其教必因其才之高下,故及門之徒小大各有造於是,他經之士聞風爭從之,愚息一松亦在席末。維冬之仲,講筵既徹,阮子之轍不可留,諸子重其去,詣予以贈言請。予久有阮子名,今兹來也,乃得與相見。阮子狀貌魁梧,其神清以爽,其氣軒以舒,其言論英發而不華,其文雋永而有味,其學術正而無頗。予於是始信名下無虛士,今所見阮子,果不負所聞矣。

世末道降,人才從之學者往往溺於富貴聲利而不返,否則詞章記誦之得,高明之士又或空虛好大,務爲驚人可怪之談,而無帖身向裏之事。夫富貴聲利卑矣,詞章記誦俗矣,然皆於道未病,病道者其高明之士乎!何也?馳騁以雄其辨,穿鑿以搜其奇,而道始病矣。故曰"貪吏盜法法在,奸吏舞法法亡",此之謂也。予觀阮子,智而儉,文而有禮,其才足以遠至,而不流於空虛好大,豈有病道者耶?

夫匡範正者,鑄必端;陶冶工者,劍必良。師者,人之陶範也,可不正與? 坑焚之禍出於荀卿,莊、老之學迄以亡晉,是故師不可不重也。有阮子之學術而不流於空虛好大以病吾道,可以爲師矣。此予所以重之,於其歸也,因諸生之請,復樂道其善以送之。

阮子行矣,異日吾邑之士,有篤實輝光、嶄然露頭角,不空虛好大以病吾道與人國者,必阮氏之徒矣。

贈高用卿還臨淳序

高子用卿自淮渡江,涉浙水,踰閩山,歷建溪,數千里至泉,謁乃兄太府公於宦邸。泉之大夫士問於林子曰:"人維何?"曰:"是太學生,博雅有文者。""何以知之?"曰:"是試政吾廷中,嘗得一日之雅者。是吾泗之鄰封,聲聞可相及者。"乃曰:"是可以修士夫往來之禮矣。"則相致慇懃,就訪之。

用卿氣宇軒發,若玉樹臨風,鴻鵠出群也。威儀閑習,若秉文多士,趨蹌於清廟也。言論持重,如萬石之鍾,不扣不發也。於是士大夫皆樂與之遊。嘗與陟北山,步雲洞,入歐陽石室,縱觀大海,仰天而歌,曰:"東南之觀,盡在是矣。"既又訪我於同。林子與之登大輪山,北望三秀,南望天馬、寶蓋諸峰,沿達夫岩,讀文公《障歌》,其樂融融,曰:"東南之觀,又在是矣。"

已當辭去,林子送之銅溪之上。或曰:"吾聞仁者送人以言,高子之行,可容已耶?"林子曰:"夫贈人者當於其所無,不於其所有。吾於高子,將曷爲贈? 夫高子處中都,聖祖龍飛建極之初,英雄并吞割據之大畧,其聞之也熟矣。歷遊兩京,朝廷禮樂衣冠之勝,一代文物聲名之盛,其覽之也周矣。卒業成均,其與交者海內之豪儁,其所接者名賢之碩論。茲入閩也,望武夷之高,則想昔日諸賢講道之所;陟北山之巔,則見歐陽讀書之處;登大輪之峰,則目擊紫陽過化之踪。大海浩蕩,吐吞江河,莊生望洋之嘆,又不數焉。夫歷覽閩山,其登東山而小魯乎? 遊處三郡,其登泰山而小天下乎? 騁目滄溟,其觀於海者難爲水乎? 執經橋門,其遊聖人之門者難爲言乎? 高子之所立如此,吾將何以爲贈?"用卿喜曰："即子之言可以相贈矣。"林子乃與酌酒三杯,濡筆而書之。

東溪贈別序

嘉靖丁亥,月在蕤賓,卿山郭子肅裝促駕,將赴春官,親朋載酒餞之於郊。薰風習習,荔子初紅,酒壺既傾,行色有耀。郭子愀然泠然⑨,若有不豫。廓齋林子進曰:"今茲行也,君門九重,有利見之端;上國文章,有觀光之會;江山萬里,有子長之遊;四海衣冠,有朋簪之慶;上林獻賦,有相如之遇,而子顧若有不豫焉者何?"郭子曰:"志扶搖者不侈上林之枝,東隅一失,收之桑榆,或寡矣。夫士各有志,事難一律。《詩》曰:'心之憂矣,不能奮飛。'吾方奮飛之憂,又惡知趎趎之疾走?"

次厓林子聞其言,奉觴以進,曰:"君且寬哉!吾聞萬物之分,大小有定。聖人之道,隱顯無間;天地之數,乘除相兼。分也者,不可得而齊也;道也者,可得而盡也;數也者,可得而推也。君子知足以處分,故大小順受,委吏、乘田弗去也。齊物以弘道,故素位而行,尊卑貴賤無異處也。安心以觀數,故否泰相因,其往可復也。吾子茲行以分,吾欲其順受之也;以道,吾欲其致一不懈也;以數,吾知其不終於否也。今以一第之失,遂戚戚焉懈其平生,胡人之不廣若是也乎?"郭子聞予言,欣然而笑。於是在坐諸君,各賦詩以壯其行。廓齋子因命次予言,置諸卷首。

榕溪贈別序

帝王之致治在求賢,帝王之求賢在立法。法之善否而治亂因之,故法不可不慎也。古今帝王求賢之法可數也。

德行、道藝教於鄉,賓興於王,非成周之法乎?由周而降,若賢良、孝廉,若九品中正,法雖遞變,不出周人之遺意。秀才、明經、進士行於學館,州縣制舉,非隋、唐之法乎?由唐而降,若詞賦,若經義、論、策,法雖遞變,不脫隋、唐之故習。周法雖變,其取人要皆以行也;唐法雖變,其取人要皆以言也。夫言易行難,自古所病。故躬行君子,孔聖不敢,恥躬不逮,先行其言,每與子貢之徒言之。取人而一以言,豈取於人者?所行皆不背所言,孔聖不足信與?夫空言不足以取人,而用人者顧不能舍言而他取,其故何與?世變日趨,人心不古。三物之教既失,居於鄉者,未必有可賓興之才;能仕宦之族既多,出於中正者,未必有寒門之上品。故不若爲不可奈何之法,設科以待天下之士,使糊名就試於有司,去取一付之無心之爲愈也。然法不能通變以善治,而姑付之不可奈何,惡在其立法哉?是故鄉舉里選之制,雖未可復,州縣察舉之法,國初猶然,獨不可復乎?經義論策之科,雖未可廢,賢良、孝廉之舉,國初猶然,獨可廢乎?前輩有言:"今未論伊、周,使諸葛亮、王猛而當今世,必有通變救時之術。"誠確論也。予因之有感矣。今之科貢,雖不足得人,然士舍是則無由進。故自唐、宋以來,君子、小人莫不出乎其間。至於天下之治亂,則繫乎分數之多寡,其中又有大數存焉,不在區區法度間也。今不論科貢,但得所行不背所言者,以應主司之求,亦可謂國家得人賀矣。若吾徒葉子伯龍,非其人乎?

伯龍少從予游,業《尚書》,補邑弟子員,嘗居督學邵康僖公首選,盡謂功名可立致,乃坎坷至今。嘉靖己酉歲,當府、州、縣貢士之期,有司始以其姓名行業貢於天子。其爲人,端良朴茂,悅親信友,鄉評素重。其文皆由中而發,鑿鑿乎仁義躬行之實,非空言者。以是而應主司之求,小而循資躐級,大而飛黃騰踏,必不靜言庸違以負吾夫子之教,我國家立法求賢之望,必不孤矣。不其榮乎?士友重其行,共爲詩歌以贈之。予方病今世取人之弊,而樂葉子之有是行也,故出數言以引群玉,欲用人者因予言而稍變,又欲伯龍因予言而加勉也。

同年彭季山話別序

成周鄉舉里選之法廢,而科目興,科目興而同年之義始重,唐、宋以來未之有改也。夫率土韋布之人,一旦際會風雲,起獻畝,依光日月,將以平生之所學者顯設於明廷。其道同,其志同,其時又同,而謂汎然無情,有是乎?今夫君父一也,同生於父則爲兄弟,同仕於君不爲兄弟乎?知君親之並重,則同年之不減於兄弟也可見矣。唐李絳謂同年乃四海九州之人，偶同科第，因而相議，於情何有？此一時對君之言，非通論也。然人生十指，尚有短長，人之行止，焉能齊一？士之初登朝，雖曰同年，及其分仕中外，命運否泰之相反，世途險易之異趨，加以富貴聲利之波蕩難持，赤子良心之存亡不一，於是始有不同者矣。或幼學壯行不失其志，或靜言庸違不適於用，或輕車就熟路而馳騁千里，或驅車上太行而中途説輻，或同舟共濟相應如左右手，或門户各立，相克如水火。自此推之，不能盡述，雖曰同年而行跡之升沉成敗，人品之臧否高下，豈能盡同與？

予舉丁丑進士，同年三百五十人，有名占狀頭，道學自許，而妻子分崩，闃户無人者；有蚤冠群英，出入詞苑，調羹鹽梅，而秀不實者；有才名出衆，道乏謙冲，忤世而卒沉晦者；有危言危行，致悔招尤，屢進屢退而終不顯者；有孜孜奉國，自結主知，平步而登將相者；有遭讒被逮，瀕九死而忽騰霄漢者；有詭遇獲禽，寵極人臣，驟登台鼎而卒伏斧鑕者；有同心同德，同官守而願同休戚者；有當要津，遇落水火而引手援者；有相軋相貳，乘入井而下石者。追想於三十八年之後，其形跡之升沉成敗，人品之臧否高下，歷歷可考，其可悲可喜可笑可惡可羞可懼者何限？

同年彭季山先生，始為建州祥刑推官，入為監察御史，以言事落職，為揭陽主簿，漸起為南儀部郎中，復遭讒落職，判辰州，陟吉安，終守長沙，行止與予相同，亦其志行相似也。昔予辭泗家食，先生在揭陽，相惠問，相招講道，以後音問不缺，蓋其行止志行相似，故其情不約而厚也。然先生豪放不群，既退，為司馬子長之遊，天台、武夷、匡廬、羅浮、鵝湖、考亭、白鹿之勝，皆欲遍其迹。茲訪予大同，訪晦翁遺趾，而興猶未已。予獨杜門守拙，慕禹跡龍門、山陰蘭亭之勝，莫能一至。先生之學能獨得於章句之外，《周禮》之解，孔、孟之譜，發昔賢所未發。而予尋行守墨，不能拔出乎章句之間，於先生得無歉乎？

人生萍梗，會合難期。予同年三百五十人始聚京師，一別以後，會者不能幾十人，幾十人者一別以後，會者不能幾人。始予北上，會先生於南劍，後丞南寺，會先生於金陵。家居十四年，而先生得來會於此。泉同年六人，物故者五，會先生惟予一人。聚首之間,悲喜交集。今俱老矣,天各一方,相去千里,此會寧可再乎?此予所以不能無恨也。然予聞,心邇迹遠者,雖隔千里若共堂;迹邇心遠者,雖比鄰若千里。同心相照,則千里之明月可共,驛使之梅花可寄也,又何恨乎!因書以爲別。

贈義民葉元齡南征有功欽賞序

匹夫無斗禄,奮民伍,應簡書,與封疆之臣從王事,收功萬里之外,同受賞於天子,不亦偉乎?國家懸爵禄待士,士被一命以上,秩有尊卑,禄視之多寡。凡平生豐衣美食,好妻子便田宅,與夫快心適意之事,一倚是以辦。然則秉忠竭節,奔走後先,從王事,乃其職分之宜,而臨事顧避者,何限焉!有匹夫上不受知於天子,下不通籍於宰相,斗禄不沾,奮民伍,應簡書,與封疆之臣辛苦從王事者耶?邇年漳、贛劇寇出没閩、廣、江右,剽城邑,掠居民,郡縣苦之。天子震怒,爰命大臣仗節督兵剿殄,文書所下,封疆諸臣交臂受事,募兵遠近。吾邑葉君元齡以應義良民,捧郡檄,督機兵於上杭。山川阻越,水土異宜,賊滋蔓狡險,不可卒勝。君以膏粱之子,荷戈裹足,衝風雨,冒雪霜,蒙煙塵,犯瘴癘,崎嶇岩崖,勞落洞谷,刳荆棘,行林杪,戴星枕月,飲餕茹草,與士卒同居起,晝不安坐,夜不貼蓆,食不甘味者幾一年。既而大兵四集,齊力奮討,渠魁折首,凶黨破滅,積年逋寇,一朝掃除。上功於朝,天子欣然,謂功不可没也,乃命執政大臣差功論賞,大者進階,小者錫幣。葉君在錫幣之列。用是遣書束幣,下郡縣,即其家致勞,名籍登天府,恩光動閭里,亦布衣之榮也已。

然葉君能此,豈無本乎?忠義公秉乾,祖父也。予聞諸故老,正統之季,海賊作亂,郡縣攻破,民避兵高浦者幾千家。城中伏數千人,賊聚攻之,城幾陷,秉乾起義兵赴援,殺賊城下,遂解高浦之圍。後爲賊所害,天子聞之,詔旌忠義。夫當郡縣殘破之秋,孤城援絶,糾鄉兵,扼方張之虜,解其圍,脱數萬生靈於鋒鏑,而終以此畢命,忠勇足稱,厥功大矣。葉氏至今屢踣而不即仆者,皆公之賜也。夫良冶之子,必學爲裘;良弓之子,必學爲箕,君其承家聲以起者與?然吾聞善作者必能善成。君自茲以往，雞鳴而起，孳孳不爲利，率其子姓兄弟，夏葛冬裘，與吾人相安於田野之間，無以梗國家鳶魚之化，則令名可終，而家聲寧不可保勿墜乎？是爲序。

贈工曹掾[10]伍洛川役滿北行序

莆陽洛川伍君爲吏同安六載，役滿將上京師，里正鄭君君明等相率求予言爲之贈。予按，古者立賢無方，耕莘築巖釣渭，一舉而登台鼎，故人得盡其才以建功立事，商、周之治，卓越百王。漢世用人猶有古意，朱邑以桐鄉嗇夫而爲大司農，趙廣漢以河間郡吏、張敞以太守卒史、王尊以涿郡書佐，皆爲京兆。尹翁歸以河東獄吏爲右扶風，丙吉以魯獄吏爲丞相。彼皆不拘流品，以雄俊明博之才，居出將入相之地。故其事功震乎四海，聲教立而不朽。後世之史，其間非無趙、丙、朱、王之才也，限於流品，不得前進。故才者止於郡縣之佐，不才者甘於自棄。其治之不古，若無怪也。

君莆陽人也，世習詩書，簪纓相紹。君性質淳厚，才識通敏，嘉靖三十二年奉恩例服役工曹，三載役滿，三十八年轉本縣戶曹。凡力役、錢穀、簿書期會，皆經其手，無不練習疏通，前後縣官咸信愛而委任之。是歲十有二月，倭攻鵝城，備兵分巡道育吾萬公提兵救援，縣官以其推督糧餉，時官兵七八百，君轉輸不失，給散有方，軍無乏食。時賊勢猖蹶，軍營與賊對壘，君度勝負難料，告育吾公，將糧移頓十里荒山之外。已而官兵失利，糧餉獲完，育吾公大喜，嘉其才，親記其名，欲賞其功。君之才識如此。即小觀大，使當蕭何之任，必能安國家，撫百姓，給糧餉，以成帝業；使當趙、張、王、丙之任，必能肅京兆，輯扶風，論道經邦，燮理陰陽，以成西漢之治。而乃限於流品，不獲前進，是可恨也！就今日言之，將來從事京師，受官庶職，若不以限於流品自棄，必能獲上治民，升其祿爵如今之丞簿者是也。君其勉之！予日望之。

贈楊君漢翀里長役滿序

予嘗觀古今天下治亂，未始不起於閭閻之苦樂。閭閻之苦樂，則里長或爲之也。昔之知治體者，咸謂郡守、縣令，吏民之本，予謂里長亦其本也。夫百户爲里，里有長，幾里爲縣，縣有令，幾縣爲郡，郡有守。守之轄幾縣，縣之轄幾里，其土廣，其民衆，里之轄百户，其土狹，其民稀，民之甘苦溫寒燥濕，里長能知之，守令未必能知之也。守令之能知之者，以里長之能知之也。里長能達民情於下，然後守令能達民情於上。里長雖微，郡縣之治將必自此始，故曰郡縣、守令，吏民之本，里長亦其本也。使爲里長者上勤於公，下恤若民，端方正直，罔爲漁利之計，則閭閻幽隱無不通，而郡縣得所以爲理。一有奸雄欺負之徒出於其間，則上情窒而不通，下情壅而不聞，郡縣失所以爲理，而生靈日告病矣。里長之關於閭閻之苦樂也固如此哉！

今世之爲里長者賢耶否耶？公耶私耶？予皆不得而知也。翔風十三都二圖楊君漢翀，與予同里閈，聰明過人，少習覓舉業，度不可必得，垂成輒棄去。以其所聞施之韋布，方圓曲直靡不動中節，允爲良民中巨擘。蓋君之尊甫典簿先生，以才能爲名宦，述作相承，識者固知其有自也。今應正德丙子里長之役，夙夜在公。縣父母器其能，獨嘉委重，邑事咨焉，下及六曹掾吏與凡係職於公，皆雅愛之。既竣事，户曹掾龍葦徵贈言於予。予於楊君既有鄉曲之雅，況又賢乎哉？故不能已於言。

<h2 style="text-align:center">賀分巡萬公舉子序</h2>

士之建功立業於時者，必有英雄豪傑之士爲之後焉。士之建功立業於後者，必有英雄豪傑之士爲之先焉。故曰莫爲之前，雖美弗彰；莫爲之後，雖盛弗傳。父作之，子述之，後先繼美，所以樹功業於宇宙間，此"生子當如孫仲謀"所以見取於魏武也。其在上古時，則有若伊尹、伊陟，其在高宗時則有若巫咸、巫賢。自斯以降，其在張魏公時，則有若敬夫，其在范文正公時，則有若純仁、純祐，其在吕許公時則有若公著、公弼；其道德、功業、文章，皆足以名當代而垂後世。嗣是而後，亦寡矣。若其子之遲暮，亦關於氣數。蓋美事多磨，但以有子爲慶，不必問其遲暮也。

分巡育吾萬公年四十二始得男，人謂遲暮，予謂育吾翁以英雄豪傑之才爲名御史，出爲僉憲，分司興、泉，當倭夷擾攘之秋，左支右吾，撐前持後，所以措斯民於平康者，無所不用其極。今倭夷既靖，方隅寧謐，一方之民所以遂宮居粒食之樂者，皆翁力也，可不知其所自乎？鄧禹嘗言："吾爲將握百萬兵，未嘗妄殺一人，後世當有興者。"其後子孫榮顯，女爲賢后。故黃魯直詩曰："乃翁斷獄多陰德，徑仰高門待汝車。"若其子之早晚，亦有數存焉。邵堯夫年四十餘始生子，其詩曰："我生行年四十五，生男方始爲人父。我若壽年七十歲，眼前見汝二十五。"翁年若百歲，當見子五十八也。

翁之有功於生民也甚大，天必祐之，使生賢子以繼其後。是子之生，必英雄豪傑如張魏公之有敬夫，如范文正公之有純仁、純祐，如呂許公之有公著、公弼。其道德，其功業，其文章，皆足以名當代而垂來世。古詩云："孔子釋氏親抱送，並是天上麒麟兒。"又曰："掌珠一顆兒三歲，鬢髮千莖父六旬。"又曰："虎兒可愛光陸離，開眼已見百步威。"請并書以爲翁賀。

賀莊際範中鄉試序

莊子際範，以《葩經》中福建嘉靖丙午鄉試，其鄉之耆老洪尚岳輩與諸親友詣予，請文爲之賀。予駭曰："舉鄉試、舉進士，鄉黨親戚致賀自古有之，以文爲賀，未之有也，有之自君始，亦有說乎？"尚岳曰："鄰里鄉黨有相友、相助、相扶持之義，其情之辛甘、苦樂、榮辱，亦均焉。故李陵降虜而隴西慚，干木踰墻而河西重，況有骨肉瓜葛之親哉？吾從順一里自尚德白公舉進士於永樂，梃林公爲户郎於成化，二公而後，縉紳寞如也。今莊子幸舉鄉試，進士可立致。雖曰莊氏一門之慶，實吾儕一里之光也。且其爲人，敦良質實，溫恭有禮，居鄉處人，和樂無忤。其在朋輩，雖一日少長於己，謙謙隨行不敢先。數歲荒歉，窮乏稱貸無所吝，亦不甚責其息。蓋其愛在鄉人，吾鄉人之愛之也又如此。乃者一登鄉榜，群情欣懽，欲假名筆以罄吾黨之情耳。"予聞之，嘆曰："莊子其賢乎！"

夫人之善惡，皆莫逃於鄉。故古今論人者或質諸鄉評。成周之鄉舉里選，漢之舉孝悌、力田、孝廉，皆不外乎其鄉，則鄉評之重可見矣。吾聞莊子篤學多積，其文章雖未及見，其取重於鄉閭如此，則其爲人可知。使在周漢之世，必不在所遺，況其文又足以應主司之求乎？夫士窮有所養，然後達有所施，其養之不極，則其施之也不鉅。昔伊尹相成湯，伐夏弔民，位阿衡，相太甲，君臣一德，功格皇天，功業何其隆也！自耕莘樂道之日，一介之不取予，其根已培於此矣。諸葛孔明佐先主，起逋播，開國荆、益，成鼎峙之業，再噓炎漢之燼，聲名何赫奕也！然當其窮居草廬之日，吟《梁甫》，鄙齊晏，其伊、周事業，已可預見矣。莊子讀書積學以發於鄉，其文固足以應主司之求，可謂不負父兄之所望矣。但不知平日之所抱負所期待，曾有宇宙之志，如伊、葛之在莘野、隆中乎？抑但如今人取足於一科一第而已也？若但如今人取足於一科一第，則予無說矣；如有宇宙之志，以伊、葛自期待，則斯民有望，始可爲國家得人賀矣。或者謂伊尹、孔明，天生豪傑，宇宙無幾見，吾人豈可望而及乎？不知吾人之生，均禀齊賦，聖賢與人曾無彼此。士之立志，當以聖賢自期。人生天地間，以第一等事讓人者，非夫也。故顏淵欲爲舜，孟子願學孔子，夫豈不自揆量而妄生覬覦哉？

莊子今發於鄉，是出門第一步，前程萬里，發軔之始也。自今以始，益自奮發，益自刻勵，推平日之所得達於所未得，推平日之所至達於所未至，奚患古今人不相及哉？予平生謬有宇宙之志，才疏運蹇，白首無成，退居林下，取笑當世。聞莊子之賢，發科而劇喜之，不自揆，謬進以宇宙之事，蓋與人爲善之心有感復發，而不覺其迂且狂也。莊子其然乎？否乎？

壽廣東憲長張竹崗六十序

嘉靖庚寅八月丁丑，爲吾憲長竹崗張先生懸弧之辰，於是年六十矣。凡我同官以次舉觴上壽，有祝先生者曰："願先生如松栢之壽，不騫不崩，禄位川至而日升。"元曰："壽而且禄，人之願也，未長遠之至也。"有祝先生者曰："願先生子孫昌大，以發高科，登顯仕，嗣世以無斁。"元曰："子而且貴，壽之大也,未道德之至也。"又有曰:"吾之壽先生者異於是。夫德也者,人之本也;名也者,身之章也。本不敦,不可以永世;章不著,不可以昭遠。故君子阜德以敦本,樹名以著章,是謂不朽之壽,非禄壽子孫之所可同日語也。先生不降志於權璫⑪,不阿狥於當路,再贊外臺,兩脱輿輻,甘心肥遯,浩氣不衰,厥本敦矣,厥章著矣,夫豈不永世?夫豈不昭遠?《詩》曰:'樂只君子,德音不已。'先生有焉。請以是爲先生壽。"元曰:"子之壽先生善矣,然未盡也。吾聞:'善作不如善成,善始不如善終。'先生久就淪晦,當聖天子汲汲求賢圖治之初,復起而秉臺綱,當世儒紳之所屬目,嶺海數十萬之所倚賴也。不有善成,曷彰厥作?不有令終,曷嗣厥初?是故弘厥初以稱廼位,所以圖厥成也。戀厥德以保令名,所以圖厥終也。《詩》曰:'庶幾夙夜,以永終譽。'此之謂也。請以是爲先生壽。"

諸君聞予言,僉曰:"子之壽先生至矣,盡矣,不可以復加矣。"予乃合諸君言,并書以侑觴。

賀周雲川太守壽序

士君子之居官,若無過人之識,可以燭百姓之姦,無過人之才,可以革積歲之弊,無愛民之心,可以繫萬民之望,皆不足爲豪傑之士而爲民父母。我思古人,若文翁興學校於蜀而禮讓風行,黃霸治潁川而道不拾遺,龔遂治渤海而盜賊屏息,此皆當世之豪傑。遥遥宇宙,實鮮其人,今於郡賢侯雲川周翁其見之矣。

初,翁之佐吾泉,清戎其職也,則親臨泉州、永寧二衛稽點軍餘,革勾連之弊。及任海防,躬臨一寨四澳,督理戰艦,振邊鎮之威。軍乏食,將爲變,翁聞,親臨撫諭,皆解甲而散。此非有以服其心乎?賊謀攻城,應兵内伏,翁偵知其情,殱其渠魁,釋其脅從,非其才足以撥亂與?翁歷試諸難,咸底厥績。朝廷以福建興、泉諸郡有倭夷之禍,遴選於衆人之中,以翁有撥亂反正之才,衛民禦侮之方,故以泉屬翁,俾之守。泉之士民若赤子之失父母而復得也,若嘉穀之望甘雨而沛然也,若涸轍之魚而濟以清泠之水也,莫不鼓舞稱慶。翁既得泉,曰:

"此吾之舊赤子也。"尤加愛焉。謁司道於會城,安平羈旅數十久阻會城,即挾以歸;謁軍門於福清,見被擄婦女三十餘羈於官,泣言於軍門釋之,且攜之歸而與之食。此未任之先,其澤之及於民者如此。及涖政,慎施舍,重進止,革宿弊,除蠹政,振淹滯,舉廢墜,省刑罰,薄稅斂,省財節用,逐久戀隸卒十餘董,衙門以清,察游辭誣善者而斥治之,姦雄縮首。於學校尤加意,捐俸金百餘兩以賑諸生之不能自存者。凡利所當興、害所當革者,咸攘臂而勇爲之。士農工商稱慶,咸喜其來而悲其晚也。

兹九月十有九日,乃翁懸弧之辰,七邑大夫奉觴上壽,推吾瓶臺譚公求言以侑觴。予何以壽翁哉?夫天之愛民甚矣。翁愛其民,天必報之,俾爾昌熾期艾以永其年,松柏高崗以堅其骨,子子孫孫簪纓相繼以廣其福,此一門之壽也,豈特一身哉?功德在民,如蔡端明、王梅溪、真西山諸君子芳名流於百世,廣譽垂於宇宙,此千載之壽也,豈特百歲哉?

翁直隸太倉州人,以《易經》魁南畿,舉癸丑進士。初知開州,有善政,民立去思碑,兹不及詳。予之壽翁者,言有盡而意無窮。譚君曰:"是足以壽。"

賀學博北城陸先生壽序

人之壽有三,年歲不與焉。

得時行道,功業著於當時,施及後世,其壽一也。抱道巖居,著書立言,啓迪後人,聲名因以不朽,其壽二也。聚髦俊而教之,以得之身者淑乎人,位雖不顯,其名因以傳於後,其壽三也。蕭、曹、丙、魏之於漢,房、杜、王、魏之於唐,韓、范、富、歐之於宋,一時功業輝映史冊,去今千數百年而聲名猶在,此非功業之壽乎?周濂溪、二程、張橫渠、邵康節、朱晦庵諸公,或隱身不仕,或仕而不顯,或顯而不久,其功業雖不如韓、范、富、歐之赫奕於時,然《太極圖》、《通書》、《西銘》、《皇極》、傳注諸書,學者莊誦之,至於今不衰,此非著述之壽乎?胡安定教授湖州,立經義、治事齋以教學者,科條纖悉畢具,朝廷興太學取以爲式,士出其門者咸有所樹立,今去其時將五百年而其名猶在,此非教授之壽乎?古稱壽者曰彭鏗,然其年止於八百，又有完神伏氣、長生久視如侯門、安期之屬，其壽又不可以年計。若而人者功業、文章泯然無聞，要不過與金石等倫耳，視韓、范、富、歐、周、程、張、邵、朱、胡諸公名與天壤俱斃，孰脩孰短，必有能辯之者。故曰年歲之壽不與焉，此也。

吾同掌教北城陸先生，四明望族也。其父兄子姪如碧川石樓、石溪諸公，咸掇高科，爲名縉紳。先生天資穎悟，其學得之家傳，尤邃天文、輿地。少游芹泮，嶄然出群。數奇不偶，折節而就學職。初分教高郵，繼補侯官，嘉其最，擢今職。先生得同，喜曰："同安紫陽過化之邦，伯兄學諭文正之職也。"欣然就道。既至，諸生喜曰："是兩浙文獻之家，吾師文正先生之弟也。"待之殊常。先生乃罄其所有以迪諸生，圭角不露而軌範自尊，科條不繁而矩度自立，訓詁不崇而經旨自暢。諸生愛而敬之，如子弟之於父兄焉。

是歲六月二十五日戊辰，乃先生懸弧之辰，諸生葉文科、王濟輩詣予艮齋，請曰："何以爲北城先生壽？"予曰："今之仕者不得科甲爲州縣，寧爲師儒，蓋爲州縣而非科甲，必不得行其志，爲師儒必得行其志也。先生自高郵至吾同，所歷凡三學，高郵、侯官教弗克專，教澤在人，既去而人猶慕之。今之同安，其教可知也。章縫之士得於陶鎔興感者，其節槩必有可以表俗，其才猷必有可以經政，其文章必有可以華國者，彬彬接武而出焉，則先生之教澤在人，愈廣愈深，其聲將垂於不朽，安定湖州之教可幾也，其壽孰加於是哉？"先生聞予言，蹙然喜曰："不穀無似，何以克堪？重承佳貺，寧敢不勉？"諸生乃請予書其言爲先生壽。

賀分教玉田鄧先生壽序

吾同分教玉田鄧先生生於成化壬寅之歲，於今戊申年六十有七矣，仲秋朔旦，乃其懸弧之辰。予友葉文科、王濟率諸生詣予，請文爲之賀。予往視學嶺南，玉田之學問文章，予忝一日之知，固予所欲言者，況諸友之請耶？

夫壽居五福之先，人之大欲也，然豈易得哉？孔夫子之言曰："仁者壽。"又曰："大德者必得其壽。"老氏則曰："無勞爾形，無搖爾精，乃可以長生。"二家之言若不同,蓋孔氏主理,老氏主氣,要之理即氣,氣即理,其揆一也。或謂人之修短繫於天,非可以人爲。予竊疑焉。今夫燭,燃之密室則久耐,燃之通衢,八風搖鑠,則倏忽而盡矣。今夫水,注之堅石則恒存,注之坤地乾土消食,則頃⑫刻而没矣。以此觀之,則人可回天,修煉家有延年接命之説,不可謂妄,参之孔、老之言,若合符節。然其事甚難,必絕思慮,去嗜欲,離煙火,然後可以語延年接命之事。然絕思慮,去嗜欲,離煙火,而所得止於年壽,又吾儒之所不爲也。故愚嘗謂與其煉神養氣而爲神仙,不如修身養性而爲聖賢,智者必能辯之矣。

予觀玉田天資近仁,其壽有可徵者焉。夫騁僞則損真,馳華則耗實,挾輕則失體,真損實耗而體失,如燃燭於通衢,灑水於坤地,皆非壽之道也。玉田之爲人也,任誠而不僞,質朴而無華,厚重而弗輕,非近仁與?任誠不僞,真不損矣,質朴無華,實不耗矣,厚重弗輕,體不失矣。真不損則神存,實不耗則氣完,體不失則形固,雖不屑爲神仙修煉之事,而聖賢壽考之道得矣,故曰其壽可徵也。

先生,曲江望族也,家世業儒。尊甫南窗先生、酒弟東魯,皆以茂才異等貢春官。南窗典簿石門,完名以歸,東魯需次銓曹,尚未受職。先生以嘉靖庚子應貢,癸卯分教吾同。其臨諸生也,不厲聲色而教令自行,不飭廉隅而矩度自立,不曲示恩信而人自敬愛。予謂其任誠不僞,質朴無華,厚重弗輕,天資近仁,其壽可徵,豈輕予哉?先生分教吾同,殆將六年,陞擢在邇,即吾同之教,異時學步蘇湖,嗣聲張文獻、余忠襄,爲曲江與吾同之光,重有望焉。

先生年未及稀,有子六人,孫十人。二子差長,已游芹泮,能繼志,餘可知也。桂子蘭孫,彬彬接武,安知異時無發身科第,充大門閭,揚名宇宙,如張文獻、余忠襄以嗣前輩風聲者乎?若是,先生之壽將與天地同久矣,豈止壽考維祺,如詩人所祝乎?因諸生之請,備述其美,爲先生賀,且以徵其後。

壽封翁傅禾江七十序

嘉靖乙巳,日在重午,實封君禾江傅翁懸弧之辰,於是年七十矣。乃子侍御君既除太孺人之服,當入朝,以翁壽躋希年,不忍行,待上翁壽。届期黍稷既成,蒸民始粒,閭閻脱悲呻而就燕笑,正南薰解愠之月也,而翁之生辰值之,能無樂乎？茲辰也,荔子初紅,桃李呈實,錦筵盛張,嘉樂具奏。翁朱顔鶴髮,烏紗錦衣,如神仙中人。侍御君奉觴上壽,拜舞堂下,有老萊斑斕之歡。親朋以次致賀,有祝翁者曰："願翁千百其齡,如川之至,如日之升,如松柏之茂,不騫不崩。"次厓子曰："是年歲之壽也,未也。"有祝翁者曰："願佳兒高官顯仕,馴至公卿,寵封洊至,老而彌榮。"曰："富貴之壽也,未也。"有祝翁者曰："願翁枝葉繁衍,百子千孫,如螽斯之趨趨、瓜瓞之綿綿。"曰："是子孫之壽也,未也。"客曰："願聞所以壽翁者。"次厓子曰："予之壽翁者異於是。"

夫道德不充,雖壽如松柏,固如金石,猶夫物耳,奚貴？事功弗稱,雖官居宰輔,爵至公侯,猶夫人耳,奚貴？子孫弗類,則前光遏佚,雖千億其多,爲累愈廣,奚貴？是故勤儉於家,温恭有禮,翁德厚矣。予願貴而不驕,滿而不溢,終始一德,聲名聞於州里,施於邦國也。佳兒列官臺諫,天子耳目,行道有機矣,予願惟孝惟忠,匡主庇民,名實施於當時,垂於後世也。克岐克嶷,龍駒鳳雛,諸孫美矣,予願子子孫孫,象德象賢,如萬石君之恭謹,如燕山之五桂,本支百世,勿引替也。親賓僉曰："是可以壽翁矣。"

予乃連祝三觴,復舉觴以觴侍御翁與侍御君,復舉觴以觴諸賓。盃爵交酬,主賓盡醉,遂書其言,以爲翁壽。

壽袁質庵八十六褭序

歲壬寅,同令芳洲袁子尊翁年八十六,八月餘晦,其誕辰也。袁子羈於官守,以不及稱觴壽膝下爲恨,常焚香置卓於北,望拜者四,畢,復歌《四牡》之三章,輒愀然不樂。同人聞之而重違其情,省祭張時載輩因某徵予爲之序。余惟遠不忘親,人子之孝也爾,民頌之何？時載曰："我侯親其親以及人之親,我民用沐膏澤而思及其出也,是以頌之也。"余作而曰："如子之言,袁子之壽親,亦有道矣。即雖離憂其親,志誠樂也。傳曰：'天下之人歸之名,謂之君子之人。'是成親之名也,樂親之謂也。樂親也者,豈朝夕能養是娛？惟遺體之不辱是樂,將須其奉宣德意，順暢天心，明泄王道，以佐天子休，有令聞，俾世有辭。是因心之達孝，賢哲之上務也。

"吾聞袁子居身無所文飾，惟守道秉禮，鄉薦紳人士，咸喜爲重厚長者云。其涖民，惟馴擾，不動聲色，有愷悌忠篤之純。甫六月，諸父老子弟輒歌咏勞苦，相與離徙法網，以爲陳實、王烈云。廼者侍御徐南湖推賢去疾，嘗進之曰'惟爾同教行奸戢，獄訟弗繁，長吏惟爾有勳。余念乃德，嘉乃丕績，亦以爲閩著令'云。夫以忠厚長者之心，行陳實、王烈之政，侍御嘉之，監司獎之，薦紳譽之，士民頌之，則其不辱親之遺體而成親之名也於是乎在。獲上忠也，成名孝也。孝以忠成，忠以孝懋，袁子兼之矣。"

是月也，同薦紳士民咸致辭遥祝翁壽，徐南湖行將以賢能奏。予意翁之耳目，皆可樂也，將心曠神怡，而耄而悼而期頤，且未艾也。假袁子抗厲褊刻，卑卑以求聲利，爲世所恥詬，無論一令長，即朝夕以禄養，人且將曰"某之不賢，某父出也"，於翁何樂？廼袁子其可謂之以志壽者耶？遂爲之祝曰："願翁之壽如南霍斯崇，俾同民遠有令祉，百齡永康，群姓其宗。"群士人咸欣然祝曰："願翁壽益熾而昌，申訓樹儀，以錫類我邦鄉，迓禎嘉於無疆。"用次以爲壽叙。

進士李子壽嫡母林氏序

進士李子實夫試政戶部，奉使餉軍於大同，竣事，假道歸省其母林氏，於是六十又六年。李子以復命逼期不及賀，乃預於臘月之十一日備山海之珍，設瑤池之宴，奉觴上壽，蓋移月就日，委曲以致其情焉耳。於是親朋葉周溪聞之，嘆曰："是人子孝親之誠心也，是人子榮親之盛舉也。"咸相率舉觴稱賀，謂敬非物不彰，物非文不飾，又相率徵予言以文之。實夫之先子生同予年，又相善，無何弗壽，深念之。林氏善撑後事，實夫克光前人，皆予所喜者，故樂爲之言。

按，林氏賦性聰慧婉順，有丈夫之度，城步縣尹林公之女，國學監丞海峰公之從女弟也。歸李氏，相訓述君爲賢妻，事郎中上舍公爲賢婦。實夫七歲而孤，林氏撫躬育之，知其能有成也，擇名師教之。屈意事師，凡可以待其師者罔弗盡也，其教如此。故實夫之學業日進，年十二入鄉校，能通大義，容止應接，談吐如老成人。督學午坡江公大書"慈訓"二字以襃。十六領鄉薦，二十六舉進士，母之教有徵矣。實夫感母之教，奉事益謹。今萬里壽親，移月就日，賢勞王事，遑將其母，可謂忠孝兩全矣。

予聞古之賢母，有三歲胎教，買肉以食，而爲三遷之教者，孟母也；家貧，截髮爲子待賓者，陶母也；丸熊胆資子勤者，柳母也。古之委曲以孝其親者二人：身着五采斑斕之衣，爲兒嬉戲者，老萊子也；出使遠方，望親舍於白雲之下者，狄梁公也。然二母之子皆己出，情切於衷，未難也；實夫於母，非其所生，而篤於孝，始爲難耳。人謂古今人不相及，豈其然與？予又聞人子之孝親者五：備物以致其養，一孝也；保身以省其憂，二孝也；承志意以效其順，三孝也；善繼述，以成其親，四孝也；立身揚名，以顯其親，五孝也。李子之事親已然者無容言矣，未然者肯容已乎？孔子曰："父母惟其疾之憂。"王孫賈之母曰："汝朝出而晚回，則吾倚門而望；朝出而不回，則吾倚閭而望。"父母之情可見也。李子委身事君，行乎憂患之途，若夙夜兢惕以保其身，則親之憂可免矣。郎中起家進士，官止郎署，上舍卒業成均，卒以疾廢，未畢之志，責在實夫。子其勉之！故曰"孝始於事親，中於事君，終於立身"。

今世之士者，吾惑焉。窮居所學，惟記誦詞章，以爲取青紫之計，科第既得，則惟利是圖，苟可以貴其身富其家者，皆不顧禮義而爲之，雖官至卿相，貨累鉅萬，祇辱親耳，是焉得爲孝乎？李子十六舉鄉科，予意其氣盈也，長而志意漸不群，予每見輒異奇之。茲舉進士來歸，相見又大異，知其可大受也，故因其壽親而進之。

壽郭母貞節葉氏七十序

郭母貞節葉氏，予內兄郭君用頤之配也，於今年七裘矣。惟茲孟秋八月，實母委蛻之辰，其孫郭宗曜備山海之珍，舉觴上壽。其孫夫邑彥葉道馨與予兒有梧，率親朋求文爲之賀。其子良弼曰："文必次厓。"予每以文取咎，方文是戒，顧君夢之意不可虛，貞節之善又有可述者，乃爲之言曰：

人生不過百歲，七十自古所稀。仁人孝子之壽其親，不過自七十進之，百歲而止耳，外此豈能有加乎？使能全神留形如侯門、安期之屬長存宇宙間，然生無益於時，歿無聞於後，亦與草木同腐者等耳，奚貴？是故百千萬歲不足以爲奇，立名不朽乃所以爲奇也。予讀《左氏傳》，夫所謂不朽者不在於世禄，而在於"三立"，則吾人之壽可得而言矣。今以婦人言之，《柏舟》之詩，列於國風，叔姬之節，《春秋》筆焉，豈非貞心勁節足以愧淫而興善，範俗而坊民，故聖人以著教與？他如陳孝婦之在漢，夏侯令女之在魏，此類不少，皆留芳史册，千載之下，猶使人感發而興起，況當其時乎？此其人殆與天地同久，視夫百歲期頤長生不死者，或身歿而名隨泯，或身在而名不顯，其年壽之修短何如耶？

葉氏同大姓，葉易庵公之女也，年十七歸用頤，八閱歲而夫歿，遺良弼尚在襁褓。姑陳氏憫其年艾，諷以改志，輒涕哭以死自誓。葬其夫塋二壙，示必同穴，撫育遺孤，底於成立。君夢入粟爲散官，宗曜受庭訓爲邑弟子員，咸母之訓也。君夢事母孝，先意承志，毛髮罔敢遺。宗曜善體父志，事祖母惟謹，咸母之感也。母自喪所天，即不御脂粉，茹素攻淡，子守深閨，聲不上堂，始終一節，人無間言。鄉閭偉其節，上之有司。有司以聞，天子嘉之，詔旌其門。貞節若是，視共姜、叔姬孝婦令女等，殆異世而同流也，其爲壽寧止百千萬歲哉？夫婦之事夫，猶子之事父，臣之事君也。明發不寐，有懷二人，子之孝也。夙夜無懈，以事一人，臣之忠也。一醮於夫，終身不改，婦之節也。孝子、忠臣、節婦，此三綱之所由立也。故帝王治天下，以綱常爲己責，恒必重之，或旌其生前，或表其死後，凡以彰往勸來爲世道計也。然古今天下世代凡幾更，年歲凡幾千，歷求忠孝節義表表於人人，彰彰於史册者，指蓋不多屈，豈非至難與？是故麒麟鳳凰，希世之靈也，君王得之則爲瑞。孝子、忠臣、節婦亦猶是也。人國得之則爲其國重，人家得之則爲其家重。予考郭氏系出宋録事公。處仁公事親至孝，感動天地，有甘露之降，有司以聞，宋高宗旌表其門，是其家已有孝子矣。今葉氏守志不二，感動里閭，有司上其節，天子詔旌其門，又有節婦矣。獨居官者未見有廉行，是忠臣則未有也。今其孫宗曜與猶子君性、君采、君俞,皆青雲偉器⑬,異日必有致身事君爲忠臣,以爲邦國之光、郭門之重者。予既以節婦爲母賀,復以忠臣爲母望。

壽林母太孺人方氏七十序

葉生伯龍問於林子曰:"壽人以言,古之道與?"林子曰:"古之道也。《雅》祝崗陵,《頌》歌壽朋,皆壽人以言也。"曰:"今有問言於夫子者,則將應之與?"曰:"君子所不壽於人者三:年不及,不壽也;德不及,不壽也;子不及,不壽也。非是三者,罔不應矣。"曰:"若是,科也可以請於夫子矣。莆林子仲充之母太孺人方氏,兹年七十矣。是日既望,四日己巳,則母委悅之辰也。仲充願得君子之言爲母壽。吾二三子請之,願夫子之弗拒之也。"林子曰:"夫仲充,予之深交年友,西谷之從母弟也,惡得辭?然其母之行,則未之前聞也。"伯龍曰:"科也嘗聞之矣。母莆方氏,南國博之女,造士璐之姐,九牧林氏拙庵之偶也,毓德有自矣。冲静淵塞,饋事宜奉舅姑,克以敬聞,其孝足稱也。宗黨不忘,惠之以德,其仁足稱也。敦撫六嗣,克有立,其慈足稱也。乃若居貧能堪,獲盗贓而不妄有,終身不見喜慍之形,兹又婦人所難者矣。"

林子欣欣喜曰:"年及者不必德,德及者不必子。吾觀方氏,既老而傳,年及矣;衆善足稱,德及矣;仲充輩之賢,光前而裕後,子及矣。三者備,予惡得而不言?《詩》曰:'介爾萬年,君子景福。⑭君子萬年,永錫祚胤。'又曰:'萬有千歲,眉壽無有害。'詩人頌禱無有出於此矣,請以是爲母壽。"

【校記】

① "餞",原作"錢",形音相近之誤。今據文意改。

② "億",原作"憶",誤。《文選·四子講德論》"今子執分寸而罔億度",注:"億度之,言無限也。"今據改。

③ "岑",原作"涔",音同形近之誤。今據文意改。

④ "穎",原作"穎",音同形近之誤。今改。以下"穎川"亦改。

⑤"顯微",原作"微顯"。今據文意改。

⑥"續",原作"蹟",音形相近之誤。今據文意改。

⑦"授",原作"受"。光緒本作"授",是。今從。

⑧"却",原作"刼",誤。今據文意改。

⑨"泠然",原作"冷然",誤。今改。

⑩"掾",原作"椽",誤。今改。

⑪"璿",原作"鐺",誤。今改。

⑫"頃",原作"傾",音形相近之誤。今據文意改。

⑬"器",原作"氣",誤。本書卷十四《張母金氏傳》:"二弟及諸孫在邑庠,種學積文,燁然有聲,俱青雲偉器。"今據改。

⑭"介爾萬年,君子景福",語出《詩經·大雅·既醉》,原文作"君子萬年,介爾景福"。

林次厓先生文集卷十

記

漳浦縣朱文公祠堂記

昔朱子守漳，去而民俎豆之，諸縣遠浦否歷，尹恬視罔事，民弗厭。歲嘉靖丙戌夏，尹闕，郡憲黃子以方氏視篆至。或曰："人也文而才，禮必可興。"於是儒紳髦耆帥以告。黃子曰："噫，荒祀迺爾，疇任其咎？"始謀地，或曰射圃可。相之，厥土剛燥，厥面孔陽，溪山擁抱，若屏若帶。黃子喜曰："地莫茲越，毋天造爾留耶？"迺誅，侵於民，戒事商匠，致用揆日，取材諸淫祠，取經費諸浮屠氏，諸刑贖命，厥簿有章者臨焉。遷射圃於左偏，以其址建祠堂，間三架十有一，前闢儀門，右爲講堂，如其制，加拓焉。兩傍列舍，樓士各三十區，外蔽以樓，厥榜"仰止"，表衷也。火流而始事，再朔而畢。棟宇鳳騫，門庭日揭，截而度，窈而遂，廊以有容。落之日，見者說，聞者欣，歌頌其功，其圖其不朽。於是劉子友仁以鄉之望伻來，以記請。

予聞之：法施於民者在祀典，故後主祠廟，有識置非於維。紫陽昔牧爾漳，教在我民，冠婚喪祭，其儀今家有而人飫之也，奚啻六經、四子之衣被天下？是故孔廟有嚴，二時從祀，達於天下，昭其虔也。寢堂翼翼，歲享禋祀，自我一方，致其厚也。黃子緣情以立文，舉闕以興禮，尚賢以崇祀，因地以著教，其知政也夫！其知道也夫！按《春秋》，每興一役必書，若築城築臺，若作門，迭見於簡策，或美或惡，咸有義存焉。黃子斯役，費不干公，勞弗逮民，貶損異端以伸吾志，匪特績茂，其事偉矣。充此，王道可舉也，是宜書。故備其事作祠堂記。

黃子諱直，江西金谿人，癸未進士，其學正，其行方，其政登良黜暴，要于愛人。記祠堂，故弗備。

瑶山周氏祠堂記

人之死也，形歸於土，魂返室堂。聖人因其形之歸也，爲之宅兆而安厝之，因其魂之返也，爲之宗廟而鬼享之，則死而勿壞，亡而若存。是人之終也，天地之心也，聖人裁成輔相之業也。是故久而不葬，主喪不除，重其事也。昭穆貴賤降殺以兩，嚴其制也。是五經之所重，百王之所同也。然形葬於土，墓事漸疏，魂返於宗廟，事漸密。其故何也？三月而葬，歸主於廟，則人道終而神道始矣。孝子不得以人道事其親，而以神道事其親。故墓事疏而廟事密也。是故孝莫大於嚴親，嚴親莫大於廟祀。庶人無廟，祭於寢。至宋，始有祠堂之祭，去古益遠，禮壞樂崩，匪獨民家無祠堂，有官至卿相，家廟顧缺焉者，波頽風靡，遞習爲常。

瑶山周氏，大同著姓。自始祖總管公唐季入閩，種德積善，以遺其子孫。至清溪至兆四，後先繼作，咸克自樹，以大厥家。然奉先無所，於典爲缺，裔孫光舜氏始謀諸伯兄光朝、光寶氏，倡其族人，捐貨市地，商工度材，建祠三間以祀其先，升堂以待宴會。爲楹幾百根，深廣各十餘丈，經費數百緡。始工於嘉靖元年壬午十一月，越明年癸未正月而落成。徵記於予。

嗟乎，古禮之不作也久矣！有能興起於善與之，況予於周氏辱在瓜葛，復有徵幣之勤，惡乎辭？乃述其規爲制度，興作歲月與其人姓名，勒之於石。

皇明科目題名記

成周之法，大司徒以鄉三物教萬民，三年大比，鄉大夫考其德行、道藝，賓興其賢者、能者升之司徒，曰"選士"；司徒論選士之秀者升之國學，曰"造士"；大樂正論造士之秀者以告於王而升之司馬，曰"進士"。國朝以經術取士①，三年大比。鄉大夫論士之秀者薦於禮部，曰"舉人"；禮部論舉人之秀者獻於天子而廷試之，曰"進士"。其不中式者，令卒業成均，試政府部，需次銓曹用之爲府佐、縣令等官，即成周之遺法也，而因革損益，其制視唐、宋爲尤備②。然其試也不以德行而以道藝,其所謂③藝亦非成周之舊矣。孔子曰:"有德者必有言,有言者不必有德。"取人而一於言,欲盡得人,其將能乎?如唐柳宗元、宋王安石,百代文章宗匠,亦④由進士。使科目果足以得人,則二人者⑤當與稷、禹、伊、周媲美,而宗元乃入叔文之黨,流落終其身;王安石乃以新法誤國殄民⑥,卒基宋亂,則科目不足以得人,非其明驗乎?然士生其時,舍是則無由進,而豪傑之士亦出其間,如唐之宋璟、張九齡,宋之范仲淹、韓琦者,不為無人。故謂科目足以得人固不可,謂科目不足以得人亦不可。善乎宋太宗曰:"朕博求俊彥於科場中⑦,非敢望拔十得五,只⑧得一二,亦可謂致治之具矣。"斯不易之論也。夫人才,國之所恃以立,科目,人才所由以出也。科目不盡得人,則科舉之法,毋亦未善乎?

愚嘗思之:國家之治⑨亂皆原於天,天將開一世之治,必生賢才為之用。如欲亂,則治亂⑩者自有其人。開元之盛,則姚、宋、張、韓等為之用;天將禍唐,義府、林甫之徒出矣。慶曆之盛,則韓、范、富、歐等為之用;天將禍宋,王、呂、章、蔡之徒出矣。君子、小人之進退,皆天也,科目其如之何?末世滋偽,居今而欲行古之道,則奸偽益滋,其弊豈止如科目而已哉?故科舉取士⑪於今決不可廢,前輩謂無情如天地、至公如權衡者,益⑫誠有見乎此。愚考趙宋三百餘年,同安舉進士三十六人,為名宦⑬者十九,如丞相蘇公頌、忠節蘇公緘,以及侍郎劉公逵、吳公燧,少卿林公棐,諸公皆翹然百代之英,謂科目不能得人,可乎?我朝自開科以來,僅一百八十餘年⑭,舉鄉科者自陳顯以下九十人,舉進士者自李容以下二十六人,人才視宋為盛,國家運祚⑮方興而未艾,山川生人無間古今⑯,人才應運而生,由科目而出者後先接武⑰,道德、功業、文章,豈無如二蘇諸公以佐國家重熙累洽之治於無窮者乎?

縣學舊有碑記,歲久而湮⑱。學博北城陸君俇謀於縣大夫番禺彭君士卓⑲,撤其舊⑳而更作之,細舉㉑國朝開科以來舉人、進士姓氏與其鄉貫、歷宦而備書之,因以記屬予。予幸列名斯石,又四明番禺之命不可虛,乃不辭,為之記。

南京大理寺右寺題名記

癸未之夏，予既正大理之右寺，以題名之缺謀諸君，若理副天慶、廷評鳴朝、子吉、時瑞，僉予同。乃召工琢石，稽誌載，凡官於寺者之名氏，若正，若副，若評，咸書焉。諸君長予，因以記屬。

惟理官之設舊矣，歷代沿革制度雖不同，其職一而已矣。今兩京並置，南北事權雖不同，其職一而已矣。我朝之置理官也，秩卑於兩法曹，權則輕於御史也，乃使之執憲度以權衡其重輕而繩糾其愆遺，我祖宗立法之意不其深與？故爲理官有三德焉：曰知，曰仁，曰勇。辯物悉情存乎知，盡公推恕存乎仁，強立不反存乎勇。三者缺一不可。今夫宇宙數千年爲此官者不少矣，漢稱張、于，唐稱徐、杜，餘無幾焉。垂聲宇宙，何其希也，非以三德之難與？嗟夫！士生天地，當以稷、契、皋陶自期待，爲理官而知有四子已末矣，況猶有不逮焉，可乎？

今吾列名茲石者，與古之人均之爲理官也。前乎此，有能懋三德，稱厥官，追配古人已乎？想必有之，觀於石，可考也。後乎此，將有能懋三德，稱厥官，追配古人已乎？想未必無之，觀於石，不可不勉也。噫！比類以觀德，存形以著教，題名之謂與？是故君子重之。

廣東提學題名記

督學之有憲臣，自我英宗皇帝始也。景泰中廢，至我憲廟而復。嗣是以還，列聖相承，益愼以重，非德行純固，文學充備者，不輕與。皇帝誥曰："惟國家致治在人才，人才陶冶在學校，學政弗脩，才將焉出？國無賢才，誰與經治？"是故督學之職不可不重也。然吾聞之，立本以示範者存乎身，備物以致教者存乎政，懲勸以興物者存乎公。身也者，物之表也；政也者，教之法也；公也者，作之機也。表不端不可以率物，法不善不可以立教，機不神不可以作人。故君子擇道以置身，所以端表也；酌中以立政，所以善法也；執公以鼓物，所以神機也。是謂學政之大綱，吾督學者所宜從事也。

嶺南督學自正統至今，名列於茲石者凡若干人矣。卓彼先覺，後先接武，皆一時之英，負天下之望而克舉斯職者，故由茲以往，多爲國名臣，爲天子股肱，爲生民命脈，充然邦國之光。予小子謬承厥後，其曷克稱明德？雖然，大呂、黃鐘，聲韻猶在；高山景行，繩準俱存。監古以引今，因穎以起故，觸類以殫餘，推微以致著，矯其偏以純乎正，去其惡以全其好，俾遺緒弗亡，前光益耀，以成我國家建學育才、命官專督之意。則小子不敏，請從事於斯矣。

靈山縣儒學記

靈山縣儒學，故在石六峰下。成化中，燬於寇，始移建邑城。學建於兵燹之餘，凡百苟簡，故其弊也易，地亦弗稱，才沿之落。師生惑，謀遷於故，有司例來學，莫或省也。迺金華麓泉王公以廣東按察司僉事備兵海北，視學弗脩且壞，作意興脩，師生喜曰："機也。"以告。公曰："俞！予汝圖。"爰相新基，允惟舊吉，謀於當路，咸贊厥成。卜日[22]改遷，士民胥慶。於是能者輸勞，富者輸力。公因而用之，取材於山，取瓦於陶，取灰於石，佐以公帑之贏，商匠度務。以嘉靖乙未八月啓手，越明年六月告成事。前文廟，後明倫堂，兩廡、兩齋門、行庫、庖咸以序，奠祠啓聖、名宦、鄉賢於故址[23]，亦有講堂、號舍、師居，貌宇崇恢，采章赫奕，學宮之美，甲於他邑。爲費以千計，皆公所營度，公帑之積，實得一二焉。師生大公之功，懼遂泯沒，請予記之。予負罪南遷，風波涉歷，筆硯荒久矣，感公之美，不容辭。

按，今老子、釋氏之宫，雄偉靡麗，擬於王者，其教槁身而拙用，其徒勞勞焉，敝厥生以築之。夫子之宫，乃吾輩所由成身而致用，經世而淑民，乃漫焉莫之省，或委諸風雨，或委諸草莽，果何謂也？麓泉斯舉，豈不遠遠夫人與？公於城池甲兵，既飭以整，於學校又如此，職在軍旅，不廢俎豆，可以觀才矣。予因是有望於諸生。夫學校不脩，有司之過，學業不脩，誰任厥咎？是故積學以明道，累行以理身，經政以宜民，繹教以敦俗，是諸子之責，予與當道之所望也。尚其勉之，毋負！

合浦縣儒學記

合浦，附郭縣也，故在前朝，學不特設。大明洪武八年縣革，十有四年復置。時皇帝詔天下州縣咸立學，知縣盧文會始於府學之東建合浦縣學。歲久而圮。正統九年，廣東提學僉事彭公琉脩，成化八年，分巡僉事林公錦重建。才久弗振，咸咎地偏，諉而弗脩，尋以大敝，惟餘齋堂數楹爾。後先胥襲，積有歲年，大非國家造士之意。

郡侯净峰張公至郡之三日，首觀學校，見而嘆曰："惟兹首政，曷宜乃爾！"爰率諸生，登高群望，得地於城南，高而爽，曠而夷坦，前峰文筆，後峰三台，四水環抱。公顧衆曰："地莫兹越！"既而儒紳耆髦僉云曰："吉。"聞於當路，咸報可。迺商匠慮材，度務卜日。以嘉靖十五年十月啓手，越明年十月告成事。文廟五間，東西兩廡各七間，神庫、神厨各一間，戟門七間，櫺星門三座。後文廟爲明倫堂，凡五間，東西兩齋各三間。敬一亭在文廟之左。櫺星門之左爲學門，進爲儀門，了齋祠、尊堯亭附焉。後建師居二所。總繚以周垣，爲丈一百五十有二。前鑿泮池，爲畝有三。規模宏聳，棟宇騫翔，丹青炳若，黌宮之美，學宮之美，昔未有也。計其費白金一百八兩，人工之數不與焉。其財取諸公帑之贏，其力借庶人執役之在官者。約節而費不浮，業成而公私不動，於是見公之經濟矣。是役之初興也，忽有海風飄巨木至者三百。取木於大廉、和融山，負運方艱，俄有瓊厓海舟之便，人曰"得天助"焉。二守餘姚朱公、節推永嘉王公實贊其謀，教諭楊君茬尤陳其力。諸生某輩，大公之功，爲圖不朽，於是教諭楊君述其事，以記請。昔視學嶺南，每以是督有司，兹樂厥成，記，予責也。

按，學校首政，士夫類能知之，及至當官，往往漫焉弗省，委之荒土，何歟？心有所奪，弗暇及也。净峰之心，非有奪也，政先學校，不亦宜乎？然學校之設，以造士也。海北自漢、唐以來，與嶺表諸州，均陶王化，學校人才，乃莫能與並，何歟？方其學校不脩，則曰教之無地；有司不良，則曰教之無人。兹學校改遷，不可謂無地矣；有净峰公爲有司，不可謂無人矣，又將誰諉？夫士無奮然特立之志，雖聖賢日與處，亦末如之何。故曰朽木不雕，弱草難植，言志也。咨爾多士，昂昂學宫，稱曰民秀，庸可不自奮勵？有能窮經明道，克己脩身，斐然成章，彬彬輩出，大者爲棟樑，小者榱桷，充然備國家之用，無使嶺表諸州，得專其美，豈非净峰公之所望歟？

净峰名岳，字維喬，弱冠以《詩》發閩解，由進士歷官，兩任提學，再踣而起今官。其學博而知要，其行方而能圓，其政以教養爲先。《詩》曰："愷悌君子，民之父母。"净峰有焉。兹記學，故不備。

欽州十八社學記

昔先王治天下，爲之農桑衣食以養其民，又設庠序學校以教之。蓋飽食暖衣，逸居無教，則近於禽獸。君臣、父子、夫婦、長幼、朋友之倫，乃中國之所以異於夷狄，人類之所以異於禽獸者也。故先王之治，既富有教，於人倫尤所先焉。觀舜使契爲司徒，以敷五教。三代之學，皆以明倫，可見矣。夷考其時，上自國都，下自閭巷，莫不有學，無不教之地。人生八歲入小學，十五入大學，無不教之時。故民之由於學校者，莫不感發順習，而趨於王道。其秀而穎出者，又遞升於王，以分布有位，任庶政。先王建學立教，其意如此。此所以治隆於上，俗美於下，而致雍熙泰和之盛也。

三代遠，王道衰，後世建學立政，其名雖同於古人，其實相去遠矣。我朝酌古爲治，自府、州、縣以至坊隅、里巷，莫不有學。在府、州、縣曰"儒學"，在坊隅、里巷曰"社學"。社學之教，主於明倫敬身；儒學之教，主於明經脩行。以其責付之郡縣，又命憲臣董正之。三年大比，則選其賢者、能者以賓於王，其意與古先聖王，蓋未始有異也。歷時既久，漸失其真。學於社學者，取足於記姓名，知文墨。上焉者爲生徒，以資進取，明倫敬身之意失矣。學於儒學者，檃括經言，議擬題意，以迎合主司，掇科第，明經脩行之意失焉。鄉無善俗，世乏良材，職此之故，又何怪乎治不古若哉！

275

予自知學，即悟其非，故往者督學東廣，沿鄉建社學，作規條，選明師，俾司教訓，以興民於孝弟。頒學政説於諸生，黜浮華，崇本實，以進士於道德。蓋將協贊我聖天子雍熙泰和之治，以復古昔先王之盛也。教未及成而遷官去，有遺恨焉。

邇者至欽，適當興頹舉廢之際，於社學未暇之及。既而訪其民風土俗，類多同於蠻夷，乃列當禁者十數事，請於當路，榜刻宣示，而嚴爲之禁。顧習俗已成，鞭朴徒煩而禁弗止。始悟曰：古之化民善俗者，皆爲之於其初，則性習未成而轉移也易。今欲化民，其必於社學乎？乃以往日之提學者施之欽。訪坊鄉，當建社學者十八所，以告當路，咸報可，謂州城首善之地，特先焉。顧舊時社學已廢爲荒土，其贍學市租，又爲前官所鬻，乃即其地重建社學，諸鄉亦以時並建。在城曰"中和"，其他各有名匾，立條教，作訓言，選擇明師，召子弟七八歲已上者使教之。子弟聞令，咸製衣屨入學恐後，弗辦弗敢入。予嘆曰："吾嚴條約，以冠屨責其民，莫予應令，設學弗責而自急。今而後知聖王建學立教之意，其深矣乎！"乃益加勉。學舍未就，暫假民居。諸教讀咸體予意，以予規條，朝夕教子弟以灑掃、應對、進退之節，讀書、對偶、字倣之文；以予訓言，朝夕教子弟以愛親、敬兄、忠君、弟長之説。其民耳目所未見聞，莫不欣懽鼓舞而樂於教子。三月而後，教讀各以弟子見其父兄，不遠三四百里，襁負其子而至州。其衣裳步履，楚如也；其進退、周旋、升降、揖遜，肅如也；其諷誦、對偶、書倣，朗如也。予嘆曰："人心有天，可以理動，誠然乎哉！"或曰："三年而後，欽其爲中州乎？"已乃訪其民，多有願學而力不足以供師膳者。予曰："禮義興於富足，民窮而驅之學，非政也。"乃廉民之墾田未税者輸之學各二十畝，社學十八所，共田三百六十畝，贖回官所鬻市肆一十七，與新建市肆一十五，庸供各學之費。

諸生李昭，中和教讀也，請曰："社學之設，公之政莫先焉。合記之，使後之作者誦公言，勿替公功。"予曰："功予何有？勿替，我志也。"乃記。

重建文公書院記

昔朱文公簿同，既去而人思慕之，乃於學宮之東闢地建屋，前奉先聖，後祠文公，制如邑學，賜額"文公書院"。其時前元至正歲庚寅，其人邑令孔公俊，其額閩海憲使許公罩懷爲之請也。至正甲午歲，學宮、書院悉燬於寇。國初洪武己酉歲，邑令呂侯復乃以書院舊址重建儒學，別祠文公於學宮之西。成化壬辰，邑令無錫張侯遜又擇地於東門重建文公書院，前爲講堂，刻公神像於退軒，扁曰"畏壘庵"，蓋用文公去時假寓民居之號，以致思慕之意。其制雖異於舊，其爲學者藏脩之所，一也。無何，書院鞠爲府舘，人有遺恨。予思昔文公守漳，建書院於開元禪刹之後，題其門曰："十二峰送青排闥，從天寶以飛來；五百年逃墨歸儒，跨開元之頂上。"公非耽山水之勝也，其用意深矣。

同，文公始仕之地，梵天又其時常遊咏之處，故予用文公故事，欲作書院於禪刹之後，以補東門書院之闕，未有任其事者。既而，學憲康僖邵公鋭至。予告之，公欣然，乃相與登梵天訪文公舊迹。歷方丈，戰龍松，至瞻亭石，命席中坐，四畔諸峰皆會。公奇之，顧邑令安福劉侯裳曰："次厓之議，子其成之。"侯乃命工治石，當坐處作亭，臨文公"瞻亭"二字於上。將作書院而改官去，其事遂寢。嘉靖癸卯歲，郡祥刑太倉葉侯遇春視篆同安。予以告，侯毅然爲己任，酒商工鳩材，當寺後建書院，其制如前。移文公刻像於畏壘庵，供奉加嚴焉。工既出水而侯去。自後縣官屢易，未有卒其業者。予每告，有司莫應。

壬子夏，學憲鎮山朱公考校至同，得南勳部洪朝選之書，乃特嘉意，率予往觀，慨然興嘆，責成於邑令番禺彭侯士卓，乃召匠興工，命巡檢李余巽董其役。予時臨觀之，兩閱月而功告成。登堂四望，背若負扆，前若憑欄，一水環腰如帶，兩峰齊出如車輪。同山東峙，西山、夕照、文筆三峰秀出於其北，天馬、金鞍、寶蓋三山森列於西南。鴻漸東翔而倚天表，蓮花西吐而插雲端。大海前襟，島嶼出没如圖畫。凡同有名之山川，咸於是獻其美焉。天地之化，相禪於無窮。山川景物，因時而變無盡狀。經營之始，不圖其勝之至於斯也！予聞君子之學，有藏脩，有游息，咸取助於山川，杏壇之教，舞雩之遊，沂水之浴，武夷九曲之歌，皆其著者。滕王之閣，岳陽之樓，醉翁之亭，山川非不美也，不過供遷客騷人之遊咏與增其悲喜之情爾，於學者奚補？斯院山川之勝，視南昌、岳陽、琅琊咸不相讓,視天寶之十二峰又似多之,其於學者之藏脩游息所助不少,寧不繼美考亭,上望洙、泗也與?

予有感焉。今老子、釋氏之宮廢,其徒僕僕焉極力以營之,不恤其窮與苦。吾徒讀孔氏書以取富貴,當民社之寄,不費己之才力,視其宮之廢而不省,亦獨何哉?斯院之作,前朝賜額自文公以來歷年四百,作者僅三人,再廢莫興。葉侯倡之而莫與和之,閱八人十閱歲,至鎮山公而始成。今計其費,不過白金十六,視前費僅十之一爾;而莫之肯任,非遇鎮山公,寧不廢為墟莽也與?噫!公之興學作人,繼往開來,拳拳美意,咸於是乎在。

予忝初議,喜其功之成,方頌之意。既而,彭令與邑簿徐君正叙、文學陸君侹等以記請,乃備其興作始末勒之於石,一以存文公之迹於不没,一以誌鎮山之澤於無窮焉耳。

公諱衡,字仕南,鎮山其別號也,江右萬安人,嘉靖壬辰進士。

金沙書院記

福建八郡之民,惟漳稱難治;漳州七邑之民,惟龍溪稱難治。夫治難治之民,如醫難醫之病。病難醫者必投以卒烈猛急之劑,然後能割其腸胃而祛其邪[24]。故曰"若藥不瞑眩,厥疾不瘳"。若投以温平和緩之劑,決不能祛邪而已疾。故曰以德化除殘,猶以粱肉化疾也。龍溪,漳首邑,其地負山而襟海。山居之不逞者或阻巖谷林箐,時出剽掠為民患;海居之不逞者或挾舟楫,犯風濤,交通島夷,甚者為盜賊,流毒四方。故漳州稱難治,莫龍溪若也。

冬嶺林侯初令浙之蘭谿,以憂去。服闋,補龍溪。人為慮之,侯曰:"吾得所以治龍溪矣。昔子産治鄭以嚴,而盜賊屏息。子太叔矯之以寬,鄭國多盜,取人於萑苻之間。今去子産一千七百年,其世變愈趨而下,非若子産之時去先王未遠也。漳去京師殆萬里,其民素稱難治,非若鄭在滎陽、宛陵之西,於王畿猶近也。今之治,豈有下於子産哉?"故龍溪之政,大抵尚嚴,民有犯者必置於法,不少假。行之期年,民果畏服,昔之不逞者若受銜勒而脱牙距。然侯之嚴治横民也,民之良者則愛而撫之,而唯恐其或傷。其子弟之知學,則養之於學校,務俾其有成,故良民愈勤於善,而子弟咸樂其教。蘇文島夷久商吾地,邊民爭與爲市。官府謂夷非通貢,久居於是非體,遣之弗去,從而攻之。攻之弗勝,反傷吾人。侯與憲臣雙華柯公謀曰:"殺夷則傷仁,縱夷則傷義,治夷其在仁義之間乎?"迺偕至海滄,度機,不殺不縱,仁義適中,夷乃解去。時嘉靖某年某月也。憩金沙公館,見諸生周一陽、陳科選輩肄業於是,喜曰:"茲也有講誦,非空谷之足音乎?牖民之機,其在是乎?"爰進諸生,教以禮義,敦以詩書。諸生咸欣然興起。

島夷既去,乃即公館改爲書院,堂庭廂廡,咸拓其舊,樑棟榱桷,易以新材,又增號舍三十楹。由是諸生講誦有所。五澳之民,遠近聞風,咸興於學。諸生謀曰:"侯之德不可使泯沒無聞。"乃相率求予記其事。予昔視學嶺南,於侯有一日之知,侯之美固將張之,況諸生之請乎?昔文翁守成都,以文學誘其民,蠶叢之墟,忽變禮讓。韓昌黎守潮陽,建學立師以教其民,濱海之地,遂爲鄒、魯。侯以嚴治漳,以文章爲教,吾知五澳之民將爲文翁之蜀、昌黎之潮,強梗去而揖讓興,龍溪之民將易治,而嚴可勿尚矣。此侯政之大者,乃爲之記。

侯名松,字某,別號冬嶺,廣之揭陽人。

東湖書院記

蒼梧治東大雲山之麓,有二水左右分流,左極寒冽,世呼"水井",唐元次山所憩者。二水交匯爲池,池方可四五畝,池受委於水井,其清獨異於衆水。又古名賢之遺迹,司空蒼梧吳公因是愛之,命之"小東湖"以自做,築室其上,與經生學子考德論道其中,命之"東湖書院"。東湖,在公先世所居湖南嘉魚,公取以命若池與書院者,蓋不忘其先,即朱子居建安而繫新安之意也。院視潯、灕二江,煙雲景物,隨四序旦暮變以效迎眸之下者,不可盡狀。大雲山出其後,則連帶大靈、金石諸山,岌嶪蒼鬱,流澤潤而上出雲氣,唐人謂"回首叫堯舜,蒼梧雲正悠"者即其處。院爲區者六,皆取學者藏焉脩焉之目以名,則孔門師弟子更相授受之法不越是。爲亭者十,皆取學者息焉游焉之目以名,則孔門浴沂風雩之趣不越是。院之外爲游觀之景十有八，則古今至人達夫、貞臣處士、騷壇詞客之玩游吟弄，以養性全眞、娛神適道者，莫不備焉。其規度之宏，節理之詳以密，考之近世名賢藏脩游息之所，有未之及。公蓋取治道經義立齋，與夫《白鹿規條》而潤澤之而加詳焉耳。惟天下功業必有所成就之地，伊尹不讀書，樂道於畎[25]畝躬耕之時，何以佐商家造六百年之基業？

按，公發身甲第，爲縣、爲郡、爲監司、爲巡撫，所至垂惠澤，樹勳庸，著徽聲，廉貪立懦之操，使人望之而非心邪意自消，叛藩逆宦爲之側目而重足。雖其性植之天者有大過人，而豫養之未用以致用者，又焉可誣？然則斯院也，實公之莘野畎畝，而平生功業所由以成就也與？公立志以古聖賢自期待，近之欲兼善天下與國家，遠之欲推明吾道以淑來世，故好學之心向老彌篤，政務之暇不廢論討。近世大儒之書，若薛、胡二子獨表章之。

迺者皇上更化，公與衆正進官朝列，尋以直道見疏外，再疏請老。朝廷又惜其去，然公山林之念已切，其心蓋無日不在斯院，因出其書院狀一通命予志之，曰："斯院也，大宗伯二泉邵公有志矣，蓋其始也。兹將重脩以爲退處之計，子爲志其終。"夫公之名在宇宙，斯院也異時當與紫陽白鹿、鵝湖爭高，小子得厠名其間，豈非幸與？顧虛淺不足承公命，姑掇書院所作本末之大槩，書之以俟後之君子云爾。

咏竹亭記

正德庚辰孟秋，司徒子大夫同年胡汝誠使南都，以其尊翁澹庵先生咏竹亭屬予記。予請其説。

胡子曰："家君早業覓舉，尤長於詩，以多病輟進取。性澹，於物無所好，獨好竹。嘗拓地舍旁，種竹數柯，作亭臨之，時攜同志玩味其中。既以'澹'名其庵，復以'咏竹'名其亭，蓋'庵'以名其無所好，'亭'以寓其好也。而四時旦暮，隨時改觀以發吟眸入詩案者，皆效於兹亭之下。如春陽發育，則含煙帶雨，舒青而長綠也。如赤夏蒸炎，則接葉交枝，納凉陰而却繁暑也。如金行肅殺，則蕭蕭瑟瑟，釀白露而吟寒蟬也。又如霜雪嚴凝，則伴歲寒，友孤松，迎新梅而送殘菊也。至於風敲而潛韻響，日出而疎影斜，朝暉夕曛，曉光暮色，又屈伸相感於無窮也。家君目接而心賞，心賞而情動，情動而聲形，雖人間萬户之侯，要未易亭間一日之樂焉。"予謂胡子曰："古之君子遊情於此君者，若知之乎？猗猗以咏君子，冉冉以咏人臣，竹林、竹溪或尚清曠，或資隱逸，彼爲道不同，志各有在。今若夫子拳拳於是，封植於亭而吟咏之，誠如子云云已焉，不既淺耶？"胡子欣然答予曰："微君言，吾不及其詳，宗明嘗聞命諸家君矣。夫竹去塵絶俗以立清，清以廉頑，君子咏其清，則思廉潔之士。貫四時寒暑以立忠，忠以事君，君子咏其忠，則思忠節之士。圓外空中以立虛，虛以受人，君子咏其虛，則思謙冲之士。吹之成聲，聲成變，變成方，方以立音，音以作樂，君子咏其音，則思造律呂、制音樂之聖人。列爲簡牘，寫詩書象義以立文，文以載道，君子咏其文，則思畫八卦、造書契之聖人。君子之咏竹，彼亦有所合之也。乃若四時旦暮之變，可以發吟眸、入詩案者，竹之餘耳。"

予聞胡子言，不覺竦然敬，謂人曰："胡澹庵殆有道之士也。"因退而取其言，作《咏竹亭記》。

鱗瑞亭記

鱗瑞亭，春官子部黄子子昭故藏脩處也。是在鐔城之西，馬源之圍。圍僅可盈里，而效奇鬬勝，各極其能，雖勤於遊覽者，未能一日遍焉。其封君可庵公釋官來歸，憩而樂之，意造物者爲己設也，度德較形，分爲十景。有曰"水閣書聲"者，乃十景之一焉，黄子故藏脩處，所謂鱗瑞亭也。臨亭有池，歲養魚以爲常，簿正賓庖取於是。庚午，忽一魚青變而黄矣，又漸變色如玳瑁，玳瑁又漸變色若金。由是三色代變若循環焉，歷辛未、癸酉，莫之改焉。識者謂黄子曰："昔白魚入舟，周室以興。雀銜三鱣於講庭，楊震氏相。是魚也，一物之變皆成文章，不在其他，在而藏脩之亭，無爲吾子乎？"

既，黄子以歲癸酉升於鄉，甲戌升於司馬，論今官，謂魚足徵也，故以"鱗瑞"命諸亭,寵瑞也。

黄子謂林子曰:"昭瑞章祥,世之恒也。頌連理木,吾見於韓矣;記三槐堂,吾見於蘇矣。於兹亭也,敢曰齊德昔人?各亦瑞也,請與之記,若何?"林子曰:"吾與若,亦行古之道也。古之道若多麋,若有蜮,若六鶂退飛,螟螽蠡螽,並著於《春秋》。至若鴝鵒來巢,謂魯定之祥也。孰曰不可説者?必曰災變何?《春秋》記災變,不記祥瑞之書也。記災變不記祥瑞何?謂記之不足爲教也。記之不足爲教,何人皆信瑞以自崇?忽德而不脩,亂天下必自此始。"黄子曰:"吾之志變乎是。記其瑞,俾予目於斯,口於斯,志於斯,晝若夜於斯,聳乎動乎念,惕乎懼乎負,是記乃所以爲教也。"

林子聞之喜,遂索筆爲之記。

可亭記

汪子命其藏脩之所曰"可亭"。林子過之,汪子曰:"古之學者或托物以省心,或存言以警道,或遇名以勗德。立文不同,義均著教。予才弗古人而志弗自棄,乃以'可'名吾亭,而因以自勗。子其教之。"林子曰:"吾聞'可'有二義:曰可也,簡則僅至之辭,非至遠者之所期也。曰當其可之謂時,則時中之義,聖者之事也。子將奚居?"汪子曰:"吾從其卑者以寡予過矣。聖者之事,庸敢知?"林子曰:"君子之道由卑而陟高,衆人之事忽近而遺遠。子處其卑,高遠之奚患?是固吾子之善學也夫!可者善事善物而愜於心,參諸天而不愧,質諸人而無非,是故謂之可。有物有則,可之本也。强恕而行,可之方也。禮儀三百,威儀三千,可之散見也。曰中,曰善,曰時,曰義,可之別名也。可則聖,否則狂,可則得,否則失,可則興,否則崩。故君子之於天下也,可而已矣。顔子簞瓢以自槁[26],若不可,則人謂之固。孟子萬鍾而鼎食,若不可,則人謂之泰。龍逢忠諫而殺身,若不可,則人謂之沽名。箕子佯狂而受辱,若不可,則人謂之懼禍。夫可,事理之極,衆會之通,王道之中,生人之止也,故君子慎焉。"

汪子曰:"斯聖者之事,非予名亭之所志也。"林子曰:"語道而要,其極存乎我者也。體道而循,其序存乎子者也。道不遠人,是在吾子。"汪子曰:"命之矣。請書以爲記。"林子曰:"諾。"

中峰記

董子登中峰,林子從。董子周焉四顧,謂林子曰:"吾觀天地之間可以警學者,其此峰乎?夫矯然而特立,其君子之强乎?鎮然而不動,其仁者之静乎?出諸峰而獨峻,其賢而最秀者乎?脱然而莫附麗,其士之進以正者乎?興雲雨以澤物,其積學者之致用乎?故天地之間可以警學者,其此峰乎?昔吾托名於是,朝夕警心,以比韋弦,顧未有記之者,非子而誰?"

林子欣然喜曰:"賢哉!董子其善學乎?夫塞於天地,何莫非道?著於萬象,何莫非教?古之聖賢,觸目警心,何莫非學?是故沐浴感而盤銘,户牖遇而置戒,川流指道,掘井取譬,皆古之善學者也。今董子悟學於中峰,其湯之盤銘也乎?武之户牖也乎?孔之川流、孟之掘井也乎?故曰善學也。今夫中峰,無極植其根,二五範其質,坤輿拓其基,積土聳其象,崑崙發其脈,神鬼作其靈,升澤厚其津,河海宣其鬱,金石固其筋,草木鳥獸焕其文,此中峰所以成德而有合於君子之道也,其可警學,奚啻盤銘、户牖、川流、掘井也乎!董子獨有契於是,其湯、武、孔、孟之徒也乎?故曰善學也。董子生而神穎,長而積學,以文章魁天下,致位卿相。居身也静而群物不黨,道德功業爲世表儀,較其平生,於此峰若畫一焉。則所願學於中峰者,豈我誣也乎!然吾聞之,取法必於其上,學道必用其極。古以峰名者有三:曰五峰,曰九峰,曰雲峰。而峰之鉅者有二:曰紫陽,曰泰山。三峰其枝也,紫陽其幹也,泰山其本也。沿枝以達幹,沿幹以達本,由小而鉅進,進不已,是乃善學。"

董子聞之喜,曰:"起予者,茂貞也。是可以記矣。"林子曰:"唯。"遂再拜,援筆而書之。

敦義記送饒一貫歸廣

癸卯端陽前一日,書齋寂寥中,忽報廣人見訪至。廣,舊宦地也,聞之喜。

啓門迎之，無冠無蓋，非仕非儒，持潮絹二端，檳榔、欖仁各一封，密煎一器。問其姓名，曰饒一貫。問其籍，曰江西撫州府臨川。問其藝業，曰商賈。問其所來，曰："昔貨楮廣中，土人負予，貲為傾。嘉靖己丑，我公督學，持牒上訴，蒙責償所負，家沿復振。今妻孥弗至失所者，我公之力也。往公居欽州，嘗因過价求謝，公不可，於心終不忘也。今公致政家居，念舊恩未報，心終弗寧，故不遠千里踵門致謝，盡吾心焉耳矣。"予聽其言，始知其人與其故，為之嘉嘆不已。

夫居官治事，其利於民者，在上之當然，初不以為恩。其受利於官者，亦以為民上之當然，初不以之為恩也。一貫行貨廣中，予以官司用紙，經紀欺負傾貲，憐而為之理，亦人上之當然。當日初不以為恩，其事已過，亦旋忘之。歲月其邁，今十五年矣，而一貫乃獨以為恩終其身，既因舍人致謝不可，今又不遠二千里而至，曾不以盛衰、顯晦二其心焉，此豈平生意望之所及？亦豈人間易得之事哉？昔翟方進為廷尉，賓客填門，及退，門外可張雀羅。後復為廷尉，欲往，方進署其門曰："一死一生，迺知交情；一貴一賤，交情迺見。"夫為廷尉之客，必皆縉紳士夫也，當填門之時，必嘗受翟公之恩澤者，彼其失位而去，復位而來，炎涼異態，宜為翟公之所薄。一貫一賈人耳，素不知書，予以官司治事之公，非若翟公之施恩於其客也，而一貫乃不忘舊恩，越十五年，歷二千里而遠來，使翟公之客聞之，豈不厚愧？遂禮而遣之。

<h2 style="text-align:center">鳳山得地記</h2>

嘉靖三年甲申冬十月，予致泗政歸，寄寓外家郭氏，延賓無所，當道之見過者相接無常處，咸訝焉。予欲營居第，歸囊方罄，莫敢擬也。

四年乙酉，郡二守春江李公緝來視同篆，欲為予營第，因晉江諸生今御史陳子讓道意，許予通關節。予辭曰："平生不以私干官府，故至於此。今雖失職，豈可改節？聞春江昨議鬻天興寺基，直八十，不鬻已耳，鬻以與我，是公之惠也。"陳子歸告，不報。未幾，督學端峰邵公考校回自漳郡，復過予。既而，帶管分巡屯田道北泉聶公珙至，予并留之，以杯酌敘話，各別去。端峰欲早行，予辭不答禮,翌早將答北泉,忽門人顏可、吳邦玉輩倉皇訴予,闔邑儒士爲李如玉所累,不取科舉,求爲言。蓋如玉已罷生員,復以儒士應試,爲仇家所告。端峰怒諸儒士容保,故并罪諸生也。端峰公已行,諸生翼予徒步,枉道由後山尾之,不及。回由官道,遇北泉公於天興寺前,謝以不及回答之故。公辭,登轎,予候於道左,公弗可,自推山門入。公見廢寺基,回望,善之,語余曰:"公居無廬,胡不取之?"予曰:"堪輿家亦云善,但棄官來歸,重求於有司,故不爲也。"公曰:"如子,則孔子皆住於漏天乎?何其迂也!亟持牒來,我俟於店頭。"時夏四月也。予如命往,公下牒於府,且語郡守高抑齋曰:"次厓無居,我與天興寺地,子可成之。薄取其直,銀只三十可也。"府遂行縣。李春江得牒,愧謝曰:"此地前議鬻矣,爲林德馨主政所阻,故獲罪先生。今當爲成之耳。"予於是乎得地。

此寺建於楊隋,初名天興,爲縣官歲時祝聖之所。至南唐,改爲鹿苑。宋季燬於兵。元重建,復舊名。元末復燬於兵。國初洪武十年重建,不知廢自何時。故老相傳,寺僧有以斷臂燒香惑衆者,謫戍邊衞,寺遂廢爲預備倉。成化中,南安進士傅公凱授徒於此,邑諸生洪敏、蘇宗彝輩從,傅精堪輿家,語諸生曰:"此地可營居,汝輩圖之勿失也。"既而洪敏舉鄉科,謀移預備倉於上路聖庵,建牌樓於此,扁名"鳳山鍾秀",欲俟舉進士營之也。無何,其時例峻,洪登南宮乙榜,作教山東,弗獲歸,其事遂寢。蘇宗彝以貢士家居,圖之小不能得。寺廢,田業散亡,尚存之業受糧七石,梵天寺僧定波帶管,就其地建佛舍一區。予自弘治壬戌至正德庚午,讀書授徒於此,凡九年。正德十五年庚辰,佛舍爲邑令趙汝弼所毀。時予官留都,門人顏可輩走書告予,請其地爲居廬。予語之曰:"趙令方在,不樂於我,葉銅溪宰新興,方密於趙,天興之廢,有由然矣,能及我哉?汝勿復言!"既而趙令罷去,葉以事繫廣,予適歸自泗州,此地遂爲予得。物各有數,事皆有幾,豈偶然哉?

得地之初,欲營居室而歸囊方罄,無所藉手。適郡守抑齋高公聘予作家譜,得白金二十兩,諸姻家若義民曾汝脩、邵宜榮,壽官安平黃文器,嶺下葉廷美各助白金十兩,顧新山少參爲予置酒,邀諸鄉紳捐囊借助,郡守田崟五兩,王鍨、林城、知縣陳尚文、縣丞莊憲各十兩。莆陽司寇見素林公聞之，助銀二十。已而，永春請纂邑志，得白金二百兩。又借長泰王氏三十。凡三閱歲，而予徵用之命下，束裝將行，總會木石工役諸費，合銀三百二十兩，俱尚草創，而門庭、渠路、井竈、混溷之類，尚未及也，始付諸子以漸成之。予以丁亥冬起廢，自戊子至今丁未，首尾二十年。今計尚須白金百餘而功始畢。然昔日之成者，又將壞；昔之捐囊相助者，猶責償未已。

嗟乎！予登第三十一年，居官二十一年，一第之營至二十三年而未就，東塗西抹，左支右吾，而予之心亦良苦，其力亦勞矣。恐後世子孫不知予得地之巧，成室之難，故備其本末記之，以示後人，使知克勤克儉，固守而勿失焉。

初，官議寺地，價銀八十兩，及予官買，只銀三十兩，此分巡道北泉聶公定也。及巡察徐南湖奉敕查僧道田地，知府俞蒲山咨伯加銀十兩，共價直四十云。

便 安 橋 記

同安負山襟海，上達京國，下通百粵，七泉之巨邑，南北之要衝孔道也。

去沈井五里而近，地曰坍上，有溪一帶，橫溪爲橋，以渡行人。郡守經之，因名五馬橋。據溪上流，受谿潤諸水之委注，一遇雨潦，則猛湍衝決擊囓，故恒善壞。其路自南而北，折而東，行道迂焉。乙未冬，適橋壞。邑侯后林葉公顧而嘆曰：「善壞弗安，行迂弗便，弗安弗便，其曷善政？」廼相地勢，移道自南徑屬之東，去其環折，移橋於下流，以避迅湍。爲梁三接，厥途孔邇，厥橋孔碩，侯顧而樂曰：「邇則弗迂，弗迂則便，碩則弗壞，弗壞則安。」乃更名「便安」。

於是耆民某輩相率以記請。次厓林子曰：「吾於斯橋，而知侯之政矣。昔先王疆理天下，城邑、山川、井野、市里，罔弗條悉。至於橋梁道路，亦罔或後。故乘輿濟涉，子產起譏；橋道咸脩，諸葛稱才。然則橋梁道路，非政之所先，而可以觀政也。侯制百里之命，僚佐弗具，政事如蝟毛，人將日給不暇，而顧若無事，於橋梁道路尤有餘力焉，可謂難矣。侯才足以經政，學足以文才。自爲同安，邑之事無廢墜者，故啓聖、鄉賢、名宦有祠，廨舍臺亭必葺，陂塘溝渠必浚。其榘如此，餘可知也。

侯諱允昌，字某，別號后林，浙之慈谿人。以貢教崇陽，遂掇鄉科，擢今職。其所至，未可量也。

欽州平安橋記

欽州阻江而城，凡來往合浦、靈山者，皆亂於江。官府造舟以渡行人，歲編渡子以執其役。顧欽民野，渡子去來弗常，行人恒阻，甚者官府文移亦沿以滯。予初至郡，病焉，思有以易之，未及也。

嘉靖十六年，皇帝有事安南，督府令州縣有津渡處咸造橋以渡兵馬，予召父老計之，咸欣然應。蓋民利所在，爭趨固也。乃度渡處，其深以尺計者十有二，其廣以丈計者四十有二。余曰："費鉅而工難。"或曰：天涯亭之南故有東川橋，前守李公所建，未成而廢，請因之。予往觀焉，度其深以尺計者九，其廣以丈計者二十有八。予曰："工省而地偏，弗稱。"乃相於舊學宮之前，南屬游魚洲，度其深以尺計者八，其廣以丈計者二十有八。厥土易衍，厥途切邇。予喜曰："工省而地要，是可橋矣。"乃樹木爲柱，跨木爲梁，爲橋二十四架，架用柱五，梁八或九。十日舉事，遠近爭赴。民採木四出，罔有居者。匠人於橋右水中得舊橋壞柱一架，柱數如今。父老云，自年八十者未始見，當在洪武、永樂中，咸曰"守之見合古人"云。父老吳道亨、蔣麒、周廣全、石顯、馮賓、黃傑監督，蚤夜匪懈。以嘉靖十六年十一月二十有八日啓手，越明年五月十有二日告成。父老請名，予曰："是橋之建以征安南也，名之曰平安。"遂刑牲以祭諸神，告成功卒事，頒胙，賞於共事者，衆咸悅。父老請移東門墟市於橋南，歸者如雲，旬月間，列肆七八十。

六月既望，靈山大雨，江水暴漲，壞民居，嚙沙洲，沒橋橋壞。予求其故：江沙而植柱淺，水衝沙解，柱露故壞。予喜曰："吾得所以爲之矣。"乃於中流十四架作柱，高三丈，俾不可沒。以巨木爲地牛，俾不可動。分民採木，罔有厭怠者。父老監督，視前加謹。已而，黃傑以啓蒙去，夙夜在工，惟吳道亨、蔣麒輩五人。以嘉靖十七年九月十有一日啓手，越明年又七月十有二日告成。江岸水嚙，廣加三丈，長其架步，增至二十有五，柱一百二十有五，梁三百五十有二，地牛一十有四。他諸欄檻，牽穿之數弗與焉。工視前再倍之。

父老請曰："是橋之成，首尾殆三年，時不爲不久矣，壞而再營，工不爲不鉅矣。蚤作夜息，朝戒夕敕，父母之心不可爲不勞矣，弗紀無以垂後。"余曰："誠然乎哉！"余於是有感矣。予束髮讀書，有志經世，筮仕餘二十年，浮沉相半，白首無成，功不濟斯人，流滯天涯，又踰三載，回想平生，厚靦面目，而斯橋日使往者來者咸曰"斯林公之造也"，則予之濟斯人雖未能遍天下，州之行人不亦有濟乎？厥名仍舊，平安之事成否弗計，特以明所由耳。抑是橋作於前人，中經廢壞百有餘年，至予復興，存乎其人焉爾。使後之君子皆能心余之心，斯橋其可永永勿壞乎！

一時並建者，東有平銀，西有漁洪。平銀以筏爲架一十七，漁洪以舟爲架二十五，皆以平安而作，因并記之。

安 平 城 記

昔孟子曰："域民不以封疆之界，固國不以山谿之險，威天下不以兵革之利。得道者多助，失道者寡助。"則守國之道不在地利，而在人和也尚矣。然不幸而有意外之患，則城郭又不可後，故朔方之城，以委方叔，備玁狁也，東方之城，以委南仲，備淮夷也。

福建泉南之安平鎮，居民萬户，其地濱海，山川風氣之所鍾，文物衣冠之所都，不特財寶金帛之所聚而已也。自倭夷入寇，識者有破斧之慮。戊午歲，士夫各捐貲告於郡侯北潭熊公，以城請。公曰："是城不可緩也。"乃自以爲功，以晉江盧尹董其役。功未就而寇至，生民之糜爛，廬舍之灰燼者不堪舉目。寇退，公曰："信哉，城不可以已也！"乃督成厥功。功成，又選武臣之能者戍之。已而寇復至，吾人提兵憑城以守，遂尸賊於城下者凡數百。賊大創，由是來往泉地者毋敢近城，民恃爲金湯之固。己未歲，城復圮於雨。公又選幕吏董築之，城復完。士民感公之功，以"海天保障"命題，各爲文致贈，或詩或歌，或頌或詞賦，體製不一，要皆以頌公之德於無窮云爾。

公之善政,更僕未能數,而安平之城其一也。公之奏最,予既率同之薦紳述公之美以贈。此復述公築城之本末爲之記,要以垂公之不朽於泉,以附於方叔、南仲云爾。

南安城記

昔者聖王之治民也,爲之安養以濟其生,爲之教化以若其性,爲之禁命以防其淫,然後道德一,風俗同,災害不作,禍亂不生,雖無城郭而守固,不幸寇盜交侵,姦宄並作,民無保障,則城郭之築,又不在所後。

南安自唐元年於郡西北別置武榮州,復蒙南安之名,於今千有餘年無城郭,而守者世在承平也。自倭寇昌熾,而築城之議始起。時則巡撫都御史阮公、巡按御史吉公也,以其事責之分巡盛公。或者以官帑方虛,議移縣治於府城。若爾,則南安舊地荒爲盜區,衣冠仕族富室千餘家置之何所?識者固知其不可矣。而縣官觀望,遂閣而莫舉。

及縣治火,縣官去,分巡萬公加意程督。縣尹夏侯至,始自以爲功。縣官之觀望者,蓋錢糧之難料量,經界之難疆理,版鍤之難安植,匠作之難驅馭,夫役之難徵發。非知無以慮事,非力無以任重,非公無以服衆,於是見侯之才矣。南安有城,實自侯始。且其地居晉江上游,穀粟竹木薪炭之財,羽毛之利,永、德二溪浮於南安,下金溪橋,輸泉城,波及永寧、福泉諸衛所,皆出自南安,則南安其咽喉也。南安不守,則咽喉塞,府城以下皆困,故南安之城最當要害,侯之功於是爲大。

侯於是城也,寢食不安,日臨諸匠而敦督之,一寸一尺不容苟簡,故功集而完美。相其役者,縣丞焦蕃、主簿陳鵬,監其工者,鄉官知縣黃源、傅陽明,教諭蘇民望、黃秀也。源尤當事,功多於城。經始於嘉靖己未季秋九月,越辛酉夏而功告成。城高二丈二尺,周圍七百七十六丈,計費白金五千五百七十九兩,垛子一千二十一,計費白金五百二十兩。城門四:東曰熙和,南曰文明,西曰平成,北曰拱華。門各起樓,以棲門者。周圍窩鋪若干座,以棲邏者。其經費出自晉、同、惠、永、德、南之提編與其邑之丁糧。

黃源等與諸士夫述其本末，請予記。夫朔方之城以命南仲，東方之城以命仲山甫，詩人美之。城緣陵，城楚丘，齊桓之功，《春秋》書之。侯之城南安，何以異是？故爲之記。

侯諱汝礪，字維金，廣右融縣人也。尹南安，多德政，士民別有祠堂記。茲記城，故不備。

陸眼營記

欽邊郡也，其地西接廣右四峒，狼蠻時剽掠爲民患。每遇秋冬之際，民荷擔攜孥，驅牛羊，舍廬舍，逃之山谷避寇患者，歲爲常。思廬一村，舊稱富庶，因之殘破，十户五亡，生意索如也。

予初至郡，父老率以告。及理案牘，見民以盜賊相告言者十而七八，嘆曰："此一方之害也，亦經理之未至焉耳。"乃作訓詞，陳國家威德與善惡利害，遣人持至四峒省諭之，莫不震懾屈縮，互相推避，甲曰"盜者乙也，非我也"，乙曰"盜者甲也，非我也"。乃皆稽顙陳狀，聽約束，保弗後患。使者以報，予曰："未可恃也。"乃訪賊出没所由之路，爲防禦之計，使人圖其山川道途險易遠近閱之。永樂地接廣西，以八尺江爲界，江之北二十里爲遷隆寨，遷隆之西八里爲華陽峒，華陽之北十里爲水口峒，水口之西十五里爲吴峒，吴峒之西二十里爲武黎峒。四峒之地，華陽最大，水口、武黎、吴峒僅足以當之。四峒之寇，水口最橫，吴峒次之，華陽次之，武黎又次之。賊越遷隆而東，則由那架山轉掠而西，由陸眼以歸；越遷隆而西，則由陸眼村轉掠而東，由那架以歸。陸眼、那架，實賊之門户，出没之所必由。乃議於陸眼、那架各立營，以那架付廣西，移防城營官軍於陸眼，協民防守。上狀當路。

余曰："必待報而舉，則緩不及矣。"乃命管界巡檢宋守才發民伐木誅茅，建營房三十六，正廳、鼓樓退居各一，編民爲保伍。選民快之精鋭者，令宋守才督率，協民守把。既而當路以予議，命千户趙繼文、判官朱浙覆視，僉予同。已而安南事動，防城軍未及移，然予之營守已備矣。鄉兵各自爲守，分番上下，晝夜惟嚴。是歲，賊果不至。丁酉、戊戌如之。戊戌之秋，賊寇廣西，去吾邊二里而近，竟不入境。予曰："狼夷其信我哉！"乃請於當路，遣巡檢宋守才持花紅羊酒勞之。其民素不識官府，聞至咸驚，匿山峒。示之意，乃皆欣躍争赴，得賞，咸北向稽顙謝曰："歲歲不敢復入欽邊。"民有室家之樂，於今三年矣。

己亥之秋，予當滿去，士夫父老咸曰："公去，狼賊必復來，奈何？"聞邊民有鬻産爲避盜之計者，予嘆曰："古之君子，宦轍所至，去而澤必垂後。今予去欽而賊寇復[27]起，非政也。"乃即前議而申改之，留軍三十於防城，分二十守那蘇，以舊上扶隆營之軍二十守陸眼，告於當路。備兵憲使二水孫公實成予議。舊營創於倉卒，弗久就敝，乃命巡檢史鼎發民伐木陶瓦，即舊址復建，縮營房爲二十。正廳、鼓樓、退居視舊加大，易茅以瓦，環以木栅，費白金僅一斤。民聞命，悉力趨事恐後。

起工於己亥秋仲，越二月而功告成。父老曰："非公無以保我邊民，非記無以顯公功，請記之。"予曰："功予何有？保民予志也。"乃記。

邑侯瓶臺譚公保障記

國家東南不幸有倭夷之患，嘉靖戊午、己未凡再至，焚城外居民數千家，官府傳舍悉爲灰燼。己未冬，邑侯瓶臺公至，懲前之弊，固封圻，謹門柝[28]，詰戎兵，利弧矢，嚴邏望，鳴刁斗，凡防禦之術罔弗備。故賊自南而上者，越城而棲沈井二十里之外，自北而下者，越城而棲苧溪三十里之地。如是者不數年，皆不敢近城。士民咸曰："此我譚侯之功也。"予因是思之，使侯早至於四年之前，城外數千家必無灰燼之禍，惟侯不早至，而民家不可留，此侯之功所以爲大也。夫朝廷裂千里之地而郡之，以保障屬之守也；裂百里之地而縣之，以保障屬之令也。守不能保障其民，焉用守？縣不能保障其民，焉能令？如侯者，可謂不負其責矣。以侯保障之功言之，邑當兵荒之後，糧餉不足，隨地設長，團結鄉兵，與官兵相兼防禦者一百六十社。既設險清野，又督建土堡，以漸而成，凡一百又三座。嘉靖庚申夏五月，倭犯浯島，率兵攻逋，獲真倭唤沙士、機尾、安噠等七名，斬倭級六顆，擒通倭謀城奸細丁一中等三名，及流賊林時派等六名，餘黨撫平。辛酉春正月，倭賊突侵，甫數日而驅出境，擒斬真倭及賊洪治仔等六名顆。夏六月以後，賊令黨數萬環匝晉、南鄰地，調兵截禦，毋令犯邊，賊有馬三岱者擁衆內侵，率兵鏖戰數合，擒斬真倭及賊三十四名顆，三岱僅以身免，奪其馬械財物弗可勝計。自是賊不敢犯。興泉道檄該縣只用團練鄉兵，緊急甚得其力。今賊不敢下縣，而久屯晉、南二邑者，懼該縣鄉兵故也。又饒賊蕭雲峰等突侵，率兵驅逋，擒斬賊酋張重、張良朋等一十九名顆，以後不敢犯同境。又有土賊金老、林三顯、鰲山老、楊三仔等制立雲師則副部總尚猛名色，擁兵萬餘，出沒無常。洒調集水陸官鄉兵，水陸合攻，斬葉子溢、葉宗愛等七十三名顆，撫賊酋蘇任賢等一十五人，賊酋林三顯等旋同諸賊受撫。八月，謀破楊三仔賊黨，解功級一百一十一名顆，內有田老、黃大壯陰謀內叛，遣報效人先投內應，事覺，發兵搗穴，擒斬大壯及東海老、吳用聘等一百三十七名顆，餘黨近江老、鄭大果、齊雲老、王子琪等遁入安溪，突回諸兵協力蕩平，擒斬鄭大果、王子琪等一百一十三名顆。賊自夏蜂起迄秋底平。原不聽撫及既撫復叛者舉爲俘馘，聽撫效順及敗奔撫定者悉復業。十月至十一、十二月，鄉兵染疫，原屯晉、南倭真假聚衆二萬，乘虛入寇，悍然有虎噬同城之意。因撫降馬三岱，解散其部黨，復謀官鄉兵剿捕，擒斬真倭新三浮、老太、老白等四名顆，賊級八十名顆，暨諸民堡皆保無虞。前賊遁還晉、南二縣。今嘉靖四十一年，饒寇已蒙大師撲滅，晉、南巨寇近亦蒙撫院撫剿蕩平。六月間，有漏鋒殘賊奔突，會兵擒斬一十五名顆，投刃降者二十餘人，隨驅出境。白石爲月港賊所謀，及被鄉兵剿散蕩盡，又值本縣白礁寨民王出彙集衆據寨爲亂，因提兵攻捕，寨民縛送王出彙及左右威武將軍林翠峰等五名，餘撫散罔治。通計擒斬功級六百一十九名顆，用鄉兵之力居多，不至糜費糧餉。撫散者萬數千人，原亦迫於兵荒，猶之亂繩可解者，況復得爲用，不忍投之水火乎？

夫設城築堡以衛民生，東討西捕以除民患，侯父母斯民之心於是爲至，朝廷設官爲民之意，於侯始不負矣。邑士夫萬載尹、張君文錄等以予年長當有言，予知君獨深，故書以記之。

欽州興造始末記

嘉靖十四年秋，予以言遼左兵變謫守欽州。欽接壤安南，去京師萬里而遥，去會城二千里而遥，廟堂例視以荒服，賢長吏鮮至，至輒自壞，無向上志。監司如廟堂，莫之董正。故吏治益玩以弛，至百度盡廢，公私廨宇十不存一。

予以十五年秋至州，滿目蓬蒿，慨焉興嘆，思有以振之，茫然莫舉手也。乃度先後緩急之宜以次行之。公堂私室雖不禦風雨，猶可支撑，迺作吏舍東西並七間，作獄舍囚室六間，官廳三間，神祠一間，遷判官居室於州堂之右，舊在天涯驛故址。此皆不動官帑從宜設處者。首議建學。舊學在城東門外，地弗善。諸生謀遷於州署之東故址，迺商工慮材，作聖殿五間，東西兩廡並七。聖殿之東爲敬一亭，接東廡爲祭器庫，接西廡爲神廚，前作戟門，戟門之左爲名宦祠，右爲鄉賢祠，又右爲宰牲所，前爲櫺星門。聖殿之後爲明倫堂，堂之東西爲兩齋，各三間。明倫之左爲啟聖祠，右建師居二所，接東齋爲儀門，東向，啟門於櫺星之左爲甬道，以通明倫堂，左右建牌樓二：左曰"成賢"，右曰"仰聖"。學宮氣宇巍然一新，百十年創見也。又於州署之西天涯驛故址建陰陽、醫學二署，並南向，前爲陰陽，後爲醫學，皆前堂後室並三間，東向，開門以臨前衢。

欽民無學田。野之民蓬頭跣足而不衣冠，跪拜無禮，字墨不諳。予思非學無以興民於善，顧附城惟中和社學一所，久廢，乃自州城暨諸鄉村並建社學。附城名仍舊。在鄉曰城南，曰發蒙，曰茶山，曰水東，曰騰龍，曰雷峰，曰盧山，曰平江，曰如洪，曰留峰，曰造材，曰凌霄，曰思淳，曰白峰，曰同文，曰思文，凡十八所。選生儒爲之師，用予教條訓言以教童蒙。期年教成，禮讓聿興。民咸趨學而苦於貧，乃廉民之墾田未稅者，給鄉社學並二十畝，贖前官所鬻市肆一十七，再建市肆一十五，給中和社學，庸給師生供奉紙筆之費，民始不患貧，學可無廢也。

州署壞甚不可支撐,迺令疍民伐木作譙樓五間,宏聳數倍於舊。譙樓之内作三門,外作二亭,左曰旌善,右曰申明。申明之南爲州門、鋪門。貌暨^㉙整,迺及州堂,作正堂五間,後堂、串堂並三間。正堂左右爲吏目廳,廳後爲庫房,東向,並三間,堂之右爲鑾駕庫、架閣庫,爲耳房州署^㉚,氣象巍然一新,亦百十年創見也。

　　州城東岡之上,東有預備倉,西有永豐倉,各五間。中爲官廳,屋宇卑陋,五間所容,不能二千石。永豐尚存,預備已廢。安南之役,督府令州縣作倉以儲軍餉。予乃於官廳南北並作大倉五間,每間能容五間之積,亦百十年創見也。無告之民棲於西城廢門之窩,乃於城西故址作養濟院。面城官廳一間,耳房四間,東西厢房並一間,窮民有餘居。城隍廟在新學宫之東,殆廢,城東通街之北有真武祠,棟宇將頹,乃毁神像與廟作城隍廟,寢堂三間,拜堂如之。憲副林公舊無祠,毁五顯像,以其廟爲祠,卑陋太甚,頹廢且盡。城東門外演武場之東有玄紗觀,後建真武祠,州人崇奉甚嚴,予惡其惑民,乃毁像葺祠以奉林公,春秋祭祀。

　　州之西鄉接壤廣右水口、武黎、華陽、吴峒四峒。狼蠻時出剽掠,爲民患。予至州,傳檄四峒,俾無入寇。訪盗賊出没之地曰陸眼村,築營房二十間,官廳、鼓樓各一,編民爲保伍,至冬時分番防守,發民兵助之。賊懼,遠避三年不入境。予感其向化,請軍門遣官持金帛往勞,狼蠻感悦,請入編户,屬南寧,邊民安焉。西南如昔都地接安南,分界之際有村曰那蘇,舊無兵守,安南事動,聞交人潛由此伺吾動静,乃即是築隘兵房二十間,官廳、鼓樓並一,請發雷兵二百於是屯守。安南事定,軍始掣回。去州治東南五里有峰墩,俗呼煙通嶺,東南二十里有村曰白皮,西南十里有村曰方家,舊有營堡,後廢。三處皆濱海,路通安南。安南事動,予於煙通、白皮、方家並建營房十間,官廳、鼓樓並一,分兵以守。安南事定,兵始掣回。自欽至所屬靈山一百五十里,中道有村曰格木,舊有公館,後廢,官府行無舍止。予乃作公鋪正堂一間,耳房二間,東西厢房並三間,行人便焉。

　　欽地廣人稀,北至靈山,東至府治,道塗阻遠,官府懈怠,舘舍多廢。予乃訪其稍壞者,如澄清,如舊寨,重葺之。已壞者,如新安,如長陂,如茶陵,重建之。

司兵得棲，公文弗阻。州城之外有欽江，州東二十里有平銀江，州西三十里有如洪，咸官造舟以渡，歲編渡夫執役，顧欽民野，渡子在亡弗常，公私行人多阻，予乃即城外舊學前造木橋二十五梁以接游魚洲，名曰平安，冀安南之平也。東造平銀橋，以筏爲梁，凡十七；西造汝洪橋，以舟爲梁，凡二十五。州城西門有橋，後廢，行人不通，前守因塞其門。予相州之王氣盡在西方，西接廣右，西南接安南永安州，爲州孔道，乃闢其門，門外作木橋二十二梁以通行人，名曰西平，以在平安之西得名也。府治孔道有橋曰丹竹，二梁一柱，大雨水猛，漂木恒衝柱，橋輒壞。予乃令民伐巨木長三丈者爲梁，中弗設柱，始爲久計。

欽民質野，不業商賈，民間少市肆，有無積於無用。予乃令民度道里適中之處設墟市，招人貿易，凡五處：曰橋南，曰西門，曰大宇，曰防城，曰平銀。城南游魚洲之北，岡巒隆起，四水環抱，諸峰獻秀。上有東嶽神祠，歲久將壞。予報滿當去，憶蘇東坡"鴻飛那復計東西"之句，乃毀神像，即其祠重葺之，改爲鴻飛亭以寓予迹，率師生士夫投壺飲酒而樂之，州之人士與凡過客之送迎遊觀者咸於是，實一州之勝也。學校既成，復考餘材，於儒學之東城隍故址議建號舍二十間，爲諸生藏脩之所，助俸金十兩。又於平安橋之北舊學故址，議建天涯驛。他如沿海長墩、管界、如昔四巡檢司，署宇久廢，官吏寄居州城，並議重建。凡諸役，慮材商工，已有定議，將舉而以報滿行。物之成否，固有數也。

初，諸工之舉也，在官無五十金之積，州民素貧，無所藉手。欽接壤安南，防城境上，商賈輻輳，有商稅，前官私焉。予乃盡歸之官，以充用。欽多良材，而民不用，乃發民入山伐木以爲用。又當農隙，借民力以濟諸工。兼是三者，諸工乃舉。人見予作州三年，百廢具興，而不知予心之獨苦也。

予既遭讒被廢，州之士民念予不已。州守黃希白至，因民之思追錄予功，慮其久而泯也，請於督府净峰張公，求予記其顛末，將圖不朽。嗟乎！予入仕二十五年，浮沉中外者二十年，爲京堂者五年，舍巡撫而就遠州，居蓬蓽之下，理荒屯之政，首尾四年，而事尚草草，愧無以副明天子玉成之意，功於何有？然黃守之意不可虛，姑書興造之顛末以予之。

宣德交趾復叛始末記

希元以主征安南廢居林下，皆命使然，固無憾矣，然心事不可不白。當時廷臣所以見怪者，謂成祖皇帝郡縣安南，終不能有，宣德年間，中國喪師於坡壘關，安遠侯敗沒，以是爲戒。不知古今事勢不同，元在欽州，備知交趾之復爲安南，與中國之所以喪師者有五：交趾既定，當時成國公張輔不能如諸葛孔明收拾西土人物，方其王師未班，豪傑竄伏，草莽已有窺覦之志。其致釁一也。交趾之民，久遺化外，法網甚疎，賦斂極薄，一繩以中國之法，其民不堪，有思亂之意。其致釁二也。太祖高皇帝[以]雲、貴、荆、川、廣諸省間有狼子野心之民，皆設土官，因其俗治之，故終無患。成祖皇帝既取交趾，狼子野心之民悉郡縣之，故終作梗。其致釁三也。太祖高皇帝既取雲南，留沐國公沐英在彼鎮守，故能壓服其民。安南之事既定，即掣回三帥之兵，各處守兵未盡設，其後事之慮已見於黃忠宣之書。其致釁四也。交趾多珍寶，中國之人爲吏於彼，多肆貪殘，民不堪命，因中官之誅求激變，而亂隨作。其致釁五也。兼此五釁，其民皆思黎氏，故王師一到，彼無"徯后"之思，並起與吾爲敵。坡壘關之覆敗，有由然也。

莫登庸篡據，國人不服，有戀故主之心，黎氏舊臣武文淵、阮仁連等並起與之爲敵，元皆備訪而知其情，故力主安南之征。觀毛東塘、仇總兵催兵文移，稱"交人聞王師將至，咸願爲内應"，此是實事，非歸順、憑祥等州之妄報也。當時廷臣不知古今事勢不同，律以宣德之事，歸咎於元，豈非枉乎？觀宣德中黎利之變，安南傾國以抗王師。今王師未至，登庸即繫頸送款，其事勢之不同顯然矣。

安南事始末記

予自束髮讀書，見交趾本中國故地。唐相姜公輔生於愛州，即有安南之志。及官廣東，署按察司事，見一罪囚曰陳廷綸者，係湖廣富商，奏辯到司，乃安南族子黎飯據海東府以叛，時莫登庸爲將，領兵征討黎飯，兵敗挾賫貨逃入欽州，陳廷綸及邊民黃子景、李齡等與之交易，官府以交通外夷罪之，廷綸坐絞，黃子景等充軍，凡七八人。奏辯到廣。元適署按察司事，元駁之曰："夷酋逃難入境，邊民與之交易，非交通爲奸，難引通夷之律。"取卷於兩廣軍門，盡釋之。問其詳，又知黎飯至欽州，官府捕送安南，誅之境上。其時總制乃東泉姚公也。元嘆曰："黎利負中國，黎飯負黎氏，乃天道好還之理，何須問！以吾所見，乘其亂而取之，豈非天與之時耶？失此機會，良可嘆息！"至軍門，以語總制林省吾公，公曰："此事我不能爲。前見霍兀崖常講此事，可往問之。"及問兀崖，答曰："桂見山素有此志，蓋其初爲諸生時，夢他日當立功八柱之外。及舉進士，沉滯州縣，欲爲之無階。於今當路，雅欲爲之，思當世之士，無可與共事功者，惟有王陽明，乃特起之於兩廣。不謂陽明思、田之事既息，歸朝之念却切，屢求不得，拂衣而去。見山恨其負己，即動本削其伯爵。"予心藏之。遷官南大理，應詔陳王政二十一事，內有安南一節，方與桂見山共成事功，不謂遽沒，故祭見山之文，有"提學嶺表之時，予有安南之志，及接兀崖之論，始知先生之起陽明者，不爲思、田，何豪傑之士所見略同"之句。及落職欽州，適有安南之事，皇上之志又銳，謂其時有幾，故銳意圖之，不謂終身之禍乃起於此。初，皇上銳志安南，舉朝不欲，聖心不樂，一日在文華殿得予安南之疏，嘆曰："我謂海內無豪傑，今尚有乎？"即召李序庵、夏桂洲、武定侯三人。李、夏先至，以予疏示之，曰："朕決意征了，你們如何？"二公唯唯，叩首而出，遇武定於承天門，問曰："皇上云何？"二公告之。武定至，皇上語之如二公。武定亦唯唯，叩首起而旁立，即丟一冷語若自言云"那一塊地，雖得他何用！"不知皇上聞之否。張東瀛本兵語齋本吏曰："你們老爹事成了，你欽州有若干錢糧與吏酒飯？"越二日，兵部處分兵馬，具本以進，盡謂事不可已矣。忽本下兵部，曰："安南此事，識體達道者則見得分曉。聞卿士大夫間私相作論，謂不必整理他，你部裏二三次會議，亦不力主何者爲是。既都不協心國事，且罷。"其云"識體達道"云云，乃指予，私相作論，不知爲誰，皇上得之何人，皆不及知也。前都御史唐沛之蔭子唐世橋得皇上語，意冀建功安南，遂求爲梧州府推官以告予。皇上既知予名，問左右大臣曰："林某何以尚在欽州？"左右曰："此時莫登庸方倔強，須林某制之。"及久之不召，朝士笑曰："諸老以林某鎖鑰南門,何一鎖鑰如是之久也?"夏桂洲説予於上曰:"林某一生只是説殺。"蓋以予既欲征遼東,又欲征安南也。後安南入貢,皇上思及予,從容問六臣曰:"林某如何?"時六臣在側,無一應者。當時若有一人啓口,予必不至今日,可見公叔文子難其人,要人之出處,皆天也。安南之事雖畢,皇上之志尚未滿,蓋爲諸臣所沮,不得郡縣故也。毛東塘當時冀大封拜,及得論功邸報,大不樂。元回自海北道,見東塘於吉安,其報適至,故知之,聞乃爲夏桂洲所沮。元嘗謂安南之志雖不就,亦做得一半。其削王爵,降爲都統使,列於十三藩,比荊、廣、雲、貴之土官,不可謂無功。當時若用予策,安南可坐而取,恨不見用,又恨當時不祭告天地祖宗,詔告天下及安南臣民。予嘗見於辯本。後長子林有松援例入監,聞卿士夫稱陶真人與言,聖上曰:"朕有二大事未幹,一是王三,一是安南,都未曾祭告天地祖宗及詔告天下安南臣民,行大賞。"有松聞之,即見陶真人問之,果有是言,始知愚見偶合於聖上。其時有松因訟予之冤,真人亦素聞之,又樂爲辯理。有松欲求之,以書告予,予不可乃已,時嘉靖丁未也。君子雖欲其道之行,又惡進之不以其正,古人有舍魚取熊掌,正爲是耳。抑此一事也,王陽明因之失爵,毛東塘因之削官。蓋東塘本無將略,若非安南之事,未必遽至本兵。及至本兵,果以不稱敗。故予嘗與蔡半洲書曰:"東塘之成也以安南,其敗也亦以安南,始知天下之名不可以虛竊,天下之功不可以虛冒。"正指此也。是知安南一事,非特關予一人之出處,王、毛二公之出處亦關之也。

已破之甑,似不必贅。但三年苦心,又因之喪貝,不能忘,故記之。

杜氏復業記

安人杜氏之先,有曰得禄者,從戎遠衛,宣德中寄操吾泉,出屯種於德化。其田在德化萬山中,土豪虎食其地,吏治弗能究,屯田没者十之六,屯軍郭良觀絶。嘉靖十有三年,軍餘杜楚又頂種其田,田盡没於豪右,實則空名。二田稅糧每歲族人輪輸,有因之傾産者。後先胥沿,莫能改也。

嘉靖二十二年,其家之老曰日嚴者,毅然曰:"田在豪右,稅則吾家,國法其謂何？杜氏子孫誰任其咎？予不能甘而食矣。"乃選其族之才者三人，曰喬繹，曰汝椿，曰庸朝，以收復之事責成之，以婿楊福旺才，俾爲之相。四子欣然惟命，相與謀曰："田不復，咎誠在我。然訟形靡常，費不可豫。族產貧富弗一，頭會門斂，不亦難乎？"曰嚴曰："必待衆擧，終弗擧矣，吾四人者當任之耳。"迺以身先之。於是咸捐囊以應，遂訟於屯道僉憲曾公。公受牒，下縣推理。土豪機變，事沿之，枉羈累二年，匪特靡財，幾亡其身。曰嚴語三子曰："功不成，匪特吾家世受其弊，且取笑於人，子其勉之！"迺益勵志，懇訴於曾公，案行二府尹，侯始執其豪，鞫還荒熟田一頃三十六畝。由是故物始復，官租歲輸，無空販之患。

族衆曰望輦相與議曰："非四人不及此，吾儕受其弊，寧有既乎？今其免矣，功不可泯，盡以田與之，輸租之外，所入皆歸焉。匪特償費，且酬功也。"曰嚴與三子曰："始議復田，本爲門戶除弊耳，受若田，是商賈也。"固讓不可。曰望輦曰："田復而償不受，匪特有功，義可尚也，其可忘乎？"乃相與詣予，乞言勒之石，以彰其功。

次厓子聞而嘆曰："四子其賢乎！復百有餘年之業，勞己之力，費己之財，而不自以爲功，非賢而能之乎？昔魯仲連却帝秦之議，下聊城之將，封爵不受，萬世高之。予觀四子，其聞仲連之風而興者乎？昔孔子相魯，齊人懼，乃歸所侵魯鄆、汶陽、龜陰之田以謝過。魯築城於此，以旌孔子之功，因名謝城。今勒石以記四子之功，亦魯人意也，予奚辭？"乃因其狀，備其始末爲之記。

黃氏公田記

漳西北枕山，東南距海，民負風氣，勁悍自常性，法如蔑，賦役多不應，持之則逸，官惟里正之程急。無何，輒剜肉債責，俗以習成。民坐視破產流徙，蓋十室而八九，龍惟甚。

霞山黃子夫卓有志而學，擊其事，戚焉，迺嘆曰："宿弊所來，吾末如之何也。植傾起墜，力能而莫之省，仁乎？"迺謀諸族曰："計吾人若干，各捐貲若干，共博田若干，積十稔若干。若是則吾里之逋負可代輸，而官免於敲朴，而吾免於破產流徙。"衆聞之,喜曰:"以義制害而利生焉,善政也,曷不惟爾從之?"於是夫卓捐己先之,附以學金之入,闔族庸勸,弗戒而集,買田畝若干,命曰"公田",預公需也。主之家老,擇其可使,司其出納,且令後世有加無捐。又懼久而墜也,因予友一孟[31]顔子以記請。

予聞先王之世,貢賦平,徭役均,民服政安業,奚有逋負累連之患?漳之弊,食土弗需,而入之代,民破產流徙,而上莫之省,雖曰牧準失官,獨非王政之歉也與?夫卓捐己孚衆,植公田,代民負,補弊救偏,植門保家,以贊助王政,於是乎在,可不謂賢歟?

昔范仲淹立"義田"以仁宗族,君子大之。夫卓立"公田"以支門户,用心一也。《詩》曰:"貽厥孫謀,以燕翼子。"又曰:"德輶如毛,民鮮克舉,惟仲山甫舉之。"夫卓之謂也。爲之記。

碑

前武部郎中璧山盧公盛德碑

公諱岐嶷,字希稷,璧山其別號也。祖遂,以進士起家,至封君臘春翁克紹先烈。公生而穎悟,七歲能文。及長,博極群書,登嘉靖甲辰進士第,初令浙之歸安。入爲户部某司主事。未幾,以外艱去。服闋,補兵部武庫司主事,歷陞武選司郎中。以公事,落判寧國府。陞同知廣信府事。歸安腴地,公清介自持,一無所染,遺愛在民。武選要官,尤易染人,公益自勵,由是冰玉之操,聞於人人。故雖遭跌而名不損,雖留滯州郡,湛如也。常曰:"吾未遇時,不過武安一布衣耳,今雖落秩,猶叨厚禄,獨愧無以報稱耳,又何求乎?"自入仕,即不欲以官爲家。以詩書教子,曰:"若輩當自致,勿予恃也。"又謂士夫子弟必安儉素,弗淄聲味,方能自守,弗墜家聲。諸子守其家範,皆奉身謙約,無驕侈之習。閉户劬書,不務生殖,非公事不至公門。屢以力田守法戒族人,俾毋犯於有司。尤善戢僮僕,或與人爭,惟斥以生事,不少容縱。前尹若張凌山諸公,尤加敬重。居鄉,飲人以和，不以貴勢臨人，意外橫逆，未嘗與校。鄉里有訐告，必爲解譬是非，使之自悟；親賓宴集，輒與傾倒，必盡其歡。辭受取與，必察其情之所安，非意相干，徐以理遣之。歷敭中外十七年，其家如未遇時，別無增益。漳有山林川海之利，士夫以爲利，乃至攘奪。遇强弱存亡，雖縉紳姻戚不復顧。至於閭左，特如振落耳。公一無所染，閭左之民尤感之重之，乃推庠友蔡君壋具狀，推孝子方君穹錫請予文以壽諸石，曰："彰善所以癉惡，非特樹之風聲，將樹風教於鄉國也。"

予按，木有本，水有源，惟人亦然。公尊甫臘春翁，樂善循理，恤貧好施。其母薛太孺人，善體封君之意，朝夕以遠大課其子，或鬻簪珥爲子延賓，人方之陶母。公之盛德，其教使然也。予因之重有感矣。國朝設科目，網羅俊傑[32]，布列中外，以爲民也。今之居官者則取諸民，居鄉亦然。生既召怨，没後又爲子孫之累，往往覆轍相尋而不悟，吾見亦多矣。蓋自科舉之學興，取人以言語文字，士不脩於家，故居官無善政，民受其害。使鄉舉里選之法不廢，或如漢以孝廉、賢良方正取人，士必脩於家，不壞於天子之庭，焉有今日之弊？或有特出於流俗之中，以名節自勵，必豪傑之士無待而興者。若璧山者，其豪傑之士與？予故備其善，勒之碑，以風勵天下。

僉憲林西川德行碑

士之居鄉，非有名位德行，足以動里閈，則人不崇重之。若名位既去，而人猶崇重之，則非德行足以動人深思弗能也。昔郭林宗名在太學，又名與君、厨、俊、及相高，則蔡邕爲之立碑；黃叔度雖量若汪汪千頃陂[33]，人以顏子方之，以無名位則不爲之碑矣。

龍溪兵憲西川林君，以冬官出憲東廣，分鎮嶺西。既投簪歸第，鄉人感其不開投獻之門，不設林下之獄，述其行實，告於當道，請爲立碑。巡海憲副甘澤邵公、分巡憲僉塘南王公，嘉其行素，極稱揚之，檄府，允其立碑。其父老數百輩，推趙國恩走幣同安[34]徵予記。

余謂末世士夫，古道淪喪，方其得志，居鄉則侵暴里閭，居官則魚肉生民，內外黨親以及僕從里閭，席其名勢，侵暴尤甚。及名位既去，猶席勢納交官府，侵暴如故。若致政歸鄉，上不欺官，下不蠹民，名節並勵，廉隅愈立，關節不通政府，世寧有幾人哉？抑人之居鄉，名位若在，或飾名以干進取；若名位既去，雖名節無前進之望矣，其飾名節如故，則無所爲而爲善，非益人之所難與？

君初以地卿理德州邊儲，矢曰：“常俸之外，少有所取，即爲官邪！”遂條便宜數十條，請之部行之。舊例數萬金，毫無所取，清介自是，表聞。比至嶺西，又捐曠役金三萬五千有奇入餉。德慶一州，地接廣西，猺獞時作，君設遊魚百艘，晝夜巡禦，猺獞不敢復出，邊民安堵，爲立碑以紀遺愛。討平沙、峒塘、茶良三峒，及青籃角十三寨，偉績見於《談十山公碑記》，則君蓋昭代之傑也。今致政歸鄉，而名節益勵，蓋始終一節者也，寧不猶可重歟？聖人善善長而惡惡短，故《春秋》於召陵之書，葵丘之會，踐土之盟，城濮之戰，大書特書而不一書，君之善，鄉人既感之，當道又贊之，余安得而不書？

君名應奎，字德澤，登甲辰進士，西川其別號云。

【校記】

① "取士"，民國《同安縣志》卷二十五《藝文》作"造士"。

② "其制視唐、宋爲尤備"，乾隆本"視"前無"其制"二字，今據民國《同安縣志》補。

③ "謂"，民國《同安縣志》作"爲"。

④ "亦"，民國《同安縣志》作"咸"。

⑤ "則二人者"，乾隆本原無"者"字，今據民國《同安縣志》補。

⑥ "乃以新法誤國殄民"，民國《同安縣志》"以"作"作"，"殄"作"沴"，誤。

⑦ "於科場中"，乾隆本原無"中"字，今據民國《同安縣志》補。

⑧ "只"，民國《同安縣志》作"止"。

⑨ "治"，民國《同安縣志》作"理"。

⑩ "亂"，民國《同安縣志》作"之"。

⑪ "故科舉取士"，民國《同安縣志》作"故科目"，無"舉取士"三字。

⑫ "益",據文意似當作"蓋"。

⑬ "宧",乾隆本作"官",誤。今據民國《同安縣志》改。

⑭ "一百八十餘年",民國《同安縣志》無"餘"字,不可取。

⑮ "國家運祚",民國《同安縣志》作"國祚"。

⑯ "古今",民國《同安縣志》作"今古"。

⑰ "後先接武"下,乾隆本無"道德功業文章"六字,今據民國《同安縣志》補。

⑱ "歲久而湮",民國《同安縣志》無"湮"字,誤。

⑲ "學博北城陸君侹",民國《同安縣志》無"北城"二字。按,"北城"是教諭(此稱學博,浙江鄞縣人)陸侹的號。下文"縣大夫番禺彭君士卓",民國本於"縣大夫"之下有"石坡"而無"番禺"二字。按,石坡是同安縣令(嘉靖二十八年任)廣東番禺人彭士卓的號。

⑳ "撤",民國《同安縣志》作"徹"。按,"徹"通"撤"。

㉑ "舉",民國《同安縣志》作"考"。下文"鄉貫"之"貫",乾隆本作"貢",形近之誤。今據民國《同安縣志》改。

㉒ "日",原作"曰",字之誤。下文《合浦縣儒學記》"度務卜日",可知。今據改。

㉓ "址",原作"坻"。上文有"爰相新居,允惟舊吉",可知。今據文意改。

㉔ "胄",原作"冑";"祛",原作"袪",皆誤。今據文意分別改作"胄"、"祛"。

㉕ "畎",原作"畆",形近之誤。今改。下文"莘野畎畝"誤同,亦改。

㉖ "槁",原作"稿",誤。今據文意改。

㉗ "復",原作"後",形近之誤。今據文意改。

㉘ "桮",原作"析",誤。今據文意改。

㉙ "既",原作"暨",形近之誤。今據文意改。

㉚ "州署",原倒置爲"署州"。今據文意改。

㉛ "盂",光緒本作"孟",誤。本書卷十三有《一盂顏公墓志銘》,可證乾隆本不誤。

㉜ "網",原作"綱",形近之誤。今據文意改。

㉝ "陂",原作"波",形近之誤。今據文意改。

㉞ "幣",原作"弊",音形相近之誤。今據文意改。

林次厓先生文集卷十一

論

論鄉賢 以下俱《永春縣志》論。

古者鄉先生没則祭於社,今祀鄉賢於學即此意也。然祀之於學,則尤重矣。蓋凡有功於聖門者,始得從祀。不從祀而祀之學,其次也。本朝薛文清公,議者不與從祀,止令祀之學。夫道若文清,可以從祀矣,僅得祀於學,則下於文清者,可輕議哉?宋黄灝云:"立祠於學者不以功德名位,諸不在六藝之科者,不在列。"不知君臣、父子、夫婦、朋友之義,不知正心、誠意、脩身、謹獨之學者,不在列。噫!鄉賢饗祀必如黄灝所定,始可立脚聖門矣。世之人欲崇高其祖考,傍勢貪緣,濫登俎豆,豈惟夫子門墻容身無所,其受人之旁議,抑豈少哉?是欲崇高其祖考,不知反累其祖考也。是故鄉賢議祀,在有司固不可不慎,爲人子孫尤不可不自量云。

謹按,宋人以王安石配享,至坐對於顏子,然未幾,已革去。若群弟子自澹臺滅明以下,春秋歷代諸儒,自左丘明以下,從祀兩廡蓋千數百年矣,閔①、申黨等十四人不宜從祀,竟至我朝罷黜。甚矣!祀事之嚴,而阿私僭淫無益也。《記》曰:"先祖無美而稱之,是誣也。君子之愛人以德,不以姑息。"明有司秉禮度義,慎無輕議祀哉!

論僧寺

自王道衰,夷狄之教行中國,世主復從而崇長之,琳宫梵宇遍滿天下矣。然未有若吾泉之盛者,而田連阡陌,亦惟吾泉爲然,故泉南古稱"佛國"。永春一縣,在宋爲寺六十八,結庵棲巖不與焉。考之宋邑令黃瑀《惠明寺記》,謂五季迭興,偏方離析,全閩之地,王氏得而有之,干戈相尋,畧不休息。將佐晚年,悔於屠戮,爭建祠宇,盡割膏腴求爲福田,僧徒日熾,甲於天下,以勢相扼,以僞相勝。噫!佛之所以盛於泉南者以此,豈非王道之衰哉?

今考永春僧寺,僅存者十六,其田糧或歸諸民。至於道觀、神宮、淫祠者類,長民君子間漸毀之,或爲書院,或爲社學,邪正盛衰,於焉見矣。兹摭其興廢,詳著於編,以俟反經君子而正焉。

論預備倉

預備四倉,所以爲備荒之策也。古之備荒,漢有常平,隋有社倉,宋有義倉。常平之法,官出糴本,平價糶糴,不以給民者也。社倉之法,穀出諸民,遇歉給散,不責償者也。義倉之法,貸民收息,遇歉賑貸,不責利息者也。

本朝四倉之設,頗與古異。或官出糴本,或罪人入贖,或富民例納。遇荒歉或平價以糶,或貨與貧民,亦不斂穀於民,亦不取息於民,則鑒前代而損益之也,其法可謂善矣。行之既久,或州縣之官封利自殖,不以積穀爲事;或散給不時,歲久浥爛,僅爲糠粃;或散給之際,真僞失實,食者不必饑,饑者不必食,以致一代良法,僅爲虛文。此則行法者之弊,非法弊也。因時救弊,則在乎當道之君子耳。

論小尤中之賊

汀、漳之寇,殄毒内郡二十餘年矣,鋒曾莫之小挫,而橫愈甚,郡縣之兵日益怯,真賊之强哉?承平日久,民不知兵,率刃未交而神先奪矣。將兵之將,又皆左右前却,冀不與賊遇,幸而出境,則遥望以送之,苟應文書而已。其敗也,非猝爾相遇,出其不意,則陷於機阱,莫之覺耳,曾臨陣發一矢哉?莆陽癸未之戰,雖合數郡之兵,主帥無人,前鋒甫接,後壘已空,欲勿敗得乎?噫!郡縣禦寇之方概如此,賊安得不驕?然則謂寇之强,難以力敵,亦厚誣矣。

永春自賊發以來，雖未能大折厥首，亦時敢與之争，雖前後死者三十餘人，賊殺傷亦略相等。使所向盡若是，豈不足以少寒賊心而縮其步也哉？小尤中之捷，固上下一心，群策用命，要亦賊狃於常勝而驕，目中久無官兵，自取亡滅耳。使雞母②岫之鋒稍挫，黄氏之土樓不攻，抽戈遠逝，蹤跡且不可得，況能得其首乎？

然小尤中之捷雖奏請，諸郡武備實未嘗修。萬一復有奸雄竊發，懲前之敗，誰復得而禦之？當道君子，又可不預講之乎？

論陳威應侯

予志永春，搜尋遺事，遍閱祠廟，見其神多五代間良臣勇將。因益訪求，有陳威應侯者，名弗傳。舊志云："光州人，唐末避難，隱居西山。一夕，留弓劍於驛舍而没。後有靈異，鄉人立廟祀之。"心異焉。及閱《會稽盛烈記》，謂侯少習武弁，雄猛豁達，爲時豪傑。習兵法，征南越，大擊醜虜退，於唐季功業甚著，避禄辭榮，退居西山四十里，號曰"陳巖峭峰"。歲時往還，挈鞍秣馬，憩於驛之東偏，乃留弓劍，一夕而斃。始疑侯殆豪傑之士，功成不偶，避世桃林，若介推、范蠡之爲者。訪求久之，未獲也。

既而，柴尹仲和得侯選孫家譜，詳閱之，乃知侯爲陳後主叔寶之子，與兄鏡臺翁、弟中丞者，避地於此。其後子孫散處，而侯猶廟食官田。展玩再三，爲之嘆惜。然《盛烈》所記與此不同。今觀其譜，上祖陳胡公，下迄本朝正統，上下四千餘年。自陳胡公至陳帝霸先，則群臣奉敕撰次，進呈表在焉。自陳帝至後主至國朝，詞甚樸③俚，要後人績之。雖其間不無群臣附會，至其叙陳氏世位世數，入閩本末，與國史所書，若有合焉，要爲可信，而《盛烈》之記，未免億度也。乃本其譜自鏡臺翁而下，各爲立傳，置之《寓賢》，將使好古之士考德而論世，遺賢往事，不至泯没無聞也。

論郭榮六④

予至永春，見人誦郭榮六之事，千百如出一口。曰：永春之民當日不魚肉，不陷於賊者，榮六之功也。予聞而嘉嘆不已。方沙寇煽亂，七泉從賊如崩⑤，榮六草茅匹夫，乃能保完鄉井，使一邑生靈免魚肉而脫於左袵之辱，厥功不亦大哉！景二膽畧過人，以身徇國，可謂無愧乃父矣。獨怪國家養兵百餘年⑥，紈袴之子，奕世膏粱⑦，緩急不能得力，而匡時勘亂，其功乃出於廛氓⑧，寧不⑨愧死與？

夫榮六之功若此表表，竟不沾一命之榮，則當日有司之過也。前志不載其事。予脩志，永春父老請不已，遂與柴尹仲和訊之，信衆人之言不誣也。乃列之鄉賢，祀之義烈祠。

論　留　正

忠宣出入三朝⑩，中行夬夬，一時相業赫然有稱。建儲之議，視趙忠定公爲是，不遇故去，非糧餉也。孤忠難立，衆邪爲仇，不待人主之瞠孤，已覘其不終矣。邵陽之貶，適表平生，非不幸也。賢子賢孫萃於一門，天之福善，久而未艾。噫，盛哉！

論　蔡　玆

蔡玆不有二天，早身退虜，豈不誠大丈夫哉？過眼翻迷之際，物色命世之鴻漸，歐陽公巨眼，詎容過之？

論　景　魏

體仁不降志於秦檜，其視楊龜山何如？盛年從仕，已動歸與，方之廣、受，夫豈多讓？宦轍所至，流連山水，譬之雲鴻野鶴，飛翔於千仞九霄之表，豈與瑣瑣者倫？雖經綸事業未足償所志，文章著作，足以芳百代，較其所得，亦已多矣。中行開邊之策，足以定國。是端行江中之語，足以憚遠人。介行經學之優，景魏治才之美，皆能世振箕裘，無玷家聲者也。噫，盛哉！

論　陳　一　新

陳一新敢忤權門，喪元不易，寧失典文之榮，弗遵僞學之禁。篤信好學，守死善道,非斯人而誰與?

論黃叔張、以寧、以翼

叔張議論識見,度越時流,受知人主,不爲不深。恥與獄空之奏,甘心外補,豈苟且耽祿者?以寧守正弗阿,庸致棲蹇,其無玷於家聲哉!以翼雖未遇,即其所居,足以自立矣。

論莊夏、彌邵、彌大

莊少師學問足以名世,議論足以經國,才猷足以立政,天子傾心,鼎鉉可待。當軸一忤,脫輻隨之,自古權臣之可畏若是哉!彌邵兄弟立朝風采,儘有可觀。宋祚既遷,掛冠玄武。《詩》曰:"無念爾祖,聿修厥德。"其斯人與?其斯人與?

論林純子、顏伯錄

舊志人物,林純子列諸"名宦",顏伯錄列之"隱逸"。予今置之"叛臣"者,純子在宋季,以邊賞授承節郎,監守華亭,則固委質趙氏矣。幼主南奔,蒲賊賣國,張少保舉恢復之師,正義士奮憤之日也。純子乃陳力夷虜,戰退王師,遂以全城功,授蒙古達魯花赤之秩,謂非叛臣可乎?顏伯錄雖未筮仕,固宋民也,況嘗刻志爲學,通《春秋經》,君臣大義,華夷大限,講之熟矣。國事已去,縱不能從少保舉勤王之師,反叛父母,可乎?論功班賞,等於純子;原情懲罪,烏得而辭?

或曰:純子之罪,則吾既得聞命矣,伯錄則有可説者。志稱壽庚以全城功,歸諸故家,薦授從仕郎、南海尹,不言其助桀之事,焉知非壽庚欲攀援故族以分己罪?伯錄堅辭不起,謝絕人事,放志詩酒,其情可見矣。予曰:不然。伯錄布衣,無尺籍於朝。當橫流滔天之際,苟埋名山谷,夫誰物色之?既以全城歸功,是必陳力其間,而升名於蒲賊也。且其家世爲宋臣,既不能散萬金爲博浪之擊,可反面操入室之戈乎?故讀《多方》、《多士》之誥,則伯錄之罪不可逃;讀《述酒》、《荆軻》之作,則伯録之罪益以顯。

論林萬、王胄

林萬恥謁光範,王胄弗阿所好,俱致棲蹇。君子哉,若人也!

説

師説贈郭子

林子讀韓昌黎《師説》,撫卷沉思,作而嘆曰:"美哉詞乎!惜其有未盡也。"或曰:尚有説乎?曰:有。請明告子。

夫人也生於天,制於命,陰陽五氣之運不能參齊也,是故天變以湛濁昏性,地變以偏雜喪用。性昏則蠢乎莫之覺也,用喪則塊乎莫之動也。厥有至人,先天獨立,因其機以啓之,順其勢以翼之,正其本以道之。啓之而性靈開,翼之而作用利,道之而準格立。是故氣不蔽道,質不壞則,而性不違天也。夫學問思辨,啓之之方也;克復敬恕,翼之之法也;仁義道德,道之之具也。失一則教偏,教偏則道缺,道缺則業廢。是故發機於知,履真於行,作則於身,三者備矣,然後師道立。師道立然後教成,而人有造。今曰"師者,所以傳道授業解惑"。"師"云"師"云,止於是而已乎?故曰未盡也。

或曰:子之言然矣。夫子温故知新之語非與?曰:夫子從一節而言也,他日不曰"予欲無言"乎?記《魯論》者不曰"子以四教"乎?是故聖人之言猶化工,昌黎之教不可爲訓也。或曰:昌黎[⑪]一代巨儒,言猶有失,何也?曰:昌黎以文字爲學,孔門大學之道,或未悉耳。故其語"明德"則不及於"致知",其作《師説》則又畧於"力行"。彼"傳道授業解惑"之云,亦徒得其影響。方於孔門"格致"之説,孰淺而孰深乎?是故論文於一代,吾必以昌黎爲巨擘,論學於萬世,吾不敢以所好而阿之[⑫]也。雖然,今之爲科舉之學者,又左於昌黎矣。

郭子思贊有聲莆庠,聞之舊矣。兹來授書吾甥文山,始得與相見。郭子秀而清，雍容而博雅，其才俊而能降，吾知其爲師必有出於韓説之外者矣，書所見以贈之，而因以相之。

三難説贈李東明

進士東明李子實夫，先子訓述君生同予年而差少，相友善。實夫年十二遊鄉校，即知父執事予。十六領鄉薦，智識日長，益予慕，時相見，考德問業，曰："雖不親受業門下，固已私淑諸人矣。"予嘉其志，樂與之言。兹舉進士，奉使過家，迎母就養。將行，過予請教，其言曰："曾祖員外公發身科第，仕不終志。祖上舍公進以鄉貢，病不及仕。先子訓述公雖忝流品，進不以儒。春芳欲振二祖一考之遺緒，伯父何以教之？"予聞其言，喜曰："大哉，子之志乎！吾伯成爲有子矣。"乃告之曰："吾聞士有三難：曰審趨難，曰定志難，曰守初難。子方涉世，不可不知也。"

"敢問何謂審趨難？"曰："人之生也，形同性同，衣服飲食嗜好同。然或爲騰龍，或爲伏雌，或爲鳳麟，或爲鴟虎，何哉？人心如面，志向各殊，安能同哉？是故孟軻私淑仲尼，以談王道；儀、秦師事鬼谷，以學縱橫；賈誼談王以啓漢，安石變法以禍宋。彼皆豪傑而差異若是，豈非所趨之不審與？故曰審趨難。"

"何謂定志難？"曰："幼學壯行，士者之常經，見物而遷，人情之通患。士方窮時，讀古人書，孰不擊節伊、周，高談孔、孟，曰吾欲云云。及其遭逢事會，大利誘之於前，鮮不垂涎染指，變其本心者。是故主父泰橫於鼎食，谷永黨比於權門，宗元依叔文以招權，惠卿附安石而變法，是皆見利而動志不能持，而其弊至是爾。則定志不其難乎？"

"何謂守初難？"曰："物無常盛，松貴後凋，故有初鮮終，詩人所戒。士之初也，當其年盛氣壯，視天下事若不足爲，及經歷事變之後，天下事多不如意，則雄心以之摧折，壯志漸以消磨，於是日暮途窮之念興，倒行逆施之事起，始有不可言者矣。是故伯嗜渝節於三臺，子魚改行於龍首，昌黎感二鳥而興嗟，子明遇珠媚而易節。是皆事拂吾膺，末路不保，而至是爾。則守初不其難乎？"

曰："三難之中，則吾既得聞命矣。芳之駑劣，亦可進於是乎？"曰："可。今之士者，方其埋首燈窗，則志存青紫；及其脫迹韋褐，則志在身家。故窮居所學，惟務投合上好，鮮窮經致用之實。居官所行，皆經營富貴，乏尊主庇民之功。蓋其趨向視昔之學縱橫、主新法者，又其奴僕矣。吾子獨不然，方在垂髫，志氣不群。自領鄉薦，即露頭角，言論風旨，已見於五六年之前矣。茲舉進士，昔志益堅，拔乎流俗聲利之中，特以聖賢道德、功業、文章自期待。不但予壯之，吾黨之士咸推服焉，趨向可謂能審矣。因往推來，知其可以向上；執古御今，懼其難於善後。三難之說，故予於吾子深致意也。然三者之中，審趨易，定志難；定志易，守初難。今以最難者言之。汲長孺之戀雖動主也，淮陽之卧治不可免。孔光之諛佞欲持位也，骸骨之乞歸不可得。黃門之柱可破，黨錮之禍已結。美新之論可作，投閣之辱莫洗。盜跖之粟不可食，蚯蚓之操難持。元載之椒不難聚，籍沒之禍莫避。似此之類，皆能移人之志，奪人之守。吾欲責子以其善，恐難能；欲責子以其惡，則不可。將奚居？是在吾子之自擇焉爾。"

李子聞予言，聳然起，欣然再拜，曰："珍重伯父之教，芳雖不敏，尚當勉之！"予嘉李子之勇，乃書予言以與之，因以爲別。

顔惟振字說

顔氏之子應翀冠，予僭易厥名曰"惟振"。迺尊甫肇慶叔曰："請繹之，俾小子佩。"予弗克讓，繹曰：

"翀"從羽從中，上飛也。傳云："鸞鳳翀霄。"予曰："應翀，非欲若鸞鳳之翀霄耶？""振"，奮也，起也。夫鸞鳳翀霄，匪振罔克，以惟振易應翀，殆欲惟厥振，蹈厥名耳。然人在穹壤，百重交壓，於是有沉淪、溺沒、僵仆、墜跌者矣，奚其振？然則猥卑、靡瑣、駑下、劣末而已矣，奚其翀？故予謂應翀者，必惟振也。

厥重伊何？有墜於温飽弗克振者，是曰富重，令人畫以卑。有壓於勢利弗克振者，是曰貴重，令人競以漓。有壓於流俗弗克振者，是曰衆重，令人輕以浮。有壓於虛僞弗克振者，是曰妄重，令人誇以詐。有壓於怠惰弗克振者，是曰氣重,令人委以靡。有壓於逸遊弗克振者,是曰荒重,令人肆以蕩。六者皆其沉淪、溺没、僵仆、墜跌於猥卑、靡鎖、駑下、劣末者,故惟振者必攻以去之。去若富,則必志大道,談王説霸,温飽不足壓焉。去若貴,則必謹進退,義路禮門,勢利不足壓焉。去若衆,則必敦雅黜浮,流俗不足壓焉。去若妄,則必葆朴全真,虛僞不足壓焉。去若氣,則必雄發以犯前,怠惰不足壓焉。去若荒,則必斂身以就矩,逸遊不足壓焉。能兹六者,是曰能振。振則升,升則高遠,故其學爲聖爲賢,其仕爲卿爲相,其事業爲經天爲緯地,是曰翀霄者矣。

肇慶叔曰:"子之言則幾矣,恐小子未之能逮也。"予遂命筆書之,俾惟振佩服之。

劉汝楠字説

劉生楠少從予受句讀,年十六冠,乃翁元堯君字之曰汝楠,遂以禮來請曰:"敢以説累。"予聞楠一歲東榮西枯,一歲西榮東枯,有藏用之道焉。又其木直上,柯葉不相妨,有讓道焉。蓋陽陰之精,播爲四品,而此得其粹者,而世不恒有也。一入工師之手,小者爲桷,大者爲楹,則惟廊廟、宮闕、殿閣、樓臺之居獲用之,下而三間五架、繩樞甕户之房弗能焉。蓋山林之材以充百用,而此其最貴者,而世不恒有也。然自楠至楹,節目猶多。蓋必生於深山茂林,風霜雨雹、雷霆野燒、斧斤牛羊、强禽酷獸之所不殘害,然後其天完,其性若,可以登於用。數者或有一焉,則不濟。未也,又必經工師之手,繩以直之,準以平之,矩以方之,規以圓之,剥之削之,琢之磨之,然後效法象,入結構,就間架,可以成於用。數者或缺一焉,則皆不濟。

劉生少從予,予見其貌昂昂然,其心洞洞然,與之語輒解,蓋人中之楠也。元堯君益求模範,朝夕與居,不少休暇,防閑亦至矣。然人具耳目口鼻四肢以生,衆欲群聚以攻之,吾恐其爲風雨霜雹、雷霆野燒、斧斤牛羊、强禽酷獸也不可量計,似有非元堯君所能防閑以盡者。故予尚欲劉生大自鞭策。凡百外妄,皆不使或有一焉乘虛抵隙以入而鑿吾真;又於前聖之規矩準繩一一聚之以自蹈迪，皆不使或缺一焉因循迤逶以過而荒吾性。則楠也無所殘害，嘯風哦月，餐雲吸霧於深山茂林之間而可以爲楹。其楹也，則爲廊廟，爲宮闕，爲殿閣，爲樓臺，恢張王度，壯觀山河，而非三間五架、繩樞甕户之房之楹矣。是固汝楠者之所當念也，是固若翁所望於汝楠者之志也，是固予所以告汝楠之道也。以汝楠之資，於爲是也何有？

劉夢龍字國楨説

松江守沂東劉君冡嗣夢龍，以是月八日加冠於其首。廼祖封君鐵山公請予爲之字，求有以教之。予謂沂東富文學，不字其子而以屬予，必以廼子之意蓋予重也，惡得辭？廼即夢龍字之曰國楨。

夫龍變化不測，神物也。周公繫《易》，以象乾之六爻。孔子以聖人之德明之，則人亦龍，豈惟聖人？其人苟賢，皆可爲龍。故孔明以王佐之才稱"卧龍"，荀淑八子，人稱"八龍"。夢子得龍，其賢可知。天降下民作之君，必生賢人以爲之輔。賢人爲君幹事，國始乂安。故其《詩》曰："思皇多士，生此王國。王國克生，惟周之楨。"由此觀之，夢子得龍，其非常之兆與？昔商宗中興，夢帝賚以良弼；周室中興，夢熊羆以叶君王。《傳》曰："國家將興，必有禎祥見乎蓍龜，動乎四體。"又曰："賢才出，國將昌，子孫才，族將大。"合而觀之，夢者人精神所寤，亦四體之動也。夢而得龍，賢才之徵，國家將興之兆也。故易其名曰國楨。

然予尚有説焉。龍德在人，有不由學而至者，堯、舜、周、孔是也；有由學而至者，湯、武、曾、思是也。孔明擇婦得醜女，有聖賢寡欲養心之學；荀或爲唐衡之婿，本心之亡久矣。故孔明從劉備而得出處之正，荀或從曹操而取匪人之傷，故學不可不慎也。

夢龍器宇軒昂，天資敏悟，文詞豐而不俚，其學方進而未已，將必昌國大家，元哉龍乎？沂東之夢有徵矣。予欲其篤志於學，清心寡欲，爲諸葛之龍，毋爲荀氏之龍，蓋欲成乃翁之意與乃祖教育之盛心焉耳。《詩》曰："毋念爾祖，聿脩厥德。"又曰："庶幾夙夜，毋忝爾所生。"《易》曰："无有師保，如臨父母。"國楨勉乎哉！

羅子號推吾説

龍巖貢士訥庵羅先生名其子曰孔恕,字以近道,羅子易其字曰推吾,請予釋其義。

予按,先儒程子曰"如心爲恕",言待人如己之心也。朱子解恕之義,曰:"推己之心以及人。"推己之心以及人,則於人不遠矣。考之《詩》、《書》,自堯、舜以至文、武、周公,中經百聖千賢,以心法相授受,不過曰"中",曰"精一",曰"禮義",曰"寬仁",曰"誠敬"而已,"恕"之説未聞也,始聞於孔夫子。"仁"雖見於《商書》,然主恩惠而言,以爲心德則未見也,亦始見於夫子。蓋仁者心之德,恕者所以求夫仁而推己之心以及於人,所以求之也。堯、舜之所謂中,不外乎仁,而精一、禮義、誠敬諸説雖不一,皆所以求夫中。求中即所以求仁也。故其言曰:"夫仁者,己欲立而立人,己欲達而達人,能近取譬,可謂仁之方也已。"自夫子之説立,其徒顔、冉、曾、孟諸子,遂專以仁爲學而不復言中。又以恕爲入門,而精一、禮義之類皆在其內,次第而行之,而無旁門他歧之惑矣。此夫子所以爲道德之宗而萬世師之也。

夫子之以仁恕立教者,何也?蓋人以一身生天地間,其同類之人與吾比肩,而皆父母於天地,雖父母於天地而形骸各異。形骸既異,則人己於是乎分,人己雖分,其父母於天地一也。聖人不以形骸之異視斯人也,而以父母之同視斯人,故視天下無非我,而一心之仁常涵濡灌溉乎天下。故曰仁者渾然與物同體。仁者與物同體而人每不能者,何也?私欲累之也。蓋人有血氣形骸之軀,則有耳目口鼻四肢之欲。人同此心則同此欲,人同此欲則必求遂,求而不遂則爭於是乎起。夫人並起而爭欲,則自私自利而傷同仁之體矣。聖人謂人至於爭,吾末如之何也已,必不使至於爭而後可。使不至於爭,則非同其欲不可。然自私自利者,人之情也,安能使之同其欲哉?聖人於是有術焉。蓋人之情,待己常厚,待人常薄。人心之明,孰厚孰薄,自無不覺;人心之良,厚己薄人,亦自不安。惟欲心一勝,則本心之明爲其所蔽而不自覺,本心之良爲其所賊而反安之。不覺而安則厚者愈厚,薄者愈薄,安望其能同欲於人哉?聖人欲發其明而使之覺,存其良而使之安,於是"恕"之說立焉。蓋以己之所欲度乎人,知人之所欲同乎我,必不敢自私而推之人,則己之欲人皆同之,仁於是乎在矣。是皆本心之明而覺其如此,本心之良而不安其不如此,人之所以循循然遷善而不自知,亹亹然進於道而莫禦者,是皆"恕"之說有以驅之也。雖列聖精一、禮義、寬仁、誠敬諸說,其機要不如是之速。聖人所以轉移人心,其妙莫過於此。故曰:可謂人之方也已。

嗟夫!使天下之人皆從事於恕而推己之心以及人,則爲父者無不孝之子,爲君者無不忠之臣,爲兄者無不悌之弟,爲士者無不信之友,爲民者無橫逆之政而天下治矣。聖人立教之意,不其遠乎?予故繹其義,俾羅子歸而身體力行之。

居 素 説

吾宗莆驥嚼先生客桃源,遇於山舘,相與甚歡,間語元曰:"吾厭世之繁華,聞上古朴略之風慕之,乃寓名於'居素',比於佩韋。子其繹以教我。"元曰:"善哉,志乎!"

夫五色始於素,文始於質,故曰"繪事後素。""禮後乎?"豈惟是哉?數始於太乙,太乙素也;理始於太極,太極素也。素也者,萬物之本也。故好古之士不尚飾而尚素,從其本也。昔者林放生於周末,病文勝,問禮之本。子曰:"大哉問!"告之曰:"禮與其奢也寧儉。"夫儉,禮之本,素也。夫子大之。大,尚素也。放,吾林氏之祖也。先生薄厭衰世,篤慕古風,卑瑣煩文,雅尚忠朴,其聞吾祖而興者與?《詩》曰:"毋念爾祖,聿脩厥德。"先生有焉。

先生讀書知文義,練達世故,善鼓琴,嘗月夜坐吾清風舘,援琴而歌,琅琅乎太古之音,聞者聳而聽。先生曰:"素琴本無弦,是非吾本色。"迺妝絲,置琴,焚香静坐,曰:"吾以還吾素。"

梅 窗 説

自古高人達士鍾情山水花木[13]者,多眷戀流連,終其身而不厭,至形之言語辭章，以宣暢其愛慕欣樂之意。如安石之東山，蘭亭之曲水，屈子之蘭蕙，淵明之松菊，和靖之梅。又有寓名於是，使天下後世以山水花木之名名之，如茂叔之濂溪，元定之九峰，淵明之五柳，崔與之之菊坡，律以聖賢之道，似乎玩物而喪其志者，不知於此有至道存焉，未可以尋常識度窺也。蓋某山某水，鍾扶輿之清氣，而擅一方之秀；某花某木，擅造化之精英，而爲人間之奇品。高人達士，受形於天地，儲秀於陰陽，其所得適與之會，故無意而相遭，不期而相遇，不覺而契之深也，豈苟然哉？故曰有至道存焉者，此也。

吾邑窑山周君，性酷喜梅，於所居窗前植梅數本。每花時，顧盼賞玩，戀戀不能置，因自號梅窗。其志不但欲與梅相友於風花雪月之間，實有欲與之忘形而相一焉者。學士先生多著述以發其意，獨以未得予文爲歉，因吾友吳邦玉以說請。

予按，梅之爲花，其風情色臭，見於古今文人之品題標榜，罔有弗盡，弗待予之贅矣。至於開首百花，則得先天之氣；實調鼎鼐，則得後天之用。雖蓮爲花之君子者，猶不能與之方軌。若夫菊之隱逸，則偏於幽；牡丹之富貴，則入於俗；松栢之歲寒，又過於苦，視夫梅之所得，又孰多而孰寡哉？周君爲人，聰敏明爽，不落塵俗，得梅之清；接人待物，溫恭可愛，得梅之臭；周人之急而通其變，鄉間倚仗，得梅之用。其所得與之相似，故於梅也無意而相遭，不期而相遇，不覺而契之深也。《易》曰："同氣相求。"周君以之。

周君於予爲姻戚，相與獨厚，予重其爲人，故爲之說如此。博物君子，不知以予爲知言否也？

議

欽州驛傳議

照得驛傳之法，已蒙上司發下刊定書册，仰各遵行去後。今復議更改者，只因各處人情土俗未盡，今欲求經久可行之計耳。今驛法新更而州民已告不便，一州如此，他可例推。惟恐所更改者，於人情土俗猶未盡合於當道，更法之意或未盡愜，尚當論也。竊惟山谷異制，民生異俗，故先王經理天下不一檃，而施政必因地而制宜。廣東所屬十府，地各不同，驛傳之法乃一檃編差，則驛法新更而州民即告不便，良有以也。

按，驛傳編差爲照田糧，亦因人力。今以欽州田糧、人力與廣東番南首邑論之：番南田土上等一畝銀十一二兩，欽州則二兩四五錢；中等七八兩，欽州則二兩；下等四五兩，欽州則一兩五錢以下。欽州、番南田土俱照畝科米三升二合一勺。一石米之田，該三十一畝，但番南上價三百六十兩，欽州止七十五兩，價直貴賤，相去遠矣。欽州之民能拙而生計少，農耕之外，商賈百工技藝下至圬鐵裁衣，一無所能，皆番、南、順、莞、江西等處之人群聚爲之而食其力。布帛織袵，婦人職業，亦無所能，而仰給於外，其拙可知也。所耕之田，又只水稻一種，黍、稷、麻、麥無有也。民間所入，稻穀之外，一文一分不可得。里甲均平徭差，雖有力之家，不免稱貸於客人。三數月間，一本而償一利。窮民無償，反覆加算，僅及一年，一兩而取七八兩，或准米穀，或准人畜，甚至以死償之。如客人伍元高見在監問，其窮可知也。夫以至賤之田與至貴者同科，以至窮之民供至難之役，豈特輕重不均，切恐催徵不易。以本州舊法驗之。天涯驛額編馬牌四十名，每名歲辦銀十兩伍錢，分上下班應役，以民米編充，每米一名量取三斗。通州實徵米二千餘石，取六百石，每米十五石編馬牌一名。以二十之米通計，是米五十石編馬牌一名，每石出銀二錢一分，歲辦銀四百二十兩。本州追徵發驛支應後，因人戶難徵，去任杜知州始令該驛自徵米穀，猪、鷄陸續准折，中間錢銀十無一二，然嘉靖十三年尚欠銀五十二兩，十四年尚欠二百一十八兩。驛丞熊翰節次申稟，經年拘追，未得分文。嘉靖十五年俱是驛丞揭借應用，計欠債銀一百二十五兩。夫每名徵銀二錢一分，貨物准折不取辦一時，只給天涯一驛，尚爾拖欠。今石徵銀二錢五分，取辦一時，物貨不得准折，揭借本利，便是五錢。既給天涯，又給還珠，俱責本州預期徵納，切恐鞭朴愈急，官民兩敝，虛名徒立，實效不聞。欲求經久可行而反窒礙不通，恐於今日更法之意，未盡愜也。

夫今之言驛傳之法者有二：曰親當，曰追銀，如斯而已。親當者舊法，追銀者新法也。舊法即差役,新法即僱役也。爲新法者,固以僱法之於差,有利而無害也。然差役、僱役各有利害,宋人蓋嘗言之,謂僱法之皆利,未敢以爲然也。宋自元祐以後,差、僱兼用。今法因之。而驛傳之法,乃舍差而專僱,未敢以爲然也。今以二法較論利害。親當之法,驛官之輸索無厭,棍徒之包攬專科,其害一也。餘利盡歸私槖,公無餘利之積,其害二也。然窮鄉下户,焉得有銀?弟男子姪時自供應,布穀畜産,陸續准折,其利一也。馬匹價料,各自顧惜,典守遞送,自繫身家,無侵盜疎虞之患,其利二也。衆力協同以趨公事,一遇上司繁冗,驛遞無僱募奔走之勞,其利三也。追銀之法,驛官不得横索,棍徒不得因利,其利一也。利不入私槖,公有耕餘之積,如宋人僱役,錢可以備他用,其利二也。然小民無銀,或稱貸富家,一本而償數利,或賤賣穀畜,全償僅得其半,或變賣子女,骨肉緣之分離,則宋人所謂農家困於役錢,今誠有之,其害一也。在官給役,一切僱募,間多浮浪不根,官物侵盜,囚徒賣放,馬料侵剋,皆所必有,如兩京軍馬,可驗也。傭僱之人豈能賠償?終虧負耳,其害二也。卒遇煩冗,僱募無人,驛遞失答應。本職先任提學,出巡惠、潮,道經東海,驛官二子,其父迎接,一子中火,一子僱夫馬,不過六十,一時不能備。似此之弊,今固有之,其害三也。隨糧帶徵,欲人户自納,則官民兩煩;欲排年代納,則以一科十,又不止於驛官之横索而已。如州民盧宗,里甲均平,只銀一兩四錢,甲長盧師保乃横取五兩,事發,見問徒罪。凡皆此類,其害四也。官吏既無所獲,不免剋減夫價以自濡。如上水夫一名銀一錢,彼則行使輕等,剋減一二分,参和銅鉛,又剋一二分。名爲一錢,實則六七分,傭僱窮民,何處控訴?本職先任提學,曾以此問革崧臺官吏,近過南韶驛,遞訪問水夫,宿弊猶在,其害五也。以此觀之,親當之利二,其害三;追銀之利二,其害五。二法之利害,孰多孰寡,可因可革,於是見矣。浙江便於追銀者,蓋驛遞需索之横大爲民患,不得不變糧簽馬價之銀,協濟山東、河南,道途隔遠,不得不然。然聞其法,人户責之里排,里排責之該催,該催責之糧長。里排往往逃竄,糧長往往傾産,則宋時户長重困破家之患,今固有之,安在其無弊也?今或有便於追銀者,何也?便者富民,不便者窮民也;便者坊廂、附郭[11]

之民,不便者窮鄉下里之民也。要在因人而施,隨地而取,斯善耳。乃若驛官之不便,又不與焉。然以人情論之,官府、州、縣前程既遠,俸資又厚,尚不免父母妻子之顧。彼驛官者,前程有限,月俸一石,本折二色,不能六錢,僅此馬夫一月之直,又欲禁其多取,父母妻子將何仰賴?其棄官而回者,恐不止饒辦甫一人也。此㮣一省之害也。若欽州,不在此論矣。小民不慣於親當,驛官則便於追銀,何也?欽州之民蠢而野,在官少供事之人,募人代當,則終歲不與之直,拘以自當,則一月幾更,其人在州如此,若於鄉,則狼逸隼放,維繫難矣。故皆驛官與之支應,陸續取直,因循既久,遂習爲常。故曰小民不慣於親當者,此也。驛官代民支應,經年負累,一聞追銀之令,夫馬各項,俱從寬處,如釋重負,惟恐不得,比與他處驛遞不同。故曰驛官便於追銀者,此也。

今以本職折衷之,親當之法久矣難行,今亦不行,姑置勿論。追銀之法,舊時馬牌,亦是此意。本州追徵,不得以付驛官,遇有差用,暫與支應,米穀、豬鷄陸續准折,官民亦頗相安。驛官所以受累者,只是本府將嘉靖十三、十四年拖欠之數,准作十五年之用,窮弩之勢不能復完,故致累耳。夫舊欠之銀三年不能完徵,新派之銀,乃欲年年不欠,斷斷乎其難矣。爲今之計,惟當因新舊之法而稍損益之。舊法:庫子一名,應辦廩給口糧,事極無謂,今宜革去,只令看守鋪陳。舊設防夫二名,鋪夫一名。今革鋪夫,添設防夫一名,共三名,專一解送囚犯,俱以徭編。庫子一名,編銀十兩,防夫一名,編銀六兩。革去馬牌一十五名,每名照舊辦銀十兩五錢,在驛支應。本州實徵米二千一百石。令除一百石零以爲官吏、監生貧難一户優免之數,只以二千石編派,每米八十石編馬牌一名,每米一石出銀一錢三分一釐二毫五絲,共銀二百六十二兩五錢。夫馬料價鋪陳雜物,咸取於是。馬牌擇米石最多者爲正户,其餘爲貼户,十年一編。看馬養馬,本州責令馬牌自辦,俱在二百六十二兩五錢之數。其餘驛官照舊自行徵辦,本州仍爲督責,廩給口糧三十兩,本州隨糧帶徵,每石徵銀一分五釐給付驛官吏支應,必革馬牌十五名。天涯僻在一方,上司公差人員少到,每歲所費,要不出一百七十六兩二錢七分二釐。見本府除嘉靖十三、十四年拖欠銀一百八十兩作十五年之用,可見矣。尚銀八十六兩二錢二分八釐,似當准折虧負之數。如此,庶官民兩便,經久可行。所屬靈山鄰境合浦,相去不遠,似可依此法。其餘府、州、縣,尤在因地定制,隨病處方,非本職之所知也。

海 寇 議

海寇事宜,以元策之,乘風揚帆,往來上下,大兵一集,則望洋遠去,追捕稍緩,則乘虛復來。此海寇之所長,難以撲[15]滅者也。然亦謀事者未得其要耳。

今聞爲寇者,皆東莞之人也。滄海若難窮追,貫籍必有可考,况身世難久於風波,飲食全仰於抄掠,速戰或可得捷,久持必受重困,此皆彼之所短而我得以坐制之者也。今賊勢雖猖獗,然其大船不過七隻,哨船不過九隻,約其數不過五六百人耳。往來人船被其燒毀殺奪,出於無備,非不敵也。今因其無備而輒曰"制之難",此無見於其實而徒觀其形也。今逼近内地大肆殺掠者,困於風波之日久,思反其居,知官府不得其要領,速脅之以兵,而欲求撫也。今若因而與之,非惟墮其奸計,竊恐益長寇亂耳。

夫攻賊者,必先防其奔逸之路,又必長技相當。今計賊之奔逸,東則惠、潮、漳、泉,西則高、雷、瓊、廉,不越此二路。然賊方來自西,採珠船方集,勢不復往,所必往者東路耳。今觀賊之長技,大艦堅矻難動,哨船輕便行剽,其器械則機銃火箭,所以燒舟破舟率以此也。今必先截其奔逸之路,而後可以言攻矣。今必長技相當,而後可以求勝矣。今發四衛官軍以往,然只虛張聲勢,其實不可得用,何也?山海之技異,强弱之勢殊也。莫若僱募東莞慣戰少年一千,大艦小哨皆倍其數,機銃火箭不爲之量,則長技與賊相當矣。東路備倭指揮江寶熟於地方事情,可使守備都指揮王蘭協同把守要害去處,防賊東奔之路。備倭指揮陸桓先是領兵一千往西路討捕,今莫知踪跡,可收其兵,暫委參將程鑒領之,使分其兵爲二:遣一兵往高、廉要害去處把守,防賊西奔之路;以一兵去賊船二三十里駐劄,待吾調度。如此,則賊奔逸之路塞矣。從而立賞功之格以作趨事者之心,下自相捕斬之令以孤强賊之黨,分脅從之科以開可生之路。一面拘集鄉老,沿門供報某係良民，某係爲盜。良民必皆在家，其出外日久則無生理，無指實地方即爲盜也。如果爲盜是實，即便拘其妻子，没其田廬，則賊之歸路絶矣。處置糧餉，務令接續，分布人馬，務令更番。處分既定，然後使程參將以所領兵自外而來，與吾相應，剋期而動，我攻其内，彼攻其外，賊内外受攻，將安逃乎？萬一彼勢尚强，一時未能取勝，則静以制之，久以持之，來則歛舟勿戰，去則裹糧躡追，晝夜以從之，更迭以擾之，使彼支吾不暇，而我常逸，使彼求食不得，而我常飽。不出旬月，皆將自斃。萬一突圍以去，則彼歸路已絶，滄波非久駐之所，萬一望洋遠去，則彼生計就窮，倉卒無入番之備，度彼釜中之魚，豈有久活之理？此皆因賊之短而坐制之者也。

今謂攻之難，欲用招撫之策者，皆昧乎此，務爲目前姑息之政，非有爲國已亂保民之誠心也。今聞福永南頭等處沿海居民被荼毒者恨入骨髓，皆願殺賊，若因而用之，一可當百，此又募兵之利也。又聞賊無蓄積，炊烟常斷，船久壞漏，日夜憂⑯水，此皆垂敗之勢也。夫我有募兵之利，彼有垂敗之勢，不爲攻討之謀而爲招撫之策，是乘虎之餒不向以兵而飽以肉，豈不自失事機，益長寇亂哉？計今必用招撫之策者，非但官府姑息，亦以採珠之役方興，恐彼此相礙也。不知醜虜狂悖，燒毁採珠船六十餘隻，事在必討。沿海居民受禍甚深，目今死者未葬，傷者未復，怨者未伸，若捨賊不討而使之採珠，是猶水火之後復益以水火也。又殺賊之與採珠，其事亦不甚相妨，殺賊之人不能當採珠十之二三，其事固可并舉，况急於殺賊則人快於報怨，利於得財，家家爭奮，而採珠之事亦因以集。徒急採珠，則人抱怨忿且無固志，事之成否未必也。或者以錢糧爲慮，不知鷙賊之妻子，没賊之臟賄，所入亦足以償所出，况國家積財專爲養兵，國家養兵專爲保民，爲國爲民者，固不當以財爲慮。

如元之策，則賊固無所逃，將來亦不敢竊發，非但可消目前之患，亦久遠之利也。

新寧盜議

按，新寧之盜所以反覆不常者，官府姑息之政使之也。往年大征，賊卒不可盡,且無所懲而復起者,所殺多良民,賊反得逃其生。當道者急於成功,略無善後之策也。故爲今之計在必征。然欲征之,亦豈易哉？夫千山萬林,深杳莫測,我進彼退,禽鳥無踪,此賊之不可得也。賊不可得,而捕賊者豈肯空手？良民始有不得免者矣。賊不可得而其志益驕,良民不可免,亦必相倣效。是大征一番,不惟不得賊,而且長賊；不惟長賊,且驅良民而從賊也。故曰征之不易也。夫征之既不易,不征又不可,然則將奈何！善兵者於此,必有成算矣。

夫古之用兵,有患戰不勝者矣,未有患不得戰也。若新寧之兵,則不患不勝,惟患不得戰。不得戰者,當求於戰之外。夫用兵而不免殺良民,咎在興兵懼於無功,上下交相蒙也。今必使賊有可得之勢,我無空舉之勞,兵將無僥倖之心,上下無相蒙之弊,則賊可盡矣。然賊之得,非可歲月計也。自昔之不得賊者,咎在急目前之功,不爲久遠之圖也。夫不爲久遠之圖者,類以老師費財爲詞也。夫費數萬之財而不得賊之要領,與加數萬之財而賊可盡,其得失固相懸也。然卒不爲者,急目前之功,而不暇爲此也。是故賊之不可得者,非賊之不可得也,吾不欲得之也。夫何熟計？今新寧之盜所恃以爲固者,必曰彼進則我退,彼退則我反。如此而已。非但賊之所自恃者以是,吾所以慮之者亦以是也。而愚則有不然者,何也？夫賊之逃,吾或不可得之矣,使逃而必返,豈有不可得者哉？何也？彼雖盜賊,固吾編户,其居必有室廬也,其耕而食必有田畝也。方其爲盜也,固舍其田廬而不顧,及其既逃也,使舍其田廬終不忍,吾從其不忍而圖之,取彼室廬爲我兵居,取彼田園爲我耕守,聚數千之兵爲久駐之計,因耕守之利省糧餉之半,彼欲去則無途,欲歸則不得,釜中之魚,必無久活之理。向之不可得者將以次而可得,不可盡者將以漸而可盡。故曰當求於戰之外者,此也。然官府急於近功,肯從事於斯者鮮矣。故曰非賊之不可得,吾不欲得之者,此也。

夫得賊之策大略如此,而舉兵之道尚有當慮者。夫今之爲舉兵之說者,必曰非大徵兵不可也。然自吾策之,亦徒爲虚名而無實用,徒爲費財而無補於事也。夫大徵兵者,或舒國家之難,如唐之討安禄山,或征不庭之國,如唐之討淮蔡也。今新寧之盜以山林爲命,以善逃爲技,非若國家之難與不庭之國也。彼雖依憑山林,其耳目皆在州縣,吾機方發而彼已先覺,我兵方集而彼已先遁矣。徒費數萬之金,亦將何所施乎!勢必殺良民以塞責。在上之人或憚於無功而姑恕之,上下交相恕,則良民之禍慘而不可解矣。故曰興兵憚於無功,上下交相蒙者,此也。噫!往昔之兵浪費之鉅,竟不能得賊,而多殺良民者,恒以是,而今可復⑰踐之乎?故曰徒虛名而無實用,徒費財而無補於事者,此也。以愚拙見,新寧之盜,十人之中未必皆爲盜,脅從者十而七八也。大約不過萬人,除其脅從,不過二三千人耳。是二三千人者,斷乎必誅而無赦者也。苟處之有方,殆猶折枯上槁耳。而議者輒曰非大徵兵不可,此無見於虛實之勢也。故今日之事,兵不必徵也,取其精而已;形不可露也,密其機斯可矣。潛召精兵於外,使備兵之官訓閱常練之兵,若非大舉之狀。從而分別其類:首惡必誅,脅從罔治也;怙終必刑,自新必赦也。先之以文告,申之以信誓,則潢池之內必有賣劍之民,而賊可去十七八矣。然後開以功贖罪之門,下自相斬捕之令,則首惡怙終之徒必倒戈於內,將見賊心未戰而先虛,賊勢未陳而先崩,待吾精兵四集,計必斂甲韜戈,四投山林,而無俟於交鋒,我兵不用而可以坐勝矣。故曰不必大徵兵者,此也。然舉兵非難,得賊爲難,此久駐之計所以必用,故曰當求之於戰之外也。求之於戰之外,則兵將不求於塞責,在上不憚於無功。上下無相蒙之弊,而妄殺之禍或可免矣。然此特用兵大略耳,若夫隨機應變,則土將之事,用人擇將,又軍門之事,皆難以預說也。

【校記】

① "閱",乾隆本作"間",誤。光緒本同誤。

② "母",原作"毋",音形相近之誤。今改。

③ "樸",原作"仆",誤。今據文意改。

④ 從"予至永春"至"寧不愧死與",民國《永春縣志》卷二十《忠義傳》其文字多寡與用詞均有出入,可以互校。其文曰:"榮六智略功名爲當代之最,而未嘗歿於陣,恐當時記錄尚有遺誤。善乎林次厓之論也。"按,以下考證各條出處用簡稱。

⑤ "七泉從賊如崩"下,乾隆本原有"而攻郡城賊首師則治民也南安民陳歐子"等十七

字,與前後文意不相屬,而民國《永春縣志》無此語,可知此係他篇文字羼入的衍文。今删。

⑥ "養兵百餘年",民國《永春縣志》無"餘"字。

⑦ "膏粱",民國《永春縣志》作"簪紱"。

⑧ "其功乃出於塵氓",民國《永春縣志》無"其功"二字,"氓"作"民"。

⑨ "寧不",民國《永春縣志》無"寧"字。

⑩ "出入三朝",光緒本作"出入免朝"。

⑪ "昌黎",原倒爲"黎昌",今正。下同。

⑫ "阿",光緒本作"恂"。

⑬ "山水花木","木"字缺。今據光緒本補。

⑭ "郭",原作"廓",誤。今據文意改。

⑮ "撲",原作"樸",誤。今據文意改。

⑯ "憂",原作"戛",形近之誤。今據文意改。

⑰ "復",光緒本作"後",誤。今據文意改。

林次厓先生文集卷十二

雜　著

季考諸生策問三道

問：交趾自漢武之世與海南、蒼①梧、珠崖諸郡同入職方，殆且千年，其衣冠文物固不異於中國也。一自分崩割據，其民皆短髮齊眉而爲夷狄之俗。夫交趾之民固中國之民也，天理秉彝，何嘗無之？乃甘爲夷狄之歸而不恤，何歟？齊民已矣。

問：其國俗亦事詩書，亦懸科取士，其間亦有衣冠之儒也，乃甘夷狄之歸而不恥，何歟？讀夫子"微管仲，吾其被髮左衽"之語，不知亦有憤激否歟？姜公輔生於其地，在唐爲名相，其墳墓、其子孫，今固在也，乃淪於左衽，寧不可恨歟？我太宗皇帝神武絕倫，取其地而郡縣之，固足以雪千古之恥也。宣宗初政，二楊②柄國，乃因黎民之叛，建議棄之，不知其策果是歟，否歟？諸生居近其地，目擊心思，必有一定之說，請明以告我。

問：國家設兵以衛民，將以圖久安長治也。今衛所之兵消耗者十而七八，朝廷嘗遣官設法以清理之，竟不能使之充實，將何道以處之歟？見在之軍類多老幼孱弱，不能受戈，方隅有事，輒調土兵募土人而用之。總戎之臣，未嘗不時加訓練以振飭之，竟不能使之精銳，將何道以變之歟？夫興衰救弊必有其道，誅暴戡亂，儒者事也。請言之以觀所蘊，毋曰"軍旅之事，未之學"。

問：項羽歸沛公、吕后於漢，漢王與羽和，割鴻溝以西爲漢，以東爲楚。漢王欲西歸，張良曰："此養虎自遺患也，急擊勿失。"此羽之於漢，其恩可謂大矣，張良乃教之擊羽，負恩背約，莫此爲甚。故楊龜山謂"張良有儒者氣象，道則未盡"。使漢不擊楚羽東歸,其能爲國乎?待其自敗然後取之,名義不亦正乎?且高帝之於張良,言聽計從,史謂良軋主心如户樞。高帝寵戚姬,欲易太子,良不能諍,乃以其事託之四皓,豈四皓獨賢於張良乎?劉璋,帝室之胄,據漢中,劉備因其迎己共扼曹操,襲而取之。程子謂:"王者行一不義,殺一不辜,而得天下,不爲。"孔明之取劉璋,聖人寧無成耳,程子之言是也。使孔明不取劉璋,劉備其能成鼎足之業以嘘炎劉之燼乎?抑劉備不取,曹操其不取乎?則程子之論,亦有未安者。劉備恥關羽之没,東擊孫權,卒取大敗。孔明嘆曰:"法孝直若在,言聽計從,而又善兵,必能制主上東行。縱使東行,禍不至此。"夫孔明於劉備如魚水,乃不能制劉備之東行,救其敗,而思孝直,何也?高帝、昭烈,漢之賢君也,張良、孔明,漢之名臣也,其所行之事,有不能不起人之疑者。吾子請窮論以告我,是亦格物窮理之學也。

志　　言

客有問於次厓子曰:"吾聞當世之士,不遇則已,遇則自漆髮而至白首,由布衣而至卿相,前無輿曳,後無牛掣,如蕭何起刀筆而爲漢宗臣,公孫起射策而至拜相封侯,一何順也!先生自舉進士而入大理,再謫州郡,兩爲監司,屏[3]居林下,浮沉相半,皓首無成。予觀當世之士,坎坷蹭蹬,未有如先生者。豈非謀身之不巧,營進之無術歟?"

次厓子曰:"是皆命也,豈人所能爲哉?夫洪爐鼓化,二五交運,品彙參差,洪纖殊狀,或起而登天,或墮而入淵,或變化而爲龍,或約綽而爲螾,推其類至於十百千萬,奚啻彼順予逆而已哉?是故或去畎畝而居鼎鼐,或處陋巷而守簞瓢,或困屠釣八十而爲尚父,或遇英主十二而爲宰相,或負斧扆、專廢置入閣而圖麒麟,或滅王迹、燔六籍臨市而嘆黄犬。中山之伐不下,跡可疑矣,謗書盈篋而不行。懷王入秦不歸,厥言驗矣,上官子蘭之譖而猶入。削地諸侯,弱支強幹,忠漢之謀也,乃斬腰於東市。賣國外夷,挾君臣虜,叛宋之賊也,乃保首於南牖。開閣延賢,宰相之體得矣,以純正之仲舒而見遺。表章六籍,帝王之美得矣,以失節之相如而見録。若此之類,更僕未能數,是豈無媒而自至哉?洪爐鼓鑄,因物陶冶,成形之初,蓋已定矣。故曰:非人所能爲也。"

客曰:"制之於天者弗可爲矣,吾人處此,其將奈何?"

次厓子曰:"善哉問乎!居,吾語汝:吾聞造化無定施,生物有定受。天道無常親,君子有常行。是故大鵬遇風,扶搖而上九萬里,鷦鷯棲林,不過一枝,禀賦之性殊也。鮒處涸轍而慕斗水,蒼蠅附驥尾以絕群,所乘之勢異也。百川沸騰,山冢崒崩,常道有時而變也。風雨如晦,雞鳴不已,變而不失其常也。用此觀之,尹、顏之出處各有道,呂、甘之遲速本乎數,霍、李之成敗咸其自取,樂、屈之信疑關於所遇,晁、秦之異報適逢其變。物理錯綜,固難一律。人生秉彝,弗可頓喪。故受堯天下不爲泰,三讓天下不爲矯,鷹揚牧野不爲通,絕糧陳、蔡不爲塞。文王幽羑里而演《易》,夏侯繫漢獄而受《書》。屈子沉江,《離騷》乃作。馬遷蠶室,《史記》始傳。仲舒退而著書,紫陽遁而注述。彼皆形跡參商,心神弗錯,事爲拂亂,操檢莫玷,豈有充詘隕穫於其間哉?若以退爲戚而進爲歡,則公孫之曲學,何以薄於後世?若以成爲榮而敗爲辱,則諸葛之大名何以垂於宇宙?故上士求立身於天地,不肥甘而朵頤,達人圖不朽於《典》、《墳》,弗腐鼠而喪實。故曰:達不離道,窮不失義,從吾所好,行吾所志。"

客聞予言,改容避席,唯唯而退。

談　兵

今閩、廣、浙、直,無處無倭,雖聞有撲滅之處,然隨撲隨滅,終不能使之斷絕。其撲滅之處,皆得之於水。蓋彼舟小於我,自來捕賊者皆捕於海,則無不粉碎。故倭賊所至,則焚舟登陸而不待舟。殺掠既飽,然後尋舟以去。亦有尋舟不得而巢穴於此者。賊既登陸,則無如之何。故將兵者皆伺之於海,以大船衝之,則無不破碎。然不能禦之於陸,以救生民之難,而伺之於海,使生民糜爛於干戈,然後擒之,已無及矣。是其得賊之功,猶不能贖縱賊之罪。而論者多以爲功,亦未之思耳。

今以往事驗之。安海之倭僅二百四十,參將黎鵬舉領兵四百頓四十里之外,不敢助泉兵而擊,使從容就蓮河尋舟以去,今乃能擒倭於福寧州,則不能得於陸而得之於海,可見也。戊午十月,真假倭僅八十,參將合巡海漳浦、福寧三千之兵四路把截,竟不能得,使從容由南靖以去,則不能得賊於陸,又可見也。己未同城之攻,參將曾清,指揮朱亮、朱相,千户王道成等合兵四千,臨賊遠避,而參將乃能擒鄭嚴山於海,則不能得賊於陸而得之於海,又可見也。又有可怪者焉。今雖曰倭,然中國之人居三之二。爲賊爲兵,中國之人一也。然爲賊則勝,爲兵則敗,何也?中國之人爲賊則自分必死,皆於死中求生,以故不死;中國之人爲兵則自分必生,不復致死,以故取敗。是知爲賊爲兵,中國之人一而勝敗異者,致死與不致死之故耳。今必使吾人爲兵者皆於死中求生,則勇同於賊;而吾之兵食又日增,賊之兵不能增而食又日蹙,無可奈何矣,又焉有不勝之理哉?則平倭之要可識矣。然欲使中國之兵不畏賊,須先有以爲之備。吾之陣法既足以捍禦,則我兵有所恃而不畏,敢於向前,豈有不勝之理?元以是獻巡海分巡道而不能用耳。

一田翁對

封君一田翁,吾郡侯西川公尊甫也。翁諱舟,字汝濟,以一田易其字。方氏桐城閥閱,累世簪纓,多名顯宦,翁尤以行義充其門。與鄉人居,不專湖利,弗拾遺馬,却非有之金。事多類此,近於古之卓行者。謂土田不如心田,故以一田自命。

客問於次厓子曰:"耕土田者歲一穫或再穫,故曰'倬彼甫田,歲取十千',又曰'乃千斯倉,乃萬斯箱'。翁之心田,有何穫歟?"次厓子曰:"客何見事之晚也?無感弗應,無施弗報,故曰'積善之家,必有餘慶,積不善之家,必有餘殃'。翁之心田乃積善也,何謂無穫?"

客曰:"噫噫!先生之言,若鑿鑿可信。余驗以人事,豈其然與?豈其然與?蓋予嘗見有任俠於鄉,權侔郡邑,漁獵細民,厚自封殖,富崎封君,而多福畢集,莫仆敗者。有言慎出口,行忌踐義,謹身自愛,乃枯槁衡門而弗振者。心田安在乎？又嘗見有宦名盜行，魚肉子民，虎食鄉井，富挾封君，怨歛千門而名位無屈者。其或畏利如懦夫，'四知'自檢，不持一硯，視民疾痛如在躬，復以貧終。心田安在乎？"曰："感應施報乃理之常，如客之言乃其變。以翁之事驗之，翁積德行義稱於其鄉，課子弟力學。乃弟起進士，任諫垣，卒以諫顯。乃子西川公，積學博聞，力行慕古，起進士，爲御史，揚清激濁，名振西臺。出守吾泉，以西山真公自許，宅心敷政，咸取則焉。異時俎豆西山，霖雨四海，皆翁心田之穫也，感應施報之常，其有徵矣！"

曰："其變誰爲之？"曰："天也。陰陽五行錯行迭運，參差不齊，乖戾萌乎其間，人適值之而變生焉。故曰：'死生有命，富貴在天。'"

曰："若是則從吾所好，順吾所志，俟命於天可也。而夫人者乃茹冰嚙雪，安寂攻淡，濃鮮腴郁，若不入其心，何歟？"曰："'天不以人之惡寒而輟其冬，地不以人之惡險而輟其廣，君子不以人之匈匈而易其行。'故盜跖食人而考終，伯夷遜國而餓死，蓋各明其志也。且吾聞之：'歲有豐歉，物有盛衰。'農夫之力田也，戴星而出，戴星而入，水耕火耨，終歲勤動，將以求食也。一遇水旱，忽然餒矣。富人之植產也，早作夜思，日積月累，田園連阡，牛羊被野，其富極矣。或子孫覆蕩，或豪強兼并，迄無有焉。土田於人，曾可恃乎？夫惟心田不在地不在天，而在方寸間。其小不盈一掬，其大滿乎六合。無經界，無溝澮，耕不春，耨不夏，收不秋。仁義以爲種，不資乎稻粱；敬恕以爲耕，不資乎耒耜。省察克治去稂莠也，禮樂詩書以灌溉也。不計其穫，而其穫不可計；不計其利，而其利不可量。唐堯九年之水不能蕩，商湯七年之旱不能槁，房、杜之子孫不能傾，嬴秦之虎狼不能噬。得失相去，一何遠歟！抑心田遇變，間或有之，要不盡然也。尼谿之封，沮於晏嬰，仲尼之田荒矣，而其土傳於萬世。十萬之祿却而弗受，子輿之田荒矣，而配食孔廟於千祀。蓋其荒也一時之變，其熟也萬世之常。小人計其功，君子道其常。翁君子也，其田常熟於萬世，方氏之子子孫孫，終當貴顯而未艾也，視土田所穫，孰多而孰寡乎？"

客唯唯，謝曰："鄙人不知其旨。聞先生之教，始知一田翁之高於庸俗萬萬也。"

既而，學博北城陸君裒諸薦紳之言，以揚揄翁之美，請言於余。余答客之言盡之矣，乃書以與之。

題南國談兵錄

余素不談兵，往因謫判淮泗，民饑盜起，乃身臨賊壘，散其嘯徒，擒其凶首，指揮調度，恰中機宜，咸自心得，始信昔人謂"儒者胸中有甲兵"。及用兵，不依古法者不為妄。而余之談兵，昉於此矣。備位嶺南，又適方隅多事，視學之外，間嘗及焉，而言議料慮，輒有中者。是雖生靈不幸，而區區一得之愚，益用自信。乃在留都，感時觸事，復屢有言，察機料敵，頗無遺算。當路君子謂余曰"知"。

有恨其說之不見者，庸是不忍棄置，乃錄其所談若疏，若議，若書，為一冊，共十三篇，題曰《南國談兵》，藏之於篋，俟有用我者，舉此以往。

題高明朱尹祈雨有應冊

人有恆言"天人相為感通"，余嘗祈雨於欽而信其然，今觀於高明祈雨之卷而益信其然。

戊戌之歲，自春徂夏不雨，穀種不入地。余懼，率僚屬師生耆老禱於境內山川、社稷、城隍諸神，三日不雨。又三日，凡境內之神罔弗禱，又不雨。余乃免冠帶自責，素巾縞衣芒履，屏僕馬，徒步率僚屬沿途以拜。已而陰雲漸起，若有雨意。明日如之，雨意漸盛。三日如之，禮未終陰雲四合，甘雨大沛，四郊霑足。士夫曰："前人祈雨，甚至鞭巫，竟弗應者。此侯積誠之所致也。"余曰："或偶然耳。"

已而，僚友平川朱侯陞尹高明。己亥之夏，不雨如欽。侯禱之如欽，凡八九日始大雨，亦如欽。士夫感侯之誠於為民也，共為詩章歌頌其事，裝潢④成冊，持以示余。余乃嘆曰："天道幽遠不可測，知感通之理未必其然。以今欽、高觀之，其信然乎！夫在天且然，而況於人乎？"聞高明之民狡而健訟，以侯之積誠能感乎天者感之,又焉知其不可化乎？予願侯之進於是,且以望高明之民。

跋門人章獻中書後

此去欽至五羊後書也。予去欽之日,即聞士民有生祠之議,乃因生員黃日章辭之,故其書云云。然欽民貧,衆力難舉,當日州官未有任其事者,故諸生議欲因予所建號房中立書院,爲生祠也。而號房亦未建,故又欲以鴻飛亭作遺愛亭。既又未果,乃謂日後自有能發公之龍光者。庸是見欽之士民委曲爲予之意,不知予何以得此於欽人也。

廣西水口、華陽、武梨、吳峒四峒,每至冬時輒出劫,爲欽民患。予至州,乃開陳利害,移檄省諭之。又設堡,嚴兵爲之備,峒賊不二者二年。予嘉其向義,乃申請軍門以禮獎勞,以固其志。狼蠻感悅,願爲編戶,屬廣西南寧府,終予任不犯欽境。書謂"四峒改爲四都,公實啓之"者,此也。又謂邇者行路剽掠,有"欽州之人,豈能再請林爺回護你耶？"之語,又聞四都復叛爲四峒,始知峒賊之不入境者實感予之恩威,其狼蠻之向背者皆繫予一人,不知予何以得此於蠻夷也。使不以安南累,專志於民,三年有成之治可幾也,而乃不然。惜哉！

跋門人章銳書

此書在生祠既建之後,去章獻中之書凡九年。予己亥去欽,知士民有生祠之議,得獻中之書,知士民有委曲爲予之意。當日盡謂獻中之言出於一時之感激,或予尚在位,爲此以相諛,非其真也。今予既失官矣,去欽九年矣,生祠之建至是始成。章銳之言不異於獻中,始知獻中當日之言非出於一時之感激,亦非以在位爲此以相諛。欽士民之拳拳於予者,果出於至誠。銳子所謂"沒世不忘"者或近之。但自揣居欽近四年,與安南事相爲始終,弗獲專志於民,不知何以得此於士民也？

憶昔謫判泗州,救荒弭盜,所活二千餘人,家家畫像而神事焉。理釐嶺南,奏豁鹽課二萬五千引,蘇息鹽民數千,當時亦有頌公之議而竟弗集。及征安南,鹽民願効死者千人，或者有所利，視欽士民之感德報恩何如也？故予嘗謂欽雖遠在荒服，天荒未破，其人太樸猶未散，故其厚如此。然則夫子之"欲居九夷"，其以是夫！

曾恭齋公贊

貌足以聳人之觀而才不殺，志必欲出人之上而命弗逮。嗚呼！賈誼悲湘，王勃溺海，君其同傳而異代也耶？

訓蒙四言

父天母地，實生人物。人物並生，惟人最貴。仁義禮智，具爲四性。父子、君臣、夫婦、兄弟，以及朋友，列爲五倫。仁主惻隱，義主羞惡，禮主忠敬，智主是非。父子有親，君臣有義，夫婦有別，長幼有序，朋友有信。四性之具，成之以信，是曰五常。五倫之中，君、父與夫，是曰三綱。三綱五常，人道之大。人若失此，禽獸無異。父慈其子，子孝其父，生事葬祭，不違於禮，死生患難，不相捐棄，是乃能親。君使臣禮，臣事君忠，群黎百姓，賦役時供，毋作好惡，遵王道路，是乃能義。男女以時，婚姻有禮，夫主刑家，婦主中饋，不娶同姓，不得苟合，是乃有別。兄友其弟，弟恭其兄，不争財産，不聽婦言，是乃有序。平日交游，如同兄弟，肺腑相示，有約不背，是乃能信。五倫克盡，教化斯行。禍亂不作，天下和平。

斯人之生，在於有養。救死不贍，惡知禮讓。咨爾生民，敬哉乃事！男藝黍稷，麻麥菽稻，糞多力勤，深耕易耨。女務紡績，絲綿麻枲，每月共巷，日四十五。本業既立，民乃遂生。富而不教，禮俗曷興？咨爾生民，務識大義。子弟八歲，咸入小學。延禮明師，教以禮樂。禮樂之教，要在明倫。五品既遜，百姓乃親。天地之初，曰有太極。太極動静，陰陽始生。兩儀既立，復分爲五。水火木金，終之以土。五行既生，造化始備。天高地下，於焉定位。天有四時，春夏秋冬。日月星辰，往來感通。地有四維，東南西北。山峙川流，大者嶽瀆。人有四等，士農工商。藝業各異，倫理俱同。物有四等，動植飛潛。品類散殊，有萬不窮。

生民之初，如璞未斲。渾渾噩噩，標枝野鹿。乃生聖人，爲人立極。盤古開天，三皇御歷。世尚洪荒，民如夷極。爰有五帝，以及三王。草昧經綸，相繼以興。數千餘載，人道始成。曷爲五帝？伏羲、神農、黄帝、堯、舜。曷爲三王？夏禹、商湯，及周文王。三代迭建，曰子、丑、寅。三王異尚，曰忠、質、文。三代損益，與世推移。夏時獨正，古今是依。周道既衰，諸侯吞并。分爲十二，合而爲七。秦并六國，爲漢驅除。先王禮法，掃蕩無餘。嬴秦之禍，宇宙大變。郡縣一事，弗可盡貶。漢承秦弊，去古未遠。古道尚存，弗能整頓。時無伊、周，千載遺恨。漢德既衰，三方鼎立。漢魏及吳，是曰三國。爰及兩晉，南北瓜分。五胡紛擾，生民遭屯。隋一南北，爲唐驅除。太宗雄武，今古所無。閨門慚德，垂統荒疏。奪於女孼，亂於羯奴。方鎮分裂，皆起於此。女子之禍，始終唐祚。唐德既衰，五代相繼。曰梁曰唐，晉漢周氏。五十年間，是曰閏位。宋祚三百，諸儒挺生。文運天啓，六經大明。胡運方强，武功弗競。金帛歲供，生民受病。徽、欽北狩，宇宙大厄。爰及胡元，隱以混一。三綱既淪，九法亦斁，冠裳倒置，千古所惜。天生聖人，起於淮北。十年驅除，腥穢洗濯。日月重光，乾坤再造。聖子神孫，千秋萬祀。

家　訓十二條

人家生子，難得有資質，如湛甘泉、嚴介溪之子無資質，一向絶望。汝兄弟有資質而不肯力學，吾所以恨也。汝兄弟終日汲汲做家，所得幾何？且莫説中舉，使能考居前列，補一廩廪，不但可振家聲，將來⑤亦有進身之路，不失爲衣冠士夫，不猶愈於爲守財虜，没首無聞乎？戒之勉之！

吾子細思量：二子既可教，高孫又長，吾若辭官歸家教子孫，又開館以教來學，猶愈於東西奔走，白首無成。只爲家業不立，歸家無可養贍，所以不果耳。二子宜體此意，各自力學，仍加禮敦請嚴師，教訓諸孫，使有成立，庶解慰吾懷抱。明年一孟宜厚款之，諸孫不得溺愛。晏起遲出，或帶往邵家，妨其學業，失其大事。

二子方今要緊只在多讀多作。一松尤以多作爲先。每早讀書,食飯後就作義一篇,了然後看書。做到一二月後當自有功效,筆下自純熟矣。又須論、表、判、策相間而作。大要以三分爲率,二分頭場,一分二場、三場,自然本末兼舉。一松漢文已讀得幾篇,今且將三蘇文集擇其善者熟讀。一梧可讀漢文,但全史未熟,根本門户未立,雖讀古文無益也,須將《通鑑綱目》及《性理》諸書,日夜熟讀,以立根本門户。教學顔亦依此法。一松今科場中策一二道,亦能成言,只是簡短寂寥,不豐贍不周匝,皆寡讀寡見,無材料之故也。今宜以爲戒。

聞潮州士夫説盛若樹,自其兄若林中進士以後,發憤讀書,經月不歸家,讀得形容清瘦,僅存人形。夫祖爲都堂,父爲知縣,家業甚大,而只兄弟二人,尚發憤要中如此。二子家業不能及其十分之一,乃若欲作家而不發憤讀書以中舉,何也?勉之勉之!

尊事祖宗,有家第一義。《家禮》曰:"君子將營宫室,祠堂爲先。"吾因家計未立,故祠堂未建,祖祠堂亦倒塌不能蓋,甚以爲歉。姑就東廳供奉先人香火。汝輩全不爲意,紗燈改懸别處,夜來不點燈,朔望不拜奠,有事不啓告,是何理?《傳》曰:"事死如事生,事亡如事存,孝之至也。"想我百歲後,子事我亦如此,汝子孫效汝事汝,亦如事我,得爲禮義之門乎?戒之戒之!

人家男女最要有别。男子居外,女子居内,乃不混雜。吾先年立定規矩:女婢不出門入市,男僕十五以上不得入内廳。今俱不守了。吾前到家,事冗,男子使唤不得不入,此有事之際,難以常論。今後宜守吾家法。

吾自入官以來,在衙、在家一雞不妄殺,有客有事方殺。若出巡在途殺雞,此有司供給,不論也。蓋天物不可暴殄。蘇東坡曰:"食者甚美,死者甚苦。"吾每念之,故雞不妄殺。吾見一松自新婦滿月以後,與一梧尋常無客無事亦殺雞而食,此吾所不喜也。人有恒言:"留不盡以遺子孫,有福不可盡享。"予始貧賤,衣食不充,故今享得此福,汝子孫亦得享其餘。今汝輩把後人底一下都享了,子孫何望?古云:"造物忌多取。"吾平生不合虛享大名,故官爵亦蹭蹬。居家一理，汝輩宜深念，勿以我言爲迂。

　　佃户爲我耕田，倚命於我，我亦倚命於彼，待之宜有恩。吾見汝輩錢上太急，恐待佃户過於刻薄。凡遇荒年，租税要從寬减，或免之，或緩之。無大過失，不得輒起田召佃。但小民無知，要令守分做人，不許倚吾聲勢欺害鄉里。汝輩亦不得曲庇，爲伊官府方便，不但於理有違，實則爲他纏累，不得讀書。如實受虧如林元用，爲之無妨。

　　凡人送子來契義，此最害事。他皆是有利於我，故來契義，無利，彼來何故。如恃吾聲勢因而欺害鄉里，或爲人包攬官府，託我爲方便。此類甚多，皆爲所累。又或恃熟，輒入後廳厨房，男女混雜，恐生出他事。今後切不可不戒。

　　結交不可非類，委用不可非人。《傳》曰："與善人居，如入芝蘭之室，久而不聞其香，則與之俱化矣。與惡人居，如入鮑魚之肆，久而不聞其臭，則與之俱化矣。"今與惡人結交，或誘我爲非，或誑我財物，或倚吾聲勢，私以害人，豈不爲我之累？委用不得其人，如陳榮理看田，受人買囑，多增田價以欺一梧，豈不爲我之害？今後宜以爲戒。

　　門户最宜謹慎。大門、二門、後門每月輪流一僕看守，朝夕啓閉。如有失誤，重責不恕，則其法行矣。

　　古云："鞭朴不可弛於家，刑罰不可弛於國。"以國之不可不用刑罰，則家之不可不用鞭朴，可見矣。吾家子孫僮僕，豈能無過失？而二子未見有戒責一人者。來安賭博，汝昭詐人，來定逆命，當時事忙不及戒責，今以爲恨。二子宜思吾言。

居官説要二十二條

　　居官守己宜甚嚴，不可有一毫苟且自恕之心。大利所在容易見得，亦容易祛遣。惟是小可没緊在要去處，以爲不打緊放過，便如白璧一瑕，有終身不勝其恨者。漢先主"勿以惡小而爲之"，正是此意。戒之戒之！

　　居官行事，法度有當執處，士夫却來請求，道理有實是，上司却不以爲是。

若從之則失吾守，不從則非吾利，爲之奈何？曰：請託不從，且勿露此意，先厚待以禮，已而徐以理諭之，人亦無得恨己者，縱恨亦無可奈何矣。若事既不從又簡慢之，非特取怨於人，道理亦未是。上司不相合，度一時未可講，且待從容，又須積誠意以動之。萬一不可回，又當度其事大小，若是小事，從之可也，大事必不得已，去之可也。天下只是一箇道理，一條路，更無第二箇道理可據，別條路可走，要見得破。

居官能潔己又欲執法，若不能防閑其下，使下人得作弊，則我雖不要錢，而下人攢錢，我雖欲執法，而下人賣法。如是，雖有吳隱之之廉，張釋之之執，亦被要錢枉法之名，何益於事？故防下是做官頭一件事，不可不謹。

吏胥、書手只在內辦文書，不得至公堂。問刑時，與廚子俱關鎖在房，恐其背後作怪。出巡，陸行令與吾相近，舟行吏倉與吾相連，封其外門，令由官倉出入，皆防其與人交通。書手辦寫文書，既不欲其索錢，須有以給其家，每月給工食銀一兩，就府堂發問人犯紙贖、罰贖中給與明白，取領附卷。此亦斟酌行，度其有所得，勿與可也。門子、皂隸乖覺能服事人者，最易爲所溺，最爲害，須以爲戒。當人前勿假以辭色，常尋事薄捶之，則人知其不得用事，而彼不得假名誆錢矣。問刑之際，伺候站立常在面前，不退後，則彼不得與吏書傳遞音息矣。有過，大則問罪，小則斥逐，不得將就放過，則彼畏憚不敢輕易犯法矣。然用之日久，終是不好。吾在泗州，門子、皂隸、快手每月一替；在廣東鹽法，防夫、皂隸每季一替。初頭來接者皆不用。吾之泗時賤名已出，到廣時已爲上司，皆容易了，尚如此關防。在初仕者，尤不可不慎也。

私簡出入封鎖，門子、皂隸皆不得入，不許與家人交接。送卷印至廳堂即出。擇篤實皂隸一名看門，率一月而更。巡歷州縣，嚴固門鑰，不許吏書、門子、皂隸私出。

書手能做，招農民能寫字者，雖審知其人篤實可用，用至數時，亦宜暫遠之，待至數時又用之，數時又暫遠之。如此，則嫌疑不生，彼此皆無所害矣。

上司批下或府堂送來詞狀，就摘緊關人犯出牌，封而藏之，待問完然後粘案。必封藏者,防吏書抄詞換詞之弊,且不令被告生情破調也。就出牌者,防吏書索錢與原告打點也。摘提緊關人犯者,省平人牽連騷擾與應捕人索錢也。緊關干問人犯,用筆圈點,狀後書云"提幾名",若上司批詞,則謄稿批點。

　　常見本處官司接受詞狀,便以先入者爲主,被告千方投訴⑥更不能入。此最癡、最害事。自我入官,自家接受或上司批下詞狀,被告來訴無不受者,無訴詞者臨問必索之,何也？聽訟苦於不得其情,愚民有情或不能自達,訴詞或可因之得情也。

　　問刑要革弊,要簡捷,在乎得法。予署廣東按察司印,每日斷事三十餘起而無難者,惟得法耳。犯人解到,皆令就二門内陰閑處伺候取問,只令長解帶領出入。問出徒罪以上方收監,不令人調保。監押直堂,行杖皁隸終日不得離所在,傳飯而食。問刑令原告先説,被告次説,知證又次説,皆劄記之,遂以理斷之,曰"甲説是,乙説非","甲説某件是,某件非","乙説某件是,某件非"。是者用筆圈點,非者塗抹某某罪,某有罪,某無罪,皆明白與説,仍書於劄,令人帶出,串供不得增減情節。如此,一茶之頃可斷一事,雖一日三四十起,亦無難矣。解到即問者,省淹滯也。不令調保監押者,省其使用也。行杖皁隸不得離所在者,防索杖錢也。劄記而判斷者,備遺忘省繁復也。授劄串供不得增減情節者,省取供者索錢也。有罪無罪就與説者,省吏書詐財也。

　　問刑當先看卷。老卷案牘有一事卷四五宗,積一二箱者,不看則不知首末,盡看雖一日不能了一事,不亦難乎？此有捷法,以予在廣所行者言之：按察司爲問刑歸結衙門。府縣問結不服者,訴之守巡,守巡者訴之撫按,撫按者奏奉勘合,皆歸結於按察司。卷案雖繁,不過原發原招,再發再招,至五發五招,其緊要當看,不過十數本耳。吾欲看卷,先令該吏翻閱,用紙條標記,原發則云原發招由,再發至五發如之,垂其末於外,以備觀覽。而事亦有不至四五宗卷者,多寡相兼,一夜可看二三十起事。此法不亦捷乎？

　　予署按察司事,自戊子秋廉使科場應朝,以後署官交代不常,事積至三四百起。吾思欲理舊事則誤新者,欲理新事則誤舊者,乃一新一舊相兼而理,取集本司收囚簿,將犯人起數次第錄之,遍粘厢房兩壁。日暮退堂封門畢,即點三十起,令該房送卷,燈下看詳,中間情節都記在心,緊關者用筆圈點,或紙帖記,已將來日當問之事用摺帖逐記之。明早開門,發牌唤人,飯後俱到,皆令伺候大門外,以待取問。投文新到人犯,就令伺候二門内。必封門然後取卷者,犯人伺候日久,渴於取問,日間取卷,恐吏書、門隸順風詐財也。當問之事必劄記者,備遺忘也。新到人犯伺候大門外者,到官已久,不必防也。

《大明律》問刑條例,乃刑官本經四書,當熟誦背誦。律文簡奧,又須詳細講解。吾初除南京大理,自張家灣至龍江關,一部律例已爛熟在胸中矣。雖子聰明非予所及,然此尚恃聰明不得。

問刑引律例當自點檢,不得靠吏書。有疑難處,不妨與長官商量;若差錯,待上司駁回,所損不細。

問刑供明無罪人犯,不徵紙價。有罪人犯,方徵紙與罰贖。皆貯府縣庫,申達上司,己不經手。入己皆贓,切宜戒之。

凡問一事,就當一氣問成;若問未成,令帶出復取問,不但前功盡棄,犯人復生情節,吾益難矣。甚者知事不巧,分外打點,別生弊端。

凡問事發落要快,不得淹禁。語云:"囹圄之苦,度日如年。"下情可不體悉?常見平常官府無有上事,將犯人監禁數月,不問不發落者,不知日食太倉,所幹何事?戒之戒之!

吾自來問刑,只以理折服其心,待他心服無辭,然後判斷,不曾用刑。問出重情有可惡者,然後加刑,情輕則否。常見官司問刑,往往逼打成招,此最下者。

問刑條例:非掌印官不得接受詞狀。推官爲郡理刑,非掌印官,惟知府送來及上司批下者,乃其當理。若自接受,非但於例有違,知府亦有所不喜,自家亦覺多事,不若守法之愈也。知府送來者,接受訴詞,可與說明入招。上司批下者,不必入招,但知其情可也,恐上司見怪也。

凡事無大小,但疑難處,勿恥下問。與其問人而濟事,不愈於不問而壞事乎?陳允揚知府爲人篤實,又鄉里也,凡事可相問,必不汝欺。同知而下亦然。

但當擇人而信,恐爲所賣。

同僚有兄弟之義,知府當以兄事之。同知通判,由舉人、歲貢出身者,待之尤宜謹慎。此輩常疑吾凌他,我本無心,他却作有心看,我纔一分不到處,他就看作十分,一失其心,所以謀我者無不至矣。余去泗州,正坐此故。今子最宜慎之。

做外官出名,只在一月以裏。過此泯泯,雖恁生奮拔,亦不能扶持得起,何也?名打頭一壞,不可復救也。必欲出名,不出於予言矣。

接狀之法:凡上司多就審,此多失之。不審不足爲法,若暗審出帖,又有詭名、代告之弊。其法:先泛接十張或二十張,作一包,用紙封藏,辟去下人,燈下看審。准者判自作一處,否者大書"不"字於上,作一處。在可否間者,又作一處。准者或親行或批問,又作二項。親行者將緊關干問人犯大點,仍書於後,云"提幾名";批者亦先批定,皆隨起包封,明早喚人入審。不准者先喚名發落,然後及准者,皆令伺候。在可否者,再加面審可否。隨時親行者,大事原告監候或羈候。提人批行者,大事原告遞回令問。提人之法:准狀之次日即行,過一日該房杖責,二三日問罪。若是事簡,府縣准狀,就時出牌提人,就令原告領牌,同該里長或總甲拘人。其法:刻定牌而預刷以待,臨時填名。其法最簡便,有式在後。此條雖非推官當行,附之以示式也。

【校記】

① "蒼",原作"滄",形近之誤。今改。

② "二楊",原作"三楊",誤。今改。參見本書卷六《與張净峰郡守論黄邦相事書》"二楊柄國"條考辯。

③ "屏",原作"迸",音形相近之誤。今據文意改。

④ "潢",原作"演",形近之誤。今據文意改。

⑤ "將來",原作"從來",誤。今據文意改。

⑥ "訴",原作"訢",形近之誤。今據文意改。下文"訢詞"亦誤,並改。

林次厓先生文集卷十三

誌　銘

南京工部尚書東湖吳公墓誌銘

南京工部尚書東湖吳公既葬，其子太學生藩狀來以銘請。予辱公知，銘予責也。

公諱廷舉，字獻臣，東湖別號也。其先嘉魚人，國初從戎居梧，數傳至某，生英、俊。英無子，俊子三，公其長也。母黃氏。公以父命爲伯氏後。

幼雋穎，稍長爲諸生，既冠掇鄉科，舉成化丁未進士。試政夏官，即疏地方民情四事。宰順德，政先教化，脩學校，頒四禮以道民。邑有宿盜，久莫奈何，公立執之。凡諸興革，罔不以時舉。寺璫傅某有寵，三府欲爲營家廟，公以病民弗聽。舶司倚充貢市葛於縣，舊皆倚辦於民，公以非地產，婉却之，獨市二葛以應。七載遷成都倅。治劇，發奸官無滯政，賢聲益籍。以憂去。服除，改倅松江，上時政二疏。清遠盜獗，人不能平。以司馬文昇、劉中丞大夏薦，進僉憲，備兵嶺南，遂討十三村池水諸峒，平之。兼理屯鹺，振頹剔蠹，政一新。逆瑾專恣，令天下府庫盡輸京師，復有偏求。使至，諸司承風恐後，公既却其求，復疏留其財於軍門。瑾怒，未有以罪也。進參議，岷府遣奄市藥物於諸路，所遇橫黷。公發其私，瑾積怒，命總鎮伺公。公復劾總鎮二十餘事，遂交構之，逮繫詔獄考掠，無所得，乃以枉道過家罪焉，重枷暴之，必處以死。越旬垂斃，以主事宿忠孺諸人營救，乃解。謫戍雁門，逾月遇宥，歸農。

瑾誅，以滇南憲副起公。姚源峒賊乘嶮作難，進參政往治之。公以誠信撫諭，不服乃議征剿，往還弗戒，因爲賊得。臨以兵，不動，賦詩自若，賊異而歸之。

公賄誘賊黨，令反戈，遂掃其穴，置萬年縣。賊功成，進廣東右轄。立番舶貢獻市易法，人便守之。又定均平，省驛遞，民困以舒。嶺南猺獞煽亂，命兼兵備副使，專意經畧，方面兼管，異典也。尋陞都御史，賑濟湖南，民不阻饑。辰州土官相讎殺，積年不解，公解平之。

嘉靖更政，進公兵部侍郎。上疏自劾，以干宰輔，居五日，調南京工部侍郎。徽、寧、池、太、安慶饑，改戶部侍郎兼僉都御史往賑之。遂轉副都御史，撫治南畿。恤凶歉，均糧運，鋤强惡，植弱善，刬除宿弊，彰脩禮教，凡諸稱貸、債利、額外供用，一切病民之事罷。不踰時，民鼓舞稱便。陞南京工部尚書，時年六十有四。公謂所親曰：「余年耆耄，平生精力鼓舞倦矣，退休此其時也。」連上三疏，遂歸。歸即作後計，手書遺訓，授其子。居二年，以嘉靖丁亥三月既望，終於正寢。囊無長物，襄事維艱。總制姚公助之，始克就窆。御史屠某以聞，上憫之，賜葬祭。

公面若老媼，神采烔然，容儀不甚脩飭。中甚分辯，才略雄偉。居常猶夫人，及遇盤根錯節，人眩莫措，己獨迎刃而解，易易耳。居官不爲苟祿，必盡乃心，垂惠澤於民。故宦轍所至，咸俎豆焉，非但賊功之在清遠、姚源爾也。嗜學不倦，案牘之暇，墳籍不去手。在順德，常與白沙陳公甫往來議論。本朝大儒若薛河東、胡餘干，獨酷信慕，嘗表章其遺言。人有一善，舍己從之，弗恔弗嫉。上有時名者，企慕如恐不及一見，或當意輒委腎腹。至人有不善，則纖髮不能容，外斥罔弗至。惟所悅者寡，而所惡者衆，故特以刻窄短於人。衣無重錦，食無重肉。客至以數味款洽，不爲歉。其作縣也，還往會城，不攜多從，惟以一隸負行囊自隨。每至，人必知爲吳知縣也。其奉身清苦類如此。東山劉公時參藩政，獨重之，見必款之齋舍，與談論，知其必爲遠器，每屬意焉。天下事罔弗置慮，夜坐深思，每燃燭達曙，遇倦并衣就枕，或思索有得，輒起書之。凡有見聞必建白，時政得失必參議，間或被撓，弗恨弗沮。事有定見，斷必行之，雖死生禍福得喪，無恤也。非其義，雖小弗受，既老，猶不易介。永順、保靖土官征調至梧，感公宿惠，以數百金爲壽，堅却之，及聞公歿，裹糧赴弔，其恩信感於夷狄又如此。書再過目輒不忘,爲文隨意所到,亦合程度,詩有白沙風教,蓋得於陶鎔云。建東湖書院,積古書數萬卷。所著奏疏幾卷,詩文幾卷,有《西巡類稿》行於世。

生於天順壬午某月某日,得年六十有九。先娶馮氏,生藩,繼娶梁氏,無出,側室某氏,生女,未字。馮、梁俱封夫人,藩以公蔭,入太學。墓在梧東界首山,子其向,中爲公藏,右馮氏,左以待梁。公之窆,丁亥之冬某月某日也。家窶,三年弗能具禮。上有恩典,乃以償負。予官至廣,始相成之。噫!公氣節稜稜,若烈日秋霜,獨有可信,不苟同於俗,志在朝廷與天下,不恤其私,故劘虎牙落虎穴,生死變於前而不懾。筮仕四十年,官至八座,不能旬日容於朝,人被其衣食者半天下,歸無以潤其身與妻子。他諸功業且未論,其大節固已卓然萬夫之表矣。世之持雌黃之舌者,洗垢索瘢,於公或有訾議,惡足掩其大者哉!銘曰:

鬱鬱蒼梧,實生豪傑。貌也不揚,人則卓絕。屢抗權奸,剛風烈烈。屢平寇亂,勳庸掀揭。宦轍所經,甘棠弗折。百年操履,冰清玉潔。仁覆蒼生,身謀迺拙。千載幾人,爲公擊節。界首之岡,允爲公穴。公其已矣,令名不滅!

職方司員外郎次峰謝先生墓誌銘

南京職方員外郎謝先生次峰將窆於土,其孤鵬翰持其叔父鄉進士碧峰先生復春所爲狀請銘於余。嗚呼,吾忍銘吾次峰也與哉?予與次峰同鄉榜,今於碧峰又姻親,予重其行義,方與結姻以申夙好,而次峰歿矣。嗚呼痛哉!

先生諱崑,字鍾璞,姓謝氏,次峰其別號也。按狀:謝氏之先,出宋奉直大夫紹光,其中子圖南以瓊州安撫使食邑同安,因家焉。先生其十二世孫也。曾大父諱乾道,大父諱世祚,皆隱德弗仕。父灝,字師程,以先生貴贈文林郎、成安縣知縣。母陳氏,贈孺人,德化謝宅望族也。乾道家雄吾同,至灝而落。先生幼喪母,鞠於祖母葉氏,長事祖母以孝聞,刻志爲學,弗以貧奪。補邑弟子員,即有聲。正德丙子舉於鄉,丁丑、庚辰下第,家貧親老,乞學職,得浙西金華訓導。嘉靖丙戌舉於南宮,遇疾弗預廷試。己丑,傳臚授知直隸溧陽縣。溧陽古稱難治,豪猾爭訟,動以財賄取勝。先生一律以理法,奸雄斂手。持身廉謹,寬以恤民,尤嚴於馭吏。期年訟息政平。巡撫中丞海隅毛公上其政曰："才識敏而持守端，性行和而勤勞著。"二載以外艱去。服除，補直隸之成安，以溧陽之治治之。成安吏民愛之，過於溧陽。三載滿去，民老稚遮留弗得，共立碑，寓去思。已而擢南京戶部主事，出納惟允。監鈔浙之北新關。北新利藪也，以潔入者鮮不以污出，地曹例爲憚。命下，先生難之。諸老曰："此正所以驗苦守也。"既至，益勵初志，錙銖弗染。商舶一稅，取足常課，雜費破格除之。吏曰："除之，己必斂怨。"先生曰："吾寧怨歸於己，毋寧害歸於商。"由是清操聞於兩浙，縉紳推重。歸惟圖籍數肩，浙之人士高之，共爲詩歌華其行。明年，擢兵部職方司員外郎，未任，以疾卒。卒之日，鄉友集齋西、渠海亭、少洛諸公臨哭之，檢其囊，無長物，棺衾莫舉。督儲中丞沃焦文公助俸資四十金。既而，留郡諸公聞風相繼貺遺，始克蓋棺云。

先生溫厚質實，與人財利，不入於心，金華士論至今重之。再臨二邑，咸著惠愛。北關監稅，廉名益著。歷官二十餘年，寒酸未脫，晚節愈勵，或遇匱乏弗恤，惟賦詩自適。公餘猶不廢學。平生不樂人逢迎，亦不能逢迎權要，故自進士十有二年，僅得郎署以死，死無以爲家。學校重其行誼，舉祀於鄉賢。人曰："可以廉頑矣。"

配干氏，鄉進十綱之長女，以勤儉相夫，封孺人。子三人：長鵬翰，王出也，補邑弟子員，娶葉氏，繼娶郭氏；次子鵠翰、鶴翰，側室某氏出也，尚幼。孫男一，孫女三，俱鵬翰出。先生卒於庚子歲五月十三日，距所生弘治己酉十月十二日，年五十有二。嘉靖壬寅正月二十五日葬於感化里牛肚壠之原，辛其向，虛右以待王。銘曰：

芝草龍駒，世不常得。猗歟次峰，有學有執。兩臨利區，堅白不涅。道恥干時，位不滿德。天胡不仁，而壽之嗇。嗟嗟末世，仁義竭澤。卓卓次峰，萬仞壁立。膴膴牛崗，昂昂馬鬣。公名不朽，樂哉斯宅！

廣信知府鷺沙韋公暨恭人黃氏墓誌銘

南安邑庠生韋崇廉狀乃翁鷺沙君治行請誌於予。予與鷺沙鄉同年中之相知者,銘烏得辭?按狀:君始祖源自河南光州固始縣,隨王潮入泉,居武榮州瀛溪,皆隱德弗仕。六傳至祥,別號豫庵,君之父也。

　　君諱尚賢,字思省,鷺沙其別號也。生而聰穎,豫庵劬督一經,期六門閭。年十九補邑庠弟子員,即嶄然露頭角。家貧,教授生徒。光祿寺卿黃君養蒙、地官黃君濂清,皆出門下。正德丙子,督學執齋劉公玉考置首選,遂舉是秋鄉試。登正德辛巳進士,授户部主事。大司徒儉庵梁公材,當朝名宦也,於屬官少許可,獨重君,兩御簡書董漕江之南北,黽勉趨事。是歲,糧運先簡書二月而至,京師從前未有也。儉庵公大喜,剡薦於朝,云素稱廉正,堪以差委,遂獲錫幣褒封。大學士夏公言貴溪人,欲建第府城,聞君才,求吏部陞知廣信府,蓋以是託之也。君至郡,留心職業,理詞訟,平賦役,六事畢脩。部使者至郡,不三日輒去,曰:"郡有良守矣。"以才廉,登薦剡。夏公言託以治第,悉置之。言啗以美官,亦不納,且有訕語,言益怒。郡中四姓得罪於言,每監司至,輒希旨逮捕,必致之死。君惻然白免之。言怒甚,訴於吏部,請調別郡。冢宰汪公鋐、少宰霍公韜知其賢,為調毗陵郡,民扶老攜幼走送。毗陵大郡也,言益怒,必欲去之。言方得君,吏部姑改九江。九江南通東廣,東達金陵,路當衝要,民力疲敝,君愛護休養,猶如廣信。時章聖皇太后梓宮南祔,百凡旁午,支郡守令惶懼投檄,君獨以身任之。江右十三郡之民輻輳九江,君以廣信之民久勞時相興作,獨白免之。撫按賢之,交章論薦。繼守信者已致上卿,君獨留滯外郡,略不為動。甲辰,以九江之績上京師。方三日報罷,亦命也。慷慨登途,略無慍色。未幾,豫庵歿,送終如禮。又以為幸,獨恨母恭人蚤喪,弗逮一日之養,每遇諱日輒隕涕。豫庵歿雖期艾,猶哀哭不已。三弟繼歿,撫成其孤,孝友之性,實植於天。家居八年,足不入公門,戒子姪毋侵暴鄉里,曰留以遺子孫。祖居仄陋,別治第以居,建守謝公上箴,扁其堂曰"遺安"。家居無事,徜徉山水,課兒輩耕種。郡守程公秀民、邑令唐公愛,每以公事至瀛溪,必造門訪問,政令有不便於民者,輒正告之,以此益重君,禮致鄉飲大賓,辭不就。然宿疴時作,竟以是不起,時辛亥四月二十三日也。距所生成化戊申二月十九日,享年六十有四。卒之日,鄉人皆流涕,如失怙恃。

　　配黃氏,封恭人,武榮簪纓望族,寬厚朴素,不事粉飾,家居終日寡言笑。夫君始學,勤女工以助費,攻苦食淡,無幾微見言面。君既出仕,不異微時。事舅姑以孝,待側室以恕,待臧獲以慈,咸足垂範閨壼。卒於壬子九月二十六日,距所生成化丁未十一月二十三日,享年六十有六。貳室劉氏,甌寧人。子三人,女五人。崇廉娶黃氏、顏氏。長女適太學生陳良紀,次適中丞丘養浩子庠生維禎,黃出也。次崇吾,娶常州府知府張志選女;廉吾,俱庠生。崇弁未聘。女一適蔡國棐,一許呂大豐,一許柯芬舒,劉出也。孫男四:象可、願可,廉子也;繩可、綏可,吾子也。孫女六。墓在晉邑四都歐古山,丙其向,君所自擇也。爲三壙,中君,左黃氏,虛右以待劉。崇廉等嘉靖三十七年十二月十八日奉二柩以窆。銘曰:

　　治簡非才,治繁始才。處常非守,處變始守。偉哉鷺沙,領民曹繁劇之司,而克舉其職守。河南貴臣之邦,而不撓其操,寧失貴臣之心,而不失細民之心;寧償私門之事,而不償公門之事,豈非百煉之真金,中流之砥柱乎?歐古之山,風氣攸聚,瑞雲上覆,是曰大夫之墓。

南京國子博士白泉黃君墓誌銘

　　君姓黃氏,諱良弼,字巖夫,白泉其別號也。賦性聰穎,才氣俊逸。少習舉子業,筆下清新,讀者稱快。試有司輒利。舉正德八年鄉試第十四人。同入國朝,以白衣發身,君於黃偉爲第二人。再試禮部不利,以貧求就教職,得河南之汝州。汝地僻,人才落寞,君以所學爲教,克稱厥官。入爲南雍博士,六館師生,咸推讓焉。君文學足稱而行率直,臨事不避忌諱,竟以是敗。罷官歸,囊橐蕭然,室如懸罄。先人遺業盡廢,以爲婚娶衣食之費。歲歉,至求賑於有司。晚年喪明,步履艱阻,不久而歿。

　　娶吳氏,訓導璇之女,生子南金。妾朱氏,河南汝州人,生子南鍾,以妒去。南金娶葉氏,生子尚幼,南金歿,鞠於南鍾,夭折。南鍾不能自立,依外家。

嗚呼，命之窮，孰如白泉哉！今父母之愛其子，則教以讀書取科第，曰將以亢吾宗也，將以溫飽吾子孫也，能者百無一二也。白泉幸而得之，乃廢先世之業，卒窮其子孫，何取於讀書科第哉？黃氏爲同著姓。同昔有東黃、西石、南陳、北薛之稱，君即東黃也。在唐時有曰炳者，仕至職方郎中。至宋有萬頃爲安撫使。四世孫曰黃琳，字朝珍，爲管軍把總，管水陸義兵，在宋端宗景炎二年也。先是端宗舟居泉州之港，招討使蒲壽庚作亂，盡殺諸宗室及士夫與淮兵之在泉者。端宗趨於潮，壽庚知泉州。越明年七月秋，張世傑會師討泉蒲壽庚，遂圍之。至九月，元唆都援泉，傳檄募士，有能出奇克敵者官之。琳提兵解圍，宋師還淺灣，省府遂剳授營軍把總。戊寅二年，復授本縣長沙巡檢。娶陳氏，子桂孫娶鄉貢士陳堯夫之女，桂孫子篪娶郡馬詹公之女。二婦皆名家也。篪生元良，元良生龍震，龍震生守謙。守謙娶方氏，生克惠，克惠娶謝氏，生貴君之父也。讀書隱居不仕，教授鄉間，小衣冠不出門，人咸稱曰黃先生云。以祖居迫窄，作室東門之外，今鬻於人。

君生於成化十五年己亥十月初四日，卒於嘉靖丙午年六月二十九日，享春秋六十有八。女三：長適坑朴呂，次適城場林，三適磚尾孫，俱吳出。君廬鬻於人，勢當出葬，其壻擇地營壙於銅山祖墳之側，癸其向。以嘉靖三十四年正月六日壬寅奉柩以窆。予曾與君同筆硯，皆以白衣掇科。君先予着鞭。予後君幸舉進士，而宦途坎坷，雖落落無成，猶能自立，視君之狼狽失所，每隱念焉。力無如之何，乃述其平生出處，爲之誌。銘曰：

賢而克貴官忽放，禄而弗富家卒喪，命之乖矣忽何往？子式微矣誰與葬？我之銘矣胡無慟！

淳安縣學訓導北峰蘇君墓誌銘

蘇子昌國將葬乃翁北峰君，狀其平生行實來請銘。北峰予會友也，相與最厚，銘烏得辭？

君諱桂，字子雲，北峰其別號也。曾祖蘇平，母許氏；祖存耀，母陳氏；父世魁,號熙齋,母葉氏。君性穎悟夙成,幼讀儒書。爲舉子時文,筆下鏗鏘,聽者洒洒忘倦。年十三補邑庠弟子員,燁然有聲。長老見其文,無不嘆服,人目之曰蔡介夫。小試輒優,曾居首選。廩食年久。曾與予及黃武峰、黃白泉爲文會,二君相繼領鄉薦去,予亦嗣登甲第。君累試不第,嘉靖戊子以貢赴春官試內廷。己丑,授浙江淳安縣學訓導,銳意作人,嘉賢恤貧,甚得師禮,學者翕然尊信之。辛卯秋闈,君未三年弗獲預試,郡守陳公渙嘉其志,爲請於督學汪公文盛,與遺才進。巡察合浙省生儒試之,君居首,張濂第二。濂舉榜首,君卒落,亦當道不與其進也。然無不拭目,多士推戴,君之名滿兩浙矣。甲午歲,與提學不相得,致仕歸。

足不至城市,教兒孫誦讀,課僮僕耕種,以身先之。冒風雨,濡手足,不少暇逸。其家故厚,君十年營運,再倍於前。居鄉,飲人以和,無衆寡小大,咸禮下之。遇貧乏多假貸焉,咸獲以濟。邑大夫重其行,禮致鄉飲大賓。甲寅冬,徭編本府衙,前後躬至郡,參謁府官,途得風疾,昇歸,坐風癱臥病,涉二年,遂以是終。時丙辰八月十四日也。距所生成化丁酉,年八十。卒之日,鄉人莫不隕涕,如失瞻依。

配劉氏,邑大姓劉喬英之女,懇直樸素,不事粉飾,事夫主以恭,待側室以恕,御侍從以恩,叵範閨壼。卒於己亥年七月十有一日,距所生成化己亥十二月十七日,年六十有一。劉無出。男三:長輔國,次昌國,次能國。女一。咸側室洪氏出。輔國娶蔡氏,俱卒無嗣。昌國娶陳氏,庠生陳廷遜女;能國娶呂氏,呂邦鎮女,未嗣卒。女適户部員外李延祐之曾孫堞。孫男三:光先、洪先、達先,俱業儒,昌國子。孫女八。

墓在長興里一二三都施山星拱壠,未其向。爲三壙,中君,左劉,虛右以待洪。嘉靖二十八年正月二十日昌國等奉二柩以窆。銘曰:

文而弗顯一官卑,位而弗久賦式微。南山種豆不爲箕,衡門之下足棲遲。子孫門户克撐支,乘化歸盡復何悲?星拱之封,水深土厚。三璧合藏,樂哉公所。

封刑部主事南雄府通判毅齋留公墓誌銘

吾友參政留子克全,將以嘉靖七年某月某日葬其先子毅齋公於紫帽山之麓,先期以前御史郭世重之狀來請銘,曰:"志淑無似,惟先子之不朽,辱在從者,幸無辭。"予友朋山,毅齋翁猶父也,不朽之託,敢不聞命?

公諱芳,字汝礪,毅齋別號也。先世由浙入閩,居永春。始祖從效,當五季之亂,以忠勇舉義,爲泉、漳二州生靈所寄命。天下歸宋,遂舉地內屬,以功得官其子。六傳至忠宣公正,爲宋名相。嗣是世濟厥美。數傳至奎。奎傳安,安傳允恭,允恭傳昆,皆不仕。昆號易庵,公之父也。

公生有美質,留至易庵而中微,少孤,復無近親。既有公,父子相依爲命,無遑遠望。公差長即自別,既知筆研,請入黌序爲舉業,遂有聲。癸卯,領鄉薦。已,卒業胄子。試進士輒不利,始就銓注,得通判,備守南雄。南雄五嶺咽喉,百貨會通,暴客時禦奪爲患,故有是員。公適厥始,首事維艱,乃獨秉志就列,之綱之紀,力殫靡遺。無幾,風令茂振,狐鼠寝伏,無敢發。譽緣是起,當途尚其賢。守缺,假郡符,益有樹聞。在官五載,以母倪憂去。服除,念易庵老,不忍去膝下,遂以子志淑貴封承德郎、刑部主事。志淑歷湖南臺副,至今官,公復得加四品服,金紫婆娑,日侍易庵爲樂。

公貌侵而神俊爽。性莊夷簡恪,平居鮮惰容,尋常不輕入出。人無妄交,處世恒任真,既不舞權,亦無賈媚,故或疑於流俗,惟君子則信之。居鄉不以勢臨人,轉有橫逆,猶能隱忍。其學有蘊蓄,文字鏗鏗可誦,受知邱文莊公,士多出其門下,僉事儀莊、知府科爲最著。泉俗喪葬尚華侈,公居母喪,獨刮去俗態,從之古,君子曰知禮。弟蓁啞廢,大友之。愛二姪如己子,視華若蓁,弗以異母殺厥友,人皆賢焉。自退居即杜門不預外事,晚從鄉諸老爲洛社之游,樂而忘大耄。志淑自起進士,宦歷中外,嘗移書教以忠孝,用能馳其聲於海內。甲申,志淑自湖南便道歸省,以終養請,公曰:"吾恨不能推封乃祖,孺子可圖矣。稍需以畢吾志,汝其歸哉?"丙戌春,志淑報政,瀕行,而公訃至矣。公病革,無他語,惟索筆作書遺子志淑，以弗終易庵之養爲恨。書訖瞑目而游，是歲六月三日也，距所生天順丙子正月十有四日，年七十有一。

先娶鄭，卒。繼娶黃，生子五：長志淑，即克全，次志及、志宏、志業、志憲。志宏上殤，志業早卒。僅一女。黃先公卒，以子貴贈安人，有賢行，見虛齋誌。繼娶胡，生一女，配同安張參議定之子文璧。孫男四：元緒、元復、元直。孫女九。曾孫男一：日初。志及、志憲、元緒，俱弟子員，積學有待。

墳，公所自營，某其向。右窆黃氏，左爲公宅。鄭先祔祖塋，茲不改遷。

銘曰：

川厥有源，木厥有根。汝德汝能，將相之門。庾嶺甘棠，民咏弗諼。三槐手植，益茂以繁。生也事順，没歸則完。紫峰之下，樂哉斯源！

封建昌府同知孔公墓誌銘

封建昌府同知孔公既卒之踰月，其子平樂知府廳述職，聞訃於京師，將歸襄事，以狀來請銘，曰：“廳不穀，禍延先子，受隕於天，無所逭罪。茲歸土有期，特託名言以垂不朽，尚祈君子不我遐棄。”言已，泣下。昔予與平樂舉進士，試政民曹，交親且厚，在同年最先，故在留都，實父視翁。茲銘其奚辭？按狀：

翁諱昇，字彥高，別號朴齋。其先臨淮人也。始祖某，國初從軍，以功授應天衛鎮撫，居浦口。永樂中落總旗。高祖某，曾祖某，祖某。父清，字伯流，別號素庵，以壽遇推恩，賜冠帶。母陳氏，同衛陳某之女。翁質實坦易，弗能事文飾，靡他嗜好。平生與人無虛語，凡事率意而行，鮮有計慮。父命服賈牟利，以乏心計，常折其貲，然不爲創，意豁如也。嘗以穀貸剌廟寠人三千餘斛，歲大歉，民艱償，盡取其券焚之，不復問，故尤以惠稱。年三十感氣疾，胸脇膨滿。病甚，夢一童子云：“某地明醫張一帖，可遣人求之。”至達橋，果遇童子如夢中所見，遂得張氏方藥以歸，一劑而愈，蓋神授之也。性喜儒術，恨少失學，乃獨銳教子。平樂既知書，即遣游鄉校，攻舉子業。浦口自建堡以來，無以科第顯者，至平樂，始以明經舉進士，翁之發也。初，平樂爲朝官，以危行得謗落職，沉滯州郡者數歲。

翁由白衣及同知建昌，上最吏部，始得以子官貴。人曰："翁銳教子，宜卒食報也。"翁逮稀年，素庵尚無恙。踰中身，平樂已顯。未壯蓄於父，既壯養於子。平生服食，不待營慮，溫飽嬉游終其身，卒以貴顯，人謂神仙中人云。

配何氏，同衛何某之女，封宜人。子二：長即平樂君。次文，娶陳氏，弗嗣，卒。平樂娶同衛孫輔女，繼娶金吾衛千户趙明遠女，俱封宜人。女一，適橫海衛趙鑑。孫男六，儒、脩、仁、價，孫出；仕、化，一女，趙出。嘉靖十三年甲午十一月二十日以疾卒，距所生天順癸未，年七十有三。以嘉靖十四年乙未某月某日葬於某里某山之麓，某其向。銘曰：

任其真，無懷氏之民。璞之淳，祐啓後之人。大夫之封，顯哉帝錫！某山之麓，允惟公宅。

坦庵郭先生墓誌銘

坦庵先生諱貴貞，字用頤，同望族也。世居前街孤卿山下。曾祖孔岳，祖志敏，富而好禮。考沂爲國子生，有文名。母陳氏，監生由德之女。配葉氏，旌表忠義秉乾之孫。

坦庵爲人，志大體，不拘小節。性狷介，不能與時偃仰。少習舉子業，後因歲艱，出粟賑饑，受朝廷冠帶。方將進乎遠大，而天促其齡矣，時弘治乙丑也。生於成化辛丑，年不踰二十五。子一人良弼，女一人玉璣，皆未離兒行。葉氏卜葬於邑東南後山祖墳之右，營二壙以示同穴。背丁面癸，三秀山拱於前，孤卿山在其後，去家不里許。以正德丁卯二月初十日吉窆。

予於坦庵託姻好，熟其家世爲人，恐芳聲遺躅與人俱往也，故爲之誌於石，而因與之銘。銘曰：

志乎高而不屑乎卑，喜於古而不悅於時。其生於世也無幾，其没也適增人之浩悲。

一盂顏公墓誌銘

公諱弘，字篤任，姓顏氏，唐顏魯公真卿之後也。某年自某移居泉之永春，自永春移居同之翔風十九都。族屬繁衍，多出名人，如尚書顏拭、孝子應祐、鹽運司同知顏伯雍、臨川教諭大夏尤其著者。曾大父某，妣某氏；大父某，妣某氏；父某，妣某氏。公兄弟三人，公其季也。

公豁達大度，篤於孝友。少習舉子業，提學韋公彬取試秋闈，臨場適母病奔歸，朝夕侍湯藥，衣不改帶者旬日，時以孝稱。續兄篤愛歿，子可幼，二親老，遂舍舉業，以書代耕，上事父母，下育諸姪。所得學資即散從弟姪之貧者，下季未至而瓶粟已空，家人恒稱貸以待來歲之償，歲以爲常。尤好施，見人之死喪窮乏，輒罄己助之。人笑其迂，而公豁如也。事先甚敬，歲時至朔望，必盡其禮。雙親忌辰，雖年遠亦哀哭如初喪。教人子弟，必以孝悌忠信爲先。方伯傅公鎮，進士許君福，生員林文煥、趙文壂，咸出其門。鄰里鄉黨，亦教以孝悌忠信，人咸化焉。食無重味，遇魚菜或肉，只一盂，故予號之曰"一盂居士"，人或稱曰"一盂先生"云。嘉靖初年有薦辟之詔，余丞南大理，則以先生與鄉進士王一臞之行薦於朝，不報。督學潘樸溪先生行縣，以先生主一邑社學，辭不就，士論偉之。《傳》曰："仁者必有後。"先生之卓行，上天福善不在其身，必在其子孫也。長子克賦性聰明，乃苦學以隕其身；次子恕，放蕩不羈，死於非命。天道無知，非特爲鄧伯道慟也。予素延之家塾，教諸孫。癸卯秋，疾作。予欲遣人舁歸，先生自知必不起，意在予辭。已而卒，予備衣衾收斂，俱如禮，亦盡朋友之道焉耳。

娶呂氏，生男克，繼娶薛氏，生男恕。一女，適陳氏。喪久不葬，從子顏可率諸弟砥等卜地於某山之原①，以嘉靖丙辰十二月十有八日癸卯葬。其從子君秉請予爲之銘。予素重先生之行，欲張之而不能，銘烏乎辭？銘曰：

嗚呼！若有人兮行之卓，上天賦與不爲薄。富貴壽兮理之常，君胡爲兮獨没福？顏回不壽原憲貧，伯道無兒守煢獨。造化生人有如此，理之變兮不可度！

顏謙牧翁墓誌銘

滄浯之間，有隱君子，聲名籍籍於當時，而卒泯泯於後世，予始信謙牧翁之爲隱君子也。

翁諱敦祥,字篤禎,其姓顏,謙牧其別號也。其先出顏魯公真卿之裔,子孫仕閩,遂占籍泉之永春。自永春分居同之金門,又自金門分居漳之龍溪之碧溪。生齒繁庶,在同尤盛,翔風十九都十圖里長而占其七。代有顯者,亦有聞人。在永春,則有尚書顏拭;在龍溪,則有尚書顏師魯、縣令假守顏寶,此類尤多,此其顯者。在同安,則顏辟雍、顏大夏以明經薦,顏應祐以孝子稱,此聞人也。

翁天性孝友,飭躬勵行,博通經史,尤長於詩章,時推名儒。不求仕進,甘貧守道,教授鄉里。生徒出其門者,咸知禮讓。舉人呂川、李煌,進士許福,皆師事之。居父母喪,枕苫寢塊,不離喪次者三年。家貧,不克葬,衰絰不解。郡倅以事至金門所,聞其名求見,辭以衰絰在身,固請,以衰絰見,益敬重焉。縣官屢聘為鄉飲賓,輒辭不就。年老,杖履時遨遊鄉里間。遇讀書子弟,與談經義;遇耕漁,教以勤力;遇兒童,與熙熙娛笑,教以進退揖讓;遇知己,問起居暨眷屬安否,情致藹然。故人無衆寡小大,咸敬愛之。詩文流出肺腑,成稿輒棄去不留,故無傳聞。

大父諱原安,字宣著,妣呂氏。考諱長,字志懋,號毅齋,妣陳氏,繼黃氏。生男三:曰袞,娶洪氏,曰褒,娶許氏,曰奮,娶陳氏:俱陳出。女一,適陳宗履,黃出。孫六:曰相,曰標,曰森,袞出;曰朴,曰桂,曰桐,夭歿,褒出。奮無嗣,立標為繼。翁生於正統十年丁巳十月癸酉,卒於正德十六年辛巳正月初五日丑時,壽八十五。配陳氏,生於正統十四年二月初五日午時,卒於弘治己酉年七月初七日亥時,壽四十八。翁沒,三子淪喪,孫朴廢疾,二子溺夭。孫桂奔走江湖,加以貧窘,故久弗克葬。茲以嘉靖三十三年甲寅十二月二十四日,卜葬於龍湖之西山,辛其向。孫桂先期以狀泣請予銘。予辱翁知,鄉舉北上,翁贈以詩,墨迹未乾,銘予責也。銘曰:

滄浯之間,有隱君子。躬行孝弟,博洽經史。教授閭里,弗營祿仕。厥後弗昌,咎將誰諉?龍湖之崗,樂哉翁所。過者必式,曰謙牧之墓。

處士黃公暨配周氏陳氏墓誌銘

公諱朝緒,字志理,別號廣堂,黃其姓也。賦性嚴厲,治家勤勉,其經畫精密處,人所不及。家故饒裕,值業中落,恆奮揚激勵,有恢復之志,至老未遂,而猶弗衰。嘗誨諸子曰:"心志萬事之綱,心堅石穿,志勁石軟。男兒無志,焉攸立哉?"又訓其子國濟曰:"汝讀書當如吾治稼,播種芟耘必以時,糞溉必以力,則稼雖與人同,所穫必與人異。讀書亦如是。"國濟用其教,故能成其學,屢應鄉試未利,將有待。少年負氣,有犯者,輒不量力與較,故恆致敗。晚年深自貶損,謝絶外事,足不入城市者十餘年。又戒諸子保身守家之道,歷舉時人"積不善之有餘殃"者以為鑑。人或負己,則曰:"寧人負我,毋我負人。"見人戚戚於貧富,則曰:"不願大大富,不願小小貧,不願人求我,不願我求人。"類皆有道之言,怡然自樂。嘗以父祖祀事為憂,設席會親朋,謂曰:"吾父祖田連阡陌而祀典不備,子孫踣斃。吾每思及此,未嘗不痛惜流涕也。今年幾耳順,為生幾何!"乃捐己業若干,立為祭田。又規畫祠堂規制以垂後人,曰:"吾縱不及為,後世子孫必有繼吾志者。"

世居長興之坑柄,始遷自某處。高祖某,妣某氏;祖某,妣某氏。考某,號淳朴,娶某氏。公娶周氏,在坊周德榮女,某年某月某日卒,距所生某年,年二十有五。繼娶陳氏,民安里陳體玢女,某年某月某日卒,距所生某年,年幾歲。周性勤謹,惜早殁。陳性孝謹,事翁淳朴公及周外翁以孝聞,處妯娌戚屬,始終無間言,臧獲老幼咸樂輸款,循約束。又有異行,鄰失一釵,價值不貲,婢拾以遺,遣還之。鄰失簪珥,典主責償,鄰母無何,號天而泣,陳拾遺之,皆女中之罕聞者。

子五人:國爵、國憲,周出;國濟、國良、國佐,陳出。國爵娶陳氏,縣西下路陳崇睿女;憲娶蔣氏,民安里某女;濟娶龔氏,晉江潁川某女;良娶楊氏,翔風里楊中文女。孫七人:復清、復春、復祖,國爵子;復休,國濟子;復恢、復敦、復乾,國良子。國憲、國佐,俱絶無嗣。周氏某年某月某日葬於本里師堂邊,北向。陳氏某年某月某日葬於公墓之右,某向。

國濟從予游,將以某年某月某日葬公於某,以狀來請銘。銘曰:

草澤之間有隱君子,治稼而能知書,當衰而克振蠱。學足以奉先,慈足以啓後。厥配伊何,賢哉惟母。鼓瑟而順二親,却金可比高士。斯干協望,兆徵廼子。膴膴某岡,樂哉斯土。過者必式,曰廣堂處士之墓。

質庵黃處士墓誌銘

古人有言："居官致卿相，居家致千金。"此布衣之極。予嘗博觀今古，有負其能不出世用者，窮年齟齬，而出入將相，乃出於守章句、啖棗栗之徒；有力耕遠服賈者，終身窮寠，而堆金積玉，乃出於椎埋屠狗之輩。豈神運速化，非守真者之所能與？抑富貴在天，非人力所能致與？有如守其真而獲其獲，脩其人而獲於天，豈不俊偉卓絕稱丈夫也與？若吾同處士質庵黃君，其人矣。

君世家長興之坑柄，其地直縣之東北，去縣治二十五里而近。其山自翠壺、紫帽翔舞而來，如車載馬馳，象蹲而牛飲也。其田迂直鱗次，土膏豐潤，水泉灌溉，天時不能旱也。其物産桑麻之衣，竹木之材，薑芋、蕈筍、芹蘋之蔬，丹荔、碧眼、黃彈之果，柘糖、蜂蜜之甘，禽魚、麋鹿之鮮，被及四方，歲時不斷也。黃氏居之，世專其利，爲長興巨族，處士爲尤盛。祖業至父微，侵及君，乃大起，又數倍於前人。同富室無幾，稱君焉。

君善治生，督僮僕耕種樹藝，晝夜汲汲冒風露，觸犯豹虎無畏沮。履林麓，窮陵谷，歷溝澗陂池井塍不爲勞，終歲勤動，不數年，起大家。然性儉約，不事華美，布衣蔬食淡如也。每雜處耕夫笠叟間，人莫辨爲質庵者。安常守分，不作非爲。賦役以時供，以是姓名不登於官籍，吏卒追呼鮮踵其門。家無外事，惟飢則食，渴則飲，倦則睡，覺則起。夏嘲松風，冬暄榆日，朝夕呼童沃林果，灌園蔬，理籬菊。興至，牽獵犬逐麋鹿，射雉兔。客至，設供具，留飲投壺，引白盡醉而散。如此而已。宗族鄉黨無怨，姻親感其惠，朋友服其信，古稱一鄉之善士，處士殆無愧焉。同之富室固有踰君者矣，然或得之非義，或得之非望，君子有遺議焉，弗貴也。君之一縷一粒，咸出汗力，疇孰議之？予所謂"守其真，獲其獲，盡其人，獲於天"，君非其人與？信乎俊偉卓絕，可稱丈夫矣！

君諱軫，字伯禽。其先光州固始人也，五代時從王潮入閩。曾祖尾生，娶郭氏，在坊人。祖益禮，妣李氏，南安新營人。父志爵，妣呂氏，南安樸兜人。處士娶蘇氏，田頭村蘇世溫女。生三子：曰雄，娶蔡氏，坊民蔡宜表女；繼娶葉氏，歸得里九十都葉綾女。曰雅,娶劉氏,坊民鄭銓女;繼娶葉氏,坊民葉廷馥女。曰懷,充郡庠生,娶曾氏,晉江人,知府曾仲魁女。生女三:長嬌蓮,適坊民鄭翰,夭,蘇出。次淑清,適翔風彭日中;三淑態,適同禾紀泮,側室李出。孫男三:曰文敷,聘舉人張文錄孫女,雄之子,葉出也。曰文明,雅之子,葉出也。曰文炳,懷之子,曾出也。孫女四:雄之女。曰春杏,適坊民劉君齊;曰秋菊,許坊民葉聞喜,蔡出也。曰珪璋,許予孫林學朱;曰珪璧,許坊民莊公福,葉出也。

處士生於弘治甲寅年十二月二十四日辰時,卒於嘉靖壬寅年三月十二日酉時,年止四十有九。以嘉靖二十九年庚戌九月十有二日寅時祔葬於母呂氏之左,虛右壙以待蘇。山曰坂上,乙其向。

以生員鄭汝霖所爲狀請予銘,予悉姻末,不能辭,爲之銘。銘曰:

爲富而仁,曷異陽虎?富而無事,曷不堯似?曰惟夫子,胸蟠太古。舉世如公,刑罰可措。没葬名山,鬼神衛護。胡爲其然?善人之墓。

顔處士文岫墓誌銘

邑弟子顔同禹將葬其父文岫,述其家世本末請予銘其墓。嗚呼!予尚忍銘士抑哉?予初設教於大輪岡,顔揚至從予。君有不羈之才,予意其飛揚拔扈以去,而卒止於此,豈非命耶?

按顔,唐太師真卿之後也,子孫繁衍,散居泉漳永春、同安、龍溪等縣,代有名人。君先世卜居浯江,諱揚,字士抑,别號文岫。高祖某,字某,别號廓齋,妣陳氏。曾祖隆興,字某,别號某,妣曹氏,金門人。考仁,字篤愛,别號道遺,娶陳氏,陳某之女。仁生而穎悟,不習舉業,長於詩歌,教授漳州。漳守汪公鳳以黃梅雨試學究,仁援筆立就,詞意高古,汪極稱重之,名震南漳。天性孝友,授徒養親,教弟弘習舉業,以爲世用。弘學甫就而仁卒,弘遂教授,不謀仕進,以舉業教揚。弘好古,知予志頗向上,與予相向以古人之道,故使揚就予學。予亦以古人之道教之,不獨以舉子時文也。

揚性質聰敏,舉業之外,每出詩文,輒驚長老,予亦嘆服。嘗師事王一臞,極重之。當時名公如顧司徒珀見其清源詩,乘興望之。於南安,若蔣正郎孔煬,亦與之交。鄭博士一鶯、傅會元夏器微時,俱與爲友。傅尤厚,既顯,猶館其子同禹於家塾,教其子姪。侍御史陳蕙甞游其門,盡謂功名可立致。無何,試有司,輒不利,遂以是終其身,授徒於鄉里,頗能自立,竟不能成家。金門千戶俞大猷見其才,與爲刎頸之交。大猷既顯,致之任所,厚資之。

嘉靖三十六年四月回自浙,戊午二月疾稍愈,越己未年九月二十九日申時,忽然而逝。距所生成化二十三年丁未,得年七十有三。娶陳氏,先於嘉靖二十九年卒。揚卜葬於東都雙山之原②,巽乾其向,同禹以嘉靖三十九年正月十日辰時奉柩與陳氏合葬。銘曰:

有才弗用,有志弗使,傷哉命也!雖豪傑,莫之奮揚。瞻彼雙山,平原膴膴,樂哉子所。遺恨九泉,人曰顏處士之墓。

許處士墓誌銘

乙未秋,予以言遼左事謫知欽州,過古杭,前同安尹許君元夫持其先子樂庵處士狀請銘於予,曰:"仁不穀,仕弗揚親,若得名言以託不朽,不穀榮也。"嗟乎,元夫爲吾同善擊豪猾,嚴自持,方大有振,忽被構去,予惜之未已也,兹銘奚辭? 按狀:

許氏世居汴梁,從宋高宗南渡,占籍臨安。遷仁和。三世祖益,字進叔,娶某氏。益生德,字德明,娶徐氏。德生安,字土寬,處士之父也,母沈氏。

處士諱晟,字景暉,胸懷夷坦,居常嬉娱,無戚容。朋友題其所居曰"樂庵",因以爲號。行事每率其性,面折不容人過,然竟以是得名,鄉里咸呼"許直道"。性至孝,居父母喪,哀毀甚,痛號爲嘎。哀至,猶拊膺頓足,人不忍見聞。父產惟伯氏所取,已甚薄,畧弗較,曰:"兄弟難得,田地易耳。"乃力自植,躬勤儉,奉身布衣蔬食,不爲華靡。營治生業,窮日矻矻勤動不少休,遂致贏裕,數十倍前人。有故業没於巨豪,訟莫復,憤曰:"先業曷失?"與伯氏訟於朝,卒復之。居家樹藝,蔬果魚畜,凡百經用,咸有法則。祭祀賓客,歲時問遺,往來無失禮。

閫門男女長幼,下及僮婢,規防畢至,内外肅如也。頗涉文墨。元夫知書,即命專業,語之曰:"人貴學問,然非勤罔功,若勉之!"因歷舉目擊成敗者爲勸戒,遣游鄉校,專厥志,家務一不以累,迄用有成。素嗜畫,常臨名人墨跡,時自鑑賞。元夫慕,間竊取玩,覺,詬曰:"無墮乃業邪!"悉焚之,爲廢己業。匪特身教,其克己足稱也。儒紳尤加敬禮。塾師徐文振弱冠詞藻英發,知其有成,以妹妻之,卒以文宦顯,人服其知人。善鼓琴弈③棋,龜卜、《火珠林易》尤著,抱策決疑者接武而至。嘗遇羽士,得導引之術,養生諸書靡不精熟。善談論,雖素負者,亦爲屈。好爲詩詞,不求工,惟取適意。喜飲酒,酣輒擊賞長歌,愉愉如也。見人之急,周恤不少靳,雖一蟻被戕,心亦戚然。其篤於愛物咸此類也。

配孟氏,出烏程望族,父遠賓,母徐氏,性嚴毅,勤儉似其夫,服飾不趨時好,躬紡績,不間寒暑。閑家甚嚴,正堂非客至及有事,門不啓。喜聞古今節義事及敦本語,蓋其性然也。子一人,曰仁,即元夫。孫男三:時敏、時中、時用。孫女三:長適徐暈,次適朱鵬,咸早孀居;三適陸楠。曾孫六④:憲徵、慶徵、福徵、亨徵、遇徵。曾孫女四,尚幼。

處士生以正統三年九月十有二日,卒以正德改元八月十有二日,年六十有九。以正德二年正月八日葬於邑之北山禇家塢,某其向。孟氏生以正統改元閏六月二十有九日,卒以正德四年九月二十有四日,年七十有五。辛未二月之望,與處士合葬。銘曰:

克創爾家,克開爾後。胡用不臧,況有良偶?峨峨北山,膴膴禇塢⑤。二璧合藏,與汝同久。

洪處士墓誌銘

南安洪德美氏將葬其考恪齋處士,以其所爲狀託吾師蔡先生來請銘。予不知恪齋,以吾師之所交,恪齋可知也,乃據狀爲之銘。

處士諱彬,字子學,恪齋其別號也。世居南安之英山,有慎獨翁者,諱某,字某,實洪氏起家之祖。高祖某,曾祖某,祖某。父某,字某,別號掬清,娶某氏,某之女。處士生而穎敏，深沉有思。少習舉子業，將成，掬清翁不欲其仕進，乃輟其所爲，事家人業，力樹藝。躬節儉，厚積薄費，營運孜孜，無少懈縱，遂致充裕，十倍前人。孝弟出於天性。居掬清喪，哀毁踰節，殯葬一以禮。事庶兄奎尤謹。方掬清在淺土，暮夜有號，倉皇懷貲而遁。已慮焦土之變，亟還，扶柩去，他悉不顧。篤親忘利，尤爲人所稱。居家無外事，日惟積善行義之勵。平心處物，不求自便，於人無競。租稅以時輸⑥，故步武不躡公門。卒歲優游，樂山林之樂。奉身布衣蔬食，淡如也。親賓朋舊過從，酒食款洽必盡歡。晚避寇患，移家府城。宗族鄉黨歲時慶弔問遺，必身至，無簡禮。於居第之西作室一區，庭植名花無數品，時賞玩以自適。世味紛華，人間寵辱得喪，一不入其心。一日，與客連袂對談，別去倏然而逝，人謂其羽化，年四十有五。

娶林氏，某里某之女。子希純，即德美，娶涂氏，某里某之女。孫男有容、有鳴。孫女一，配南寧鄭守楠之子文焜。

處士生於成化丁未二月六日，卒於嘉靖辛卯五月九日。葬在英山麓，某其向。虛右以待林氏。銘曰：

克勤克儉，乃積乃倉。富而好禮，今也則亡。英山之麓，是爲處士藏。

墓　　表

湖廣按察司僉事少山王公墓表

聖朝以科目網羅天下士，士有用世之志、用世之才，或無所遇而弗獲見於用。其有所遇而獲見於用者，又取忌當世，弗獲展其用。其無取忌者，又中道殂沒，弗獲究其用。若此者，豈當天地閉、賢人隱之運，蒼生不得蒙其福耶？抑關吾人一身一家之成敗耶？予於同年少山王公，不能不爲之恨也。

公諱宗濬，字志達，別號少山。公氣宇鋒巖，性資警敏。七歲入黨塾，翹然出群。稍長，即知學，隆師取友，日新厥德。長老見其文，咸期以遠大。弱冠入學永春，稍食廩業。學使楊公子器，博學通儒，少許可，試公文，獨稱奇才。改郡庠，用是奮勵，學益進。領正德丙子鄉薦，登嘉靖丙戌進士第。授戶部湖廣司主事。

公自入仕，必欲行其所學，故歷官所至輒有聲。始奏查餘銀以防侵沒，復水兌以積餘糧，事皆可法。己丑秋，奉命督理淮安常盈等倉，會畫精詳，釐諸宿弊。丁外艱歸。壬辰服闋，復除戶部四川司主事，掌太倉銀庫，操持無玷，濟以勤能，出納詳明，大司徒許公瓚亟稱賞。癸巳，陞員外郎。丁內艱歸。丁酉釋服，陞本部河南司郎中。宗室徽藩疏求自賦於民，公言於大司徒梁公材，曰："宗室自賦，則有司無由稽制，征求任意，民受重困，故祖宗無此法，臣子當共守之。"梁公深然之，事遂寢。徽藩訴於上，上大怒，奪梁尚書與侍郎去，逮公詔獄。所親病其太執，公以義命自安，畧無悔恨。獄成，謫提舉廣市舶。

局閒無事，惟閉門觀書，情興所到，則見之吟咏，時或游覽名勝以自適。大埔縣令缺，當道假公治之。大埔新建，在萬山中，其民荒野，貴宦恣張破法，爲民患，官吏苟且因循。公謂非政何以稱朝廷建邑之意，乃大振作，明法紀，興學校，去冗費以節民財。孤弱者撫植之，發其破法者於當道，轉聞於朝，重創懲之，貴豪斂手，不半年，縣稱治。廉州缺守，當道假公攝府事。廉邊方僻郡，其民多遺法外。合浦有珠，守倅鮮至，海北道遠駐靈山，難遙制，蠹弊如毛。公堅辭不獲，迴單車以往，至則爬膚洗垢，舉其弊政而盡更之。節用愛民，清心潔己，苞苴不入，吏畏其威，莫敢舞文弄法。時征黎兵興，廉當孔道，供餉繁沓，公曲爲區畫，民用弗擾。陞直隸太平，公廉如昨，尤留心政務。郡有大獄，連百餘人，數年不能決，巡察難之，以屬公。公悉心與辯，頃刻而定，郡稱神明。陞湖廣僉事，整飭江防兵備，脩明法紀，訓練士馬，奸宄屏息。屬郡縣饑，請賑於當道，得粟萬餘石，全活以萬計。學舍傾頹，命有司脩葺。諸生貧不能婚葬者，屢捐俸爲之助。平生所學，將次第見之設施，無何，一疾忽作，遂不起矣。上下遠近聞訃，罔不盡傷。嗚呼！公之才足以有爲，其時又可以有爲，乃蹶然中殂，此當天地閉，賢人隱之運，蒼生不得蒙其福也，豈公一身一家休戚之所關耶？此予所以爲公恨也。

公自舉進士，志不在溫飽，即以名節自勵，在官未嘗取一錢入私帑。家居不肯以關節干有司。初,以外艱守制,縣官延教邑弟子,講讀之外,惟以道義率人,他無所與。故歷年雖久,而家遠不如人,可以見其守矣。性孝友,事母太宜人以孝稱,事伯兄憲副一山、仲兄恪恭及弟道,怡怡如也。居喪哀毀致情,殯葬一以禮,咸可式鄉閭。

配宜人黃氏,封松江知府黃希顔之女,東石黃公之女兄也,敬慎節儉,克相其夫。公之敭歷中外,得盡心王事,無内顧之憂者,宜人之助也。公之行既有黃東⑦石公爲之狀,又有都憲林退齋公爲之誌,乃子廷獻以予與公同領鄉薦,相知最先且厚,公之居官骨鯁,與其在廣之政,又予備聞,故復以表屬予。初,得公葬地,堪輿家善焉,歆争蠱起訟,經巡察監司郡縣至三至四而後定,若非廷獻之力,未必能濟。又自捐囊襄事,不斂諸弟,可謂孝友兼著矣。公之子若孫,與其生死、葬之歲時、穴之向背,誌狀已備,不復贅,惟述公平生居官行已之大概表於墓,以俟後世之夷考焉耳。銘曰:

上天生人,胡不全畀? 高才捷足者,或艱阻而弗利於履。追風逐電者,或顚折而不竟其至。往古英雄,奚勝屈指? 嗟嗟少山,如斯而已。長福之鄉,有山其峙。哲人藏魄,精光莫秘。百歲之後,行人過之,猶見當年之豪氣。

贈南京大理寺評事益齋鍾公墓表

士生天地間,顧所立何如耳。有以自立,乘田、委吏亦足以自見,否,雖官至卿相,亦與草木同朽腐耳。故荀況之賢,不以令蘭陵而損;朱雲之節,不以令槐里而捐。遥遥宇宙,邈焉寡聞。今於評事益齋鍾公見之矣。

公諱睿,字伯通,益齋其別號也。先世有念三朝奉者,當宋南渡,自江西興國州遷東莞之大步。高祖傑,曾祖茂,又自大步遷邑之茶園。祖定,考叙,世居焉。公生有異質,七歲而孤,一弟一妹,皆在襁褓。值寇亂,居民奔命入城。其家去城遠,母戴貧,鮮僕,懷負二孤,曳公以行。公艱行屢踣,母泣,公强作能步狀以安母心,人憐其異常兒。稍長,聞司訓叔祖講論,若有契。叔祖奇之,授以課業而益求進,自不能已。年十七應鄉試,累試不第。年四十四,始領弘治壬子鄉薦。再試禮部,不利。以祖母年高,乃就銓選,得如皋縣教諭。如皋道遠,難迎養,分俸歸養。正德己巳報滿,至部,官未轉,九月朔日,以疾卒於京師,惟配袁及婢僕二人在側,送終之事,皆仗叔祖戶部紹以辦。旅櫬南還,備經險阻,皆袁周旋之力也。

始公未第,祖母養無資,曾大父雙瞽,責令改業糊口。公重違命,乃買舟遠服賈,辭業師林球造士,流涕道故,林爲感動,贈以言,有"天人交勝,美玉棄遺"之嘆。久之,亦不利,加以祖母孀居,不欲遠離,乃貨鹽於邑之南頭。嚴冬烈日,率徒步三百里以爲常,雖行路,亦口誦不置,有買臣之風。所著經子時義,艱得紙,恆搜敝牘背書,積成卷帙,人憐淡苦。朋輩見其藝業精深入理,咸屈服,以所學就正。後進聞風,相率從游者日益衆。然猶未忘貨殖事,歲擇餘月日而并力理之。或者疑焉,公曰:"祖父嚴命不敢違,況學先治生,亦前賢所教,吾何避?"爲之如故。庸能積累,以致饒裕,畢弟妹婚嫁,送祖父母終。事祖父母曲盡孝道,每侍寢疾,不離左右,衣服敝垢,必親盥濯。人欲代之,辭以職分當爾。祖父常語人曰:"即吾兒而在,不能爲也。"祖母孀居,左右就養無方,惟恐失其懽心。祖母疾,信巫,公雖素闢邪,亦喜趨事,其説親多類此。處夫婦,敬不忘和。袁以家計爲憂,公曰:"何苦乃爾?士顧所行何如耳。"憂爲釋。課子姪每至夜分,所作時義,惟指摘瑕疵,不與刪改,曰:"文與時異,以人殊,當陶鎔變化,不欲局乃氣格也。"處兄弟極其友愛,宗族雖衆,敦睦無間言。如皋人才落寞,公在任九年,以身爲教,講論無間寒暑,咸以道義啓發諸生,人才遂振,有馬紳輩,其傑出者。邑故有河旋繞學宮,爲居民湮塞,堪輿家忌之。公疏當道,疏之。胡安定,故如皋海陵人,學旁有祠,後其地屬泰州,祠廢,公疏於當道復之,由是信義孚於上下。董學憲臣莆陽陳公署上考,雅敬重焉。天性坦夷,不疑人欺,有以不義犯者,奮不少讓。慕周濂溪之爲人,構一室,植蓮盆魚,扁曰"光霽",又題其門曰:"居臨紅杏青芹裏,人在光風霽月中。"氣象翛然,出於風塵之表。其居家如此。

子三人:長雲錦,入粟爲散官,生子卿,舉嘉靖己丑進士,任兵部郎中,封父如其官,見知九江府。仲雲祥,爲邑庠生,痛弗及送父終,哀毀廬墓。督學朴庵章公旌異之,尋得疾卒,葬於廬次。督學莊渠魏公爲立碑,題曰"鍾孝子雲祥之墓",太史程公記之,太史甘泉公題其墓曰"西廬太史",黃泰泉公書之府志。季諱雲瑞,[公]没後五年始舉於鄉,三年舉進士,任南京大理寺評事,贈公如其官,封母袁太孺人。孫男四:曰箕,卿之弟,雲錦出。曰兼、曰庶,雲瑞出。雲祥無後,以再從弟雲衢之子爲後。孫女五。曾孫五:堯許、堯牧、堯聘、堯襄、堯欽。袁嘉靖乙未歲十月十日以疾卒,踰年十二月望日,與公合葬於祖壠麥家徑之原。

雲瑞予同年,既自誌其平生事於壙,懼其德美泯没無聞也,備其行實,走書束帛求予表其墓。

予聞,負異常之質者,其所樹立必有以過人,不在其身,必在其子孫。公七歲而有異常之行,稍長而聞父師之教,其天資可謂異常矣。其未遇也,服賈養親而不廢業;其既遇也,以身爲教而善作人。其所樹立固已過人,使其大遇,必能震耀宇宙,乃止於學官,不能展其萬一,寧不重可恨歟?然季子、長孫連登甲第,歷官中外,衣紫腰金。雲瑞以《詩》魁嶺南,與予同舉進士,同官大理。予與長官爭論刑名,被斥逐,黃山恥不與,求同貶斥,時論高之。詔徵内補,出僉憲江右。忤權貴,沉滯數年,復起雲南僉憲,進湖南參議。行不諧俗,見幾而作,全身全節,尤人所難。雖不登台輔,視蘭陵、槐里之令已過之。使遇朱雲之時,其折檻豈稍讓之耶?此皆先生之所未發而發於其子者。若公者,可謂有所樹立,不負乾坤七尺軀矣。予考公生平言行,奇偉卓絶,雖古豪傑之士,殆不能過。惜位不滿德,其志鬱而不伸,其平生之美揜而不著,故表而出之,以示當世。聞公之風者,寧不斂衽而屈服,感發而興起歟?

敕封袁太孺人墓表

敕封太孺人鍾室袁氏之殁,既葬之十三年,其子參議鍾君天慶狀其平生事請予表其墓。予聞造化之理,陽全陰半,故女子之生,資禀恒不及丈夫,其有禀賦異常,卓冠女流及以贊理内政,興隆家道,如周之太任、太姒,魯公父文伯、鄒孟軻之母者,此則國家將興,天地太和之氣萃於其人,非偶然也。然亦間見焉。乃今於鍾母袁太孺人而見之,豈非其家之將興歟?按狀:

母姓袁,諱克貞,東莞茶園橫崗人。曾大父惠德,大父尚,父崧,母衛氏。袁東莞故家,雖未有顯人,然詩禮相承,時推名族。太孺人之賢,雖山川之毓秀,亦家教之陶鎔也。性習齊莊柔静,初為處女,獨異常流。年若干歸評事公,適當蠖屈之時,上有孀居之老母,下無同氣之弟兄,家無饒裕之衣食。孺人入門,悉心幹理。寡母多憂,朝夕善事,得其懽心。夫君喫苦攻學,躬紡績以相之。讀書夜半,紡亦夜半,讀書達旦,紡亦達旦。已而夫學成立,家亦饒裕,養親甘旨亦備。評事公領鄉薦,作教如皋,其教正身率物,作人有方,人才振起,孺人內助之功也。評事考績之京,病,關山阻遠,欲歸太孺人,孺人曰:"兒輩皆在學,弗獲侍,我安得離?"乃隨行。益齋公以疾没於京邸,從者惟男女二僕,孺人哭曰:"眇予三女,萬里鄉關,命其盡於此乎?"既又曰:"身不足惜,夫骸不可不歸。"乃借力於叔祖户部紹,扶櫬以歸,備歷艱險,辛苦萬狀,始獲歸葬,人咸服其有見。子三人,長雲錦,次雲祥,季雲瑞,即天慶君。太孺人以家政責雲錦,令雲祥、雲瑞讀父書以繼父志,日夜程督之如初相夫君,不少置。雲祥痛不及喪父終,哀毀傷生為孝子。評事公殁後,參議君始登第,拜官南評事,贈父如其官,封母太孺人,是時年幾七十矣,猶督諸孫勤學業,督男女僮僕各勤職業,垂二十年,不以老而衰。孫卿舉己丑進士,猶及見之。參議君以詩魁嶺南多士,同予舉進士,同官南寺,相礪以古人事業,患難與同,物論推重。僉憲江右,再僉雲南,進參湖議,必行己志,庸是與時世齟齬,官止四品,僅踰中身,飄然高蹈,身名兩全,孺人之教也。孺人家居事親之外,尤重於事先,歲時享祀,晨昏朔望,省謁必以禮,備極誠意,事亡如存,遇有時鮮必薦,薦必加敬。又以禮率兒孫婦女,罔有愆違。他如五飯酒漿餅餌潃瀡之具,衣裳箴紃之業,極造精好,可為閫範。年及耄,輕健康泰,不甚用人扶。日視兒孫且撫且訓,言笑晏晏。一日晨起,出中堂,坐良久,視忽偏不省,別無言,時嘉靖丁未十月朔也。扶就床褥端卧,亦無言。越十日午時卒,距所生景泰庚午某月某日,年八十八。方無恙時,常命諸婦女曰:"觀汝輩家事稍裕,輒少事女工,亦念我爲妻、爲婦夜半紡績之時乎？觀汝輩用度多奢泰不自檢飭,亦念我粗衣糲食、貿布養贍之時乎？觀汝輩當祭祀、接賓客、御家衆多簡畧,欠周慎,亦念我執事敬、處衆恩,始終表裏不易之時乎？汝輩念之,遺言不是過也。"未幾而終,迄無他語。是其平時之訓言,乃臨終之遺囑也,亦異矣哉！愚嘗評孺人之在室,好逑之淑女也；之事先,采蘋之季女也；之事姑,崔山南之祖母也；之相夫教子持家,公父文伯、孟軻之母也。女德婦德、妻道母儀,罔弗具備,誠女之傑者矣。其夫與子若孫,皆發身科第爲名宦,則孺人之生,非天欲啓鍾氏,太和之氣萃於其身,若任、姒諸母與？卒之次年丙申十二月某日,參議君奉柩與評事公合窆於太山麥家徑。其男女婚娶與其穴之坐址、向背,參議君已具列誌之墓中,其德行之美不可泯没,予故表而出之,以垂天下後世之《女則》云。

【校記】

① "原",原作"源",音形相近之誤。今據文意改。
② "原",原作"源",音形相近之誤。今據文意改。
③ "弈",原作"奕",音形相近之誤。今據文意改。
④ "曾孫六","六"疑誤,後所列人名爲五人。
⑤ "褚塢",原作"蔣塢"。上言"葬於邑之北山褚家塢",妻孟氏卒"與處士合葬"。此亦言"二壁合藏",知"蔣塢"爲"褚塢"之誤。今改。
⑥ "輪",原作"需",音同之誤。今據文意改。
⑦ "東"字字形缺失,光緒本作"東",今據改。

林次厓先生文集卷十四

傳

張母金氏傳

予讀《易》至《家人》之六二曰"无攸遂，在中饋"，讀《禮》至《內則》之"教女以女事"，未嘗不廢書而嘆曰："古之聖人，何必於婦人獨拳拳也？"蓋婦者，家之所由盛衰，婦賢則男女正而天下定。家人離，必起於婦人。故堯降二女於嬀汭曰："舜可禪乎？予茲試矣。"夫禪天下必試於婦人，則聖人之重婦人也，不亦宜乎？今觀其所謂中饋，不過躬紡績，精五飯，羃酒漿①，養舅姑，縫衣裳。所謂女事，不過執麻枲，治絲繭，織紝組紃，教子孫諸事而已。於此能盡，可不謂賢乎？昔公父文伯退朝而朝其母，其母方績，文伯曰："以歜之家而主猶績乎？"其母嘆曰："魯其亡乎？使童子備官而未之聞耶？民勞則思，思則善心生；逸則淫，淫則忘善，忘善則惡心生。男女效績，愆則有辟，古之制也。吾冀而朝夕脩我曰：'必無廢先人。'爾今曰胡不自安？以是承君之官，予懼穆伯之絕嗣也。"文伯懼而脩之，遂為魯賢大夫。

吾二尹白山張君，以其母金氏行實請於予，曰："金氏，司馬庫部郎金亮之孫女，職方主政金信夫之女弟也。幼讀《女訓》，即曉大義。先考方田公，性倜儻，至孝好義。祖大尹慕潛公奇之，聞母賢，娶以配焉。入門事舅姑以孝，相君子以禮，饋事必親，躬紡績，治絲繭，縫衣裳，精五飯，羃酒漿，祭祀賓客，罔弗如禮，視文伯之母之所為，無少歉焉。御婢僕嚴而有恩。故方田君少入郡泮，壯入太學，得肆力於學業，無內顧之憂，母之力也。方田君不幸蚤世，母年方三十有二。白山兄弟三人，女弟一人，俱尚髫抱，誓志守節，足不踰閫，惟紡績教子，期以青雲方器。每夜讀，必監坐至午夜，雞鳴即起。白山尹吾同，始至，署惠安，大有聲政。鄉士夫若李憲副抑齋、曾侍御龍山咸作文以華其行。至同僅旬日，即擒鬼賭，獲賭徒，獲樹黨之搶奪久爲民患者，並置於法，治化煥然一新，皆母之教也。雖制於命，不得大展其驥足，然即其所就，亦足以自立矣。二弟及諸孫在邑庠，種學績文，燁然有聲，俱青雲偉器，必不負所望。長婦即中丞王定齋公弟，邑博厚齋公女弟。萬言娶予同年僉憲陳湖山公女，萬紀娶別駕王曉峰女，女弟萬福配郡伯戴某公孫庠生蒙亨，是雖閥閱相當，實母之所擇也。古云"嬰母知廢，陵母知興"，母之所造何以異是？元請以比二母云。

楊典幕可齋君傳

公諱舜，字世柔，居翔風之楊江，孝悌出於天性，與伯兄世剛同居，稱於閭里。國初法峻，人不樂仕進，故公少不習舉業。弱冠，日者推其年命當貴，乃習法律，補邑掾②，赴部試異等出身。省祭歸。弘治六年，赴部謁選，告降等，得江西上高典史。

居官以清白自持，苞苴不入。始至，邑豪有廖姓者橫暴鄉里，威震郡邑，人發其不法三十事，罪至死。當道檄公訊鞫，執法不少貸，邑豪急，伺間夜投白金三百求免，公不受，晝白令長發其私。令長憚避，姑召其人還其金。又捐一年傭役錢，造橋梁以渡行人，尤人所難。督賦於民，不受其私，民無敢逋。強盜王宏久爲民患，捕而戮之，民患以除。嘗逐林行，弗意遇盜，知爲公，不忍殺，可謂仁行於盜賊矣。在官六年，署篆二年，俸資之外，悉無餘取。屢引疾乞身，當道賢之，不忍舍，懇求至泣下乃可，遂以正德二年致政歸。

至家杜門，絕迹城市。邑大夫若江公涯求見，不可。每遇萬壽節，衣冠望闕拜賀。武廟崩，憂詔至，製衰服哭臨於祠堂三日，盡哀。作祠堂，置祭田，忌辰俗節，率族人以禮，祭祀皆可爲後法。公雖以法律出身，其居官處家，忠孝一節，誦孔子業出身者或不敢望而及，可謂一鄉之善士矣。

配翁氏，有淑德，克相其夫。初貧，民負傭役錢，繫久不能償，公欲免之，未決。翁曰："民貧若是，何不免之？"公曰："正合我意。"憫而釋之。其賢率此類也，可謂夫婦合德矣。公致政回，路見一男子爲雪凍硬，執杖倚石，目能視而口不能言。公讓篼至浦城活之，始知省之漳人也，爲尋其伴而與之。是府忽盜起，彼民各自救，夫馬乏人，漳人囑其伴自併其担，擡翁氏及代負行裝，過浦城嶺而免焉。是皆陰隲之報也。子二：曰震，字漢冲；曰建，字漢喬。

論曰：語云："女慕貞潔，男效才良。"予謂貞潔之操在丈夫，尤不可少者焉。古今貞潔之士，每間世而見，求相望於一時蓋寡矣，况相望於一鄉乎？可齋居楊江，去予居一里而近，於洪舜臣芳洲門相望，聲相聞也。可齋居官以廉聞於前，予與舜臣忝從大夫之後，未嘗持官民一錢以歸私室。吾三人者，相望而出於一時，同在一里，何天之生才獨厚於一方耶？抑大鈞播物本自無心而適遇耶？

楊敬孚先生傳

元平生有故人楊君朝幹，別號時齋。大父黨生公，父直叟文雅公。君幼慧隻身，直叟奇愛之，甫十歲，輒令出就外傅。常常謂之曰："世間惟有讀書高耳，百般皆下品也。"是以遠大責成於君，故君學業有稱聲，義方之教也。弱冠知力學，輒慎擇師友，其折衷諸說率自心得，引進後學，講議文字，往往必求古人精意，是以賢愚皆獲其益。作爲文章，務在理到切實，不騁浮靡。眖或以詩詞自見，胸趣悠然，遣興而止，不求工也。督學屢擢鄉試，而竟不能無滄海遺珠之嘆，同志之士，咸爲稱屈云。

元見君之爲人，要自不凡。其事直叟公，愛慕不衰，雖受贄客外，而心未嘗一日不在公之左右。每有珍羞，輒遣奉然後即安，其孝心純篤如此。且苦心力學，不以貧撓志。寬仁恭恕，不脩邊幅。不言而接人以敬，凡四方賢哲與吾同之縉紳，若鄉賢次峰謝君崑、逸所黃君偉，咸相與爲麗澤友，其餘榮耀儒名者，多所禮於其廬，其得人敬慕如此。元時言事落職，朋舊之來訪者屢滿户外，悉相慰問耳，君獨以詩送元云："晨門荷蕢人言果，勿把斯爲自滿看。"其能以氣義相規又如此。及見陳紫峰，紫峰遺元詩云："行藏更有深深處，其地文光燭上台。"蓋紫峰意思深長，而君則直欲責成於己，是元之受教於君者也。君嘗謂予曰："余年十五，母陳氏見背，當直叟公之存也，既不能合於世以爲公榮，死後又不能爲永叔之表瀧岡，吾所最恨者！"又曰："讀《義田記》，始知范文正公之至意懇惻，處家之經緯，夫固用世之規模也，吾有志焉。天假我遇，當不忘此一段事矣。"二事見君之大者，而竟不售其志。友人教諭檢吾楊復諡之曰"敬孚先生"，稱情也。

所著有《四書詩經集覽》行於時。噫！君之不試，譬大木生於深林，雖弗柱清廟棟明堂，不妨爲天下材也。美璞產於深山，雖弗琢，珪璋就瑤璵，不妨與天下寶也。君以成化丙午九月八日酉時生，以嘉靖乙未閏二月十七日終，享年僅四十九。癸丑冬，始克葬於潘林，地則元所擇也。

元與君茹辛麗澤，相與有年。元幸得第而君不幸，命也。元雖幸，然明於航海而不習操舟，用以取困於世，豈若君幽筠霜露、葆真弗耀之爲無毀無譽哉？今其子光世恐歲月幽遐，述生前之實跡，故因脩家譜，以狀請采而傳之如此。雖其嘉致善行未能殫述，有不足以發潛德之幽光，而觀予之傳，亦知敬孚先生之不凡也已。

林大夫雙溪傳

大夫姓林，諱錦，字彥章，別號雙溪，福建連江縣人也。以景泰庚午鄉薦，署合浦縣訓導事，正身立教，旁邑諸生多從問學。時四郊盜起，郡縣束手無策，公屢陳禦盜方略，當路奇之。

天順改元，巡撫崐山葉文莊公命攝靈山，因得行其所志。初至，見城中斗窄，南郭外居民近千家，乃環民居樹木爲柵，凡五百餘丈，并徙近鄉之民居之，民免寇患。歲不登，民艱食，發倉賑濟，民不流餓。以訓導秩滿之京，盜毀其柵，民失庇，咸潰入山谷避寇，相泣思公。葉公以狀聞，請知靈山縣。詔從之，許馳驛之任。民聞大喜，相率來歸，若赤子之得慈母。

既至，革諸宿弊，政令一新。是歲又不登，穀價湧貴，米斛至千錢，公乃發倉以賑窮餓。又奏蠲其賦，民用蘇。是時賊勢猖獗，擄掠無虛日。公乃單車入賊壘，諭以禍福，賊感化，於是近縣二十五猺皆解甲爲良民。有弗率者，躬甲冑，隨賊所至，提兵擊之。天順壬午正月，敗賊於羅禾水口，二月敗賊於虛黃崗嶺，五月大敗賊於新莊，前後俘斬六百人，還所擄掠男婦千餘人。賊憚解去，攻他邑，不敢復近靈山。賊退，乃去排柵，築土城丈四百有奇，徙縣治於中，城遂宏廓。暇日，脩學校，教生徒，勸民力農桑，務孝弟，禁淫祀，民稍知向風。於民利病，酌其可垂經久者言之於朝，前後三十餘疏。朝廷知其忠賢，咸嘉納，如立總府於蒼梧，爲嶺海生民無窮之福，則其大者。在任二十餘年，軍民安堵，狼獠猺獞亦皆向化。晚年邊境無事，遂致政歸。民思之不忘，立生祠祀之。欽州亦有專祀。

論曰：吾觀雙溪林公，豈非豪傑之士哉？遷史稱李牧居雁門備匈奴，習騎射，謹烽火，多間諜③，大破匈奴，滅襜襤，單于奔走十餘歲，不敢近趙邊，不聞惠養旬宣之政。班史稱龔遂治勃海，單車獨行至府，盜賊悉平，開倉廩假貧民，勸民務農桑，勞來循行，郡中皆有蓄積，獄訟止息，不聞折衝敵愾之功。若吾雙溪，可謂兼之矣，豈非振古之豪傑哉？獨怪公之才略、事功不少古人，而官止副使，竟不得如龔、黃之大拜，不知當時之爲公卿皆何如人？此則當時用人者之過，於公何損！然所居民富，所去民思，生有榮號，死見專祀，雖當時之爲卿相者，未之有也，公之所得，不益多乎哉？不益多乎哉？

陳大夫蒙庵傳

大夫姓陳諱娃，字文用，別號蒙庵，更號留餘叟，其先光州固始人也。世入五季，方域分崩，有陳檄者以光州豪傑從王氏入閩，官太尉。長子令鎔卜居大義，遂成巨族，代有衣冠。

公幼敏慧，讀書日記可千言，始爲時文，即屈諸長老。年十六爲諸生，有聲鄉校，以《春秋》取鄉舉。禮闈三北猶不屈，曰：「未遇知己耳，知我者必彭彥實也。」蓋彭爲翰林時以經學名世，故公自負云。已，彭主南宮，果爲物色，登成化戊戌進士第。初授潮州推官，斷獄詳明，凡郡有疑獄不能決，必屬公，一訊即得其情。釋枉濫以無數,民咸德公,或持金爲謝,却之,有畫像生祠者。編更繇於諸邑,計度自心,吏莫低昂其手,民稱平。饒平山民以責逋興變,震當路。公治得其要,咸委情輸負,旬日帖然。行部所至,冤民不遠數百里求直,訟牒如麻,隨手剖決無留滯。公暇以經學授諸生,得其旨者,往往脫穎爲名人。佐郡四載,能聲籍甚。布政陳公選、廉使閔公珪交章薦之,擢南京監察御史。清兩浙戎政,兼刷三司案牘,得兵萬人。劾監司以下十三人,名大起,然怨亦基於是。孝廟更化,應詔陳八事:曰專委任,曰定查理,曰理迷失,曰清冊籍,曰憐老幼,曰申役占,曰革吏弊,多見采納,其八曰蘇民困,蓋朝廷歲遣中使錫袍龍山神,大爲民病,故公言之,雖弗即行,自後言者繼起,事得寢,公之啓也。秩滿,擢廣西按察僉事,猺賊黃鑑成戕殺副將,朝捕之急,公與歐參將計獲以獻。泗城州土官嗣絕,外婦子岑節求爲嗣,當路可之,公獨不可。其人行重賄,公笑而却之。賓州八寨叛服靡常,議者謂當隸思恩以制之,第避嫌無敢主者,公獨主之。思恩德公,厚爲謝,公却之。府江用兵,紀功核實罔僞,已,賞不酬,勞人咸惜焉。兩監廣右文場,錄文多其手訂,御史林廷選、劉瑋交薦於朝。丁母呂孺人憂。服闋,不復起。銓曹以舊官起公兩浙,抵任三月,引疾去,年方五十二。僚屬不能留,御史鄧璋特奏留,不報。

公歸,杜門絕迹城市。上官過從,必與款洽,否,弗面也。常葛巾藜杖遨遊山水間,遇適意,輒形之詩歌。晚與林雙松諸老爲泛江之會,分韻賦詩,比於洛社云。正德中,遇例進朝列大夫。冢子中丞德英又舉進士,時人榮焉。晚患風疾,艱行履,年七十九,以疾終。

公貌豐而神爽,雙瞳炯炯,音吐洪亮。性夷坦,於物無忤。逢人即吐其真,無隱藏。平居如春風煦物,人人可即。至當官蒞事,公私界限斬斬如秋霜烈日,人不能犯。志尚儉約,在官不忘布素,居鄉恒徒步,塗遇,人莫知爲公者。尤好禮,雖老且病,家廟姻戚里社,歲時拜謁遺問,往來不廢,人難之。生母王氏歿,哀毀如盛年。身在岩穴,其心未嘗忘當世,故時事拂膺,輒形慨嘆,日惟教子之務。中丞方少,知其異器,擇師教之,又時訓迪。既爲推官,歲與白金四十兩,曰："助若養廉,毋忘予戒。"故中丞歷宦中外至今官,公之教也。尤好獎後進。元昔辭泗南歸,公時已艱行,乘肩輿,雙僮掖行,謁元於旅邸。元謝以詩曰："身病乞歸頭未白,人扶再拜眼何青！"正指此也。性喜吟咏,有《留餘集》若干卷。

論曰：吾觀大夫如鳳毛驥足,其人間之希有者乎？其任職居官,所至必顯效見奇,立聲名,留澤惠。雖詩書所稱能吏,何過焉？屢却夜金,不爲利動,關西"四知"又何多讓？用不究其才,卷懷太早,使人有橫舟之嘆。觀其家居聞時事輒繫憂喜,然則懷寶迷邦,豈我志也？必有弗獲已焉者矣。然高蹤巍梨,使人聞風景慕而震起,其裨當世,利生民,與兼善者又未可以優劣論也。《易》曰："鴻漸於逵,其羽可用爲儀。"大夫以之。

林大夫羅峰傳

大夫林氏之裔,諱珹,字時獻,別號羅峰,晉江人也。世居陳江之塢。爲人重厚朴茂,言若不能出口而敏慧,内通於書,獨善悟,日誦千百言,發爲文詞,輕清洪亮,如敲金彈絲,鏗鏗乎有餘音。初,從蔡虛齋高弟田南山受《易》學,有聲儒林,虛齋器之,曰："吾泉後進,其在斯乎？"弘治乙卯,學使善其文,置首選。應鄉試,復當首選,有司以白衣易置之。然先生長老見其文,咸自謂不及。一時經生學子爭録傳誦,如恐弗獲。尋舉丙辰進士,泉白衣取魁第,前此未有也,人謂"破天荒"云。

試政兵部,念親坦夷翁,乞侍養。居三歲,以坦夷之命起就銓,授寧國府推官。寧國畿内劇郡,訟獄嚚煩難治,大夫鎮以和静,法無泥尼,人稱平恕。一日忽心動,曰："吾無事而憂悸若此,毋吾親有故耶？"已而果得坦夷翁之訃,人謂誠孝所致。報至即行,民依依百里攀送弗忍舍。服除,作堂居第之東,扁曰"萱室",意終事母。母不悦,曰："人子之孝,顯親揚名而已。若父未封而就木,奚孝？"大夫悟,乃赴銓,補浙江温州府推官。治温如寧,民懷猶昔。居無何,復以太安人之喪去。服除,赴銓。銓部以寧國之民之思也,復予寧國。其民聞之,喜曰："使君復來,吾其無冤乎？"政成,入爲户部江西司主事。監税河西務,賦盈商裕，稱廉能焉。轉山西司員外郎。時有宗戚奪河間民田，構訟二十年不決，部使者莫任。大夫奉命即訊，歸其田於民。還奏稱旨，且疏所見數事以聞，輿論壯之。晉陝西司郎中。督視京儲，出納明允。出知江西饒州府，適姚源兵戈之後，生理凋悴，公私廢弛。大夫曰："今日之治，在德不在刑。"及去煩苛，崇寬大，疏鬱滯，恤疲困，日夜拊循其民而噢休之，民獲蘇。加意學校，時以德業課諸生，差其賢否而施懲勸，士益勵進，科目得人爲盛。府署故燬，久覆茅茨。大夫始營構，費出自官，不及民，民樂成之。宗藩祿廩頻累有司，大夫節其淫侈，時其祿入，毋俾傲吏，民亦無暴。聽訟每至夜分，僚佐或勸以自逸，大夫曰："君畀予以民，予自逸，俾民弗獲展其裏，其謂何？"久之，民亦向化，訟漸簡。賢聲日著，當道交獎。適有瑞徵，士民獻頌，讓曰："善政不紀瑞，瑞在人和耳。"人曰有道之言也。正德己卯，宸濠舉兵叛，宣言過饒，士民洶洶欲遁去。大夫曰："彼以虛聲喝我也，無恐！"戒所部團練義勇嚴備。時僞檄交至，間諜踵於郡邑，弗爲動。已而賊竟向九江、南京，不犯饒陽。會都御史王守仁檄至郡，提兵赴難，克復藩城，擒逆濠，繼督舟師之南康、九江，掃餘孽，撫瘡殘，民用安。凱還奏捷，有金綺之賞。庚辰，武廟南巡，將幸江右，命往九江綜理舟餉，刻期而集。武廟竟不至。人方期以大用，適有達官干以私，弗可，遂爲中傷以去，無慍色。或請少辯，大夫曰："行止命也，安能多事累吾真哉？"

至家，杜門不入城市，郡縣非公事不至。郡大夫尊寵以鄉大賓，力辭不赴。與鄉諸老爲洛社之會。性不能飲，惟賦詩自娛。晚移家郡城之東南，作羅峰書舍於居第之東，以圖書杖屨侍老。嘉靖壬寅七月朔，大夫生日也，忽染疾。越一日疾革，諸子姪環泣，問以後事，不答，舉手以示而歿。

大夫狀貌豐偉，無他腸，深沉有度，喜慍不形，寡言笑，雖宴以冠，或端坐竟日，無惰容。親朋群聚談説移時，不聞嘲謔之語，造次不聞咤叱之聲。他無玩好，惟喜古書、法帖、名畫，善貯蓄，時取觀閱自適。孝友根於天性，事二親備諸愛恪，執喪哀戚甚。仲兄早喪，以伯氏仲子後焉。嫂氏病將死，念諸姪服勤，量予遺產。大夫償金諸姪，歸産繼子，俾隆所後。與伯兄靜庵酷相友，歿哭盡哀，葬之古陵，虛右④以自待，曰："吾兄弟死且同穴，無相遠也。"厚撫諸姪若己出。奉身甚薄，樂周人之急，宗族貧者衣食之，死者葬之。所親舊以乏告，弗吝也。治家甚嚴，居鄉恂恂，無貴態，人樂親之。處人和易，故無大小，咸獲其歡。歷官二十年，爲僚佐則以敬正輔長上，爲長官則以道義率僚屬。上交不諂，下交不瀆，獨立無朋，任真自率。或以此取尤於人，置之不校。惟相知深而與處久者，乃知其忠厚正直，可方古君子云。子二人：長良儒，次良牧，咸能服公之教以無墜家聲，待用有日。

贊曰：《語》稱"剛毅木訥近仁"，林大夫言若不能出口而孝弟足稱，非"木訥"與？褫宗戚豪奪之田歸之民，以杜二十年之訟，非"剛毅"與？若夫以誠待人，以勤蒞事，所至留惠澤，去有遺愛，史稱"所居無赫赫名，去後常見思"，公非其人與？非其人與？

行　　狀

南京國子祭酒虛齋蔡先生行狀

先生諱清，字介夫，虛齋其別號也。先世居惠安東林里。元至正間，有處士惠者避紅巾寇，徙曾江，是爲始祖。傳高祖潤。及曾祖輝，中永樂甲午鄉試，卒。祖懋德，不仕。父觀慧，以先生貴，封吏部稽勳司主事；母王氏，封太安人。

先生天資穎悟，夐出流輩。髮就總，書屈其師。明有司試其文，皆以大器期之。及長，益肆力於學，六經、子、史及周、程、張、朱性理之書，靡不熟讀而精究之。謂《易》，五經之首，性命之蘊，故尤盡心焉，毫分縷析，不遺餘力，而深造獨詣，有發先儒所未發者。胸中所存，要不肯小就，直欲窮極底奧，折衷群言，而上繼朱子，於前人蓋不多數。嘗謂"吾平生所學，惟師文公一人而已。文公折衷衆説以歸聖賢本旨，至宋末諸儒，割裂粧綴，盡取伊、洛遺言以資科舉，元儒許衡、吳澄、虞集輩，皆務張大其學術，自謂足繼道統，其實名理不精而失之疏略。本朝宋潛溪、王華川諸公雖屢自辨其非文人，其實不脱文人氣習，於經傳鮮有究心。國家以經術取士,其意甚美,但命題各立主意,衆説紛紜。太宗皇帝命諸儒集群書大全,不分異同,撮取成書,遂使群言無所折衷,故吾爲《蒙引》,合於文公者取之,異者斥之,使人觀朱注瓏玲透徹,以歸聖賢本旨,如此而已。"謂天下之理以虛而入,亦以虛而應,故號虛齋,好學之心至老不倦。居官出則治事,入則觀書,或與諸生講論,雖隆寒盛暑不廢,常見其卧榻置燈,思維自得,雖夜半必起而筆之。與諸生講退,即記其難疑答問之語以入《蒙引》,有就問者,即傾倒與語,每自夜分達雞鳴方辭去。教人以看書思索義理爲先。其言曰:"今人看書皆爲文詞計,不知看到道理透徹後,詞氣自昌暢,雖欲不文,不可得也。"又曰:"吾爲《蒙引》,使新學小生把這正經道理漸漬浸灌在胸中,久後都換了他意趣,則其所成就自別。"先生教人,既不爲言語文字之學,士出其門,皆能以理學名於時,故教聲振於遠近。宦轍所至,如建,如嚴,如杭以及南京,隨杖履者常百餘人。其在病告,侍養守制家居,則設講於水陸僧寺,有志之士不遠數千里從之。泉南人物一時之盛,皆先生所造就。今天下稱《易》學,猶稱泉南。成化丁酉福建鄉試,先生年二十五即發解首,有司刻其文。先是清源山鳴如玉磬聲者三日,人以爲先生之兆云。辛丑,試禮部,大學士劉公戩方以編脩主試事,酷賞其文,拔置首選,將刻之。先生以大雪不終試,乃落,士論惜焉。入胄監,祭酒瓊山丘公濬試蔡沈《進尚書傳表》,批其卷,有"真箇是宋人之語",深加敬重。

　　登甲辰進士。以病歸。戊申,弘治改元,授禮部主客司主事。冢宰三原王公恕重其學,奏改吏部稽勲司主事。時與談論道理,及訪以時事與當世人物。先生感公知遇,知無不言,因上《時事管見》三劄,公皆嘉納。又疏名士東山劉公大夏等三十餘人以獻,王公一時録用殆盡。時有庶吉士鄒智,以危言傷時冢宰,朝廷怒,下之獄,將處以極刑。大司寇何公喬新方以病在告,舉朝驚懼,計莫知所出,度惟何公爲能解。衆以先生何公所知,以其事即之謀,先生曰:"已達言於何公。"何公即出,上疏救之,得不死,謫嶺南。先生作詩送之,死又以詩哭之,其事尤爲時論所重。辛亥,丁母太安人王氏憂。服闋,王公已去位,銓部有不悦先生者,以補祠祭司員外郎。先生有長子舉人存畏之喪,乞留都。屠冢宰以取選不公爲言者所論，遂陞先生南京吏部郎中。上疏乞終養。至家未三月，丁稽勳公憂。服適除，弘治甲子山東巡按御史陸公偁請主其省試事，先生以王朝之臣，非王命不可行，辭不赴。丙寅，正德改元。朝廷即其家拜江右提學副使。既至，修白鹿洞，重師儒，以德行道藝教學者，而時課試之，激勸有方，士欣然爭向上。刊《學政文移》及《大學》、《中庸》、《蒙引》，精選程文於學宮，學者有所矜式。丁卯小試，凡居首選之士悉麗鄉薦，人尤服其明。江西舊例，三司朔望先謁寧府而後謁文廟，先生率僚屬先謁文廟。寧府大怒，加訕罵，又欲三司具朝冠。先生不從，又怒。先生既不悅於寧府，又因其行事，度其必反，遂上疏乞致仕。寧府知其賢，使儀賓諭留，且欲以女妻其子，先生力辭。既歸數月，朝廷復以南京國子祭酒起之。命方下，而先生以病故，遂不起矣。

先生素有精鑑，常以文字知人之窮通壽夭，士有經其甄別者，毫髮不爽。在江西，舒脩撰芬、夏考功良勝、鄒編脩守益方爲諸生，未知名。先生試其文，於芬則以殿元許之，夏與鄒則稱爲臺閣之器，既而皆如所料。子舉人存畏，聰明夙成，先生賞其文，疑其不壽。《學政文移》，蓋其文之粹者，先生謂不類平時之作，自意必不久，不知何見也。性好山水，經史之暇，常攜諸生山游，裹糧數百里，或經月而後返。常謂山川秀抱，必毓賢俊，風氣虧疏，斷無佳産。於是漸用葬書，改遷其高祖四世以卜墳塋，又欲遷所居於叢木臨流之處。未就，歸自江西，即絶意世事，日與門人數輩觀山玩水、尋葬地以爲樂，曰："此吾身後百年事也。"體屢瘠，素多病，湯藥恒不離。一日微恙，不復服藥，或强之，曰："吾數將終，豈藥物能續耶？"前數日，召門人、故友與别，俱朝夕侍左右。一日，自知將盡，沐浴更衣冠端坐，謂諸生曰："吾官至督學，於願足矣，復何憾！但吾平生志慕古人。古人如賈誼、諸葛孔明輩，皆年未四十做出許大事業。今吾年過五十而功業不建，上負天地，中負朝廷，下負祖宗，皆吾所以羞也。諸君其識之，勉之！"言訖，瞑目而逝。時正德戊辰年十二月二十三日夜四刻也。是夕有星墮於屋西吻，距生景泰癸酉，年五十六。

先生孝友出於天性，急於求道，而進取之念略。筮仕二十五年，從官不能十年。家居事親讀書之外，惟與諸生講學、著述及游觀山水而已。方進士在告，爲母王安人寫容，安人見巾幗猶故，愀然不樂曰："吾聞母以子貴，兒必以官榮親，吾有冠服之榮，即吾無恨矣。"先生聞其言大哭，隨促赴選。比至，得封安人始末。在留都，一日思親心動，即上疏乞終養。至家僅三月，而主事翁歿，人皆謂孝感所致。二親歿後，每忌日必痛哭流涕，終日不飲酒食肉，其純孝率如此。宗族有貧乏者，每周恤之，死而殯葬之，撫其孤者凡八九人。叔父睿年老篤疾，莫爲生，一子四女，日就寒餓。先生子其子，嫁其女，奉養之，終其身。母安人弟翰爲晉安驛丞鄭者子以去，王祀中絶。後鄭有子，翰莫能歸。先生訪求，得之蕭山。適翰死，收其骸骨，挈其妻子以歸，給以田廬，俾主王氏祀。於門人，尤有恩義。有貧者，常衣食之而假之館，因之成就者甚衆。平生惟輕利好施，故家無儲積，垂歿之際，身無以爲殮，皆有司及門人助之。

先生少而聞道，自幼知學，即悟世儒詞章訓詁之非，而得乎濂、洛、關、閩之風旨，謂宋儒之道至朱子始集大成，朱子之道不明，則聖賢之道因之遂晦，故其所學所推明惟朱子而已。至其用功之要，則求之心，嘗曰："吾居閩南，一念及燕北，其神即在燕北；吾居燕北，一念及閩南，其神即在閩南。此可見天地之神在我，善用之則窮天地之秘，搜聖賢之蘊，達古今之變而無所不之也。"故其爲學，必定此心於靜密以立之本，運此心於思索以致之用，庸能剖析義理入於毫釐，折衷群言歸於一致。又其言曰："東海之士得《論語》讀之，可進於聖人；西海之士得《大學》讀之，可進於聖人；南海之士得《中庸》讀之，可進於聖人；北海之士得《孟子》讀之，可進於聖人。蓋《語》、《孟》、《學》、《庸》之書，各自以所見示人，途轍少異而其歸則同。士囿於東西南北之風氣，各以其性之相近爲學，而皆可以入道。"聖賢垂世立教微旨，各有攸存，然非先生之真知允蹈，未能發以示人也。然則先生之學，於道深矣，世之支離博雜者，固不敢望其下風。自謂簡易高明，而中實暗昧者，又不足涉其藩籬也。爲文章尚理致，皆溢中肆外之語，不待雕琢而成，淳雅平實如良金美玉，無瑕可指，如布帛菽粟，民生日用之不厭也。所著有《四書蒙引》、《易經新續蒙引》、《河圖太極圖說》、《綱目隨筆》、《密箴》、文集，皆足以發揮經言，折衷衆論，羽翼四書、六經，有大功於朱子之門，以開後之學者。仕必欲行其所學，一言一行，不合於時則奉身而退，雖挽之不能使留，則守孔子進禮退義之家法，而禍幾燭見於十年之前，又庶幾大《易》所謂"見幾而作，不俟終日"者。至其死生之際，卓有定見，從容而無遽急，安定而不紊亂，雖曾子易簀之時，朱子屬纊之際，要不是過，非達死生之理而深契乎性命者，其何以至是？噫！若先生者，謂振古之豪傑非與？

元之學也後，每恨不得與諸賢及先生之門，親領其教音，蓋嘗聞風興起於先生之書，潛心熟讀，亦既有年，竊有以得其緒餘之一二矣。癸未之春，考績北上，先生之季子舉人存遠遇予於京邸，備述其先人平生事，託爲序次以垂不朽。夫褒崇先哲，予志也，亦予責也。所愧淺劣無似，不能寫先生之萬一，況旅次倉皇，書籍俱無可考，姑據所述與元前後所聞於人者，互相參考，作《行狀》。若先生之盛德大業，元之所不能盡者，則以俟後之君子。

南京大理寺丞後峰黃先生行狀

先生姓黃氏，諱鞏，字伯固，別號後峰。黃氏係出唐桂州刺史岸，世居莆之黃巷。曾祖師憲，祖文嘉。父德珍，以先生貴贈刑部主事；母鄭氏，封太安人。先生生於成化庚子十一月丁丑，少名大佐。年二十，讀《易》之《革》有感，因更今名。弘治辛酉，年二十二，以《詩》舉福建省試第七人。

登乙丑進士。初授湖廣德安推官。迎母就養，在官有能聲，人稱"黃片"。時巡撫王都御史綸聞其名，訪以時政，因條五事，王公摘其二效諸郡。丁卯秋，試巡按李御史天賦奇其所作，以之代校官之乏，甄拔皆名士，錄文多經其手。其僚李知府金請爲郡士開講，講下近百人，經指授者多出爲名宦。沈提學鍾致政居鄂，見之，執手與語："老夫與見素交，見君如見見素矣。"見素，今刑部尚書林公也。假孝感邑，與民興利除弊，尤以教化風俗爲先。建木鍾堂、咏歸亭及齋舍四十間，旁刻《白鹿洞教條》，程、董二先生《學則》於學宮，又脩董孝子墳，立崇孝亭，自爲文勒石表之。撫按、監司前後交以賢能薦。正德己巳夏，考績至京，適有旨取用,遂留爲刑部主事。聞郡人爲立去思碑,移書止之。在部體公行恕,庶獄以平。與蜀人宿主事進同志,公餘惟以講學爲事。本部劉尚書璟、張侍郎泰、張尚書子麟,前後遣子從學。何尚書鑑嘉其有吏能,命主一部奏牘。辛未秋,何公轉兵部,以練達薦於朝,得改兵部武庫司,專司奏牘。時四方盜起,羽書旁午,奏覆日數十上,先生隨事分處,皆有條理,何公倚仗之。何公去,陸尚書完繼之,見其具稿,驚曰:"吾意子一文士耳,其吏事之精乃如此!"甲戌春,進員外郎,充禮部同考會試官,得士馬理而下三十餘,時稱得人。太宰遂庵楊公見其所批馬理卷,喜曰:"考官得人矣。"秋,陸公以劉東山例表薦,添注車駕郎中,經理馬政,大有能效。明年春,改職方司郎中,廷議、奏牘盡以屬之。夏四月,丁母太安人憂,歸守制,家居三年,不出庭户。治葬畢,合族人建祠堂,修四禮以訓教子弟,耿介自守,不以秋毫事干人。鄉前輩如今大理寺卿山齋鄭公、都御史松崖方公與故御史陳公茂烈、布政周公瑛,咸雅重之,與爲忘年交。見素林公尤愛之,以子郎中達之女配其長子。戊寅春,服除,將赴部,聞武廟北巡,慷慨就道,題其書室曰:"茅屋石田,爲生已拙;鴟夷馬革,自許何愚。"蓋有志於許國也。見素、山齋、松崖諸公聞而偉之。鳳山之別,諸公咸在,素翁贈以詩云:"老至斷儔侶,慰心良自得。"意蓋有所屬者。先生亦以爲知己云。至京,補武選郎中。

己卯春三月,朝廷有旨南巡。先是,車駕北巡宣府、大同、陝西、榆林等處,所至供億不堪,郡縣騷然,間閻雞犬爲空。而東南水旱不常,正民窮財匱之際,一聞南巡之命,遠近震恐,廷臣皆以爲憂,相顧莫敢言。是時邊將江彬夤緣用事,寵絶一時,生殺予奪出其口。車駕巡游,蓋彬所誘致於外,欲以專擅權勢也。衆怨盡歸於彬,但無敢攻之者。先生毅然發憤曰:"此吾報國之秋也!"遂疏六事,指陳時政,詆斥江彬,伏闕上之。

其一曰崇聖學。大畧謂吉凶悔吝生乎動。陛下聰明天縱,有古帝王之資,其所以盤游無度,流連忘返者,毋乃動之過乎?願陛下高拱九重,凝神定慮,屏紛華,斥異端,遠小人,招延故老,咨訪忠良,則可以涵養氣質,薰陶德性,而聖學維新,聖政日舉矣。其二曰通言路。大畧謂言路之通塞,係國家之治亂。古之明主導人以言，用其言而顯其身。後世則不然，不用其言而反罪焉。今則又不然，不使其以言獲罪，而以他事獲罪。由是雖有安民長策，謀國至計，無因以達於九重之前。雖有必亂之事，不軌之臣，陛下無由而知之矣，天下烏得而不亂哉？願陛下廣開言路，以作士氣，則忠言日進，聰明日廣，雖有亂臣賊子，亦有所畏而不敢肆矣。其三曰正名號。大畧謂陛下近日以來，忽然無故自稱爲"威武大將軍"、"太師鎮國公"，遠近傳聞，莫不驚疑竊嘆，以爲怪事。以陛下之聰明智勇，上嘉唐、虞，下樂商、周，何所不至，顧乃自輕若此，奈宗廟社稷何！願陛下削去"鎮國公"等項名號，以昭天下之分，不然古之天子，亦有號爲"獨夫"，與欲爲匹夫而不可得者，切爲陛下懼之。其四曰戒遊幸。大畧謂陛下始時游戲不出大庭，馳逐止於南内。論者猶爲不可，既而幸宣府，幸大同，幸太原，幸陝西、榆林諸處，所至費財動衆，至使一夫一婦不能相保。近者復有南行巡狩之命，南方之民爭先挈妻子以避去者，流離奔踣，敢怨而不敢言，而今江、淮之饑，父子、兄弟相食，天時、人事如此，加以休息愛養，猶恐不支，況又重以蹙之，其何不流爲盜賊，速爲死亡也哉？奸雄窺伺，待時而發，變生在內則欲歸無路，變生在外則望救無及，陛下斯時悔之晚矣。願陛下翻然悔悟，下哀痛罪己之詔，與民更始，罷南巡，撤宣府行宮，示不復出，發內帑以賑江、淮之饑，散邊軍以歸卒伍，斥不御之女，使各還其家，雪既往之謬舉，收既失之人心，則尚可爲也。其五曰去小人。大畧謂今之小人簸弄威權，貪圖富貴者實繁有徒，至於首開邊事，以兵爲戲，使陛下勞天下之力，竭四海之財，傷百姓之心者，則江彬之爲也。彬本行伍庸流，凶狠傲誕，無人臣禮。臣但見其有可誅之罪，不見其有可賞之功。今乃賜以國姓，封以伯爵，託以心腹，付以提督、京營之寄，此養亂之道也。彬外挾邊卒，内擁兵權，騎虎之勢，不亂不止。天下之人切齒唾罵，皆欲食彬之肉，彬不誅，則天下之亂必自彬始。願陛下大奮乾綱，乞將彬下諸廷議，明正典刑，以爲奸邪小人迷亂之戒。六曰建儲貳。大畧謂陛下春秋漸高，前星未曜，宗廟社稷之託，懸懸乎無所於寄。方且遠事觀游，屢犯不測之區，此必危之道也。陛下徒知收置義子，布滿左右，獨不能預建親賢以承大業，臣以爲陛下殆倒置也。願陛下早及是時於宗室中選擇親賢一人，養於宮中，使視皇嗣，以係四海之望。待他日誕生皇子之後，俾其出就外藩，則繼體有人，國本以固，實惟宗社無疆之休。

所言六事，俱切中膏肓⑤，語詞峻直，有舉朝所不敢言者。疏既入，自意觸犯忌諱必死，爲三札：一遺林見素、鄭山齋、方松崖三公與別，且以後事相託；一遺門生馬主事理、親友方主事豪、鄭主事善夫三人，託以收拾遺文；一遺仲弟布，語以家事，又以幼子稠、程，季弟肇，託其友周御史宣。凡諸事俱預處分以待罪。

初，先生以其事白吏部陸尚書完，陸止之曰："君且安靜，不久當以善地相處。"先生退曰："是欲以好官縻我也。"車駕陸員外郎震亦欲言見其藁，願與同僉。先生未知其志，辭，陸曰："昔蘧伯玉恥獨爲君子，胡君之待人不如伯玉也？"乃許之。朝廷見其疏，大怒。江彬亦深惡之，與陸員外同下詔獄，桎梏之，三訊杖焉，廷跪五日，繫獄一月，必欲置之死。先生體不勝杖，臀無完膚，伏蒲奄奄，莫能運動，衆皆謂必死，而自分已定，畧無幾微見顏面，方與陸從容賦詩，講《易》九卦，以求處憂患之道。又寫小像自贊，其署有云："此內何有？節義文章。此外何有？太古冠裳。"皆忠義所激發，將絕者三，幸而甦。陸竟不起。

初，劉瑾、錢寧、江彬相繼用事，重法以繩言者，人方以言爲諱，至正德末年極矣。逮先生倡義伏闕，朝士爭和之。天子方盛怒，峻法以禁，而犯者如歸，益衆，皆先生所感發也。同時被繫者百餘人，部寺爲空。得禍最慘者：郎中張衍瑞、姜龍、孫鳳、陸俸，員外郎夏良勝，主事萬潮、林大輅、蔣山卿，修撰舒芬，寺正周敘、張士鎬，寺副郝鳳昇、孟廷、柯郭五、常金黿，評事傅尚文、蔡時、姚汝皋，博士陳九川，行人鄧顯麒、顧可久、陶滋、巴思明、李錫、黃國用、李儼、潘鋭、劉黻、張岳，翰林庶吉士江曄、馬汝驥、汪應軫、曹嘉、王廷陳，醫士徐鰲。得不死落職除名死者十人，主事何遵、劉校，照磨劉玨，評事林公黼⑥，司副徐廷瓚，行人詹軾、劉概、孟陽、李紹賢、李惠。諸臣既以言得罪，然朝廷南巡之志自是亦沮。是時國本未有所屬，寧庶人千謀百計，蓄機觀釁乎其外，江彬挾震主之威，攬權隱禍於其中，西北二邊經蹂踐之餘，東南之民正在凋敝之際，天下奸雄又窺伺睥睨於其旁。天子方輕去九重之安，以蹈不測之區，若一舉足，天下事大有可憂者，賴先生忠憤激烈，諸賢同聲相應，出一生於九死之餘，以挽回聖志於萬不可動之際，不可謂無功於社稷生靈矣。

先生既不死，遂與夏員外、萬主事、陳博士同除名。先生欣然就道。時江彬且密圖之。先生謂不可死於無名，裹瘡微服，由間道以去，走千餘里至濟寧始問舟。以詩別其弟肇，有"不用汝謀方至此，須知我道固當然"之句，蓋肇嘗勸以遜言避禍，不用，故此云。然於是見先生所志既定，雖歷顛沛，萬死有不悔者矣。二子道亡，一葬姑蘇，一葬錢塘，立石誌之而去，時人尤傷之。過蘭谿，哭陸員外，爲文祭之，詞極悲慘，聞者皆流淚。至家，祭告家廟而後入，遂杜門不出，惟講學著書，日與聖賢爲徒侶。家貧，用度或不給，不免舉貸於人，人有周之者，又不受。鄉人無智愚賢不肖，咸加敬愛。當道過莆，必拜問於其廬。巡按沈御史灼爲建立誠書院以表之。

先生既歸，將爲終焉之計，無復當世之望矣。嘉靖改元，以南京大理寺丞起先生於家。先生嘗傷於杖，不任事，本不欲起，感聖上知遇，勉強受命，因謝恩，勸上稽古正學，敬天勤民，必爲堯、舜，必法祖宗，且謂君子或有過誤，所當愛惜而保全，小人豈無才能，要須深惡而痛絕。凡數百餘言，皆藥石語。其爲大理也，勤以蒞事，蚤夜孜孜不懈，持心公正，私意一毫無所容，法所當加，雖鄉曲故舊不少假借，事涉權貴，無所回避。遇有難獄，或法律未明，必平心易氣，與屬官反覆辯論，務得其當而後已，未嘗偏執己見，故屬官各得盡其情，罪人亦輸服。至官不數月，廷中稱平。兩法司雖經評駁，無有後言者，由其公明之服人也。

八月聖旦，大理寺於次當入賀，先生忽病作，旦夕以爲憂。所親勸以病辭，先生曰："吾受國厚恩，當盡禮於君父，而以病廢，何顏復居位哉？萬一不能行，則當引去以自咎耳。"屬病稍愈，六月二十五日犯暑以行。

先生聲名震朝野，聞其名者皆以不及見面爲恨。及至京，朝紳爭拭目，平生知與不知，皆傾蓋就見。先生亦勤於延接，殆無虛日。所親必夜造，與之盡繾綣。先生以屢軀負宿病，道感暑氣，至京又疲於大事，疾因之大作，諸藥蓋勿效。素翁、山齋更迭候伺之，素翁至不解帶，夏員外、馬主事、陳博士皆朝夕視湯藥。

病二十三日,以九月九日卒於西長安之朝房。舉朝公卿大夫聞訃傷悼奔弔,争捐俸金致賻,下至走卒負販亦奔相告,嗟嘆曰:"天奪吾忠臣!"忠義感人,近世所未有也。素翁、山齋共捐俸金,合諸賻贈,治殮具匠事,殯殮之。夏員外、馬主事、陳博士與諸親厚,皆就調護其喪事。惜之者曰:"後峰不死於被杖顛沛萬死之時,而死於此,何耶?"或曰:"後峰志在以身徇國,千里趨朝以死,蓋天欲顯其志、成其忠也。"殁後,劉給事中世揚、黃御史國用上其節於朝,贈大理寺少卿,與祭一壇,蓋殊恩也。

先生天資過人,性甘淡,薄世味,紛華一無所好。自知爲學,即以古聖賢自期待,其必爲善也猶飢之欲食,渴之欲飲,而忠孝大節,實出於天之所特授,有人所不能及者。早喪父,事母太安人,獲其歡心,疾病嘗嘗糞,及死,哀毀過情,喪葬一如禮。二弟布、筆尤加友愛。筆教習進士業不成,使爲掾,今丞池河驛。布不仕,父所分業盡以與之。姊適鄭氏,俱殁,既葬之,復撫其遺孤如己子。家居,賣文之金以周宗族之貧者,葬諸叔之喪凡若干。立心處己,必欲置於道義。聞一善言善行,即劄記而服行之。人或告以己過,則欣然更改。蚤夜精修省察克治,未嘗以一日怠也。辭受取予,一無所苟,尤以不受爲潔。在大理,堂隸緡錢不入私室,盡以充公用。居官清白,始終一節。筮仕二十年,田不能滿十畝,歸家不免匱乏。權貴之門,於禮貌不輕假借。在人有善,則扶持必欲成就之,尤喜引薦人物。至人之奔競則深嫉之,士大夫與游者常以爲戒。平生所爲,多不徇流俗,故人或目之以矯。然先生方卓然自信,莫之恤也。嘗謂人生百歲,仕宦至卿相,中間不過三四十年耳,惟立身行道,乃千載不朽之計。世人貪富貴而昧道義,徒以三四十年易過之富貴而易千載不朽之事,是所謂養其一指失其肩背而不知也。惟所見既大,故世間利害得喪舉不足以惑之。身長而小,清癯鶴立,退然若不勝衣。遇事當爲,雖萬夫不可奪,挺然自樹,若負崖岸,飾邊幅,不可近。接人無大小,謙抑和易,有人不能及者。所志惟在天下國家,每聞朝廷事當痛快處則喜動顔色,一不當意如負病在身。其才具之優無施不利,故自爲節推、爲刑部、爲兵部至大理,所至皆有能聲。使不爲氣節之所掩,自當以政事之才名當世。

尋常手不釋卷,雖居官猶劬書種學如儒生。六經、子史、百氏之書靡不涉獵,多有自得處。詩文氣清有理致,當其意到獨得,要亦自成一家言。雖其所主不在於是,要亦不可泯沒者。平生所著,有《後峰居士文集》若干卷,又有《讀書錄》、《山居筆記》諸作,皆未成書。先生有以身徇國之忠,有一介不苟取之廉,有通經博古之學,有超越衆人之議,有經綸不盡之才,使假之年,充所養、得大用而盡其設施,必能爲國家致隆平之治,天下蒼生,將有賴焉。惜乎壽不償其德,用不盡其蘊,年僅四十有三,而所樹立竟止於此!豈非國家生靈之不幸哉?

娶林氏,生二子,既喪,無復出。素翁、山齋謀以弟布之子耜孺爲先生後。女一,適生員李岳,林氏出。一生十日而先生北上,妾王氏出也。

元與先生相遇也晚。先生來官棘寺,以元爲可教,輒忘分與交,屢以平生衷曲事相詔。先生歿後,又發其家藏檢閱之,因得盡核其平生大較。及考績至京,素翁將銘其墓,命予狀其行以備去取,山齋亦以爲言。元既辱先生之知,又核其平生事,且有二公之命,烏乎辭?第恨才疎學淺,先生之盛德萬一不能有所發揮,又平日所望於先生者謂何,而遽使操觚執筆以謀其身後事,曷忍哉?存歿交感,不覺悽然,補掇成言,姑以備有道之刪采爾。

南京禮部精膳司郎中朴山林君行狀

同年南京禮部郎中朴山林君既歿,其子焯叙其先人平生言行履歷請予爲之狀,泣而言曰:"先人之知己者莫如翁,願借言以垂不朽。"嗟乎朴山,予良友也!予廢居八年,朴山自太安之任慶遠,服除赴部,補任南安,陞秩南部,咸過予。行色匆遽,率數言而別,平生懷抱,殆弗獲盡,意朴山當遠到,尚有待也,胡竟止於是?雖無乃子之請,猶將述其平生之賢以致予志,況請耶?

朴山出自吾林,其在漳浦,若予家同安,咸邑之望也。君諱梅,字魁春,改字以和。世居漳浦之朴山,因以爲號。君天資穎悟,髫齔習舉業,治《毛詩》,即有能聲。年十六,補邑弟子員。督學姚東泉、劉執齋二公咸器重焉。鄉別駕高公聳見其文與貌，知其遠器，以弟之女女焉。領正德十一年鄉薦。四試南宮弗利，卒業成均，益肆力於學。大司成介溪嚴公試其文，期以遠大，爲更今字。登羅洪先榜進士第，試政秋官。丁外艱，守制家居，以邑大夫聘纂脩邑志，酌在揭凡、輯聞、搜逸，人稱良志。服除，就銓。嘉靖十一年，授戶部貴州司主事。監督簣土等倉，出納明慎，表出曹署。督課江關，釐革宿弊，秋毫無染。江州人士有"秋風之清，可况行色"之譽。十四年奏最，得推恩封贈所生及其室，進署本部陝西司員外郎事。覺察内帑，却群奄人求請，獨守法紀。司徒儉庵梁公考其最，稱君有平易謹厚之資，著督理精詳之政。十五年，遇朝廷推恩，得實授，晉封。十六年，進山東司郎中，督運糧儲轉輸，無敢後期，後即罪之。權勢關説，俱不免。或謂非保身、保位之道，君厲聲曰："吾所知者國法耳，遑恤其他？"大司徒蒲汀李公重之，以廉潔薦於太宰松皋許公，部事無巨細，咸與商確。吏部欲以君知成都府，李蒲汀留之，督運内帑金三萬赴襄陽，扈駕還，賜白金文綺。調河南司郎中。先是，勳戚夏勳怙勢奏復莊田，下户部議。君執不可，忤權貴，落職出知泰安州。人有戚之者，君曰："京畿内外莊田咸爲戚畹所據，命官清刷，取而歸之官，此嘉靖興革之新政，臣子所當恪守也。夏勳首欲復之，使其計得行，則奸雄乘機而動，國家良法從而壞，吾之罪豈止於遷謫？我今獲左遷，吾其幸矣，又何戚乎？"士論偉之。十九年之任泰安州，故逋逃淵藪，民習狡僞囂訟，稱難治。君至誅鋤強梗，剗除奸弊，節費惜民。州民編役沙河、荆門等驛，正户作奸，虧損貼户，久爲民患。君乃差民貲産厚薄爲九等，彼此通融，力役始均，無偏重偏輕之弊，民患始息。觀風使臣以賢能薦，期年轉同知廣西慶遠府，州父老遮留脱靴，以寓去思。取道閩廣，歸省太宜人。中途聞訃，抵家守制，足不入公門。服除赴部，執役禮闈，勤以供事。二十三年，補任江西南安府，查處驛傳，條陳六事，宿弊等革如泰安。視篆數月，持正執法，豪強惴恐，無敢犯。期月，擢南刑部員外郎。尋轉禮部精膳司郎中。二十五年，攜二僕抵任，寄寓公署。清曹無事，惟取古書置左右，朝夕誦閱。君雅自負，一經摧折，遂沉滯不振。或教以學速化，笑而不答，亦以老大困頓不能俯仰於人，有鱸蒓之想。二十六年春，欲棄官歸，乃爲大宗伯兩洲王公所留。入秋,臥病月餘,王公視之,猶與議論天下事,不以生死動念。七月十一日,卒於精膳官舍,年五十有七。兩洲命同官治其喪,檢其囊,無長物,平日所積,惟簡編萬卷。

君性嗜學,雖久仕猶不廢,尤酷好書籍,購求異書不吝百金。政務之暇,輒取觀閱,每讀至夜分。子、史、百氏下至醫、卜、星命之書,無不涉獵。故其學日博,文日益有名。有《雜著錄》藏於家。教子良勤,雖夜分,又以書史口授諸子。性寬厚慈祥,待內外親戚下及僕從,皆有恩惠,遇鄉人無貴賤少長,周旋款曲,咸出由衷。親賓過從,酒食款洽,必盡其歡。對榻談論古今事,亹亹忘倦。歷官雖久,勤儉猶昔。負郭田數畝,家居或過家,輒課僕僮耕稼,晨出夕歸,不啻一田舍翁也。敦樸以先鄉人,故爲鄉間所重。訃至之日,識與不識,罔弗嘆惜,有遽奪老成、邦無刑冶之恨焉。

曾大父昌吉,大父弘貴,咸隱德弗耀。某娶某氏,生子某,長某,次某。君以支子爲伯氏喬後,以君貴,贈承德郎、户部主事,加贈奉直大夫、本部員外郎。妣陳氏,封太安人,晉封太宜人。配高氏,初封、加封如其姑。子男六:曰焯,邑庠生;曰烜,輸粟授散官;曰烱,國子生;曰燧,亦庠生;曰煜,尚幼,咸高出。曰焰,出自側室王氏。女四,孫男六。

嗟乎朴山,吾考其平生學識,其節操、其治政卓然足稱,使輿輻不脱而年壽不虧,雖公輔可立致也。乃宦途顛頓,淹滯中外十八年,壽僅踰中身,而官止一部郎,豈非命耶?然度支錢穀之清,權貴莊田之執,泰安、南安之政,生有榮名,死有遺澤,雖顯顯亦莫之先,則朴山不可謂屈也。予無以揚朴山,乃次其平生行實爲之狀。

先府君明夫先生行狀

先君諱應,字應彬,以字行,別號明夫。世居同安翔風麝圃山頭。曾大父[行居]⑦五,秀才,失其名。大父諱乞奴,父諱凱明,母戴氏。凱明子四,先君行居三,以叔氏聰明無子,後焉。

性敏悟絶人。少喪怙,鞠於母李,以愛失學,讀書只四書白文,長於書,多旁解。觀書過眼,輒能成誦。嘗有官司,榜示數十條,好事者疲於抄録,先君哂之,人曰:"若則若何?"先君曰:"入眼當爲胸中物耳。"人以爲妄,試之,授以紙筆,許三閱而録。僅至再,不遺一字,衆皆驚服。語元曰:"吾恨不讀書,進士易得也。"元質鈍,年十七始知學,每讀至夜分,先君弗取也,曰:"汝故兄疇日誦四千餘言,然吾未嘗見其夜讀。今若日誦不能三百字,復苦如是耶?"元於書苦讀,竟不能成誦,姑記大意而已。先君於書,惟見其手披目閲,未嘗放聲讀也。及對客談論,遇事援引,滾滾動千百餘言,不見錯落,父子相越乃如是!每觀史至古奸臣若秦檜、賈似道輩,必切齒唾駡,至忠臣義士若程嬰、公孫杵臼、張巡、岳飛、文天祥事,輒爲嗚咽流涕。筭法甚精,凡農圃、卜筮、地理、陰陽、法家,靡不通曉其術,而尤邃星命。元方兒時即知其可成,諸子盡如其所料。吾鄉自御史李容以官得禍,人皆逃儒即農,儒術遂廢,有習覓舉業者,群聚訾之,故自正統以來,未有仕進者。先君獨拔衆見教元,由是鄉人皆知問學,章縫之士接武出焉。元六歲即延師授句讀,雖隆冬不廢。十九使就外傅,家僮來往供億候問者不絶。逮病革,先叔祥彬謂曰:"病革矣,盍無召兒回?"曰:"兒方學,無妨若業。"卒不召。及召回,已不能語矣。其切於教子類如此。處家甚嚴,子弟少不當意輒呵責,然竟得力。故一時多失其歡心,後始見思云。居鄉飲人以和,人無衆寡大小咸悦之。尤以公果見重里中,有争辯,多就取決,少有犯於有司。吾里富人多坐食,少務農桑。先君曰:"夫農,生人之本,國家所重也。天地間公卿以上皆有職事以食,食焉而廢其事,豈不有天殃?"故自計口度田,課僮僕耕之,以身率焉。又謂元曰:"若雖讀書,兹亦不可不知。"故稼穡之事,元亦親嘗。至於抱甕、決渠、灌蔬,常以責元,曰:"使子知人間勞苦耳。"於物尤加愛惜,嘗曰:"一草一木,皆天地所生也。一穀一粟一錢一布,必天時、地利、人事三者備而後成也,可不重與?"故雖木屑、竹頭、草根、禾藁,亦不忍暴殄,而一錢尤不妄用。不知者咸以爲吝,故先君於鄉有儉名。衣服寢處,咸甘淡薄。平生不御車馬,雖行數百里外,非舟則步。喜賓客,四方來者,皆延納,曲盡其情。外剛烈過人,中實仁恕。人有犯,不量彼己,輒與之角。至人之窮乏,則哀悼之,輒過其節。佃人輸租不能足數,每緩之,卒則貰焉。間左下户,與爲主客禮。人有患難,以身濟之，罔恤利若害。弘治壬子，海寇作梗，邊海漁民業爲荒，苦之。先君倡義，盡執其渠。厥後寇欲反仇，先君患之，至徙家以避。己未，爲鄉惡少彭姓者所侮，校弗勝，業因之落，齎恨以殁。

吾家故盛，中而微。逮吾曾大父屯叟，是爲將絕而續。屯叟子三人：曰凱明，曰仲明，曰聰明，仲明從戎武清。先君兄弟四人：曰乾彬，曰質彬，曰祥彬，三即先君應彬，從戎武清。於時門户落寞，弗克自立。先君十四有家，即能振起，不數年林氏復興，先君之名著於一邑矣。

平生涉歷辛苦，早年樹立，有家不遑終處。四十喪長子籌，大事嬰懷，晚爲寇仇所虐，憂忿百集，終先君世，未有安樂時也。殁後十七年，元始登第，先君又弗及見。年四十有七始生元，繼有三子，人謂"嗇於壯，豐於老"焉。先娶許氏，生某，早卒。先妣鄭氏最後娶，生希元、椿焰、烟新。焰、烟俱夭。女五：長適朱時達，次適許尚環，三適洪端和，許出也；四適許尚明，五夭，鄭出也。生正統乙卯⑤二月二十六日寅時，卒弘治己未二月二十九日巳時，得年六十有五。以弘治壬戌季冬與先妣合葬縣北長興里安嶺，考右妣左，從地道也，庪蒸囊寨，凡三秀峰，左雙髻峰，右儒巾石。

先君之殁，元雖年十九而世故未諳，三年弗克葬，葬又弗具禮，銘故缺焉。今元誠恐其言若行泯没無傳也，將託大君子之文以垂不朽。痛恨元之生也後，與先君並世者又相次凋謝，莫能語其詳，姑以兒時所記憶及聞於人者謹狀如右。伏惟執事哀其志與之數言，以垂金石，是執事與吾先人以不朽也，敢不念諸？敢不佩諸？

【校記】

① "漿"，原作"槳"，音形相近之誤。今據文意改。
② "掾"，原作"椽"，誤。今據文意改。
③ "諜"，原作"牒"，誤。今據文意改。
④ "右"，原作"石"，形近之誤。今據文意改。
⑤ "育"，原作"盲"，形近之誤。今據文意改。

⑥ "黼",原作"黻",誤。(明)張岳《大理寺評事贈太常寺丞石峰林君墓志》云:"質夫名公黼,別號石峰,死時年四十四。"今據改。

⑦ "行居"二字原缺,據下文"先君行居三"補。

⑧ "乙卯",原作"己卯",形近之誤。今改。據《御撰資治通鑒綱目》卷二載,"宣德十年乙卯春正月,帝崩,太子祁鎮即位",改明年丙辰爲成化元年。據此,"正統乙卯"實爲"宣德乙卯"。

林次厓先生文集卷十五

祭　　文

祭舒國裳殿元文

惟君山川間氣,爲國禎祥。窮經之學,布帛文章。丹墀獨對,讜論洋洋。詞林出入,龍翥鳳翔。南巡一疏,豺虎方張。閩鄉遠竄,烈日秋霜。極圖既闡,大典亦彰。志非温飽,道足謀王。予叨榜末,性本疎狂。仕不同地,志偶同方。君始南遷,予適北裝。河濱邂逅,遂托衷腸。金陵再晤,倉卒道旁。詩篇遺别,教音琅琅。逮予失官,君獨遑遑。見素之責,誼正辭剛。東郭與偕,實乃稱揚。書來慰問,厚望曷當?論文講學,縷縷精詳。言猶在耳,予曷敢忘?索居海上,念汝參商。雁書甫寄,忽傳汝喪!人生斯世,氣類相從。當其得意,千里共堂。與子同心,話麈連床。百年懷抱,僅書數行。天奪何速?吾道凄凉。予既引疾,蜂毒猶創。白途坎坷,善類咸傷。諒汝未知,今也則亡。

邇辱主恩,拔之泥芒。返我初服,尋贊臺綱。策馬五嶺,過舟南昌。翹首相知,九泉茫茫。羹牆徒憶,有淚浪浪。收子遺書,撫子兒郎。隻雞樽酒,聊薦瓣香。英靈如在,彷彿來嘗!

祭留朋山方伯文

嗟嗟朋山,遽至此耶!惟天生才,瑣瑣皆是。英雄豪傑,百不一二。當其得之,往往顛躓。或偃蹇終身,或奄忽凋謝。我思朋山,潸然出涕!樑棟之材,瑚璉之器。總角成名,弱冠筮仕。持憲郡國,賢聲籍起。主政秋曹,剖斷罔滯。出守大邦,民懷吏畏。劇郡屢借,惠政卓異。連陟藩臬,廟堂注意。柄用有期,胡然而逝？以子之才，置之殿陛。寅亮爕理，曷施不利？公孤輔弱，若取諸寄。乃官止方岳，年不順耳。胡造化之無良，美不全畀？豈蒼生之無福，時當厄會？余所惜者，哲人其萎，吾道孤矣。聞子身後，頗招群吠。諒子平生，弗爾狼狽。白璧蒼蠅，何能點翳！死生炎涼，吾獨慨世。

往聞子訃，悲悼不已。繫官南國，一觴未致。千里緘辭，望風濺淚。九原有知，尚鑒此意！

祭楊月湖宗伯文

惟公天資純美，穎悟夙成。士林之望，當世典刑。志存著述，學本六經。程、朱既遠，薛、胡勃興。餘子紛紛，瓦缶雷鳴。論議如公，卓有師承。黃甲發身，青瑣馳聲。諸難歷試，三禮秩清。宦業既振，吾道亦行。急流勇退，見義獨精。曰予弱冠，實稔公名。十載嗟跎，無因識荊。公方投老，傾蓋金陵。握手恨晚，論心獨傾。木高風折，自古所驚。公之慮我，弗久而徵。公既西歸，予謫江城。折腰不樂，拂袖歸耕。半生深契，萬里飄萍。雁書中斷，梁木俄崩。心香莫致，血淚交零。

茲予起廢，五嶺提刑。取道楚江，停舟豐城。墓木已拱，掛劍未能。瓣香束帛，聊寫平生。公誠如在，鑒此微誠！

祭王陽明總制文

維公英資蓋世，雄智出群。涉獵三教，迄自成家。文武通才，功成乃武。若公者可謂一世非常之士矣！公之功業，固當世不敢望而及焉者。然西藩既挫之鋒，思、田已窮之弩，皆不足盡公之妙用，必遇漢七國、宋元昊，公之功始可見耳。孳孳謀國，老目飛鳶。萬里捐軀，天寒歸鶴。公之勞誠可錄，而志誠可哀也。

曰予小子，承事此方。軍國民謀，叨從末議。念幽明之永隔，悲再晤之無期。瓣香杯酒，聊薦心知。公神如在，尚其鑒之！

祭梁宅之主政文

傷哉宅之，騏驥之資。謂將千里，乃止於斯！廼祖廼父，積學孜孜。一官弗就，中道已矣！子年十八，射策天埠。晝錦歸婚，帝賜佳期。人曰榮只，梁氏其丕。云何一疾，人世奄遺。顏回不壽，伯道無兒。古今所慟，子乃甚之！如彼春華，艷不幾時。如彼朝露，見陽而晞。今其已矣，傷哉宅之！

祭欽州憲副林公文

維公八閩間氣，文武兼全。初由學職，陟宰靈山。牛刀小試，村犬夜眠。維陟廉守，濟猛以寬。龔、黃在郡，盜息民安。備兵海北，去暴除殘。頗、牧在邊，夷狄膽寒。公德在民，百世不刊。歿也不朽，俎豆其間。

今兹仲春，薄薦蘋蘩。公神如在，尚饗斯虔！

祭黃後峰寺丞文

嗚呼先生，身若不勝衣，心雄萬夫。一心許國，於身若無。學必窮經明道，不規規於文辭。行不離乎規矩繩墨，斷乎以聖賢爲可師。所立必爲千載不朽之計，不爲一時功利富貴之圖。若先生者，其卓然一世而振古之豪與？昔權奸柄國，烈焰如爐，傾朝震懾，莫敢號呼。先生獨毅然率衆，伏闕上疏，願借劍於尚方以斷其頭。受杖朝堂，三絕復甦。就獄處分，精詳舒徐。蓋自分以必死，直欲追逢、干而與遊。逮夫削職編戶，欣然就途。城市不入，杜門著書。甘心窮餓，略無恨辭。鄉人高其行誼，學者仰其楷模，而先生將爲終焉之計，豈有一毫分外之謀哉？

今天子更新化紘，首舉先生於廢黜，而廷尉是司。先生既以身而許國，遂盡力以馳驅。一私不入，秋月冰壺；靡冤不釋，靡奸克逋。蓋法春生與秋殺，豈屑屑乎繼迹於張、于？朝廷方倚以大用，天下方望其有爲。云何馳表入賀，遂以一疾而殞京師。

嗚呼！有德者必得其壽，先生之德而壽弗長；仁者必有後，先生之仁而後事淒涼，豈造化之無良，固讎於君子耶？抑天地無心而成化，長短厚薄聽人之自取與？吾固疑夫氣化之漸以薄，生人漸以不完。故孔子之聖，終於不遇；顏回之賢，短命以死。先生無乃坐於此，雖天地亦莫得而張主耶？然先生雖不壽，而名留千古；雖不嗣，必將廟食千祀。是先生之所有者，又世之所無，而造物者之厚先生，又非人之所得與者矣。吾想先生，含笑入地。雖不得盡施所蘊，輔翼當世，其神必升天，調元贊化，以助上帝。是先生蓋無入而不自得，豈以死生而介意也耶？所恨者廟堂失一柱石，當世失一正人，蒼生不得蒙惠，後學無所宗師。半載論交，徒切知心之語；子期不起，自憐吾道之孤。欲呼天以長哭，天高而不我聽；對西方以墮淚，猶恐近兒女子之唏噓也。

嗚呼！睹壺山之昂崇，與木蘭之浩蕩，懷先生兮不可復見。想平生之義與音教兮，庶幾挹精神於夢寐，見刑像於宮牆也。尚饗！

祭林見素司寇文

惟公山川間氣，振古之英。海內之望，當世典刑。昔在憲皇，妖僧簧惑。愈也忠諫，潮陽遠謫。西江總憲，強藩跋扈。黯也正直，淮南寢謀。世既枘鑿，引疾雲莊。人曰陸贄，杜門集方。西川再起，鄢、藍授首。人曰子儀，單騎見虜。正德末天，豺狼拳勇。安石東山，蒼生是仰。嘉靖初造，化弦更改。司馬入相，人望丰采。宦豎干紀，王綱孰持？漢庭矯矯，獨稱釋之。乞休五疏，感動當宁。綠野逍遙，神仙爲侶。云何一疾，歲月延綿。身乘箕、尾，倏忽歸天。

嗚呼！自古豪傑，制於望卑。公聲揚夏夷，望重當時。自古豪傑，苦於莫遇。公歷事四朝，結知人主。胡功業寥寥，進屢退屢。我儀圖之，惟公道足匡世，獨立寡與，進退一節，尤爲不苟。故出門舉步，動輒齟齬。山林之日，多於游仕。雖位人臣，而功業不究。要亦蒼生無福，於公何咎？然而天下高其節義，當世尚其文章。動符古人，名完終始。功參元化，力扶人紀。身歸九泉，芳垂千祀。如公可謂不死矣。

曰予小子，忝出公後。百年意氣，辱在知許。嗣音有教，朝夕恐負。讒斥中罹，受眷獨厚。視公如父，忽聞公死。嗚呼！月缺則完，日往則復。九泉茫茫，公安可作？聞訃悲傷，山川阻越。一盃走奠，展此誠血。公神在天，尚其來格！

祭吳東湖司空文

惟公剛明蓋世，志氣不群。才足經時，行堪表俗。混處於衆人之中而不爲苟同，如鳳凰之在百鳥；當艱難叢脞之地而事無掣肘，如利器之遇盤根；涉利欲富貴之波而不爲汨[①]没，如砥柱之在中流；臨患難死生之際而不喪厥守，如真金之在烈火。平生節義，表表在人。坎坷艱辛，蓋嘗備焉。而宦轍所至，輒奏膚功。西江、南海之民，至今祀之。乃若歷官臺省，歸莫爲家，喪事幾失於支持，後事不免於零落。此則尤人所難者。故嘗論公之爲人，屢排權寺，有李膺之勇；盪定猺夷，有馬援之功；誥責公卿，有汲黯之直；"四知"自畏，有楊震之廉。公之所爲，多世人之所不喜，使世人爲之，或未敢望公之下風。公之處世，毀譽常相半。然而毀者之私，終不能奪譽者之口。蓋木高風搖，行高人毀。古之君子，不能和衆諧物者恒以是。然則公之不能理於衆口者，又何怪與？公歷仕餘三十年，而立朝不能五日，於此可以見公之樂矣。

曰予小子，素辱公知。淮泗之行，復蒙保掖。金陵許與之言，蘇、松推薦之章，平生知己，如公者蓋亦無幾。而士爲知己死，女爲悦己容，計所以圖報於公者，未能猶夫人也。自姑蘇告別，遂即家居。公繼亦引去，中經四載，消息茫然。忽聞公訃，肝腸寸斷。關山萬里，復不能駕飛雲，陟蒼梧，一奠鷄絮。邇者起廢，備員東廣。每常問公之家，而繫官半載，莫之能至。茲幸以事走蒼梧，乃得過公之廬，登公之堂，拜公之墓，問公之孤。將料理公之後事，不使零落；收拾公之遺文，不使散逸；誌公之墓石，不使泯没無傳，又未知一一能遂否也？

嗚呼！知音不作，信鍾子之焚琴；酬德未聞，愧豫生之按劍。一觴薄薦，兩淚交傾。公神如在，尚鑒此誠！

祭桂見山少傅文

嗚呼見山,何爲而遽歿也?先生苦心古學,知名一時。三爲縣尹,皆遭掣肘,弗竟所施。然遺愛在人,則有道傍之口碑。庸是見先生平生之所自立,非苟且隨時之脂韋也。憶昔②金陵傾蓋,遂即如故。時予謫官,方之淮泗。握手言別,殺雞爲黍。授我以荒政,贈我以佳語,直相期於古人,眞道義之相與也。泗濱枉駕,重感邛思,雖蒼蠅之翼有附驥之機,實叔疑之不用,畏季孫之異也。嶺表起廢,公在銓衡。昔者相違,略無纖芥,然後知先生之於人,不以貴易交,不以小嫌大。噫!此先生所以齊德於昔賢,非若夫人之嫉忌也。視學五嶺之時,余有安南之志。及接渭崖之論,始知先生之起陽明者,不爲思、田,何豪傑之士,心有同然?恨彼此暌違,弗克一言。噫!公今已矣,夫復何爲?余與渭崖區區之懷抱,恐亦徒付之夢寐也,又安可期哉?乃知先生志在天下,不爲一身,不在一時,而在萬世。使天假以年,功業所就,又安可計?胡僅踰中壽,忽然而逝,豈造化之無良,而生成之僻耶?抑乾坤之厄會,蒼生不蒙其澤耶?

嗚呼,見山已而已而,庭樹幾綠,未奠一卮。追想平生,有淚漣如。公不可作,哭公以詞。

祭邵端峰太僕文

嗚呼!先生禀三吳之秀氣,爲一世之豪英。由賢科而發跡,首多士以先登。儒林拭目,翰院馳聲。遂韜資而豹隱,迄奮翼以鵬騰。閩、楚督學,斯文主盟。仁温義塞,表正源清。英才化其時雨,學者守其準繩。載長藩臬,敷掌政刑。名升朝著,入貳公卿。衆方擬其大拜,乃以疾而告行。謂勿藥之可喜,忽夢奠於兩楹。嗚呼!有德者必得其位,先生之德而位不盈;仁者必壽,先生之仁而弗享遐齡;有才必有用,先生之才而用弗勝。胡造化之不良,厚其生而薄其成也邪?雖然,葬諡全恩,特出明廷,在當世鉅公,有不可得,而先生可謂榮矣。

乃知蓋棺事定,自古聖賢,每嗇生前之福,而侈後世之名也,而先生又何不平哉?曰予疎亢,處世多憎。百年天地,落落寡朋。先生蓋嘗與其可進而慮其易傾,亦愛助之過計,何所言之卒徵?苟予心之可得,曷寵辱之爲驚。憶昔輪岡握手之日,謫廢窮拂之中,先生不以貴賤而易情。今萬里投荒,先生有知,豈以得喪而重輕也?

嗚呼!子期不作,九泉冥冥。翹首吳山,飛雲層層。望先生而不見,徒悽愴而涕零。一盃薄奠,聊寫平生。公神如在,尚鑒斯誠!

祭霍渭崖官保文

嗚呼!先生得天地之正氣,鍾海岳之精英,文章如波濤,議論如湧泉,正性如鋼鐵,可謂一時之豪傑矣。逢時講禮,允合帝心。隨際會風雲,依光日月,窮時勢之所能爲,將何往而不到?乃撝謙不居,屢避榮位,要以明己志之無他,獲禽之非詭遇也。而郊社大禮,乃復枘鑿,若不相入,迄於取疎而起爭。於是見先生果非其心之所安,必不肯易辭以投合。於是益可以明先生前志之無他,獲禽之非詭遇也。立朝議論,或者有過高難行之病,至其正己率物,矯愆洗汙,所以回天而庇民者,不爲無之。既而直道方伸,聖明眷注,天下方望其柄用,而先生之命不可延矣。嗚呼!山有虎豹,藜藿爲之不採;浦有蛟龍,鰍鱔不敢夜舞。先生固朝廷之虎豹蛟龍也,今其逝矣,朝廷何恃?

元也獨處閩南,與先生無一面之雅。往日議論,又不相合,而先生乃獨見取於儔人之中,不可謂非知己也。自恨降才迂拙,不能安常處順,筮仕二十五年,循資躐級,不能絕群脫類,保榮名,取華要,以副先生之知,乃疎慢放亢,干時怒以至偃蹇流離而不遇。今先生已作古人,而元又廢居林下,天道人情,反覆傾危,往往如此,可勝恨哉!元幸獲餘年,猶可理舊業,讀殘書,筆平生所見以垂不朽,獨恨先生抱負未克盡施,一去而不可復作也。然先生令名足以垂宇宙,有子足以大家聲,是先生雖死而不死,夫復何恨?

舟航邂逅,儀物弗具。心香一炷,聊寫平生。先生有知,尚其鑒之!

祭劉執齋刑侍文

嗚呼！先生剛大之氣，得於天性；純正之學，得於家傳。爲御史而風采著於朝端，督學政而文教震於八閩。入贊大理，刑獄無冤；出督江防，盜賊屏息。及其入贊內臺，晉式邦禁，誠心直道，不阿權貴，正色危言，聞者斂肅，此可以見先生所學之有用。衆方望其大拜，而卒以此去矣。

嗚呼！直道難容，自古而然，奚獨先生？使先生得行其志，必能爲邦國典型，爲廟堂柱石，爲蒼生雨露，無何天不從人？先生之位不可升，而歸休之命下矣。先生上不負天子，下不負所學，本心可以無愧。彼不義富貴，夫子浮雲，志士仁人，常恐其浼己，何足論哉！

元也束髮讀書，竊慕古人。時命乖蹇，十年不遇。先生以爲可教而進之，隨脫迹塗泥，叨登仕版，每自奮勵，克己振身，欲不作時俗人，以無負先生之教。無何，時與願違，動輒偃蹇。往有淮泗之行，嘗勞先生之念，而旋以起。廉、欽之謫，則不可復振，而繼以去矣。先生有知，其不益動念也耶？聞古人行事，論是非，不論成敗；論萬世，不論一時。元也不量彼己，不度時勢，欲爲朝廷任大事，庸致傾覆，成敗不必言矣。先生有知，其以小子爲是耶？爲非耶？萬世之下，又將以爲何如耶？

昔在京師，聞先生之訃，曾與同門之士，議致一觴。未及，忽以遷謫去。歲月其邁，又忽七年，此心缺如也。茲過先生之廬，謹以瓣香束帛，登堂一獻。儀物弗具，聊寫此心焉耳。萬山昂昂，萬水湯湯，望先生而不見，徒有淚其琅琅！

祭廣信姜石泉太僕文

嗚呼石泉，忠信之資，誠篤之學。其言若不出口，探其議論，則井分區別，泉湧而不竭。其身若不勝衣，其守道卓立則習俗不能移，勢利不能惑。其深藏不露若空空無知，乃若國家人物典故，一代興衰治亂之迹，無不燭照而囊括。蚤發賢科，晚際機會，在他人孰不乘風鼓翅，躡足乎霄漢，先生乃獨韜資斂采，豹隱乎山霁。其出處進退大節又如此，可謂俊偉卓越矣。噫！當世人物若先生，可多得哉？

予與先生始遇留都，僅知姓字，棘庭再至，始投肝腑。官拘勢隔，雖不接歡握手之頻頻，然所以傾心屬意於先生，則有出於聲音形迹之外也。江亭話別，真意拳拳。上國前秋，教音猶在。車塵馬迹之中，先生之教未及復而凶問至矣。

嗚呼！乾坤叔季，人物寥寥。良朋凋喪，吾黨益孤。悠悠蒼天，謂之何哉！又有恨者，貴賤壽夭一時也，子孫嗣續萬世也。官至卿相，同歸黃土。壽至期頤，終歸於盡。先生官不大顯，壽僅中身已也，乃并其嗣續而絕之，造物之於善類，一何薄也！子有班、馬之志，董狐之筆，嘗述所聞，將垂來世。記金陵傾倒之日，曾語予曰："人壽幾何，斯業曷就？"噫！當日之言，謂特戲耳，胡今果然也？先生毋亦賈子之前知，死生壽夭，等之常事也耶？今不知兹業果就與否？遺稿又誰收也？

於乎！九泉茫茫，子期不作。春華再落，一觴未致。望陽溪而寄詞，徒臨風而潸涙。先生有知，尚其鑒之！

祭林少泉司空文

嗚呼少泉，何爲而遽至此也？先生有高明之資，有寬人之德，有通達之才，有精博之學，有深遠之識。忠孝本於家傳，而視前有光；詩禮領於庭訓，而裕後愈密。發迹巍科，歷官中外。久勞岳牧，晉總臺綱。卿佐兩京，隨登八座。咸職司空，久典邦土。名實施於當時，勳勞著於王室。誠天子之股肱，廟堂之柱石，後學之蓍龜，鄉邦之軌範也。非三山之秀氣，八閩之精英，獨鍾於一人，孰有如斯其盛者哉？

元也中歲發身，忝在後進，疎狂不肖，每辱先生之知，兩京五載，受教誨於先生也不少。遼左之役，元料先生必不可往，抗疏言之，元雖以此落官，而先生之行，亦因不果。當時之所爲者，雖在朝廷而不在先生，而先生於元，蓋亦深知德焉。天涯留滯，頻辱寄慰，其所以爲我謀者甚深，其如予命之未通何！使先生而久在位,必能爲故人地。無何,先生之身,不能安於朝廷之上,而元之望由此亦絕矣。憶昔欽州之行,元有安南之志,先生慮之至,託知己以相戒。及至欽州,隨舉安南之議,寄稿先生,先生匿而不發。當時不以先生爲然。今安南之事不成,而元竟以此失官,始知先生之遠見深愛。追思往日之言之事,何可得也?初,謫官命下,先生與諸老議,欲優以閑局,不煩以民事,元固請一州自效。當時若用先生諸老之言,必無今日。茲有今日,始知先生之遠見深愛。追思往日之言之事,何可得也?然違衆獨立,至死不變,大丈夫之事也。元豈以既經摧折,隨生悔恨哉?亦見先生之遠見深愛,於心不能忘耳。前事既往,姑置勿論。元今雖去官,天下後世自有公論。況筮仕近三十年,南北東西,終日營營,精神筋力,已覺厭倦。今之歸也,閑靜可以養心神,餘功可以脩舊業,詩書可以教子孫,著述可以開來學,壺觴可以娛親友,松菊可以看晚節,山林之樂可以終餘年,其計未爲不可。獨恨先生一去,不可復返也。然人生百歲,終歸於盡,古今聖賢所不能免。先生春秋七十閱,亦可爲中壽矣,況聲名在天下,事功在簡册,令子文章學行,久播士林,諸弟或居翰苑,或居諫垣,或居州郡,各著賢聲,皆足以承家而繼志,所謂死而不朽,歿而愈光,在先生亦何恨哉?元也解組東歸,泊舟芋源,方脩書遣使致問,使者未報,而先生之訃忽聞矣。死生契闊,莫訴我心。束帛瓣香,聊表衷悰。

嗚呼!閩山常在,閩水長流。哲人一去,萬古千秋。天長地久,有恨悠悠。哀哉尚饗!

祭毛東塘司馬文

嗚呼!士之處世,有蜚聲騰譽於其始,而毀名喪職於其終。豈時之所遇,有利不利與?抑事之所爲,有善不善與?人之相交,有肺腑相示於其先,而彎弓相射於其後,豈腹劍中藏有待而發與?抑風波忽起於倉卒與?趙廣漢聰察强毅,擊搏豪强,誅殺無所避,發奸摘伏,人稱神明,小民得職,京兆之政,名於一代。夫何威武過當,賊殺不辜,陵逼宰臣,自取禍敗,此則所爲之不善也,可歸咎於時之不利與?張耳、陳餘並負時名,相與爲刎頸交,既立趙王,分居將相。耳被秦兵，餘不能救，張鸞請兵，敗没不返，猜仇遂作，耳殺餘泜水之上，此則事變中作，而風波突起也，豈腹劍中藏，有待而發與？

先生少舉進士，祥刑劇郡，爲名御史。出按湖、湘，入贊内臺，"毛青天"之名顯於天下。安南有變，皇帝起公於衰絰之中，授以軍旅之事，遂以定交之功入主本兵，此其賢聲豈下於廣漢哉？夫何南北之虜，强弱勢殊，公以處交南者處北虜，庸使虜勢横張，變生杯酒，平生之所有，由此盡喪，此則所爲之不善，其事與廣漢頗相類也，其咎亦無所歸矣。

予昔丞大理，欲討叛軍，忤拂當路，落守廉、欽。適皇帝問罪安南，予知安南有可取之狀，建議主征，皇帝是予，以公人望攸屬，特相委任。公至嶺南，忘形投交，念棘寺之同官，慨寺丞之久負，把酒論文，握手論心，雖耳、餘之相友，曾是過哉？拾遺報至，公激於義，雅欲引手，言猶在耳。總制張半洲以安南之事本起於予，安南之功爲人所攘，舉本相薦。公在本兵，正可引手之時也，而乃從中排擠，不與其進，何前後之相反與？人言公恨予辯本自多安南之功，事或可信，此則言語之傷，而風波突起，其事與耳、餘亦頗相類，其他不必深論矣。安南一事，關中國離合與世道盛衰，非予一人所能欲，亦非先生諸人所能不欲，冥冥之中，自有司之者。其孰是孰非，天下自有公論，非人好惡之私所能毁譽，後世自有執筆以書之者。彼推山之火，五湖之舟，何等勳勞，而人皆忘之。今之安南，爲公塗抹，予意尚未滿，而豈以此爲功哉？

自予之歸也，日與門人小子談道講書，時有所得而筆之，以開後學、垂來世，是進雖不足以成功，退猶足以成名。彼眼前富貴，春花朝露，公不肯以絲髮之功分共事之人，欲攬爲己有而卒不能有，予又何切切於是哉？

自得公奏報，方作書相問，尚未能達，而公之訃至矣。念平生之相與，悲再晤之無期，爰託簡素，聊表衷腸。杯酒瓣香，臨風一薦。往日之書，亦并以獻。公神在天，得而讀之，得無懷羞而追悔也耶？

祭方西樵少保文

嗚呼！天之生才，其成之也難，其壞之也亦易。若吾先生，可謂善成而不壞者矣。自古英雄豪傑之士，被褐懷玉，窮無所遇，抱經綸之業，鬱不得施，如長沙之傅、江都之相者，何限？求其得時遇主，行道建功，如伊、傅、周、召者，幾何人哉？非成之難乎？善作者未必善成，善始者未必善終。蕭何相高帝，起豐、沛，取天下，而終不免於械繫。韓信定三秦，仆趙、脅燕、滅楚，以成帝業，而卒葅醢。求其明哲保身始終無玷，如張良者，幾何人哉？非壞之易乎？

　　先生禀豪傑之資，負獨得之學，掇高科，登顯仕。退居西樵，藏脩養晦，遇聖天子登極之初，應時而出，與諸賢講大禮，以成嘉靖之孝，以建中興之業，一時君臣，志同道合，可謂千載一遇矣。無何，鮮克有終，張、桂以自相刺背去，渭崖以議論不合疏。君臣一德始終無間者，惟先生一人耳。猶未也，中世士夫，以官爲家，鐘鳴漏盡，夜行不休。先生年未中身，累疏求去，天子不能留，急流勇退，孰有如先生者哉？先生既去之後，往日共事之臣久涉風波，多生事變。先生白駒皎皎，塵垢不淄，鴻飛冥冥，弋者無慕，全節全身，孰有如先生者哉？聞先生没後，議論紛起，然非先生之意，於先生盛德，曾何損也！

　　元也抱愚守拙，違俗寡諧，退居林下，絕望當世。先生無平生之交，一旦得志，乃獨舉而升之。此古人之事，豈可以恒情論也？雖進寸退尺，不能大振作以答厚知，內省於心，自信無愧。先生豈以小子爲負所舉哉？先生好學之心，至老不倦，杜門著述，斐然成章。向得先生之書，曾因風請教，未及聞命，而先生之訃忽聞矣，復何望哉？近時諸老凋謝，天下之人方拭目蒲輪之起，而大星遂殞，是蒼生無福也，謂之何哉！

　　關山阻隔，走奠無從。緘辭千里，聊寄一哀。先生有知，尚其鑒之！

祭王蘗谷中丞文

　　嗚呼！自古豪傑之士，與世齟齬顛倒而不得施其才者有之，而得施其才者又齟齬顛倒而不得究其用，豈上天生人，予之才而不予之福耶？抑貴賤得喪隨其所值，而天亦莫之能爲耶？嗚呼！蘗谷負卓犖之資，有不羈之才，如騏驥遭乎康莊，而千里瞬息，如鷹隼飛於雲漢，而飛禽戢翼，信乎豪傑之士也！夫何宦途坎坷,升而落,落而升,升而又落,竟以是終其身而不復振耶?

先生歷宦餘四十年,未嘗持一錢入私帑,身死之日,無百畝之田可遺子孫,此伯夷之清,當世所共聞也。備兵嶺南,掃除猺寇,生民安堵,威振邊疆,功存王室,嶺海之民俎豆至今,此武侯之績,當世所共聞也。雲中、西蜀之舉措,皆欲爲朝廷革數十年之宿弊,以立萬世峻功,而乃以是起謗,待罪家食,竟以是終。自古人臣任事之難,若漢之汲黯,唐之張九齡,宋之司馬光者皆是,又何怪乎先生也?在先生者,亦可以自慰矣。

予素慕先生之名,無由識荆。五年相遇,屢辱指教,遂結深知。萍梗雖有東西,肝膽則每相照。及公處真州,予官秣陵,訊問屢通,論文論交,衷曲亦盡。南舟再北,兩接清談,故人相見,真若夢寐。予處金陵,方望先生起佐明廷,而予幸託驥尾也。無何,予負罪南遷,先生方起總西臺,旋即垂翅矣。南遷之時,曾別公於瓜渚,又意相見有期,誰謂予一斥不復,願莫之遂。往者回鸞梓里,攜友遊山,極一時之樂,曾寄聲問,而元困處海濱,竟不能相從。尚冀相見有日也,誰謂先生遽舍我而去耶?

聞公訃,遭家多難,莫奠一觴。緬想平生,我心缺如也!

祭冢宰羅整庵先生文

嗚呼!先生稟天地之浩氣,鍾海岳之精英,得孔、孟之正學,當弘治方升之日,應時而起,以鳴國家之盛,如龍馬出河,鳳凰鳴岐,其生也可謂有自來矣。列官侍從,出入詞林,接虁、龍於玉署,講堯、舜於細斿,君有仁聖之名,民享昇平之福,其出也可謂有所爲矣。既而位登八座,晉宰銓衡,實吾道大行之機,丈夫之志願而不可必得者。先生意有不樂,即奉身而退,屣脫軒冕,如鳳凰翔於千仞,使人可望而不可及,與鐘鳴漏盡夜行不休者,豈可同日語哉?先生既退,掩耳時事,葛巾野服,日與田夫野老相忘於雲山野水之間,若素未有名位者,其視富貴真若浮雲之過太虛。日與聖賢相對,讀人間未見之書,發前人未發之蘊,其志蓋欲與古之不朽者爭名於百世之下,豈與瑣瑣者較優劣於一時哉?去聖既遠,正學益蕪。務記誦者掇糟粕而失道腴,攻文詞者騁枝葉而忘本根,尚玄虛者淪空寂而寡實用。其有欲拔出乎三者之表,則又厭同喜異,駕僞亂真。自謂繼絕學於孔、孟,不知自蹈於楊、墨;自謂揭日月於中天,不知自作乎雲霧;自謂追蹤於往聖,而不知不齒於鄉人也。先生爲此懼,諄諄然力與之辯。杞柳、湍水之論,雖未能倒告子之戈,而仁義人性之篇,蓋已立孟氏之赤幟矣。故嘗論先生之世,射策危科,有二蘇之遇;正學以言,無公孫之曲;急流勇退,有二疏之智;杜門著書,有董子之恬;樂天知命,有淵明之達。闢佛似昌黎,而不感《二鳥》之光榮;詞賦似相如,而無《封禪書》之槧③。佹若先生者,豈非千古之人豪也與?

元生也後,遇先生也晚,視先生若泰山喬嶽,願學而未能。獲聞先生之論於《困知記》中,雖嘗潛心玩味,尚未能深入其閫奧。"理"、"氣"之教,未能領畧,固將俟他日之長而卒業焉,而先生忽作古人矣!嗚呼!道心惟微,異言易熾。宇宙茫茫,知己難遇。主盟吾道如先生,已不可作,小子煢煢,將何所恃以立耶?梁月顏色,不爲故人。憶羹牆每見,重爲吾道哀也。

從得先生之訃,關河阻遠,雞絮莫奠。歲月幾易,我心缺如。兹緘辭千里,仗親友之力,聊寫我哀。先生有知,尚其鑒之!

祭同年倫白山祭酒文

嗚呼白山,何爲而遽歿也!天之生賢,有才者未必有德,有德者未必有學,有學者未必有位,有位者未必有壽。每不能兼之者,或當世運之否,或當地力之偏,皆非偶然也。《大人》獻賦,飄飄凌雲,相如之才非不美也,臨邛之琴則行毀。免冠遠遜,諫議復徵,貢禹之復,非不清也,節儉之疏則寡學。正誼明道,仲舒之學正矣,江都出相,而位則不滿。名籍龍虎,歐陽詹之達早矣,四十夭殁,而壽則不足。若是者,其當世運之否,生民不得被其澤耶?抑生於遐方僻壤,拘於地偏而禀不全耶?嶺南自三國以降,天荒漸破,如張文獻、余忠襄、崔清獻,則禀其全者也。自餘則無聞焉。嗟吾白山,不能使人無遺恨也。

先生穎悟之資,超然出群。童髫出語,已驚長老。年方弱冠,即以文章魁天下,其才可謂美矣。德性易良,持身恭謹,言如不能出口,喜怒不形於色。父子兄弟,位皆通顯,不以富貴驕其鄉,其德可謂盛矣。博通群籍,窮究淵源,父子、兄弟自相師友,不立門户,而世之立門户者,不能過焉,其學可謂正矣。一舉成名,占籍翰苑,入輔春宫,出師國學,公輔之位,可以立致,所謂富貴逼人也。夫何一疾纏綿,卒以不起,僅及中身,而壽卒不足耶!豈非嶺南地氣散分於諸賢,先生不得禀其全耶?

希元生也無似,叨居榜末,獨辱先生之知。金臺聚首之時,握手論心之際,其所相許與相期待者,不在諸公之下。無何,希元自作不靖,落職欽州,負先生之知,而先生不以爲負,其見之文字,所以崇獎而進與之者,殆不以古人爲讓。於是見先生之高,不以勢位爲輕重;於是見先生之厚,不以盛衰爲冷暖。百年知己,海内幾人?

每想音容,羹牆如見。關山脩阻,無由致哀。千里緘辭,臨風潸淚。先生有知,尚其鑒之!

祭盛程齋宗伯文

惟公鍾嶺海之秀,爲百粵之英。發解秋闈,榮登黄甲,列官翰苑,望重一時。蟬蜕汙濁,養高林壑,若無意當世矣。及乎遭盛世,步亨衢,司納言,職風紀,冲天之羽方振,明夷之翼忽垂。井渫不食,行道戚焉。幸而蒲輪再起,際會風雲,旋登八座。天下方望其有爲,以慰蒼生之望也,夫何所用非所養,平生之志竟弗及酬。山林之念雖切,未敢脱口,天下之人以此致疑。在希元則知先生緼袍榮於曳玉,飲水甘於列鼎,決不詭遇以冀丘陵之獲也。既而再疏請老,拂袖歸山,靈龜之志,足以自明。方將跨蒼龍、乘白虎,追子房從赤松,超乎萬物之表,與天地同久也。無何,玉樓之召忽至,瑶池之會不及赴矣,豈天地大數終不可逃耶?抑攢簇合和之道未至,造化未能奪耶?

予生也後,素仰先生令名,恨未識荆,幸視學嶺表,物色先生之子孫於稠人中,始獲先生之厚知。未幾,金陵聚首,契義愈敦,意氣相許,欲共有爲於天下,以濟斯世於唐、虞也。而力不逮心，事不從人，希元屢經憂患，終於沉晦。先生晚雖遭際，亦竟不能大行其志矣。豈榮枯顯晦繫乎天，非人所能爲耶？抑時當陽九，斯世斯民不得蒙至治之澤耶？雖然，先生雖歿，不歿者存。文章足以華國，忠孝足以輔世，耍子耍孫，簪紱相紹，科第蟬聯，慶澤流於百世，聲聞垂於無窮。是先生雖歿而不朽也，又何恨乎？

往嘗通書門下，尚未得報，而先生之訃忽聞。心神隕越，江山脩阻，無由縮地。緘辭千里，聊寄一哀。先生有知，尚其鑒之！

祭宋太府林少卿文

惟公生當宋室隆盛之時，負卓偉之才，抱經濟之學，發迹賢科，立功王室，澤及生民，名登外史。没葬此山，祀在鄉賢。無何，門祚中衰，子孫散處，居宅隨爲郭氏所據。夫天地，吾人傳舍也，尚不能長有，而况居宅，殆無足恨，而墳墓乃爲所毁，使子孫睹離黍而興悲，行人望荒臺而洒淚，是則可恨也！

嗚呼！生能保其國，没不能保其家；生能庇其民，没不能庇其遺體；能使郡縣有司春秋俎豆，不能使鄉里豪強存其抔土也，言而至此，益可恨也！夫死者無終極，國家有廢興。以秦皇之園陵，而不免於牧竪；以宋帝之諸陵，而不免於胡僧，此英雄之所隕淚！我朝律例，特重先賢墳墓之禁，蓋有見於此也。今封丘數尺，鄉人咸曰"林少卿之墓"，亦有曰公墳在郭氏園中，草堂已毁，今所存者郭氏所詭以塞人言耳。嗚呼！真耶否耶？果然，不亦酷耶！

自公塋域之廢，有夜見幞頭紅袍散步於園中者，有夜見幞頭紅袍危坐於堂上者，驚傳以爲怪。元曰："此公之英靈也。"蓋自古魁雄奇卓之士，禀賦厚，用物宏而取精多，其氣皆久而弗散。不幸橫罹事故，至毁其形迹，其性不得其所歸，不激爲妖風怪物，必顯其靈見其異，以洩其不平之氣，如晉之申生、齊之彭生、鄭之伯有者，往往有之。公生於趙宋，於今四百有餘年，其氣猶未散。墳墓發於豪強，體魄被毁而神魂無所歸，宜其憤激不平而時顯靈見異於屋梁星月之下也。

寺丞林希元生後於公五[百]年，大理一陪，通政一推，中丞未蒙俞可。一夜夢公被髮④，水溢其穸，厥色灰白，而官隨謫，繼以廢居，始知祖孫一氣有以相通，顯晦者以相關，非偶然也。兹率子孫，具牲醴，望荒丘一祭，并以情告。願公英靈益顯，陰扶默相於冥冥之中，務使墳墓可復，神魂有歸，則公憤激不平之氣可洩，而子孫元等之責亦盡矣。

公神在天，鑒此血誠。尚饗！

祭戴梁崗都憲文

嗚呼梁崗，予與先生相期，將無所不至，而何竟止於此也！先生少予七歲，發科先予三年。先生自刑曹轉銓部，即爲顯宦，贊政西臺。予廢居林下，起佐外臺，由提學轉丞南北二寺，亦忝九卿末議，遂與先生相好。無何，並遭讒謗，廢居林下，相處一十八年，交情益篤，書問時通，尚祈朝廷終不廢，可以展其平生，而何先生竟止於此也！

先生聰明過人，學雖未積，而聞道甚蚤。故宦轍所至，籍籍有聲。在銓衡，則欲爲國家得人；在大理，則期民無冤。治河則順水之性，不以鄰國爲壑。在遼、薊，則嚴邊關之防，虜不敢入境。在鄖陽，則善保釐，三省邊民，不敢竊發。至於刑名之精練，政訟之平理，當世君子未能或之先也。又嘗考先生之議論，於天下之事先後緩急之序，綽有條理。讀先生之詩文，清新溜亮，自成一家。使得盡見之設施，當爲國家致隆平，夫何遭讒廢居，而竟止於此也，豈非生民之不幸與？予不自揆量，亦欲爲國家致隆平，而旅進旅退，偶同先生，亦豈生民之不幸與？

嗚呼，先生已矣！而今而後，懷抱向誰盡？疑事向誰問？患難向誰相救？寧不可痛之甚與！嗟乎，大鈞播物，參差不齊，或富而陶、朱，或貧而原憲，或貴而伊、呂，或賤而屠、賈，或壽而彭鏗，或夭而殤子，皆天所賦，而造物初無心也，亦安之而已，又何恨乎？予觀先生有子九人，皆千里名駒，青雲偉器，箕裘之紹，當必有人，又何恨哉？

瓣香杯酒,聊寫我哀。先生有知,尚其鑒之!

祭何沅溪司寇文

嗚呼!同年三百六十人中,會甚頻而情甚疎者,踵相接也,會甚疎而情甚親如吾沅溪者,不得數人也,豈非情之厚而德之盛與?蓋自尊翁石湖公謝世,先生奔喪,一會於留都。予謫守廉、欽,起官海北,被劾來歸,會先生於江右。二會之外無再也。然予家居,被枉於當道,訴於闕下,當路沮焉。先生為予求之者凡十次,始得一行。此雖平生屢會者不肯,在先生不可爲厚德與?

先生英明之才,練達之識,起江右,不十年,入贊內臺。轉司邦禁,聖天子依毗。年未艾而即乞身,急流勇退,已出人數等,當世高之。使先生久居人世,與洛下諸老結會耆英,優游飲酒以樂天年,有何不可?乃僅踰中身,忽然而逝,何天奪吾沅溪之速,不善人之祐耶?

先生既歸,與元書曰:"欲相見當於地下。"予謂一時之戲語也,豈知遂為終身之永訣也耶!先生盛德重望,予意必蒲輪再起,掌握鈞衡,佐天子以振平明之治,以慰蒼生之望,元林下或得以承餘庇也,胡一疾而遂不起耶?嗚呼!江山阻遠,無路可通。幽明永隔,無由可達。條繾綣之微衷,寄馨香於寥廓,料公神其猶在,尚彷彿其來嘗耶?嗚呼!仰塗山之巍峨,與兩浙之浩波,懷先生兮不可見,悠悠餘恨,何時而已耶?

嗚呼哀哉,尚饗!

祭李古冲冢宰文

嗚呼古冲,何為功業未就而忽然上仙也!古之君子有用世之才者,或不遇時,如賈誼之傅長沙,如仲舒之相膠東,固可惜也。有遇矣,或沮於讒邪,如陸贄之沮於裴延齡,司馬光之沮於蔡京,又可惜也!無所沮者,或沮於壽命,不得行其志,如諸葛亮祁山之功未就,營中之星已隕;如宗澤伐北之師未捷,天上之箕、尾已乘,是尤可惜也。嗟吾古冲,稟甌寧之秀,為豪傑之才,發跡[5]名科,讀書中秘，入贊天官而不驕，出理郡縣而不以爲屈。諸難歷試，遂贊外臺，督理鹺政。廣東鹽户遭黃蕭之亂，人去額存，没亡過半，虚累鹽户，又各逃亡。予承乏鹽屯，思鹽丁之不可虚累，查新生續長之可補逃亡，疏奏户部准行。予已改官，此奏遂束之高閣。十年之後，公理鹺政，遂舉而行之，去宿弊，更新法，百六十年積弊，一旦廓清。東廣鹽丁如田之有禾，如獵之有獸，公之有大造於民也如此。既而入教南雍，上佐吏部，遂進天官，權衡人物，如冰鑑無私。天下方拭目以睹清平之治，此可謂遇時，非如賈誼之傅長沙，仲舒之相膠東矣。速化之徒，妄求超遷，公執不與，遂致反噬，被逮詔獄，此何異陸贄之遇延齡，司馬之遇蔡京也！幸而罪人斯得，聖心已悟，公可反初服也，乃忽然上仙，何異諸葛之隕大星，宗澤之乘箕、尾也耶？嗚呼痛哉！

予叨與公同年，公之志之才十倍於元，元官不能如公之大用，然志小謀大，輒爲群小所沮，如賈誼之遇絳、灌，仲舒之遇公孫，將來之事，尚未能如諸葛、宗澤之得行其志，抑將挫折如二公之不遇乎？

瓣香杯酒，聊寫我哀。公神如在，尚其鑒之！

祭劉南郭提學文

嗚呼南郭，何爲而遽歿也！子年十一從予遊。子聰明夙成，予不授以科舉常套，惟授以古人書，而子輒能領解，故出語輒驚長老。予舉丁丑進士，官南大理，與堂官争論刑名，謫官泗水。甲申，棄官來歸，得當世名士文章，輒收而藏之。乃翁二檜公以子所作示予，謂人訝其野，予驚其不群，因以平生所得授子，又以小孫學顔與子結婚。子以不世之才，兼予之所授，用於時文，百年文體，一時丕變。戊子四月北上，方與子别，四月之間，即發解八閩，名公如渭崖公，爲子播揚，子之名遂震於天下。己丑會試，渭崖公以子試卷與張羅峰争榜首，欲置子第二，渭崖不肯，留待後科。壬辰，子會試北上，予丞南大理，以書戒汝，文毋過高。汝然予言，竟得一第，然天下已知有南郭矣。夫官之結果不在於科第之高下，顧自致何如耳。子賦性剛直，詳刑湖郡，當道將處以清要官，爲時所忌，僅得刑曹。未幾,督學荆湖。督學美官,亦可自致也。夫何一疾告歸園林,無當世之志。天下方仰其清高,胡一疾延綿而遂不起耶？子之才可卿可相,而止於五品官。子之年可期可耄,而止於五十八。是何天與子才而不大子官,與子福而不與子壽也？嗚呼！造化無全功,人無全福,自古及今,如賈誼、歐陽詹者,尚多有之,奚止吾南郭耶？嗚呼！子之才雖不顯,而文在天地間,則有顯者存；子之身雖不壽,而文在天地間,則有壽者存。況而子而孫,岐嶷俊偉,皆千里名駒,青雲偉器,必克紹箕裘,克光前烈,又何恨耶！

瓣香樽酒,聊寫我哀。英靈如在,尚其鑒之！

【校記】

① "汨",原作"汩",形近之誤。今據文意改。

② "憶",原作"惜",蒙下文"昔"字而誤。今據文意改。

③ "藁",原作"橐"。（漢）司馬相如《封禪文》云:"傲麋鹿之怪獸,藁一莖六穗於庖。"《索隱》引鄭玄注:"藁,擇也。"今據改。

④ "髮",原作"發",音同形近之誤。今據文意改。

⑤ "跡",原作"趾",形近之誤。今據文意改。

林次厓先生文集卷十六

祭　　文

祭陳紫峰先生文

嗚呼紫峰，天之生才，趨向不同而成就亦異，不能一律齊也。要之，各行其志，各安其命，於道無害，是則安身立命之地也。寇準、張浚委質宋室，致位卿相，佩社稷安危於一身；而魏野、雲卿則自食其力，决渠灌蔬，屢援之而不就，趨向何其不同也！蕭何以三尺法而爲漢相，張良以三編黄石而爲帝者師；賈誼流涕痛哭，政事一疏，多裨漢室而屈長沙，董仲舒《天人三策》，達性命道德之原而屈江都，成就何其不同也。然寇、張二公爲宋名臣，而魏、蘇二子亦不失爲宋高士。蕭、張功業赫奕漢室，而賈、董聲名尤高於後世。顯晦成敗雖有不同，皆志命不違而於道無敝，豈可以優劣論哉？

嗟吾紫峰，予於是重有感矣。先生禀豪邁之資，加獨得之學，微言探理窟，高論裨殘經，方在韋布，名振儒林，藩臬鉅公，分庭抗禮，亦一時之榮也。春闈脱穎，獨先天下，縉紳推讓，盡謂公卿可立致，而先生乃屢求退，自北部而乞南，又自考功而告病。陶情詩酒，留戀林皋，民生休戚，不入於懷，當世理亂，付之不知，其與魏、蘇爲侣，而寇、張二公，獨不入其胸次，趨向可謂不同矣。以先生之才之望，使一出而見之事功，上之則爲伊、傅、周、召，次之當爲韓、范、富、歐。而先生乃屯膏不施，井渫不食，生民不蒙其澤，宇宙不見其功。江右督學之命，斯道大行之機也，而竟以疾辭。上之既不爲伊、傅、周、召，次之又不爲韓、范、富、歐，是何所就與人殊與？雖然，士君子欲立身宇宙間，顧所存何如耳。所存苟善如魏野、雲卿，皆足以自立，不問隱與顯也，顧所就何如耳。所就苟有如賈傅、董相,皆足以自立,不問大與小也。先生發身科第,列職中朝,急流勇退,當世不得而予奪,輿論不得而非毀,其所存如此。蟬蛻污濁之中,清風高節,足以廉頑而立懦,其所就如此,豈不足以自立歟?況太上立德,其次立功,其次立言。先生之《易通典》《淺說》,學者傳誦以爲法程,蓋棺事定,殁祀於鄉。是先生身雖晦而道則彰也。雖不致位卿相,立功宇宙,曾何歉乎?

予與先生生同鄉,學同道,仕同年,始也相同而終乃大異,慕伊尹之任而失伯夷之清,學史魚之直而失寧武之智,遂致跋胡疐尾,坎坷終身,三仕三黜,凡百無成。至是始知先生之高如神仙中人,可望而不可及。而予三十年中,東西馳逐,風波歷盡而蘗孽旋生,竹帛莫垂而身名不保,進退無據,彼此兩失,視先生寧不大有愧哉?自留都一別,忽覺二十餘年。海北歸來,每擬與先生連牀對榻,談論數日,以盡平生之歡,而今乃不可得矣。幽冥兩隔,相見何期。斗酒瓣香,聊見予意。

先生有知,尚其鑒之!

祭王一矑先生文

嗚呼一矑,吾方望子以有爲,子何爲而遽死也?先生有高明之資而不淪於卑污,有自得之學而不滯於章句,有絕俗之行而不混於塵垢。平生志尚,先憂後樂,一跌南宮,遂即韞匵。其恬退之風,足以廉頑而敦薄,視夫鹿門、谷口之賢,又未知孰強而孰弱也。飲水飯蔬,談道讀書,門人學子,炙其規範,聽其議論者,人人自以爲得師,乃知當世之顯顯者,曾先生之不如!使先生充其所養,假以年數,焉知物色之無人,經綸之不可盡布?胡一疾而遽死也?

元也晚起海濱,寡徒鮮侶,輪崗講學,惟二三子一得之愚,未知所主。先生獨忘形投交,寄聲相許。乃知心有同然,人有相似。恨隱顯殊途,弗克相與以從王事。南國薦書,志在連茹。何機會之未成,忽蟬蛻而仙去?

嗚呼!英雄已矣,吾道益孤。古今共痛,寧獨一矑!京國聞訃,撫棺無路。萬里緘辭,有淚如雨。先生有靈,尚其鑒之!

祭陳伯龍廷評文

嗟嗟伯龍，竟止此耶！似子之才，世亦有數。如柳善書，如良善御。大用可期，天奪何遽！憶昔同登，子年最富。春風得意，余幸先汝。備位廷中，會子一遇。逮子來官，我已去泗。棘寺聲名，林下遠慕。既幸重來，子復病去。邇喜相逢，從容未叙。云何一疾，臨訣莫語？往聞廼疾，實伊母①故。以死傷生，孝哉良苦。吉人不相，天也何誤。人生一世，無金石固。所惜英雄，經綸未布。自古有此，汝可勿怒。雲山千里，靈輀就路。

臨風一薦，兩淚如雨。英靈如在，鑒此衷素！

祭友人顏一孟文

嗚呼一孟，豈非卓異之士哉？

先生早業覓舉，已升名場屋。親老家貧，棄所業，事筆耕以養其親，不復以進取爲念，其志可謂加人數等矣。書田所入不爲不厚，然不植產業，一有所得，輒分兄弟之貧者，不旋踵而空，又不免稱貸於人。明年復如之。竟以是取窮，終其身而不悔。其行如此，夫豈以纖利入其胸次耶？

夫自刀錐以卜，人之所必爭，故以子貢之賢，而一介不假。書田之利，豈止一介？盡舉以與人，又不但假之而已，然則先生不賢於子貢乎？今人出百里外，必呼妻子與別，叮嚀告教，至再至三，縷縷不已；若出千里之外，則又別矣。當生死之際，渴於妻子之一見，雖犯風波虎狼之險，亦必冒以赴之而不避。先生館予家塾，疾病延綿者閱月，予欲亟昇歸與家人別，先生弗可。一子諸姪在側，無一言囑以後事，亦不囑予以子若姪，其剛腸又如此。夫豈臨死悲哀嗚咽，戚戚吁吁，嗼嗼不能已，爲兒女之態者哉？

先生賦性質直，面折不容人過。予生疎拙，動招悔尤，常賴其箴規，得以免於罪戾，先生固予益友也。予遊仕四方，延先生於家塾，託以子若孫。先生侃侃不阿，俾予子孫畏憚而不敢肆，予家賴之，是先生又予家社稷之臣也。嗚呼！若先生，能可復得哉？

夫爲人若先生，天之相報，宜何如也？先生之善既無以濡其身，而其子又不能繼父志，至不能自立，天之待先生何其薄也！嗚呼！貧富貴賤，死生壽夭，莫不有命存焉，而人之智愚賢不肖，則不係於是。是故原憲之貧，顏回之夭，比之季孫之富，盜跖之壽，曾不以此易彼，而先生又何嫌哉？

歲月其邁，忽焉三秋。喪服既除，音容益遠。望西風而一薦，徒有淚其漣如。尚饗！

祭亡友陳仕任文

嗚呼仕任，遽至此耶！子方得疾於省，吾惟子不得歸是憂。既歸，吾不復爲子慮，意俟十月當來相見，詎謂遽至此耶？子與吾俱不得志於有司，約俟秋再戰，至期不過家而行，一日走百餘里，志何壯也！及疾作引去，吾意吾仕任此去，俟三年復來，必不可當，詎謂遽至此耶？子之疾也，吾來問子，子迎謂吾曰："希元來，予何如？予昨疾得異夢，卜之矣，不大勝則大敗。予屬疾弗克進，而病轉不加瘳。噫！吾其死矣乎？"斯言也，吾以爲浪言也，果以爲實言乎！子詩聲早振，同輩讓先登，臨戰輒敗北，受制於天也已酷矣，又不獲年而死。造物者竟何如耶？嗚呼！李將軍之無成，固豪傑之士扼腕而流涕，讀長沙之賦鵩，又何如其爲悲！子有老母，何以慰之？子有先志，誰復承之？子有兄弟，又曷望之？寡妻幼子，夜雨孤燈，薄田敝廬，曷免飢冷，則尤可傷也！

元忝窮交十餘年，義則斯文，情實骨肉。我有飢寒，子實相恤。我有過失，子實相規。我有患難，子實相救。百年之道義，惟恐動心割席於富貴之紛華，遽謂一豎之作妖，遽成先生之永訣耶！嗚呼仕任，舍予而去此，其何之乎？吾聞英雄之氣未發洩者，終不可死。仕任之軒昂磊落，得於天者，平生不得少吐，今之死也，其能遽泯沒耶？意其融結爲金玉、爲珠瑰、爲玳瑁、爲珊瑚，以充當世廟堂之求乎？抑將爲菖蒲、爲大黃、爲硃砂、爲甘草、茯苓、琥珀，以充杏林延年養生已疾之用乎？抑其化爲九淵之蛟、大海之鯨，呵雲吐霧，倒海蔽空，以洩其憤乎？

抑其化作杜鵑，哀風泣月，以盡其哀乎？嗚呼！仕任已矣，余又何求？而今而後，耳不聞規戒之音，飢寒困苦，不聞相恤之語，感於世，喜怒欣戚，憤鬱無聊不平，又孰與握手論心，以吐其氣乎？而吾之勢亦孤矣！

雖然，天地藐藐，古今悠悠，一年孰短，百年孰脩？自一時而觀，則吾仕任之夭者爲可痛，自萬世而觀，則腰纏十萬，跨鶴揚州者，皆安在焉？故吾之哭仕任者，又不爲兒女子之態，惟收拾其遺書，以教其子，掇其遺言與行，以誌其墓，千載之下，使人知有仕任，此則予爲人友者之責也。嗚呼痛哉！

山川伊阻，哭則後時。予衷予素，子實知之。隻雞斗酒，格我於堂乎！

祭同年郭澄卿文

嗚呼澄卿，子何爲而遽死也？憶昔泗水辭官，過舟姑蘇，朋友有相舍而去者，子獨周旋不舍，貴賤交情，於斯始見，中心藏之，實未忘也。後起廢北上，見子三山。時子憂居，臨別教音，今猶在也。既而赴官留都，倉皇過芋原，不及一見，徒爾寄聲，子已廢居，實予深念，力莫汝振，徒付之無可奈何也。今予負罪南遷，復過芋原，子則云亡，欲與子相見，不可得矣！自甲申至今十二年，中與子僅一再見，予得喪升沉，蓋亦相半，將來未卜何似，子則一斥不復，遂至於死矣。人生萍梗，世事浮雲，烏得不動念哉？似于之才，世小有數。昔宰人邑，如破竹裂繒，不見齟齬。竟子所至，如清廟明堂，可爲棟柱，胡蒼蠅一起，白璧遂汙，而窮廢以死也？子之得謗，予不知其故，無由爲子辯。然即子之平生，聰明特達，忠厚惻怛，意其豪放，不拘小節，或有之，必不至狼狽若人之言語也。雖然，毀譽得喪，末事也。禍莫大於夭死，福莫大於有子。子四十無子，忽死於夭，吾每痛子之薄福，恨造物者之大酷也！茲遺腹呱呱，幾絕而續，是天奪子之年，而不奪子之嗣，子之所得已多矣，又何問乎富貴聲利哉？

嗚呼！盜跖長年[②]，顏回不壽，自古有之，吾澄卿可無恨矣。吾聞自古豪雄卓偉之人，抱憤恨而死者，其不平之氣，不激爲風霆，則鬱爲旱霧，不顯爲神明，則變爲鬼物，吾澄卿安知其不此也耶？元也山林再起，迂狂如昔，妄意談兵，邊方再謫。感長洲之夙愛,思報李之無及,想音容於九泉,徒有淚其填臆。

瓣香盃酒,聊寫平生。子如有知,尚其鑒之!

祭門生卞子登舉人文

嗚呼子登,何意子遽死也!昔吾備屬南廷,子與諸子執經相從,於時師生之義雖定,未見子情之至也。繼余以罪謫官,行槖且罄,子不遠數百里冒風雨相問,捐囊爲資,於時雖見子情之至,猶未也。繼余泗水辭官,待命淮南,歸囊益罄,託妻子於子,子左右周旋,不使凍餒,又資吾行,從者不病,至是始見子情之至。恨余學粗淺,當日未有長益,予領子之情,未有以報,而增以愧也。余既家居,子音問時至,益念之。自分終伏海濱,重會無期。幸君相至仁,起官而北,瓜州再晤,真若更生。嶺南又別,倏忽二秋。每捫心神,恨無風翼。茲幸備丞南寺,方喜聚首有期,懷抱可盡,何意子遽死也?

嗚呼!子未有嗣息,後事莫續,未可死也;子功名未終,平生事未了,未可死也。子家數世同居,忠朴有餘,禮文未備,方待於子,未可死也。未可死而死,天何奪子之速也!余昔棄官南歸,子送我至姑蘇,身有宿疾,竊爲子憂。既而,子乃無恙,則喜。昨在嶺南,聞子前病時作,復爲子憂。既又自解,子當無恙如往時,何意遽至此也?嗚呼!子今已矣,吾復何爲?惟爲子立嗣而教之,使子後事有託,護持子家,使子一門父子兄弟義聲不墜,是則吾之所以報子,子亦庶可以自慰也已。

南來聞訃,五内崩傷。繫官咫尺,莫之能至。因遣屬吏,薄致我私。子如有知,尚其饗之!

祭長泰亡婿沈茂才文

嗚呼茂才,其生也何其奇,其死也何其悲!子年三歲,即爲吾婿,吾女不幸夭殁,予歸自南粤見子於丹霞,感念吾女,流涕不已,不忍子舍,因以次女爲續。子年差長,吾女待年未及,婚事乃遲。待年既及,婚事屆期,卜行有日,而子忽下世矣。嗚呼，痛何如哉！

　　吾子天資穎悟，志氣不群，筆下清新而無塵氣，鏗鏘而有餘音。一入學舍，即嶄然露頭角，盡謂蛟龍得雲雨，終非池中物也。秋闈入試，中場折北，謂萬里霜蹄，一時暫蹶耳，胡一疾而遂不起耶？嗚呼！上天生才，必有其用，子才堪濟世而用不及，可恨一也。人生一世百歲，否亦中身，子年止弱冠，可恨二也。男女配偶，人道始成，子當婚而歿，竟無儷偶，可恨三也。人有子孫，後事始續，子未婚而無嗣，身後寂寞，可恨四也。七十老父，視子終養，而中道失望，可恨五也。嗚呼！彭祖曷壽，殤子曷夭？石崇曷富，原憲曷貧？蓋上天生物，一氣賦予。脩短窮通，隨其自取。如雨水於地，或漲江海，或足梧桮，或發井泉，或增溲溷，大小汙潔，隨其所值。彼蒼無意，抑亦莫之能力也？吾子亦安於此而已，又何恨哉？

　　予與吾子續婚十七年，歲時遣問，往來不絶，事同一家，情若父子，忽焉中斬，於情何如也！天高地厚，衷曲莫訴。觴酒豆肉，聊寄一哀。吾子有知，尚其鑒之！

安南歸四峒侵地祭告朱簡庵都憲文

　　昔黎利造變，鎮夷失利，宣宗皇帝用二楊之議，棄交趾布政司，欽州民黃金廣、黃寬、黃建、黃子嬌以貼浪、如昔二都漸凜、古森、了葛、金勒四峒之地叛降安南，交人以貼浪之地置新安州，又移萬寧、永安二州於如昔以鎮之。正統五年，先生以英宗皇帝之命，奉璽書率三司至時羅都登灘凌山建旗揭榜，招黃金廣等不至。先生忠憤激發，見之詩詞，或諭或責，或有感，或述懷，今其榜文與詩詞固在也。

　　黎氏既衰，其臣莫登庸因而篡奪，朝貢不通者二十餘年。元以遼左之事謫守欽州，州民屢以四峒之事告。元考求本末，而先生往日之所爲蹤跡具在。方欲尋先生之故業以畢先生之志而無由。適今上皇帝議興安南問罪之師，元乃具其事以聞。幸而聖上嘉納，特敕兵部看詳。已而授元憲職，備兵海北，遠募閩兵,交人聞風震恐,願以四峒之地送款奉歸,是先生未畢之志而今畢之,英宗皇帝未復之命而今復之,九泉有知,想先生必欣然喜,躍然起,馳報我英宗皇帝於天上,續往昔之詩詞,以釋曩時之遺恨也,豈非快與?

兹錄交人題疏降本及元和先生詩詞,遣友人邱賓以特牲告於先生,先生其鑒之!

祭張說、吕祖泰二寓賢文

惟兹欽州去京師萬餘里之外,地盡南海,境接外夷,瘴癘時興,風氣殊別。刺史多不之官,而二先生一則不黨邪害正,一則扶正嫉邪,並忤權奸,播遷於此。元來守是邦,目擊鴻跡,心切斗仰,爰即群情,議興祀典,僉謂曰宜。乃以八月仲秋,祀二先生於欽之分司。初到造次,未及建祠,蓋有待也。

嗚呼!自古奸臣賊道逆天,傷人利己,俾忠賢流落萬里之外,一時自以爲得計也。卒之事傳青史,臭遺人間,而忠賢者高風巍節,乃獨伸於百世之下,使人聞風而起敬,覿德而尊祀,如二先生者,卒何負哉?

瓣香杯酒,見此彝衷。九泉有知,尚其鑒之!

至欽謁先師孔子文

昔夫子生周季世,慨道不行,欲居九夷。或曰陋,夫子曰:"君子居之,何陋之有?"今天下冠帶之國,不問海内外,罔不崇尚夫子之教,廟祀有嚴,固不待夫子身居其地而已化其陋矣。欽州在古亦荒服之地,今固冠帶之國也。而人才尚爾落寞,風聲文物,猶未能齒於上國,下鄉邊海之民,或蓬首跣足,野衣火葬,鄙野之甚,未盡率於禮教。是皆爲民牧者,不能推廣夫子之道,以教此邦之民致然也。

某叨承上命,來守是邦。兹率其父老,恭謁廟庭,將與諸父老率其子弟,共興教化,使欽之民風土俗,從兹一變,聲名文物,彬彬然齒於上國。而才單力薄,不知終能否也?夫子在天之靈,其默相之。

謹以潔牲,庸申祭告。尚饗!

欽州去任辭先聖文

希元素服夫子之教,竊不自揆,欲以夫子之道施之天下。入仕餘二十年,寸尺無成,追想平生,寸心良負。往因言事落職,備守欽州。又不自揆,欲宣揚夫子之教於邊方,用夏變夷,以酬夫子昔日居夷之志。歲月其邁,忽過三載,而才疎意廣,復爾無成。諸生雖知向方,而未肯盡力於學。民間子弟雖稍知詩書禮義之教,而未底於成。頑冥梗化之徒,雖稍知革面,猶未能革其心。是皆希元不能成夫子之教,有負於夫子也。雖然,勤勞三載,寢食俱忘,精力爲衰,毛髮盡變。希元之功雖無可錄,其志亦可哀也。夫子不云乎,"知我者其惟《春秋》乎,罪我者其惟《春秋》乎"?希元於今,亦竊自云。

謹以牲醴,庸申辭告。夫子在天之靈,尚其鑒之!

至欽祭城隍文

元筮仕二十年,夢寐不到欽州。聞欽州接壤安南,每遇人談安南之事,有起予者,故恒於欽注意焉。兹以遼左事謫守此邦,是固祿食有方,又焉知非志至氣至,造物者之於人,或將有所授耶?君子身之所至,必有以化一方之人。昔蘇子瞻謫南海,以氣節文章化其民,瓊海今爲文物之邦。欽江固非昔日之瓊海,元也才不逮蘇,而私竊有志焉。不知異時之欽江,能爲今日之瓊海否也?惟神典司此土,教化均有責焉,幸以助我。

謹以潔牲,庸申祭告。

起官廣臬祭城隍文

元自戊子之夏授官廣臬,歲月冉冉,於今十有三祀。回觀往時之事,如流水行雲,了無踪跡。回思一時同輩,離合聚散,得失升沉,歷歷可數,未嘗不悲喜相因而感慨繼之。乃者留滯天涯,首尾五載,起官廣臬,而復來謁神,豈天予食祿,獨在此方,夙數未盡耶?抑東廣之民於予有夙緣而未能舍去耶?憶昔來官吾廣,平生意氣,盡欲云云。今憂患備歷,凡百無成,精神意慮,鼓舞倦矣,恒恐官箴弗保,或負初心,朝夕兢兢,未知所處。

惟神有靈,尚其相之!

過烏蠻灘祭馬伏波將軍文

維公經濟奇才,倜儻雄度。草昧之初,能擇所事。平生樹立,亦足不死。馬革裹尸,氣橫霄宇。萬古標名,扶桑銅柱。灘頭鴻跡,奕其廟祀。臨風一薦,高山仰止。

祭漢馬伏波將軍文

嗚呼將軍,豈非豪傑之士哉?方草昧之初,雌雄未定之際,將軍獨識光武於人中③,委身相從,其識見可謂高人一等矣。既而陳謀決策,擒囂滅述,佐光武以成中興之業,其功不在漢廷諸臣之下。徵側作叛,群蠻響應,將軍提十萬之兵,犂庭掃穴,卒定交南,列④城郭井疆以奠居民,立銅柱以表漢界。去今千有餘年,邊民兒童走卒,猶知將軍名。然則將軍當與天地同不朽,謂非豪傑之士,其能然哉?自將軍去後,五百有餘年,交南復變爲夷。自宋而元不能收復,其間非無名臣猛將,然不能復將軍之業,於是益信將軍之爲豪傑,非人所能及也。我成祖皇帝收復交南,高出前古,張英國不爲無功,然不能收用豪傑,經理彼方,使交南之地,不旋踵而再失,於是益信將軍之爲豪傑,非人所能及也。我宣廟之初,議棄交藩,欽州四峒之地,反爲黎氏所有。往時將軍所立銅柱,因而陷沒百餘年,未之能復。

予奉命出守欽州,方復將軍之業。適聖天子問罪交南,予小子不自揆量,屢獻籌策。既而王師臨邊,逆庸震恐,送款歸地,是雖不能盡復漢、唐之故疆,將軍所立銅柱,亦既復矣。是固聖上威靈所致,想冥冥之中默相之力,將軍未必無之。

兹過將軍之廟，謹具潔牲，聊申祭告。交南之事，未知將來如何。倘被髮左衽之民，能復見漢、唐衣冠之美，事有所屬，將軍相之！

失官過烏蠻灘祭馬伏波將軍文

嗚呼！將軍以西州豪傑，從漢光武於草昧之初，發謀陳策，討囂滅述，翼成光武中興之業。既而滅側、貳，平定南交，立銅柱以表漢界，其功不在漢廷諸臣之下，卒之薏苡興謗，萬里不歸。夫功不蒙錄，信而見疑，自古有之，寧獨將軍哉？

希元强年入仕，志在國家，夙夜匪躬，願效犬馬。遼左之事，欲爲朝廷振紀綱，而反以得罪。交南之事，夙夜殫心，欲爲中國復境土，而反以釀禍，今以讒去矣。希元之功業，豈敢望將軍，而遭讒之事，有相類者，此元所以重嘆息也。然將軍之冤，有朱勃爲白之，今無朱勃，希元將誰望耶？拏舟東去，不盡愴然。

謹以潔牲，聊伸祭告。將軍有知，尚其鑒之！

辛丑至家祭祖文

希元承祖宗積累之德，父母生成之恩，束髮讀書，叨登甲第。竊不自揆，欲以平生所學施之當世，而生也不辰，動輒齟齬，官再謫而再起。入仕餘二十五年，兩歷京堂，再任臺憲，而官不能過五品，而今則以讒被黜矣。方其爲學也，專志讀書，田園不視，家業爲之盡傾。及其入仕也，心在朝廷與天下，不自封植，家計爲之不立。今之歸也，債負不能償，日用無所取，稱貸無所獲，亦已矣。而身爲大夫，家廟不能建，使祖宗神主棲於頹垣破屋之下，罪何如也！夫進不足以成君，退不足以成親，既不能忠，又不能孝，自古及今，如元者，能有幾矣！兹將杜門觀書，掇拾舊聞，著之簡册，内以教訓子孫，外以成就後學。竊謂士之不得志，修身見於世者，不知此志能遂否也？

謹以潔牲，庸申祭告。惟神有靈，尚其明保之！

辛丑至家祭告先人文

希元以父母生成教育之恩，祖宗積累之德，叨登甲第，入仕二十五年。

備員南寺，則以爲國守法被謫。起官東廣，晉貳棘卿，乃以遼東兵變被謫。海北之起，盡謂天道好還，故物可復，乃以安南事被黜。屢經坎坷，孼皆自作，在人或謂其可已，在己則見其當然。其是其非，天下後世，自有公論。茲惟温習舊聞，著之筆札，平生之志，不得施於當時，或可見之後世，是則分內當爲之事也。

謹以牲醴，庸伸祭告。九泉有知，尚其鑒之！

祭倫母宜人文

嗚呼！夫人其生也可謂盛，其歿也亦可以自安矣。予觀婦人，夫賢且貴者未必有子，子賢且貴者未必有夫。乃若夫子賢貴若夫人者，百不一二也。夫人作配越崗先生，以文章兩魁天下，馳聲翰苑。夫之賢且貴者，未有如越崗者也。三子並登科甲，一魁天下，一魁廣藩。子之賢且貴者，未有如夫人之三子者也，不其盛與？然元之重夫人者，不盡在此。當今之人，一子榮貴，其父子兄弟憑藉軼蕩，鄉里皆沉，使有三子，又將何如？予自入官東廣，問鄉士夫，至於倫家，寂然無聞，若無有也。其居鄉如此，非夫人之教乎？世有父子兄弟簪纓接武，高官顯仕，榮越一時，然家聲不樹，前光遏佚，使人見其子而傷其父。予觀倫氏之子如其父，弟如其兄，清白相承，文章華國，其立朝如此，非夫人之教乎？嗚呼！昔《魯論》記周八士，解者歸之有周氣運之盛。夫人連生五子，三子賢貴，二子雖未貴，亦積學有待，奚愧八士之母⑤哉？南粵在五嶺之外，風氣之開，視中州獨後。扶輿清淑之氣，積久未發，發必震赫宇宙，必有人當之。夫人父子、夫婦、兄弟之盛，其鍾扶輿清淑之氣，而當風氣始開之會者乎？人生百歲，終歸於盡。夫人春秋既高，其歿也亦與天地同化，夫復何恨？二子在朝，一子在告，以奉厥終，其福尤可謂全矣。

元與乃子叨居年末，尤切交親。江山阻隔，莫奠鷄絮。緘辭千里，聊寄一哀。

祭年嫂劉孺人文

維靈閨門毓德，柔靜專貞。母儀不忒，中饋復精。輔相君子，勵志窮經。卒業冑監,作判邊城。相從萬里,苦樂同情。朝夕贊助,宦績日增。方期百歲,琴瑟和鳴。云胡一疾,忽焉上升?年不中身,兒女未成。睠言及此,凄其涕零。

蘋蘩一薦,聊寫中扃。英靈如在,尚鑒斯誠。尚饗!

祭謝親姆文

嗟嗟孺人,産自名門。母儀婦則,克相夫君。斷機勸學,織錦成文。秋闈告捷,閥閱增新。春風失意,鏡鸞遽分。別不執手,歸空鼓盆。寓形宇内,曾不中身。僅遺一女,不見其婚。終天有恨,彷若朝菌⑥。曰予犬子,叨竊連姻。聞訃悲傷,有淚暗吞。睠用雞絮,薄薦溪蘋。

靈如不昧,尚鑒斯勤。尚饗!

祭許氏二僕文

昔在弘治,汝主翁許肇高與我先大夫共築麇圃埭岸。汝二人以主翁之命,泛舟運木,忽值風波,溺死於李安港,於今四十年矣。汝主翁與先大夫相繼物故,其田遂爲彭、郭二家所據,於今幸復故物。今汝二人以身死事,俱無嗣續。毀形滄海,神魂無歸,予甚憫焉。予聞橫死無歸者,其忿怒不平之氣,必激爲異物怪鬼而不散。聞汝時時爲祟,驚疑鄉人,於今歲久而猶未衰,汝之積恨可知也。今具牲醴,臨江祭汝。繼自今每遇春晚分收之期,祭報土神,許汝與食。汝其鑒之,勿復爲祟。尚饗!

哀　　詞

莊後峰哀詞

維年月日,友人林希元聞莊子後峰之喪,震駭隕越,哭莫爲聲,傷不盡情,爲詞以哀之。其詞曰:

伊鴻鵠之高邁兮,斯一舉而登天。胡羽翼之方展兮,忽垂翅而殞焉?知廢興之有命兮,夫亦安其自然。胡一旦而忽死兮,乃倒倒而顛顛?非彭生之散見兮,與二豎之爲殃,三孽合謀兮,已露鋒芒。爾獨用罔兮,謂保無傷。輕車以往兮,欲正彼疆。如蛾赴火兮,孰知其亡?

逮禍幾之發兮,如火若湯。進退維谷兮,四顧垣牆。前勿所往兮,後勿攸藏。升天無路兮,入地無方。翼無項伯兮,噲不在旁。百刃交發兮,畢集於躬。祈一死而弗獲兮,曷此生之敢望?嗟頃刻之難度兮,甘一刃其誰從?嗟萬鎰之玉體兮,獨罹此苦。曷羣言之交沮兮,而獨不顧?豈死生存亡兮,靡不有數?天固閉其衷兮,不與而悟。自古皆有惡死兮,奚啻一槩?商君車裂兮,韓、彭俎醢。俊臣甕炙兮,杲卿支解。彼或用法過酷兮,天速其敗。或以功見忌兮,或以忠遇害。爾何爲兮,備兹毒虐!君子死於盜賊兮,曾何足錄?雖百身之戕殺兮,争能汝贖?一人蒙恥兮,薦紳之辱。

嗟世道之愈降兮,人情莫測。虎龍交鬭兮,弱肉强食。此而可逭兮,禍曷紀極?端不可啓兮,漸不可積。意如逐君兮,嗣子囚執,俠纍罹盜兮,秦皇幾及。故聖人重履霜之戒,而君子有作俑之斥也。

嗚呼哀哉!

【校記】

①"母",乾隆本作"毋",形近之誤。光緒本作"母",不誤。今據改。

②"盜跖長年",乾隆本文字漶漫而補作"無兄盜嫂",於義不通。光緒本作"盜跖長年",與"顔回不壽"相對,是。今據改。

③"獨識光武於人中","人"后原衍一"人"字。今删。

④"列",原作"例",字形相近之誤。今據文意改。

⑤"母",原作"毋",誤。今據文意改。

⑥"菌",原作"困",誤。今據文意改。

林次厓先生文集卷十七

五言古

送行

勞君千里來,送君千里去。相送出東門,相看寂無語。惟願風送馬蹄輕,送到嶺頭雲盡處。

梧崗松,贈吳東湖亞卿

梧崗有孤松,千尋蔽日星。中有金石心,外作老龍形。霜雪不受變,四時長青青。相彼春夏花,欣懽各自得。豈無烟雨姿,乏彼風霜力。秋聲一夜至,零落無顏色。此松獨可慕,挺挺任孤直。一朝獲登庸,工師運斤斧。萬牛出深山,斲成樑與柱。文采耀丹青,巍巍飛棟宇。宮殿鬱九重,衣冠朝率土。人皆誇此松,稟賦原不類。我謂蒼梧山,一代王氣至。天荒破千古,生材豈不異?徂松與新栢,從此無專美。

出龍江回望京邑,懷舊有作

仲冬寒氣至,百草萎嚴霜。浮雲依鍾阜,朱陽闇無光。俯視衆鳥啾,仰盻孤鴻翔。感此歲事非,撫膺內自傷。晨車發北門,走餞紛冠裳。回首望舊都,蹢躅以徬徨。念我同心友,列第半城中。昔也雷與陳,今為參與商。安能生羽翼,奮飛集其旁?

仲冬二日渡江

大江廣以深,利涉在舟航。北風重淒淒,征鴻向我鳴。中州值運蹇,洪流襄岡陵。烝黎噉告粒,皇心惻靡寧。曰予一州佐,敢不秉嚴兢。但恐豺虎驕,中野不可行。回首武夷山,雲樹鬱層層。終當辦一往,諒豈予至情。

鳳陽謁陵,二十四日早至濠梁,天陰即事

泊舟臨古城,浮雲結重陰。風猛江濤惡,天寒霧雪深。長空沒飛鳥,孤鴻有遺音。遊子獨何之,明發抱苦心。松菊未可慕,風波豈不任。斗酒發孤興,浩歌彈素琴。伯夷與莊周,千載安可尋?再拜濠梁下,聊以慰予忱。

去泗州,柬諸同志二首

良晨不可再,玉衡指孟秋。涼風入庭樹,落葉滿皇州。鷗鶂鳴北林,鴻鵠飛高丘。嗟予蓬蓽士,安能事遠遊。西風發淮浦,名位輕虛舟。士民接歧路,攀車詎能留。剛腸素無淚,感之欲涕流。浩歌拍春酒,聊以寫我憂。回觀臨淮郡,雲樹鬱悠悠。

其 二

歲晏至臨淮,皇路方荆棘。流亡接衢野,父子自相食。桴鼓日中嚴,潢池勢已亟。感此懷隱憂,中宵靡遑息。移粟賑餓莩,單車馴劇賊。封甸懼無虞,蜂蠆生肘腋。遙聞北山下,虎豺復橫逆。掛冠謝世紛,林壑有餘適。武夷夙所願,茲行在旦夕。寄語同心人,秋風正蕭索。

孟冬六日發浦城,寄聲武夷

五載客京師,一年居輔郡。頭髮忽以蒼,所立莫分寸。肉食慚無補,虛譽衆所愠。山行虎豹逆,水行蛟龍忿。俯心忖所從,田園適予分。掛冠謝朝列,秋風賦歸隱。武夷有夙盟,舟航為已近。青陽逼歲除,未能諧所願。春風桃李紅,九曲增光潤。考亭迹未湮,舞雩望不遠。行將攜吾朋,於焉一相問。賦詩寄山靈,庸以致予悃。

發浦城望西山

拏舟登浦城,霧散日初曉。起立望西山,巀嶪穹蒼表。造化所融結,神秀固

冥杳。崑崙發氣脉,吳越青未了。諸峰列兒孫,百川匯池沼。雄勢壓厚坤,坐使衆山小。虛空薄雲氣,往來迷飛鳥。萬木出冬青,石巖恣深窕。上有萬年松,嚴霜獨矯矯。芝蘭產幽谷,清香自繚繚。生物弗可窮,寶藏要不小。敷氣露雨滋,流潤江河溫。功施贊元化,品物倚榮藁。一方聳具瞻,八極仰高嶸。回首望武夷,蜿蜒邐相紹。五峰暨九峰,亦自相盤繞。低頭一再拜,幽意詎云渺？我愛西山翁,巍巍百世表。斯人不可見,徘徊發深悄。

送高郡守入覲二首

驅馬出東門,北顧臨洛橋。林陰散朝旭,素波生寒潮。岡巒迴復疊,道路阻且遙。君子有行役,遠赴正王朝。征車凌晨發,木落風蕭蕭。敷奏諒有聞,况值夔與陶。重會未有期,鳴鳥知遷喬。感此腸九迴,披衣起中宵。

其 二

大火已流西,金風正淒冽。零露沾我裳,草木忽改節。嗷嗷南雁翔,唧唧寒蛩咽。良人懷遠征,值茲芳歲歇。戚戚抱遙悲,晨裝儼不發。京洛天一隅,王程阻且越。金門亦嵯峨,冠佩忝朝集。奏最大明宫,當爲天下絕。

詠張曲江

飛鴻海上來,嗷嗷避寒暑。黄鳥集高丘,爲彼金丸懼。君子貴知幾,達人重斯舉。吾愛張曲江,矯矯馳貞素。逢時既不容,遠避賢者路。美服患人指,嗟哉獨名喻。其人不可作,高風邈終古。

送張衡山中丞歸田

鳳臺花正繁,石城春欲暮。送別臨大江,行車安可住。憶昨至留都,傾蓋感如故。投壺時引滿,披襟見情素。將謂長聚首,分飛忽異路。重會未有期,離思良獨苦。人生一世間,升沉諒有數。富貴身外事,翻雲或覆雨。達人貴大觀,安能掛臟腑。

送毛海隅都憲致政

五月田未秋,憂旱心悒悒。江上舟且行,感別爲愁絕。念子負世英,昔志厲霜雪。襫郡事已往,總憲名何缺。蒼蠅一旦飛,白璧成緇涅。盛衰理固然,明廷恩自闊。相彼五湖舟,古來羨明哲。百年日苦短,斗酒堪娛悅。榮名身外事,諒弗中自熱。

送潘石泉南少宰考績二首

石城雲欲暮,燕臺葉正黃。我友之北方,下馬值秋霜。虞廷重殿最,諸難君歷嘗。謁帝承明殿,顧盼承恩光。皇心應簡在,南轅焉可望。行當共贊理,坐致虞與唐。

其　二

傾蓋未云久,曜靈驚逝波。伐木感君愛,遷止倏殊柯。君今當北轅,予念在山阿。東西各岐路,臨別當奈何?

送萬治①齋都憲致政

送客出南郊,玄都桃未紅。湖山二載共,一旦忽西東。世事如雲雨,人生類轉蓬。別離何足惜,杯酒莫辭空。物理有乘除,四序忌成功。古來賢達人,得喪靡熱中。君名既不朽,寧復論窮通。

送盛程齋都憲歸田

首夏未炎熱,百羽弄清音。林花委陌塵,佳樹結重陰。感物驚節變,別離傷我心。榮悴理有常,行止豈在今。長笑出都門,清風還故林。詩書有舊業,孫子皆瑯琳。箕裘既有託,寧復論浮沉。風波予備歷,豐草憶投簪。何時重相見,細語韓山岑。

送周貞庵司寇歸田

人生覆載間,俯仰無百年。嗟彼夜行者,苦被聲利牽。風波或時起,身名兩不全。所以漢二疏,今古稱智賢。吾愛貞庵翁,兩疏便歸田。功成知止足,高蹤疇能肩?日和淵明詩,時操范蠡船。箕裘有人紹,至樂安可言?

遊觀音閣,和劉平嵩禮部

覽勝到名山,良辰及朱夏。茲遊有夙期,況復時餘暇。崖峭石玲瓏,閣虛雲蘊藉。磯燕飛不去,巖花隨物化。薜蘿夾徑深,虎泉臨高瀉。江流無今古,二儀有高下。喜接郎中飲,兼枉金吾駕。勝賞足欣懽,感別翻悲詫。豪傑生世間,一去留聲華。離合理有常,何必嘆方瓦。酷愛王將軍,幕府成精舍。

送林思泉之任泰州

佐郡得滄海,九重寵獨新。地偏事自簡,物阜俗能淳。萬卷承家學,百年報主身。牛刀聊此試,驥足喜方伸。財賦東南竭,瘡痍天下均。廟堂誰軫念,我輩要留神。難以金臺酒,攀君南去輪。惟存方尺簡,爲子紀吏循。

清源得張白溪巡撫致政報,奉寄二首

秋風日夜涼,路柳何蕭瑟。物彙有變遷,歲序忽代易。念我同心友,此時在巖石。軒冕非爲累,投簪何太急。江山阻且深,相從無羽翼。夢想寄遐思,臨風長嘆息。

其二

人情貴苟得,嗜進不爲異。夜行忘漏盡,昏乞眈墦祭。大道久陵夷,頹風同波逝。伊人騁高尚,辭榮若蟬蛻。青陽未即暮,幽情有誰契。矯矯中丞風,可以震百世。

南遷過山東，蔡半洲巡撫使者送至沙河，用古體謝之三首

憶別東城隅，光陰何倏忽。君有凌霄翼，奮身翔寥廓。我行值明夷，萬里投荒落。岐路各不同，重會安可約。殷勤感來使，高誼有疇若。未解報南金，聊以布心曲。

其　二

昔我從南來，拜官忝同籍。出入侍承明，步履日相接。皋刑共在典，寅恭自朝夕。予生尚疎亢，居常仗麗澤。河梁感尊誨，高誼重金石。浮沉忽異勢，離合端足惜。

其　三

靡靡霜中草，春至一何蔚。青青河畔柳，秋風忽凋瘁。榮枯各有時，浮沉何足累。丈夫七尺軀，俯仰貴不愧。棲息苟能安，一枝予曷避？君有萬里心，努② 力要自致。

題周節婦卷，爲周弓岡寺丞太孺人許氏

十七嫁夫君，十九與君別。爲懽不幾時，生死兩隔絕。誓不負君恩，誓不改君節。空閨夜夜心，祇向寒燈滅。君無弟與兄，妾娠未誕月。高堂有疇依，宗禋僅一髪。妾心若轉移，周氏豈血食？天道信好還，孤兒延瓜瓞。士林有宿譽，冠帶振朝列。嚴訓猶在兹，高風卓以烈。豈伊嫛臼忠，允哉孟母哲！

謫官謝恩後有述二首

解纓辭朝籍，數日睡偏牢。忽念先人丘，歲久沉萊蒿。過門且有期，行車隨當膏。予生本疎亢，徇國心徒勞。一疏拂當軸，萬里投荒郊。臣罪死有餘，主恩天同高。

其　二

主恩天同高，補報良獨愧。殺身豈曰難，成事諒不易。所願君人側，旦夕轉

心意。轉意砥忠貞,宗社無窮利。富貴没有年,營營欲衹事。

辭朝遇雨憩端門,門闆供具,慰勞甚勤,有感而作二首

鞠躬辭朝闕,陰雲散復稠。一雨竟晨朝,端門暫憩留。忽逢中貴人,款我意綢繆。溫慰兩三語,隱然負國憂。如何衣冠士,乃爾稻粱③謀。

其二

聞道諸常侍,怪問予何狀。身長不七尺,賦性甚疎亢。旅食二十年,宦囊不少長。立朝不一載,退食每抱怏。俯仰逐京塵,恒恐失舊樣。而今吾知免,舉杯聊自暢。

出京驟雨,艱行有述二首

京師連日雨,泥水深數尺。車輪挽不前,馬蹄行復尼。親朋更餞送,登途日已夕。長衢變廣川,欲濟無舟楫。僕夫迷路歧,荒原起暝色。坎坷竟中宵,入門天已白。共知世途險,君子戒行役。曷予獨疎亢,顛沛何足惜!

出門已若此,而況蠻與貊。

其二

松柏有勁節,霜雪不受變。金鐵有正性,烈火堪百煉。予生雖百折,我心安可轉?富貴豈不耽,德義固所願。眼看當世人,反覆若雲電。下石豈素衷,攫金乃常見。所悲百歲後,同歸土一片。何不留榮名,千載令人羨。

過毗陵,贈徐養齋亞卿二首

宦海夙傾蓋,差池逾十秋。江山隨鴻迹,忽共嶺南遊。內補暫分袂,贈篇感綢繆。京華欣聚首,伐木每相求。許國心同壯,論文氣亦投。如何忽別去,爲子抱離憂。

其二

子有凌霄翰,林棲豈本情。掛冠出城郭,餞別走公卿。松菊歸元亮,鱸蓴憶

季鹰④。邈哉兴不浅,一代何峥嵘。涉世羞予拙,处时喜独醒。委身成主事,褫职守边城。南北从兹别,何时重合并。泊舟毗陵下,把手意盈盈。

灵山别张净峰太守三首

仲冬寒气至,海峤未知霜。之子将北归,言送灵之阳。分歧在今晨,明朝各异方。行车安可遏,且复尽斯觞。

其 二

与子共枝鸟,分飞各异栖。云何皆垂翅,共落天之涯。宫徵不同调,音节或参差。元声苟不远,纤疵安足疑。

其 三

南越多烟瘴,东吴盛文藻。君去秉衡鉴,朝夕肆论讨。梦寐予未衰,命运同秋草。发生谅有期,安能掛怀抱。

和朱鉴述怀,兼柬广藩臬诸公韵

龙飞十九祀,我皇握机务。文德既兴修,武功亦馀裕。交夷久不庭,时哉适所遇。九重涣纶音,老臣特宣谕。尔其振朕师,夙清边塞雾。塘翁克壮猷,如马就熟路。孤舟起久横,大川从此渡。督府抱奇英,勋庸每自树。曰兵戒冯河,协谋同寅惧。朝发苍梧舟,直抵横邕驻。貔貅一十万,水陆交驰骛。豺狼心胆寒,降书即日具。繫颈赴辕门,屏躬率礼度。忆昔宣皇初,边鲵敢夜舞?四峒以市恩,皇朝刚失趣。天语费招呼,使臣惕朝暮。兹以还吾君,靡敢执厥故。边民一何幸,乾坤同雨露。冠裳渝左衽,一旦离复聚。向非韩范威,那得贼情吐?矛史当年恨,岂谓今独步。铜柱复归汉,千秋所仰慕!何以策奇勋?我公躬吐哺。何以振前光?我皇躬赫怒。梦寐觉吾衰,闻风若有悟。独喜咎悔宽,敢把衷曲布。谁能作凯歌,被之《韶》与《濩》?谁能修信史,再添伊与傅?

楊寬齋哀輓

西江有一士,被褐而懷璞。造化孚其精,混元猶未琢。皎皎夜光寒,連城價不薄。曷不獻虞廷,以之充五玉。曷不遇卞生,獻之三刖足。而乃埋其光,零落在山谷。阿弟岐陽鳳,阿郎崑崙竹。俱爲命世珍,奚必身自作。孫蘭與桂子,嶄然露頭角。九泉永堂寐,精光猶上燭。

外子洪舜臣將赴留都,以詩爲別,走筆和之

少小事清曠,物累本寡適。入仕三十年,志慮不改昔。盡道賈生狂,亦有文侯軾。棘庭參末議,王門謬通籍。未伸萬里足,忽脫中途軛。世道久陵夷,乾坤何窄迫!長卿病著書,曼倩倦執戟。昔賢多偃蹇,曰予何足惜。羨子抱古心,飄飄凌雲翮。功業貴及時,寧論遠行役。金氣入秋涼,群芳日向息。客途興獨佳,懷古身常惻。丈夫志四海,別離何足惜。迺心苟不負,顯晦寧異迹?

饒平門生陳石岡主政北上見過,詩以送之

京國分攜後,星霜忽八更。雲輪隨日變,身世似飄萍。幸傴長沙駕,曷勝絳灌橫。南窗聊寄臥,閉戶理殘經。冷眼看成敗,炎涼見世情。故人忽我過,卓犖負時英。高誼光樽俎,黃花照酒觥。百年悲聚散,何日重合并?魏闕丹心在,風鵬⑤九萬程。願言各努力,勿負百年生。

王方渠⑥封君哀輓

天地如傳舍,耀靈急頹波。生年不滿百,誰揮魯陽戈。塵劫一朝盡,聖賢且奈何。吾哀方渠叟,忽同駒隙過。豪華滿寰宇,寂寞歸山阿。丹桂幾枝芳,岵屺增嵯峨。九原不可作,悲風日夜多。

送袁方洲大尹歸田

處世恨太潔,退耕力不任。故人書斷絕,陋巷寡交親。所幸大夫賢,車馬相過頻。解衣意不淺,論文道彌真。曰予慚寡昧,交義愧雷陳。平居乏忠告,患難空爾憐。追悔嗟何及,臨歧淚滿襟。重會安可必,惆悵望車塵。

得毛東塘覆半洲薦舉報二首

古人重然諾,千金永不移。如何今世人,晨語夕棄之。廊廟且如此,市井安足疑?載觀毛穎⑦意,信若平生期。毛穎紙上語,渠心安得知。

其　二

少小讀書史,喜誦《西南夷》。遼左功弗建,偶落天之涯。尉佗久擅命,皇綱已解維。請纓本予志,廷論獨參差。銅柱復歸漢,薏苡生禍胚。伏波既不朽,梁松空爾爲。

聞毛東塘削籍報二首

張綱獨埋輪,義方欲碎首。直節勵冰霜,寧能負職守?舒子吾邦彥,古今豈常有。一疏斥奸諛,既死猶遺醜。時論雖不容,令名永不朽。

其　二

君予命運蹇,驅車入羊腸。前途逢虎豹,末路值豺狼。冥鴻墜繒弋,玄璧瘞其光。六陰一消伏,百卉摧秋霜。陽亨豈無日,剝復道之常。

自　述

孫臏既刖足,猶能破魏軍。范睢⑧既折脇,猶能霸嬴秦。英布曾黥面,而乃受茅分。馬遷下蚕室,《史記》迄有聞。曰予雖蒙難,性命幸苟存。著述猶可勉,天未喪斯文。風雲如有會,猶解策華勳。

送莊舉人會試

出門北風寒,之子赴神京。上苑花初發,燕臺柳正青。春風看意得,走馬喜蹄輕。丈夫生世間⑨,當爲鯤與鵬。高梁歡燕雀,齷齪非所榮。子有凌霄翼,萬里在茲行。功業須努力,勿負百年生。

冬至感述

百年如轉轂,光陰似擲梭。一陽又來復,吾生其奈何。竹帛既汗漫,身世尚風波。乾坤大父母⑩,生才豈浪過?斗酒逢佳節,長歌復短歌。

述懷二首

夷吾若死糾,相業曷崢嶸。淮陰不胯下,將業曷由成?丈夫各有見,豈取一時聲。仰首思前輩,低頭看後生。空齋時擊節,俯仰有餘情。

其二

斯道無窮際,天機亦秘傳。聖賢更論説,亦有未盡焉。予生幸有悟,微旨發殘編。匡人莫予毒,天意或在旃。後聖如有作,諒不廢予言。

送李拙脩學博歸田三首

首夏天炎熱,春闌雨水深。時序忽然變,別離傷我心。瑤花委陌塵,珍禽鳴樹陰。睠言懷君子,回柱輟孤琴。子期日益遠,予曲誰知音?

其二

知音難再得,立馬意躊躕。千里在咫尺,臨別淚沾裾。紅亭梅子熟,官路柳條舒。我欲折贈君,道遠曷致諸?所貴在情意,樽酒當瓊琚。

其三

瓊琚安足貴,尊酒爲君觴。觴酒飲立盡,別情恨更長。念子同心友,後會更何方?丈夫志四海,千里若共堂。有時長相思,願寄雁南翔。

自叙呈李拙脩三首

平生重意氣,所尚在玄虛。節介希夷惠,談經學宋儒。事功慕管葛,出處效衛蘧。三七登朝籍,棘庭忝濫竽。皐刑每在宥,清議著玄湖。執法霜臺震,褫官泗水居。避人歸梓里,起廢握臺符。理醛憐蘇瘵,同文羨釘愚。

其 二

入朝仍理法,折獄效張于⑪。因雪雲中獄,欲驅遼左胡。投荒似坡老,攘狄喜夷吾。功成不受賞,謗起賦歸輿。揮杯尋松菊,閉戶剔蠹魚。世情恨冷暖,吾道屬艱虞。感子能知己,興言涕欲枯。百年憐此別,腸斷詎能蘇?

其 三

海內同心友,屈指難具陳。音容或不接,心神獨交親。河梁一分袂,聚首復無因。中宵每靜想,肝腸多苦辛。退居忽六載,世態若雲輪。平生骨肉交,化爲道路人。君如鮑叔子,高情詎能泯?

送王青崗大尹歸田

相見恨已晚,相別一何速。若被小兒侵,一病難爲藥。長風吹征車,青山隱黃犢。豈不長相思,攀轅不可復。

送程習齋郡守終養三首

朱淡忽改節,商飆入茂林。懷人不可止,臨別淚沾⑫襟。東門紛餞送,五馬去沉吟。子期寧再得,伯牙空爲琴。

其 二

攬衣思母線,遊子在殊方。白雲時入望,倚門空斷腸。感激明主恩,甘旨獲親嘗。信哉一日養,三公不爲強。

其 三

登山無虎豹,涉水少蛟龍。閭閻方安堵,渚陸忽飛鴻。邦人勤借寇,誰與達宸聰。幸有甘棠在,年年憶召公。

感事自解

耕稼不問奴,織紝不問婢。温飽如有誤,厥咎將誰諉?予生喜談兵,舉世重疑毀。遼左與交南,褫官歸梓里。世有厭兵者,物情咸所喜。謂詩可退虜,聲名從此起。疆場事一臨,衆論寧舍己?自忖力弗任,對人羞啓齒。大事一朝誤,追悔何及已。此事將誰尤,世方崇文耳。清談禍晉室,講和誤宋氏。冷眼看塵世,流禍安底止!

贈葉秀春未婚妻康氏貞烈

結婚未合卺,一疾忽云亡。敢望汝爲妻,汝乃願爲郎。不死已爲過,捐軀安可當?哭泣聲不輟,一徽經屋梁。生不同君室,死則同君房。死也人所艱,汝乃甘如糖。十七閨中秀,心堅百煉剛。昔聞吳氏女,今見葉門康。雖云賢者過,實則千載光。汝能爲君後,於義更周詳。吾哀章縫輩,爵禄事君王。時事一朝變,反面忽相忘。視汝在天上,寧應不愧惶!

贈王白石運同

居民四逃竄,狼虎滿郊圻。父子不相保,田野或橫屍。咸陽煙火起,萬室成灰糜。鴻雁懷安集,春燕栖林枝。皇運當傾仄,民哀當告誰。當世無方叔,吾生良可悲。

七言古

送南贛陳都憲

北風吹塵塞馬鳴,南風吹林豺虎橫。嗟哉民命同草菅[13],天子求衣日未明。吾徒許國何爲者,肉食寧能愛此生。先生俎豆固所閑,况乃胸中十萬兵。三邊專閫責不小,六月出師看此行。十載定交今一面,西風一別曷爲情?臨歧不盡叮嚀意,只願南煙一鼓清。

壽魏國太夫人王氏年七十

鍾山巍巍帝圖雄,萬方率土皆歸王。元勳處守武維揚,擎天柱國軍民康。萱堂七袠壽且強,貞姿懿德久擅芳。一陽甫復展吉良,初度重臨錦席張。金叵玉斝⑭泛瑤漿,烹龍炮鳳羞鹿肪⑮。燕歌趙舞鸞鶴翔,流楚激鄭協宮商。冠蜩帶玉爛斑裳,金紫滿堂稱壽觴。夫人顧盼樂未央,瑤池仙母何足方?忠孝兩字持綱常,國祥家慶兩無疆。

憂　旱

四月稻秧不下田,驕陽赫赫欲燒天。山頂陰雲聚復散,檐前綠雨斷復連。池塘乾涸魚鼈死,田園龜裂没蝸涎。二麥既無粟且槁⑯,春秧望雨如火燃。富家積穀價日長,貧民擔負那得錢?草實木皮豈可食,蒼生命脉凜如綫。憶昔丙丁值歲歉,粟麥猶賤如今年。官司發賑財已竭,小民依舊飼烏鳶。學究六口齊餓死,羞喫糜粥甘黄泉。追思往事猶在眼,皓首空歌《雲漢》篇。縣官與民堅乞命,蒼天不應有何言。乾坤生物自大德,何爲使民肝腦塗郊原,何爲使民肝腦塗郊原!

十一月初二日喜雨

檐前一滴雨,瓶中一粒粟。數時山上麥不種,街頭穀價忽騰躍。一聞檐前滴雨聲,閭閻赤子歡安着。不是上天生我民⑰,民窮不久填溝壑。

一　田　歌

東家收田盈百室,一遇凶年無擔石。西家買田千萬畝,子孫覆蕩無寸土。吾愛方夫子,一生善營田,不在地不在天,胸中祇有方寸子,誰知廣闊周八埏。耕不春,耨不夏,鷄鳴爲善日孜孜,誰知乃是勤耕稼。堯湯水旱不能荒,房杜子孫不能覆。歲取十千不羡富,多收十斛無足樂。大熟也能佩相印,不似蘇秦倚負郭。伊尹起莘作阿衡,豈在沾體與塗足?川翁繼述良獨勤,仁耕義耨忘朝昏。

泥塗一際風雲會,期將獻納展經綸。千里分符承寵渥,桑麻遍野看榮發。有時攀龍起雲雨,土田土田咸沾洽。始信吾翁心田好,想彼東西富家翁,千倉萬倉何足寶!

面皮薄歌

劉見齋分巡稱"面皮薄,不會做無廉恥事",深契予心,歌以自慰。[18]

人生莫得面皮薄,皮薄一事最不着。心頭纔有半分虧,十分面赤害羞辱。官中不曾持一文,歸來稱貸無所獲。常時亦可強支持,凶年無錢那得穀?宗姻知我別稱貸,為我所累皆怨讟。始信厚皮之人為做美,為馬為牛皆不避。歸來金銀滿箱篋,腴田美宅任意置。凶年土荒田宅賤,此時仍獲萬倍利。相爾面皮太薄人,苦樂奚啻差萬里?如今欲作厚皮人,富貴榮華可立致。只為面皮生定不可易,欲作令人復羞死。不如且留一箇名,好與後人上青史。見齋見齋,當世之人面皮幾尺厚,何爾與我獨相似!

二十六日早出濠梁,登舟阻風,入夜大雪,至次日風益烈,淹留數日,寫悶

淮水黑兮蛟龍怒,北風吹浪高於樹。扁舟震盪不可持,賈客無眠三老懼。碧山回望二百里,煙火濛濛失歸路。夜半聽雞攬衣起,滿空白雪紛如雨。感此令人欲斷腸,篇詩斗酒聊自娛。

哭周梅窗

富家但知積財帛,誰解好文兼好客?君家賓客來四方,詞賦詩歌滿箱篋。富家財帛秪自貢,誰解濟人兼博施?君能損己濟民窮,道路橋梁咸飭理。梅花去後餘香存,士夫猶有《梅窗記》。幾處橋梁照夕曛,窮民常出含恩涕。

七言長古感時

世運皆荊棘,有身不能飛。用世自有才,無力不能為。何人假我凌霄翼,特

與廟堂論計策。何人假我當世權，特與生民除殘賊。豺狼在在作窠居，百姓嗚嗚失家宅。良民被食固可哀，勇士喪元尤可惜。蕭蕭風雨夜偏寒，崒崒乾坤旦亦黑。如今天地總純坤，陰盡陽生亦消息。天時人事每相依，君相留神看此日。若能假我英雄劍，砍盡獍猊獻帝室。

五 言 律

登姑蘇虎丘寺

姑蘇城北寺，最近吳王臺。佳樹琳琅合，名山圖畫開。人寰依下山，仙梵接蓬萊。上國方多事，欣予獨舉杯。

秋日東郊餞李少府

秋日郊原上，筵開雨乍晴。醹芬新釀熟，涼得午風生。草色連城郭，山光映旆旌。半年欣聚首，爭奈此時情。

漁溪送別

送客溪橋上，深杯對夕暉。西風吹去旆，黃葉點征衣。水落銅魚出，山高天馬飛。那堪攜手處，秋月半輪飛。

雨中懷林汝桓同年

春閑花已落，況復雨淋漓。寒到惟斟酒，悶來或點棋。故人千里外，強項一官卑。欲寄相思信，何緣到海涯？

寄懷林汝桓

故人何時別，歲月感蹉跎。江海音書缺，乾坤涕淚多。平生同許國，處世共奔波。欲折寒芳寄，其如道遠何！

送陳廷祿貢士北上

京國八千里,年華五十邊。還題司馬柱,應着祖生鞭。雨細征衫濕,風輕去路便。三杯一別去,回首各風煙。

別興化傅少府

十載論交舊,相逢即故知。江湖幾馳夢,尊酒夜敲棋。香落荔枝雨,涼生竹樹颸。三杯一別去,聚首又何期?

贈郭白峰侍御歸田,用素翁韻

不鳴羞仗馬,感事觸中情。北闕一封疏,南滇萬里程。疾風憐勁草,許國喜殘生。歸去清源下,何慚堯舜氓!

自　　述

壯志青雲上,歸心倦鳥知。幸然松菊在,不覺鬢毛衰。浮世三更夢,人間一局棋。揮杯即長策,軒冕復何為!

飛　來　寺

江上夕陽寺,何處却飛來?塔影隨波去,山僧帶月回。前朝碑刻在,古殿野花開。有帶堪留鎮,慚非學士才。

相者吳生索題

閉門久不出,庭樹忽秋聲。北闕書初上,南窗夢未成。子能談出處,我欲謝浮名。著述元非僻,多時老病生。

送杜質夫歸德慶

嶺南初刮目,此地喜朋簪。官寺休衙早,空齋立雪深。百年難作別,吾道幾同心。聚首知何日,臨風淚滿襟。

鉛山道中

小邑東南僻,閩關一路通。山連越嶺峻,地接楚天窮。田舍竹籬外,村春野水中。舉頭鄉國近,莫放酒杯空。

過閩關

石徑層層上,溪聲急急聞。山從天際起,水向嶺頭分。萬壑留冬草,千峰鎖⑩暮雲。時逢偃武日,關吏少扃門。

建陽道中

飛轎過閩嶺,揭簾散曉煙。人從鳥道轉,舟自劍門穿。林密鳥聲細,山高夕照偏。未須問蜀道,鄉思一悽然!

泊舟飛來寺感舊

寺憶飛來舊,停舟日已斜。香煙浮暮樹,官鼓訝栖鴉。雲積旛長濕,僧空院自花。因悲十載事,鴻迹幾泥沙。

德慶停舟,師生懷舊相見,作詩謝之

十載經遊地,停舟感慨多。江山無改變,人物半消磨。風定帆虛挂,花殘鳥倦歌。故交義不薄,青眼重相過。

欽州到任感懷

欽州古越郡,地僻故荒涼。城邑迷荊棘,齋居入犬羊。依山多虎豹,下里少冠裳。徒負句宣寄,何由答聖皇。

公堂即事

邊方吏事少,朝夕只催科。十室逃亡九,其如撫字何?心勞緣政拙,官小悉民疴。未有龔黃手,誰能起頌歌?

送合浦胡縣丞北還

京邑分攜後,星霜忽二更。萍踪同越嶠,春樹隔江城。彭澤歸陶令,長沙滯賈生。路歧從此別,翹首不勝情。

得家信,聞丙申、丁酉漳泉大饑,當路主賑粥,餓死數萬人,痛而有作二首

早起聞家信,開緘淚滿巾。有心仁海內,無力濟鄉鄰[20]。白骨悲盈野,黃金恨殺人。方知淮泗日,卑見未為陳。

其 二

賑粥翻為累,昔予已驗之。腐儒偏執古,達士幾知幾?餓鬼應為祟,吾師良可悲。蒼生原厄運,豈合罪臺司!

過梅嶺,回望廉、欽有感二首

回望天涯路,雲山幾萬重。五年居瘴海,雙鬢一飛蓬。殊俗方從化,邊庭近息烽。官箴如有玷,公論肯誰容?始至頭未白,今回兩鬢霜。食無一日飽,官有四年忙。薑菲從何起,松菊久已荒。逢人休啟齒,舉首望穹蒼。

端午石潯觀競渡二首

杯酌交酬後,樓臺雨過時。半江沉夕照,高閣起涼颸。波靜魚龍隱,人喧鷗鷺疑。未看競渡戲,先動屈原悲。

其 二

結閣臨江渚,攜杯對晚暉。龍舟隨地鬥,梅雨逐風微。雲斂山爭出,天空鳥

獨飛。海鷗渾可狎,知我久忘機。

送葉武舉赴京

聖世方崇武,茲行羨壯遊。驊騮宜遠道,鷹隼喜高秋。荔日光行色,荷風散旅愁。燕然未勒石,正好取封侯。

代送李學博

春歸復送別,別恨兩悠悠。去旆隨山遠,落花逐水流。祖筵憐廣受,立雪竊楊游。歸去尋松菊,猶應憶舊遊。

題韓宛洛司馬惠京扇

京國朋簪日,論心獨汝賢。相期千載上,一別十年前。明月同誰賞,音書託雁傳。懷人頻結念,睹物涕潸然。

陳學博夏霖罷官歸,詩以慰之二首

日月相馳逐,天道遞盈虛。道傍去年柳,綠陰滿路渠。時光一朝改,客鬢忽然疏。人生固如此,顯晦豈常居?

其 二

顯晦豈常居,哀樂誰能留?采采南山菊,泛泛五湖舟。伊人各有趣,誰能匹其休?君其秉明德,丘園足遨遊。

送侯龍崗學諭赴任容縣二首

久雨淹旬月,歸人滯遠程。雲山迎去鳥,道路仰遷鶯。荔子紅初綻,荷花香正清。一樽須盡醉,孰舍百年情?

其 二

廣文官未冷,儒雅獨君稱。詩禮聞庭訓,衣冠自世承。門牆多桃李,變化有鯤鵬。後會知何處，臨歧涕泗零。

過白石林大參故居有感

白石千家集，門田接海涯。草茅人崛起，意氣世稱奇。廋宅依然在，文名尚有知。可憐身後事，零落減當時。

庚申新正試筆二首

光陰速於箭，歲月詎能留？世事操磨盡，年華八十週。謨猷頗如呂，功業擬興周。俗眼疇能識，壯心原未休。

其　二

皇天開喪亂，經理自有人。理亂常相倚，興衰定有因。中原盡虎豹，高閣畫麒麟。鉅鹿思良將，撫髀孰喪神？

傷浯洲烈嶼被災三首

海隅逢運蹇，黔首靡逃生。殺戮同雞犬，川原汙血腥。除殘無利甲，守禦乏堅城。悔禍天未肯，何時獲太平？

其　二

昔號強兵處，今先受禍殃。千家尚荷擔，誰解復持鎗？藩籬既斧破，豪傑孰英雄。可惜生民命，數千蹈火湯！

其　三

心痛復心痛，有如刀割傷。生緣火以死，人以土為糧。民命同草菅㉑，盜賊即豺狼。焉得韓岳手，妖氛一掃空！

送熊北潭太守報滿二首

倭孽留連久，民生糜爛餘。潢池得龔遂，江左仗夷吾。誰卧寇君轍，寧留叔度襦。教民遺榜在，真守擬齊驅。

其　二

南浦遠相送，陽關無故知。一錢贈劉寵，五載別杜詩。帝命看新錫，民情在去思。仰真堂上日，千載照穹碑。

【校記】

① "治"，原作"洽"，形近之誤。本書目錄作"萬治齋"，是。（明）張岳《小山類稿》卷九有《答勘處夷情都御史萬治齋》，今據改。

② "努"，原作"帑"，形近之誤。今據文意改。

③ "梁"，原作"梁"，音同形近之誤。今據文意改。

④ "季鷹"，原作"季膺"。按，晉張翰字季鷹，因改。

⑤ "風鵰"，"鵰"疑爲"鵬"字之誤。

⑥ "王方渠"，光緒本作"王東渠"。

⑦ "穎"，原作"潁"，誤。今據文意改。

⑧ "睢"，原作"雎"，誤。今據文意改。

⑨ "間"，原作"門"，形近之誤。今據文意改。

⑩ "母"，原作"毋"，形近之誤。今據文意改。

⑪ "于"，原作"於"，誤。今據文意改。

⑫ "沾"，原作"沽"，形近之誤。今據文意改。

⑬ "草菅"，原作"草管"，形近之誤。今據文意改。

⑭ "犀"，原作"犖"，形近之誤。今據文意改。

⑮ "肪"，原作"防"，形近之誤。今據文意改。

⑯ "槁"，原作"稿"，形近之誤。今據文意改。

⑰ "不是上天生我民"，"民"上原有一"生"字，衍，今刪。

⑱ "劉見齋……歌以自慰"二十四字爲原集所無，今據民國《同安縣志》卷四十《雜錄》補。其前尚有"林希元作《面皮歌》，其題曰"等十字。以上文字原爲詩歌的小引，正式梓行時被刪，幸爲《雜錄》所錄存。

⑲ "鎖"，原作"瑣"，音形相近之誤。今據文意改。

⑳ "鄰"，原作"閭"，與韻脚字"巾"、"人"、"陳"不相叶。光緒本作"鄰"，是。今據改。

㉑ "菅"，原作"管"，誤。今據文意改。

林次厓先生文集卷十八

七言律

送泉州張太守

黑雲高起楚天低，去國孤臣路欲迷。萬事不由分曲直，一身飄泊任東西。紅花綠柳隨村有，語燕流鶯爲客啼。公去好憑詩與酒，莫教時事動悲恓。

哭友人陳仕任

西風吹水漾長沙，晚泊孤帆何處家？滄海月明龍去遠，空山木落鳥飛遲。百年和氣成朝露，終古夕陽有暮鴉。地盡楚南天氣少，牆梅一度一開花。

送趙大尹朝覲回任

雨晴天色碧如藍，話別心情兩不堪。邂逅只憑詩首一，慇懃聊贈酒盃三。征車膏轄金臺外，去馬停驂紫陌南。公去我同爲政後，相思莫惜寄愁緘。

哭妻兄郭用濟

萬里傷心一炷香，看雲無奈涕沾裳。十年湖海奔波共，此日乾坤離別長。楊柳春風纔邂逅，屋梁斜月已凄涼。從今日望南來雁，不見音書到帝鄉。

六月初十夜見月思鄉

幾度京華見月明，客心千里獨含情。小亭花柳隨年綠，故國雲山入夢青。把鏡忽驚雙鬢改，爲官虛被一生名。坐餘不覺槐陰轉，疏鼓城頭已二更。

別粘中美學博

武林江上憶分襟，五載關山魚雁沉。何處相逢今夜月，一杯共論古人心。鍾陵日暮寒煙積，白塔居幽野樹陰。萬里前程君此去，故人回首海雲深。

寄謝高三峰副憲

大名曾仰十年前，夢屢尋君入錦川。自檢行藏真愧子，人生出處詎非天？威行西賊應寒膽，官憶長沙正少年。萬里寄聲猶耿耿，萍蹤每恨隔風煙。

與堂官論事不合，引疾後呈諸僚友

三載微官慚素尸，山林發興已多時。如今欲執平生志，此地應留去後思。落葉滿江秋欲老，西風一病藥聊支。榮枯眼底俱休問，千古行藏有是非。

憶黃後峰寺丞

再想音容無處尋，乾坤舉目淚沾襟。不因臣節生前苦，爭有君恩死後深。九棘門高風凜凜，八閩山起樹森森。可憐身外多零落，獨有聲名振古今。

病中書懷

三載敝衣忝舊班，途人爭説好廷官。如今疏拙知無用，敢向清時犯素餐。短疏未酬歸老病，高秋先已着黃冠。百年富貴夢中事，留取聲名與後看。

謝吳東湖亞卿惠酒肉

閉門一病六經旬，無奈西風扇外塵。敝屋數間惟怕雨，微官四載豈憂貧。豚醪深拜大夫賜，車馬時勞長者親。莫道乾坤瀟索裡，鍾峰松栢自青春。

寄謝京中故人，兼解謗

行止於吾只自憑，豈因得喪轉傷神。猶憐鮑叔能知我，自保曾參不殺人。

天地如今也忌直，江湖到處可垂綸。滿城落葉秋風裏，車馬還勞迎送頻。

行　　藏

一種行藏只自知，西風滿目事堪悲。愧無楓葉入詩句，幸有菊花對酒卮。賈傅徒勞長痛哭，漢皇原不負恩私。他年莫問召宣室，且誦長沙弔屈辭。

聞謫判泗州

本以疏狂爲國憂，翻從遷謫赴南州。萬鍾於我知無益，三尺如人豈不羞？滿眼西風悲落木，頻年幽夢到滄州。長岡立馬重回首，雲斷蒼梧江自流。

同心惜別卷，次韻別范户部師舜

燭盡杯殘興未央，故人千里忽同床。自慚蓬鬢還三黜，却恨心知又一方。落葉滿江秋已暮，離情入酒量須強。明朝馬上重回首，吳水岷山兩渺茫。

高吏部公次考滿赴京，與別

十年意氣共京華，此日升沉敢浪嗟。千里西風吹錦艦，一樽別酒對黃花。高名已卜雲霄近，薄分漸於朝市賒。宦海萍蹤渾未定，秖祈金石莫相遐。

謫官後門人卞子登自江都來訪，喜見乎辭

風雨連天掃不開，扁舟何處泛江來？百年衣鉢憐吾子，千里萍蹤忽此杯。塞雁南飛霜節近，夕陽西去暮鐘①催。燈前細語生平事，一片芳心與燼灰。

二十三日辭孝陵之泗州

孝陵宮殿接雲天，翠栢遙連禁曙煙。皇祖九原無日起，孤臣萬死有誰憐。雄圖百戰山河在，王氣千秋宅窕堅。拜罷金門騎馬去，重來未卜是何年。

林地官刑用、鄭黃門舜祥共攜樽出龍江相訪，仍聯詩作別走謝

載酒題詩各盡歡，故人何以重相看。百年義氣真憐汝，十載功名已謫官。湖海孤舟人未老，雲山此別歲將殘。欲知後夜相思處，雁叫西風月色寒。

仲冬四日發六合

維揚江北昨停舟，疋馬今朝向泗州。曉色連陰山作暮，西風結陣雁生愁。人生聚散知何定，世事浮沉且自由。回首金陵只日下，親朋已隔白鷗洲。

濠梁聞盜起州境，欲歸治之，阻風三日，述悶

纔假南州幾日符，荒年百事費支吾。潢池何意兵戈起，渤海曾將信義孚。許國已知生是夢，防時誰道策非迂？老天猶不解人意，故把東風阻去途。

六月二日發泗州，晚至清江，遇席元山宗伯、林汝桓、徐聞話夙把，又與汝桓夜飲，詩以志之

世路從來險更崎，江亭改艦雨晴時。菲才爭敢妨三黜，暮夜也能畏四知。淮水風帆真瞬息，此生宦業任差池。清江明月如相約，爲送懷人到酒卮。

寓淮陰僧舍書事，時爲陳典史反噬，待問淮安

邇來踪跡逐飄萍，睡起西廊病漸輕。九載功名成謫宦，一時衣食倚門生。江城日暮鐘②聲動，山館風秋木葉鳴。懷抱百年今已矣，淮揚③豆酒十分清。

八月二十日至浙江驛登舟

六年不泛浙江潮，把劍登舟興自饒。祇爲相如能完璧，豈緣元亮懶折腰！北風吹浪千山黑，白露橫秋萬木凋。世事浮沉都莫問，此行准擬北山樵。

九月二十九日予生辰

百座青山向八閩,清湖自古號通津。風波倚棹逢秋盡,天地懸弧適此晨。把鏡忽驚頭變雪,歸家争恤甑生塵。百年事業知虛夢,十畝松陰自有春。

義江寄謝汪白泉福州守

聲名南國重分虎,義氣當年憶斷金。聖世掛冠憐我病,窮途引手見君心。月明西峽灘聲急,雲蔽三山霧樹深。咫尺關河成隔別,相思空寄《隴頭吟》。

至白水鋪入惠安界,兼寄張淨峰同年

山過壺公白水連,泉南風土尚依然。征輿冒雨衫俱濕,老病還鄉世所憐。曉霧滿空悲濁世,秋秔遍野喜豐年。故人隔在秋風外,欲寄梅花未有緣。

黃石與陳國英、朱必東、馬子莘三侍御自文峰泛舟過青山,留宿松隱巖,紀興

扁舟共泛蘭陂水,偶逐落花到虎溪。石洞雲深龍已蟄,鐵橋人斷鳥空啼。青崖白石景自好,夜雨青燈夢不迷。忽憶十年騎馬地,西風回首欲成蹊。

送高抑齋郡守入覲

烏石秋高五馬行,祖筵初散曉寒輕。日舒南國棠陰細,路轉閩關鳥道橫。望裏帝城雙闕近,客邊霜杵萬家鳴。正王朝後春風暖,應有恩波出鳳城。

寓桃源,中夜聞秋聲有感

夜半風來樹樹聲,異鄉孤枕旅魂驚。滿庭木葉經霜下,何處征鴻向月鳴。病裏秋高猶作客,才微歲晚僅虛名。百年未有萬年計,却恨江頭白髮生。

得報起官大理

閉門久不問升沉,何處忽傳天上音。萬里召歸明主意,百年奔走小臣心。

長卿此日病初起，賈傅當年謗亦深。重沐恩波無補報，此行敢愧雙南金？

送李蒲汀少宰考績赴京

離亭酒盡曉風微，日暖江空遠樹稀。赴闕喜開揚子棹，還家懽着老萊衣。伯魚《詩》《禮》有庭訓，太白才名動禁闈。此去定膺宣室召，好將經濟贊明時。

送何石湖南司空考績

八月盧龍江水平，風生洲渚錦帆輕。離亭且盡一杯酒，行色遙增萬里程。富弼年高身更健，司空望重政兼成。九重望治今方切，定有金甌覆姓名。

送周貞庵南司寇考績

傾國衣冠出送行，秋臺譽望舊非輕。尚書謾道三年最，天子曾知十載名。望裏雲山連闕近，客邊詩興入秋清。此回且莫思豐草，朝野方當屬老成。

送秦鳳山司徒赴司空之任

聖主中興重老成，司空德業久馳名。六卿四歷古來少，南北重更世所榮。此去皇都春色近，風生驛樹錦帆輕。預知魚水相逢處，徐把經綸贊太平。

送林芳齋大司成轉北

南國相逢花始開，河梁分手獨徘徊。論交未盡平生見，送別那堪江上杯。一代同文關太學，兩京祭酒亦崇階。遙知璧水橫經久，定有微言啓後來。

送鍾筠溪兵侍赴倉場總督

倐忽金陵兩度秋，百年意氣感相求。花枝未盡同吟興，柳絮翻增送別愁。關內正看蕭相業，江東共羨景仙舟。此行好把經綸手，足國安邊緩主憂。

送胡南津南刑侍歸田

世事無憑不用猜，功成便可賦歸來。紅亭綠酒今朝別，明月清風兩袖回。

宦海波濤何日定,南湖蓑笠幾人陪。謝公還爲蒼生起,未放東山久索杯。

送王浚川參贊入總内臺

正看南國棠陰好,忽報西臺寵命新。非有聲名驚率土,何緣文采動楓宸。風生萬里江帆遠,月滿三山夜夢頻。聖主只今思至治,要圖勳業上麒麟。

送張中梁少司空考績北上二首

司空北去值炎天,柳色荷香滿別筵。棘寺平翻三載裏,蘭臺聲價十年前。雲連北闕星辰近,帆掛西風驛路便。朝罷如蒙宣室問,東南民物近蕭然。

其　二
江上歌聲雜採蓮,祖筵初唱《遠遊》篇。舟行正值風時便,酒盡那堪別恨牽。千里雲山供客況,百年清白著官聯。遙知奏最君門日,無限恩波下九天。

送潘峨峰兵侍考滿

三冬政績歸司馬,萬里朝天值一陽。曾以丹心扶日月,寧論衰髮犯風霜。帝城春色行邊近,江閣梅花雪後香。莫把離情對杯酒,百年事業路方長。

送張方山中丞入内臺

白下時光春正妍,中丞此去似登仙。官當紀法風霜重,身近雲霄雨露便。入眼梅花俱勸酒,長途馬足快揚鞭。贈行未有驚人句,祇誦仲山補袞篇。

送馬總兵赴大同

把劍登舟氣自雄,平胡有策幾人同。子儀再拜嫌差晚,劉向先謀恨莫庸。百萬蒼生方寄命,長亭杯酒莫從容。臨歧不復重分付,都在籌邊兩疏中。

和遊觀音閣

高閣崚嶒瞰碧流,半空石壁翠嵐浮。滿江風浪孤帆渺,萬里雲山一覽收。

此日登臨酬夙願,百年蹤跡幾人留。明朝策馬青霄去,冠蓋重來誰共遊?

留別南都諸公

白門十載喜重臨,回首當年感慨深。千里河山只旦暮,一時交與半升沉。雪鴻此去仍留跡,萍梗何緣又合簪。江上一尊難爲別,相思聊寄《隴頭吟》。

彭城遇中秋有述

佳節重臨是半秋,風塵奔走又徐州。故園明月應同好,昔日黃河頓改流。浮世百年雙短鬢,壯懷萬里一孤舟。廉欽此去無多遠,銅柱功名敢浪謀。

徐洪阻風懷古

彭城江北昨停舟,洪急風高又此留。萬里奔波頻阻險,百年多難復添愁。山河控帶關城壯,邑里蕭條木葉秋。回首劉項爭戰地,英雄一去水空流。

過瓜州懷舊

泗亭辭禄憶維舟,轉眼風塵十二秋。此日南遷重繫艦,昔時親友半成丘。瓜州渡險風常急,揚④子江空水自流。堪嘆百年頻過客,功名不就雪盈頭。

過吴門有感

旅懷落落路偏長,兩度閶門十二霜。吴下雲山猶昨日,客邊光景近重陽。秋風颯颯雙蓬鬢,嶺海遥遥一短帆。人世榮枯應有數,何須作賦吊沉⑤湘。

舟發錢塘寄謝浙江三司⑥

萬里投荒路九千,喜來江上接諸賢。衣冠濟濟俱臺閣,犬馬區區負壯年。雁過錢塘秋氣滿,州連銅柱土風偏。孤帆南去臨朝發,回首長安意憫然。

過嚴子陵釣臺二首

嚴子祠堂半壁開,釣竿遺迹委荒苔。秋高木葉千林静,山遠江空一線來。

祇使客星干帝座,那期功業畫雲臺。終然漢鼎緣公重,當日行藏豈易猜。

其二

漢祖中興不世才,攀龍濟濟總鹽梅。故人底事番高卧,當日行藏甚費猜。盡説一絲維九鼎,誰知七里重三台。宦途坎坷嗟無補,幾度吞羞過釣臺。

生日溝溪泊舟

江湖泛泛長爲客,風雨瀟瀟獨悶人。十里溝溪秋盡日,百年天地我生辰。誰將栢葉供壽酒,且向殊方作逐臣。萬事無成雙鬢改,忽思戎馬欲霑巾。

過蘭谿寄劉學博、陸舉人二門生

蘭谿不見吾二子,夜半停舟意惘然。一日相知吾少長,百年道義汝真賢。灘高水急魚龍鬭,秋老天空鴻雁懸。咫尺千河人萬里,題詩送寄白雲邊。

龍遊江上逢虞山都憲致政歸,志喜兼爲别

我從炎海方遷謫,君向霜臺獨乞身。兩路俱爲失意客,百年總是同心人。相逢未説平生事,一見先驚白髮新。此别會期渾未定,西風落日欲霑巾。

三衢夜泊寫悶

心事悠悠逆旅邊,滿江風雨撼愁眠。客程勞落千山外,壯志消磨十載前。舉目江河鄉思切,回頭霄漢寸心懸。百年行止渾未定,夜對孤燈思悄然。

過玉山古城鋪

行李蕭蕭過古城,西風吹送馬蹄輕。客邊光景三秋盡,此去雲山百粤經。音信久稽天北雁,生涯已付海南萍。共知聖世崇干羽,誰謂終軍獨請纓。

懷玉夜懷南寺舊僚鄭文川少參

懷玉樓前夜月虛,夢魂西到永豐墟。陶潛已種南山菊,賈誼猶陳北闕書。人世百年悲看鏡,京華三載憶連車。遥知此日深山裏,較往論詩更起予。

懷玉寄朱永豐鄉同年

二十年前共看花,邇來踪跡各天涯。蠻方笑我遥宣化,山縣輸君早放衙。元晦家聲終古在,永豐政績⑦要人誇。秋風落日溪山路,咫尺思君鬢欲華。

晚 渡 建 溪

楓林日暮晚風收,萬里歸帆泊小洲。百仞高峰青鳥外,一雙寒鷺白沙頭。僧歸絶壁雲間寺,人在隔溪水上樓。明月滿灘偏照客,放歌長笑下清流。

汀贛踰山嶺,不勝艱阻,感而有作

一麾出守向南州,山嶺巖崖馬力柔。萬里風煙連越嶠,幾肩書劍隱邊籌。時違浪説封侯事,身在還懷許國憂。渭水長沙俱有分,何須作賦吊湘流?

過 梅 嶺 有 感

梅嶺重經鬢已皤,十年光景夢中過。山川物色依然在,人世浮雲變態多。甘載江湖虛勞落,半生宦業轉磋磨。從今萬事俱拋却,且與邊民問疾疴。

洪崖嶺對景感舊

洪崖嶺路高入雲,兩廣山河此界分。萬里乾坤舒望眼,九天風雨散塵紛。鄉煙杳杳連銅柱,行李蕭蕭向海門。獨怪七年重過此,功名不就鬢成銀。

登 天 涯 亭

平生夢不到天涯,此日登亭獨舉杯。一水護門朝海去,幾家成市向城開。聖朝冠帶從兹盡,交趾王租久不來。銅柱功名誇漢將,百年落落愧凡才。

六月久雨有作二首

一雨經旬苦不休,公堂偃室水交流。廳堂盡着登山屐,商旅多乘入市舟。東郭人家雖半没,西郊晚稻已全收。春間祈雨夏間澇,太守憂民憂復憂。

其 二

兩年没計理荒殘,半畝棲宮不暇看。破屋任從風雨過,短牆猶在犬羊坍。無端床竈鳴蛙鼓,誰信廳房轉鴨欄。旦夕祇祈官事了,區區違恤一身安!

送彭秀才和卿

五羊識子猶昨日,海角相逢忽十年。眼底光陰真過隙,人生得喪自關天。驊騮草綠諳回道,鷹隼風高散講筵。業視專門端有愧,邇來經學付誰傳?

瓊郡林見泉節推查盤至,詩以送之

九月秋高菊未華,異方地氣覺微差。故人見面猶疑夢,樽酒開懷共憶家。鄉國每同推喬木,使軺今喜賦皇華。天涯此日暫分手,回首西風望轉賒。

丁酉除夕有感

宦落天涯兩歲除,夢中幾度賦歸與。聖朝未有寬恩詔,邊郡猶勞判事書。忙裏不知歲月去,客邊漸覺鬢毛疏。椒盤此夜誰觴酒,忽憶家鄉萬里餘。

聞陸平川赴廣城,以詩送之

天涯此日同爲客,嶺海秋高地不寒。萬里星槎憐子去,中天月色與誰看?遠聞國事心猶赤,久落嵐鄉身亦安。萍梗未知攜手處,五羊相憶路漫漫。

九日郊行,詢民俗,閱海軍,遂登文筆峰,回望州城,相學基,因而有述三首

乘興登山到筆峰,一城中立萬山宗。地從海角開名郡,人在天涯望九重。未有涓埃霑赤子,且將杯酒散愁容。從來此會知誰勝,醉倚乾坤氣轉雄。

其 二

唾手燕雲志已灰,殊方與客且登臺。百年憂國心常結,九日凭高首重回。山際雲收秋瘴薄,海門月上晚潮來。此行只爲文翁事,不是孟陽愛酒杯。

其 三

作客天涯忽幾旬，偶因問俗到江濆。竹籬落照人間屋，畫角秋風海上軍。萬頃膏腴荒草合，千年境土犬戎分。南陽溝洫扶桑柱，寧有英雄可繼勳。

參新任海北道，歸途有述

廿載廟堂叨佩紳，却來州縣走風塵。豈緣斗米腰常折，苦爲桑弧志未伸。日入西山官舍遠，路迷歸馬僕夫辛。隔溪十里呼村火，只見蛙聲不見人。

至白皮丈田有述

忙裏偷閑到海濱，潮風若爲洗塵襟。臨春出郭豈無事，自古均租即養民。遇雨不妨衫袖濕，登山却⑧怕僕夫辛。野人獻食無佳品，粗茗濁醪意自真。

烏雷丈田兼看營堡有述

風門嶺外東復西，山徑崎嶇牛蹈泥。霧雨衝人衣盡濕，林青蔽日路俱迷。江邊斥堠名虛在，海上島夷看亦低。作郡兩年纔到此，兵防民事喜知倪⑨。

禁鳩觜望安南有述

禁鳩觜上望西洋，大小鹿墩亦渺茫。只爲魚鳶自下上，那分天地有玄黃？珠厓此日同冠履，交趾何年没犬羊？天子即今明討伐，伏波功業竟誰强？

秋 日 遣 興

天涯薄宦忽三年，能得身康即是仙。無病不須求藥物，有官何必問陞遷。青鳩去後波羅熟，滴酒香時螃蟹鮮。誰道此方非樂土，邇來斗米近三錢。

戊戌生日有感二首

乾坤生我太沉浮，再謫邊城又作州。門上往時虛掛矢，天涯此日復添籌。

風高窮海雙蓬鬢,歲暮江空一敝裘。竹帛每慚無尺寸,百年剩有氣橫秋。

其　二

五年京國平翻手,三載邊方撫字心。喜向閭閻知苦樂,那於塵世論升沉？樽中白酒逢初熟,秋後黃花要滿簪。莫道子瞻終落魄,至今瓊海有遺音。

州城開西門有述

欽江王氣在西方,道路多年阻未通。門啓寧知經國手,橋成始見濟川功。山川一去連銅柱,勳業誰來繼馬公？老我不堪當世用,偶然此處寄鴻踪。

送鍾季明秀才還番禺

萬里雲天一羽孤,秋風鴻雁幾相呼。山陰雪艇真憐汝,空谷人聲更起予。三徑蒿萊隨自長,兩程書劍豈言迂？遺經教罷却分手,後夜思君月正蘇。

和朱鑑巡按有感韻

漢家銅柱表天涯,陷没何年事可悲。豈謂相如能返璧,總緣管仲善降夷。樓船東下風先動,旄節春回日正遲。獨憶往時朱豸史,空餘忠赤報君知。

鴻　飛　亭

鴻跡因風到海涯,羽毛今日又何之？稻粱⑩本匪平生志,雲漢長懷萬里思。木落山空歸路杳,秋高天遠北書遲。四年作郡慚無補,徒向江干賦雪泥。

至靈山有感

四載劬勞鬢盡斑,歸舟今已到靈山。追思往事翻成恨,獨喜浮生得漸閑。風雨連天迷去雁,梅花幾朵破愁顏。前程此去天同遠,三徑未知幾日還。

度洪崖嶺,感懷州民有述

肩輿曉度洪崖嶺,萬里長風送客行。四載宵衣自我責,兩行別淚爲誰零？

天涯亭上寒雲積，文筆山前夜月明。回首不堪腸斷處，祇緣黎庶最多情。

過五羊感舊

五羊別去十經春，冠蓋重過感慨新。舊日燕窠猶識主，往時鴻迹久成陳。越王臺榭秋山裏，蘇子祠堂南海濱。躍馬臥龍終一土，英雄底事日紛紛？

靈山得拾遺報，有感

平生意氣欲凌霄，歷盡幾霜鬢半凋。叨祿兩朝官再謫，守邊六載思常焦。懷中白璧知無恙，戶外蒼蠅豈自招。世路從來多坎坷，只緣失計蚤漁樵！

自　愧

泗水當年蚤見幾，天涯六載豈忘歸？只緣管氏心徒切，轉使穆生願頓違。軒冕浮雲隨聚散，五湖煙雨足蓑衣。百年公論誰能泯，任與時人說是非！

商兵備、劉參戎餞予於聚勝樓，詩以謝之

聚勝樓高冰雪寒，興來不覺酒杯寬。感君高義還投轄，笑我雄心蚤掛冠。彩鷁曉從三水去，錦筵高對七星歡。雲輪世態隨他變，寶劍橫空氣未闌。

泰和至西崗，訪羅整庵冢宰，因留別

樹繞西崗水繞田，剡溪雪艇豈空還。山中宰相真堪樂，海內士夫誰最賢？自笑此生多骯髒，更憐吾輩日迍邅。有懷不盡俄分手，此後音書寄雁傳。

豐城謁舊尹楊學文先生，留飲奉謝

二十年前一故知，如今踪迹各支離。淵明久在羲皇上，賈誼猶懷漢室悲。松菊晚來寧改節，海鷗此去可忘機。相逢一飲共拚醉，不把行藏入酒卮。

江右二司邀飲滕王閣有述，因錄奉謝

自從倚棹一登樓，倏忽風塵十四秋。往日交遊多零落，只今塵世幾沉浮。

山連楚越東南勝,城帶湖江日夜流。此會叨陪豪俊後,愧無佳句繼前脩。

至芉原驛有感

芉原江上水悠悠,此日郵亭又繫舟。世態古今隨日變,波濤日夜向東流。三山雲起樓臺隱,西峽風高草樹秋。獨怪百年成底事,圖書歸去雪盈頭。

至錦田,望紫帽有感

清源山水甲閩中,三百年來運未通。吾道固知關氣數,廟堂誰得沒邊功。人文自昔宗丘叟,相業至今數魏公。笑我歸來頭已白,高談時事氣猶雄。

九日梵天登高,和劉南郭學使韻

九日登高遇北風,此身如在五雲中。江山入眼真如畫,物論到頭有至公。采菊且斟陶令酒,搜奇更上紫陽峰。百年懷抱姑休論,得失惟應問塞翁。

雲奇登高有述

石磴亭亭起碧崖,秋風送我獨登臺。黃花白酒供佳節,綠樹青山照客杯。天外夕陽如可恨,一時豪興幾同陪。百年此會真誰勝,不學東山攜妓來。

親朋索債無償,姑書此應之

平生仕宦不言錢,向老歸來室磬懸。朝暮虀鹽聊自給,親朋債負苦相煎。歲寒松栢誰爭秀,雪裏梅花也自妍。若憶當時趙長史,高風千載幾人傳。

題御踏石

六飛一去不復返,此地猶傳帝子行。萬里山河無駐足,數方磐石尚留名。天寒水冷魚龍泣,海闊天高鴻雁鳴。千古興亡同過旅,英雄遺恨幾時平。

壬寅元旦感懷

宦海奔馳廿五年，東西鴻跡未更遷。每逢此日思鄉土，誰謂茲辰憶御筵？無路衣冠同虎拜，猶隨野老祝堯天。生平事業雖未竟，喜有餘功理簡編。

聞北兵入寇，無能禦之，有感

越南未得平安報，漢北翻聞大舉聲。胡騎千群如破竹，山河百二少堅城。周家元老思方叔，漢代英雄數衛青。獨怪百年稱養士，無能一矢却胡兵。

李拙脩學博邀飲尊經閣，有述

高閣崚嶒倚碧空，七泉形勝一眸中。千秋圖籍宗元晦，四海人文印大同。戶幹乾坤通日月，氣收海嶽隱蛟龍。諸賢此日齊登眺，身在雲霄志並雄。

感事有述

平生節操如松栢，歷盡風霜不改枝。落魄歸來年少侮，虛名喜有蹠徒知。遼陽叛卒曾歸首，交趾降王已受羈。眼底榮枯且莫計，百年公論有人持。

代送李拙脩學博

山繞輪岡水繞溪，花飛亂亂草萋萋。塵追去馬人如玉[11]，歌散離亭鳥自啼。九畹蕙蘭憐獨佩，六年桃李喜成蹊。紫陽祠下松杉古，俎豆春秋擬並躋。

又代有松

唱罷陽關酒半醒，剛風無計挽行旌。溪橋花柳難為別，故國雲山入望青。兩度棠陰垂後愛，六年化雨紀賢聲。琴書歸去尋鷗侶，籬菊傲霜晚更清[12]。

吊曾漸溪太守

昔年諫草留青瑣，二載棠陰滿近畿。賈誼名高終見忌，相如病久竟難支。

屋梁月色頻相憶,鄉國儀刑每繫思。最恨故交零落盡,霜風無語淚空澌。

得欽州生祠春祭文有述

一去欽江已十霜,春風俎豆始生嘗。三秋政績慚無補,八里蒼生却不忘。文教未能追蜀郡,專祠偏得似潮陽。百年宦業同秋草,惟有遐荒姓字香。

聞安南有變

交趾降王久息戈,忽然白地起風波。諸公謀國皆貪靜,當日籌邊算孰多?秦檜奸雄終保首,屈原忠憤迄投羅。是非在世憑誰定,天理昭昭定不磨。

聞曾石塘總制被逮

遼陽疇昔相冰炭,升落於今十四年。我以病狂宜偃蹇,汝稱練達也顛連。人情反覆應難測,天道好還定不愆。獨恨百年空懷抱,惟餘諫草照青編。

感事二首

平生刻苦爲微名,貝錦何緣驀地生。文舉才高終坎坷,深源命蹇竟飄零。雌黃在世誰能定,松柏經冬節始明。且把黃花對樽酒,莫將時事動心情。

其二

二十餘年忝縉紳,如今生計轉艱辛。尊王空負夷吾志,去國寧辭原憲貧。屈指爲官多貴富,眼中若箇盡廉仁。伯夷盜跖終須別,分付時人細認真。

己酉元旦

歷盡人間雪與霜,乾坤一旦轉春陽。窮崖猶有殘陰在,暘谷方看化日長。幾樹梅花迎醉眼,三杯竹葉散愁腸。百年事業雖未竟,也有聲名史冊香。

志恨

時去江山不可留,臨風載筆淚空流。稱臣割地情誰忍,涕泣通婚事有由。

七葉雲孫慚乃祖,平生仕宦愧前脩。古今事變知何定,顯晦同歸土一丘。

送洪芳洲病痊赴部二律

春風吹馬上金臺,楊柳青青照客杯。好雨不妨征袖濕,林花正喜滿庭開。粵南連歲兵書急,漢北逢秋畫角哀。老病相如惟著述,請纓須仗濟時才。

其 二

圖書千卷束行裝,北闕雲遮去路長。萬里飛騰憐駿足,十年物色憶東床。離情莫作陽關苦,宦業須令檮杌光。京國若逢知己問,草玄未就鬢毛蒼。

送傅近山憲使之任河南二首

蘭臺聲價十年餘,簡命新更出帝都。疏鑿從來誇《禹貢》,才難自古羨唐虞。舟航欲避三門險,騏驥寧辭萬里途。駑馬久知難馳策,窮廬效著董生書。

其 二

昔年京國共風塵,倏忽光陰十七春。世變江河隨日下,人間棋局幾番新。崆峒使節冲霄翼,洛下衣冠報主身。此別不知聚首處,綠楊荒草兩愁人。

送門人葉伯龍應貢北上

池蓮風倒柳絲垂,繫馬江亭話別離。萬里雲山御客斾,十年書劍值明時。共憐劉向傳經早,誰信匡衡射策遲。若到皇都春色滿,瓊林定折最高枝。

送葉東卿入監二首

青春才子橋門秀,琴劍今當萬里遊。共喜觀光赴上國,兼憐[13]跨鶴上揚州。一樽只恐青山暮,匹馬端逢驛路秋。此去若逢知己問,六經次第未全脩。

其 二

詩書未遂先人志,繼述如君世所難。泮水三春逢雨化,北溟萬里看鵬搏[14]。風生驛路芙蓉淡,馬到長安旅夢寒。衰老無堪相寄贈,謹身兩字是金丹。

吊韋鷺沙太守

纔與群鷗結伴侶,忽乘箕尾返元虛。度支爭羨秋毫計,守郡獨憐掛壁書。浦放鱔鰍龍去後,江寒蘆葦雁來初。羹牆每憶生平語,欲奠生蒭遠愧徐。

和方西川郡守中秋玩月

百年浮世三春樹,佳節重臨轉可哀。道遠驊騮何日到,天邊鴻雁幾時來。光流萬里銀河净,雲斂長空寶鑑開。海內故人今幾在,何由共賞獨停杯。

壽日寫懷二首

嶺南解佩歲如流,倏忽生辰十一周。世上棋局幾變著,人間海屋又添籌。朱顏倒映黃花色,玉盞滿斟白露秋。三十六年叨甲第,風波歷盡且維舟。

其二

處世何勝喜獨醒,風霜欺鬢半凋零。縱無畫像登麟閣,也有丹心照汗青。駒隙每驚添鶴算,金丹那解煉龜齡。古今成敗如同軌,笑對西風兩眼惺。

壬子夏旱二首

夏來無日不東風,況復驕陽作暑隆。四野田園龜裂背,千畦黍稻火燒蓬。一旬市穀立增價,十室人情九病空。此日群生誰寄命,一綫斷續仰旻穹。

其二

功名三十六經霜,飢飽惟隨歲歉豐。在野三農終失望,闔門百口已悽惶。富家喜糶十年粟,寒舍計糲八月糧。似此謀生真絕倒,旁人休說短和長。

勞方西川太守禱雨

太守憂民心更堅,一聞旱極即潸然。降身豈減桑林禱,遏糴難嘲時政偏。此日群生咸寄命,精誠一念自通玄。天人交感自常理,佇看甘霖沛八埏。

哭康眉人

嚴霜夜墜菊花殘,凶訃驟聞涕淚潸。磯叟功名終落魄,堯夫造化忽先還。百年世事隨流水,十里松陰覆舊山。此後思君何日見,月梁空復見容顏。

送方西川郡守入覲二首

徵角時常領教音,那堪南浦別情深。賢勞方報三年政,霄漢每懸方寸心。萬里風霜迎去佩,一雙琴鶴號高吟。會期何地應未卜,祇有甘棠滿綠陰。

其 二

海內斯文總弟兄,相逢萍水獨關情。對床未罄懸河論,授簡時聞戛玉聲。白首中流虛擊楫,青春上國聽遷鶯。洛陽橋下東流水,孰挽離人萬里旌?

和郡守方西川九詠

道本先天原體物,源流一脉到如今。舜文莽操豈殊轍?蹠蹻孔顏同此心。涓涓失窒成江海,毫髮爭差隔丈尋。百歲浮生容易過,先民有訓細沉吟。

其 二

宇宙堂堂有此身,百年誰肯着精神。經天事業皆容易,暗室工夫獨苦辛。祇是我生多潦草,且看自古幾任真。仲尼久不周公夢,一筆徒勞說復醇。

其 三

一誠元是物始終,舉世相承作偽風。反己未能變參魯,對人自謂黜回聰。鳶魚豈在天淵內,飛躍惟存方寸衷。作德能教心逸樂,心勞轉覺百憂叢。

其 四

堪笑時人喜立言,兩字良知當訂頑。認將格物爲誠意,欲把禪心透聖關。學業只存心地上,聖賢豈在口頭間?淫辭任恁天花墜,一指安能蔽太山?

其 五

若知萬物備於我,格物工夫豈外離?方寸淵衷森萬象,虛靈窟裏長新知。

紫陽理徹如燃燭,告子心頑浪泣歧。堪笑時人無意致,伸眉猶爾費虛詞。

其 六

舉世紛紛醉未醒,誰將大雅起群聽?談玄滾滾皆騰口,作賦飄飄却似伶。舉足從來皆棘莽,釣⑮名何用立門庭。聖賢只在身心上,騰口談經却叛經。

其 七

朱陸異同憑誰辯?達人自可廢筌蹄。固知反鑑難求照,不遇南針孰指迷?元晦工夫終有本,九淵易簡竟無倪。後生努力須時及,流火炎炎又向西。

其 八

科場取士文非古,季代波頹益可羞。浮靡却如宗曹魏,淵源誰復祖尼丘?皇明典禮翻輕變,問世鳳麟豈易求?自古文章關氣運,興衰理亂自相投。

其 九

知行交養而互發,入户升堂各自專。《説命》易難言在耳,軻書終始日中天。誰將二事合爲一,勝似儒門逃入禪。丈夫生世非閑等,趨向應須有度權。

有　　感

長松丁尺倚巖阿,眼見英雄幾度過。雲裏數層擎雨蓋,風來丨里起濤波。不愁廊廟無揮斧,只恐光陰似擲梭。壯志不隨年歲改,玉樓美酒且高歌。

安 民 道 中

雨餘雲净晚山晴,水落溪橋十里聲。路險不妨馬蹄滑,春深獨喜野農耕。時逢陽九民多故,身歷風波老未平。安得白衣頻送酒,每隨松菊醉淵明。

初六出泉城,宿大盈驛

肩輿凌曉指歸程,山嶺煙埋雨氣橫。綠草連阡迷客路,青苗遍野喜農耕。每聞桴鼓傷時事,慣見炎涼識世情。遠望鄉關東嶺外,郵亭高柳且停旌。

瀨溪下船

十載不經莆陽路,今朝忽泛木蘭舟。休憎溪瀨喧鵝鴨,獨怪衣冠混馬牛。童子炊煙臨夕斷,前村旅邸夜分投。城中冠蓋多相識,有事未能話昔遊。

譏時吏

功名兩字不由人,若被功名喪却真。世上是非如日月,人間富貴祇風塵。張于⑯陰德猶堪積,興俊深文何足憐！獨笑平生能執法,晚罹法阱弗能伸。

廿五日過常思嶺

白雲千頃積常思,細雨兼風冷徹肌。花柳未聞春信息,行人先阻雨淋漓。三山臺閣望中近,八郡瘡痍告向誰？征轎不堪高下險,忽聽啼鳥動心悲。

許竹乘舟

許竹登舟憶曩時,桂花期折最高枝。自從宦海三維棹,忽覺秋風兩鬢絲。歷盡崎嶇猶坎坷,算來造化亦童兒。百年事業俱休論,飽食安眠却我師。

送陳台峰戶部同年

鳳臺並馬只兒童,轉眼相逢忽老翁。百歲光陰真轉轂,吾人事業各飄蓬。慇懃斗酒知情厚,倉卒篇詩覺思窮。聚首寧知更何日,相思猶可託南鴻。

謝龔雲崗

金臺攜手偶然間,尊酒尋盟豈等閑？廿四光陰同雨過,一時笑語獨情關。交情厚薄占傾蓋,人事窮通看賜環。如我杜門應守拙,餘光猶擬照衰顏。

送周雲川太守入覲二首

我生不幸遭陽九,旋轉乾坤自有才。撐架廟堂須柱石,調和鼎鼐要鹽梅。

關山此去風初冷,京國到今春始回。朝罷君王問休戚,東南民瘼請詳聞。

其 二

南海鵬搏正九秋,濟川須得善操舟。未聞枳棘栖鸞久,今喜皇家結網稠。萬里雲天高客興,一雙琴鶴壯清遊。英雄誰謂無奇會,帝略王圖此日酬。

賀萬育吾興泉堡障二首

東南忽拱祥桑樹,江海茫茫作煙霧。手提雄劍坐門庭,半壁乾坤獨撐住。東家爺娘哭無子,西家兒童哭無父。百萬蒼生遭陽九,不是英雄誰作主?

其 二

棟宇真如累卵危,掄材孰可解撐支?錦田鎖鑰嘉神算,浯島干城更出奇。淚洒楓亭民爲泣,功敷[17]海上凱歌馳。國朝元老瞻方叔,佇看勳名勒鼎彝。

賀邵甘澤海道得功

秋風一起雁南飛,繒繳連天命亦危。見說二桃殺三士,又聞六計解重圍。時違須得丹心輔,萬衆只消白羽揮。此日蒼生誰作主?東山安石望攸歸。

夜 感

寒蟲四壁夜偏鳴,攪動機心夢不成。作事無頭悲我老,流光易過使人驚。四野干戈墮客淚,五更風雨聽雞聲。宋玉悲秋休作賦,祖生擊楫誓時清。

譚瓶臺喜雨二首

君侯出郭滿天紅,倏忽陰雲起太空。盡道桑林同此禱,固應造化有神功。須臾靈雨忽沾霈,始信天人捷感通。民命正當危一髮,由來生意屬旻穹。

其 二

邇時井水苦無泉,沼底游魚半就煎。曉起衝湍奔赴壑,門前池水泛成川。最憐穀價坊間跌,更免流移溝壑填。不是桑林盡日禱,一人何以動神天?

送戴梁崗葬

哲人一旦歸黃土,萬事從今已蓋棺。宦業足垂當世法,文章猶可後人看。江山寂寂黃泉閉,風雨濛濛白骨寒。惟有英魂埋不得,精光時射斗牛間。

送別譚瓶臺

縣官久不見鶯遷,羨子高飛復佐泉。非有才華能出衆,何由超拔出雲端?已見太原能渡虎,豈堪枳棘復棲鸞。五載關山難作別,只將杯酒駐金鞍。

題戴東樵書院

百尺危樓託此山,風雲變化渺茫間。川從一水拖龍起,日照三山抱鶴還。築室江邊聊寄卧,功名有日恣追攀。詩書萬卷藏胸臆,莫把樵生等閑看。

七言絕

題龍門

翠壁丹崖不可攀,石門龍過海風寒。擎天力盡孤臣斃,惟有留題墨未乾。

厢房紀事

除却送迎了去官,床頭積案漸從寬。栢臺晝靜槐陰轉,卧聽高梁燕雀喧。

送方健夫僉憲之任雲中二絕

一卒狂呼萬骨枯,蒼生此日抑何辜。朝廷養士知多少,若箇真誠爲國圖!

其二

曾把邊情入議思,當時那得見希奇。而今成敗多如料,始信胸藏百萬師。

四兒滿月，張淨峰以東坡洗兒詩相賀，因成一絕以答之

庭竹偶添棲鳳枝，忽承坡老《洗兒詩》。未聞公相皆愚魯，我滯天涯自數奇。

落官報至，去靈山有感二首

春到園林物物佳，兒童翹首望繁華。無端一夜西風起，打落人間萬樹花。

其 二

豺虎望風迹已深，如今歌舞出山林。久知天道當如此，空負當年攬轡心。

題羅整庵別野二首

山館沉沉掃綠苔，白雲飛去又飛來。世間名利人爭殺，底事先生心獨灰？

其 二

老去山中惟著書，乾坤始信有真儒。紫陽不作象山遠，千古是非一筆袪。

新作祠堂，商工揆日，稱貸無獲，無何中止，因賦紀恨二首

確守官箴也分然，獨憐無計庇吾先。百年香火頹垣下，轉使人將不孝傳。

其 二

泗水當年一判官，饑民十萬倚全安。如今坐困寒齋下，欲借鈞金也自難。

題愛梅巷爲陳廣二首

淵明愛菊周愛蓮，君愛梅花似更賢。不與群芳爭醜好，直將一點露先天。

其 二

壺光山下木蘭邊，楊柳青青桃李妍。惟有摽梅偏出色，和羹消渴世爭憐。

題 扇 面

江空林寂竹樓虛，坐對靜窗理舊書。獨惜風波名利客，扁舟泛泛未寧居。

感事二首

年年買穀度餘生，虛忝鄉邦薄宦名。要做人間好男子，寧辭家計晚凋零。

其二

穀價日高文日低，邇來家事轉參差。莫言天道長如此，斗米三錢也有時。

和方西川秋興五首

邊塵遠逐翔風來，百二關河一旦開。破虜誰當方叔老，杞人對菊獨徘徊。

其二

北風陣陣起邊庭，塞雁南飛不可聽。破虜幾人謀國手，萬方猶喜仰皇靈。

其三

三載忠勤在簡書，使君底事問樵漁。洛橋政績猶堪續，辭祿求名總是虛。

其四

狗馬平生爲國愁，無端白雪忽盈頭。行藏自古由天定，謾向人前嘆倚樓。

其五

無情歲月信如流，潦倒江湖忽十秋。憂國猶參董氏議，出關誰肯學青牛？

己未歲傷三烈婦

女兒千百盡成行，劍戟相逢似犬羊。羨爾一身不怕死，始知鐵石作心腸。

詞

和朱簡庵責叛民黃金廣等詞

不虛生兮男子，實蘊藉兮經史。志徇國兮忘家，歷間關兮九死。捧玉音兮南來，望天涯兮直指。陟招遠兮崇山，建黃纛兮駐趾。恨叛民兮不歸，空浩嘆兮撫髀。肆吾皇兮赫怒，命老臣兮宣旨。干一舞兮臨邊，羊知本兮跪乳。

復左袵兮衣冠,化豺狼兮倫理。曷夙昔兮負恩?曷於今兮知耻?惟帝德兮罔愆,爰革心兮獷豕。祝萬壽兮《岡陵》,祝千孫兮《麟趾》。民復有兮室家,爰耕作兮故址。洗百年兮腥穢,粤自今兮更始。烽火息兮無煙,藩籬剖兮弗壘。懽聲沸兮載道,歌頌作兮盈耳。

臣負罪兮南遷,得一州兮萬里。撫往事兮内傷,屢抗章兮不已。噫嘻自今伊始,幸夙願之不違,竭寸心於螻蟻。

踏莎行·送朱平川之高明小引

恭惟某官閤下,紫陽華冑,太學英才。作判邊州,政績每徵於優奬;擢知大縣,經綸益展於設施。某等叨承作育,義等君親,快睹鶯遷,無任雀躍,聊綴俚詞慶賀。其詞曰:

綠柳煙收,黄梅雨歇,暖風輕旆臨朝發。攀轅卧轍意無窮,滿地棠陰誰忍伐? 別酒幾行,離歌幾闋,高樓更上望愁絕。片雲飛處是黄崖,行人已在洪崖末。

【校記】

① "鐘",原作"鍾",誤。光緒本作"鐘",是。今據改。
② "鐘",原作"鍾",誤。今改。
③ "揚",原作"楊"。今改。
④ "揚",原作"楊"。誤。今改。
⑤ "沅",原作"沆",形近之誤。今據文意改。
⑥ "三司",原作"三首",誤。目録作"三司",是。今據改。
⑦ "績",原作"蹟",音形相近之誤。今據文意改。
⑧ "却",原作"剛",疑爲"却"字之誤。今改。
⑨ "倪",原作"些",屬下平聲六麻韻,與本詩押八齊韻的其他韻字"西、泥、迷、低"不叶,誤。光緒本作"倪",於義爲長,且於韻亦合。今據改。
⑩ "梁",原作"粱",音形相近之誤。今據文意改。

⑪"玉",乾隆本作"土",誤。光緒本作"玉",是。今據改。

⑫"清",原作"青",與第四句"故國雲山入望青"的"青"字爲重韻,當是"清"字之誤。今據改。

⑬"憐",原作"僯",形近之誤。今據文意改。

⑭"摶",原作"搏",形近之誤。今據文意改。

⑮"釣",原作"鈎",形近之誤。今據文意改。

⑯"于",原作"於",誤。光緒本作"于",是。今據改。

⑰"敷",光緒本作"膚"。

附　録

序

林次厓先生文集原序　　　　　　明　蔡獻臣

　　邑侯李公晦美,既捐資倡議刻次厓先生詩文集成,以獻臣有讎校力而屬一言序之。序曰:

　　正德丁丑榜,吾泉最號得人,學憲公琛、襄惠公岳而大理丞次厓林公希元也。三先生皆邃於經學,以文章、氣節名一時,而作用不同,際遇亦異,其爲學士所宗而稱"我明人物第一流"則一云。

　　先生力學刻苦,自草茅中即銳然有當世之志。其學專主程、朱而折衷於王順渠、歐陽南野之間,不盡名己見,尤不喜陽明"良知"新説。今《四書[存疑]》、《易經存疑》,海內家傳户誦,與蔡文莊《蒙引》等矣。惟是生平蒿目憂世,抗論勇爲。當世廟初,筮仕南寺,即上《新政八要》。其後,復有《荒政叢言》、《王政附言》諸疏,亦皆聳動中外,見諸施行。而大同、遼東兵變,及守欽,力主征交之議,大爲當事所側目。故先生官蹶而起,起而復蹶,竟不獲大用以老。既罷,而欽人生祠祀之,殁又二十年,而學使者祀之黌宫。今讀其疏,纖悉剴切,盡關天下大計,即晁、賈、歐、蘇未能過之,而其他詩若文,雄勁典質,俱發其中之所欲言,而大指不背於紫陽。即年踰大耋,室如懸磬,而桑梓利病,不憚再三爲地方諸公往復。其志氣磊磊落落,雖犀可剚,虹可貫,賁、育可奪矣。故爲紫峰易,爲先生難。幸而成則爲襄惠,不幸而不成則爲先生。所能者人,不能者天。然先生學而大儒,入而名卿,出而良吏,殁而言立,即安南四峒之復,都統之授,人謂"林知州六疏,賢於數十萬之師",夫是之謂不朽。論者無以其際遇之龃龉而安置軒輊哉!

是集校選,初屬蔡敬夫參政,會赴楚藩不果,故余不揣,謬爲代斲,而詩則劉國夏憲副共之。封事全收,餘汰一二,庶幾無復未見全書之恨。李令公媺政非一,而表章兹集及修文公書院,乃其右文之大者。集原本爲先生子有梧手録,而訂訛敦匠則先生之孫學蒧、學範、學弼,曾孫寯、察、官、守、容、寫、晏,玄孫夢鯉、廷璋,外曾孫廩生吴大光及諸生林燧卿、陳世溁,俱與有力,而大光尤任勞,並志之。

萬曆壬子夏五月朔,邑人後學蔡獻臣體國甫書於仰紫堂。

遼寧省圖書館藏詒燕堂乾隆本《林次崖先生文集》卷首

林次崖先生文集序　　　清　沈德潛

世每以道學與經濟判而爲二,於是乎有駁雜不醇之經濟,即有迂疏無用之道學,皆俗學之謬也。按,前史但有《儒林傳》,自元脩《宋史》,始别立《道學傳》,顧道學之真者,每不樂居其名。至明代,講學者日衆,往往以指斥象山爲能事,一若有此,即可以接武乎紫陽者,而考其行已立朝,輒迂疏而乏致用之實,世亦何貴有此道學哉?

同安林次崖先生,自少承鄉先正蔡氏虚齋緒論,篤志聖賢之學。乃予讀其集中之文,則惟有關經濟者居多,若聚生徒立門户、叫呶争鬥以爲護道者,皆先生所不取。嘗與舒國裳書,謂:"近日紛紛朱、陸之辨,皆如矮人看場,譬之於金,朱子、陸子皆真金,今人則以銅而包金者,而又何以論金哉?"先生之持論如是。蓋惟其不欲以道學名,故獨得道學之真,而發之於經濟,亦有其實也。

先生歷仕數十年,鋭意以用世自任。而守道守官,屢起輒躓,由南京大理寺正謫判泗州。罷歸。起廣東僉事。歷南北寺丞,復落職知欽州。擢備兵海上,終以拾遺罷,不得盡展其用。方其在南寺丞也,世廟初御極,條上《新政八要》,兼請息内臣機務,罷其鎮守。迨再擢寺丞,又上《王政附言》二十一事,所言皆中興大計,天下根本綱要之所在。假使當日能悉舉而厝之,誠有足遏亂源而成至治者。其判泗州,則以歲饑,精求救荒事宜,上《荒政疏》萬餘言。在僉事,則請豁無徵以蘇竈丁,蠲徭役以澄國課,咸詳明切實,確然能興利除弊。若夫因遼東兵變而請練內兵以殺邊兵,因安南莫登庸之亂而連上六疏,力主必討之議,則先生之運籌决策,燭照數計,尤可坐而言起而行者也,夫豈如俗學之迂疎而無用者所可同日語歟?

先生所撰《四書存疑》十八卷、《易經存疑》十二卷,與虛齋《蒙引》並傳,學者久奉爲圭臬。而集版已漫漶,陳舍人鴻亭重刻以行世,不遠千里郵寄,屬爲之序。舍人好古力學,闡揚前哲之遺文以嘉惠來者,甚盛心也,遂不揆檮昧而論之如此。

乾隆癸酉秋七日,長洲後學沈德潛撰。

遼寧省圖書館藏詒燕堂乾隆本《林次崖先生文集》卷首

林次崖先生文集序　　　　　　清　雷鋐

前明中葉,姚江大倡新學,吾閩恪守程、朱,以有蔡虛齋先生持之,而林次崖與陳紫峰兩先生繼之,《蒙引》、《淺説》、《存疑》三書久衣被天下。余嘗謂《四書存疑》剖析"格物致知"之義,使姚江見之,必咋舌俛首而自悔。

今得《次崖文集》讀之,蓋知其用力"格致"之功,真所謂"衆物之表裏精粗無不到"也。其所上《新政八要》,皆從本原之地推之用人行政之大端。其曰"息内臣機務以拔禍根,罷内臣鎮守以厚邦本",嗚呼!當日能用斯言,何至有叔季之萬事瓦裂哉?其有慨於軍寔日寙,漸即凌夷,論兵、論將、論屯田、論邊患,審時度勢,按切事情,如聚米劃沙,可坐言而起行,不如是,烏得謂全體大用無不明哉?然則先生所重偏在知乎?非也。知之真,故行之果。先生經南北内外升沉之仕途,隨事求是,隨分盡職,不以利害、得失、夷險動其心,所見卓然不可奪也。

先生嘗自恨不獲及虛齋之門,而與紫峰相劘切,其論當世諸儒,薛文清後獨推胡敬齋,交羅整庵,序其《困知記》,與張浄峰書,以陽明之學盛行江右爲憂。

謂整庵《困知記》攻發有力，而與學子言，則務令反求諸身心，不必辨之於口舌之間。嗚呼！此又可爲後世曉曉日以爭勝負爲事者之針砭矣。

惜是集流布未廣，得見者少。同安陳君鴻亭鋟以公世，其有益於學者甚大。故不揣淺陋而序之。

乾隆十八年三月上浣，後學寧化雷鋐序。

遼寧省圖書館藏詒燕堂乾隆本《林次厓先生文集》卷首

林次厓先生文集序　　清　陳臚聲

學得宗旨，詮經譯傳，述聖道以啓後人，而又忼慨敷陳，激昂時事，至於欲復疆土，壯國體，顛躓而不悔。論學問，則非坐談性命之空虛；語事功，則非揮霍才情之縱斥。如次厓先生，斯有體有用之儒稱焉。

吾同安自朱子簿邑，兼領教職。時從遊親炙，則有王、許、呂三先生，嗣是而聞風私淑，代有名儒。至究心經傳，闡孔、孟之微言，發明濂、洛、關、閩之正學，爲朱子之真傳的派者，惟次厓先生，所著《易［經存疑］》、《四書存疑》，實與同郡蔡虛齋先生《蒙引》後先繼起，並傳於世。本朝《周易折衷》，及凡輯四書者，皆多所稱引，至今文人學士確守其説，聖道賴以常明，人心賴以不死，其爲功豈不偉哉？

夫學者讀《存疑》之書，罕見其文集，則亦第知其解經析理有功聖賢，而不知其書、疏、詩文、雜著所爲忼慨激昂，直言正氣，與《存疑》之書相表裏者，皆先生躬行實踐之符契也。

萬曆間，李侯晦美、邑前輩虛臺蔡公，嘗搜羅讎校而刻之，屢經兵燹，舊板無存。予假歸在籍，與同志徧覓刻本完書而不可得，間歲乃得録本於其家，復轉覓他本而始全。因而論次編録，將付之吳門梓人，而吾閩雷翠庭先生適視學江蘇，方汲汲表章正學以儀型南國。此集出，足以爲學者感發興起之資，其亦以晚進之士廣鄉先正著述之傳，爲粗知所向往者而進之歟？

乾隆壬申年孟冬，同里後學陳臚聲鴻亭書於登瀛省齋。

遼寧省圖書館藏詒燕堂乾隆本《林次厓先生文集》卷首

跋

林次厓先生文集跋　　　　清　鍾攀龍[①]

《次厓先生文集》若干卷，予既得與鴻亭陳中翰從論次之末而卒業焉。竊嘆先生平日用功盡在理學、經濟，上之不遁於易簡頓悟，下之不流於文章藻繪，至名位勢利，固當蔑視之者也。觀其言，有曰"士生斯世，必有益於成敗之數，方爲人才"，又以力邀時譽，於身心性情了無關涉，經世之術漫然不講，爲學者切戒，可略知其概凡矣。

昔四明施忠愍嘗刻《王陽明先生集》，分爲理學、經濟、文章三帙，而黃石齋先生叙之，謂陽明當聖人之任，德業文章皆近於。予謂《次厓先生文集》，亦可作如是分，而其力當天下事，亦有逃"清"、逃"和"而入於"任"之意。顧陽明見之行事，功業照耀千古。先生遭時不偶，僅著空言，後世或從而侈大試之，求可知也。若道學一脉，先生恪奉程、朱，遵守傳注，尤薄"良知"家言，所學視陽明尤純實，與同郡蔡虛齋先生後先繼起，故其於《蒙引》諸書多所契合。然則後之人於虛齋、陽明二先生之間，更可以得先生之爲純儒、爲豪杰者矣。乃二先生兩廡，先生惟特祀於鄉，方聖天子重道尊儒，必將有力爲表章者。

此集遺版刻本無存一二，録本類多脱誤，已不能悉正。往見《明詩綜》載先生《丁酉除夕》一詩，繫以"字思獻，晉江人"，蓋陳□□先生，邑氏也。朱竹垞號稱博雅，當不沿誤至是。或録（下缺）

光緒丙午《林次厓先生文集》重刻本卷末

【校記】

① 本文原無標題，亦未署作者姓名，蓋文字漫漶所致。今據本文開頭"《次厓先生文集》若干卷，予既得與鴻亭陳中翰從論次之末而卒業焉"一語，與每卷卷首所署"同里後學陳臚聲鴻亭重訂，鍾攀龍願良全校"的署名推定，此文當是乾隆本的跋，作者爲鍾攀龍。今擬如上。

提　要

林次崖集十八卷福建巡撫採進本。

明林希元撰。希元有《易經存疑》，已著録。是集爲其子有梧所編，凡奏疏四卷，書二卷，揭帖附焉，序三卷，記碑共一卷，論說議共一卷，雜著一卷，誌表一卷。傳行狀一卷，祭文哀詞二卷，詩二卷，詞附焉。

希元之學，宗其鄉人蔡清，故於明代諸儒惟推薛瑄、胡居仁，與王守仁同時，而排其《傳習録》最力。雖與守仁門人季本同年相善，而與本之書，亦不少假借其師。其祭守仁文，但推其功業而已，無一字及其學問也。至其氣質剛急，銳於用世，則類其鄉人陳真晟。故其爲南京大理寺評事，則忤江彬，忤御史譚魯，忤大理寺卿陳琳，坐謫泗州州判。及爲大理寺丞，又請剿遼東叛兵，坐謫欽州知州。官廣東時，值安南莫登庸篡國，力請討之，疏凡六上，竟坐是中計典歸。歸後又以争郡邑利病，幾中危法。其負氣喜任事，蓋可想見。其由泗州再任大理也，蓋方獻夫、霍韜薦之，故與二人頗相契。集中《與周石崖書》亦自稱氣味與兀崖相似，又自稱大禮、安南之議，所見與兀崖同。兀崖者，韜別號也。然在泗州時，張璁、桂萼欲援之同議大禮，終謝不行，則諸人固不足爲希元累矣。集中有《與汪可亭書》曰"今海内推大家者二人，曰李崆峒、何大復。二子雕詞鑄意，刮陳去新，力挽頹風以還之古，以爲一時文人也。然考其所得，典謨已乎，盤誥已乎，餘皆未能知也"云云。則非惟學問闢姚江，即文章亦闢北地、信陽。故其詩文皆惟意所如，務盡所欲言乃止，往往俚語與雅詞相參，儷句與散體間用，蓋其素志，原不欲以是見長云。

遼寧省圖書館藏詒燕堂乾隆本《林次崖先生文集》卷末

重刻次崖先生文集序　　　　清　葉在枏

古者立德、立言、立功，謂之"三不朽"。然皆一之二之。夫孰本其德垂諸言以爲功於萬世者乎？有見次厓先生其人也，著有《四書[存疑]》、《易經存疑》，而文集尤爲當世之急務。觀奏疏籌邊諸策，自知之[矣]。

惜乎其版蕩然，且所存之本無完帙。林君森數典不忘，四處搜撿，得之生員林書捷家，喜出望外，思欲重梓以公諸世，而力有未逮，徒形扼腕，爰謀之梱。梱與同邑林君在有年善，素知其爲人慷慨，靡善不爲，修函商之，冀出數十金以爲捐首，不意欣然樂從。《文集》與《四書[存疑]》、《易經存疑》三部抄刻巨款，一身肩之，俾後學有所取資，而先正不致磨滅，其功誠偉矣！有其功即能傳其言，亦即聿脩其德也。

謹志數言，以弁於端。至於是集之蘊奧，原序言之稔矣，夫奚贅焉！

光緒二十有八年歲次壬寅菊秋朔旦，後學葉在梱頓首拜識。

光緒丙午本《林次厓先生文集》重刻本卷首

傳

林希元傳

林希元，字茂貞。登進士，授南大理寺評事。世廟登極，上《新政八要》，有君道急務六：曰務正學，曰親正人，曰用舊臣，曰清言路，曰急交修，曰持久大；有朝廷大政二：曰息內臣機務，曰罷內臣鎭守。時周祐以進士辦事通政司，言："臣近接送題奏，章疏紛紜，無如希元所陳，乞留神省覽。"上嘉納之。其後十三省鎭守、內臣悉罷。世廟中興美政，希元啓之也。遷寺正。與其堂官陳琳執議刑獄，降泗州判。泗大饑，朝廷發內帑賑濟，希元悉心推行。有嘯聚九百人，單車往諭，皆解散。適巡按御史醉而待希元稍倨，希元即棄官歸。故嘗是張、桂大禮議，而不以騰章奏。歸後，方獻夫、霍韜尋薦，起爲寺副。陞廣東按察僉事，掌鹽、屯二政。條奏最切近者，列爲四款。復以所行泗州荒政爲《荒政叢言》上之。上可其奏，以通行天下。未幾，改提督學校，申明敕諭、臥碑、學政三編以教士。劇寇王畿作亂，剽掠廣、惠二府。時巡撫、守巡並缺，希元署按察篆，督率府衛兵，指授方略，即時討平，蒙白金之賜。陪推南大理寺丞，世廟特簡用之。上《王政疏》，爲目二十有一：曰守令，曰農桑，曰賦役，曰蓄積，曰場税，曰恤窮，曰教化，曰選舉，曰學校，曰師儒，曰闢邪，曰止淫，曰平刑，曰詳讞，曰兵政，曰將才，曰邊患，曰財用，曰屯田，曰藩禄，曰用人。滿三載，改北。

嘉靖十二年，大同軍叛，殺主帥，閉城門。希元上疏請誅之以正國法，而廟議竟從撫定。居一年，遼東兵又告變，窘辱都御史吕經。希元言：" 往者大同之變，朝廷過爲姑息，以故悍卒咸生輕侮，一有觸發，攘臂而動。夫都御史，天子重臣，庸隸下卒敢施囚縛，是無朝廷也。近聞差去旗尉，亦復被繫，狂悖視大同尤甚。本兵大臣因循不振，致其益驕，而朝廷威令益削，此不忠之大者。" 疏入，上責希元妄言奏擾，且以 " 旗尉被繫，守臣何隱不言 " 者，詰錦衣驗狀，錦衣衛指揮王佐支吾對。上怒希元狂率欺罔，令降外任，遂謫知欽州。

欽接壤安南，地荒民寡，民俗雜夷，城廓官舍，半鞠墟莽。希元悉心經畫，至忘食寢。會上有征安南之命，希元熟究其國中虚實、强弱、人情向背，慨然以興復祖宗已棄疆土爲己責，前後六上疏。而奉命大臣爲國家圖安靖，第受其納款請罪，而希元説不行。然斯凛、古森、了葛、金勒四峒，地故屬欽州，久爲夷據，竟以希元故納還。陞廣東按察僉事，分巡海北，兼管兵備珠池。海北，天涯地，軍民疲困，珠盗横行。希元立條教，嚴法禁，甫及一年，疲困頓蘇，珠盗屏跡。竟坐安南用兵事，以拾遺罷官。

希元讀書遲鈍，而苦刻殊至，研理釋文，極其精專。束髮以來，慨然志當世。一入仕途，執其所學，用之經濟，直以唐、虞、三代爲必可追，太祖開天治國之謨爲必可循。其書疏縷縷，真爲上愛其君，下念其民，而不知君相一時有未易以舊章泥者。其欲恢復安南，張襄惠岳絶與相知，至以李恢、趙括擬之。而希元退居之後，猶上書世廟，以曩遭知遇，追訟無罪。至其平居，好古信道，讀書沉篤，晚參訂諸儒所定《大學》" 格物致知 " 之説，附以己見，曰《更正〈大學〉經傳定本》，並所著四書、《易經》二《存疑》，復上之朝，且乞敕改正頒行，學官以是造士，科舉以是命題。尋奉旨削籍爲民。然至今《存疑》二書，學者尊尚不廢。而希元迂直相半、正旁未兼,亦論世而知其人焉。

《閩書》卷九一《英舊傳》

林次厓先生傳　　　明　蔡獻臣

先生名希元,字茂貞,號次厓,同安縣翔鳳里麝浦山人。先生讀書遲而甘刻苦,至研理釋文,尤極精專,束髮則銳志當世。正德丙子以儒士中福建鄉試。丁丑舉進士,授南京大理寺評事。

世廟登極,條上《新政八要》,有君道急務六:一曰務正學以隆治道,二曰親正人以資輔導,三曰用舊臣以輔新政,四曰清言路以定國是,五曰急交修以圖實效,六曰持久大以終盛美。有朝廷大政二:一曰息内臣機務以拔禍根,二曰罷内臣鎮守以厚邦本。其後十三省鎮守盡罷歸内監,中興美政,實先生啓之。時江彬用事,有供奉樊宣者犯法應死,法司懼忤彬意,欲輕之,先生不可,竟置重辟。累遷寺正,適巡城譚御史有所私問斷,已而問者家訟冤。先生執爲情罪未協,且侵法司職掌,當駁。譚請同鄉三御史爲解,不從,則屬堂卿陳琳爲解,又不從。陳竟以抗拒論,謫先生泗州判官。時江北大饑,嘯聚至九百餘人。先生悉心賑濟,多賴全活,復單車往諭,解散之。而巡按劉御史以沉醉無禮,先生遂棄官歸。尋用方西樵、霍渭崖薦,起先生寺副。擢廣東鹽屯僉事。先生以法久弊滋,悉條奏舉行之,由是鹽丁蘇息,而屯政肅然。未幾,改提學。先生爲學政三編式士,士瞿然顧化。庚寅,陪推南京大理寺寺丞,上特簡擢先生,蓋有意用之矣。滿三載,留北。會遼東兵窘辱都御史吕經,先生極言姑息之弊,請用兵。疏入,落職知欽州。時安南莫登庸篡其主而自立。東宮建,上怪無安南表,差官往詰,得其狀。而先生尤力主必討之議,凡六上疏,請正天誅。諸所爲建學、脩廨、儲蓄、守禦,無非百年石畫。久之,擢僉事,備兵海北。然朝議竟憚用兵。辛丑,遂用拾遺罷先生。而欽人建生祠祀之,迄於今不絶。先生在粤,嘗上《荒政》數十事,丞大理,又上《王政附言》二十一事。前後諸疏,皆剴切盡事理,其志直欲立見施行,雖賈誼、蘇軾,莫能過之。獨征交之議,與當事意見不同,然其後盡復四峒舊地,而莫登庸削王爵,降爲都統,先生力也。

先生自泗州歸,無日不以讀書解經爲事。其學專主程、朱,嘗恨不得及虛齋先生之門,於"良知"新説尤所不喜。所著《四書[存疑]》、《易經存疑》,丞南時復加刪定,而《太極圖解》、《讀史疑斷》、《考古異聞》、《古文類抄》諸書,皆行於世。晚復考證《大學》古本,爲改正經傳,疏上之,竟以此得削籍。先生神王氣剛到老不衰,家居手不釋卷,或忘寢食。至地方有寇盜、饑荒等事,則不厭侃侃爲當道往復。卒年八十五。葬從順里四五都坑内山之原,蓋卓然我朝名臣云。

提學王公世懋祀先生學宫,熊公尚文特建"羽翼聖經啓迪後學坊"以表先生與虛齋先生。今令李公春開又爲梓行其詩文遺集,學者始見先生全書。善乎傅夏器之論曰:"予觀古今人物,材具不同,措施亦異,慷慨直節者,未必熟於機宜,經明行修者,未必周於庶務。乃先生任職居官,所在竭精神,敷教化,遇事抒直,用夏變夷,何班班也! 蓋其忘私徇國之心出乎天性,且學究精微,體驗真切。今觀《王政》一疏,宛然《七篇》模範。而中外敭歷,署已見諸施行,非止爲空言者。至其晚歲歸來,家無擔儲,著書淑世,死而後已,則先生之事業悉從德性、學問中來,所謂'有體有用之士',先生真其人與! 先生真其人與!"

遼寧省圖書館藏詒燕堂乾隆本《林次崖先生文集》卷首

林希元傳

林希元,字茂貞,號次崖,翔鳳里麝浦山人。公讀書遲而甘刻苦,至研理釋文,尤極其精專,束髮即鋭志當世。正德丙子以儒士中鄉試,丁丑舉進士,授南京大理寺評事。

世宗登極,條上《新政八要》,有君道急務六:一曰務正學以隆治道,二曰親正人以資輔導,三曰用舊臣以輔新政,四曰清言路以定國是,五曰急交脩以圖實效,六曰持久大以終盛美。有朝廷大政二:一曰息内臣機務以拔禍根,二曰罷内臣鎮守以厚邦本。其後十三省鎮守盡罷歸内監,中興美政,實公啓之。時江彬用事,有供奉樊宣者犯法應死,法司懼忤彬意,欲輕之,公不可,竟置重辟。

累遷寺正。適巡城譚御史有所私，問斷已，而問者家訟冤。公執爲情罪未協，且侵法司職掌，當駁。譚請同鄉三御史爲解，不從，則屬堂卿陳琳爲解，又不從。陳竟以抗拒論，謫公泗州判官。時江北大饑，嘯衆至九百餘人。公悉心賑濟，多賴全活。復單車往諭，解散之。而巡按劉御史以沉醉無禮，公遂棄官歸。

尋，用方獻夫、霍韜薦，起公寺副。擢廣東鹽屯僉事。公以法久弊滋，悉條奏舉行之。由是鹽丁蘇息，而屯政肅然。未幾，改提學，爲學政三編式士，士翕然顧化。庚寅，陪推南京大理寺丞，上特用公。甲午春，改北。踰年，會遼東兵窘辱都御史呂經，公極言姑息之弊，請用兵。疏入，落職知欽州。

時安南莫登庸簒其主而自立。東宫建，上怪無安南表，差官往詰，得其狀。而公尤力主必討之議，凡六上疏，請正天誅。諸所爲建學、修廨、儲蓄、守禦，無非百年碩畫。久之，擢僉事，備兵海北。然朝議竟憚用兵，辛丑，用拾遺罷公，而欽人建生祠祀之，遂於今不絶。

公在粤，嘗上荒政數十事。丞大理，又上《王政附言》二十一事。前後諸疏，皆剴切盡事理，其志直欲立見施行，雖賈誼、蘇軾，莫能過之。獨征交之議，與當事意見不同，然其後盡復四峒舊地，而莫登庸削王爵，降爲都統，公力也。

公自泗歸，無不以讀書解經爲事。其學專主程、朱，嘗恨不得及虛齋先生之門，於"良知"新説尤所不喜。所著《四書[存疑]》、《易經存疑》，丞南時復加删定，而《太極圖解》、《讀史斷疑》、《考古異聞》、《古文類抄》諸書皆行於世。晚復考證《大學》古本，爲改正經傳，疏上之，竟以此得削籍。

公神王氣剛，到老不衰。家居，手不釋卷，或忘寢食。至地方有寇盗、饑荒等事，則不厭侃侃爲當道往復。卒年八十五，蓋卓然有明名臣云。

提學王公世懋祀公學宫，熊公尚文特建"羽翼聖經啓迪後學坊"以表公與虛齋先生，前令李公春開爲梓行其詩文遺集。善乎傅夏器之論曰："予觀古今人物，材具不同，措施亦異，慷慨直節者，未必熟於機宜，經明行脩者，未必周於庶務。乃公任職居官，所在竭精神，敷教化，遇事抒直，用夏變夷，何班班也！蓋其忘私殉國之心,出乎天性,且學究精微,體驗真切。今觀《王政》一疏,宛然《七篇》模範。而中外敭歷,略已見諸施行,非止爲空言者。至其晚歲歸來,家無擔儲,著書淑世,死而後已,則公之事業,悉從德性、學問中來,所謂有體有用之學,公真其人與!"

萬曆癸丑,配朱文公祠。甲寅,特祀學宮。後祠廢。我朝學使者高脩祠塑像,勒石墓左。今祠復圮於水。

康熙《同安縣志》卷八《人物志三·鄉賢列傳》

林 希 元 傳

林希元,字茂貞,同安人。正德丁丑進士,授大理評事。世宗登極,條《新政八要》,大約言君道在勤正學、親正人,而息中官機務,罷中官鎮守,所以清正本、塞亂源,深見嘉納。會以議獄事被論,棄官歸。大臣交薦之。尋任廣東按察僉事,掌鹽、屯二政。條切近者爲四款。復以所行泗州荒政爲《荒政叢言》,并報可,頒行天下。改督學。時劇寇王畿作亂,剽掠廣、惠二府,希元上疏請誅之,而廷議竟從撫。遼東兵又告變,希元言遠者大同之變,朝廷過爲姑息,故悍卒咸生輕侮,大臣因循不振,致其益驕,而朝廷威信益削。疏入,詔責希元狂率欺罔,謫知欽州。

會安南不貢,方議征討,擢希元備兵海北。希元主議以征,爲是與督臣互異,罷歸。

所著《易經[存疑]》、《四書存疑》,學者師之。

乾隆《福建通志》卷四十五《人物·泉州府·明》

林 希 元 傳

林希元,字茂貞,號次崖,同安人。正德丙子、丁丑聯捷進士,授南京大理寺評事。

世宗登極,條上《新政八要》,曰務正學,親正人,用舊臣,清言路,急交修,持久大,息中官機務以拔禍根,罷中官鎮守以厚邦本。又言臺諫諸臣默默於往時,曉曉於今日,竽瑟混聽,菲葑羣採,宜考覈以清言路。進士周祚等疏言:"近來章奏紛紜,無如希元所陳者,乞留神省覽,見之施行。"下所司議。議上,帝優詔,嘉納焉。遷寺正。是時,希元名動兩都,忌者側目。會以議獄事忤寺卿陳琳,南京御史戚雄等疏論,降泗州判官。泗饑,辦賑周詳。青陽滄湖嘯聚九百人,單車往諭,皆解散,且請貸其罪而賑恤之,境内以安。復以不屈當路棄官歸。大臣交疏薦之,再起寺正。

擢廣東按察僉事,管鹽、屯二政,條奏切近四款。復以行於泗州者爲《荒政叢言》上之,帝可其奏,通行天下。尋,改提督學校。其條訓多士,務在闡釋經傳,敦崇古典。劇寇王畿剽掠廣、惠,希元署按察篆,率府衞兵,指授方略,即時討平,御賜白金。陞南京大理寺丞。上《王政附言疏》,爲目二十有一。秩滿,留内。時遼東軍凌辱撫臣,希元抗疏,極言姑息之弊。忤旨,謫欽州知州。

欽壤接安南,城郭官舍半鞠墟莽,悉心經畫之。開誠先物,約身裕用,塞弊寳,興廢墜,遷學育才,廣置勸農之使,設立屯田,增修營堡,一意教養捍衞。會有征安南之命,希元熟究其國中虚實、強弱、人情向背,慨然以興復爲己任。疏六上,而奉命大臣圖安靖,第受其納款請罪,希元之説不行。陞海北道兼兵備,僃珠池大淮。軍民疲困,珠盜横行,立條嚴禁,一年而民蘇盜息。卒坐安南用兵事與督臣異議,以拾遺罷歸。欽人建祠生祀之。

希元慷慨耿直,有俯視流俗、擔當宇宙之氣,而才識練達。世廟罷鎮守中官,悉歸内監,自其一疏啓之。而安南惴惴歸命,還我四峒,亦希元之議,足以奪其魄焉。言雖不用,何至並廢其身,可慨已!

家居,手不釋卷。晚年益究義理精微之極,參訂諸儒所定"致知格物"之説,附以己見,曰《更正〈大學〉經傳定本》。所著《易經[存疑]》、《四書存疑》,皆足羽翼朱子,學者師之。又有《次厓文集》。祀學宮。(舊志參《閩書》、《江南通志》、《廣東通志》、《道南原委》、《同安志》。)

乾隆《泉州府志》卷四十二《明列傳》

書

奉林次厓書　　　　　　明　俞大猷

東廣、嶺西之新興、恩平諸縣浪賊數十夥，爲民患者三載矣，當道委猷撫捕。猷至編立保甲，教閱民兵。一旦用命奪激，願共滅賊者數萬人。其怙終不服者，擒百有餘人，而置之法。餘賊皆畏威懷信，賣刀買犢歸農，諸縣生靈方得息肩。

猷計此一番施爲，免動大征數萬之兵，保全良民家業性命者難計。百姓涕泣攀留，當道薦章相繼，回閩防海，恐不果也。何如？何如？

猷誦先生序文，見先生憂國憂民之念，至今未衰。末道安南云云，何其神契妙合耶？猷此身許國久矣，敢不勉終先生未盡之志？惟便中不吝賜教，亦先生之道不孤也。立齋諸公雅情，容另人致謝。不宣。

《正氣堂全集》卷四，福建人民出版社，二〇〇七年，第155頁

奉林次厓書　　　　　　明　俞大猷

捧玩師教，憂國愛民一念，拳拳於八十之年。古來聖賢豪傑，如師翁者有幾哉？仰服！仰服！

猷不才，受國深恩，期盡瘁以報，非敢以官爲家也。如爲時所棄，當即通退，絕口不談天下事。欲壯志至老不衰如師翁，恐亦不能也。但古人年八十而出者，太公也。彼蓋平生斂藏翕聚，未曾一吐露，卒際文武風雲之會，而建興周封齊之功。

若已進而退，退而復進，如廉頗老而能飯，披甲上馬，自示可用，而卒困於郭開之口。漢武帝大擊匈奴，李廣已老，數自請行，而卒有東道失軍之罪。宣帝伐先零，趙充國年七十餘，自任可將，即馳至金城，圖上方略。雖全師制勝，而禍及子卬。光武討五溪蠻，馬援年老請行，披甲據鞍，以示可用，而卒致壺頭之厄。李靖因吐谷渾寇邊，即往見房喬，自任爲將。既平其國，而有高甑生誣罔之事，

幾於不免。郭子儀年八十餘，猶爲關内副元帥、河中節度，不求退身，德宗册罷。

諸公皆人傑，而猶不免，此哲士至今非之。公當八十之年，而欲圖再進之業，能無取非於後人乎？猷無任恐懼。

《正氣堂全集》卷十，福建人民出版社，二〇〇七年，第248頁

校 點 後 記

一

林希元(一四八二——一五六六),字茂貞,號次厓,明福建同安人。十九歲喪父,折節讀書,中正德十二年進士,與陳琛、張岳僦居佛寺,閉户讀《易》,人指"泉州三狂"。初授南京大理寺評事。

世宗登極,應詔陳《新政八要》,優詔嘉納。歷陞寺副、寺正,名動南北兩都。嘉靖二年,南道御史譚魯擅自受理本應由刑科及大理寺處理的案件,希元堅執不可,爲寺卿陳琳所劾,謫泗州(今安徽泗州縣)判官。泗大饑,朝廷發糧銀二十萬兩,悉心賑濟。以巡按御史醉而無禮,棄官歸。六年,以冢宰方獻夫、詹事府詹事霍韜薦,起爲大理寺左寺副。尋陞廣東按察司鹽法、屯田僉事。條奏切近四款,復以行於泗州者爲《荒政叢言》上之,蒙嘉許,頒行天下。八年,轉提學僉事。九年冬,陞南京大理寺右寺丞,上《王政附言》。十三年,轉北京右寺丞。十四年,以大同、遼東兵變,執法議討,忤禮部尚書夏言意,謫爲欽州知州,而爲廉州知府張岳屬下。欽州接壤安南,地荒民寡,民俗雜夷,城廓官舍鞠爲墟莽。元至,悉心經營,約身裕用,塞弊孔,興廢墜,勸農功,薄賦斂,除豁鹽户積年代償非分之賦,深獲民心。興儒學,建社學,捐俸以助書費,建橋梁,以便交通。比至四年,增稅糧一千石。十五年,以皇太子生,上以安南久不貢,詔諭興師問罪。希元"自束髮讀書見交趾本中國故地","即有安南之志",且熟究其國虛實、強弱、人情向背,而今上意甚鋭,正適其機,連上六疏,力主必討,被張岳斥爲"蔽於功名而不達時機"。莫登庸懼,願納款請降。希元提出歸還澌凛、古森、了葛、金勒四峒侵地,降莫登庸爲都統使。十九年三月,陞廣東按察僉事,分巡海北,兼管珠池兵備道。六月,兵部尚書毛伯温、總兵仇鸞至廣西,委林希元到福建漳泉招募水兵。十一月初三日,莫登庸至鎮南關獻地投降,罷安南爲都統使司,莫登庸爲都統使。林希元也參加了受降儀式。交事既了,兩廣總督蔡半洲(蔡經)私語張維喬(岳)參政曰:"得林茂貞這裏大嚷,恁得莫登庸這等懼怕,繫頸來降。"(《林次厓先生文集》卷六《安南功成,乞查功補罪以全臣節揭帖》)而論功,希元竟以"拾遺"罷。但欽州人民却建生祠以祀之。而二十一年正月,禮部仍差福建按察司齎花銀二十兩、紵絲二表裡賞他安南之功。希元憤慨寫下《感事有述》詩,發出"遼陽叛卒曾歸首,交趾降至已受羈。眼底榮枯且莫計,百年公論有人持"。希元慷慨耿直,"凡事只論道理,不問利害"(《與舒國裳脩撰同年書一》),有俯視流俗、擔當宇宙之氣。他才識練達,雖仕途坎坷,決不動搖。認爲人生世上,要"益於時"、"益於後"。去職家居,遇地方有寇盜饑荒等事,則侃侃爲當道言之,還親自參與施賑。曾説"居官守己宜甚嚴,不可有一毫苟且之心……以爲不打緊處放過,便如白璧一瑕,有終身不勝其恨者"。又説"防下是做官頭一件事,不可不謹"(《居官説要》)。其《面皮薄歌》,是廉潔自律的千古名篇。中云:"相爾面皮太薄人,苦樂冥啻差萬里。如今欲作厚皮人,富貴榮華可立致。只爲面皮生定不可易,欲作令人復羞死。不如且留一箇名,好與後人上青史。"晚立《家訓》十二條,謂"本家子弟若有不務本業法外爲非爲盜通番接濟者,父母官禁止戒飭……長惡不悛,作速告官究治,免貽累宗族,玷辱門風"。

林希元一生潛心理學,"遠宗程、朱,近取《蒙引》",與羅欽順、張岳、張邦奇、黃佐等爲嘉靖間排擊王陽明心學的著名學者。家居,以讀書解經爲事。所著有《四書存疑》、《易經存疑》、《太極圖解》、《考古異聞》、《古文類抄》、《永春縣志》、《欽州志》,皆行於世。晚復考證《大學》古本,改正經傳,名《更正〈大學〉經傳定本》一册上之,竟以此削籍。然《易經存疑》、《四書存疑》皆有獨到見解,爲舉業所宗,世稱理學名臣。其《林次厓先生文集》,各體皆備。他杰於思,雄於文,是嘉靖間一位著名的文學家、理學家。由於林希元的學術成就,名入《明史·儒林傳》,列蔡清、陳琛之後,是明代一位卓然名臣。卒年八十五。

提學王世懋(太倉州人,嘉靖三十八年進士)爲祀學宮,提學熊尚文(江西豐城人,萬曆二十三年進士)爲建"羽翼聖經啓迪後學坊",以紀念蔡清和他。萬曆元年,配朱文公祠。四十二年,特祠學宮。

二

《林次厓先生文集》是林希元的詩文代表作,是林死後由其二子有梧(邑庠生)所編,共十八卷。集中有一篇《中山狼傳》(古代短篇小說)是時代比他略早的馬中錫的作品,顯是後人誤收,今予剔除。文集的版本有三種:最早的版本是明萬曆四十年壬子(一六一二)由同安縣令李春開(字晦美,江西廣昌舉人)捐資倡議鐫刻的,有邑人蔡獻臣(字體國,萬曆十七年進士,官至湖廣按察使)爲之序校并作傳的《林次厓先生文集》十八卷本。今書未見。二是清乾隆十八年癸酉(一五七三)邑人陳臚聲(號鴻亭,貢生,蘭州同知)重訂的詒燕堂刻本,卷首收有沈德潛(號歸愚,長洲人,乾隆進士,官至禮部侍郎,編有《唐宋明三朝詩別裁》、《古詩源》)、雷鋐(號貫一,寧化人,雍正十一年進士,官至江蘇提督、都察院右副都御史)和陳臚聲的序文三篇,卷後收有鍾攀龍所寫的跋一篇,簡稱乾隆本。遼寧省圖書館藏此詒燕堂刻本,稱爲《林次厓先生文集》。《四庫全書存目叢書·集類》第七十五册收有《次厓集》十八卷,即是這個版本。卷首有"附《四庫全書總目·林次厓集十八卷提要》"等字樣,《提要》文見卷末,題爲"《林次厓集》十八卷福建巡撫採進本"。三是清光緒三十二年丙午(一九○六),由宗裔孫森、顧三氏仝校而由廈會文堂重刊印行的《林次厓先生文集》十八卷本。本書包括光緒二十八壬寅(一九○二)由後學葉在相與宗裔孫森仝校而由宗裔孫重刻的七卷(即一至五卷、七卷、十一卷),故實際丙午年重刊的只有十卷(即六卷、九卷、十卷,又十二至十八卷)。卷首收有葉在相(雲間人)的《重刻次厓林先生文集序》,卷後收有殘跋一篇(經考證,當是鍾攀龍爲乾隆本所寫的跋文),簡稱光緒本。本書所謂"重刻"、"重刊",其實都是利用乾隆本原版,對各卷文中的個別錯漏文字或段落進行改補,并非全書文字的重刻,行款(每頁十一行，每行二十二字）和字體（用宋體）與乾隆本悉同，且版心下方仍署"詒燕堂"三字，并未署"厦會文堂"等字樣，其取巧形迹十分明顯。壬寅年重刻各卷卷首皆署"宗裔孫重刻，後學葉在梱、宗裔孫森仝校"，丙午重刊部分則只在封面和扉頁總署"宗裔孫森、顧三氏仝校"。卷八沿用乾隆版本，並未曾重新校刻，卷首仍署"同里後學陳臚聲鴻亭重訂、鍾攀龍願良同校"。光緒本壬寅、丙午兩部分均由裔孫森參加"仝校"，并由他合成一書於丙午年印行。卷八爲沿用乾隆版本，今看卷八兩篇文章即可略知其概。卷八《送舉人鄧汝憲之教政和序》自"合，托迹相從"以下至終篇四百二十五字，又下一篇自標題"贈翁見愚之任道州序"至第一段第一行文字共三十一字全缺。校刻之書缺了這麽多文字無法補出，自是憾事，壬寅年校刻由此止步。丙午年繼續校刊，仍找不到足本來補正，於是索性留下舊日的署名，讓乾隆本來承擔其責。今幸遼寧省圖書館所藏詒燕堂乾隆本爲足本，得補其缺。

　　本書點校以足本的遼寧省圖書館藏的詒燕堂乾隆本爲工作底本，以兩種皆非全帙的光緒本爲參校本，此外還參照民國《同安縣志》卷二《藝文》和林希元編刻《東溪集》卷首所收本書文章，對全書文字進行斷句標點、分段和校勘。光緒本可資利用的資料不多，但對改正乾隆本個別誤字、誤句也起了重大作用。

　　以下談點校中的一些問題：

　　（一）乾隆本的文字訛誤（包括脱、衍、訛、倒）和一些異體字在正文中有改正的，一般在校記中説明。但如"却"訛"郄"，"己已巳"、"戊戌戍"混用，則依文意徑改，一般不出校記。

　　（二）對舊時對我國少數民族的侮辱性稱謂的專用字如"猺"、"獞"，參照《二十四史》點校本，均仍其舊，不作改動。

　　（三）本書異體字，一般改用通行繁體字；凡生造、刻體則徑行改爲規範字，不出校記。

　　（四）底本誤字，光緒本亦同誤者，視情況予以改正或存疑，並於校記中加以説明。

（五）本書編有附録，包括了各種版本的序跋和提要，以及林希元傳記等。這些附録材料的來源大多是萬曆本、乾隆本、光緒本所有，只有少數是這次新增的。林希元是明正、嘉年間一位重要的歷史人物，這些資料對於進一步研究林希元有重要的參考價值。

編　者
二〇一一年四月

圖書在版編目(CIP)數據

林次厓先生文集／(明)林希元著；林海權點校．
—北京：商務印書館，2018
（泉州文庫）
ISBN 978－7－100－16086－5

Ⅰ．①林⋯ Ⅱ．①林⋯ ②林⋯ Ⅲ．①文集－中國－明代 Ⅳ．①Z424.8

中國版本圖書館CIP數據核字(2018)第082406號

權利保留，侵權必究。

責任編輯　閻海文
特約審讀　李夢生

林次厓先生文集
(明)林希元　著

商務印書館出版
（北京王府井大街36號　郵政編碼100710）
商務印書館發行
山東鴻君傑文化發展有限公司印刷
ISBN 978－7－100－16086－5

2018年7月第1版　　　開本705×960　1/16
2018年7月第1次印刷　印張32.75　插頁2
定價158.00元